dicionário do voto

Lexikon | *obras de referência*

WALTER COSTA PORTO

dicionário do voto

© 2012, by Walter Costa Porto

Direitos de edição da obra em língua portuguesa adquiridos pela Lexikon Editora Digital Ltda. Todos os direitos reservados. Nenhuma parte desta obra pode ser apropriada e estocada em sistema de banco de dados ou processo similar, em qualquer forma ou meio, seja eletrônico, de fotocópia, gravação etc., sem a permissão do detentor do copirraite.

LEXIKON EDITORA DIGITAL LTDA.
Rua da Assembleia, 92 / 3º andar – Centro
20011-000 Rio de Janeiro – RJ – Brasil
Tel.: (21) 2526-6800 – Fax: (21) 2526-6824
www.lexikon.com.br – sac@lexikon.com.br

Veja também www.aulete.com.br – seu dicionário na internet

1ª edição – 1995
2ª edição – 2000

DIRETOR EDITORIAL
Carlos Augusto Lacerda

EDITOR
Paulo Geiger

PROJETO GRÁFICO E DIAGRAMAÇÃO
Filigrana Design

PRODUÇÃO
Sonia Hey

CAPA
Luis Saguar

CIP-BRASIL. CATALOGAÇÃO NA FONTE
SINDICATO NACIONAL DOS EDITORES DE LIVROS, RJ

P881
3.ed.

Porto, Walter Costa
   Dicionário do voto / Walter Costa Porto. - 3.ed., rev. e atual. - Rio de Janeiro : Lexikon, 2012.
   432p.

   ISBN 978-85-86368-83-7

   1. Voto - Dicionários. 2. Eleições – Dicionários. 3. Eleições – Biografias. I Título.

CDD: 324.63
CDU: 324.82

*À memória de
José da Costa Porto,
meu Pai*

INTRODUÇÃO

Vota-se, no Brasil, há quase 500 anos. Pois, em 1535, já se registram eleições para a escolha dos que integrariam os Conselhos ou Câmaras: juízes, vereadores, almotacés e outros oficiais. Por todos os séculos XVI, XVII, XVIII e começo do século XIX ocorreram essas eleições, em que se reuniam, na Casa do Conselho, "homens bons e povo" nomeando, primeiramente, seis eleitores que, por sua vez, indicavam, depois, os escolhidos, para um mandato de três anos.

A primeira eleição geral, no país, foi em 1821, para designação de deputados à Corte Portuguesa. O processo de escolha, complexo, seguiu a fórmula determinada pela Constituição espanhola de Cadiz, em quatro graus: Juntas Eleitorais de Freguesia indicavam Juntas de Comarca, que designavam Juntas de Província que apontavam, enfim, os deputados.

A Constituição de 1824 voltou às eleições em dois graus, agora para a eleição de deputados e senadores, estes últimos em uma lista tríplice a ser apresentada ao Imperador para um mandato vitalício. No primeiro grau, votava "a massa dos cidadãos ativos" que a legislação posterior e a crônica política denominariam, dali em diante, de "votantes". No segundo grau, a Constituição falava de "eleitores de Província", chamados, depois, somente de "eleitores".

Até 1855, a eleição para deputados e senadores se fazia pelo sistema majoritário, de lista, sendo cada Província uma circunscrição. Naquele ano, foi aprovada a Lei dos Círculos, que trazia o sistema distrital, com circunscrições de um só nome.

Os dois papéis – "votantes" e "eleitores" – foram, pela Lei Saraiva, de 1881, reunidos em um só, os "eleitores". O voto, restrito, excluía as mulheres e, "censitário", como denomina a doutrina, os que não apresentassem certa renda, terminando essa exigência somente, a partir de 1889, com a República.

E o voto, que sempre se chamou, aqui, de distrital – a doutrina estrangeira somente se refere a "voto majoritário para assembleias" – existiu, entre nós, desde 1855, com a chamada Lei dos Círculos, com distritos de um só nome, a 1860, quando vieram os círculos de três nomes, e daí até 1875, com a que se denominou Lei do Terço. Retornaram em 1881 com a Lei Saraiva, com os antigos círculos chamados então de distritos, até 1890 e, em 1892, voltaram a distritos de três nomes até 1904 quando, pela Lei Rosa e Silva, foram distritos de cinco nomes, com o voto limitado e cumulativo: o eleitor somente poderia indicar três candidatos e acumular, em um só nome, suas preferências.

Com a República, começamos a votar em Presidentes. Houve, na Primeira República, uma escolha indireta e 11 diretas; na Segunda, só uma eleição indireta; na Quarta, quatro escolhas diretas; na Quinta, seis indiretas e na Sexta, em que vivemos, até agora seis. Vedada a reeleição desde seu início, foi ela permitida a partir de uma Emenda Constitucional de 1997. Segundo a Constituição de 1891, o presidente e o vice seriam eleitos por maioria absoluta dos votos. Se nenhum dos candidatos a alcançasse, o Congresso elegeria, por maioria dos votos presentes, um, dentre os que tivessem alcançado as duas votações mais elevadas na eleição direta. Mas, em nenhuma oportunidade foi necessária a participação do Congresso em um segundo turno. A maioria absoluta passou a ser exigida, mais uma vez, pela Constituição de 1967 havendo, até agora, a necessidade de um segundo turno por cinco vezes: a primeira, para a escolha do Vice-Presidente, pelo Congresso, em abril de 1964; a segunda, na eleição de Fernando Collor, em dezembro de 1989; a terceira, na eleição de Luiz Inácio Lula da Silva, em outubro de 2002; a quarta, ainda na escolha de Luiz Inácio, em 2006; e a quinta, na escolha da Presidente Dilma Roussef em outubro de 2010.

O primeiro de nossos Códigos Eleitorais, de 1932, traz o regime proporcional que, com pequenas modificações, perdura até hoje.

Quais as modificações? A redução da lista anterior, expressa, à escolha de um só nome, pelo eleitor, trazida em 1935; o monopólio dos partidos na indicação dos candidatos, em 1945; a Folha Individual de Votação, introduzida em 1955; a Cédula Única de Votação, de 1956; o entendimento, do Tribunal Superior Eleitoral e do Supremo Tribunal Eleitoral, em 2007, de que pertence aos partidos a titularidade dos mandatos eletivos; finalmente, a urna eletrônica.

Esses e mais tantos itens, relativos ao Brasil, e outros, referentes ao voto no mundo, são tratados neste *Dicionário*.

Se nossa experiência é a também vivida por todos os países, onde, progressivamente, se deu o alargamento da cidadania política e a correção dos males que distorcem a verdade das urnas, a análise desses temas contribui para o maior esclarecimento da classe política e dos eleitores que se empenham, como desejava, já no século XIX, nosso romancista José de Alencar, pela "alforria do voto".

Sumário

A

A BICO DE PENA 11
ABSTENÇÃO 12
ABUSO DO PODER ECONÔMICO 15
ACADEMIA BRASILEIRA DE LETRAS 19
ACESSUS 20
ACLAMAÇÃO 20
ACORDO DE CAMBOIM 22
ALEMANHA 22
ALENCAR, JOSÉ DE 25
ALIANÇAS 26
ALISTAMENTO 26
ALMEIDA, JOÃO MENDES DE 28
AMADO, GILBERTO 29
AMBITUS 30
ANDRAE, CARL 31
APPARENTAMENTO 35
APPARENTEMENT 35
ARGENTINA 35
ARRONDISSEMENT 37
ASSIS, MACHADO DE 37
AUTÊNTICAS 40

B

BAGEHOT, WALTER 41
BAILY, WALTER 42
BALLOTTAGE 43
BANDWAGON-EFFECT 43
BARBOSA, RUI 44
BARRETO, IGNACIO DE BARROS 46
BARRETO, LIMA 47
BASTOS, AURELIANO CÂNDIDO
  TAVARES 48
BLONDEL, JEAN 49
BORDA, JEAN CHARLES 51
BOSSES 52
BRASIL 52
BRASIL, J. F. DE ASSIS 59
BOUTMY 63
BURGOS PODRES 63
BUTLER, DAVID 63

BY ELECTIONS 64

C

CABALISTA 65
CABRAL, JOÃO C. DA ROCHA 65
CACETISTA 66
CÂMARAS UNÂNIMES 67
CAMPOS, MILTON 68
CANDIDATO 69
CANDIDATO AVULSO 69
CANDIDATOS NANICOS 70
CANDIDATO NATO 71
CANDIDATURAS SIMULTÂNEAS 72
CANVASS 75
CAPANEMA, GUSTAVO 76
CAPOEIRA 77
CARNOT, ADOLPHE 78
CARROL, LEWIS 78
CARTISMO 83
CASTILHOS, JÚLIO DE 83
CAUCUS 86
CAVALCANTI, NABOR 86
CÉDULA OFICIAL 87
CÉDULA ÚNICA 87
CEGOS 88
CENSO 89
CENSO LITERÁRIO 91
CERCA-IGREJAS 91
CHARCUTAGE 92
CÍRCULOS 92
CIRCUNSCRIÇÃO 94
CLÁUSULA DE EXCLUSÃO 95
CLÁUSULA DO AVÔ 97
CLUBE 3 DE OUTUBRO 97
COABITAÇÃO 99
CÓDIGO ELEITORAL DE 1932 99
CÓDIGO ELEITORAL DE 1950 104
CÓDIGO ELEITORAL DE 1965 105
COELHO NETO 106
COLÉGIO ELEITORAL 108
COLIGAÇÕES 110
COMISSÃO DOS CINCO 111

COMPROMISSÁRIO 112
CONDORCET, MARIE JEAN ANTOINE NICOLAS 112
CONSELHEIRO 113
CONSELHO DE PROCURADORES GERAIS DAS PROVÍNCIAS DO BRASIL 114
CONSIDÉRANT, VICTOR 115
CONSTITUIÇÃO DE CADIZ 116
COPO 119
CORTES DE LISBOA 119
CRISTIANIZAÇÃO 122
CROSS-OVER 122
CUNHAS 123
CURRAL 123

D

DEGOLA 125
DIREITO ELEITORAL 126
DIRETAS JÁ 126
DISTRITO 127
DUPLICATA 127
DUVERGER, MAURICE 128

E

EFEITO DEFERRE 131
ELEIÇÃO 131
ELEIÇÕES – FUNÇÕES 132
ELEIÇÕES PRESIDENCIAIS 133
ELEIÇÕES PRESIDENCIAIS NO BRASIL 133
ELEIÇÕES PRESIDENCIAIS NO BRASIL – REELEIÇÃO 153
ELEIÇÕES PRESIDENCIAIS NOS EUA 154
ELEIÇÕES PRESIDENCIAIS NOS EUA – REELEIÇÃO........................155
ELEIÇÕES PRESIDENCIAIS NA FRANÇA 163
ELEITORES DE PARÓQUIA 170
ESCRUTÍNIO 170
ESCRUTÍNIO DE LISTA FRACIONÁRIA .171
ESGUICHO 171
ESTADOS UNIDOS DA AMÉRICA DO NORTE 173

F

FAVAS CONTADAS 179
FEDERALISMO 179
FIDELIDADE PARTIDÁRIA 180
FIRST-PAST-THE-POST 184
FOGOS 184
FOLHA INDIVIDUAL DE VOTAÇÃO 185
FÓSFORO 185
FRANÇA 187
FRANCO, AFONSO ARINOS DE MELO ..190

G

GERGONNE, JOSÉ DIEZ 193
GERRYMANDERING 193
GIRARDIN, EMÍLIO DE 194
GRÃ-BRETANHA 195
GUARDA NACIONAL 198
GUARDA NEGRA 200
GUILHOTINA MONTENEGRO 200

H

HARE, THOMAS 203
HOMENS BONS 204
HOMENS NOVOS 204
HONDT, VICTOR D' 204

I

IDENTIFICAÇÃO BIOMÉTRICA...............211
INCOMPATIBILIDADE 212
INELEGIBILIDADE 212
INICIATIVA POPULAR 215
ISRAEL 216

J

JUNTAS ELEITORAIS 219
JUSTIÇA ELEITORAL 219

L

LEAL, VICTOR NUNES...........................223
LEI DA FICHA LIMPA 223
LEI DO CUBO 225
LEI DOS CÍRCULOS 225

LEI DO TERÇO 228
LEI N.º 85, DE 1947 231
LEI ROSA E SILVA.......................................232
LEI SARAIVA 234
LIBERUM VETO 235
LIGA ELEITORAL CATÓLICA (LEC) 236
LIMA JUNIOR, OLAVO BRASIL DE..........238
LIMA SOBRINHO, BARBOSA....................239
LOGROLLING 240
LUBBOCK, JOHN 240

M

MACHADO, PINHEIRO 243
MAIORIA 244
MANDATO IMPERATIVO 245
MANDATO LIVRE, OU REPRESENTATIVO
246
MANGABEIRA, JOÃO 246
MAQUINAS DE VOTAR 247
MEDEIROS, BORGES DE 248
MENDIGOS 251
MÉTODO DE SAINTE-LAGUE 251
MILL, JOHN STUART 252
MINORIA DE BLOCAGEM 254
MIRABEAU 254

N

NABUCO, JOAQUIM 257
NÚMERO UNIFORME 266

O

OPÇÃO 269

P

PACTO DE OURO FINO..............................271
PANACHAGE 271
PAPA, ELEIÇÃO DO 271
PARADIGMA DE MICHIGAN 273
PARADOXO DO ESTADO DO ALABAMA 274
PARTIDOS 274
PARTIDO COMUNISTA DO BRASIL 277
PELOUROS 279
PILLA, RAUL 280
PLEBISCITO 280

PLEBISCITOS NAPOLEÔNICOS 283
PLURALIDADE 284
POINCARÉ, HENRI 285
POLÍTICA DOS ESTADOS 286
PRECLUSÃO 287
PRÉVIAS, PESQUISAS, TESTES PRÉ-ELEI-
 TORAIS 287
PRIMÁRIAS 292
PRIMÁRIA ABERTA 292
PRIMÁRIA FECHADA 293

Q

QUARTEL 295
QUOCIENTE ELEITORAL 295
QUOCIENTE DE DROOP 296
QUOCIENTE PARTIDÁRIO 296
QUORUM 296

R

RECALL 297
RECRUTAMENTO 300
REFERENDO..302
REFORMA BUENO DE PAIVA 320
REGÊNCIA 321
REPRESENTAÇÃO DAS MINORIAS 326
REPRESENTAÇÃO PROFISSIONAL 330
REPRESENTAÇÃO PROPORCIONAL 334
RESTOS 334
RINGS 336
RODÍZIO 336

S

SALVAÇÕES...339
SERVA, MARIO PINTO 339
SILVA, ANTÔNIO CARLOS RIBEIRO DE
 ANDRADE E 340
SILVA, JOSÉ BONIFÁCIO ANDRADA E ..342
SISTEMA DE BADEN 343
SISTEMA ELEITORAL 343
SISTEMAS MAJORITÁRIOS 344
SISTEMAS MINORITÁRIOS 346
SISTEMAS MINORITÁRIOS RACIONAIS
347
SISTEMA HAGENBACH-BISCHOFF 347
SISTEMA VAN DER HEUVEL 348

SISTEMA WEILL-RAYNAL 349
SLADKOWSKY, K. 350
SONDAGENS 350
SPOIL SYSTEM 350
SUBLEGENDA 350
SUBLEMA 352
SUFRAGISTAS 353
SUPLENTES 353
SWING 356

T

TAMMANY SOCIETY 357
TERCEIRO ESCRUTÍNIO............................357
TIRAGEM À SORTE 358
TRAPAÇA TASMANIANA 359
TRATADO DE PEDRAS ALTAS 359
TURNOS 362

U

ULYSSES GUIMARÃES...............................365
UNDERDOG EFFECT 365
URNA ELETRÔNICA 366
URUGUAI 369

V

VELASCO, DOMINGOS 371
VERIFICAÇÃO E RECONHECIMENTO DOS PODERES 372
VETO LEGISLATIVO 375
VIANNA, FRANCISCO JOSÉ OLIVEIRA ..375
VOTANTE 377
VOTO A DESCOBERTO 378
VOTO ALTERNATIVO 379
VOTO AUSTRALIANO...............................380
VOTO CANTADO 380
VOTO CENSITÁRIO 381
VOTO COLORIDO....................................381
VOTO CORRENTE 381
VOTO CUMULATIVO 382

VOTO DA MULHER 384
VOTO DE LIDERANÇA 389
VOTO DE MINERVA 400
VOTO DE PALHA 400
VOTO DE PRERROGATIVA 401
VOTO DE REDUÇÃO 401
VOTO DISTRITAL 401
VOTO DO ANALFABETO 402
VOTO EM BRANCO 403
VOTO ENCADEADO 405
VOTO ESTÉRIL 405
VOTO FAMILIAR 405
VOTO GRADUAL OU POR PONTOS 406
VOTO INCOMPLETO 407
VOTO INFORMATIZADO 407
VOTO LIMITADO 408
VOTO MÚLTIPLO 411
VOTO NEGATIVO 411
VOTO NULO 412
VOTO OBRIGATÓRIO 412
VOTO PIVOTAL 414
VOTO PLURAL, OU SUPLEMENTAR 414
VOTO PLURAL DOS REPRESENTANTES 415
VOTO POR CORRESPONDÊNCIA 416
VOTO POR LEGENDA 416
VOTO POR PROCURAÇÃO.....................417
VOTO POR PROCURAÇÃO, POR REPRESENTANTES 418
VOTO PREFERENCIAL 418
VOTO PÚBLICO 419
VOTO SECRETO 419
VOTO SUSSURRADO 421
VOTO ÚNICO INTRANSFERÍVEL 421
VOTO ÚNICO TRANSFERÍVEL 422
VOTO UNINOMINAL 426

W

WEIMAR, REPÚBLICA DE 427
WHIPS 428

A

A BICO DE PENA

DIZIA-SE DAS eleições que, no Brasil do Império e sobretudo da Primeira República (1889-1930), formalmente corretas em vista da documentação apresentada, eram, em verdade, inteiramente falseadas.

Em regra geral, diria Belisário, as eleições assim feitas "são as mais regulares, segundo as atas: não há nelas uma só formalidade preterida, tudo se fez a horas e com os preceitos das leis, regulamentos e avisos do governo; é difícil que ofereçam brecha para nulidades". (Souza, Francisco Belisário Soares de. *O sistema eleitoral no Império*. Brasília: Senado Federal, p. 33)

Segundo a legislação vigente na Primeira República, o eleitor, após depositar na urna sua cédula, ou cédulas, deveria assinar um livro de presença, "de maneira que a cada linha da folha corresponda um só nome, e esta será por ele também numerada em ordem sucessiva, antes de lançar sua assinatura" (art. 74, § 4º, da lei n.º 1.269, de 15 de novembro de 1904). Terminada a votação, seria fornecido, pela mesa dos trabalhos, aos candidatos e aos fiscais, boletim declarando o número de eleitores que tivessem comparecido e votado e o número dos que deixassem de comparecer; e concluída a apuração, ainda fornecido pela mesa, outro boletim indicaria a votação que cada um dos candidatos houvesse obtido (art. 76). E, numa ata, seriam transcritos, além desses dados, "todas as ocorrências que se derem no processo da eleição". A mesa faria extrair cópias da ata, que seriam encaminhadas aos encarregados da verificação dos poderes (art. 84).

Mas, no período, foi completa a simulação nessas disputas eleitorais, tornando-se os pleitos, como diria o Deputado Érico Coelho, "uma briga entre papéis falsos". (In: Sales, Joaquim. *Se não me falha a memória*, cit. por Carone, Edgard, *A República Velha* (*Instituições e classes sociais*), São Paulo: Difel, 1972, p. 301)

À violência das eleições do Império, comenta Francisco de Assis Barbosa, a ata falsa, na República, acrescentaria o cinismo: "As eleições se faziam mais nas atas que nas urnas. Havia especialistas na matéria. Enchiam laudas e laudas de almaço num paciente exercício de caligrafia, com a caneta enfiada sucessivamente entre cada um dos vãos dos dedos da mão direita, para repetir em seguida os mesmos golpes de habilidade com a mão esquerda. A pena Mallat 12, a mais comum – era também a mais indicada para semelhante prestidigitação –, corria sobre o papel, ora com força, ora com suavidade, o bico virado, para cima ou para baixo, em posições as mais diversas, a fim de que o traço não saísse igual – frouxo, firme, tremido, grosso, fino, bordado, caprichado, mas sempre diferente." (Barbosa, Francisco de Assis. In: Franco, Afonso Arinos de Melo, *História do povo brasileiro*, v. 5, São Paulo:

J. Quadros Editores Culturais, 1967, p. 180)

Em livro de memórias, conta o ex-deputado por Pernambuco, Ulysses Lins: "Em 1899, tinha eu 10 anos, o coronel Ingá me fazia treinar nas tricas políticas locais... e, pegando-me pelo braço, delicadamente, disse: 'Você vai me ajudar na eleição...' Espantei-me, sem saber o que aquilo significava, e ele levou-me para uma mesa, na sala de jantar, em redor da qual tomava assento, bem assim os mesários (...) Passou a ler umas 'instruções eleitorais...' e a ditar a ata da instalação que o secretário ia lavrando num livro, enquanto outras pessoas escreviam ao mesmo tempo, em folhas de papel almaço, as cópias daquela ata... Lavrada a ata, teve lugar a votação, numa lista em que, realmente, assinaram apenas os membros da mesa, porque as demais assinaturas, de quase uma centena de eleitores, foram rabiscadas por mim e alguns dos mesários, bem por diversos curiosos que ali apareceram (...) Vi como eram eleitos senadores e deputados com a maior facilidade deste mundo (...) Terminada a votação simbólica, a mesa eleitoral extraía logo os boletins, que eram por todos assinados (inclusive os fiscais!), para serem enviados a alguns candidatos, amigos de meu pai, que assim desejavam documentá-los para defenderem seus direitos perante as juntas apuradoras." (Lins, Ulysses. *Um sertanejo e o sertão*, p. 46-47, cit. por Carone, Edgard, ob. cit., p. 300)

ABSTENÇÃO

Essa palavra tinha, outrora, emprego no Direito Civil, como sinônimo de renúncia à herança. Hoje, é utilizada na linguagem política, como o desconhecimento ou desprezo, pelo cidadão, dos direitos que lhe são conferidos, de modo especial o direito de eleger.

Prélot fala de um absenteísmo moral, que resulta de razões aparentemente virtuosas: o cidadão declara se consagrar mais completamente a sua família, a sua arte, a obras filantrópicas ou culturais. E, ao inverso dessas atividades nobres, a política comporta compromissos aos quais ele não pretende se engajar. No fundo está a ideia de que a política não pode ser *le beau métier* e que sua má reputação se estende aos que a praticam.

Para Prélot, provocadora de abstenção seria, também, a ideia da pouca eficácia da prática política. Fonte de indiferentismo seria, afinal, o ceticismo a partir do sentimento comum de que todos os partidos se equivalem.

Haveria um absenteísmo institucional, produzido por leis e regulamentos. Reduzido pelo voto por procuração ou por correspondência, teria pouca significação com respeito ao incivismo.

E, também, um absenteísmo de conjuntura, que ocorreria em momentos pouco indicados para o esforço eleitoral, como o da época dos grandes trabalhos no campo, ou nas estações de turismo.

Finalmente, um absenteísmo voluntário. (Prélot, Marcel. *Sociologie politique*. Paris: Dalloz, 1973, p. 630 e sgs.)

Há, ainda, entre os estudiosos, "uma tendência de atribuir à participação eleitoral um papel menos ativo, até menor, entre os meios de que dispõem os cidadãos para influenciar a seleção do corpo político e as decisões governamentais"; de considerar que uma taxa de participação ou um aumento muito brutal da participação eleitoral seria prejudicial à democracia. (*Explication du vote*. Paris: Presses de la Fondation Nationale des Sciences Politiques, 2ª ed., 1989, p. 192-193)

Em verdade, para muitos, a apatia política não é, de modo algum, sintoma de crise de um sistema democrático, mas um sinal de sua mais perfeita saúde. Assim argumenta Bobbio, para quem basta interpretar a apatia política não como uma recusa do sistema, mas como uma benevolente indiferença.

Além disso, acrescenta ele, aos partidos políticos que vivem e prosperam em um sistema político caracterizado por elevada abstenção – como os partidos norte-americanos – não lhes dá cuidado que as pessoas não votem. É, inclusive, melhor para eles, pois que, enquanto menos gente vota, menos pressões recebem eles. (Bobbio, Norberto. *El futuro de la democracia*. Barcelona: Plaza & Janes Editores, 1985, p. 90)

Na França, os níveis de abstenção são sempre mais altos nos escrutínios cantonais que nas eleições para o Parlamento ou para a Presidência da República. Maior número de eleitores tem interesse na vida nacional e não se preocupam em participar na escolha do Conselheiro de sua localidade.

Os analistas americanos apontam, de início, como explicação para os elevados níveis de abstenção eleitoral em seu país, o fato de que o cálculo é feito, ali, com base nos eleitores potenciais e não nos eleitores inscritos, já que certos Estados da Federação não exigem a inscrição dos votantes. A contagem do eleitorado potencial provém, então, de uma estimativa feita a partir dos números do recenseamento, com margens de erro nada desprezíveis. (*Explication du vote*, ob. cit., p. 178)

A segunda razão para tão baixa participação do eleitorado americano nos pleitos seria que os Estados membros da Federação dispõem, de modo desigual, sobre as condições para exercício do sufrágio. E, finalmente, uma apatia dos cidadãos que viria da excessiva proximidade ideológica que os partidos apresentam.

No Brasil – Os dados trazidos por José Murilo de Carvalho dão conta da abstenção eleitoral no Rio de Janeiro, ao iniciar-se a República (Carvalho, José Murilo de. *A abstenção eleitoral no Rio de Janeiro – 1889-1910*. Rio de Janeiro: Iuperj, n.º 50, ago., 1986). Referindo-se ao eleitorado potencial da capital, em 1890, aponta ele os seguintes números:

População fixa total 515.559
Excluindo menores de 21 anos, ficam 299.827
Excluindo as mulheres, ficam 174.565
Excluindo os analfabetos, ficam 118.704
Excluindo as praças de pré, os frades, ficam 109.421

Seria preciso excluir, ainda, os estrangeiros, mas não havia, aí, números confiáveis. Julga José Murilo poder estimar-se em torno de 100 mil o número de pessoas aptas a votar, ou seja, 20% da população total.

Para a eleição da Constituinte, em 1890, foram alistados 28.585 eleitores, ou seja, 28% do eleitorado potencial, 9,5% da população adulta, 5,5% da população total. Nas primeiras eleições diretas para presidente, em 1894, votaram apenas 7.857 pessoas, ou seja, 7% do eleitorado potencial, 1,3% da população. Em 1896, os alistados tinham subido para 42.252, mas nas eleições daquele ano para o Congresso votaram 13.127 eleitores, o que correspondia a 31% dos alistados, 13% do eleitorado potencial, 2,5% da população total. (Carvalho, José Murilo de, ob. cit., p. 17-18)

Uma das razões para esses índices de abstenção seria a fraude eleitoral, "que a

República nada fez para eliminar". E, no caso do Rio de Janeiro: o perigo dos pleitos, marcados "pela presença dos capoeiras, (v. CAPOEIRAS) contratados pelos candidatos para garantir os resultados".

José Murilo de Carvalho lembra que um fiel cronista da cidade, o romancista Lima Barreto (v. BARRETO LIMA), em seu romance *Os Bruzundangas*, relatava que, às vésperas da eleição, a cidade parecia pronta para uma batalha, e conhecidos assassinos desfilavam, em carros, pelas ruas, ao lado dos candidatos. E que, em outro romance, *Numa e a ninfa*, menciona-se certo coronel da Guarda Nacional que incluía, entre os preparativos para as eleições, a contratação de um médico, para atendimento a possíveis feridos que seriam, sem dúvida, vítimas de seus próprios capangas. O ato de votar terminava em "uma operação de capangagem". (Carvalho, José Murilo, ob. cit., p. 20)

A fraude nas eleições foi, também, para Assis Brasil (v. BRASIL, JOAQUIM FRANCISCO DE ASSIS) o motivo do afastamento dos eleitores na República Velha, quando "as abstenções fizeram-se colossais. Em breve a eleição passou a ser mera formalidade. Toda a gente se convenceu de que, para ser deputado, senador, ou mesmo presidente da República, não era preciso haver obtido voto algum". (Brasil, J.F. de Assis. "Democracia representativa – do voto e do modo de votar", nota à 4ª edição. In: *Ideias políticas de Assis Brasil*. Brasília/Rio de Janeiro: Senado Federal/Fundação Casa de Rui Barbosa, 1990, p. 140).Para outro de nossos estudiosos, Oliveira Vianna (v. VIANNA, FRANCISCO JOSÉ OLIVEIRA), a fraude não seria "a causa geratriz" de nosso absenteísmo eleitoral, mas, apenas, "um epifenômeno". Segundo ele, fraude existia no Império e, "mais do que a fraude, a violência, o tropel, o tumulto da capangagem. Não existia, porém, o absenteísmo". Nossa educação política se fizera, quase inteiramente, sob um regime de formação extranacional do poder público; por cerca de três séculos, os aparelhos de nossa vida governativa haviam se organizado fora daqui, no ultramar. E só esse fato "bastaria para explicar, racionalmente, a indiferença, o desinteresse, o alheamento geral de nosso povo à formação e à organização dos seus poderes públicos". (Vianna, Oliveira. *Pequenos estudos de Psicologia Social*. Rio de Janeiro: Cia. Editora Nacional, 3ª ed., 1942, p. 94 e sgs.)

Os números atuais de abstenção no Brasil, reunidos por Jairo Nicolau (Nicolau, Jairo Marconi. *Dados eleitorais do Brasil – 1982-1986*. Rio de Janeiro: Iuperj; Universidade Cândido Mendes/ Ucam, Revan, 1998) distribuem-se conforme o quadro abaixo.

Mas os dados, fornecidos pela Justiça Eleitoral, não são confiáveis. É que, desobedecendo a determinação do Código Eleitoral, os oficiais do registro civil deixam de enviar ao Juiz Eleitoral da zona, "os óbitos dos cidadãos alistáveis ocorridos no mês anterior, para cancelamento das inscrições" (art. 71). E a Justiça Eleitoral somente pode providenciar esse

	Eleições Presidenciais			Câmara				Governadores			
	1989		1994	1982	1986	1990	1994	1982	1986	1990	1994
	1º turno	2º turno									
Abstenção	11,9	14,4	17,7	17,7	5	14,2	18	17,7	5	14,2	17,7

cancelamento quando o eleitor "deixar de votar em três eleições consecutivas" (art. 71, V). Assim, se os mortos, atualmente, não votam, como na fraudulenta República Velha, deturpam eles, ainda, as estatísticas eleitorais.

ABUSO DO PODER ECONÔMICO

O ABUSO do poder econômico nas eleições é tão antigo quanto a utilização dos escrutínios. Basta que se recorde, somente, o quadro romano, com seus divisores – a repartir as contribuições e subornos – e o esforço dos dirigentes com as chamadas *leges de ambitus* (v. AMBITUS), os muitos diplomas legais editados para proteger a lisura das eleições.

Na Inglaterra, até meados do século XIX, o candidato à Câmara dos Comuns "devia comprar os votos dos eleitores, como também proporcionar, a estes, transporte, alimentação e alojamento. Era útil, igualmente, atemorizar os votantes contrários com grupos armados, que lhes vedavam aproximar-se do estrado onde tranquilamente se votava". (Maurois, André. *A vida de Disraeli*. São Paulo: Editora Nacional, 1941, p. 45)

Em 1827, calculava-se que, para preenchimento de dois lugares de Yorkshire, as despesas de eleição ultrapassavam 500 mil libras. "Havia burgos em que só os proprietários de certas casas eram eleitores; comprando essas casas, o senhor do lugar adquiria todos os votos. Em outros casos, eram-nos os *pot-boilers*, isto é, todos os que podiam fazer ferver suas panelas." (Maurois, André, ob. cit., p. 45) Candidato pelo burgo de Stafford, Sheridan registrava em sua caderneta de despesas: "248 burgueses a L 5.50 = L 1,302."

Com a reforma de 1832, na Inglaterra, viu-se um começo da reação contra as deformações do quadro eleitoral; mas, em 1854, o *Corrupt Illegal Practices Act* foi, segundo Cadart, "a primeira tentativa séria de eliminação da corrupção". Eram ali definidas, pela primeira vez, as diversas formas de corrupção direta e indireta; corruptores e corrompidos eram igualmente punidos; a intimidação e a pressão ilegítimas, antes não consideradas como delitos, eram, pela primeira vez, condenadas; e as despesas de candidatos e seus agentes, examinadas por comissários das despesas eleitorais. (Cadart, Jacques, p. 29)

Em 1868, o julgamento de petições com denúncias das fraudes foi transferido ao judiciário. Em 1883 fixou-se um máximo para as despesas eleitorais e se proibiam os gastos com transporte e distribuição de bebidas.

Desde 1918, as despesas eleitorais de um candidato não deveriam ultrapassar 6 pence por eleitor inscrito em uma circunscrição de condado e de 5 numa circunscrição de burgo. (Paula, Carlos Alberto Reis de. "A prestação de contas dos partidos políticos". In: *Revista do Tribunal de Contas da União*, n.º 19, p. 91-116, jun. 1979)

Também nos EUA, depois de leis estaduais que regulavam os gastos de candidatos, uma lei federal, de 1907 – o *Federal Corrupt Practices Act* – tratou das contribuições em dinheiro para as eleições.

Mais recentemente, naquele país, tamanho era o custo das eleições que se ouviu a preocupação de um analista: "São muitos os que começam a perguntar-se se os atuais métodos de obtenção e inversão dos fundos eleitorais não travam as rodas de nosso cuidadosamente construído mecanismo de controle popular, e se a democracia não marcha inevitavelmente para a plutocracia." (Overacker, Louise. "Money in Election". In:

Quintana, V.L. *Los partidos políticos en los Estados Unidos de América*. Buenos Aires: Depalma, 1943, p. 98)

Os sistemas eleitorais modernos, a par de uma punição rigorosa quanto à compra de votos, cuidam de instituir o financiamento público dos gastos das campanhas políticas e de regular seu financiamento privado.

No Brasil – Já no período colonial, nas únicas eleições que ocorriam, então, para a escolha dos "juízes, vereadores, almotacés e outros oficiais", ouviam-se reclamações de que os pleitos se fizessem "com subornos e induzimentos".

Os "officios de governança", funções de exercício obrigatório, não remunerado, não se compreendia, ao tempo, fossem desejados e perseguidos através do esforço, hoje tão admitido, das campanhas eleitorais. Daí que se chegasse a punir, e severamente, o que se denominava de *cabala*.

O conflito entre o Marquês de Montebelo, governador e capitão-general de Pernambuco, de 1690 a 1693, e o Senado da Câmara de Olinda, permite recolher uma indicação, embora emocional, de como pudessem ser as eleições, para este último corpo, "impudentemente fraudulentas".

Montebelo denunciou à Corte a peita dos votantes, coações, prorrogação dos trabalhos pela noite adentro, para que eleitores embuçados votassem duas e mais vezes. (Andrade, Gilberto Osório de. *Montebelo, os males e os mascates*. Recife: Universidade Federal de Pernambuco, 1969, p. 115)

Acusado, pela Câmara, de interferência ilegítima no processo eleitoral, explicou-se ele ao rei: "Não só não me intrometi, antes para evitar os subornos que nela costumam haver lhe mandei pôr a porta do Senado uma companhia de infantaria, e com toda esta diligência, e a esperteza do ouvidor-geral não faltaram os comboios, e subornos particulares, de modo que começando a eleição depois do meio-dia se acabou à meia-noite, introduzindo com capa (...) segunda e terceira fez a votar não pouco que tinham votado." (Andrade, Gilberto Osório de, ob. cit., p. 115)

As Ordenações Filipinas, que regulavam o processo de eleições, não cuidavam bem em corrigir os vícios: em 1611, reconhecia o monarca português que, no disciplinamento então vigente, "não se provê bastantemente nos ditos excessos, nem se declararam penas aos comprehendidos em subornarem as taes eleições".

E, em razão disso, editou um Regimento para a Eleição dos Vereadores em que determinava "que nenhuma pessoa, de qualquer qualidade e condição que seja, suborne na dita eleição, pedindo, nem procurando votos para si, nem para outrem, nem por qualquer outra via inquietem; sendo certo que se há de tirar disso devassa; e os que forem comprehendidos, que subornaram, ou inquietaram a tal eleição, serão presos, e condenados em dous anos de degredo para um dos logares da Africa, e além disso pagarão cincoenta cruzados para captivos". (In: Silva, José Justino de Andrade e. *Collecção chronologica da legislação portuguesa, 1603-1612*. Lisboa: Imprensa de J.J.A. Silva, 1854, p. 315-7)

Com o Brasil independente, o Código Criminal do Império, aprovado em 16 de dezembro de 1830, indicava, entre os "crimes contra o livre gozo e exercício dos direitos políticos dos cidadãos", em seu art. 101, "solicitar, usando de promessas de recompensas ou de ameaças de algum mal, para que as eleições para senadores, deputados, eleitores, membros dos conselhos gerais ou das câmaras municipais, juízes de paz, e quaisquer outros empregados eletivos, recaiam ou deixem de recair em determinadas pessoas, ou para esse fim comprar ou vender votos". Como pena, determinava a "de prisão por três a nove meses, e de multa correspondente à metade do tempo, bem assim da perda do emprego se dele se tiver servido para cometer o crime".

Na legislação propriamente eleitoral do período monárquico, falou-se em suborno, pela única vez, no Decreto n.º 157, de 4 de maio de 1842, cujo artigo 28 determinava: "Havendo denúncia de suborno em qualquer eleição, será remetida com todos os documentos e provas que se apresentarem, à Autoridade competente, a fim de proceder conforme do Direito."

Os outros textos limitaram-se a citar, "além dos crimes contra o livre gozo e exercícios dos direitos políticos do cidadão, mencionados nos arts. 100, 101 e 102 do Código Criminal", outras faltas como a de apresentar-se alguém, com titulo eleitoral de outrem, a de votar o eleitor mais de uma vez, aproveitando-se de alistamento múltiplo etc. (Assim, os Decretos n.ºs 3.029, de 9 de janeiro, 7.981, de 20 de janeiro e 8.213, de 13 de agosto, todos de 1881)

Em nossa Primeira República, todas as análises, quer a de enfoque do coronelismo, "forma peculiar de manifestação do poder privado", como o queria Victor Nunes Leal (v. LEAL, VICTOR NUNES), quer a do enfoque clientelista, a partir da manipulação de bens públicos, indicam o falseamento da representação política pelo abuso do poder, sobretudo econômico.

Ao iniciar-se a nossa Segunda República, e com a aprovação do Código Eleitoral de 1932 (v. CÓDIGO ELEITORAL DE 1932), um de seus autores, João Cabral (v. CABRAL, JOÃO C. DA ROCHA) dizia que "a responsabilidade por crimes eleitorais foi coisa que nunca se efetivou, sob o regime passado. O crime eleitoral, no pensar comum, passou a ser apenas 'habilidade política', senão virtude". (Cabral, João C. da Rocha. *Código Eleitoral da República dos Estados Unidos do Brasil*. Rio de Janeiro: Freitas Bastos, 1934, p. 143)

E puniu o Código o "oferecer, prometer, solicitar, exigir ou receber dinheiro, dádiva ou qualquer outra vantagem, para obter ou dar voto, ou para conseguir abstenção, ou para abster-se do voto", com a pena de seis meses a dois anos de prisão celular.

Quase a mesma redação constaria do Código Eleitoral de 1950 (v. CÓDIGO ELEITORAL DE 1950), aprovado pela lei n.º 1.164, de 24 de julho de 1950 (art. 175, 20)

O atual Código – Lei 4.737, de 15 de julho de 1965 (v. CÓDIGO ELEITORAL DE 1965) – indica como crime eleitoral, em seu art. 299, "dar, oferecer, prometer, solicitar ou receber, para si ou para outrem, dinheiro, dádiva ou qualquer outra vantagem para obter ou dar voto e para conseguir ou prometer abstenção, ainda que a oferta não seja aceita". A pena será de reclusão até quatro anos e pagamento de cinco a 15 dias-multa.

O elenco de crimes eleitorais hoje apenados inclui: a) a abusiva propaganda eleitoral (arts. 382 a 327 do Código); b) corrupção eleitoral (art. 299); c) fraude eleitoral (arts. 289 a 291, 302, 307, 309, 312, 315, 319, 321, 337, 339, 340, 348, 349, 352, 353 e 354); d) coação eleitoral (arts. 300 e 301); e) aproveitamento econômico da ocasião eleitoral (arts. 303 e 304); f) irregularidade no ou contra o serviço público eleitoral (os demais artigos do cap. II do Título IV do atual Código) (Hungria, Nelson. "Os crimes eleitorais". In: *Revista Eleitoral da*

Guanabara. Rio de Janeiro: TRE, 1968, ano I, n.º 1, p. 134)

Atualmente, a par de um correto disciplinamento sobre o fornecimento de transporte, em dias de eleição, a eleitores residentes nas áreas rurais e a par, também, de uma irrepreensível regulação sobre a propaganda eleitoral em rádio e televisão, tentou-se, no Brasil, a exemplo de tantos outros países, também o financiamento público das atividades dos partidos. Criou-se um Fundo Especial de Assistência Financeira aos Partidos Políticos (v. Fundo Partidário). Seria ele constituído pelas multas e penalidades aplicadas nos termos do Código Eleitoral e leis conexas; dos recursos financeiros destinados em lei, de doações de pessoas físicas e de dotações orçamentárias da União.

Após cada pleito, no entanto, apressa-se o Congresso a aprovar projetos trazendo o perdão das multas a eleitores que se abstêm de votar. Não se incluem, por outro lado, no orçamento, rubricas que possibilitem a vitalização do Fundo. E, finalmente, o setor privado – empresas e pessoas físicas – prefere as doações sem escrituração.

Daí que se observe, pelos partidos, o cumprimento meramente farisaico da legislação que disciplina sua vida financeira e sua contabilidade. A Justiça Eleitoral recebe balanços financeiros obviamente fingidos e, ao encerrar-se cada campanha, prestações de contas obviamente irreais.

A Emenda Constitucional n.º 14, de 3 de junho de 1965, foi a primeira a procurar coibir o abuso do poder econômico e político. Determinou que, além dos casos previstos na Constituição, lei especial poderia estabelecer novas inelegibilidades "desde que fundadas na necessidade de preservação... da lisura e normalidade das eleições contra o abuso do poder econômico e uso indevido da influência de exercício de cargos ou funções públicas".

A lei n.º 78.493, de 17 de junho de 1986, que veio estabelecer normas para a eleição daquele ano, dispôs, em seu artigo 23: "A diplomação não impede a perda do mandato, pela Justiça Eleitoral, em caso de sentença julgada, quando se comprovar que foi obtido por meio de abuso do poder político ou econômico".

E logo a nova Constituição, de 5 de outubro de 1988, em três parágrafos de seu artigo 14, estatuiu: "§ 9º – Lei Complementar estabelecerá outros casos de inelegibilidade e os prazos de sua cessação, a fim de proteger a probidade administrativa, a moralidade para o exercício do mandato, considerada a vida pregressa do candidato, e a normalidade e legitimidade das eleições contra a influência do poder econômico ou o abuso do exercício de função, cargo ou emprego na administração direta ou indireta. § 10º – O mandato eletivo poderá ser impugnado ante a Justiça Eleitoral no prazo de 15 dias contados da diplomação, instruída a ação com provas do abuso do poder econômico, corrupção ou fraude. § 11º – A ação de impugnação do mandato tramitará em segredo de justiça, respondendo o autor, na forma de lei, se temerária ou de manifesta má fé."

Seguiu-se a Lei Complementar n.º 64, de 1990, determinando que as transgressões pertinentes à origem de valores pecuniários, abuso de poder econômico ou político, em detrimento da liberdade de voto, seriam apuradas mediante investigação jurisdicionais, realizadas pelo Corregedor Geral e Corregedores Regionais Eleitorais.

O abuso de poder, nas eleições, é, agora, enfrentado por uma Ação de Impugnação ao registro do candidato, por um recurso contra a expedição de seu diploma, pela investigação judicial, trazida pela LC 64/90 e por Ação de Impugnação de mandato eletivo.

Para o professor Torquato Jardim, que integrou o Tribunal Superior Eleitoral, aquela Corte "ainda claudica" no que se refere ao nexo de causalidade, à correlação entre o ato abusivo ou ilegal e o número de votos auferido pelo candidato. (Jardim, Torquato. *Direito Eleitoral Positivo*. Brasília: Brasília Jurídica, 2ª ed., 1998, p. 1.810)

Antes "consolidara o entendimento de que não se exige, para a configuração do abuso do poder econômico, relação de causa e efeito entre o ato e o resultado das eleições; o ato abusivo em si já era bastante para fazer incidir a elegibilidade".

Depois adotou o Tribunal "critérios de habilidade para o desequilíbrio e de potencialidade do desequilíbrio". E se disse, em um dos julgados: "tratando-se de práticas ilegais, configuradoras do abuso de poder econômico, hábeis a promover um desequilíbrio na disputa política, não é de exigir-se o nexo de causalidade, considerados os resultados dos pleitos". (Rec. 11.469, rel. Min. Costa Leite, DJU de 7.6.1996)

Mais recentemente, a Corte decidiu que "a configuração do abuso de poder econômico político hábil a ensejar a inelegibilidade (...) exige prova do nexo de causalidade entre os atos praticados e o comprometimento da lisura e normalidade do pleito". (Rec. Ord. 5, rel. Min. Maurício Corrêa, DJU de 6.3.1998, cit. por Jardim, Torquato, ob. cit., p. 182)

ACADEMIA BRASILEIRA DE LETRAS

FUNDADA EM 1896, no Rio de Janeiro, por grupo de escritores, à frente Machado de Assis (v. ASSIS, MACHADO DE).

Tem por fim, como rezam seus estatutos "a cultura da língua e da literatura nacional".

São 40 os seus membros, escolhidos por escrutínio secreto, somente se considerando eleito "o candidato que obtiver a maioria absoluta (v. MAIORIA – MAIORIA ABSOLUTA) dos votos dos membros efetivos da Academia, existentes ao tempo da eleição" (art. 21 do Regimento Interno).

Quando o número de membros efetivos for ímpar – apressa-se o Regimento em esclarecer – "a maioria absoluta será representada pela metade do número imediatamente superior àquele" (art. 21, 1º, do Regimento).

Os ausentes podem participar do pleito, enviando, por meio de carta, "os seus votos, separados para cada escrutínio, em sobrecartas fechadas e sem assinatura".

Se não se obtiver a maioria absoluta no primeiro escrutínio, proceder-se-á a um segundo, a um terceiro e até um quarto quando, se nenhum candidato obtiver o quorum, abrir-se-á, de novo, inscrição para preenchimento da vaga.

Como informa Josué Montello (*Pequeno anedotário da Academia Brasileira*. São Paulo: Livraria Martins Editora, s.d., p. 327), a primeira eleição em que se pôs em prática esse critério foi a de Alcides Maia, sucessor de Aluísio de Azevedo, em 6 de setembro de 1913 e na qual concorreram o ensaísta Almáquio Diniz, o sociólogo Alberto Tôrres e o novelista Virgílio Várzea. Alcides Maia elegeu-se no terceiro escrutínio, com 16 votos.

E a primeira eleição em que os quatro escrutínios não apresentaram vencedor, como conta Montello, foi a da sucessão de Emílio de Menezes, em

24 de abril de 1919. E outros exemplos foram os das tentativas de preenchimento das vagas de Paulo Barreto, Rui Barbosa, Domício da Gama, Mário de Alencar, Alberto Faria, Gregório da Fonseca, Coelho Neto, Afonso Celso, Pereira da Silva e, mais recentemente, de Olegário Mariano. (Montello, Josué, ob. cit., p. 328)

O processo dos escrutínios, esclarece Montello, "embora vigente na generalidade das Academias, tem, nestas, opositores e partidários. Não se trata, portanto, de matéria pacífica e sim de assunto vastamente controvertido. Aqueles que o condenam apoiam-se no princípio de que, correspondendo o voto a uma seleção de ordem pessoal, é inadmissível que esta seleção varie ao sabor das votações sucessivas. Se varia – argumenta-se – é que não corresponde a uma seleção de valores; corresponde, está claro, a uma preferência flutuante de ordem pessoal". (Montello, Josué, ob. cit., p. 328)

O acadêmico pode se abster de votar ou votar em branco. Entende-se, no primeiro caso que, não reconhecendo qualidades intelectuais no candidato, não deseja contudo hostilizá-lo pessoalmente. É o que explica, em livro delicioso, em que narra uma disputa acadêmica, o romancista Jorge Amado.

E prossegue ele: "Já o voto em branco significa discordância bem mais radical: demonstra repulsa do Acadêmico em relação à(s) pessoa(s) do(s) candidato(s) a quem não considera digno(s) de com ele conviver na Ilustre Companhia. A abstenção não compromete a unanimidade, se um candidato obtiver todos os demais votos. O voto em branco o impede." (Amado, Jorge. *Farda, fardão, camisola de dormir*. Rio de Janeiro: Record, 1979)

Na praxe acadêmica é fundamental a cabala dos votos com a visita, pelos candidatos, aos acadêmicos. A visita, diz Amado, "é absolutamente indispensável. Nenhum candidato pode se arvorar o direito de não visitar esse ou aquele Acadêmico, a qualquer pretexto que seja. O Acadêmico, sim, é senhor de dispensar ou mesmo de recusar a visita, mas ao candidato cabe apenas solicitar dia e hora para comunicar sua pretensão e pedinchar apoio". (Amado, Jorge, ob. cit., p. 183)

Sobre essa prática, lembra Josué Montello que Chateaubriand, candidato à Academia Francesa, se não a quebrou, "inovou-a a seu modo, quando saiu a visitar os seus futuros eleitores soberbamente montado num cavalo. Se o acadêmico merecia sua admiração, apeava da montaria. Em caso contrário, comunicava a sua candidatura, sem se dar o trabalho de pular da sela. Resultado: no dia da eleição, apareceu este voto na urna da Academia: Voto no cavalo". (Montello, Josué, ob. cit., p. 16)

ACESSUS

Procedimento utilizado na eleição do Papa (v. Papa, Eleição do) e que permitia, quando se verificasse uma tendência em favor de um dos cardeais, que cada um dos votantes alterasse o voto anterior e apoiasse o favorito, declarando *accedo Domino Cardinali N*.

O sistema, que servia para abreviar a eleição, esteve em vigor desde 1562, com a Constituição *In Eligendis*, de Pio IV, até 1904. (Boursin, Jean Louis. *Les dés et les urnes*. Paris: Seuil, 1990, p. 74-75)

ACLAMAÇÃO

Escolha do representante pela manifestação oral dos eleitores. Unanimidade espontânea, consentimento geral, explica

Maurice Block, que exclui toda discussão e não deixa qualquer possibilidade de se produzir a oposição de indivíduos isolados. (Block, M. Maurice. *Dictionnaire général de la politique*. Paris: O. Lorenz, Libreire-Editeur, 1873, p. 12)

O primeiro exemplo conhecido de seu uso sistemático foi o da eleição dos membros do Senado, na antiga Esparta.

Como relata Plutarco, depois da seleção, por Licurgo, dos primeiros 28 senadores, entre os que tinham ajudado o grande legislador grego em sua revolução, as vagas eram assim preenchidas: "O povo se reunia em praça pública; alguns homens escolhidos eram fechados em uma casa vizinha, de onde nada podiam ver e não podiam ser vistos; ouviam somente o rumor do povo que, nessas eleições como em todos outros assuntos, dava seu voto por aclamações. Os competidores não eram introduzidos de uma só vez na assembleia; passavam, um após outro, em grande silêncio, segundo a ordem que a sorte lhes havia marcado. Os eleitores, encerrados na casa vizinha, registravam, cada vez, sobre tábuas, o grau do rumor que tinham ouvido; e como não podiam identificar, senão pela ordem, os candidatos que recebiam cada manifestação, escreviam: para o primeiro, para o segundo, para o terceiro, e assim por diante, segundo a ordem pela qual tinham entrado na assembleia. Aquele que recebera as aclamações mais fortes e mais numerosas era declarado senador." (Plutarco. *Les vies des hommes illustres*. v. I, Paris: Librairie Garnier Frères, s.d., p. 114)

Um dos modos de eleição do Papa, na Igreja Católica (v. PAPA, ELEIÇÃO DO), pode ser o de aclamação. É o que se processa por inspiração e se dá quando todos os cardeais, de viva voz, unanimemente, proclamam alguém como Papa, "como se fossem inspirados pelo Espírito Santo".

Mas se faz necessário: 1) que a decisão seja adotada no Conclave, e depois de reunido este; 2) que concorram todos os Cardeais presentes, mesmo os enfermos; 3) que não haja qualquer discrepância; 4) que a decisão não seja precedida de qualquer justificação ou referências laudatórias ao escolhido, procedendo-se a eleição por meio da palavra elejo, proferida em voz clara ou por escrito, se não puder ser oralmente. (In: *Enciclopédia universal ilustrada*. Bilbao/Madri/Barcelona: Espasa-Calpa, s.d., t. XLI, p. 975 e sgs. e *Encyclopédie Théologique*. Paris: J.P. Migne Éditeur, 1846, t. 10º, p. 746 e sgs.)

O sistema de aclamação foi, também, utilizado na Inglaterra até o *Ballot Act*, de 1872. Os candidatos se apresentavam em plataformas, abertas na dianteira e divididas em tantos compartimentos quantos fossem os concorrentes. Após o pronunciamento dos disputantes, o *returning officer* – funcionário encarregado das eleições – interrogava a multidão e proclamava o resultado. "Os não eleitores clamavam tanto quanto os eleitores, inclusive mais forte ainda", comenta Mackenzie (Mackenzie, W. J. M., *Free elections*, Londres, George Allen & Unwin, 1958, p. 128-129)

A escolha era definitiva se os candidatos derrotados não reclamassem. Segundo Mackenzie, supondo que o sistema permita uma apelação simples e direta contra a aclamação, haveria três possíveis maneiras de atuar. A primeira, a de que os eleitores desfilassem individualmente ante o presidente, declarando sua opção, que este anotaria em um livro de votação. Este era o sistema tradicional inglês, franco e muito preciso, mas excessivamente lento. O segundo, consistindo em levantar mãos ou tarjetas, ou qualquer outro sinal. O terceiro, a *divisão*, ideal para grupos menos numerosos. (Mackenzie, W.J.M, ob. cit., p. 141)

Em Portugal a palavra tem o significado particular de lembrar a subida ao trono da Casa de Bragança, após o fim da dominação espanhola, em dezembro de 1640: as vozes que chamavam o Duque de Bragança a governar o país eram tão unânimes que a expressão convinha perfeitamente para indicar a data em que começa sua dinastia. (Block, M. Maurie, ob. cit., p. 12)

No Brasil – Na história eleitoral brasileira, o processo de aclamação foi empregado, a partir de 1822, nas assembleias para escolha dos "eleitores de paróquia". O presidente dessas assembleias propunha dois cidadãos para secretários e dois para escrutinadores, que seriam aprovados ou rejeitados "por aclamação do povo". (Decisão n.º 57, de 19 de junho de 1822, cap. II, 2, e Decreto de 26 de março de 1824, cap. II, 3º)

Belisário de Souza diz que "ainda se conservam, e é provável que se conservem para sempre, na lembrança de todos os que assistiram às eleições anteriores a 1842, as cenas de que eram teatro as nossas igrejas na formação das mesas eleitorais. Cada partido tinha seus candidatos, cuja aceitação, ou antes, imposição, era questão de vida ou morte. Quais, porém, os meios de chegarem as diversas parcialidades a um acordo, nenhum. A turbulência, o alarido, a violência, a pancadaria, decidiam o conflito. Findo ele, o partido expelido da conquista da mesa nada mais tinha que fazer ali, estava irremissivelmente perdido. Era praxe constante: declarava-se coato e retirava-se da igreja, onde, com as formalidades legais, fazia-se a eleição conforme queria a mesa". (Souza, Francisco Belisário. *Sistema eleitoral*. Brasília: Senado Federal, 1979, p. 54)

ACORDO DE CAMBOIM

O processo "salvacionista" (v. Salvações), em Alagoas, culminou com a renúncia do governador Euclides Malta, em 13 de março de 1912, e a retirada de seu candidato, Natalício Camboim, passando-se à eleição, sem competidores, do coronel Clodoaldo da Fonseca, primo-irmão do Presidente Hermes.

Os Malta haviam governado o Estado desde 1900. De início, o dirigente fora Euclides Malta que, depois de eleger seu irmão, Joaquim Paulo, em 1903, voltara ao poder em 1906 e se reelegera em 1909. Numa tentativa de deter a "salvação", os Malta chegaram a levantar a candidatura à governança de outro parente de Hermes, o general Olímpio da Fonseca. Mas prevaleceu a solução de Clodoaldo da Fonseca, em um acordo que ficou, como o disse Pedro Calmon, como "sinônimo de capitulação ingênua". (Calmon, Pedro. *História do Brasil*. Rio de Janeiro: José Olympio, 1971, v. VI, p. 2.193) Para Afonso Arinos, foi um acordo "que fez rir (não adiantava chorar) o Brasil de norte a sul" e que "se celebrizou como paradigma da patifaria política". (Franco, Afonso Arinos de Melo. *História do povo brasileiro*. São Paulo: J. Quadros Editoras Culturais, v. V, 1967, p. 192)

ALEMANHA

República Federativa, sob um regime parlamentar, a República Federal da Alemanha tem o poder "exercido pelo povo por meio de eleições e votações e através de órgãos especiais dos poderes legislativo, executivo e judiciário" (Art. 20 da Constituição, em vigor desde 23 de maio de 1949).

O legislativo é composto de um Parlamento Federal (o *Bundestag*), e de um

Conselho Federal (o *Bundesrat*), integrado por membros dos governos estaduais e que atendem às instruções destes.

Para eleição dos deputados ao Parlamento Federal, a Alemanha optou por um sistema designado pelos analistas como "eleição proporcional personalizada". Assim, a Lei Eleitoral Federal, de 7 de maio de 1956, determinou que, em um total de 518 mandatos: a) 248 sejam escolhidos por sistema majoritário, em igual número de distritos eleitorais, sendo considerado eleito, em cada um deles, o candidato que alcançar a maioria simples dos votos; b) 248 outros membros sejam eleitos pelo sistema proporcional, votando o eleitor em listas apresentadas pelos partidos em cada *Land*, dos dez em que se divide o país; c) os 22 membros restantes eram, antes da reunificação do país com a Alemanha Oriental, escolhidos pelos membros do Parlamento de Berlim Ocidental, portanto eleitos indiretamente.

Na escolha direta dos membros do Parlamento, o eleitor alemão tem, então, dois votos: o primeiro, dado ao candidato em cada distrito; o segundo, atribuído a uma das listas partidárias, sem que se permita ao votante qualquer alteração, quer nos nomes, quer na ordem.

Para alocação das cadeiras aos partidos, somam-se os segundos votos, atribuídos às listas partidárias em cada *Land*. Somente participam dessa distribuição os partidos que tiverem obtido ao menos 5% desses segundos votos, ou que tiverem eleito ao menos três deputados no primeiro voto.

Uma vez determinado o número de postos a cada Partido, passa-se à sua alocação a cada *Land* e, depois, à sua distribuição pelos candidatos de cada lista. Uma vez já escolhidos 248 deputados pelos distritos, por votação majoritária, procede-se à subtração desse número para que se encontre o número restante de vagas, a serem preenchidas pelos candidatos entre as respectivas listas de partidos.

Apesar de muito citado, o modelo eleitoral alemão é mal compreendido e detalhado com incorreções. Em verdade, como afirma Dieter Nohlen, "é difícil encontrar uma só explicação correta do sistema eleitoral da Alemanha ocidental nos escritos em inglês". Toda análise correta do sistema germano-ocidental – esclarece ele – tem que começar com o fato de que os 496 postos se atribuem aos partidos proporcionalmente à sua parte nos segundos votos. O elemento de maioria simples do sistema eleitoral, em consequência, só é pertinente com respeito à questão de que candidatos vão representar seus respectivos partidos no *Bundestag*, mas, praticamente, não tem importância alguma quanto à força numérica do partido no referido *Bundestag*. (Nohlen, Dieter. "Los sistemas electorales entre la ciência y la ficcion". In: *Revista de Estudios Politicos*, 42, nov./dez., 1984, p. 16 e 18)

As eleições para o Parlamento são convocadas a cada quatro anos. Em caso de dissolução, o pleito tem lugar dentro de 60 dias.

O Conselho Federal é formado por membros dos governos estaduais "que os designam e destituem" (art. 51 da Constituição). Cada Estado tem, pelo menos, três votos; estados com mais de dois milhões de habitantes têm quatro; com mais de seis milhões, cinco votos. Isso garante o equilíbrio, nas decisões, entre grandes e pequenos estados.

O presidente federal é eleito pelo Parlamento, com mandato de cinco anos, permitida sua reeleição por somente uma vez.

O Chanceler é eleito pelos membros do Parlamento, não tendo direito a voto os 22 eleitos por Berlim.

O voto é facultativo, mas é obrigatório o registro dos eleitores. Podem votar nas eleições federais todos os cidadãos maiores de 18 anos, residentes na República Federal nos três meses que antecedem uma eleição. É permitido o voto por correspondência.

O controle das eleições compete ao Parlamento. Contra uma decisão deste, há a possibilidade de recurso ao Tribunal Constitucional Federal.

A lei dos partidos, de 24 de julho de 1967, com a nova redação que lhe foi dada em 15 de fevereiro de 1984, possibilita a reposição dos custos de uma campanha eleitoral. Para beneficiar-se dessa reposição, os partidos devem alcançar, ao menos, 0,5% dos segundos votos ou, no caso em que não participe de nenhuma lista no *Land*, pelo menos 10% dos primeiros votos em um de seus distritos.

HISTÓRIA ELEITORAL – Depois da vitória da Prússia sobre a Áustria, a Confederação da Alemanha do Norte substituiu a Confederação germânica e contratou uma aliança militar e aduaneira com os Estados alemães do sul.

Essa nova confederação foi dotada, em abril de 1867, de uma Constituição, pelo *Reichstag* federal, reunido em Berlim.

Depois, sob a iniciativa do rei da Baviera, os Estados do sul transformaram em união federal a aliança que os unia à Confederação do Norte.

Nova constituição foi aprovada em 16 de abril de 1871. Estabelecia ela um Senado – *Bundesrath* – composto de plenipotenciários dos diversos governos alemães. O número total de votos era de 58, sem contar os dos delegados da Alsácia-Lorena, com atribuições mais restritas.

Cada Estado tinha direito de enviar tantos delegados quantos votos possuísse, mas deveriam esses se manifestar, nas deliberações, em um só sentido. O *Bundesrath* era chamado a deliberar sobre projetos de lei apresentados à outra casa legislativa, o *Reichstag*, sobre as decisões tomadas por essa assembleia, quanto à execução das leis.

O *Reichstag* era formado por representantes de toda a população alemã, na proporção de um deputado por 100 mil habitantes, o excedente de 50 mil dando, igualmente, direito a um deputado. Foram, então, 396 os representantes, eleitos por sufrágio universal e escrutínio direto. O *Reichstag* era renovado de três em três anos, podendo ser dissolvido por uma resolução do *Bundesrath*, aprovada pelo Imperador.

Exigia-se maioria absoluta para eleição desses representes, e, não se alcançando esta, realizar-se-ia, no espaço de 15 dias, uma nova eleição entre os dois candidatos com maior número de votos.

A verificação e o reconhecimento dos poderes eram entregue à própria Câmara.

O direito de voto era dado a todo natural do país, maior de 21 anos, ali domiciliado.

Em 1912, por frágil maioria de votos, foi derrotada uma proposta de adoção do regime proporcional.

Em dezembro de 1918, após a derrota do país na Grande Guerra, o Conselho de Comissários do Povo, para as eleições à Constituinte, baixou a idade eleitoral para os 20 anos, estendendo o voto às mulheres. E acolheu um regime proporcional que acabou inscrito na Constituição, aprovada em 11 de agosto de 1919: "Art. 17 – (...) A representação popular deve processar-se através de sufrágio universal, direto e secreto, segundo os princípios da representação proporcional, de todos os homens e mulheres súditos do Império Alemão (…) Art. 22 – Os deputados são eleitos por sufrágio universal igual, direto e secreto, por todos os homens e mulheres com mais de 20 anos, de harmonia com os princípios da representação proporcional" (v. REPÚBLICA DE WEIMAR).

Lei eleitoral de 27 de abril de 1920 criou 35 circunscrições, com população que variava entre 871 mil e 2.589 mil de habitantes. Cada uma delas tinha o direito de eleger de 10 a 20 deputados, incluídos em listas fechadas, cuja composição era de inteira responsabilidade dos partidos. Cada lista conseguia um lugar através de 60 mil votos, repartindo-se os restantes entre várias circunscrições ou a nível nacional.

O número de deputados do novo *Reichstag* variava com as taxas de participação eleitoral e do crescimento demográfico.

Para os analistas, o sistema apresentava muitos inconvenientes, entre estes a) um favorecimento à dispersão de votos por uma multiplicidade de partidos, criando condições parlamentares de instabilidade governamental; b) um obstáculo a que os eleitores se identificassem com os deputados, muito submetidos à influência dos partidos e eleitos em circunscrições desmesuradas.

Depois do hiato do nazismo e da derrota na Segunda Grande Guerra, a Alemanha, sob a pressão das forças que a venceram, reorganizou seu quadro político com a Constituição, aprovada em 8 de maio de 1949 e em vigor a partir de 23 daquele mês.

ALENCAR, JOSÉ DE

NASCEU NO Ceará em 1829, e faleceu no Rio de Janeiro, em 1877. Foi deputado à Assembleia Geral, pela Província do Ceará, nas legislaturas de 1861-1863, 1869-1872, 1872-1875 e 1876-1877. Ministro da Justiça no Gabinete Itaboraí (julho de 1868 a janeiro de 1890), candidatou-se ao Senado nas eleições de dezembro de 1869, sem a aprovação de Pedro II que, ao ser apresentada a lista, lhe recusou a indicação ("Nunca se acreditou no país – escreveu Taunay – que fosse rejeitado um nome tão ilustre". In: Viana Filho, Luís. *A vida de José de Alencar*. Rio de Janeiro: José Olympio/MEC, 1979, p. 195)

Consagrado como romancista, iniciador do indianismo na ficção brasileira com *O Guarani*, tem-se, comumente, Alencar como "escritor profissional a se interessar pela política". Mas, segundo Rachel de Queiroz, se estaria, assim, "invertendo os termos da questão: a política é que era o seu país, a sua nação de nascimento. Da política é que ele teve que fugir e desgarrar-se, para poder se entregar à Literatura, à sua poderosa e invencível vocação de ficcionista". (Queiroz, Rachel de. Introdução a *Perfis parlamentares 1 – José de Alencar*. Brasília: Câmara dos Deputados, 1977, p. 12)

Debatendo, no Parlamento, a questão eleitoral, Alencar defendia a permanência da qualificação (afirmando que "a máxima parte dos males que se atribuem ao nosso sistema de eleições não provém do processo, mas sim da condição móvel e incerta do corpo eleitoral") a representação das minorias ("ideia nova, de que muitos escarnecem") e a manutenção da eleição indireta (visando, aí, "a integridade da Constituição"). (Veja-se o discurso de 23.6.1874. In: *Perfis*, ob. cit., p. 413 e sgs.)

Em artigo publicado no *Jornal do Commercio*, de 1859, Alencar propusera o voto limitado. Em 1961, apresentou à Câmara, com dois outros parlamentares, projeto dispondo sobre a qualificação para o exercício do direito eleitoral. Em 1873, apresentou projeto mais abrangente, sobre a representação, o exercício do voto, o título, o registro político, a eleição de vereadores e juízes de paz, a incompatibilidade e a verificação dos poderes. (In: Pinto, Antônio Pereira (org.). *Reforma eleitoral*. Brasília: Unb, 1983, p. 274 e sgs. e 334 e sgs.)

Ao propor, inovadoramente, um sistema proporcional para o Estado do Rio Grande do Sul, em 1913, Borges de Medeiros (v. MEDEIROS, BORGES DE) confessaria seu débito com Alencar: "Na elaboração do projeto, em vivenda campestre nos confins deste Município, as minhas lucubrações só puderam haurir na ocasião ensinamentos luminosos em J. de Alencar, cuja obra, sempre nova, a traça do tempo não conseguiu poluir." (Exposição de Motivos que acompanhava o projeto que resultou na Lei Estadual n.º 153, de 14 de julho de 1913)

Analisando as reflexões políticas de Alencar em *O sistema representativo* (Rio de Janeiro: Garnier Editor, 1868), em *Ao povo. Cartas políticas de Erasmo* (Rio de Janeiro: Tipografia de Pinheiro e Co., 1866), *Ao Imperador. Novas cartas políticas de Erasmo* (Rio, Tipografia de Pinheiro e Co., 1867), *Reforma eleitoral* (Rio de Janeiro: s.ed., 1874) e *Discursos proferidos na Câmara dos Deputados e no Senado nas sessões de 1869, 1871 e 1874*, e reunindo seus principais textos, Wanderley Guilherme dos Santos resume o seguinte catálogo de suas proposições: 1) Quanto mais denso o mandato, mais democrático; 2) Quanto mais proporcional, mais democrático; 3) Quanto maior a participação eleitoral, maior a extensão em que o governo é de todos por todos; 4) Quanto mais obedecer à regra fundamental de não tirania da maioria e não poder de veto da minoria, mais democrático; 5) Quanto menores o prazo e o escopo dos governos, mais democrático. (Santos, Wanderley Guilherme dos. *Dois escritos democráticos de José de Alencar*. Rio de Janeiro: Editora UFRJ, 1991, p. 49 e 50)

Desconheço – conclui Santos – "formulação mais radicalmente liberal da organização e funcionamento de um sistema parlamentar, dando inclusive solução para o enigma democrático fundamental". Alencar lhe aparece, então, "como um dos mais sofisticados teóricos da democracia, escrevendo no século XIX". (Santos, Wanderley Guilherme, ob. cit., p. 50)

ALIANÇAS
(V. COLIGAÇÕES)

ALISTAMENTO

NOS TERMOS de nosso Código Eleitoral, o alistamento envolve "a qualificação e inscrição do eleitor" (Art. 42 da lei n.º 4.737, de 15 de julho de 1965. V. CÓDIGO ELEITORAL DE 1965).

É, como ensina Pinto Ferreira, "um processo eleitoral que consiste principalmente na composição da identidade do eleitor, da idade, da filiação, da nacionalidade, do estado civil, da profissão e da residência do eleitor, habilitando-se a inclusão do seu nome na lista (fichário dos eleitores), para os fins de voto, elegibilidade e filiação partidária, após a expedição do respectivo título eleitoral". (Ferreira, Pinto. *Código Eleitoral comentado*. Rio de Janeiro: Editora Rio de Janeiro, 1976, p. 86)

Distingue-se uma qualificação voluntária, "por iniciativa do cidadão", como se dizia no art. 36 do Código Eleitoral de 1932, de uma qualificação *ex-officio*. Esta última foi tida como uma das originalidades daquele diploma legal. Por ela, como explicava um dos autores do Código, João Cabral (v. Cabral, João C. da Rocha), "se provê que o juiz, pelo próprio ofício, mediante, apenas, atestação de certos departamentos da administração pública, declare conhecidos e alistáveis os cidadãos, cuja cidadania e aptidão para o exercício do direito de voto são evidentes e já foram reconhecidas pelos mesmos departamentos". (Cabral, João C. da Rocha. *Código Eleitoral da República dos Estados Unidos do Brasil*. 3ª ed., Rio de Janeiro: Freitas Bastos, 1934, p. 76)

A lei n.º 1.269, de 15 de novembro de 1904 (v. Lei Rosa e Silva), naturalmente, como explicava Dionysio Gama, "para acabar com os escândalos vergonhosos e os abusos inqualificáveis a que dava lugar o tríplice alistamento eleitoral" – um para as eleições federais, outro para as eleições estaduais e um terceiro para as municipais – determinava, em seu art. 1º: "Nas eleições federais, estaduais e municipais, somente serão admitidos a votar os cidadãos brasileiros, maiores de 21 anos, que se alistarem na forma da presente lei." Tal disposição, como informa Gama, deu causa "a discussões calorosas e intermináveis" sobre se ficavam sem efeito os alistamentos estaduais e municipais, dada a autonomia concedida aos Estados pela Constituição.

A lei n.º 3.139, de 2 de agosto de 1916, mudou a orientação, dispondo, somente, sobre as eleições federais e as locais do Distrito Federal, reaparecendo, então, "os abusos e os escândalos já referidos". Mas não havia dúvidas, conclui Gama, que aos Estados, então, competia "formar o seu eleitorado, decretando o modo e a prova da capacidade política e o processo das eleições, não podendo a União intervir no assunto sem ofensa à autonomia dos mesmos Estados". (Gama, Affonso Dionysio. *Alistamento eleitoral da República*. 3ª ed., São Paulo: Nova Era, 1924, p. 2)

Com a revolução de 1930 e com o novo Código Eleitoral (v. Código Eleitoral de 1932), buscou-se "arrancar-se o processo eleitoral, ao mesmo tempo, do arbítrio dos governos e da influência conspurcadora do caciquismo local". (Cabral, João C. da Rocha. *Código Eleitoral da República dos Estados Unidos do Brasil*. Rio de Janeiro: Freitas Bastos, 1934, p. 31)

A *qualificação ex-officio* foi justificada, ali, pela urgência na constituição do corpo eleitoral para a escolha dos representantes à Constituinte, uma vez que se anulara o alistamento existente. Segundo Cabral, lícito não era "ao Poder Público reconhecer, por outros registros ou meios de publicidade, a cidadania, a profissão, a residência e as letras de certos indivíduos, e exigir, por outro lado, que eles mesmos venham requerer, como qualquer desconhecido, a própria qualificação eleitoral". (Cabral, João C. da Rocha, ob. cit., p. 76)

A *qualificação ex-officio* foi extinta pela reforma de 1935, com a lei n.º 48, de 4 de maio daquele ano (v. Código Eleitoral de 1932 – Modificações – lei n.º 48, de 4 de maio de 1935), para desagrado de alguns analistas, como Ruy de Oliveira Santos, para quem o motivo a que atendeu o legislador não justificava sua exclusão pura e simples, à vista das vantagens que apresentava. Bastaria, para ele, "que se houvesse cercado de mais rigor essa forma de qualificação".

(Santos, Ruy de Oliveira. *Código Eleitoral anotado*. Rio de Janeiro: Metrópole Editora, 1937, p. 173)

Mas ela retornou pelo Decreto-Lei n.º 7.586, de 28 de maio de 1945 ("Art. 23 – Os diretores ou chefes das repartições públicas, das entidades autárquicas, paraestatais, ou de economia mista, os presidentes das seções da Ordem dos Advogados e os presidentes dos Conselhos Regionais de Engenharia e Arquitetura enviarão ao Juiz Eleitoral, dentro de 15 dias antes da data fixada para o início do alistamento, relação completa dos funcionários e extranumerários, associados das entidades paraestatais, advogados, engenheiros e arquitetos, com as respectivas indicações de função, idade, naturalidade e residência. Art. 24 – Recebidas as relações mencionadas no artigo antecedente, o Juiz remeterá, àqueles de quem as houve, tantas fórmulas de títulos eleitorais quantos forem os cidadãos relacionados.")

Mas foi, em definitivo, afastada pelo Código Eleitoral de 1950 (v. CÓDIGO ELEITORAL DE 1950): a qualificação e inscrição eleitorais passaram a ser, exclusivamente, "a requerimento do interessado". (Art. 32 da lei n.º 1.164, de 24 de julho de 1950)

ALMEIDA, JOÃO MENDES DE

NASCEU NO Maranhão em maio de 1831, e faleceu em São Paulo, em 1913. Suplente de Deputado, por sua província, participou dos trabalhos da Câmara em 1859 e 1860. Elegeu-se, depois, por São Paulo, integrando a 14ª, 15ª e 16ª legislaturas do Império, de 1869 a 1877.

Apresentou, em 1870, o projeto de lei n.º 251 de reforma eleitoral, em que propunha o sistema que denominava de "Representação Pessoal com o Voto Contingente". Era, em verdade, o sistema sugerido por Andrae (v. ANDRAE, CARL) e Hare (v. HARE, THOMAS) com elaboração, no entanto, bem mais intricada.

Pelo projeto, tendo de se eleger até oito deputados gerais, cada cédula conteria três nomes, colocados segundo a preferência que os candidatos merecessem do eleitor; até 14 deputados, quatro nomes; até 20, cinco.

Na apuração, seguir-se-ia o seguinte procedimento: I. Contagem dos eleitores que concorressem aos diversos colégios; e do número total deles, repartidos pelos de deputados a eleger ou por três cidadãos que devessem compor a lista senatorial, verificar-se-ia o quociente, desprezada qualquer fração da divisão. II. Mapa da votação parcial de cada colégio, cédula por cédula, segundo a numeração dada a estas nos colégios; e por classe de votos. III. Quadro da soma total dos votos dos candidatos em cada classe. IV. Relação dos que, com os votos da primeira classe, ou da principal classe apurada, obtivessem o quociente, dos que o excedessem e dos que não o obtivessem. V. Relação dos eleitos, que excedessem o quociente ou que apenas o alcançassem, desde o mais votado até o que o houvesse sido menos, e numeração deles. VI. Relação dos que não obtivessem o quociente na classe principal imediatamente apurada e que devessem completá-lo nas outras classes. VII. Formação das turmas dos que apenas obtivessem o quociente, dos que o excedessem, e dos que não o obtivessem; com a declaração dos votos supérfluos, quanto aos segundos, e dos votos deficientes, quanto aos últimos. Os que apenas obtivessem o quociente, formariam cada um sua turma, denominada especial. Os que o excedessem formariam cada um sua turma, denominada geral, numeradas essas turmas segundo a maior votação de cada um dos eleitos. Os que não obtivessem o quociente formariam uma turma, denominada subsidiária, começando pelas cédulas dos mais votados até as dos menos votados. E se explicava: "As turmas especiais e gerais são mapas, em que se agrupam por classes as votações das cédulas, cujos votos de primeira ou da principal classe apurada fossem dadas a cada um dos candidatos eleitos. A turma subsidiária é o mapa, em que se agrupam também por classes as votações de todas as cédulas, cujos votos de primeira classe ou da principal classe apurada fossem dados aos candidatos que não obtivessem o quociente." VIII. Relação dos que não completassem o quociente com os votos colhidos nas turmas gerais e que devem completá-lo na turma subsidiária. Finalmente, IX. Relação dos que completassem o quociente na turma subsidiária e que devessem ser levados à relação V; e dos que não o completassem, cujos votos seriam considerados perdidos para tornarem livres as respectivas cédulas.

O projeto enunciava, a seguir, os princípios reguladores da apuração: haveria tantas classes de votos quantos fossem os nomes que cada cédula deveria conter; o primeiro voto de cada cédula seria de primeira classe, o segundo, de segunda, e assim os outros.

Apurados os votos de primeira classe, seriam declarados eleitos, segundo a ordem de votação, os que houvessem excedido o quociente e os que apenas o houvessem alcançado. Os que não obtivessem o quociente, seriam relacionados para o efeito de, guardada sempre a preferência do mais votado, no caso de competição sobre o voto de uma cédula, adjudicassem a si os votos complementares obtidos nas outras classes, apenas os necessários para que formassem, com os da primeira ou da principal classe apurada, o quociente. As turmas *especiais* não dariam voto algum complementar, e seriam consideradas esgotadas as respectivas cédulas. As turmas gerais dariam apenas os votos supérfluos, ou excedentes do quociente fixado. A turma *subsidiária* forneceria votos complementares só depois de percorridas por todos os candidatos, concorrentes, segundo a ordem da preferência, cada uma das classes das turmas *gerais*, guardada a numeração destas, de sorte que não se passasse aos votos de uma mesma classe nas mesmas turmas gerais sem que cada um daqueles candidatos houvesse percorrido a classe anterior; e só os forneceria aos candidatos que não houvessem alcançado o quociente com os votos complementares das turmas *gerais*.

Não admira que o projeto, dada sua complexidade, não fosse sequer discutido pela Câmara. Mais tarde, em 1870, em parecer que ofereceu a outra proposta de reforma eleitoral, esta do Deputado João Alfredo Corrêa de Oliveira, João Mendes reconheceu, com referência a sua indicação, a conveniência "de adiar o seu estudo e a sua aprovação". (In: Pinto, Antônio Pereira. *Reforma eleitoral*. Brasília: Unb, 1983, p. 357)

AMADO, GILBERTO

Nascido em Estância, Sergipe, em 1887 e falecido no Rio de Janeiro, em 1969, Gilberto Amado fez seus estudos em Aracaju e Salvador e formou-se em Direito na Faculdade de Recife, onde foi catedrático de Direito Penal.

Jornalista no Rio de Janeiro foi eleito, em 1915, para a Câmara Federal por seu Estado. Como Senador, encerrou sua vida política com a revolução de

1930. Foi Consultor Jurídico do Ministério das Relações Exteriores e Embaixador, de 1936 a 1943, em Santiago, Helsinki, Roma e Berna, atuando, depois, junto à ONU.

Entre todos os que tiveram alguma participação na vida pública brasileira, somente Amado deixou por escrito seu inconformismo com relação ao fato de que, natural de um pequeno Estado, via cortadas, por isso, suas pretensões na cena federal. Afirmou ele que, já em 1916, se convencera de que "no Brasil, os homens não eram politicamente iguais" pois, embora gozassem de igualdade jurídica perante as leis, "não fruem os indivíduos as mesmas prerrogativas do ponto de vista político". As funções públicas não se ofereciam aos indivíduos de um pequeno Estado com a mesma naturalidade com que se apresentavam àqueles que provinham dos grandes Estados, aos habitantes de circunscrições que, "pelo índice demográfico e capacidade econômica", constituíam a realidade política da Nação. Daí que sentisse, de antemão, que sua carreira política se limitaria "a uma simples presença no cenário, nula como atuação, uma figuração de comparsa", "mais espectador da cena que colaborador nela". (Amado, Gilberto. *Presença na política*. Rio de Janeiro: José Olympio, 2ª ed., 1960, p. 43)

Mas, espectador privilegiado, deixou ele em volumes de ensaios (*A chave de Salomão e outros escritos*, *Grão de areia* e *Estudos brasileiros*, *A dança sobre o abismo*), e em cinco volumes de memórias, expressiva documentação sobre sua época. Publicou, em 1931, sob o título de *Eleição e representação (Curso de Direito Político)* os textos de uma série de conferências proferidas no Rio de Janeiro. Como disse no prefácio desse volume, seu intuito, ao fazer as palestras, "foi principalmente mostrar como entre nós se tomavam como sinônimos dois termos na realidade às vezes antinômicos – Eleição e Representação". E de lançar, no solo revolvido pelos acontecimentos de 1930 – a revolução que encerrara a República Velha – "conceitos e noções aqui senão desconhecidos ao menos não vulgarizados".

Após apreciações gerais sobre o regime representativo, o modelo proporcional, a representação de classes e os partidos, Gilberto termina por sugerir, aí, com a proporcionalidade, a constituição, no Brasil, de um círculo eleitoral único, para apuração das sobras e dos restos das eleições nas circunscrições.

Entre suas constatações, uma, depois repetida em discursos e artigos, teve grande repercussão: a de que, em nossa República Velha, "as eleições eram falsas mas a representação era verdadeira". Insistia ele: "As eleições não prestavam, mas os deputados e senadores eram os melhores que podíamos ter. Por exemplo – para oferecer apenas uma ilustração – no Distrito Federal, o voto não era a bico de pena (v. A Bico de Pena), como no interior do país; era de fato depositado na urna. Resultado: representação falsa." (Amado, Gilberto. *Presença na política*, ob. cit., p. 81)

AMBITUS

Palavra latina que, na antiga Roma, designava, inicialmente, o espaço de dois pés e meio (*duo pedes et semis*) que a Lei das Doze Tábuas determinava que se deixasse entre duas habitações urbanas. Não observada essa distância, os deuses deixariam de proteger a mansão.

O termo, depois, passou a designar qualquer delito de corrupção eleitoral. E denominavam-se *leges de ambitus* os muitos diplomas legais editados para proteger a lisura das eleições. Assim, a Lei Calpúrnia, ao tempo de Cícero, que punia candidatos que oferecessem, ao público, iguarias, jogos de gladiadores e que se cercassem de pessoas assalariadas; a Lei Túlia, que punia os vendedores de voto com até dez anos de exílio e que qualificava como crime o pagamento de pessoas que acompanhassem o candidato; a Lei Poetelia, do ano de 358 a.C., que chegou a proibir se solicitassem votos nas reuniões públicas e mercados; a Lei Maria, de 120 a.C., que criou as passagens ou pontes (*pons suffragiorum*) que permitiam o acesso de somente um eleitor e protegiam, desse modo, o votante do assédio dos candidatos e de seus cabos eleitorais.

Quando o poder eleitoral passou do povo ao Senado – explica Mommsen – os abusos persistiram sob a forma do *senatorius ambitus*, que não se distinguia do *ambitus* anterior senão pela menor publicidade e pelos perigos menos graves que acarretava à comunidade. (Mommsen, Théodore. *Le Droit Pénal Romain*. Paris: Albert Fontemoing, 1907, p. 19)

ANDRAE, CARL

Nasceu em Jertebjerg, Dinamarca, em 1812 e faleceu em 1893. Oficial de engenharia do Exército, foi nomeado professor de topografia e geodésia da Escola Militar. Em 1818, representou o Rei na Assembleia Nacional e nas duas legislaturas seguintes. Em 1854, foi nomeado Ministro da Fazenda e presidiu, depois, o Conselho de Ministros. Por proposição sua, em 1855, adotou a Dinamarca lei eleitoral do seguinte teor:

"Seção 18 – Quando a eleição se realiza, o Presidente do Comitê do distrito eleitoral provê os diversos subcomitês mencionados na Seção 8, do necessário número de cédulas impressas, feitas de acordo com o modelo oficialmente instituído, de forma a que possam ser lacradas e trazer o nome do votante, pelo lado de fora, cujas cédulas serão distribuídas entre os eleitores especificados nas listas. De acordo com as regras estabelecidas na cédula, no período de oito dias a partir da remessa da mesma, cada eleitor deverá restituir a cédula, lacrada e com seu nome, ao Presidente do comitê do distrito eleitoral, tendo-a preenchido com os nomes e posições de sua escolha, assinando-a ao final. Basta apenas um nome na cédula para que esta seja considerada válida mas, em tal caso, esta é passível de perder seus efeitos de acordo com a provisão da Seção 23. Por isso, o eleitor que desejar estar seguro de que seu voto será considerado na eleição, deverá não apenas indicar o nome de seu candidato favorito mas, ainda, relacionar os nomes de suas escolhas adicionais na ordem em que deseja que sejam eleitos.

Seção 22 – O Presidente abre a eleição com a contagem das cédulas enviadas. O número apurado é dividido pelo número de membros a serem eleitos para a legislatura (*Rigsraad*) pelo distrito eleitoral; o quociente obtido após se terem desprezado as frações, se torna a base eleitoral da maneira estabelecida pela seção que se segue.

Seção 23 – Após depositar as cédulas numa urna, misturando-as no seu interior, o Presidente as vai retirando uma a uma e colocando nos mesmos números em série e lendo alto o nome no topo de cada uma, nome este que é registrado por dois outros membros do comitê eleitoral. As cédulas que trazem o mesmo nome escrito no topo são colocadas juntas, e tão logo um nome seja mencionado tantas vezes que corresponda, em votos, à soma do quociente determinado na seção 22, a leitura das cédulas é interrompida. Após conferida a contagem de votos apurados, através de uma segunda contagem, o nome do candidato é revelado e o mesmo é considerado eleito. As cédulas contadas e conferidas são postas de lado e não mais consideradas. As demais cédulas remanescentes são, então, lidas. Essa leitura é efetuada, no entanto, da seguinte maneira: todas as vezes em que o nome do candidato já eleito aparece em primeiro lugar em qualquer cédula, ele é desprezado e o nome que vem logo a seguir é, então, visto como o nome que vem em primeiro lugar nessa cédula. Se o quociente apurado anterior é atingido em favor de outro candidato, o procedimento já anteriormente descrito é retomado, e quando essa eleição é então determinada, a leitura continua e o procedimento seguido, os nomes dos já eleitos são cuidadosamente afastados todas as vezes em que os mesmos aparecem, até que, dessa maneira, todas as cédulas são lidas.

Seção 24 – Se, dessa, maneira as quota de eleições que o distrito requer não é atingida, é feito um exame para se chegar aos candidatos que, depois dos candidatos já eleitos, tiveram o maior número de votos apurados. Os assentos ou vagas que não foram preenchidos serão então atribuídos a esses candidatos de acordo com a pluralidade dos votos. No entanto, nenhum candidato será eleito se não tiver atingido o número de votos que some mais da metade do quociente anteriormente mencionado. Caso haja um empate pelo número de votos, número este que poderia torná-los elegíveis, a escolha será feita entre esses candidatos através de sorteio.

Seção 25 – Na hipótese em que as cadeiras não tenham ainda sido preenchidas totalmente, a leitura das cédulas é reiniciada de tal modo que as cadeiras remanescentes sejam preenchidas por aqueles candidatos até o momento não eleitos, cujos nomes estejam inscritos no alto das cédulas. Essas eleições serão determinadas pela maioria relativa de votos. Se houver empate, a decisão será tomada por sorteio.

Seção 26 – Quando somente um único representante deva ser eleito, o método prescrito nas Seções 22-25 não deve ser seguido. A eleição, nesse caso, será determinada por maioria relativa de votos. Na hipótese de empate, a decisão será tomada por sorteio."

O método eleitoral proposto – explicou Andrae – "se afasta, consideravelmente, é verdade, daquele geralmente empregado e talvez, à primeira vista, pareça algo intricado e artificial, mas, a um exame posterior, ele será considerado bastante simples e natural; e é a convicção do Gabinete que é precisamente através desse método, que exclui completamente toda tirania da maioria e concede a qualquer opinião política com bastantes simpatizantes uma justa chance de ser representada, que um composto e sensível processo de desenvolvimento e um mais geral contentamento com a Constituição pode ser assegurado". (Andrae, Poul. *Andrae and his Invention – The Proportional Representation Method*. Filadélfia: 1926, p. 8)

Se tivéssemos os eleitores presentes na contagem de votos, nós poderíamos dizer-lhes, quando se declarassem a favor de candidato já eleito: "Vocês não podem votar por ele, que já tem assegurada a eleição. Devem fazer outra escolha." Mas, ao invés disso, nós lhes dizemos: "Indiquem desde logo quem vocês querem no caso de o candidato de sua primeira escolha já estar eleito quando seu voto for lido. Isto é, escrevam primeiramente o nome do candidato que preferem a todos os outros, depois o nome daquele que é o próximo em sua preferência, e assim por diante." (Andrae, Poul, ob. cit., p. 33)

À designação dada a seu sistema, de "eleição minoritária", Andrae preferiu, sempre, o de "eleição livre". Pois, como explicava, essa era "uma denominação exata". O método, para ele, era "o único meio de assegurar uma livre realização das eleições (...) O que primordialmente nos empenhamos em obter não é que uma única pequena minoria possa manifestar sua opinião divergente. Tal minoria não poderia, em verdade, ter maior influência que a que lhe é autorizada pelo seu tamanho. Não, mas o essencial para mim é que, fazendo da eleição um ato livre, o eleitor é estimulado a procurar e exercitar seu privilégio com interesse".

Objeções foram levantadas quanto à fórmula proposta por Andrae no próprio Congresso que, afinal, a aprovou. Objeções quanto ao modo de cálculo do quociente e, sobretudo, quanto à influência que a ordem pela qual as cédulas fossem lidas pudesse ter no resultado da eleição. Mas Andrae haveria de se queixar da lei que resultou de sua proposta, com respeito ao direito dos votantes se reunirem, independentemente de qualquer forma de divisão em distritos eleitorais e com respeito às "eleições complementares", quando o número total de eleitos não pudesse ser alcançado com o emprego do quociente. Segundo ele, a lei de 1855 teria abandonado, aí, "sua ideia fundamental": "A lei, na verdade, na seção que contém a principal resolução (Seção 23), dispõe que, no processo de contagem das cédulas, serão eleitos os candidatos que primeiro alcancem o quociente. Mas, na seção seguinte (Seção 24), é declarado que, se as eleições não se completarem por esse procedimento – o que, certamente, jamais ocorrerá, na prática –, então a eleição posterior será resolvida pela maioria relativa dos votos. Acrescenta-se, contudo, que ninguém será considerado eleito se não tiver obtido mais que metade do quociente. Essa é uma clara violação do princípio em que se baseia a lei. Porque, quando o inteiro quociente foi obtido por um candidato, o correspondente ao número de eleitores cujas cédulas elegem aquele candidato, exercitou seu poder eleitoral por inteiro e, tendo obtido um representante, eles não têm mais qualquer direito de interferir e prejudicar os privilégios de seus primeiros votantes. Se, depois da eleição de certo número de candidatos por quocientes inteiros, houver ainda algumas cadeiras a serem preenchidas, uma ou mais, é uma matéria que não afetará aos eleitores cujos votos obtiveram os mencionados representantes. É matéria que concerne somente ao restante dos votantes que ainda não efetuaram a eleição de um candidato. É, por isso, inteiramente natural que a exigência de um quociente pode ser abandonada." (Andrae, Poul, ob. cit., p. 18)

A precedência de Andrae na ideia, já em 1855, de um sistema proporcional, tem sido esquecida pela repercussão obtida pela obra de Thomas Hare. (v. HARE, THOMAS)

A proposta deste, de 1859, revista em 1861 (Hare, Thomas. *Treatise on the Election of Representatives, Parliamentary and Municipal, a New and Revised Edition*. Londres: 1861), foi julgada por John Stuart Mill como uma das "maiores melhorias jamais feitas na teoria e na prática do governo". (Mill, J.S., *Considerações sobre o Governo Representativo*. Brasília: Unb, 1981, p. 76)

O silêncio sobre a obra de Andrae se deveu, primeiramente, à tão ampla difusão, por Mill, do esforço de Hare.

Em segundo lugar, pelo fato de o experimento do primeiro ter ocorrido em um país pequeno, como a Dinamarca. ("– Ma la Danimarca é um piccolo paese, no val la poena di parlarne" – foram as palavras de um deputado, na Itália, ao interromper uma exposição sobre o procedimento proposto por Andrae.) E, finalmente, porque o próprio Andrae não se mostrou animado a defender ou propagar seu intento. Em matéria de publicidade – diz seu filho – "ele era peculiarmente reticente, quer a respeito de seu método, quer a respeito de seu próprio título de inventor". (Andrae, Poul, ob. cit., p. 107)

Quando uma italiana escreveu a Andrae, solicitando seu empenho junto ao Senado de seu país para introdução, ali, do sistema dinamarquês, teve como resposta: "Somente os problemas da alta geodésia é que me tentam. Os únicos artigos que me sinto capaz de escrever devem tratar da figura da terra ou do método dos mínimos quadrados, e não do método proporcional." (Andrae, Poul, ob. cit., p. 101)

Secretário da Legação Britânica em Copenhague, em 1863, Robert Lytton, depois conde de Lytton, elaborou relatório sobre o método de Andrae, criticando-o somente quanto à influência que a ordem na qual as cédulas fossem contadas pudesse ter no resultado. Lembrou, a respeito, hipótese prevista no periódico *The Fatherland*: "Suponhamos que três representantes devam ser eleitos, em um distrito de 600 votantes. O quociente, então, é de 200. Os candidatos são cinco, A, B, C, D e E. Suponhamos, ainda, que, do corpo de eleitores, 299 atribuam seus votos em favor de A, B e D, na ordem aqui dada, que 200 eleitores atribuam seus votos em favor de A, C e B e 101 eleitores atribuam seus votos em favor de A, C e E. A lista de votos será, então, assim composta:

n.º 1	n.º 2	n.º 3
299 votos	200 votos	101 votos
A	A	A
B	C	C
D	B	E

Se presumirmos que as cédulas sejam abertas na ordem que o quadro indica, A é eleito depois que os primeiros 200 votos tenham sido contados e seu nome é cancelado nas cédulas seguintes. As 99 cédulas seguintes concedem 99 votos em favor de B. Quando as 200 cédulas imediatas são contadas, C é eleito; e seu nome é excluído das restantes 101 cédulas, que vão para E. E, assegurando mais que metade do quociente, E se torna o terceiro membro eleito. Assim, E vence D, que havia recebido quase três vezes mais votos iguais, nenhuma dos quais é contado, e vence B."

A crítica foi respondida pelo próprio Andrae, primeiramente com a alegação da improbabilidade matemática de tal ordem de colocação de cédulas, por um exemplo criado de "um modo arbitrário". Depois, com a afirmação de que o voto número dois não tinha a mesma significação em todas as cédulas e que o princípio da lei não concedia tal arbitrária totalização dos votos número dois. (Andrae, Poul, ob. cit., p. 95-96)

Mas o sistema nunca pôde ser defendido de outra acusação, a de sua falta de simplicidade que, se dava pouco embaraço à operação de votar, fazia da apuração "um completo pandemônio".

É o que disse dele nosso Assis Brasil: "Tomar uma lista, percorrer todas as outras, em número de milhões, talvez; averiguar se cada um dos nomes votados tocou o quociente, ou não chegou a ele, ou o excedeu, e por quanto, e em que número de ordem, recomeçar o mesmo afã mortificante, por qualquer incidente... quanta ocasião para falsidades e falsificações, quantas possibilidades de erro inconsciente e de dolo premeditado." (In: Cabral, João C. da Rocha. *Sistemas eleitorais, do ponto de vista da representação proporcional das minorias*. Rio de Janeiro: Francisco Alves, 1929, p. 30)

APPARENTAMENTO

A possibilidade, trazida pela lei italiana de n.º 148, de 31 de março de 1953, de celebração de alianças pré-eleitorais entre diferentes listas de partidos, com um prêmio para a lista ou aliança de listas que conseguisse, em nível nacional, a maioria absoluta dos votos emitidos.

A lista que alcançasse a maioria obteria 64,51% das cadeiras, (380 de um total de 589) enquanto que, aos demais, caberiam os 209 postos restantes, que se dividiriam, então, proporcionalmente. Se nenhuma lista de partido ou aliança de listas conquistasse uma maioria nacional absoluta, não se concederia a vantagem e a distribuição das cadeiras se processaria com base no sistema proporcional.

O mecanismo somente foi aplicado nas eleições de junho de 1953, sendo revogado pela Lei de n.º 1.064, de 31 de outubro de 1955.

APPARENTEMENT

Uma modificação em 1951, da Lei eleitoral de 1946, autorizou na França, os *apparentements* entre listas distintas de partidos. Quando uma lista ou muitas listas *apparentées* obtêm, juntas, a maioria absoluta dos votos, dividem, entre seus membros, a totalidade das cadeiras da circunscrição.

O objetivo da medida foi afastar o risco da eleição de uma assembleia na qual uma dupla oposição, do partido comunista e do Rassemblement du Peuple Français, este criado em 1947 pelo general De Gaulle, pudesse obter a maioria e tornar impossível um governo. O fim foi alcançado, já que comunistas e gaullistas não conseguiram a maioria na segunda legislatura da Assembleia Nacional (Goguel, François e Grosser, Alfred. *La politique em France*. Paris: Armand Colin, 1975, p. 83)

ARGENTINA

Segundo a atual Constituição argentina, a Câmara dos Deputados se compõe de "representantes eleitos diretamente pelo povo das províncias e da capital, que se consideram, para este fim, distritos eleitorais de um só Estado, e pela pluralidade de votos". O número de representantes é de um por 30 mil habitantes ou fração superior a 16.500 habitantes (art. 37).

Os deputados, com mandato de 4 anos, são reelegíveis mas "a sala se renovará pela metade a cada biênio" (art. 42).

O Senado se compõe de dois senadores de cada província, "eleitos por suas legislaturas pela pluralidade de sufrágios". Dois senadores da capital são eleitos pela forma prescrita para a eleição do Presidente da Nação. Os senadores têm mandato de dez anos, são reelegíveis, mas o Senado se renovará, em sua terça parte, a cada 3 anos (art. 48).

Para a eleição do presidente e do vice-presidente, a capital e cada uma das províncias nomeará por eleição direta, uma junta de eleitores igual ao duplo do total de deputados e senadores, que enviam ao Congresso (art. 81). Reunidos esses eleitores, na capital da nação e na de suas províncias, quatro meses antes que termine o mandato, indicarão, em cédulas distintas, os novos presidente e vice, que serão eleitos por maioria absoluta de votos.

O Código eleitoral em vigor foi aprovado pelo Decreto n.º 2.135, de 18 de agosto de 1983. O eleitor, segundo o Código, vota "somente por uma lista de candidatos oficializada, cujo número será igual ao de cargos a preencher, com mais os suplentes". (art. 141)

Não participarão da distribuição dos cargos as listas que não obtenham um mínimo de 3% dos votos no distrito (art. 151). A totalidade dos votos obtidos por cada lista que houver alcançado o mínimo de 3%, será dividida por 1, 2, 3 e assim sucessivamente, até chegar-se ao total de cargos a preencher. Os quocientes resultantes, com independência da lista de que provenham, serão ordenados de maior ao menor em número igual ao de cargos.

A eleição do Senador se fará por maioria absoluta de votos. Quando, na primeira votação, nenhum candidato obtiver dita maioria, se fará pela 2ª vez, circunscrevendo-se aos candidatos que obtiverem o maior número de votos.

Há uma Justiça Eleitoral, com juízes em cada província e territórios e Juntas nacionais em cada capital e na capital da República. Compete-lhe aprovar as cédulas, decidir sobre impugnações, resolver causas sobre a validade ou nulidade das eleições, proclamar os que resultam eleitos e lhe outorgar os diplomas.

História Eleitoral – Nas primeiras eleições na Argentina, em abril de 1812, escolheram-se eleitores que, por sua vez, designaram deputados à Assembleia Provisional das Províncias Unidas do Rio da Prata. O voto era, então, secreto e o sistema – em dois graus – de maioria simples.

Também os deputados à Assembleia Geral foram escolhidos, em 1813, por eleições em dois graus.

Uma Lei eleitoral de 1821 estabeleceu o sufrágio universal, pela primeira vez, na América Latina. Fixou a idade, para o voto, em 20 anos; e, para ser eleito, em 25 anos, exigindo, ainda, a propriedade de um imóvel. A eleição passou a ser direta.

O art. 37 da Constituição de maio de 1853 determinou que os representantes à Câmara de Deputados fossem eleitos "a simples pluralidade de sufrágios", o que levou a intensos debates sobre a impossibilidade de adoção da representação proporcional.

Em 1852, a lei n.º 140, de 16 de setembro, estabeleceu o sistema de maioria relativa, com lista completa. O voto era a descoberto e não obrigatório. Em 1902, a Lei 4.161, de 29 de dezembro, trouxe o voto uninominal, por circunscrições. A lista completa foi restabelecida pelas leis 4.578, de 24 de julho de 1905 e 4.719, de 26 de setembro de 1912. Com a lei Saens Peña (de n.º 8.171, de 13 de fevereiro de 1912) veio o sufrágio universal, igual, obrigatório e secreto, com sistema de lista incompleta.

Em 1951 (com a lei n.º 14.032, de 11 de julho) o sistema de lista incompleta foi substituído pelo de circunscrições uninominais. Segundo seus críticos, a lei trouxe uma divisão arbitrária das circunscrições e obstáculos à ação da oposição, tendo por objetivo garantir dois terços da Câmara ao partido peronista. Com a revolução de 1955, o Decreto n.º 3.838 trouxe o sistema proporcional, com aplicação do método de Hondt (v. HONDT, VICTOR D').

ARRONDISSEMENT

DESIGNAÇÃO DADA, na França, à subdivisão de um Departamento; divisão administrativa que levou a que se desse, naquele país, ao escrutínio majoritário uninominal, o nome de *scrutin d'arrondissement*.

Em 1789, o território francês foi dividido em Departamentos e Distritos. Suprimidos pela Constituição do ano III (1795), os distritos foram restabelecidos, com a denominação de *arrondissements*, por lei de 1799.

Na Terceira República francesa, o *arrondissement* foi perdendo sua importância como circunscrição eleitoral, já que se procurava uma divisão mais adequada ao quadro populacional; grande número deles foi suprimido no final da segunda década deste século.

ASSIS, MACHADO DE

NASCEU EM 21 de junho de 1839, no morro do Livramento, no Rio de Janeiro. Filho de pais humildes, um pintor e dourador, mulato, e uma lavadeira. Poeta, contista, romancista, chegou a ser, segundo Afrânio Coutinho, "o primeiro prosador da língua e mais completo homem de letras do Brasil". (In: Assis, Machado. *Obra completa*. Rio de Janeiro: José Aguilar, 1971, v. I, p. 23)

Como conta em sua crônica *O Velho Senado* (In: *Páginas recolhidas*, *Obra completa*. Rio de Janeiro: José Aguilar, 1962, v. II, p. 636 e sgs.), Machado, em 1860, a convite de Quintino Bocaiúva, passou a cobrir, pelo *Diário do Rio*, as atividades da Câmara Alta do Império. Depois, em *O futuro*, na *Semana ilustrada*, na *Ilustração brasileira*, em *O cruzeiro* e na *Gazeta de notícias*, Machado continuaria, com a "graça dançarina" de seu estilo, como apontaria Gustavo Corção (ob. cit., p. 325) a tratar das coisas da cidade, das peças de teatro, dos espetáculos musicais, dos acontecimentos miúdos, de que tira lições por vezes graves, o mais das vezes irônicas. Sobre a cena eleitoral se pronunciou em muitas ocasiões. Sobre a eleição de Campos, em 1878, onde "capangas austeros começaram a distribuir entre si os mais sólidos golpes de cacete"; sobre o pleito daquele mesmo ano, no Rio, quando "houve um outro desaguisado, duas ou três cabeças quebradas"; e em Paquetá, onde se fantasiara uma eleição pacífica: "Reunidos os votantes no adro da igreja, entretiveram-se num fadinho neutro. Umbigos liberais tocavam os umbigos conservadores, ao som da viola republicana: era a fraternidade política e coreográfica." Sobre utilização das igrejas para os atos eleitorais, entendia ele, então, que era "ocasião de retirar as eleições das matrizes, pois que inteiramente falhou o pensamento de torná-las pacíficas pela só influência do lugar. Já o finado Senador Dantas, que sabia dar às vezes ao pensamento uma forma característica, dizia em pleno Senado: "Senhores, convém que as coisas da Igreja não saiam à rua, e que as coisas da rua não entrem na Igreja." Referia-se às procissões e às eleições. "Que as procissões saiam à rua não há inconveniência palpável; mas que os comícios sejam convocados para a igreja, eis o que é arriscado, e em todo caso ocioso. Na igreja reza-se, prega-se, medita-se, conversa a alma com o seu Criador; as paixões devem ficar à porta, com todo o seu cortejo de causas e fins, e os interesses também, por mais legítimos que sejam." Três anos depois dessa nota, a Lei Saraiva, de janeiro de 1881 (v. Lei Saraiva), veio afastar os atos eleitorais do interior das igrejas, somente permitindo que fossem designados, para esse fim, os templos religiosos na falta absoluta de outros edifícios.

Em crônica de 1888, Machado comenta a respeito de projeto que postulava o voto público, concordando que o método daria "certa hombridade e franqueza, virtudes indispensáveis". "É fora de dúvida que, com o voto público, o caixeiro vota no patrão, o inquilino no dono da casa (salvo se o adversário lhe oferecer outra mais barata, o que é ainda uma virtude, a economia), o fiel dos feitos vota no escrivão, os empregados bancários votam no gerente, e assim por diante. Mas, enfim, nem todos são aptos para a virtude, há muita gente capaz de falar em particular de um sujeito e ir jantar publicamente com ele."

Mais tarde, em 1894, traria uma explicação para o sem-número de votos, destinados, nas eleições presidenciais, a nomes desconhecidos. Naquela Primeira República, não sendo os candidatos inscritos por partidos, valia a opção de cada eleitor, indicando preferidos, sem que esses postulassem formalmente o cargo. Daí que, na eleição de março de 1894, como indicava Machado, "as urnas deram cerca de 300 mil votos ao Sr. Dr. Prudente de Morais, muitas centenas a alguns nomes de significação republicana ou monárquica, algumas dezenas a outros, seguindo-se uma multidão de nomes sabidos ou pouco sabidos, que apenas puderam contar um voto". A razão e a memória permitiriam ao cronista explicar o caso: "A memória repetiu-me a palavra que ouvi, há ano, a alguém, eleitor e organizador de uma lista de candidatos à deputação. Vendo-lhe a lista, composta de nomes conhecidos, exceto um, perguntei quem era este. 'Não é candidato, disse-me ele, não terá mais de 20 a 25 votos, mas é um companheiro aqui do bairro; queremos fazer-lhe esta manifestação de amigos.' Concluí o que o leitor já percebeu, isto é, que a amizade é engenhosa, e a gratidão infinita, podendo ir do *pudding* ao voto. O voto, pela sua natureza política, é ainda mais nobre que o *pudding*, e deve ser mais saboroso, pelo fato de obrigar à impressão do nome votado. Guarda-se a ata eleitoral, que não terá nunca outono."

Sobre as tantas alterações propostas à lei eleitoral, comentou Machado em 1895: "Quando a lei das minorias apareceu, refleti que talvez fosse melhor trocar de método, começando por fazer uma lei de representação das maiorias. Um chefe político, varão hábil, pegou da pena e ensinou, por circular pública, o modo de cumprir e descumprir a lei, ou, mais catolicamente, de ir para o céu comendo carne à sexta-feira. Questão de algarismos. Vingou o plano; a lei desapareceu. Vi outras reformas, vi a eleição direta servir aos dois partidos, conforme a situação deles. Vi... Que não tenho eu visto com estes pobres olhos?"

Mas, em dois momentos, atingiu Machado os pontos mais altos de sua crítica às modificações que nunca visavam o interesse geral: primeiro em crônica de 1897, quando aludia à carta de cidadão americano sobre o processo eleitoral instituído por "um povo civilizado, bom e pacífico", habitante de nossa ilha da Trindade, onde se dava o direito de escolha não à vontade popular mas à

Fortuna e onde se fazia "da eleição uma consulta aos deuses".

"Nos dez dias anteriores à eleição, os candidatos expõem na praça pública os seus méritos e examinam os dos seus adversários, a quem podem acusar também, mas em termos comedidos." (...) "Não obstante, para evitar quaisquer personalidades, o candidato não é designado pelo próprio nome, mas pelo de um bicho que ele mesmo escolhe no ato da inscrição. Um é águia, outro touro, outro pavão, outro cavalo, outro borboleta etc. Não escolhem nomes de animais imundos, traiçoeiros, grotescos e outros, como sapo, macaco, cobra, burro; (...) A eleição é feita engenhosamente por uma máquina, um tanto parecida com a que tive ocasião de ver no Rio de Janeiro, para sortear bilhetes de loteria. Um magistrado preside a operação. Escrito o título do cargo em uma pedra negra, dá-se corda à máquina, esta gira e faz aparecer o nome do eleito (...) Logo que o nome de um aparecer, o dever do magistrado é proclamá-lo, mas não chega a ser ouvido, tão estrondosa é aclamação do povo: Ganhou o Pavão! Ganhou o Cavalo!" (...) "Mas então os vencidos não gemem, não blasfemam, não rangem os dentes? Não, caro senhor, e aí está a prova da intuição política do reformador. Os cidadãos, levados pelo impulso que os faz não descrer jamais da Fortuna, lançam apostas, grandes e pequenas, sobre os nomes dos candidatos. Tais apostas, parece que deviam agravar a dor dos vencidos, uma vez que perdiam candidato e dinheiro; mas, em verdade, não perdem as duas coisas. Os cidadãos fizeram disto uma espécie de perde-ganha; cada partidário aposta no adversário, de modo que quem perde o candidato ganha o dinheiro, e quem perde o dinheiro ganha o candidato. Assim, em vez de deixar ódios e vinganças, cada eleição estreita mais os vínculos políticos do povo."

Em página mais elaborada, em um conto de livro de 1882 ("A Sereníssima República", "Papéis avulsos". In: *Obras completas*. Rio de Janeiro: Aguilar, 1962, v. II, p. 340), Machado traz seu depoimento sobre um tempo em que os casuísmos legais e as negaças dos dirigentes tanto fraudavam a vontade popular.

Ele relata que um estudioso brasileiro, o cônego Vargas, descobrira uma espécie de aranha que dispunha do uso da fala, "uma linguagem rica e variada, com sua estrutura sintática, seus verbos, conjugações, declinações, casos latinos e formas onomatopeicas". Orientando-as, propôs-lhes o cônego uma forma de governo, uma república à maneira de Veneza, pois entre os diferentes modos eleitorais da antiga Veneza figurava o do saco e bolas. Metiam-se as bolas com os nomes dos candidatos em um saco e extraía-se, anualmente, um certo número. O sistema, segundo ele, excluía "os desvarios da paixão, os desazos da inépcia, o congresso da corrupção e da cobiça". E "tratando-se de um povo tão exímio na fiação de suas teias, o uso do saco eleitoral era de fácil adaptação, quase uma planta indígena".

Mas se as eleições se fizeram, a princípio, com muita regularidade, os vícios, depois, se impuseram: bolas diversas com o nome do mesmo candidato, omissão do nome de outros, erros propositais na grafia dos nomes, identificação das bolas através do tecido de malhas.

Cada problema trazia a necessidade de correção na medida dos sacos, em sua forma, em sua tecitura. E discussões infindas; como as aranhas são, principalmente, geômetras, era a geometria que as dividia: "uns entendem que a aranha deve fazer a teia com fios retos – é o partido retilíneo –; outros pensam, ao contrário, que as teias devem ser trabalhadas com fios curvos – é o partido curvilíneo. Há um terceiro partido, misto e central, com este postulado: as teias devem ser urdidas de fios retos e fios curvos – é o partido reto-curvilíneo –; e, finalmente, uma quarta divisão política, o partido antirreto-curvilíneo, que fez tábua rasa de todos os princípios litigantes e propõe o uso de umas teias urdidas de ar, obra transparente e leve, em que não há linhas de espécie alguma."

A perfeição não é deste mundo, conclui Machado, acrescentando: "O comentário da lei é a eterna malícia." Mas termina o conto com otimismo, ao transcrever o discurso de um dos mais circunspectos cidadãos daquela república, com recomendação às aranhas incumbidas de urdir o saco eleitoral: "Refazei o saco, amigas minhas, refazei o saco, até que Ulisses, cansado de dar às pernas, venha tomar entre nós o lugar que lhe cabe."

AUTÊNTICAS

A primeira vez, na legislação brasileira, em que se fez referência a *cópias autênticas* das atas das eleições foi nas Instruções trazidas pelo Decreto de 26 de maio de 1824. Dizia-se, ali, no § 8º de seu capítulo V, que, dos nomes "de todas as pessoas que obtiveram votos para senadores", seria formada "uma lista geral pela ordem dos números, desde o máximo até o mínimo, que será objeto da ata da eleição". E, no § 9º, determinava-se que, dessa ata, seriam extraídas "duas *cópias autênticas* pelo Escrivão da Câmara".

O mesmo diploma legal, adiante, prevê a hipótese de negligência, pelos colégios eleitorais, "na remessa de suas *autênticas*" (Cap. IX, § 9º).

E muitas vezes, na legislação que se segue (art. 84 da lei n.º 387, de 19 de agosto de 1846, art. 2º, § 23, do Decreto n.º 2.675, de outubro de 1875, art. 118, § 3º, das instruções aprovadas pelo Decreto n.º 6.097, de 12 de janeiro de 1876 e tantos outros incisos) falava-se somente em autênticas.

Mesmo em nossa Primeira República. Um dos primeiros textos legais que regulavam as eleições, naquele período – o regulamento trazido pelo Decreto n.º 511, de 23 de junho de 1890 – referia-se, em seu art. 53, à "apuração geral dos votos constantes das autênticas remetidas pelas mesas eleitorais". O que se viu, no entanto, sobretudo nessa fase e, antes, no Império, é que as cópias eram tudo, menos autênticas, resultado da fraude generalizada, dos vícios que macularam a representação política (v. A Bico de Pena).

B

BAGEHOT, WALTER

Nasceu em 3 de fevereiro de 1826, em Langport, Somerset, Inglaterra, e faleceu em 24 de março de 1877. Economista foi, por muitos anos, o principal editor do *Economist*, de cujo proprietário se tornara genro. Escreveu, em 1867, *The English Constitution*, do qual diria Joaquim Nabuco, em livro de memórias: "É o livro de um pensador político, não de um historiador, nem de um jurista. Quem lê a massa inextricável de fatos que se contém, por exemplo, na *História Constitucional*, do dr. Stubbs, ou um desses rápidos panoramas de uma época inteira, que de repente Freeman nos desvenda em uma de suas páginas, não encontra em Bagehot nada, historicamente falando, que não lhe pareça, por assim dizer, de segunda mão. O que, porém, nem Freeman, nem Stubbs, nem Gneits, nem Erskine May, nem Green, nem Macaulay conseguiu nos dar tão perfeitamente como Bagehot, aliás, um leigo em história e política, um simples amador, foi o segredo, as molas ocultas da Constituição." (Nabuco, Joaquim. *Minha formação*. Rio de Janeiro: José Olympio, 1957, p. 23)

Nabuco fala do núcleo de ideias que deveu a Bagehot: "O governo de gabinete, o gabinete comissão da Câmara, o gabinete saído da Câmara tendo o direito de dissolver a Câmara, dissolução ministerial (não a Coroa só, nem a Coroa com um Gabinete contrário à Câmara): tudo, em suma, que depois daquele pequeno livro se tornou outros tantos lugares-comuns mas que foi ele o primeiro a revelar, a fixar." E Nabuco se refere às designações, "hoje usadas por todos mas que são todas dele, Bagehot". (Nabuco, Joaquim, ob. cit., p. 25)

A marca da genialidade de Bagehot seria, então, a de, em primeiro lugar, trazer constatações fundamentais, depois tão cediças.

No exame do quadro eleitoral, trouxe Bagehot, também – aí sem a repercussão que, no século seguinte, teve sua análise sobre o parlamentarismo –, verificações sutis, que até hoje impressionam. Disse ele que há dois modos pelos quais as circunscrições, os distritos eleitorais, podem ser constituídas. Primeiramente, a lei pode fazê-los, apontando as qualificações que permitam localizar um voto em tal ou qual distrito. Esses seriam distritos "compulsórios".

Em segundo lugar, a lei pode deixar que os próprios eleitores se organizem em distritos: "A lei pode dizer que todos os adultos, do sexo masculino, de um país poderão votar, ou que os adultos que saibam ler e escrever, ou aqueles que tenham um rendimento de 50 libras por ano, ou qualquer pessoa de qualquer modo definida, e deixar esses votantes se agruparem como quiserem. Suponhamos que haja 658 mil votantes para eleger a Câmara de Comuns; é possível, à legislatura, dizer: Nós não nos importamos como vocês combinem.

Em um determinado dia, deixem que cada grupo de pessoa dê notícia em que grupo deseja votar; se cada votante se pronunciar e cada um desejar conseguir o máximo com seu voto, cada grupo terá justamente mil votos.

Mas a lei não fará isso necessário – tomará os 658 mais numerosos grupos, não importa que tenham 2 mil, ou mil, ou 900, ou 800 votos – os mais numerosos grupos, qualquer que seja o número que alcancem e aqueles serão os distritos da nação." (Bagehot, Walter, ob. cit., p. 133)

Bagehot reconhece – apoiando, assim, os que defendiam o sistema proporcional – que, sob a forma compulsória de formação de distritos, os votos das minorias são desprezados. Na cidade de Londres, diz ele, há muitos *tories*, mas todos os representantes são *whigs*. Cada *tory* londrino é, então, por lei e por princípio, não representado. Sua cidade envia ao Parlamento não aquele congressista que ele desejaria ter, mas o representante que ele desejaria não ter. Mas, sob o sistema "voluntário", os *tories* londrinos poderiam combinar, fariam um distrito e elegeriam um representante.

Sua queixa prossegue: "Em muitos distritos hoje existentes, a cassação de votos da minoria é sem esperança e crônica. Eu mesmo tenho votado em um condado agrícola por vinte anos e sou um liberal; mas dois *tories* têm sido sempre eleitos, e durante toda a minha vida serão eleitos. Como as coisas estão, meu voto é inútil. Mas se eu pudesse combinar com mil outros liberais naquele e em outros condados conservadores, poderíamos escolher um representante liberal." (Bagehot, Walter, ob. cit., p. 134)

"Eu poderia, diz Bagehot, reconhecer outras vantagens do distrito 'voluntário'. Mas tenho que trazer objeções a esse esquema", explica com simplicidade.

E vai indicar que a função de um Parlamento é dupla: a maioria tem por missão dar respaldo ao Gabinete na condução dos programas de governo; a minoria tem por objetivo a crítica dos atos de governo. A primeira missão é a mais importante e, em razão disso, quaisquer que sejam os méritos do modelo proporcional, quão real seja seu ganho em justiça representativa, ele deve ser afastado em nome da capacidade de ação governamental.

Bagehot é, então, o primeiro, em nome da governabilidade, a atentar contra a inteira justiça da representação.

BAILY, WALTER

PROPÔS, EM 1869, o voto proporcional uninominal. Segundo o sistema, deveria dividir-se o país em varias circunscrições, o eleitor votaria por um só candidato que, por sua parte, deveria entregar à autoridade eleitoral uma lista de candidatos aos quais se atribuiria, pela ordem de colocação, os votos que excedessem o quociente eleitoral; determinado o quociente, se um candidato obtivesse duas ou três vezes o quociente, além de ser eleito, beneficiaria, com seus votos, respectivamente, o primeiro e o segundo da lista por ele confeccionada. O primeiro grau da eleição corresponderia, então, ao voto do eleitor ao candidato; o segundo, a designação, por este, a título pessoal, dos candidatos que poderiam se beneficiar com os sufrágios excedentes do quociente. (Baily, Walter. *A Scheme for Proportional Representation* (1869) e *Proportional Representation in Larges Constituencies* (1872)).

BALLOTTAGE

NA FRANÇA, quando, em um escrutínio majoritário, nenhum dos candidatos reúne as condições de maioria requeridas, procede-se, em novo turno, ao que se chama *"scrutin de ballottage"*.

Alguns dicionários falam em segundo escrutínio, mas bem pode ser um terceiro como o previa o regimento do Senado, vigente em 1893: para a eleição do presidente e secretários da Casa, era necessária a maioria absoluta; não se alcançando essa maioria no primeiro turno, procedia-se a um segundo. Após dois turnos sem resultado, efetivava-se um terceiro, de *ballottage*, entre os dois candidatos que houvessem obtido maior número de votos.

O regimento da Câmara, de então, dizia, em seu art. 2º: "Após dois turnos de escrutínio e em caso de *ballotage* (...)" O que parecia permitir à Câmara decidir houvesse ou não *ballottage*. (Pierre, E. *Traité de droit politique électoral et parlementaire*. Paris: Librairies-imprimeries réunis, 1893, p. 402)

Atualmente, na França, a *ballottage* se dá em um segundo turno. Um decreto de 27 de outubro de 1964 impedia que se apresentassem, nesse segundo turno, os candidatos que não tivessem obtido 5% dos votos expressos.

Esse obstáculo foi agravado por nova lei, de n.º 66-1022, de 29 de dezembro de 1966, que determinou: "Ninguém pode ser candidato ao segundo turno se não se apresentou ao primeiro e se não obteve um número de sufrágios ao menos igual a 10% dos eleitores inscritos."

Fala-se, agora, não de votos expressos, mas de eleitores inscritos. E uma vez que, nas eleições de 1966, os votos expressos representaram 79,81% dos inscritos, a regra de 10% se traduziu, então, como comenta Jean-Pierre Aubert, na obrigação de alcançar 12,35% desses votos para ser autorizado a participar no segundo turno. (Aubert, Jean-Pierre. *Systèmes Électoraux et représentation parlementaire – Les élections de 1967*. Paris: Puf, 1969, p. 5)

BANDWAGON-EFFECT

SEGUNDO A ciência política americana, tendência que apresentam os eleitores de se inclinarem para os candidatos que estejam em vantagem. Já se propôs, como tradução para o português, o efeito "Maria vai com as outras".

A expressão parece ter sido utilizada, pela primeira vez, nos EUA, na *Vida*, de P.T. Barnum. E uma canção, de 1851, de W. Loftin Hargrave, intitulada *Espere pela Carruagem*, tornou-a pública.

Em 1902, a palavra já estava fixada, no léxico político do país. Em uma história em quadrinhos sobre a carreira política de Theodore Roosevelt, mostrava-se uma carruagem, levando os correligionários do líder, entoando canções em seu favor; e um senador, correndo atrás do veículo, com um chicote nas mãos, o que indicava que ele desejava estar no lugar do condutor. (Safire, William. *The New Language of Politics*. Nova York: Collier Books, p. 41)

Essa tendência foi acolhida, em certo período, na eleição do Papa (v. PAPA, ELEIÇÃO DO), quando se admitia que, pelo acesso (v. ACESSUS), eleitores que haviam dado seu voto a candidato em posição minoritária, pudessem optar por aquele que mostrasse reunir a maioria dos sufrágios.

Segundo a maior parte dos analistas, o baixo índice de identificação partidária dos votantes, a falta de grandes temas polêmicos e o baixo grau de interesse e conhecimento político dos eleitores, facilitariam o *bandwagon effect*.

Muitos acreditam que a divulgação dos resultados de uma pesquisa eleitoral (v. Prévias, Pesquisas e Testes Pré-eleitorais) pode causar um incremento no apoio ao candidato ou partido que está à frente; e admitem que esse incremento não ocorreria, ou seria menor, se a predição não fosse divulgada. Uma tentativa de investigar esse efeito, matematicamente, foi feita por H. Simon, em seu artigo *Bandwagon and Underdog Effects of Political Predictions*. (In: *Public Opinion Quartely*, XVIII, 1954)

BARBOSA, RUI

Nasceu em 5 de novembro de 1849, em Salvador, Bahia. Seu professor, no primário, se surpreendeu com a inteligência do aluno: "Este menino de cinco anos de idade é o maior talento que eu já vi, em mais de 30 anos de magistério. Em 15 dias, aprendeu análise gramatical, a distinguir orações e a conjugar todos os verbos regulares." (Barbosa, Rui. *Escritos e discursos seletos*. Rio de Janeiro: Aguilar, 1966, p. 37-38)

Iniciou seus estudos superiores na Faculdade de Direito do Recife, em 1866, transferindo-se para a Academia de São Paulo, onde se diplomou bacharel em 1870. Advogado e jornalista em Salvador, elegeu-se, ali, em 1877, deputado à Assembleia Legislativa da Bahia e, em 1878, à Assembleia Geral.

Em 1880, a pedido do Chefe do Gabinete, Saraiva, "Recusei, resisti; mas tive que ceder à pressão de uma autoridade que se acostumara a minha obediência, e à fascinação de uma ideia, que arrebatava o meu entusiasmo. Foi uma das mais severas provas a que se submeteu essa amizade e a sua temerária confiança nas minhas forças". (In: *Perfis parlamentares – 28 – Rui Barbosa*. Brasília: Câmara dos Deputados, 1985, p. 66) Elaborou o projeto sobre eleição direta, que se tornaria o Decreto n.º 3.029, de 9 de janeiro de 1881 (v. Lei Saraiva).

Em discurso de 7 de janeiro de 1881, quando da leitura da redação final do projeto, Rui afirmou: "O país há de ficar conhecendo essa magna lei como a carta do sistema representativo e da liberdade religiosa no Brasil." (In: *Perfis...*, ob. cit., p. 68) Como "pontos luminosos" do projeto, ele apontou os círculos uninominais, a incompatibilidade parlamentar absoluta, a elegibilidade dos acatólicos, dos libertos e dos naturalizados.

Com a República, redige o Decreto n.º 1, de 1889, é designado, por Deodoro, Ministro e Secretário da Fazenda e revê o projeto de constituição elaborada pela comissão presidida por Saldanha Marinho, defendendo-o junto ao Chefe do Governo ("depois de ser, com a colaboração dos outros membros do Governo Provisório, o autor principal desta obra, fui por eles encarregado, como seu único órgão ante o marechal Deodoro, de lha relatar, lha explicar, lha justificar, defendendo-a contra ele"). (Barbosa, Rui. *Excursão eleitoral*, Obras completas. Rio de Janeiro: Min. da Educação e Saúde, v. XXXVII, t. I, 1967, p. 23)

Rebela-se, depois, contra Floriano Peixoto, visitando condenados políticos, impetrando *habeas-corpus* em favor dos desterrados. Exila-se, afinal, em Buenos Aires e, depois, em Londres. Reelege-se senador em 1921 e falece em março de 1923.

Aos 19 anos de idade, aluno em São Paulo, ele fala em homenagem a José Bonifácio, o Moço, e pede a constituição do governo pela maioria parlamentar. Deputado, critica "a dualidade do sufrágio indireto, inspirada no pensamento de enfraquecer a ação popular, dividindo-a", que entregava "a eleição primária à prepotência das qualificações, à parcialidade irresponsável das mesas paroquiais, ao aparato intimidativo ou agressivo da polícia", e que, afinal, introduzia "entre a nação e o deputado esse infiel intermediário do segundo grau, cativo às mancomunações dos tiranetes locais e às ambiçõezinhas pessoais do eleitorado". (Discurso de 10.7.1879. in: *Perfis...*, ob. cit., p. 216) E, também, a "pomposa e vã representação das minorias, antecipada e aritmeticamente circunscrita ao terço. Como se as minorias lucrassem nada com esse presente grego que as humilha, aleija, mutila, comprimindo-as cega e violentamente nesse leito de Procusto... Como se a proporção prefixa de um para três não fosse entre a minoria e a maioria uma proporção arbitrária. Como se o terço não exprimisse um *nec plus ultra* odiosamente limitativo à progressiva expansão das forças oposicionistas". (In: *Perfis...*, ob. cit.,p. 216)

Da eleição direta, esperava ele que excluísse "o capanga, o cacetista, o biju, o xenxém, o bem-te-vi, o morte-certa, o cá te espero, o mendigo (v. MENDIGOS), o fósforo (v. FÓSFORO), o analfabeto, o escravo, todos esses produtos da larga miséria social, para abrir margem ao patriotismo, à ilustração, à independência, à fortuna, à experiência". (Barbosa, Rui. *Obras completas – Trabalhos políticos*. Rio de Janeiro: MEC/Casa Rui Barbosa, v. II, t. II, 1987)

Manifesta-se Rui, em junho de 1879, pela elegibilidade dos acatólicos. Pretende atingi-la, no entanto, não com uma reforma constitucional mas com a simples mudança do regimento da Câmara, que exige, dos novos parlamentares, um juramento para a manutenção da religião católica. "Não temos o direito de revogar o artigo constitucional; mas, se nos é possível chegar praticamente ao mesmo benefício que a revogação dele trar-nos-ia, se é possível chegar a esse *desideratum* sem ultrapassar a competência que a Constituição nos traça, estamos positivamente em nosso direito, procedemos como homens políticos, adotando a saída próxima, desempeçada, útil, que se nos depara." (Discurso de 30.6.1879. In: *Perfis...*, ob. cit., p. 208)

A Lei Saraiva, afinal, pelo seu texto omissivo, atenderá aos acatólicos. Mantendo a exigência de renda – e alargando-a com rigorosas comprovações –, traz, por ideia de Rui, o requisito da alfabetização. O projeto, explicou ele, estabelecia "dois quilates para o eleitorado: o que poder-se-ia chamar *censo literário* – saber ler e escrever – e o *censo pecuniário*". (In: *Perfis...* ob. cit., p. 223) Rui é votado como candidato à Presidência em todas as eleições, de 1891 até a sua morte, em 1923, já que não era exigida a inscrição oficial e o eleitor indicava livremente os nomes de seu agrado. Oficialmente lançado, em 1905, apoia Afonso Pena. É candidato de oposição contra Hermes, em 1909/10, obtendo 222.822 votos contra 403.869 dados ao vitorioso. Candidato mais uma vez, em 1913, renuncia à postulação com *Manifesto à Nação*. Aceita outra vez a candidatura em 1919, e perde para Epitácio Pessoa, obtendo 116.414 votos contra 286.373 do paraibano.

Depois de haver lutado pela regeneração dos costumes eleitorais no Brasil, depois de seu esforço para "fazer que a legislatura saísse diretamente da urna popular, dos sofrimentos populares, das aspirações populares, não dessa burguesia oficial, artificial, efêmera, caprichosamente mutável ao sopor da administração, que se chama eleitorado" (In: *Perfis...*, p. 216), Rui, candidato à Presidência, veria erguer-se contra ele "o monstro público" que tanto atacara.

Diante da acusação de seu Procurador, Alfredo Pujol, de que nas eleições de 1910, em Estados como o Amazonas, Pará, Piauí, Ceará e Rio Grande do Norte, houvera falsificação da assinatura de eleitores e de mesários, a Comissão de Verificação dos Poderes afirmou que o contestante não apresentara qualquer prova das falsidades. E quanto à diversidade das assinaturas, concluía a Comissão com um reparo a Pujol: "Militando na política há longa data, devendo, pois, conhecer grande parte do eleitorado do interior, que constitui a maioria dos eleitores da República, o ilustre contestante, tanto quanto nós, sabe compor-se ele quase exclusivamente de homens que, longe de ter o hábito de escrever, pelo trabalho manual a que se entregam, não podem ter na escrita a uniformidade que só decorre do hábito." (*Anais do Congresso Nacional, Apuração da eleição de presidente e vice-presidente*, realizada a 13.3.1910. Rio de Janeiro: Imprensa Nacional, 1910, v. 1, p. 220)

Das obras de Rui Barbosa, conclui Oscar Tenório: "Reunamos as páginas do jornal, os discursos parlamentares, os pareceres, as memórias, arrancando-lhes as referências aos episódios cotidianos, e teremos um tratado de Direito Eleitoral como igual se não escreveu ainda no meio jurídico do país." (Tenório, Oscar. *Rui Barbosa e o Direito Eleitoral*. Sep. de Conferências, V, da Casa de Rui Barbosa, 1958, p. 20)

BARRETO, IGNACIO DE BARROS

NASCEU EM Pernambuco, em 23 de julho de 1827 e morreu, ali, em 3 de novembro de 1887. Foi o autor da primeira proposição, no Parlamento brasileiro, sobre a representação proporcional. Um dos agricultores mais importantes de sua província, segundo a crônica francesa (*La représentation proportionnelle – Études de législation et de statistique comparée*. Paris: F. Pichon, 1888, p. 286), ele, antes de licenciar-se em direito pela Faculdade de Olinda publicou, em 1848, obra sob o título *Memória acerca de um novo sistema de organização do governo representativo* e na qual, tratando da eleição de deputados, considerava que um impedimento à representação das minorias era o número limitado de parlamentares; em consequência, propunha um número ilimitado de representantes, com escrutínio uninominal, cada representante tendo, no exercício de suas funções, um peso, nas deliberações, igual ao número de votos que tivesse obtido.

Segundo Barros Barreto, "uma província, ou antes, um dos círculos de alguma província, compondo-se de três interesses, ou partidos, ou individualidade (como lhes quisessem chamar) e um desses partidos de 500 votantes, e outros de 300, e o terceiro de 100; esse círculo somente seria representado perfeitamente, isto é, segundo a importância e a natureza de cada um de seus partidos, se a representação desse círculo constasse de três grupos de representantes, estando esses grupos entre si, a respeito da importância de cada um deles, na mesma razão das dos seus representados entre si".

O fascículo de Barros Barreto foi criticado por Francisco Belisário, que fala de seus "planos inaceitáveis": "o meio prático de realizar a ideia consistia em não marcar-se número fixo de deputados, votando cada eleitor num só candidato. Este meio, segundo nos afirma, o autor repudiou no ano seguinte".

E Belisário conclui: "Estas ideias, apresentadas num folheto de poucas páginas escrito por um estudante de direito, acompanhada de outras inadmissíveis, deviam ficar, como na verdade aconteceu, de todo esquecidas, de modo a poder o sr. Conselheiro José de Alencar (v. ALENCAR, JOSÉ DE) crer que era no Brasil quem primeiro havia exposto a teoria. Isto fizera o abalizado escritor em alguns artigos impressos em janeiro de 1859 no *Jornal do Commercio*." (Souza, Francisco Belisário Soares de. *O sistema eleitoral no Império*. Brasília: Senado Federal, 1979, p. 139-140)

Mas foi de Barros Barreto a primeira proposição sobre a matéria, apresentada à Assembleia Geral em 1864. Era restrita e não visava senão a reforma das eleições municipais e de juízes de paz.

Na sessão de 28 de julho de 1866, Barreto apresentaria um projeto – de n.º 85 – mais amplo, assim resumido por Belisário: "A eleição dos eleitores teria lugar de modo deficiente, votando cada cidadão num só nome, sendo os mais votados os eleitos. No caso de não ser preenchido o número dos eleitores do distrito em que se dividiria a paróquia, seriam apurados os votos dos outros distritos da mesma paróquia. Esta circunscrição eleitoral acompanharia a divisão dos distritos de paz. Quanto à eleição dos deputados, dispunha que cada cédula só conteria um nome de candidato a deputado. Feita a apuração, a câmara apuradora enviaria diploma ao candidato que tivesse obtido pelo menos um terço ou metade dos votos dos eleitores presentes nos colégios eleitorais do respectivo distrito; um terço, se o distrito fosse de três deputados; metade, se fosse de dois. Se o número de deputados da província não estivesse completo, a câmara da capital tendo presentes as autênticas enviadas pelas câmaras apuradoras, faria uma apuração geral de todos os votos que tivessem recaído em candidatos, que em algum dos distritos eleitorais não houvesse reunido o número de votos necessários para obter diploma. Com os mais votados por esta apuração suplementar, completar-se-ia o número que porventura faltasse para preencher a representação da província." (Souza, Francisco Belisário Soares de, ob. cit., p. 137)

BARRETO, LIMA

AFONSO HENRIQUES de Lima Barreto nasceu no Rio de Janeiro, em 1881. Em 1897 ingressa na Escola Politécnica mas, em 1803, a loucura do pai o leva a abandonar os estudos e ingressar no serviço público, para sustento da família. Em 1914 é recolhido ao hospício, para onde volta em 1919. Morre em 1922.

Seu primeiro livro, *Recordações do escrivão Isaias Caminha*, foi publicado em Lisboa, em 1909. O segundo, *Triste fim de Policarpo Quaresma* surgiu, primeiramente, em folhetins do *Jornal do Commercio*, de 11 de agosto a 19 de outubro de 1911. Somente cinco anos depois é publicado o livro.

Também o texto satírico de *Os Bruzundangas* começou a ser publicado, em 1917, em folhetins no semanário *ABC*.

Mulato, discriminado e alcoólatra, teve sua obra criticada pelo "excessivo personalismo" e pelos "descuidos de linguagem", mas ela merece, em verdade, o lugar destacado que hoje lhe é reservado na literatura brasileira.

Em seu segundo romance, quando Quaresma começa a se dedicar a trabalhos no campo, em "ermo lugar, a duas horas do Rio de Janeiro", o escrivão do município vem lhe falar da briga entre o senador Guariba e o governador do Estado. Quaresma ficou a pensar "no interesse estranho que essa gente punha nas lutas políticas, nessas tricas eleitorais, como se nelas houvesse qualquer coisa de vital e importante. Não atinava porque uma rezinga entre dous figurões importantes vinha por desarmonia entre tanta gente, cuja vida estava tão fora da esfera daqueles. Não estava ali a terra boa para cultivar e criar? Não exigia ela uma árdua luta diária? Por que não se empregava o esforço que se punha naqueles barulhos de votos, de atas, no trabalho de fecundá-la, de tirar deles seres, vidas – trabalho igual ao de Deus e dos artistas? (Barreto, Lima. *Triste fim de Policarpo Quaresma*. São Paulo: Ática, 1983, p. 72-73)

BASTOS, AURELIANO CÂNDIDO TAVARES

Nasceu em 20 de abril de 1839, em Alagoas, capital de Alagoas, e faleceu em Nice, França, em 3 de dezembro de 1875. Escritor, jornalista, político, foi autor de *Os males do presente e as esperanças do futuro* (1861), *Cartas do solitário* (1862) *Memória sobre a imigração* (1867), *A Província* (1870), *A situação liberal* (1872), *A reforma eleitoral e parlamentar e constituição da magistratura* (1873). Eleito deputado à Câmara do Império, reelegeu-se me 1861 e em 1868. De 1844 a 1847, escreveu no Mercantil.

Segundo José Honório Rodrigues, "foi parlamentar ativo e eficiente, apresentando requerimentos, indicações, emendas, fazendo interpelações e oferecendo projetos. Fez grandes e pequenos discursos que mereciam ser reunidos para que melhor se apreciasse seu pensamento". (Rodrigues, José Honório, introdução a *Os males do presente e as esperanças do futuro*. Rio de Janeiro: Editora Nacional, 1976, p. 10)

Preocupou-se, no Parlamento, com a abertura do Amazonas, a navegação a vapor para os EUA, a permissão a navios estrangeiros para o transporte costeiro, o casamento civil para os adeptos de diferentes credos religiosos; mas, quando morreu – indica, ainda, José Honório –, "seu liberalismo o levara para as fileiras de um americanismo quase desvairado". (Rodrigues, José Honório, ob. cit., p. 13)

Com respeito ao voto, verberou ele "o execrado processo de eleições, vergonha do Brasil". E propôs uma reforma que traria a eleição direta, a permanência e inamovibilidade do corpo votante, a repressão dos "habituais excessos do poder", o equilíbrio entre as duas câmaras, com a supressão do mandato vitalício, a elevação, à igualdade constitucional, das minorias religiosas. Pleiteava a representação das minorias, mas não considerava satisfatórios os processos dos quocientes, do voto incompleto, do voto acumulado e do voto único.

O primeiro, para ele, seria "inteiramente arbitrário no modo de fazer representar os diferentes partidos"; o segundo e o terceiro dariam à eleição "o caráter do jogo de cabra-cega, para servir-nos da expressão familiar tão felizmente empregada pelo ilustre parlamentar, o sr. Martinho de Campos; jogo em que tanto poderá ganhar como perder, não só as maiorias, cuja legítima representação se não deve prejudicar, como principalmente as minorias que, aliás, se intenta garantir".

Finalmente, o voto único teria "como o voto acumulado, o enorme inconveniente de forçar os partidos prudentes a perdas desnecessárias por excesso de cautela, e de dificultar as combinações políticas, mormente tratando-se de colégios numerosos ou de muitos deputados a eleger".

Sugere ele, então, o processo do quociente, como o meio "eficaz de assegurar a cada partido o resultado que justamente lhe compete, de realizar a representação proporcional da maioria e das minorias". E pede "à lei dinamarquesa, com que inexatamente se procurou justificar a ideia do voto único, a descrição daquele método eleitoral".

É na lei dinamarquesa (v. ANDRAE, CARL) que Tavares Bastos vai se basear. E, com efeito, seu projeto define um quociente eleitoral, produto da divisão do número total de cédulas do distrito pelo número de deputados a eleger ali. Esse quociente seria "o número de votos preciso para qualquer cidadão ser eleito deputado". Na apuração, "logo que algum cidadão obtenha o número de votos que constitui o quociente eleitoral, o presidente o proclamará deputado à assembleia geral".

Proclamado o deputado, "não se tornará a ler seu nome, nem se lhe contarão mais votos, ainda que o mesmo nome esteja escrito em primeiro lugar nas outras cédulas que se abrirem, nas quais deverá, neste caso, riscar-se o nome já proclamado e ler-se somente o nome que se lhe seguir na ordem de inscrição".

Se, por esse processo, não fossem preenchidas todas as vagas, proceder-se-ia a apuração complementar, com a eleição daquele que, na totalidade das cédulas apuradas, reunisse "maior número de votos no lugar de preferência". (Bastos, A.C. Tavares. "Reforma eleitoral e parlamentar e constituição da magistratura". In: *Os males do presente e as esperanças do futuro*, 2ª ed., São Paulo: Editora Nacional/INL, 1976, p. 135 e sgs.)

Biógrafo de Tavares Bastos, Carlos Pontes conta que esse projeto "foi escrito e meditado entre os lampejos fugazes de saúde, quando já era grande o seu abatimento físico". Mas que, sua parte mais interessante "é talvez a que se encontra ainda inédita e que ele reservara para uma segunda edição não realizada infelizmente".

Nela, Tavares Bastos "institui uma nova espécie de deputados, a que chamou de representantes profissionais, delegados que seriam das diversas corporações. Havia-os do comércio; das faculdades; das associações científicas, dos institutos agrícolas; da magistratura; do conselho superior militar e do conselho naval; do funcionalismo etc.". (Pontes, Carlos. *Tavares Bastos (Aureliano Cândido, 1839-1875)*, 2ª ed., São Paulo: Editora Nacional/INL, 1975, p. 196-197)

Por aí se vê que Tavares Bastos, pioneiramente, antecipou a realidade dos deputados das profissões, de nossa Segunda República (v. REPRESENTAÇÃO PROFISSIONAL).

BLONDEL, JEAN

NASCIDO EM Toulon, França, em 1929 e formado pelo Instituto de Ciências Políticas de Paris, Jean Blondel ingressou no St. Antony's College, de Oxford. Tornando-se docente da Universidade de Keele, ensina, agora, na Universidade de Essex, na cidade inglesa de Old King Cole. Autor, entre outros livros, de *Voters, Parties and Leaders – The Social Fabric of British Politics* (Middlesex, Londres: Penguin Books, 1963); *Introduction to Comparative Governments* (Londres: Weidenfedl and Nicholson, 1969); *Thinking politically* (Middlesex, Ingraterra: Penguin Books, 1976); e *Comparative Government: an Introduction* (Nova York: Philip Allan, 1990), ele é um dos maiores nomes da Ciência Política de hoje.

Recém-formado, Blondel veio ao Brasil para uma pesquisa no Nordeste. Em 1957, a Fundação Getulio Vargas publicou o livro *Condições de vida política no estado da Paraíba* (Rio de Janeiro: FGV), resultado desse esforço.

Blondel foi o primeiro a apontar a peculiaridade do sistema proporcional brasileiro, de permitir uma escolha uninominal, pelos eleitores, a partir das listas de candidatos apresentados pelos partidos. Tal característica, adotada no país desde a reforma do primeiro Código Eleitoral, em 1935, não havia merecido, até então, a atenção de nossos estudiosos.

Na introdução de sua obra, Blondel diz que a lei brasileira "é original e merece que seja descrita minuciosamente" e que é "uma mistura de escrutínio uninominal e de representação proporcional da qual há poucos exemplos através do mundo".

Quais são esses exemplos, hoje? Segundo cremos, somente o da Finlândia onde, a partir de 1957, o eleitor, como no Brasil, indica apenas um nome entre os que o partido oferece.

Eis os principais tópicos da introdução de Blondel:

"A lei eleitoral brasileira é (...) com efeito, uma mistura de escrutínio uninominal e de representação proporcional da qual há poucos exemplos através do mundo. Fora das eleições municipais, a circunscrição de base é o Estado, não só para as eleições federais, como para as eleições que devem prover os postos nos Estados. No interior deste quadro municipal, quando se trata de eleições municipais, o sistema é análogo. Quanto aos postos do Executivo, não existe problema: é sempre utilizado o sistema majoritário simples (...) O mesmo sistema de escrutínio serve aos cargos de senadores, embora haja três senadores por Estado.

Mas, para a Câmara Federal, para as Câmaras dos Estados e para as Câmaras Municipais, o sistema é muito mais complexo. O princípio de base é que cada eleitor vote somente num candidato, mesmo que a circunscrição comporte vários postos a prover, não se vota nunca por lista. Nisto o sistema é uninominal. No entanto, ao mesmo tempo, cada partido apresenta vários candidatos, tantos quantos são os lugares de deputados, em geral, menos se estes são pequenos partidos.

Votando num candidato, de fato o eleitor indica, de uma vez, uma preferência e um partido. Seu voto parece dizer: "Desejo ser representado por um tal partido e mais especialmente pelo sr. Fulano. Se este não for eleito, ou o for de sobra, que disso aproveite todo o partido." O sistema é, pois, uma forma de voto preferencial, mas as condições técnicas são tais que este modo de escrutínio é uma grande melhora sobre o sistema proporcional tal qual existe na França. Nesse país, a existência de uma lista preparada pelo comitê diretor é, com efeito, preponderante, pois o eleitor não escolhe e se contenta, por passividade ou ignorância, em depositar a lista sem modificações. No Brasil, não há ordem preparada pelo comitê diretor. O eleitor, votando num determinado indivíduo, indica por isso mesmo a sua preferência. Ele pode, aliás, votar num partido sem indicação de nome. Age, então, como se aceitasse *a priori*, a ordem dos candidatos que farão não os comitês diretores, mas os outros eleitores que terão votado, também eles, num nome.

Esse sistema tem a vantagem de deixar ao eleitor uma escolha muito grande no quadro dos partidos. Ele pode, se quiser votar por uma tendência, escolher um homem entre os candidatos do partido. Trata-se, pois, de um sistema majoritário no interior duma prévia representação proporcional. Vamos ver como este escrutínio majoritário se torna praticamente uninominal. Os eleitores têm, teoricamente, a escolha entre todos os candidatos da legenda. Nas cidades, eles utilizam-se, de fato, muitas vezes, desse direito. Mas, no interior, os diversos candidatos de um partido, ligados uns aos outros pela repartição à representação proporcional, desejam não se fazer concorrência. Eles chegam a uma divisão geográfica de fato, senão de direito. Cada um deles escolhe, para si, uma região do interior do estado, geralmente aquela de que é originário, correspondendo grosso modo a um município. Obtém dos outros candidatos do partido que eles não façam propaganda nesta zona, mediante a promessa de não fazer nas deles. Disso decorre um *modus vivendi* que cria, de fato, o escrutínio uninominal, se nos colocarmos em cada pequena zona de influência.

A liberdade do eleitor é, pois, parcialmente restrita. Mas é preciso notar que, em cada região, o candidato do partido, como aconteceu na França com o escrutínio uninominal, é o homem que os eleitores conhecem melhor. Em consequência do caráter parcialmente uninominal do escrutínio, o eleitor está mais próximo da pessoa do candidato. Apesar da representação proporcional, o deputado não é, pois, um desconhecido para os eleitores.

Tal é a modalidade principal da lei eleitoral. "A maior parte das outras apresenta pouquíssimos caracteres excepcionais, são, sobretudo, diferenças técnicas de segunda ordem." (Blondel, Jean, ob. cit., p. 28)

BORDA, JEAN CHARLES

Matemático e astrônomo, nasceu em Dax, França, em 4 de março de 1733 e faleceu em fevereiro de 1799. Já em 1756 apresentava valiosa comunicação à Academia de Ciências que o elegeu como membro.

Servindo à Marinha, elaborou pesquisas em hidrodinâmica e estudos em astronomia náutica. Associado a Delambre e Méchain, tentou determinar um arco do meridiano e grande número de instrumentos empregados na tarefa foi inventado por ele.

Em memória, lida na Academia em junho de 1770, propôs o voto gradual nas eleições, não com o fim de obter a representação das minorias – ele não tratava, aí, senão de circunscrições de um só deputado –, mas de conhecer o voto da "verdadeira pluralidade". Mas, comentaria Bonnefoy, Borda "fazia a representação das minorias sem o saber". (Bonnefoy, Gaston. *La représentation proportionnelle*. Paris: Marchal & Billard, 1902, p. 214) Afirmava Borda, então: "É uma opinião geralmente aceita e contra a qual não sei se já se fez qualquer objeção, que, em uma eleição ao escrutínio, a pluralidade dos votos indica sempre a vontade dos eleitores, isto é, que o candidato que obtém essa pluralidade é necessariamente aquele que os eleitores preferem a seus concorrentes. Mas eu provo que essa opinião, que é verdadeira no caso em que a eleição se faça entre dois candidatos somente, pode induzir em erro em todos os outros casos." E Borda dava como exemplo a hipótese em que 21 eleitores devessem se pronunciar sobre três candidatos, A, B e C, classificando-se, assim, suas preferências:

    6 preferem C a B e B a A
    7 preferem B a C e C a A

8 preferem A aos dois outros, não importando em que ordem.

Em um voto único, A seria eleito pela maioria relativas de 8 todos, se bem que 13 eleitores o considerem o pior dos três candidatos. Inconformado com esse resultado, Borda propôs que cada eleitor classificasse os três candidatos segundo o mérito que lhes atribuísse; na apuração, dever-se-ia, então, atribuir 2 pontos para o candidato classificado em primeiro lugar por um eleitor, 1 ponto para o candidato classificado em segundo, e nenhum ponto para o classificado em terceiro. O total alcançado pelos candidatos daria a ordem final. Com a aplicação do método ao exemplo acima (e uma vez que os 8 eleitores de A se tenham dividido em 7 pela ordem ACB e 1 pela ordem ABC), Borda concede 16 pontos a A, que se viu por 8 vezes colocado em primeiro lugar e 0 em segundo, 21 pontos a B pelas suas 7 preferências em primeiro e 7 em segundo, e 26 a C por seus 6 lugares de primeira e 7 de segunda. C é, então, proclamado eleito.

Na hipótese de mais de três candidatos, Borda propôs contar um número a de pontos para um lugar derradeiro, um número a+b para o antepenúltimo, a+2b para o precedente e assim por diante até o primeiro, a quem se concederia a+(n-1)b pontos, no caso de n concorrentes. (Borda, Jean Charles. "Sur les élections au scrutin, Mémoires de L'Académie Royale des Sciences." Paris: 1784, p. 657-665. In: Boursin, Jean-Louis. *Les dés et les urnes*. Paris: Seuil, 1990, p. 131-132)

Como comenta Boursin, vê-se bem o interesse do método de Borda: "a classificação geral leva em conta de maneira muito mais delicada e completa as opiniões dos votantes; e é bem verdade que uma cédula com um único nome não exprime senão uma parte do julgamento e tem o risco de conduzir a um resultado que descontente a maioria dos votantes, como no primeiro exemplo de Borda". Um outro mérito do método é o de permitir preencher, se necessário, diversos cargos, o que se produz, em particular, na Academia das Ciências, onde as eleições são frequentemente agrupadas. O sistema atual é o de separar artificialmente as eleições, exigindo que a candidatura seja proposta a uma cadeira em particular: isso leva a conchavos de corredor, "se fulano tivesse sido candidato a outra cadeira teria sido eleito..." (Boursin, Jean-Louis, ob. cit., p. 132)

BOSSES

CHEFES DE grupos que controlam os partidos americanos (v. RINGS). O Boss, segundo Bryce, "distribui os postos, recompensa os bons, pune os que se rebelam, elabora projetos, negocia os acordos. Evita, geralmente, a publicidade, preferindo a substância à pompa do poder; é tanto mais perigoso porque fica, como uma aranha, escondida em sua teia". (Brice, James. *La république américaine*. Paris: M. Giard & É. Brière, 1912, t. III, p. 166)

BRASIL

PELA ATUAL Constituição, de 5 de outubro de 1988, "todo poder emana do povo, que o exerce por meio de representantes eleitos ou diretamente" (art. 1º, § único).

O exercício direto da soberania se fará pelo plebiscito (v. PLEBISCITO), pelo referendo (v. REFERENDO) e pela iniciativa popular (v. INICIATIVA POPULAR), a serem regulados em lei. O sufrágio é universal, o voto "direto e secreto (v. VOTO

Secreto), com valor igual para todos" (art. 14). Os poderes da União, "independentes e harmônicos entre si", são o Legislativo, o Executivo e o Judiciário. O Poder Legislativo é exercido por um Congresso Nacional, que se compõe da Câmara de Deputados e do Senado Federal.

O número de deputados será estabelecido por Lei Complementar, proporcionalmente à população mas nenhuma unidade da Federação poderá ter menos de oito ou mais de 70 representantes. A eleição se fará pelo sistema proporcional, de listas, apresentadas pelos partidos mas com escolha uninominal pelos eleitores.

O Senado é composto por representantes (3) dos Estados e do Distrito Federal, eleitos segundo o princípio majoritário.

O Executivo é exercido por um Presidente da República, com mandato de cinco anos, e se considerará eleito o que obtiver "a maioria absoluta de votos, não computados os em branco e os nulos". Se nenhum candidato alcançar a maioria absoluta na primeira votação, far-se-á nova eleição, em até 20 dias após a proclamação do resultado, concorrendo os dois candidatos mais votados. Será, então, eleito o que obtiver a maioria dos votos válidos (art. 77, §§ 2º e 3º).

História Eleitoral – No período colonial, as únicas eleições realizadas no Brasil eram para a escolha dos oficiais dos Conselhos das Câmaras, alguns, como os das cidades de Salvador, Rio, São Luiz e São Paulo, chamados de Senados da Câmara. O Título LXVIII das Ordenações Filipinas regula essa eleição, em dois graus: "homens bons" (v. Homens Bons) e povo nomeavam seis cidadãos para eleitores e esses, de dois em dois, indicavam por escrito "as pessoas que mais pertencentes lhes parecerem" para juízes, vereadores, procuradores, para tesoureiro, "onde os houver, e para escrivães da Câmara".

O mandato era de um ano mas se indicavam, de uma só vez, nomes para servirem por três anos.

Usavam-se três pelouros (v. Pelouros), bolas de cera onde se introduziam os votos. E, a cada ano, "perante todos, um moço de idade até sete anos, meterá a mão em cada repartimento, e os que saírem nos pelouros serão oficiais cada ano, e não outros".

Em 1921, se deu a designação dos deputados brasileiros às Cortes de Lisboa (v. Cortes de Lisboa). O processo de escolha, complexo, seguiu a fórmula determinada pela Constituição espanhola de Cadiz (v. Constituição de Cadiz), em quatro graus: Juntas Eleitorais e Freguesia indicavam Juntas de Comarcas, que designavam Juntas de Província que apontavam, enfim, os deputados. Sessenta e oito foram os representantes eleitos. Desses, não mais de 50 chegaram a Lisboa e somente 16 firmaram, em setembro de 1823, a Constituição ali aprovada.

As instruções que seguiram o modelo da Constituição de Cadiz serviram, também, para outra eleição, que se realizou em 1822, para designação dos membros do Conselho de Procuradores Gerais das Províncias do Brasil (v. Conselho de Procuradores Gerais das Províncias do Brasil). Mas o processo foi abreviado, sendo os procuradores escolhidos "pelos eleitores de paróquia juntos nas cabeças de comarca".

A Decisão n.º 37, de 19 de junho de 1822, dispôs sobre a eleição para a Constituinte, que se processaria, por forma indireta, em dois graus: o povo, em cada uma das freguesias, designaria eleitores de paróquia, que nomeariam os deputados.

Cada povoação, ou freguesia, que tivesse até cem fogos (v. Fogos) – casa ou parte da casa onde habitasse, independentemente, uma pessoa ou família – daria um eleitor; não chegando a 200, mas passando de 150, daria dois; não chegando a 300, mas passando de 250, daria três; e, assim, progressivamente.

Teriam direito a votar, na eleição de primeiro grau, todo cidadão casado e todo aquele que tivesse de 20 anos para cima, sendo solteiro e não sendo filho-família; deveriam todos, no entanto, ter pelo menos um ano de residência na freguesia. Seriam excluídos do voto todos que recebessem salários ou soldadas de qualquer modo, não sendo aí compreendidos unicamente os guarda-livros e primeiros caixeiros de casas de comércio, os criados da Casa Real que não fossem de galão branco e os administradores de fazendas rurais e fábricas. Para a escolha de segundo grau, seria exigida a idade mínima de 25 anos e o domicílio certo, na Província, há quatro anos.

A Assembleia Constituinte foi dissolvida, pelo Imperador, em 23 de novembro de 1823, após discutir o artigo 24 de seu projeto. O texto foi retomado por comissão designada por Pedro I, que o promulgou em 25 de março de 1824.

A Constituição manteve o processo eleitoral em dois graus para eleição de deputados e senadores: falava, quanto ao primeiro grau, na "massa dos cidadãos ativos", que a legislação posterior e a crônica política denominaram, dali em diante, de "votantes"; e, quanto ao segundo grau, em "eleitores de Província", chamados, depois, de "eleitores de paróquia" ou "eleitores" (v. Eleitores de Paróquia).

O voto, restrito, excluía as mulheres e os que não apresentassem certa renda: para o votante, 100 mil-réis de renda líquida anual "por bens de raiz, indústria, comércio ou emprego" (art. 91, V); para os eleitores, 200 mil-réis (art. 94, I). Para se eleger deputado, era exigida a renda de 400 mil-réis de renda líquida (art. 95, I). Finalmente, para senador, a renda (e aí, a Constituição omitiu a expressão líquida) de 800 mil-réis (art. 45, IV).

Decreto de 1846 determinou – em atenção "às alterações por que tem passado a moeda" – fosse duplicada a renda antes fixada: passou a se exigir 200 mil-réis para o votante, 400 para o eleitor, 800 para o deputado e 1.600 mil-réis para o senador. Isso levou a que, não tendo anotado a alteração de 1846, alguns historiadores considerassem ter, em 1881, a Lei Saraiva (v. Lei Saraiva), ao determinar fosse de 100 mil-réis a renda exigida do eleitor do voto agora direto, elevando o censo.

Em abril de 1835 e em abril de 1838, assistiu o país duas eleições gerais para escolha do Regente (v. Regência), dada a menoridade do Príncipe Pedro, depois Pedro II. A primeira, traria a vitória do Padre Feijó, com 2.828 votos, contra Holanda Cavalcanti, com 2.251 votos. A segunda, a vitória de Araujo Lima (4.308 votos) ainda contra Cavalcanti (1.981 votos). A escolha foi feita "pelos eleitores da respectiva legislatura" que votaram por escrutínio secreto "em dois cidadãos brasileiros, dos quais um não será nascido na Província a que pertencerem os Colégios, e nem um deles será cidadão naturalizado". O modelo era copiado da primitiva redação do art. II, Seção I, da Constituição americana.

Até 1855, a eleição para deputados e senadores se fazia pelo sistema majoritário, de lista, sendo cada província uma circunscrição. Naquele ano, foi aprovado o projeto pelo qual tanto se empenhou o Chefe do Gabinete de setembro de 1853, Honório Hermeto Carneiro Leão, o marquês do Paraná (1801-1856) e que trazia o sistema distrital, com círculos de um só nome. Foi o Decreto 842, de 19 de setembro de 1855, denominado de a Lei dos Círculos (v. LEI DOS CÍRCULOS). A ideia de Paraná era a de abrir espaço às minorias – evidentemente as localizadas – e terminar com as tão deploráveis "câmaras unânimes" (v. CÂMARAS UNÂNIMES), com a participação de uma só parcialidade. Para ser eleito, o candidato deveria alcançar a maioria absoluta de votos. Se nenhum candidato a obtivesse, proceder-se a um segundo escrutínio, concorrendo os quatro mais votados; se nenhuma ainda o alcançasse, ocorreria um terceiro escrutínio, competindo, somente, os dois mais votados.

A Lei dos Círculos alterou o modo como eram escolhidos os suplentes (v. SUPLENTES); ao contrário do que determinara a legislação anterior – que declarava suplentes os que seguissem em votos aos eleitos – propunha-se, agora, que a maioria que elegesse o deputado elegeria o suplente. A lei, finalmente, veio alargar as incompatibilidades (v. INCOMPATIBILIDADES), tratadas, pela primeira vez, pela lei 387, de 19 de agosto de 1846.

Com as críticas à Lei dos Círculos, de que "excedera a seu fim" – ampliando as influências regionais, fazendo prevalecer, sobre os dirigentes de partidos e homens notáveis nas lutas partidárias, parentes e protegidos de vultos interioranos –, cuidou-se do alargamento dos distritos. O Decreto n.º 1.082, de 18 de agosto de 1860, trouxe os círculos de três nomes. Voltou-se a exigir, para a eleição dos deputados à Assembleia Geral, somente "a maioria relativa dos votos" (art. 1º, § 4º).

A dificuldade para aplicação dos distritos de três nomes era a de que, das 20 províncias, seis davam somente dois deputados e sete outras elegiam representantes em número que não era múltiplo de três. Nesses casos, segundo o art. 1º, § 2º, do Decreto 1.082, haveria "um ou dois distritos de dois deputados". A primeira Lei dos Círculos mandara fazer eleição especial para suplentes pela mesma maioria que fazia o deputado; a segunda determinava nova escolha, em caso de vaga.

Com o Decreto n.º 2.675, de 20 de outubro de 1875, a chamada Lei do Terço (v. LEI DO TERÇO), adotou-se, no Brasil, o voto incompleto (v. VOTO INCOMPLETO). Terminava a divisão do território eleitoral em círculos e cada eleitor deveria indicar, para deputados à Assembleia Geral ou para membros das Assembleias Legislativas, tantos nomes quantos correspondessem a dois terços do número total marcado para a província. Se o número de deputados fosse superior a múltiplos de três, o eleitor deveria adicionar, aos dois terços, um ou dois nomes, conforme fosse o excedente. E, segundo o § 19 do art. 2º da Lei, nas províncias que tivessem de eleger deputados em número de múltiplos de três, cada eleitor votaria na razão de dois terços; nas que tivessem de eleger quatro deputados, o eleitor votaria em três nomes e, em quatro, nas que tivessem de eleger cinco deputados. Nas províncias que tivessem de eleger somente dois deputados, o eleitor votaria em dois nomes. Mas o voto incompleto, de dois terços, não tinha aplicação em sete províncias – com número de representantes em número não múltiplo de três –; era arbitrário em outras sete, que somente elegiam dois representantes e somente era efetivado, com exatidão em seis.

Com a Lei 3.029, de 9 de janeiro de 1881 (v. Lei Saraiva), vieram as eleições diretas; os antigos votantes e eleitores deram lugar ao eleitor, somente, e a renda líquida exigida era a do antigo votante. Quanto aos analfabetos, impediu-se, pela primeira vez, o seu voto, somente sendo concedido o sufrágio aos que "soubessem ler e escrever" (art. 8º, II).

No período anterior, fora permitido o voto ao analfabeto, por vezes expressamente, por vezes de modo indireto, quando se permitiam não fossem assinadas as cédulas, ou o fossem por outrem, a rogo do votante. A Lei Saraiva trouxe de volta os círculos, uninominais, chamados agora – e para sempre, na legislação eleitoral brasileira – de distritos. Distritos de um só nome, para os deputados à Assembleia Geral; distritos plurinominais, para os membros das Assembleias Provinciais, com um mínimo de dois nomes, como na província de Minas Gerais, a um máximo de 11, como nas províncias do Rio Grande do Norte, Espírito Santo, Santa Catarina, Goiás e Mato Grosso. Voltou-se, também, na escolha dos deputados, ao sistema de turnos, agora limitados a dois.

Com a República, foi determinado, pelo Decreto n.º 200-A, de 8 de fevereiro de 1890, que, nas eleições para deputados à Assembleia Constituinte, se observasse o Regulamento firmado por Aristides Lobo, Ministro dos Negócios do Interior. A escolha seria "por nomeação direta".

Outro regulamento foi baixado pelo Decreto n.º 511, de 23 de junho de 1890 e firmado pelo novo ministro Faria Alvim. Reiterando que a designação dos deputados e senadores seria feita "por eleição popular direta", estabelecendo a distribuição, por Estados e pelo Distrito Federal, dos 205 deputados e fixando em três os senadores por Estado, o Regulamento Alvim impunha "a pluralidade relativa de votos" para a decisão das eleições: seriam declarados eleitos os vogados para deputados que tivessem a maioria dos votos necessariamente até o número que o Estado ou o Distrito Federal devesse eleger e os três mais votados para senadores. Segundo o Regulamento Lobo, por seu art. 4º, I, seriam eleitores os que soubessem "ler e escrever". Mas se assegurava o direito de voto aos já titulados, em razão da Lei Saraiva, de 1881.

Cessou, com a República, a exigência de renda. Mas como a Constituição retirava o sufrágio dos mendigos (art. 70, § 1º, 2º), houve, mais tarde, com a Lei 3.139, de 2 de agosto de 1916, a exigência de que acompanhassem o requerimento de alistamento provas do exercício de industria ou profissão ou de que o eleitor tivesse assegurada sua subsistência (v. Censo).

Com respeito à eleição dos deputados, dispôs a Carta, somente, que seria garantida "a representação da minoria". E com a primeira lei após a Constituição, a de n.º 35, de 26 de janeiro de 1892, voltaram os distritos de três deputados: os Estados que dessem cinco deputados ou menos, constituiriam um só distrito; quando o número de deputados não fosse perfeitamente divisível por três, juntar-se-ia, para a formação dos distritos, a fração ao distrito da capital. E retornou, também, o voto incompleto: cada eleitor designaria dois terços do número de deputados; nos distritos de quatro ou cinco nomes, votaria em três.

Retornavam, entretanto, os problemas da Lei do Terço, já que, das 21 novas unidades federadas, somente duas – Goiás e Alagoas – elegiam um número de deputados divisível por três: em 19, o eleitor não poderia, efetivamente, votar em dois terços do total.

A pluralidade relativa dos votos – já que as cédulas continham mais de um nome – decidia ainda uma vez a eleição.

Em 15 de novembro de 1904 era aprovada a lei n.º 1.269, denominada a Lei Rosa e Silva (v. Lei Rosa e Silva). Dispunha ela que a eleição seria por escrutínio secreto, mas permitia ao eleitor, se este o desejasse, o voto a descoberto. Os distritos passaram a ser de cinco nomes; os Estados que dessem sete deputados, ou menos, constituiriam um só distrito eleitoral. Quando o número de deputados não fosse divisível por cinco – o que somente iria ocorrer em dois Estados, Ceará e Paraíba, e no Distrito Federal, respectivamente com 10,5 e 10 representantes – juntar-se-ia, para a formação dos distritos, a fração, quando de um, ao distrito da capital do Estado e, quando de dois, ao primeiro e segundo distritos, cada um dos quais elegeria seis deputados. O voto seria ainda incompleto: cada eleitor votaria em três nomes, nos Estados cuja representação contasse com apenas quatro deputados; em quatro nomes, nos distritos de cinco; em cinco, nos de seis; e em seis, nos distritos de sete deputados.

O voto poderia ser cumulativo (v. Voto Cumulativo): quando o número de vagas a preencher fosse de cinco ou mais deputados, o eleitor poderia acumular todos os seus votos ou parte deles em um só candidato, escrevendo seu nome tantas vezes quantos fossem os votos que lhe pretendesse dar (art. 59).

Duas leis sancionadas no Governo Wenceslau Braz – as de n.ºs 3.139 e 3.208, de 2 de agosto e 27 de dezembro de 1916 – trataram, a primeira do alistamento e da entrega de seu preparo ao Poder Judiciário; a segunda, da consolidação das normas eleitorais até então vigentes. Entre outros itens, a última reduzia a possibilidade do voto a descoberto somente à hipótese em que deixasse de se reunir a mesa eleitoral de qualquer seção situada fora da sede do município.

Com a Revolução de 1930, designou o novo Governo Provisório várias subcomissões para o estudo e proposição de reforma das leis; a um desses grupos se deu a tarefa de estudar e sugerir a reforma da legislação eleitoral. Daí resultou o Código editado pelo Decreto n.º 21.076, de 24 de fevereiro de 1932 (v. Código Eleitoral de 1932). Trouxe ele as mais fundas alterações à cena eleitoral do país: a representação proporcional, seguindo o esquema sugerido por Assis Brasil (v. Brasil, J.F. de Assis); o sufrágio feminino; a entrega da verificação e reconhecimento dos poderes a uma Justiça Eleitoral; maior ênfase no sigilo do voto; e, finalmente, a representação profissional.

A Constituição aprovada em 16 de julho de 1934 acolheu todas as inovações do Código: consideravam-se eleitores os brasileiros de um ou de outro sexo (art. 108); o alistamento e o voto eram obrigatórios para os homens e, para as mulheres, quando exercessem função pública remunerada; a Justiça Eleitoral teve regulação detalhada; os representantes eleitos pelas organizações profissionais – que já tinham participado da Constituinte – continuaram a ser em número equivalente a um quinto da representação popular, esta eleita pelo sistema proporcional e sufrágio universal.

Pela lei n.º 48, de 4 de maio de 1935, introduziram-se modificações ao Código de 1932 (v. Código Eleitoral de

1932 – Modificações). Com essas alterações alcançou-se a plena proporcionalidade no sistema eleitoral brasileiro já que, antes, tratava-se de um sistema misto, proporcional no primeiro turno e majoritário no segundo.

Somente em 1945, após a longa trégua do Estado Novo, sem eleições e sem a constituição dos corpos legislativos, volta ser reformulado o quadro eleitoral com a edição do Decreto-Lei n.º 7.586, de 28 de maio daquele ano.

Para a representação na Câmara dos Deputados e nas Assembleias Legislativas, far-se-ia a votação em uma cédula só, com a legenda partidária e qualquer dos nomes da respectiva lista registrada (art. 44). Os lugares não preenchidos com a aplicação do quociente eleitoral e dos quocientes partidários seriam atribuídos ao partido que tivesse alcançado o maior número de votos, respeitada a ordem de votação nominal de seus candidatos (art. 48). Os suplentes seriam os mais votados sob a mesma legenda e não eleitos efetivos, nas listas dos respectivos partidos (art. 52).

Realizadas eleições, em dezembro de 1945, para a Presidência e para a Assembleia Constituinte, não foi vedada a candidatura por diversos Estados, tendo o ex-ditador Getúlio Vargas e o líder comunista Carlos Prestes sido eleitos por diversas unidades da Federação (v. Candidaturas Simultâneas).

Com a Constituição aprovada em 18 de setembro de 1946, determinou-se que o alistamento e o voto seriam obrigatórios para os brasileiros de ambos os sexos e, pela primeira vez, houve menção, numa Carta, aos partidos políticos (art. 40, parágrafo único; 134 e 141, § 13).

Com a lei n.º 1.164, de 24 de julho de 1950 – produto de longa maturação, pois seu projeto foi apresentado em novembro de 1946 –, aprovou-se o segundo Código Eleitoral brasileiro (v. Código Eleitoral de 1950).

Entre seus itens mais importantes, estava a extinção do processo de alistamento *ex-officio*, instituído pelo Decreto 7.586/45 e a adoção do princípio de maiores médias para alocação das cadeiras em sobra. O voto secreto era assegurado pelo uso de sobrecartas oficiais uniformes, do isolamento do eleitor em cabine indevassável, com a verificação da autenticidade da sobrecarta à vista da rubrica, com o emprego de urna que assegurasse a inviolabilidade do sufrágio. Na representação proporcional, insistia-se no voto uninominal, a parir de uma lista apresentada pelos partidos e alocação dos lugares não preenchidos se dava pela maior média obtida pelas agremiações.

A lei 2.550, de 25 de julho de 1955, trouxe as primeiras alterações ao Código – a principal delas a instituição da Folha Individual de Votação (v. Folha Individual de Votação) – e a ela se seguiram as de n.º 2.562, de 30 de agosto, instituindo a cédula única (v. Cédula Única) para as eleições presidenciais; de n.º 2.982, de 30 de novembro de 1956, estendendo a aplicação da cédula às demais eleições majoritárias.

As leis 4.109 e 4.115, de 27 de julho e 22 de agosto de 1962, determinaram o uso da cédula oficial de votação nas eleições pelo sistema proporcional. A lei 4.109 trouxe, também – mas esse foi item logo revogado – o voto colorido (v. Voto Colorido).

Em janeiro de 1963 realizou-se o único referendo (v. Referendo – No Brasil). Alterara-se, em 1961, a Constituição para introdução do sistema parlamentarista. Foi o modo encontrado para a aceitação, pela liderança militar, da ascensão, à presidência, do vice João Goulart, com a renúncia de Jânio Quadros.

Previsto como plebiscito, quando da edição da Emenda Constitucional n.º 4, de 2 de setembro de 1961, realizou-se como referendo, nos termos da Lei Complementar n.º 2, de 16 de setembro de 1962, possibilitando à população pronunciar-se sobre a manutenção do sistema parlamentarista ou a volta do presidencialismo. A segunda alternativa foi a vitoriosa, por 9.457.448 votos contra 2.073.582.

Com o movimento militar de 1964, que afastou João Goulart, instalou-se a Quinta República, com profundas modificações à cena eleitoral, tais como: a eleição indireta do presidente e governadores; a eleição indireta de um terço dos senadores; a sublegenda; a implantação de um bipartidismo, com uma legenda oficial quase a modos de um "partido dominante", na classificação de Duverger (v. DUVERGER, MAURICE); a tentativa do estabelecimento de um patamar de votos para o funcionamento de um partido político e de uma rigorosa disciplina que levaria à perda do mandato de representantes que se opusessem às diretrizes estabelecidas pelos órgãos de direção das agremiações.

A sublegenda foi introduzida pelo Ato Complementar n.º 4, de 20 de novembro de 1965 (v. SUBLEGENDA), para as eleições de senadores, governadores e prefeitos.

Farta foi sua regulamentação e largo seu emprego pelos dois partidos, o oficial e o de oposição. A lei n.º 7.551, de 12 de dezembro de 1986, extinguiu a sublegenda que só valia, então, para a escolha de senadores.

Pela nova Constituição, aprovada em 24 de janeiro de 1967, a escolha do presidente da República: sua escolha passava a ser feita por um Colégio Eleitoral, composto dos membros do Congresso Nacional e por delegados indicados pelas Assembleias Legislativas dos Estados e por maioria absoluta de votos.

Um capítulo foi dedicado aos partidos políticos, aos quais se proibiu as coligações e se exigiu, para o funcionamento, que alcançassem 10% do eleitorado que votara na última eleição para a Câmara, distribuídos em dois terços dos Estados com o mínimo de 7% em cada um deles.

Essa última exigência – modificada em textos posteriores – nunca foi aplicada. Por emenda de 1982, alterou-se a letra do art. 39 da Constituição e se afirmou que a Câmara teria seus representantes eleitos "pelo sistema distrital misto, majoritário e proporcional, na forma estabelecida na lei".

Grupo designado pelo Ministério da Justiça, para estudo e proposta de sugestões visando à implementação do sistema, divulgou anteprojeto que foi, no entanto, recusado por toda a classe política.

BRASIL, J. F. DE ASSIS

NASCEU EM São Gabriel, no Rio Grande do Sul, em 1857 e faleceu em Pedras Altas, naquele Estado, em 1938. Deputado à Assembleia provincial do Rio Grande do Sul nas duas últimas legislaturas do Império, com a implantação da República é nomeado, em março de 1890, Enviado Extraordinário e Ministro Plenipotenciário na Argentina e, a 15 de setembro do mesmo ano, elege-se deputado à Constituinte.

Em 25 de fevereiro de 1891, depois de justificar seu voto contrário ao marechal Deodoro ("faltam a tão digno cidadão as qualidades elementares do homem de governo"), renuncia a seu mandato ("sendo representante de eleitores que em tempo aceitaram a candidatura que agora repudio, corre-me o dever de honra de resignar, como resigno meu mandato"). (In: *Anais do Congresso Constituinte da República*, 2ª ed., 1926, v. III, p. 919)

Volta, em 1892, a seu posto, na Argentina. Depois de missão especial, na China, ocupa, em Lisboa, o cargo de embaixador extraordinário e, em 1898, em Washington, e em 1902, no México e em Buenos Aires, afastando-se, em 1907, do serviço diplomático.

Disputa o governo de seu Estado, em 1922. Com a vitória de seu opositor, Borges de Medeiros, rompe a revolução, encerrada, em dezembro de 1923, com o acordo de Pedras Altas (v. Tratado de Pedras Altas). Deputado federal em 1927, é, com a revolução de 1930, designado ministro da Agricultura e integra a Subcomissão de Reforma da Lei e Processos Eleitorais, de que resultaria o Código Eleitoral, aprovado pelo Decreto n.º 21.076, de 24 de fevereiro de 1932 (v. Código Eleitoral de 1932).

Em 1931, é nomeado embaixador em missão especial e ministro Plenipotenciário na República Argentina. Em 1932 é exonerado do cargo de ministro da Agricultura e elege-se, em 1933, deputado à Constituinte.

A 14 de fevereiro, depois de justificar seu voto contrário a candidatura Getúlio Vargas, renuncia mais uma vez a seu mandato. Faleceu a 24 de dezembro de 1938, aos 81 anos de idade, em sua granja de Pedras Altas.

O Primeiro Projeto – Assis Brasil, em texto de 1893, assim resumia o plano do dinamarquês Andrae (v. Andrae, Carl) e do inglês Thomas Hare (v. Hare, Thomas), de 1859, para o escrutínio de lista, com voto transferível: "O país deve formar um círculo único; cada eleitor vota em tantos nomes quantos os lugares a preencher; para que um candidato se considere eleito é preciso que obtenha o quociente resultante da divisão do número de votantes pelo de lugares a prover; em cada lista, porém, só se conta um nome, e é o primeiro escrito; se esse não alcança o quociente, ou se o excede, os votos que obtiver ou que sobrarem, passam ao segundo, e assim por diante, até esgotar as listas, findo o que devem estar designados todos os representantes e, se não estiverem, os votos perdidos se darão aos mais votados. Como se vê, os votos dados ao primeiro nome da lista se transferem aos imediatos, quando esse primeiro não alcançou o quociente, ou passou dele; daí a denominação de voto transferível." (Brasil, J.F. de Assis. *Democracia representativa. Do voto e do modo de votar*. 1ª ed., Rio de Janeiro: Leuzinger & Filhos, 1893, p. 166)

E, aos autores, dirigiu Assis duas críticas: não achava razoável sua preocupação da absoluta proporcionalidade; e, em segundo lugar, não considerava prático o sistema, faltando-lhe a condição primordial "que nasce da ideia científica que se deve fazer da eleição – a simplicidade".

A apuração seria, aí, "um verdadeiro inferno": "Seria preciso tomar uma lista ao acaso; percorrer todas as outras, em número de milhões, talvez, para verificar se o primeiro nome da primeira tinha chegado ao quociente, ou se o tinha excedido, e em quanto; essa lista não dando resultado, seria preciso recomeçar o trabalho com outro, e assim quem sabe até onde! No meio de tudo isso, quanta possibilidade de falsificações conscientes, ou inconscientes." (Brasil, J.F. de Assis, ob. cit., p. 167-168)

Ao apresentar projeto de emenda à lei eleitoral, na sessão de 1º de agosto de 1839 da Câmara de Deputados, Assis Brasil corrigiu o sistema Andrae-Hare, sugerindo que a lei n.º 35, de 26 de janeiro de 1892, fosse executada com as seguintes alterações:

"Art. 36 com seus parágrafos – Substitua-se pelo seguinte:

Art. Para as eleições de deputados, cada Estado da União constituirá um distrito eleitoral, equiparando-se para tal fim aos Estados o Distrito Federal.

1º Cada eleitor votará em uma mesma cédula, em um só nome e, logo abaixo, e separado por um traço bem visível, em tantos nomes quantos quiser, até o número de deputados a eleger pelo seu distrito eleitoral.

2º Os nomes colocados no alto de cada cédula, e antes do sinal referido no parágrafo antecedente, considerar-se-ão votados no primeiro turno; os que vierem depois de dirão votados no segundo turno.

3º Reputar-se-ão eleitos os cidadãos que houverem obtido no primeiro turno, pelo menos, número de votos igual ao quociente que resultar da divisão do número total de eleitores, que tiverem votado em algum nome, pelo número de deputados a eleger, desprezadas as frações.

4º Não alcançando o número de eleitos no primeiro turno ao número de deputados a eleger, considerar-se-ão eleitos os mais votados no segundo turno, até o preenchimento de todas as vagas do primeiro.

5º Se o nome do cidadão votado e eleito no primeiro turno for repetido no segundo, não será considerado na apuração deste último.

6º Quando a eleição for de um ou dois deputados, cada eleitor votará em um só nome, considerando-se eleito o mais votado, ou os mais votados, ainda que não atinjam o quociente.

7º Quando o número de senadores a eleger for de três, seguir-se-á para a sua eleição o mesmo princípio indicado no 1º.

8º Em qualquer caso de empate, considerar-se-á eleito o mais votado no turno em que não se deu o empate e, verificando-se novamente empate, a Câmara resolverá, por uma só discussão e votação, se deve ou não proceder-se a nova eleição, ou conservar a vaga aberta até a primeira renovação trienal do mandato."

A proposta não foi aceita. Assis reconheceu que não era a ocasião de tentar levar adiante a adoção de seu sistema. "A Câmara está para encerrar suas sessões e o mandato dos atuais deputados a expirar. Depois, convenci-me de que, apesar da simplicidade do plano, ele devia contar contra si um pouco com a nossa rebeldia incurável contra o estudo, circunstância agravada agora pela estreiteza do tempo." (Brasil, J.F. de Assis, ob. cit., p. 173)

UM PROJETO PARA MINAS – A pedido de um amigo, interessado em reforma eleitoral proposta, pouco antes de 1930, para o Estado de Minas Gerais, Assis Brasil elaborou memorando em que reiterava o mesmo projeto apresentado à Câmara, em 1893, com "algumas modificações da forma primitiva, sem abalar a substância". (In: *Ideias políticas de Assis Brasil*. Brasília: Senado Federal/ Fundação Casa de Rui Barbosa/Minc, 1990, p. 530)

Como explicava Assis, "no projeto primitivo exige-se que a cédula contenha um traço bem visível separando o primeiro nome (quociente, ou primeiro turno) dos seguintes nomes. Essa pequena complicação é dispensável para se verificar qual o nome posto em primeiro lugar. No mesmo projeto primitivo limita-se a quantidade de nomes de cada cédula ao número de representantes a eleger. Essa limitação é desnecessária e pode dar lugar a chicanas. Vote o eleitor em quantos nomes quiser; só se contarão os que couberem, no segundo turno, no número de elegendos. Os partidos em reconhecida minoria, por comodidade, mandarão votar apenas em três nomes – o do candidato por quociente e os dos dois suplentes, também inovando sobre o projeto primitivo, por tão evidentes razões, que me dispenso a discutir nesta abreviada minuta. A instituição de suplentes só aproveitará às minorias. As maiorias não precisam dela, porque farão eleger quem substitua os seus correligionários desaparecidos. *Mutatis mutandis*, o mesmo pode dizer-se em relação às transferências de votos sobrantes dos quocientes excedentes para os incompletos, que faz objeto da variante abaixo proposta, variante que é hoje para mim um aperfeiçoamento indispensável ao meu sistema de representação proporcional". (In: *Ideias políticas...*, ob. cit., p. 530)

O Código Eleitoral – Assis Brasil integrou com João G. da Rocha Cabral e Mário Pinto Serva (v. Cabral, João G. da Rocha e Serpa, Mário Pinto) a subcomissão, designada por Getúlio Vargas, chefe do Governo Provisório, em 1932, que elaborou dois anteprojetos, um deles envolvendo o alistamento, outro o processo eleitoral. Os textos foram reunidos por comissão revisora, presidida pelo então ministro da Justiça, Maurício Cardoso, daí resultando o Código Eleitoral, aprovado pelo Decreto n.º 21.076, de 24 de fevereiro de 1932 (v. Código de 1932).

O capítulo II, do Código, que introduziu a representação proporcional para a eleição da Câmara dos Deputados (v. Código Eleitoral de 1932) reproduziu o pensamento de Assis Brasil. Como iria explicar, depois, João da Rocha Cabral, chamava-se "de dois turnos simultâneos" o processo Assis Brasil porque, na mesma cédula, reunia as vantagens da votação uninominal e em lista, da apuração por quociente, no primeiro caso, ou turno, e da maioria relativa, no segundo ("Este corresponde ao direito da maioria de governar, em relativa paz, dispondo de bastantes vozes, no parlamento; aquele, ao das minorias, direito sacrossanto, de fiscalização do governo e colaboração nos atos legislativos. Todas, maioria e minoria, representadas no parlamento, quanto possível, proporcionalmente ao número de seus eleitores."). (Cabral, J.G. da Rocha, *Código Eleitoral da República dos Estados Unidos do Brasil*. 3ª ed., Rio de Janeiro: Freitas Bastos, 1934, p. 104)

Segundo Assis Brasil, a apuração do 2º turno deveria "constituir um prêmio ao ganho de causa da facção mais poderosa". E era, aí, apoiado por muitos que acreditavam "que a proporcionalidade, no segundo turno, como consequência, um Legislativo que poderia estar em desacordo com o Executivo, impedindo que este funcionasse". (In: Sampaio, Alde. *A proporcionalidade na reforma do Código Eleitoral*, Rio de Janeiro: Gráphica Sauer, 1935, p. 1 e 13)

A principal diferença entre o primeiro projeto de Assis Brasil, em 1893, e o afinal adotado pelo Código de 1932, residia na possibilidade, neste último, do registro, por partidos, aliança de partidos ou grupo de eleitores, de lista de candidatos, encimada por legenda. E, por via de consequência, a possibilidade da eleição – em primeiro turno – de candidatos registrados sob a mesma legenda quantos indicasse o quociente partidário. Outra diferença, simples, entre o primeiro projeto de Assis Brasil e o adotado pelo Código, em 1932, é que se dispensava, agora, o "traço bem visível" a separar o primeiro nome, votado, dos demais nomes seguintes.

BOUTMY

Girardin (v. Girardin, Emile) havia proposto, na França, o sistema de colégio único, com voto uninominal, pelo qual se conferia um só voto a cada eleitor e resultando eleitos os candidatos mais votados. Mas se dava, aí, o inconveniente da eleição de candidatos com poucos votos. Para correção, sugeriu Boutmy a pluralidade dos votos parlamentares, concedendo-se a cada representante, nas decisões do Legislativo, número de votos equivalentes aos recebidos no escrutínio.

BURGOS PODRES

Na história eleitoral inglesa, os *rotten borough*, circunscrições eleitorais que conservavam o privilégio de eleger deputados mesmo depois que calamidades tivessem reduzido o número de seus habitantes ou mesmo levado a seu desaparecimento. Como o burgo de Old Sarum, citado por Rui Barbosa e que "já nos tempos de Ricardo I, era um sítio quase ermo e que um escritor contemporâneo de Henrique IV descrevia como *omnino desertum*, conquanto em 1832 reduzisse-se apenas a uma antiga rocha calcária com cinco casas e 12 habitantes". Ou o burgo de Bossiey que "tinha um só eleitor". Outro, "já totalmente engolido pelo mar, ainda embaixo d'água mantinha o direito de deputar um representante ao Parlamento. Em um bote, com três eleitores, o proprietário das cercanias fazia-se transportar ao ponto onde existira o burgo, e ali, sobre as ondas, procedia-se a farsa da eleição". Com a reforma de 1832, "56 burgos perderam de todo o direito político, e 30 viram reduzido de dois a um o número de seus representantes, 22 grandes cidades receberam o privilégio de deputar cada qual dois representantes e 20 o de eleger um cada uma". (Barbosa, Rui. Discurso de 21.6.1880. In: *Perfis parlamentares – 28 – Rui Barbosa*. Brasília: Câmara dos Deputados, 1985, p. 318-321)

BUTLER, DAVID

Cientista político inglês que, em texto que obteve grande repercussão, procurou descobrir as leis que regem as eleições britânicas, de escrutínio uninominal em um só turno, num quadro bipartidário, bem como os resultados aí alcançados.

O estudo, publicado em anexo a livro de Mc Callum e Readman (Mc Callum, R.B. e Readman, Alison. *The british general election of 1945*. Oxford, 1947) teve, por fim essencial, "descobrir em que medida o regime eleitoral britânico é um jogo de azar, ou em que proporção ele se baseia sobre um sistema que, se bem que arbitrário e injusto para as minorias e se bem que exagerando, de um modo grotesco, as maiorias, podem garantir um resultado determinado para uma dada proporção de votos obtidos no país pelos dois maiores partidos".

A pesquisa, segundo ele, "leva a um julgamento do sistema que não é de todo desfavorável. Se as desigualdades das circunscrições forem suprimidas, um dos grandes partidos pode ter a garantia por uma porcentagem dada de votos, de alcançar um número determinado de cadeiras, com uma margem de erro inferior a 20 ou 30 cadeiras. As queixas daqueles que pretendem ser possível, para um partido, triunfar, com 40% do total dos votos do país, sobre um partido que alcance 50%, são certamente injustificadas... Que o regime eleitoral inglês seja injusto, que ele permita a um partido obter, com menos da metade do total dos votos do país, a maioria absoluta no Parlamento, é verdadeiro. Mas há certas vantagens que não podem ser apreciadas pelas estatísticas; ele oferece aos eleitores a simplicidade e uma representação pessoal. A conclusão é a de que, em limites razoáveis, quando é pedido a este sistema de levar ao poder um partido que reuniu mais sufrágios em todo o país, o regime eleitoral faltará muito raramente a fazê-lo".

O estudo de Butler desejava, também, mostrar que seria possível conhecer, antes das eleições, o número aproximado de cadeiras de cada partido, se houver conhecimento preciso – através de seguras pesquisas de opinião – das porcentagens de eleitores favoráveis aos diversos partidos.

No entanto, como adverte Cadart, é preciso não esquecer que a pesquisa de Butler examina o regime eleitoral no quadro de um sistema de dois partidos. Que cálculos e curvas mais complicadas seriam necessárias quando três partidos importantes concorressem. E, finalmente, que, para suas conclusões, Butler ignorou as anomalias do sistema eleitoral britânico de dentão, como as 12 cadeiras reservadas às Universidades, as cadeiras não contestadas e o direito de voto dos ocupantes de locais comerciais e industriais, cumulativo, como o direito de voto universitário, com o direito de voto residencial. (Cadart, Jacques. *Régime électoral et régime parlementaire en Grande-Bretagne.* Paris: Armand Colin, 1948, p. 162-163)

BY ELECTIONS

COMO SE denominam, na Grã-Bretanha, as eleições parciais para substituição de membros do Parlamento cujo mandado é interrompido, por renúncia ou morte.

Já que não existem suplentes (v. SUPLENTES), há que proceder a nova eleição, na circunscrição (v. CIRCUNSCRIÇÃO).

Como explicam os analistas, até a metade deste século, as *by elections* eram de importância política limitada. Mais recentemente, porém, gabinetes com uma pequena maioria no Congresso, passaram a ser afetados por tais pleitos. E o advento da televisão atraiu a atenção de todo o país e tornou esses embates locais testes de popularidade do governo.

Nos EUA, essas eleições parciais se chamam *special elections*.

C

CABALISTA

Na crônica política do Império, aquele que arquitetava e promovia as fraudes eleitorais. Mas, pelo menos em certo período, a expressão foi utilizada sem conotação pejorativa: tanto que se intitulava de O *cabalista eleitoral* um livrinho editado em 1868 que expunha, em resumo, por ordem alfabética, todos os avisos do Ministério do Império sobre matéria eleitoral, expedidos entre 1846 e 1866. O opúsculo se justificava uma vez que, naquele período, haviam ocorrido "tantas, tão várias e complicadas hipóteses na execução das leis". (*O cabalista eleitoral*. Rio de Janeiro: Eduardo & Henrique Laemmert, 1868)

Os cabalistas, no mau sentido, atuavam, principalmente, nas qualificações. Para muitos deles, comentava Francisco Belisário, "uma eleição regular, sisuda, não tem atrativos; sem alguma alicantina bem planejada e bem tramada, falta-lhe todo o sainete". "São os cabalistas que excluem a este, incluem aquele e têm todo o trabalho e gastos do fastidioso e informe processo." (Souza, Francisco Belisário Soares de. *O sistema eleitoral do Império*. Brasília: Senado Federal, 1979, p. 26 e 30)

CABRAL, JOÃO C. DA ROCHA

Nasceu em Jurumenha, Piauí, em 1870 e faleceu no Rio de Janeiro, em 1946. Professor da Faculdade de Direito da Universidade do Rio de Janeiro, integrou, com Assis Brasil (v. Brasil, J.F. de Assis) e Mário Pinto Serva (v. Serva, Mário Pinto) a subcomissão que elaborou o Código Eleitoral de 1932 (v. Código Eleitoral de 1932).

Deputado Federal pelo Piauí, em 1920, não se reelegeu em 1924, como ele conta no prefácio a um de seus livros: pela última vez se dirigia ao eleitorado do Piauí, rogando-lhe "a honra de seus sufrágios, para uma reeleição, que o despotismo então reinante no Estado "consentira" até as vésperas dos trabalhos eleitorais, e logo sorrateiramente "proibiu" com impudência descomunal, mandando substituir o nosso nome nas votações pelo de um adolescente e desconhecido testa de ferro, que deveria guardar, como de fato guardou, a cadeira na Câmara, para o governador saliente…" (Cabral, João C. da Rocha. *Sistemas eleitorais – do ponto de vista da representação das minorias*. Rio de Janeiro: Francisco Alves, 1929, p. 10-11)

Nessa campanha pelo seu retorno à Câmara, pregava ele "o aperfeiçoamento de nosso regime eleitoral, com ou sem reforma de alguns artigos da Constituição, mas visando o estabelecimento de Governo e Parlamento verdadeiramente responsáveis perante a nação". Via que, nos quase 30 anos da revolução republicana, "ainda se encontra, na escala dos praticantes do sufrágio universal, abaixo do antepenúltimo grau de aperfeiçoamento". Não havia eleição livre na maior parte do país: "o alistamento é fraudado; o voto é comprimido; o resultado das urnas, burlado até no processo do reconhecimento nas câmaras".

Daí que insistisse que a reforma de que mais carecia o país era "a reforma do voto", com "um sistema perfeitamente garantidor da liberdade eleitoral (voto absolutamente secreto, com outras modificações do alistamento e da operação eleitoral), e da verdade nas eleições (solução das contendas eleitorais pelo judiciário, como na Inglaterra, em Portugal, na Alemanha, no Japão etc.) e também na efetiva representação proporcional das minorias..." (Cabral, João C. da Rocha, ob. cit., p. 12-13).

Com a Revolução de 1930, pôde ele levar essas ideias ao projeto do Código, com a ênfase no sigilo do voto, a verificação e o reconhecimento dos poderes entregue a uma Corte especial do judiciário e a representação proporcional implementada com breve modificação ao sistema antes proposto por Assis Brasil.

Cabral considerava Assis Brasil "quiçá o mais refinado temperamento e a mais completa mentalidade de estadista, com que a República poderia contar, e que ela não tem sabido aproveitar".

Indicando a excelência do sistema sugerido por Assis Brasil, em projeto de lei de 1893, crê, no entanto, Cabral, que ele "peca apenas por sacrificar demasiado a representação das opiniões em minoria aos interesses predominantes da maioria".

E mostrando hipóteses de distribuição de postos a partir do sistema, aponta ele, por esses exemplos, "que o eminente escritor brasileiro, apesar da fama, que lhe arranjaram, de subversivo, protege em demasia o partido situacionista, com sacrifício das minorias, embora ponderáveis". (Cabral, João C. da Rocha, ob. cit., p. 38)

CACETISTA

DENUNCIADOS POR Rui Barbosa, em discurso de 1880, em defesa da reforma eleitoral, os cacetistas eram grupos armados que repeliam, da porta das matrizes, os votantes da oposição. Mas já em 1840, um jornal falava dos "boatos aterradores, as prisões na véspera das eleições, a subida do preço dos cacetes no mercado". E edição do ano seguinte criticava "os ministros facciosos", já que "a eleição os achou nas praças, anarquizando a multidão, e o Governo lhes emprestou o cacete". (*O Brasil*, edições de 27.10.1840 e 26.8.1841. In: Mascarenhas, Nelson Laje, *Um jornalista do Império (Firmino Rodrigues Silva)*. São Paulo: Nacional, 1961, p. 28 e 41)

Segundo um cronista de 1862, nas freguesias onde a eleição era disputada, congregados os diversos grupos em torno da matriz, "travava-se desde logo verdadeiro combate de vozeria e terríveis imprecações e, de ordinário, se a parcialidade mais fraca, mais honesta ou mais tímida não se submetia humildemente às injustiças ou infâmias da mais forte ou da mais audaz, fervia o pau desapiedadamente e não raras vezes, ao cacete sucedia o punhal ou o bacamarte". (Sarmento, J.J. Moraes. "Eleição direta". In: Bandeira, Antônio Herculano de Souza. *Reforma eleitoral – Eleição direta*. Recife: Typographia Universal, 1862, p. 155-156)

As eleições de setembro de 1840, no Rio de Janeiro, passaram para a história como "as eleições do cacete".

É que, vindo em seguida a um golpe parlamentar, de julho, pela minoria do Partido Liberal, esta fez um "esforço vigoroso" para deter o poder crescente do Partido Conservador: "Afastou muitos dos juízes nomeados que tinham o controle da máquina eleitoral, substituindo-os por outros que os apoiavam, distribuiu os altos cargos da Guarda Nacional e favores semelhantes entre seus partidários, enviou grupos armados com cacetes a reuniões eleitorais locais e, em algumas zonas eleitorais, quando falharam todos os outros meios, enviou piquetes da Polícia Militar para confiscar a lista dos eleitores." (In: Holloway, Thomas H. *Polícia no Rio de Janeiro – Repressão e resistência numa cidade do século XIX*. Rio de Janeiro: Fundação Getulio Vargas, 1997, p. 154)

CÂMARAS UNÂNIMES

UMA DAS realidades mais deploradas do Império foi o predomínio, na Câmara, de uma só parcialidade política. Resultado da força, enorme, dos governos sobre o quadro eleitoral, e da verificação dos poderes entregue às próprias assembleias, elas foram, igualmente, comuns na Primeira República brasileira.

Lembre-se, no Segundo Reinado, o discurso de José Thomaz Nabuco de Araujo, mostrando como se faziam as eleições: "Vede este sorites fatal, este sorites que acaba com a existência do sistema representativo – o Poder Moderador pode chamar a quem quiser para organizar ministérios; esta pessoa faz a eleição, por que há de fazê-la; esta eleição faz a maioria. Eis, aí está o sistema representativo de nosso país." (Nabuco, Joaquim. *Um estadista do Império*. São Paulo/Rio de Janeiro: Nacional/Civ. Brasileira, 1936, p. 62) Outra afirmação, essa de Zacarias de Goes e Vasconcelos, em discurso de 1875, no debate que precedeu a Reforma Saraiva, indicava bem a falsidade do processo eleitoral: "Em um belo dia, sem motivos conhecidos do Parlamento, sem causas sabidas, sem vencidos, nem vencedores, o chefe do Estado demite os ministros, chama outros, que não tenham apoio nas urnas, os quais vão consultar a mentirosa urna." (Vasconcelos, Z. de Goes e. *Reforma eleitoral – Discursos proferidos no Senado*: Rio de Janeiro: Typographia do Diário do Rio de Janeiro, 1876, p. 4)

Nas eleições de 1848, o novo governo, dirigido pelo Conservador Araujo Lima, reduziu a bancada liberal a apenas um deputado.

Na oitava legislativa do Império, a Câmara de 1850-52, de maioria esmagadoramente conservadora, só um liberal foi reconhecido, Bernardo de Souza Franco. Em 1852, os conservadores, com Itaboraí à frente do Gabinete, obtiveram a unanimidade na Câmara. Nas eleições de 1863, procedidas sob o domínio da Liga, houve, na verificação dos poderes, uma "recusa sistemática dos diplomas do Partido Conservador". Na Câmara de 1864, a representação conservadora foi mínima, de seis elementos.

Um pouco de correção às Câmaras Unânimes vinha da convocação dos suplentes (v. SUPLENTES). Até a Lei dos Círculos, de 1855 (v. LEI DOS CÍRCULOS), os que seguissem em votos os deputados eleitos eram declarados suplentes.

Com a Lei de Paraná, a maioria que elegesse o deputado elegeria, também, seu substituto. Uma das críticas que se ouviu, então, à reforma de 1855 foi que viria dela "uma eleição quase unânime"; e, nesse caso, "o partido em minoria não teria o respiradouro dos suplentes, que é muito mais importante do que parece". (Discurso do senador Eusébio de Queiroz, *Atas do Senado do Império*, sessão de 30.8.1855)

Fato curioso é que o Senado do Império, vitalício e, assim, na prática, menos genuinamente representativo, findava "mais fiel à representatividade das opiniões do povo". É o que constata Beatriz Westin de Cerqueira Leite. A Câmara estava, o mais das vezes, à mercê de "resultados eleitorais de uma só cor partidária". E o Senado, pela modificação lenta de seus quadros, a depender só da morte de seus integrantes, estaria, assim, desse modo, a garantir o eco das parcelas minoritárias, contra o abuso das Câmaras unânimes, como atestam as declarações de Nabuco ("A vitaliciedade do Senado é hoje um grande bem, porque abriga a oposição independente excluída da Câmara pelos instrumentos do Governo") e do senador João Alfredo Correia de Oliveira ("A vitaliciedade do Senado tem servido quando as Câmaras se reúnem depois de mudanças políticas, para que não emudeçam as vozes de oposição."). (Leite, Beatriz Westin de Cerqueira. *O Senado nos anos finais do Império (1870-1889)*. Brasília: Senado Federal, 1979, p. 16)

CAMPOS, MILTON

Nasceu em Ponte Nova, Minas Gerais, em 16 de agosto de 1900. Faleceu em janeiro de 1972. Formou-se pela Faculdade de Direito de Belo Horizonte e foi nomeado advogado geral de Minas Gerais, em 1932.

Elegeu-se, em 1934, para a Assembleia Constituinte de seu Estado e governador, em janeiro de 1947. Integrou a Câmara de Deputados em 1955, e o Senado, em 1959. Reeleito para a Câmara Alta, em 1966, não concluiu este último mandato. Por duas vezes disputou a vice-presidência, em 1955, na chapa de Juarez Távora, e em 1960, vinculado à candidatura Jânio. Em ambas as vezes perdeu a indicação para João Goulart.

Senador em 1960, Milton Campos apresentou projeto de lei em que propunha a divisão dos Estados em distritos eleitorais para eleição dos deputados federais. Visava ele "conciliar a divisão distrital, a chamada divisão paroquial, com o sistema imposto pela Constituição, da votação proporcional". (*Diário do Congresso*, 26.11.1960, p. 2.727 e sgs.) Segundo sua proposta, dividir-se-ia o Estado em tantos distritos quantos fossem os lugares a preencher; os partidos apresentariam candidatos, um para cada distrito. Realizada a eleição, apurar-se-ia o quociente eleitoral e o quociente partidário, na forma da legislação; e os postos seriam preenchidos segundo a ordem decrescente da votação que os candidatos houvessem obtido em todo o Estado, em cada distrito, tendo-se em vista a totalidade do território estadual.

A primeira vantagem do projeto, segundo Milton Campos, estaria em evitar-se "o que atualmente ocorre, espetáculo lamentável – a emulação entre companheiros do mesmo partido na conquista do voto popular". Os pleitos, argumentava ele, "são espetáculos de desarmonia entre correligionários, comprometendo a coesão partidária. Se os partidos são, constitucionalmente, essenciais ao regime, urge fortalecê-los pela homogeneidade, e não dividi-los pelas lutas internas". Outra vantagem é que a inovação facilitaria "ao extremo, o uso da cédula oficial" (v. Cédula Oficial). As grandes listas, a que o círculo único obriga, seriam eliminadas. Mais uma vantagem, "o barateamento das eleições", sem a necessidade de o candidato percorrer todo o Estado à procura de votos. Mas poder-se-ia dar, segundo ele, "esta anomalia: um candidato ser eleito em seu círculo, em seu distrito, e não ser incluído na linha de representação; como pode acontecer o caso de ser derrotado em seu distrito um candidato e, no entanto, pelo volume da votação obtido, ocupar uma das cadeiras a serem ocupadas pelo partido".

O projeto não foi aprovado.

Ministro da Justiça após o movimento militar de março de 1964, Milton Campos cuidou, inicialmente, da alteração à legislação eleitoral vigente, sobre a eleição do presidente e vice por maioria absoluta e a elegibilidade de militares da ativa para tais postos, no que resultou a Emenda Constitucional n.º 9. Coordenou, também, a elaboração do Código Eleitoral afinal aprovado pela lei n.º 4.737, de 15 de julho de 1965 (v. Código Eleitoral de 1965).

Solicitado, pelo presidente Castelo Branco, um anteprojeto ao Tribunal Superior Eleitoral, o texto foi tão revisto e trabalhado por Milton Campos a ponto de ser ele considerado como "principal autor intelectual" do Código. (Ferreira, Pinto. *Código Eleitoral comentado*. Rio de Janeiro: Editora Rio, 1976, p. 15)

Foi ele responsável, também, pela proposta na nova Lei Orgânica dos Partidos Políticos, com exigências mínimas para funcionamento dessas organizações (v. Cláusula de Exclusão).

No julgamento de seus contemporâneos, Milton Campos uniu a melhor cultura geral, o mais sólido preparo jurídico, o maior escrúpulo na gestão dos dinheiros públicos, "a uma perfeita modéstia e a uma comprovada desambição". Ele foi, como o disse o poeta Carlos Drummond de Andrade, "o homem que a gente gostaria de ser". (Trigueiro, Oswaldo. *A política do meu tempo*. Rio de Janeiro: Forense Universitária, 1988)

CANDIDATO

Do latim *candidatus*, aquele que postulava votos para quaisquer das magistraturas, em Roma, apresentando-se, em público, com vestes brancas – as *toga candidae*.

A toga, de origem etrusca, normalmente feita de lã, era uma vestimenta de forma oval, posta sobre os ombros e terminando no tornozelo.

A toga preta – *pulla* ou *sordida* – era usada para o luto. A toga *praetexta*, ornada por uma faixa de púrpura, era a vestimenta dos magistrados e, também, das crianças até os 16 anos. A partir dessa idade, após uma cerimônia religiosa, os jovens usavam a toga *virilis*. Os generais, quando da entrada em Roma, depois de uma grande vitória – na cerimônia que se denominava o *triumphus* –, usavam a toga *picta*, de cor púrpura.

Em 432 a.C., uma lei proposta pelos cônsules Posthumius e Furius – uma das chamadas *leges de ambitus* (v. Ambitus) – chegou a proibir aos candidatos o uso, nos lugares públicos, da toga *candida*.

CANDIDATO AVULSO

O que postula individualmente o cargo, sem apoio de partido ou inclusão em listas. No Brasil, antes do Código Eleitoral de 1932 (v. Código Eleitoral de 1932), e não havia registro de candidatos por partidos ou grupo de eleitores, e todos os candidatos eram, a rigor, avulsos.

Mas a denominação é, corretamente, aplicada a partir daí, quando passou a ser permitido a qualquer partido, aliança de partidos ou grupo de 100 eleitores, no mínimo, registrar, no Tribunal Regional, até cinco dias antes da eleição, a lista de seus candidatos, encimada por uma legenda. Considerava-se avulso o candidato que não constasse de lista registrada.

Apesar das alterações que trouxe ao Código, a lei n.º 48, de 4 de maio de 1935, manteve a possibilidade do candidato avulso que só findaria com o Decreto-Lei n.º 7.586, de 28 de maio de 1945. O anteprojeto deste permitira o registro de candidatos avulsos, mediante requerimento firmado por 200 eleitores.

Entendera a comissão que o elaborara que a arregimentação partidária não deveria ser o resultado de imposição legal, mas o das preferências livremente manifestadas pelos eleitores. E que não competiria à lei "obrigar o eleitorado a se filiar a partidos, mas estes é que devem conquistá-lo pelo seu programa e pela confiança que inspirem seus diretores". (Castro, Augusto O. Gomes. *A lei eleitoral comentada*. Rio de Janeiro: Typographia Batista de Souza, 1945, p. 40)

Do trabalho da Comissão, revisto por Agamenon Magalhães, não foi aproveitada a ideia do candidato avulso. E na Exposição de Motivos que encaminhou o projeto, argumentou-se que essa espécie de candidatos provocava dispersão de votos. Em verdade, a exigência de um número reduzido de eleitores – 200 – para a apresentação dos postulantes, possibilitaria a pulverização na escolha eleitoral. Mas o candidato avulso mereceria a aprovação de alguns comentadores, "por ter servido como uma reação aos cambalachos políticos", a candidatos escolhidos por influências alheias a seu prestígio eleitoral e por se constituírem, enfim, "uma homenagem à realidade do voto". (Castro, Augusto O. Gomes, ob. cit., p. 40)

Com o Decreto-Lei n.º 7.586, se iniciava o monopólio, que não seria mais quebrado, no país, dos partidos políticos na apresentação dos candidatos.

CANDIDATOS NANICOS

NAS ELEIÇÕES que ocorreram depois de 1989, a imprensa se acostumou a chamar de "nanicos" os candidatos a presidente que receberam pouquíssimos votos. Segundo os dicionários, nanico seria o pequeno de corpo, acanhado, apoucado. Nada mais natural, assim, a denominação àqueles que, naquela eleição, a primeira da redemocratização que se seguiu ao regime militar, não alcançou sequer 1% dos votos.

Na eleição de 1989, que levou à Chefia do Poder Executivo Fernando Collor de Mello, 14, entre 22 candidatos, foram os nanicos:

	Votos	%
Aureliano Chaves (PFL)	600.838	0,83
Ronaldo Caiado (PSD)	488.846	0,68
Affonso Camargo Neto	379.286	0,52
Enéas Ferreira Carneiro (PRONA)	360.561	0,50
José Alcides Marronzinho de Oliveira (PSP)	238.425	0,33
Paulo Gontijo (PP)	198.719	0,27
Zamir José Teixeira (PCN)	187.155	0,26
Lívia Maria de Abrey (PN)	179.922	0,25
Eudes Oliveira Mattar (PLP)	162.350	0,22
Fernando Gabeira (PV)	125.842	0,17
Celso Brant (PMN)	109.909	0,15
Antonio dos Santos Pedreira (PPB)	86.114	0,12
Manoel de Oliveira Horta (PDCdoB)	83.286	0,12
Armando Corrêa da Silva (PMB)	4.363	0,01

No pleito de 1994, que elegeu Fernando Henrique, apenas dois, entre os sete que concorreram, foram os nanicos:

Carlos Antônio Gomes	387.738	0,61
Hernani Goulart Fortuna	238.197	0,38

Em 1998, quando se reelegeu Fernando Henrique, dos 12 candidatos que disputaram, sete não alcançaram 1% dos votos:

Ivan Moacyr da Frota (PMN)	251.337	0,37
Alfredo Sirkis (PV)	212.984	0,31
José Maria de Almeida ((PSTU)	202.659	0,30
João de Deus Barbosa de Jesus (PT do B)	198.916	0,29
José Maria Eymael (PSDC)	171.831	0,25
Tereza Ruiz (PTN)	166.138	0,25
Sergio Bueno (PSC)	124.569	0,18
Vasco de Azevedo Neto (PSN)	109.003	0,16

Em 2002, quando, pela primeira vez, se elegeu o Presidente Luiz Inácio, dos seis que disputaram a Presidência, dois não alcançaram 1% dos votos:

José Maria de Almeida (PSTU)	402.236	0,47
Rui Costa Pimenta (PCO)	38.619	0,04

Em 2002, em que se levou, mais uma vez, à Presidência, Luiz Inácio da Silva, dos oito candidatos, quatro foram nanicos:

Ana Maria Rangel (PRP)	126.404	0,13
José Maria Eymael (PSDC)	63.294	0,07
Luciano Bivar (PSL)	62.064	0,06
Rui Costa Pimenta (PCO)	0 (nulos)	0,00

Finalmente, nestas últimas eleições de 2010,

Plínio de Arruda Sampaio	886.816	0,87
José Maria Eymael	896.350	0,09
José Maria de Almeida	84.609	0,08
Levy Fidelix	57.969	0,06
Ivan Pinheiro	39.236	0,04
Rui Costa Pimenta	12.206	0,01

O que leva esses candidatos inexpressivos, por partidos também sem apoio popular, a disputarem a curul presidencial? Estariam com a esperança de sensibilizar o eleitorado ou esperariam, somente, gozar um pouco da fama do pouco do destaque que lhes dariam a propaganda gratuita, a citação de seus nomes, a aparição breve no rádio e na televisão?

CANDIDATO NATO

FACULDADE DOS que exercem mandato legislativo de se incluírem, obrigatoriamente, na lista partidária para a reeleição. No Brasil, a possibilidade foi criada pela lei n.º 7.008, de 29 de junho de 1982, que veio dar nova redação ao art. 4º da lei n.º 6.978, de 1º de janeiro de 1982: "Os atuais senadores, os deputados federais e estaduais e os vereadores serão considerados candidatos natos dos partidos políticos a que pertencerem na data das respectivas convenções."

Era a defesa dos atuais parlamentares contra os dirigentes de suas agremiações que lhes obstavam o acesso às listas. Mais adequado ao caso seria a fórmula proposta por Raul Pilla (v. PILLA, RAUL) da sublegenda (v. SUBLEGENDA) ao permitir que cada facção, nos partidos, apresentasse seu candidato e que se atribuísse ao postulante mais forte a soma de votos obtidos por todos.

A legislação atual (lei n.º 9.504, de 30 de setembro de 1997) garante a candidatura "nata" a deputados federais e estaduais e a vereadores, mas não a senadores.

CANDIDATURAS SIMULTÂNEAS

NA LEGISLAÇÃO eleitoral brasileira, do Império, nunca se subordinou a escolha de deputados à Assembleia Geral, ou de senadores, ao seu domicílio. Nem se proibiram as candidaturas, simultâneas, por diversas províncias.

Na composição inicial do Senado, em 1826, por exemplo, segundo relação feita pelo visconde Baependi (Baependi, Visconde de. "Notícia dos Senadores do Império do Brasil". In: Taunay, Affonso E. de. *O Senado do Império*. Brasília: Senado Federal, 1978, p. 56), dez candidatos surgiram em listas por duas províncias, 14 em três listas, um em quatro listas e o campeão, o marquês de Queluz, em seis listas. Para a Assembleia Geral, muitos foram os exemplos de candidaturas por várias províncias. Um deles, o do cearense Padre José Martiniano, pai do romancista José de Alencar: escolhido, em 1830, deputado pelo Ceará e por Minas, optou por sua terra natal.

E, quando se passou, no Brasil, à eleição por distritos, nada obstou as candidaturas por mais de uma circunscrição.

As indicações para o Senado ou para a Câmara não dependiam, afinal, do prestígio local dos postulantes. As eleições, como reconhecia, em 1872, Francisco Belisário Soares de Souza, eram "um produto meramente oficial", não se preocupando os candidatos "com os eleitores, mas com o Governo, cujas boas graças solicitam e imploram". (Souza, Francisco Belisário de. *O sistema eleitoral no Império*. Brasília: Senado Federal, 1979, p. 6) Daí, então, que tudo se vinculasse à influência dos ministros, dos presidentes das províncias, das recomendações governamentais.

Um exemplo raro de preocupação com os eleitores foi o dado por Afonso Celso que, de 1881 a 1889, representou, na Assembleia, o então 20º distrito eleitoral de Minas Gerais. Era ele filho do visconde Ouro Preto, senador e chefe do último Gabinete de Ministros do Império. No regime da Lei Saraiva (v. LEI SARAIVA), de 1881, Minas Gerais fora dividida em circunscrições de um só deputado. A 20ª circunscrição se compusera de comarcas que o visconde representara, no regime anterior, de distritos de três deputados. Possuía ele, ali, "verdadeiras dedicações". Apesar disso, não se fiando somente na indicação e no prestígio paternos, Afonso Celso visitava sempre a área, em viagens tormentosas – do Rio de Janeiro a Salvador, aí a Ilhéus e Canavieiras, subindo o rio Jequitinhonha, a princípio em vapor, depois em canoa, tomando animais em São Miguel, até Grão Mogol, cabeça do distrito. (Celso, Afonso. *Oito anos de Parlamento*. Brasília: Unb, 1981, p. 11)

As candidaturas, mais que por circunscrições diferentes, por Estados diversos, vão ser possíveis no início de nossa Quarta República.

Pela lei constitucional n.º 9, de 28 de fevereiro de 1945, Getúlio Vargas havia alterado muitos dos artigos da Carta de 1937, tornando direta a escolha de deputados, de membros do Conselho Federal – em que se transformara o antigo Senado – e determinara fossem fixadas, dentro de 90 dias, as datas das eleições para o Congresso Federal e Assembleias Legislativas Estaduais. O Decreto-Lei n.º 7.586, de 28 de maio, veio regular o alistamento e as eleições. Somente poderiam concorrer candidatos registrados por partidos ou alianças de partidos. E o registro seria "promovido por delegado de partido, autorizado em documento autêntico, inclusive telegrama de quem responda pela direção partidária, e com a assinatura reconhecida por tabelião" (art. 40, § 1º, do referido Decreto-Lei).

Não sendo obstadas, por qualquer disposição legal, as candidaturas simultâneas, delas se utilizaram o Partido Trabalhista Brasileiro e o Partido Comunista, apresentando, o primeiro, Getúlio Vargas, que se afastara do poder em outubro de 1945, o segundo, Luiz Carlos Prestes, libertado da prisão em abril daquele ano, como candidatos a senador e deputado por muitos Estados.

Veja na p. 74 a votação de Vargas e de Prestes.

Da soma total de votos obtidos pelo PTB para a Câmara Federal, 603.500, Getúlio obteria mais de 50%. O que disso resultou de ajuda à agremiação, dá mostra sua votação no Distrito Federal:

Eleições de 2 de dezembro de 1945
Câmara de Deputados

Distrito Federal Partido Trabalhista Brasileiro	N.º de votos
Getúlio Vargas	116.712
Rui Cruz Almeida	3.201
Benjamim Miguel Farah	2.035
Manoel do N. Vargas Neto	1.750
Francisco Gurgel do Amaral Valente	1.022
José de segadas Viana	795
Manuel Benício Fontenele	753
Paulo Baeta Neves	722
Antônio José da Silva	592

A soma dos votos dos companheiros de legenda de Vargas atingiria, somente, 10.870.

Tendo, assim, eleito oito de seus correligionários, Vargas, com seu afastamento da representação do Distrito Federal, para aceitar a senatoria pelo Rio Grande do Sul, permitiu que mais um outro, Edmundo Barreto Pinto, primeiro suplente, com apenas 537 votos, assumisse um lugar na Câmara.

Também no Estado de São Paulo, tendo o PTB conquistado seis vagas na Câmara, Getúlio alcançou um total de 119.055 votos. Os cinco outros eleitos, e mais o suplente, que ocuparia cadeira com a renúncia de Vargas, somaram somente 57.221.

Eleições de 2 de dezembro de 1945

Votação obtida por Getúlio Vargas

	Estado	N.º DE VOTOS
Para o Senado	Rio Grande do Sul	461.913
	São Paulo	414.943
Para Câmara	Bahia	10.032
	Rio de Janeiro	20.745
	Distrito Federal	116.712
	São Paulo	119.055
	Paraná	8.468
	Rio Grande do Sul	11.291
	Minas Gerais	32.012
	Total	318.315

Votação obtida por Luiz Carlos Prestes

	Estado	N.º DE VOTOS
Para o Senado	Distrito Federal	157.397
Para Câmara	Bahia	1.368 (suplente)
	Rio de Janeiro	2.668 (suplente)
	Distrito Federal	27.664
	São Paulo	10.476 (suplente)
	Paraná	11.849
	Rio Grande do Sul	11.291
	Total	54.025

A candidatura por vários Estados, considerada "fraude legal" por Afonso Arinos, foi por este combatida na Câmara a partir de 1946. Ele relatou, em livro de memória (Franco, Afonso Arinos de Mello. *A escalada*. Rio de Janeiro: José Olympio, 1965, p. 12), seu esforço para eliminar a permissão a essas postulações simultâneas, sendo, afinal, vitorioso, com o Código Eleitoral de 1950 (v. CÓDIGO ELEITORAL DE 1950) que determinou, em seu art. 51: "Salvo para presidente e vice-presidente da República, não é permitido registro de candidato por mais de uma circunscrição."

Mas, em verdade, a proibição já constava no Decreto n.º 8.835, de 24 de janeiro de 1946, que veio dar nova redação ao art. 42 do Decreto-Lei n.º 7.586/45: "Não é permitido, salvo em petição conjunta, o registro de candidatos a qualquer eleição por mais de um partido, nem, em caso algum, por duas ou mais circunscrições eleitorais, sob pena de nulidade de votos que obtiver, inclusive para a legenda."

E no Ato das Disposições Transitórias da Constituição de 1946, ao se regular as próximas eleições para governadores e para deputados às Assembleias Legislativas, foi dito: "Não será permitida a inscrição do mesmo candidato por mais de um Estado."

CANVASS

A PROPAGANDA, feita em domicílio, na campanha eleitoral britânica. Os *canvassers* visitam todas as residências da circunscrição e, segundo os analistas, atendem-se, aí, a dois objetivos: o primeiro, de persuadir os eleitores; o segundo, de recensear os que são favoráveis a um partido, com a formação de uma lista relacionando esses apoios.

Os agentes de cada facção obtêm de funcionários encarregados de dirigir e controlar o processo eleitoral (*Returning Officers*) as listas de cada circunscrição. Essas listas são elaboradas por rua, por seu lado ímpar e por seu lado par. Os eleitores são, aí, listados, por número de rua, por casa.

Como relata Jacques Cadart, "os agentes do candidato decompõem a lista por ruas ou porções de ruas que são coladas sobre impressos cartonados. Ao lado dos nomes dos eleitores, quatro colunas são organizadas: eleitores "a favor", eleitores "contra", eleitores "duvidosos", e "observações". Os *canvassers* preenchem cada cartão e, mais frequentemente, quando da refeição do anoitecer, passam em cada casa perguntando aos eleitores se eles são contra ou a favor do candidato que representam. Feita a consulta e muitas vezes em presença de cada eleitor, marcam o cartão: a favor, contra ou duvidoso; certas situações peculiares são mencionadas: ausente, doente, achacado, idoso etc." "É certo que esse processo não permite sempre descobrir a verdadeira opinião dos eleitores. Alguns se recusam a manifestar qualquer opinião e dispensam os recenseadores. Mas, quase sempre, os eleitores respondem alguma coisa. É necessária ao *canvasser* a experiência ou a psicologia para descobrir a verdade. Com um pouco de experiência, ele sabe se tal sim é um sim real ou a resposta de um indivíduo que procura se desembaraçar de inoportunos, se tal pessoa que declara desinteresse da política é realmente um abstencionista ou antes um eleitor do partido contrário, se tal resposta imprecisa quer significar que a pessoa entrevistada é adepta da oposição ou é verdadeiramente um indeciso, que uma breve exposição sobre os méritos do partido e do candidato atrairia.

Um bom *canvasser* hesita raramente em seu diagnóstico. Ele é sempre da localidade e conhece a opinião de uns e outros, ao menos as tendências de cada quarteirão e de certas ruas... "Feito o trabalho, os agentes do candidato possuem uma documentação completa da circunscrição, que permite uma avaliação sumária das forças com as quais podem contar." (Cadart, Jacques. *Régime électoral et régime parlementaire en Grande-Bretagne*. Paris: Armand Colin, 1948, p. 68-69)

CAPANEMA, GUSTAVO

NASCEU EM Pitangui, Minas Gerais, em 1º de agosto de 1900 e faleceu em 1º de março de 1985. Vereador em sua cidade natal, foi secretário do interior no governo de Olegário Maciel, substituindo-o, como interventor do Estado e ministro da Educação de Vargas, por 11 anos. Em 1946, foi deputado à Constituinte e, depois, líder do governo e da maioria no novo período de Vargas (1951-54). De 1959 a 1961 foi ministro do Tribunal de Contas da União. Elegeu-se senador em 1970.

Capanema trouxe importante contribuição ao quadro eleitoral brasileiro. Foi o relator da Comissão de Constituição e Justiça da Câmara que, em 1950, se pronunciou sobre o texto final do projeto de que resultou o Código Eleitoral, aprovado pela lei n.º 1.164, de 15 de julho daquele ano (v. CÓDIGO ELEITORAL DE 1950). E, antes, na longa discussão do projeto na Câmara, desde dezembro de 1948, quando foi enviado pelo Senado, Capanema participou intensamente dos debates, mostrando largo conhecimento do Direito Eleitoral e da experiência dos demais países.

Mais tarde, ao voltar ao Senado, insistiu na mudança do sistema de eleições para a Câmara e Assembleias Legislativas. As principais finalidades da reforma, segundo ele, eram:

"1. Fazer desaparecer a luta áspera que se trava, entre correligionários, na ocasião das eleições. Como se sabe, no vigente sistema eleitoral, os candidatos a deputado federal ou a deputado estadual se digladiam muito mais com os próprios correligionários do que com os adversários. E se trata de combate não raro secreto e insidioso. O resultado é a discórdia constante, com dano essencial à unidade partidária.

2. Fazer diminuir ou cessar o abuso do poder econômico. A principal arma dos candidatos, em casos frequentes, não tem sido o seu próprio valor, ou serviços prestados, mas o dinheiro. De eleição em eleição, o emprego dessa arma vai aumentando, com evidente desprestígio das campanhas eleitorais.

3. Simplificar o processo de votar e apurar. A representação proporcional com o voto uninominal, usada que sempre foi entre nós mediante cédula particular, não dificultava o voto, mas era um modo de aumentar a corrupção. Era preciso substituí-la pela cédula oficial. Mas, com esta, a complicação do ato de votar torna o voto inacessível a grande parte do eleitorado. Por outro lado, com cédula particular ou oficial, o voto uninominal dificulta em extremo a apuração nas juntas eleitorais e nos tribunais regionais. O trabalho de apuração se prolonga, em todo o país, por semanas intermináveis." (Capanema, Gustavo. "Reforma eleitoral". In: *Digesto econômico*, n.º 211, ano XXVI, jan./fev., 1970, p. 33-34)

Propunha ele que os representantes do povo na Câmara dos Deputados e nas Assembleias Legislativas passassem a ser eleitos segundo um sistema eleitoral eclético, "resultante da conciliação de um conjunto de regras, umas próprias do princípio majoritário e outras oriundas do princípio da representação proporcional".

Mas esse ecletismo, que assentaria no círculo distrital a base das atividades eleitorais, não retiraria "ao sistema proposto o seu essencial caráter, que é perseverar como sistema de integral representação proporcional". Cada Estado elegeria, então, a metade de seus deputados federais, bem como a metade de seus deputados estaduais, conforme o sistema majoritário distrital, e a outra metade, tanto de um como dos outros, com observância do critério proporcional.

Seguia Capanema, em suas linhas gerais, o sistema em vigor na Alemanha (v. ALEMANHA).

CAPOEIRA

JOGO FÍSICO de defesa e ataque, dirá Gastão Cruls, "inventou-o o mestiço ágil e franzino, para lutar com o português, de murraça forte e violentos golpes de pau". A tática era de "negacear diante do adversário, buscando cansá-lo e distraí-lo, até que se oferecesse ensejo de derribá-lo, por um passe imprevisto: rasteira ou cabeçada". (Cruls, Gastão. *Aparência do Rio de Janeiro*. Rio de Janeiro: José Olympio, 1949, p. 318)

Capoeiras eram os que se dedicavam ao jogo: "Vestindo-se de maneira toda especial, lenço à volta do pescoço, calças largas mas de boca estreita, afuniladas, e sapatos de salto carrapeta, era fácil reconhecer os tipos que formavam nesses grupos, que se reuniam em bandos." (Cruls, Gastão, ob. cit., p. 319)

No final do Império, os capoeiras participavam ativamente das campanhas eleitorais, atemorizando os votantes contrários. José Murilo de Carvalho lembra o depoimento de um diplomata francês, para quem as eleições, de então, eram resolvidas a porrete, faca e revólver, sendo os capoeiras agentes eleitorais muitos úteis: "Votavam um número indefinido de vezes, impediam de votar os adversários de seu chefe, em caso de reclamações ou de resistência recorriam à última *ratio* certos da impunidade garantida pelos chefes políticos."

A República, conclui Carvalho, combateu os capoeiras, mas o uso de capangas para influenciar o processo eleitoral só fez crescer. (Carvalho, José Murilo de. *Os bestializados – O Rio de Janeiro e a República que não foi*. São Paulo: Companhia das Letras, 1987, p. 175)

A capoeira "só se tornou ilegal com a promulgação do Código Penal da República, em 1890. No século anterior, a polícia do Rio prendera milhares de pessoas pela prática da capoeira e, no século XIX, aplicou milhares de chibatadas pelo mesmo motivo, tanto antes quanto depois da promulgação do código criminal de 1830, que definia claramente os limites do comportamento criminoso mas não mencionava capoeira". (Holloway, Thomas. *Polícia do Rio de Janeiro – Repressão e resistência numa cidade do século XIX*. Rio de Janeiro: Fundação Getulio Vargas, 1997, p. 154)

Logo após a proclamação da República, designado chefe da polícia, Sampaio Ferraz começou um enérgico combate aos grupos de capoeiras. "Tendo recebido do próprio presidente provisório, marechal Deodoro da Fonseca, poderes discricionários para lidar com o problema, Sampaio Ferraz deportou sumariamente muitos dos pretos nas várias batidas policiais para a colônia penal de Fernando de Noronha, abalando efetivamente a força das maltas. Ademais, o novo Código

Penal da República, incluiu pela primeira vez uma disposição proibindo especificamente praticar nas ruas e praças públicas o exercício de agilidade e destreza corporal conhecido pelo nome de capoeiragem. A pena era de prisão de dois a seis meses na primeira vez e de um a três anos numa colônia pena remota em caso de reincidência". (Holloway, Thomas H., ob. cit., p. 247)

CARNOT, ADOLPHE

Engenheiro de Minas, professor de química e mineralogia, nasceu em Paris, em janeiro de 1839. Seu irmão, Francisco Sadi, presidiu a República francesa.

Adolphe Carnot propôs um sistema que permitia aos eleitores classificar os candidatos de uma mesma lista, na ordem de suas preferências pessoais. Cada eleitor podia, com efeito, indicar, sublinhando os nomes, os candidatos que ele desejava ver eleitos antes dos outros. Ele não podia, no entanto, designar mais de dois na mesma lista em Colégios que devessem nomear seis deputados, no máximo; três, se o número de deputados se elevasse de sete a dez; enfim, nas circunscrições mais extensas, ele podia sublinhar um nome a mais por cinco candidatos, figurando sobre uma mesma lista de mais de dez nomes.

Seu boletim de voto – explica Lachapelle – tinha, então, um duplo efeito: contava, por um lado, como uma só unidade na adição dos sufrágios concedidos a cada lista; por outro lado, permitia ao eleitor designar ele mesmo os candidatos que preferia na lista. A apuração se iniciava pela soma dos votos de lista, depois por aquela dos votos pessoais de cada candidato, a fim de poder proclamar sucessivamente eleitos os candidatos que tivessem obtido maior número dos sufrágios de preferência. (Lachapelle. *Les régimes électoraux*. Paris: Armand Colin, 1934, p. 145-146)

CARROL, LEWIS

O reverendo Charles Dogson (1832-1898), professor de matemática da Universidade de Oxford, celebrizou-se por seu livro *Alice no país das maravilhas*, sob o pseudônimo de Lewis Carrol.

Autor de obras de matemática e lógica, Dogson deixou alguns textos sobre eleições universitárias só mais recentemente divulgados. (In: Black, Duncan. *The theory of committees and elections*. Cambridge: The University Press, 1956) Segundo um analista, esses textos deveriam sem dúvida servir de base a um futuro trabalho sobre os procedimentos eleitorais, que Dogson não escreveu. E neles, chama a atenção à insistência sobre as manobras possíveis no caso onde aparecem maiorias cíclicas e a utilização que se faz de quadros retangulares por dar a preferência dos diversos eleitores. (Boursin, Jean-Louis. *Les dés et les urnes*. Paris: Edition du Seuil, 1990.

É o seguinte o teor do primeiro desses trabalhos de Dogson:

Discussão dos diversos métodos de procedimento para a conduta das eleições

Prefácio

O texto que se segue foi escrito e impresso com grande pressa, por que foi somente na noite de quarta-feira, 12, que tive a ideia de me debruçar sobre esse assunto, que se mostrou mais complicado que imaginava. Espero, entretanto, lhe haver consagrado muita reflexão para evitar qualquer erro importante.

Para começar, considero certos métodos de procedimento conhecidos, no caso em que seja necessário que um candidato seja eleito, provando que todo método arrisca, sob certas circunstâncias, não conduzir a um tal resultado.

Eu examino, em seguida, a questão: "Eleição ou não eleição?", provando que os dois métodos ordinários para decidir são inadequados.

Para concluir, descrevo um método (ignoro se ele é inédito ou não) que me parece ao abrigo das objeções que foram opostas nos outros casos.

C.L.D.
Ch. Ch. 18 de dezembro de 1873.

Capítulo I

Sobre o fracasso de certos métodos de procedimento no caso em que uma eleição é necessária.

§ 1. *O Método da Maioria Simples*

Nesse método, cada eleitor designa o único candidato que prefere e aquele que obtém o maior número de sufrágios é considerado vencedor. A injustiça extraordinária desse método pode ser facilmente estabelecida. Suponhamos 11 eleitores, e quatro candidatos, *a*, *b*, *c* e *d*; suponhamos que cada eleitor tenha disposto em uma coluna os nomes dos candidatos, na ordem de suas preferências.

Suponhamos que o quadro se apresente da forma seguinte:

Caso 1

a	a	a	b	b	b	b	c	c	c	d
c	c	c	a	a	a	a	a	a	a	a
d	d	d	c	c	c	c	d	d	d	c
b	b	b	d	d	d	d	b	b	b	b

Nesse caso, *a* é considerado como o melhor por três dos eleitores, e como o segundo por todos os outros. Parece claro que deva ele ser eleito; e, entretanto, segundo o método em questão, *b* é que será eleito, enquanto que sete eleitores, em 11, o consideram como o pior dos candidatos.

§ 2. *O Método da Maioria Absoluta*

Nesse método, cada eleitor designa o candidato que prefere; se um deles obtém a maioria absoluta dos sufrágios, é eleito.

Caso 2

b	b	b	b	b	b	a	a	a	a	a
a	a	a	a	a	a	c	c	c	d	d
c	c	c	d	d	d	d	d	d	c	c
d	d	d	c	c	c	b	b	b	b	b

Aqui, *a* é considerado como o melhor por perto da metade dos eleitores (bastaria mais um voto para lhe assegurar a maioria absoluta) e não é classificado por nenhum em um grau pior que o segundo; entretanto, *b* é classificado no último lugar por cinco eleitores, *c* e *d* por três, cada um. Parece pouco duvidoso que *a* devesse ser eleito e, contudo, pelo método em questão, é *b* que vence.

§ 3. *O Método por Eliminação* (quando os nomes são considerados de dois em dois)

Nesse método, dois nomes são tomados ao acaso e submetidos a voto; o perdedor é eliminado da competição e o vencedor é oposto a um outro candidato. Prossegue-se, assim, até que não reste senão um candidato.

Caso 3

```
a a a a a b b c d d d
c c c c d a a b b b b
b d d d c c c a a a a
d b b b b d d d c c c
```

Aqui, parece claro que *a* deveria ganhar, pois ele é considerado como o melhor por perto da metade dos eleitores, e não é classificado por nenhum abaixo do terceiro lugar; entretanto, *b* e *d* são classificados abaixo por quatro eleitores cada, e *c* por três. Contudo, pelo método em questão, se o primeiro duelo opusesse *a* e *b*, *a* seria eliminado e, em definitivo, *c* seria eleito. Ao contrário, se o primeiro duelo opusesse *a* a *c*, *c* seria eliminado, e se o segundo opusesse *a* a *b*, *d* seria eleito, enquanto que se ele enfrentasse *a* e *d*, *b* seria eleito.

Resultados assim tão aberrantes, que fazem depender o resultado da eleição do simples acaso dos competidores do primeiro voto, me parecem provar que este método é desprovido de toda confiabilidade.

§ 4. *O Método por Eliminação* (quando os nomes são considerados conjuntamente)

Nesse método, cada eleitor designa o único candidato que ele prefere; aquele que obtém o menor número de votos é eliminado e o processo é repetido.

Caso 4

```
b b b c c c d d d a a
a a a a a a a a a b c
d c d b b b c c b d d
c d c d d d b b c c b
```

Aqui, enquanto *b* é classificado como o último por três dos eleitores, e *c* e *d* por quatro, *a* não classificado abaixo do segundo grau por nenhum dos eleitores. Parece claro que a eleição de *a* seria a mais geralmente aceita; e, entretanto, pela regra em questão, ele seria eliminado desde o primeiro turno e, em definitivo, *c* é que seria eleito.

§ 5. *O Método dos Pontos*

Nesse método, certo número de pontos é fixado e posto à disposição de cada eleitor; ele pode atribuí-los todos a um dos candidatos ou dividi-los entre diversos, na proporção de suas preferências; e o candidato que obtiver a maior soma, será eleito.

Esse seria, a meu ver, o sistema perfeito, contanto que cada eleitor desejasse fazer tudo que estivesse em seu poder para assegurar a eleição do candidato mais aceitável, mesmo se este candidato não fosse aquele de sua primeira escolha; nesse caso, ele deveria se aplicar em repartir seus pontos para representar exatamente sua opinião sobre os méritos relativos de todos os candidatos, mesmo aqueles que ele não deseja ver eleito. Assim, seria obtido o resultado desejável.

Mas nós somos muito egoístas e pouco cuidadosos com o interesse geral para que se possa esperar tal resultado. Cada eleitor poderia pensar que os outros eleitores se arriscariam em acumular todos os pontos sobre seu candidato favorito, dando zero a todos os outros candidatos. Ele concluiria, então, que, para dar chances a seu escolhido, deveria agir assim também.

Nessas condições, o método se identifica, na prática, ao "método da maioria simples", que já foi discutido aqui e que, conforme penso, se mostrou inoportuno.

§ 6. *O Método de Designação*

Nesse método, um candidato é proposto, defendido e submetido a um voto em favor ou contra. O método é equitativo somente para os eleitores que preferem este candidato a qualquer outro, ou ainda, qualquer outro a este candidato. Mas um eleitor poderia dizer: "Eu não posso saber se voto a favor ou contra *a* se eu não sei qual poderia vencê-lo. Se eu estivesse seguro que fosse *b*, eu votaria contra *a*; de outro modo, eu votarei por *a*."

Se esse método conduz a uma maioria em favor do candidato proposto, ela é idêntica ao "método da maioria absoluta", que já foi discutido no § 2. Se ele não obtém senão uma minoria, pode-se representar assim o caso:

Caso 5

b	b	c	c	d	d	a	a	a	a
a	a	a	a	a	a	b	b	c	c	d
c	c	b	b	b	b	c	c	b	b	b
d	d	d	c	c	d	d	d	d	c

Aqui, parece indiscutível que *a* deveria ser eleito; e, entretanto, pelo método em questão, ele seria eliminado no primeiro turno e, qualquer que seja o candidato apresentado em seguida, nove dos eleitores diriam: "Nós teríamos preferido *a*."

Capítulo II

Sobre o fracasso de certos métodos de procedimento no caso em que se admite que possa não haver eleição.

§ 1. *O Método do Voto Prévio* (sobre a questão: eleição ou não?)

Esse método tem uma grande vantagem: quando se decide que não é necessária a eleição, todas as dificuldades ulteriores são evitadas. Esse poderia ser o método justo a adotar, contanto que os eleitores se coloquem em duas categorias somente: aqueles que preferem a inexistência de eleições, não importa qual candidato, mesmo o melhor; aqueles que preferem não importa que candidato, mesmo o pior, à inexistência de eleições. Entretanto, acontece raramente que todos os eleitores se classifiquem assim: todo eleitor que prefere certos candidatos à ausência de eleições, mas a inexistência de eleições a certos candidatos, não seria tratado com equidade por este procedimento. Ele poderia dizer: "É prematuro que me peçam para pronunciar-me sobre esse assunto. Se eu soubesse que *a* ou *b* seria eleito, eu poderia votar para que houvesse eleição; mas se nem um nem outro deva ganhar, eu preferiria que ninguém fosse eleito."

Experimentemos, entretanto, este método sobre um exemplo; representemos a ausência de eleições pelo símbolo *o*.

Caso 6

a	a	b	b	c	c	o	o	o	o	o
o	o	o	o	o	o	a	a	b	b	c
c	c	a	a	b	b	d	d	c	c	b
d	d	d	d	d	d	b	c	a	a	a
b	b	c	c	a	a	c	b	d	d	d

Nesse caso, parece que a inexistência de eleições seria o melhor resultado; entretanto, pelo método em questão, uma eleição seria decidida e, qualquer que seja o vencedor, nove eleitores poderiam dizer: "Eu teria preferido que ninguém fosse eleito."

§ 2. *O Método do Voto Final* (sobre a questão: O candidato vencedor deve ser aceito, ou é necessário considerar que não haja eleição?)

Aí, também, um eleitor que prefira certos candidatos à inexistência de eleição, mas a ausência de eleição a outros candidatos, não seria tratado com equidade. Ele poderia dizer: "Se *a* ou *b* tivesse vencido, eu estaria satisfeito, mas uma vez que levaram à vitória de *c*, eu voto para que não haja eleição", e seu voto poderia ser decisivo. Entretanto, os outros eleitores poderiam dizer: "Se tivéssemos sabido que isso terminaria assim, teríamos voluntariamente apoiado *a* em lugar de *c*."

Experimentemos esse método sobre um exemplo:

Caso 7
b b b b b o a a a a a
a a a a a b o o o o o
c c c c c a b b b b b
d d d d d c c c c c c
o o o o o d d d d d d

Aqui parece claro que a eleição de *a* é bem mais satisfatória que a ausência de eleição; e, entretanto, pelo método em questão, *b* seria de início selecionado entre todos os candidatos e afinal eliminado no voto: "*b* ou não eleição?", enquanto que dez eleitores poderiam dizer: "Teríamos preferido *a* à ausência de eleição."

A conclusão a que se chegou é que, se a ausência de eleição é um resultado admitido, ela deve ser tratada exatamente como se fosse a opção por um candidato.

Capítulo III

Uma Proposição por um Método

O método que vamos propor agora é, em princípio, uma modificação do "método de pontos", porque ele atribui a cada candidato uma nota por todo voto emitido em seu favor quando ele é oposto a um outro candidato. Suponhamos que, na opinião de certo eleitor, os candidatos sejam alinhados na ordem *a*, *b*, *c* e *d*; então, seus votos poderiam ser representados atribuindo três pontos a *a*, a *b*, um a *c* e zero a *d*.

Por consequência, tudo que é pedido é que cada eleitor elabore a lista de candidatos por ordem de mérito.

Se a ausência de eleição é um resultado admitido, ele deve ser classificado em qualquer parte nessa lista.

Se o eleitor não está em medida de classificar todos os candidatos, mas coloca alguns em *ex aequo*, é necessário precisar quantos pontos serão atribuídos a cada um desses *ex aequo*. Como a tendência de muitos eleitores é, como explicamos no capítulo I, § 5, dar a nota máxima a seu favorito, e deixar *ex aequo* todos os outros, isto a fim de reduzir ao máximo suas chances, é proposto, para lutar contra essa tendência, dar a cada um dos candidatos *ex aequo* a mais alta das notas que teriam sido atribuídas na ausência dos *ex aequo*. Isso seria um forte estímulo para evitar os *ex aequo* em toda a medida possível.

Para ilustrar esse método, apliquemo-la aos diferentes exemplos já considerados:

	1	2	3	4	5	6	7
a	25	27	23	24	27	21	37
b	12	18	15	15	17	21	33
c	10	11	14	14	14	20	16
d	9	10	14	13	8	10	5
o						38	19

Constatar-se-á que, em cada caso, o candidato, cuja eleição é evidentemente a mais desejada, obtém o mais elevado número de pontos.

Capítulo IV

Resumo das Regras

1. Cada eleitor elabora a lista dos candidatos (tratando a ausência de eleição como se fosse o nome de um candidato), tanto quanto possível na ordem de mérito, colocando entre parênteses aqueles que ele considera como *ex aequo*.

2. Atribuem-se pontos em cada lista, 0 ao último, 1 ao penúltimo, 2 ao precedente...

3. Quando os nomes estiverem entre parênteses, atribuir-se-á a cada um o nível (*score*) mais elevado que tiver sido atribuído a um daqueles que não esteja entre parêntese.

4. Somam-se as notas atribuídas a cada candidato.

A primeira destas regras é a única que deve ocupar os eleitores. As outras não são senão problemas de contagem e podem ser cumpridas por uma única pessoa.

CARTISMO

Movimento inglês, a partir de 1835, que, através de motins, comícios, passeatas e petições, propôs um programa de modificação do sistema eleitoral envolvendo o sufrágio universal, o voto secreto e a igualdade das circunscrições, a abolição do censo.

Diz-se que o cartismo foi o primeiro e terrível sintoma de uma decadência manufatureira na Inglaterra, às voltas com a redução do salário dos trabalhadores e com o pagamento, pelos empresários, em alimentos.

Depois de 1842, os cartistas deixaram de empregar a força e intentaram tornar-se um partido político, aprovando um estatuto em que afirmavam que o melhor meio de obter a obediência do povo às leis seria fazê-lo concorrer à eleição dos legisladores e, por consequência, deveria ser atribuído o direito de voto aos cidadãos do seguinte modo: "Carta do Povo – Todo o habitante, do sexo masculino, dos três reinos, será apto a votar. 1º) Se ele nasceu no país ou se ele se naturalizou após dois anos de residência; 2º) Se ele tem 21 anos de idade; 3º) Se ele não está em estado de demência, constatado no momento de revisão das listas; 4º) Se ele não foi culpado de traição; 5º) Se seus direitos eleitorais não foram suspensos por causa de fraude, de dissimulação, de falsificação na corte de eleição." Segue-se uma série de dispositivos em que se divide o Reino Unido em 300 distritos eleitorais, compostos tanto quanto possível de um número igual de habitantes e designando, cada um, um deputado à Câmara dos Comuns.

CASTILHOS, JÚLIO DE

Júlio de Castilhos (1960-1903) governou o Rio Grande do Sul a partir de 1891 e foi o autor do projeto da Constituição daquele Estado. Haviam sido designados, para a redação do texto, além de Castilhos, Ramiro Barcellos e Assis Brasil. Este, no entanto, declarou depois que "o esquema constitucional que viria a ser consagrado pela Constituição Estadual em 14 de julho, pode-se dizer que reflete *in totum* o pensamento político de Júlio de Castilhos ou, pelo menos, o compromisso de suas concepções teóricas com as injunções de ordem política federal, da tradição e da conjuntura histórica. E que o projeto, de que eu também fora oficialmente encarregado, foi exclusivamente composto pelo sr. Castilhos, sem a minha colaboração, sem a minha assinatura, sem a minha responsabilidade". (In: Rodrigues, Ricardo Vélez. *Castilhismo, uma filosofia da República*. Porto Alegre: UFRGS, 1980, p. 39-40 e 145)

Havia, ali, como notaram os analistas, um exacerbado preconceito contra o governo representativo, expresso na soma excessiva de poderes concedidos ao Executivo, na designação, pelo presidente do Estado, de seu substituto, na redução de atribuições do Legislativo ("Não há Parlamento: o governo reúne à função administrativa a chamada legislativa, decretando as leis, porém após exposição pública dos respectivos projetos, nos quais podem assim colaborar todos os cidadãos. A Assembleia é simplesmente orçamentária, para a votação dos créditos financeiros e exame das aplicações e das rendas públicas", dizia-se em folheto justificativo do monumento a Júlio de Castilhos (In: Paim, Antônio. *A querela do estatismo*. Rio de Janeiro: Tempo Brasileiro, 1978, p. 63)

Foi elaborada, também, por Castilhos, a lei estadual n.º 18, de 12 de janeiro de 1907, que dispunha sobre o voto a descoberto (v. Voto a Descoberto). A lei federal n.º 35, de 26 de janeiro de 1892, estabelecera o voto secreto (v. Voto Secreto) e outra lei federal, de n.º 1.269, de 15 de novembro de 1904 (v. Lei Rosa e Silva), ao manter o voto secreto, permitira ao eleitor, a seu critério, votar a descoberto.

Mas a lei de Castilhos suprimia o escrutínio secreto como "antagônico e incompatível" com a nova ordem trazida pela República.

Na exposição de motivos com a qual submetera o projeto à apreciação pública, Castilhos pregara a necessidade de cada um assumir a responsabilidade das próprias ações, quer o representante do poder público, quer o cidadão. E argumentara: "Seria mesmo visivelmente iníquo exigir do governo a inteira publicidade de seus atos, permitindo aos particulares (no exercício de uma função política) eximirem-se dela, quando aquele arrisca ficar sujeito a severas penas, e este incorre somente na pública censura. O voto a descoberto é o único remédio legislativo capaz de reabilitar o processo eleitoral, dignificando-o, fazendo compreender ao cidadão a responsabilidade que assume ao intervir na composição do poder público e no estabelecimento das leis. O segredo em tais casos presta-se a menos decentes maquinações e degrada sobremodo o eleitor."

Aos castilhistas não valeram, então, as advertências de que, ao tornar público seu voto, o eleitor se expunha à pressão, à intimidação dos governos e do poder econômico.

A isso respondeu o deputado James Darcy, ao falar em nome da bancada rio-grandense na Câmara Federal, em 1903: seria uma injúria aos funcionários públicos atribuir-se-lhes esse pavor com relação a governos; e, quanto ao empregado, o temor do voto a descoberto, frente aos patrões, era efêmero porque, como garantira o deputado Anísio de Abreu, a solidariedade operária resistiria ao capital. (In: Osório, Joaquim Luiz. *Constituição política do Rio Grande do Sul – Comentário*. Brasília: Unb, 1981, p. 170-171). Nesse caso, a obediência a um dos postulados positivistas – o "viver às claras" – serviu aos castilhistas para impor, no Estado, a vontade oficial.

Outra disposição da lei n.º 58 ajudava a fraude: a do art. 63, que determinava não competir à mesa eleitoral "entrar na apreciação da identidade da pessoa do eleitor, qualquer que seja o caso". Mem de Sá comentaria: "No título de eleitor inexistia qualquer prova de identidade, o que permitia a qualquer preto retinto votar com o título de um teuto chamado Hans Berstein." (Sá, Mem de. *A politização do Rio Grande*. Porto Alegre: Tabajara, 1973, p. 27)

A impossibilidade de impugnação da identidade do votante, que exibia o título, é lembrada por João Neves da Fontoura, que relata um caso concreto, na seção de Cachoeira, em que funcionou como fiscal de seu partido: "A certa hora, apresentou-se um cidadão, e ia depositar a cédula pró-Assis Brasil, na urna, quando eu, sabendo sem dúvida que ele não era a pessoa cujo nome figurava no título, indaguei. 'Como se chama?' O homem titubeou. Terminou virando-se para trás e perguntando em voz alta aos que o tinham levado: 'Como é mesmo meu nome?' Vale dizer, o nome do eleitor, na pele do qual ele se metera para sufragar o candidato da oposição." (Fontoura, João Neves da. *Memórias – v. 1 – Borges de Medeiros e seu tempo*. Porto Alegre: Globo, 1958, p. 272)

Outro item por que se bateu Castilhos, incluindo-o na legislação estadual, foi o da possibilidade da cassação do mandato do representante, por seus eleitores, o chamado *recall* dos anglo-saxões. O art. 30 da Constituição do Rio Grande do Sul dispunha sobre a hipótese, regulada, depois, pela lei estadual n.º 18 (v. Recall – no Rio Grande do Sul).

Essa ideia de Castilhos, de um mandato imperativo que vinculasse, efetivamente, o parlamentar aos propósitos e intenções do corpo votante, já havia sido expressa quando de incidente que separou a bancada do Estado, à constituinte nacional, dos deputados Demétrio Ribeiro e Antão de Faria. No Manifesto dos constituintes, firmado por todos os eleitos pelo Partido Republicano Rio-Grandense, mas de autoria clara de Castilhos, dizia-se que eram conhecidas as "condições constrangedoras" em que se encontravam aqueles dois deputados ao tomarem assento no Congresso: "O mandato de ambos estava virtualmente cassado, desde que o Partido Republicano, pelos seus legítimos órgãos de manifestação, declarou expressamente que não mereciam mais a sua confiança, por haverem faltado a ela depois de eleitos." (In: *Ideias políticas de Júlio de Castilhos*. Brasília/Rio de Janeiro: Senado Federal/Fund. Casa Rui Barbosa, 1982, p. 323)

Deputado à Constituinte nacional, de 1890-1890, Castilhos foi um defensor de um federalismo extremado, lutando por transferir aos novos Estados "os serviços que lhe são próprios, por corresponderem aos seus interesses particulares", e por lhes conferir competência para a decretação de suas leis civis, criminais e comerciais. Propôs a extinção do Senado, o voto dos analfabetos, a supressão do dispositivo que tornava inelegíveis "os religiosos regulares e seculares" e a extensão do sufrágio aos religiosos de ordens monásticas.

Para seu mais completo biógrafo, a doutrina filosófica de Castilhos "desdenhava do mecanismo eleitoral e reputava o sistema de deliberação pelo voto das maiorias como resultado de concepções metafísicas ultrapassadas". (Franco, Sérgio da Costa. *Júlio de Castilhos e sua época*. Porto Alegre: Globo, 1967, p. 85)

Autoritário, desafeito ao jogo democrático, chegou a revelar em carta: "A única coisa que resta aos nossos adversários é uma razoável e sincera penitência." (Franco, Sérgio da Costa, ob. cit., p. 64) Faleceu, aos 43 anos, em 24 de outubro de 1903, quando seus médicos tentavam uma traqueotomia para lhe curar uma afecção da garganta.

CAUCUS

Reunião política particular, de membros influentes de um partido político, para a escolha de candidatos e debate de questões e adoção de estratégias.

Utilizado para a designação de candidatos à presidência da República nos EUA, no começo do século XIX, o *caucus* deu lugar, depois, às convenções nacionais.

Segundo os historiadores, a primeira menção ao *caucus*, nos EUA, foi na história da revolução americana, publicada, em Boston, em 1788, por William Gordon. Segundo Gordon, "há mais de 50 anos passados, Mr. Samuel Adams Pai, e 20 outros, um ou dois do norte da cidade, onde todos os negócios marítimos são tratados, costumam se reunir, fazer um *caucus*, e apresentar seu plano para dar a certas pessoas postos de confiança e de poder".

E Gordon anota que os termos *caucus* e *caucusing* eram de uso comum em Boston desde 1870, mas as diferentes aplicações das expressões não lhe davam uma satisfatória avaliação sobre sua origem. (Cunningham Jr., Noble E. In: *The Encyclopedia Americana*, v. 6, Nova York: Americana Corporation, p. 88)

Indicam-se dois momentos em que o *caucus* foi influente na política americana; o primeiro, de 1800 a 1824, quando, através dele, se controlou a escolha dos candidatos à presidência; a segunda, de 1910 a 1920, quando o caucus exerceu poderosa influência na ação do Congresso.

Em 1824, pela primeira vez, um candidato designado por um *caucus*, do partido republicano, não foi eleito. Partidários de candidatos com poucas chances de ganhar a indicação haviam levado diretamente ao povo sua campanha, levantando ressentimentos contra a instituição, repetidamente denunciada como *king caucus*. Mas só em 1932 os democratas jacksonianos e nacionais republicanos firmaram as convenções nacionais para designação de aspirantes à Presidência, estabelecendo uma nova instituição na política americana (Cunningham Jr. Noble E., ob. cit., p. 89)

CAVALCANTI, NABOR

Nasceu no Recife, em 22 de outubro de 1827. Formado em Direito em novembro de 1852, ingressou na magistratura e, depois, elegeu-se deputado à Assembleia provincial em 1864.

Ainda como estudante da Faculdade de Direito de Olinda, publicou, em 31 de julho de 1850, artigo no *Álbum acadêmico*, sob o título "Ao Monarca e aos representantes da nação", um novo sistema eleitoral por seções representativas, e onde dizia: "A representação nacional deve ser não a expressão ou o órgão de um único partido poderoso, mas das diferentes seções da nação (…) A doutrina que eu me proponho enunciar, exige a atenção e calma, pois ela contém princípios ainda não postos em prática em qualquer governo representativo (…) O princípio da maioria (na representação) é o maior absurdo que se pode produzir em política… Logo que eu trate de uma nova forma de eleição e de um novo sistema de organizar os poderes, os leitores compreenderão melhor a questão (…)"

E em outro artigo, sob o título de "Novo sistema eleitoral", publicado, em 1852, no *Diário de Pernambuco*, ele lançava as bases de seu sistema: o país seria dividido em seções representativas, com um número de votantes matriculados aí livremente; a província daria tantos representantes quantos fossem suas seções; o cidadão poderia escolher a seção que lhe conviesse para se inscrever e disputar a eleição. O número de candidatos de cada lista de província seria o de suas seções representativas. Cada voto teria o "duplo caráter de número e de valor; o número representa singularmente a individualidade do votante e o valor, o grau de capacidade que ele tem e aquele onde colocou a pessoa escolhida; o primeiro grau e o primeiro número são representados pelo voto superior da lista, que eu chamarei constitutivo. O voto constitutivo vale 1, e é pelo valor fixo desta unidade que a lei regulará a diferença gradual dos valores dos outros votos (…) Um voto constitutivo valerá (por ficção legal) dois dos inferiores imediatos a estes últimos, e assim por diante. E denominaremos todos esses votos inferiores suplementares, pois eles servem ou a eleger os suplentes, na escala dos números ordinais da lista, ou a suplementar algum ou alguns dos votos constitutivos, que serão perdidos como supérfluos na votação, o cômputo respectivo sendo feito segundo o valor em que se encontram em relação àquele dos votos na forma preestabelecida". (In: *La représentation proportionnelle – Études de législation et de statistique comparées*. Paris: F. Pichon, 1889, p. 274 e sgs.)

Nabor Cavalcanti publicou na edição de 8 de maio de 1863, do *Diário de Pernambuco*, projeto modificando, sob a perspectiva da representação proporcional, as leis eleitorais vigentes. E em dois livros – *A regeneração e a reforma*, Pernambuco, 1866, e *Direito Eleitoral Moderno – Sistema proporcional, sua aplicação por graus e reivindicação de sua autoria*, Pernambuco, 1872 – tratou da história dos partidos no país e do problema das maiorias no sistema representativo.

CÉDULA OFICIAL
(v. Cédula Única)

CÉDULA ÚNICA

Adotada, no Brasil, pela lei n.º 2.582, de 30 de agosto de 1955, para as eleições de presidente e vice-presidente da República. Impressa e distribuída pelo Tribunal Superior Eleitoral aos Tribunais Regionais, seria, por estes, redistribuída aos juízes, que as remeteriam aos presidentes das mesas receptoras, em número suficiente aos eleitores de cada uma.

A medida resultou de sugestão do então presidente do TSE, em 1954, ministro Edgard Costa, que a reiterou, em projeto que formulou por incumbência do Governo, encaminhado ao Congresso em julho de 1955.

Segundo o ministro, a cédula asseguraria "a liberdade e o sigilo do voto, dificultando, senão impedindo a cabala e as manobras feitas por 'cabos eleitorais' para que o eleitor utilizasse determinadas cédulas"; exigiria do eleitor "um mínimo de reflexão ao dar o seu voto, com a consulta, na cabine indevassável, dos nomes dos candidatos e das legendas partidárias nelas constantes em ordem variável"; facilitaria "a apuração do pleito e, finalmente, contribuiria, de certo modo, para combater o poder econômico nas eleições, desde que, fornecida privativamente pela Justiça Eleitoral, poupava aos candidatos os gastos, sempre avultados, com a sua impressão e distribuição". (Costa, Edgard. *A legislação eleitoral brasileira*, Rio de Janeiro: Imprensa Nacional, 1964, p. 267-268)

Como relata Edgard Costa, a Comissão Mista, criada por iniciativa da Câmara e composta de senadores e deputados para exame do projeto da reforma eleitoral, reagiu, de começo, à ideia da cédula para eleições majoritárias e proporcionais.

Os debates transbordaram, do plenário "para as colunas da imprensa em todo o país".

Arguía o líder da maioria, deputado José Maria Alkmin, contra a cédula oficial, "que era um meio desconhecido de votação" e que mesmo no recinto da Câmara, a seu ver "o colégio eleitoral mais especializado do país, o deputado costuma votar errado". Apontou, também, a possibilidade de que a cédula não chegasse a seu destino, dado o curto prazo que separava do dia da eleição. Esses itens foram corrigidos pelo próprio Ministro Edgard Costa, em nova redação do projeto, que admitiu, no art. 2º, a possibilidade de que os partidos imprimissem e distribuíssem cédulas do mesmo modelo. E se a Justiça Eleitoral não pudesse fazer chegar às mesas receptoras tais cédulas, os partidos poderiam "entregar às mesas as de sua impressão, desde que o faça em quantidade suficiente para todos os eleitores" (art. 2º e seu parágrafo único).

Mas a reação do partido governista à adoção da cédula visara, na verdade, uma manobra da oposição: a UDN pleiteara que as cédulas fossem impressas em lotes de um milhão, alterando-se a ordem em que os candidatos apareciam.

Como explicou Lúcia Hippólito, descobria-se, assim, a verdadeira intenção "moralizante" da UDN: o que ela queria mesmo era derrotar o PSD, cujo eleitorado era majoritariamente do interior, boa parte composta de semianalfabetos, que só faziam votar em quem o "coronel" indicasse.

"Além disso, a UDN queria diminuir, no 'tapetão', a supremacia detida pelo PSD, que era o único partido da época a possuir diretórios em todos os municípios do país e poderia distribuir cédulas a todos os seus eleitores". O resultado, conclui Lúcia Hippólito, "foi uma acomodação pessedista: adotou-se, não a cédula oficial pretendida pela UDN, mas a cédula única, impressa pela Justiça Eleitoral, mas com os candidatos distribuídos na mesma ordem em todas as cédulas". (Hippolito, Lúcia. In: *O Globo*, ed. de 31.8.1989)

Estendida para as demais eleições majoritárias, pela lei n.º 2.962, de 1956, a cédula única foi, também, utilizada, por força da lei n.º 3.752, de 14 de abril de 1960, para a eleição de deputados do novo Estado da Guanabara e, finalmente, instituída para as eleições proporcionais em todo o país com a denominação de "cédula oficial de votação".

CEGOS

O PROBLEMA dos cegos, nos sistemas eleitorais, é o de garantir-lhes o sigilo do voto. Na legislação brasileira, os cegos foram citados pela primeira vez no Código de 1932 (v. CÓDIGO ELEITORAL DE 1932). Dizia-se no art. 32 daquele diploma legal, que os cegos alfabetizados, que reunissem as demais condições de alistamento, poderiam "qualificar-se mediante petição por eles apenas assinada". E que, no ato de votar, suas cédulas seriam colocadas "na sobrecarta e na urna pelo presidente da mesa".

Devia-se entender, dizia um dos autores do Código, João Cabral (v. CABRAL, JOÃO C. DA ROCHA), que as cédulas seriam trazidas pelos votantes cegos, que as entregariam dobradas ao presidente, "para serem por este colocadas na urna sem devassar-lhes o segredo". (Cabral, João C. da Rocha. *Código Eleitoral da República dos Estados Unidos do Brasil*. Rio de Janeiro: Freitas Bastos, 3ª ed., 1934, p. 162)

Mas o voto dos cegos, naquele Código, foi resultado de uma emenda, oferecida por Octávio Kelly à Comissão Revisora do texto. E entendia Kelly: "Se o cego preferir ele mesmo colocar na sobrecarta oficial a cédula que tiver trazido e queira fazê-lo livre da vista de outros, nada obsta e, ao contrário, tudo aconselha, que o presidente permita que a operação se realize no gabinete indevassável, resguardando-se, com isso, o sigilo do voto". (Kelly, Octávio. *Código Eleitoral anotado*. Rio de Janeiro: A. Coelho Branco Filho – Editor, 1932, p. 177)

Segundo Kelly, os cegos "já possuíam em nossa lei civil a capacidade para a prática dos atos privados e até podiam servir de testemunhas de fato cuja ciência lhes viesse por ouvir a outrem, ou não decorresse do sentido que então lhes faltava (Cod. Civ., art. 142, II). Aliás, a cegueira nem sempre é congênita ou adquirida na meninice e seria demasiado injusto que o privado da visão quando adolescente ou na idade madura se tornasse, daí em diante, incapaz do gozo dos direitos políticos, quer como eleitor, quer como candidato a um cargo eletivo". (Kelly, Octávio, ob. cit., p. 177-178)

Na reforma de 1935 (v. MODIFICAÇÕES AO CÓDIGO DE 1932 – LEI N.º 48, DE 4 DE MAIO DE 1835) esclareceu-se que a assinatura do eleitor cego poderia se efetuar "com as letras comuns ou com as do sistema Braille" (art. 60).

A possibilidade de utilização do sistema Braille foi mantida pelo atual Código Eleitoral brasileiro (v. CÓDIGO ELEITORAL DE 1965), quer para o alistamento, quer para o exercício do voto. Nos termos de seu art. 49, os cegos podem alistar-se "mediante o preenchimento de fórmula impressa e a aposição do nome com as letras do referido alfabeto". De forma idêntica, podem ser assinadas a Folha Individual de Votação e as vias do Título.

Quanto à votação, segundo o art. 150 o cego poderá: I. Assinar a Folha Individual de Votação em letras do alfabeto comum ou do sistema Braille; II. Assinalar a cédula oficial utilizando, também, qualquer sistema; III. Usar qualquer elemento mecânico que trouxer consigo, ou lhe for fornecido pela mesa, e que lhe possibilite exercer o direito de voto.

CENSO

EM SENTIDO amplo, é o registro oficial, relacionando aqueles que têm direito a votar nas eleições. Em sentido restrito, é o que delimita o número de eleitores em função de exigência de propriedade ou de renda. Daí que o voto, com tais requisitos, se denomine censitário. Os antecedentes do censo são encontrados em Roma, nos comícios por centúrias.

Contra as teses de Rousseau – que terminava por afirmar, em virtude de uma convenção primitivamente acordada entre os homens, uma igualdade perfeita entre todos, uma soberania absoluta de todos –, os defensores do voto censitário entendiam não ser prudente atribuir o eleitorado político aos que não participavam, em larga medida, dos encargos do Estado.

Referindo-se às eleições anglo-saxãs, Mackenzie afirma que elas "se realizavam sem censo, o qual constituiu uma das causas da confusão e corrupção existentes naqueles tempos, inclusive em eleitorados relativamente pequenos". (Mackenzie, W.J.M. *Free Election*. Londres: George Allen & Unwin, 1958, p. 115) Mas ele, segundo o comentário de Valenzuela, aludia "a que não se conheciam censos especializados em matéria eleitoral, pois não se ignora que na Inglaterra existiu o chamado sufrágio censitário que já pressupõe a existência de um censo patrimonial que foi utilizado para limitar o direito de voto". (Valenzuela, Francisco Berlin. *Derecho Eleitoral*. México: Editorial Porrua, 1980, p.164)

A Constituição francesa de 1791, pelo seu art. 2º, reservara os direitos políticos somente "aos cidadãos ativos", que, entre outros requisitos, deveriam "pagar, em um lugar qualquer do Reino, uma contribuição direta pelo menos igual ao valor de três jornadas de trabalho". A Constituição de 1795 não fez distinção entre cidadãos "ativos" e "passivos" mas a cidadania, por seu art. 8º, dependia de "uma contribuição direta, fundiária ou pessoal". Finalmente, na França, a Constituição de 4 de junho de 1914 exigiu, dos eleitores que concorressem à designação dos deputados, "uma contribuição direta de 300 francos". (art. 40) e, dos deputados, "uma contribuição direta de mil francos".

A Constituição espanhola de Cadiz, em seu art. 92, estipulava, como necessária ao *Diputado de Cortes*, ter *uma renta* anual proporcionada, procedente de bens próprios.

NO BRASIL – Ao determinar a aplicação, do processo eleitoral previsto na Constituição de Cadiz, as instruções que acompanharam o Decreto de 7 de março de 1821, de Pedro I, eliminaram seu art. 92. As eleições para a bancada de deputados brasileiros às Cortes de Lisboa se realizaram, então, sem qualquer exclusão censitária. Mas não se assistiu à extensão do voto a todas as camadas da população, conformada com as restrições da Colônia. E, na eleição seguinte, de 1822, para a Assembleia Constituinte, as instruções que acompanharam o Decreto de 3 de junho daquele ano afastaram do voto, no primeiro grau, todos os que recebessem "salários e soldadas por qualquer modo que seja", (Cap. I, 8) e exigiram, para os eleitores de segundo grau, "decente subsistência por emprego, indústria ou bens" (Cap. II, 6). Somente a República, no Brasil, viria dispensar as comprovações de renda para o exercício do voto, negando-se o sufrágio, a partir dali, somente aos mendigos.

Mas a restrição do voto aos mendigos – exclusão social e não econômica – iria permitir, mais tarde, a partir de 1916, uma restrição censitária que a letra da Constituição, a rigor, não respaldava. É que a lei n.º 3.139, de 2 de agosto de 1916, incluiu, entre as provas que deveriam acompanhar o requerimento do alistamento, dirigido a um juiz de Direito, a "do exercício de indústria ou profissão ou de posse de renda que assegure a subsistência mediante qualquer documento admissível em juízo, exceto as justificações" (art. 5º, § 2º, b). E do quanto se utilizou de rigor, nessa prova, é mostra o ofício, dirigido, em outubro de 1914, pelo ministro da Justiça, ao então presidente de Minas Gerais, Delfim Moreira: "Respondendo às consultas que dirigistes a este Ministério, sobre a execução do Decreto n.º 12.193, de 6 de setembro último, relativo ao processo do alistamento eleitoral, declaro-vos o seguinte: a) deve ficar ao critério do juiz a aceitação dos documentos que comprovem a renda, sendo excelente base a que se exige para ser alistado como jurado, a qual, em alguns Estados, como o de Minas Gerais, atinja no mínimo 600 mil por ano. Da decisão há recurso para a respectiva junta; b) quando o juiz preferir o arbitramento como meio de prova da renda de imóveis, este se fará de acordo com a lei processual da União; c) qualquer meio de prova de exercício de industria e profissão, inclusive o conhecimento do imposto, satisfaz a condição prevista pelo art. 5º, § 2º, letra b, do Decreto n.º 12.193, de 6 de dezembro de 1916; d) quanto aos deputados e senadores, magistrados e funcionários em geral, desde que provem que exercem o cargo, fica *ipso facto* provada a renda assegurada em lei." Algumas decisões da Junta de Recursos do Estado de Minas, no entanto, diminuíam a severidade sugerida pelo ministro para apreciação da renda. (Coelho, Euler. *Jurisprudência eleitoral*. Belo Horizonte: Imprensa Oficial, 1928, p. 57)

CENSO LITERÁRIO

A RESTRIÇÃO ao voto por condições de instrução. A denominação veio de Rui (v. BARBOSA, RUI). Em discurso de 10 de julho de 1879, diria ele, sobre a proposta da Lei Saraiva (v. LEI SARAIVA): "O projeto estabelece dois quilates para o eleitorado: o que poder-se-ia chamar censo literário – saber ler e escrever – e o censo pecuniário." (Barbosa, Rui. *Obras completas*, v. VI, t. I, Rio de Janeiro: Ministério da Educação e Saúde, 1943, p. 238)

CERCA-IGREJAS

DENOMINAÇÃO DADA, no sertão do Ceará, à capangagem que, perturbando os pleitos, atacava, no Império, os templos católicos onde eram realizados os atos eleitorais.

Com efeito, desde o Decreto de 26 de março de 1824 e até a Lei Saraiva, de 1881 (v. LEI SARAIVA), as eleições se faziam na Igreja Matriz. Depois que o pároco celebrasse a Missa do Espírito Santo, dizia o Decreto de 1824, seria "posta uma mesa no corpo da Igreja", tomando o presidente assento à cabeceira dela, "ficando a seu lado direito o pároco ou o sacerdote, que as suas vezes fizer, em cadeira de espaldar" (Cap. II, § 2º).

Só nas paróquias onde não houvesse matriz, diria, depois, o Decreto n.º 157, de 4 de maio de 1942, é que se permitiria a reunião eleitoral em outro edifício (art. 12).

Uma vez concluída a formação da mesa – determinava a lei n.º 387, de 19 de agosto de 1846 –, inutilizava-se "a separação que a isolava dos assistentes", de sorte que estes pudessem "rodear e examinar os seus trabalhos". É fácil imaginar, então, os incidentes e o tumulto que a emoção dos pleitos poderia provocar, em desacordo com a solenidade dos edifícios sagrados. Em 1855 já se afirmava, no Parlamento, que, ao invés de a religião santificar as eleições, como se tinha desejado, a experiência levava ao convencimento de que "as eleições profanavam a religião". (Sessão de 28.5.1855, in: *Anais do Senado do Império do Brasil*, sessões de maio a julho de 1855, Brasília, Senado Federal, 1978, p. 150)

Multiplicaram-se os relatos dos "males e horrível profanação" daí resultantes.

Belisário de Souza apontaria o caso da Matriz de Sant'Anna, no Rio de Janeiro: "Custar-vos-á enormemente romper a multidão que se atropela na entrada. Dentro, tereis o espetáculo de um pandemônio, salvo a irreverência (que não é nossa, mas dos que ali se acham), pois estamos no interior de um templo cristão; na verdade, foram retiradas todas as imagens, os círios, os candelabros, tudo quanto podia converter-se em arma ou projétil durante uma luta à mão armada. O fato tem lugar em tantas igrejas que estas cautelas não constituem exceção. A sacração das imagens não as garante." (Souza, Francisco Belisário Soares de. *O sistema eleitoral no Império*. Brasília: Senado Federal, 1979, p. 32)

Mesmo estrangeiros, como Kidder e Fletcher, anotaram que os ódios políticos sobrepujavam, aí, toda a veneração religiosa: "em certas ocasiões, em algumas das províncias, os eleitores desesperados agarraram os castiçais das velas e as delicadas imagens dos altares, para convencerem à força a cabeça dos seus adversários". (Kidder, D.P. e Fletcher, J.C. *O Brasil e os brasileiros (Esboço histórico e descritivo)*. São Paulo: Cia. Editora Nacional, 1941, p. 204)

Afinal, contou-se no Senado: "Um senador me disse que já viu as imagens servirem de pedras, em alguns lugares tem corrido o sangue humano, servindo de instrumento a imagem do Senhor." (senador Manoel da Fonseca, sessão de 9.6.1855. In: *Anais do Senado do Império do Brasil*, ob. cit., p. 151)

Esse quadro era agravado, no Nordeste, com a ação dos cerca-igrejas. No sertão cearense, como conta Oliveira Vianna (v. VIANNA, FRANCISCO JOSÉ OLIVEIRA), "ora por fanatismo, ora instigada pelos próprios chefes de clãs, malta de desordeiros entravam a cercar as igrejas". (Vianna, Oliveira. *Instituições políticas brasileiras*. Rio de Janeiro: Record, 1974, 1º v., p. 263)

E lembrava Vianna o que relatara João Brígido de uma eleição em 1821: "A junta eleitoral, a Câmara, o ouvidor José Joaquim Pereira Lago (português), com todos os oficiais da ouvidoria, alguns dos oficiais de milícias e de ordenanças, muitas pessoas gradas de Icó, Lavras e Riacho de Sangue, vindas expressamente para assistirem à festa, todas vestidas de galas e formando um préstito numeroso e brilhante, concorreram à matriz, às 8 horas do dia. A missa festiva celebrou-se e já bem tranquilos estavam os numerosos assistentes quando um grito surgiu: 'Os cabras!' Uma multidão numerosa de habitantes, sujos, malvestidos ou cobertos de trapos, armados de parnaíbas, espingardas e cacetes, se precipitou sobre aquela gente inerme e desapercebida. Trazia o furor pintado na fisionomia, vociferava imprecações e gesticulava como possessos, ameaçando os assistentes, cobardes de pasmo e de terror." (Brígido, J. *Apontamentos para a história do Cariri*, 1888, p. 104-105. In: Vianna, Oliveira, ob. cit., p. 263)

CHARCUTAGE

GÍRIA FRANCESA, de *charcuter* (trinchar mal a carne), utilizada para indicar a divisão tendenciosa dos distritos eleitorais. O que, nos EUA, se denominou de *gerrymandering* (v. GERRYMANDERING). Na França, usa-se, também, a expressão *efeito Deferre*, em razão da conduta de Gaston Deferre, ministro do Interior em 1983 (v. EFEITO DEFERRE).

CÍRCULOS

DENOMINAÇÃO UTILIZADA para as circunscrições nas quais uma região é dividida, para fins eleitorais. Foi utilizada, pela crônica política e no debate parlamentar, no Brasil, depois que o Decreto n.º 842, de 19 de setembro de 1855, a chamada Lei dos Círculos (v. LEI DOS CÍRCULOS) introduziu, entre nós, o voto distrital. Segundo o art. 1º, 3º, daquela lei, as Províncias do Império seriam divididas "em tantos distritos eleitorais quantos forem os seus deputados à Assembleia Geral". Utilizava, então, o texto legal, a expressão distritos, que não era, no entanto referida nos debates e nos textos. Alterando o Decreto n.º 842, o Decreto n.º 1.082, de 18 de agosto de 1860, veio criar os distritos de três nomes. Determinava, em seu art. 1º, § 2º: "As províncias do Império serão divididas em distritos eleitorais de três deputados." Mas as referências se faziam, ainda, ao "alargamento dos círculos". Somente com a Lei Saraiva, de 1881 (v. LEI SARAIVA), que reintroduziu os distritos no Brasil, após sua extinção pela reforma de 1875, é que a denominação viria determinar, esquecida a de círculos.

Na história eleitoral brasileira, conheceram-se:

CÍRCULOS DE UM – Pela chamada Lei dos Círculos, o Decreto n.º 842, de 1855, os distritos foram uninominais. O projeto que o originou, apresentado em 1848 por Paula Souza, sugeria distritos de dois deputados e previa, igualmente, a eleição de senadores por distritos. O texto final determinou que fosse apenas um representante por distrito e que a escolha de Senadores se procedesse pela forma anterior, sem divisões no território da Província. Segundo o resumo de Francisco Belisário, o que se visava com a eleição por círculos era: "1) diminuir a influência do governo e as fraudes eleitorais; 2) pôr o eleitor em contato com o eleitor; 3) facilitar a fiscalização da eleição por parte das câmaras, o que é difícil e embaraçoso, quando se trata de uma província inteira; 4) oferecer menores perigos e abalos à sociedade do que uma eleição geral em toda a província, pondo em jogo o conjunto de paixões e interesses provinciais; 5) moderar o espírito de provincialismo; 6) tirar às grandes deputações o espírito de união e disciplina que as tornam preponderantes sobre as pequenas; 7) diminuir a pressão que sobre o governo exercem as grandes deputações vinculadas pelos mesmos interesses; 8) dar lugar a serem consultados os interesses locais, naturalmente melhor conhecidos dos deputados do distrito; 9) finalmente, e este era o principal fundamento a que já nos temos referido, impedir que as maiorias locais fossem esmagadas e anuladas pelas provinciais, de modo a dar entrada no Parlamento a todas as opiniões políticas". (Souza, Francisco Belisário Soares de. *Sistema eleitoral*. Brasília: Senado Federal, 1979, p. 70-71)

CÍRCULOS DE TRÊS – Em agosto de 1859, o deputado Sérgio de Macedo apresentava à Câmara projeto visando o alargamento dos círculos para que se elegessem, em cada um, três deputados. Argumentava-se que a lei de 1855 "excedera a seu fim", ampliando as influências regionais, fazendo preponderar, sobre os dirigentes de partidos e homens notáveis nas lutas partidárias, parentes e protegidos de vultos interioranos. E daí a proposta de alargamento dos círculos, procurando restringir a força dos líderes locais, sem fazer voltar, inteiramente, o poder das cúpulas partidárias. O projeto foi aprovado, tornando-se o Decreto n.º 1.082, de 18 de agosto de 1860.

Uma das dificuldades para aplicação da lei foi a de que, das 20 províncias em que se dividia o país, seis davam somente dois deputados à Assembleia Geral; sete outras davam representantes em número que não era múltiplo de três. Nesses casos, nos termos do art. 1º, § 2º, do Decreto n.º 1.082, de 18 de agosto de 1860, haveria "um ou dois distritos de dois deputados".

De 1861 até 1875, enquanto existiram os círculos de três nomes, nas cinco eleições que aí se procederam, a composição das Assembleias Geral e Provinciais era de acordo com a tabela abaixo.

A lei n.º 1.269, de 15 de novembro de 1904, a chamada Lei Rosa e Silva (v. LEI ROSA E SILVA) trouxe o distrito de cinco nomes, mas então, na crônica e nos debates parlamentares, não mais se utilizava da expressão círculos.

CIRCUNSCRIÇÃO

PARTE DE um território em que os eleitores concorrem, conjuntamente, para a eleição do número de representantes designado pela lei. Distrito.

No caso da escolha do presidente da República, por exemplo, o mais das vezes o país se constitui em uma só circunscrição. No caso de eleição pelo sistema majoritário-distrital, com escolha uninominal, para designação de uma assembleia, um país pode se dividir, como a Inglaterra, em tantas circunscrições quantos forem os postos a preencher.

No direito inglês, o termo utilizado para a circunscrição é *constituency*; nos EUA, usa-se *district*; no Canadá, *riding*. No Brasil, no Império, falava-se em círculo (v. CÍRCULOS e LEI DOS CÍRCULOS) mas, na redação das leis, sempre se utilizava a expressão distrito.

PROVÍNCIAS	N.º DE DEPUTADOS POR DISTRITO	ASSEMBLEIA GERAL	ASSEMBLEIAS PROVINCIAIS
Amazonas	Único	2	20
Pará	Único	3	30
Maranhão	2	6	30
Piauí	Único	3	24
Ceará	3	8	32
Rio Grande do Norte	Único	2	22
Paraíba	2	5	30
Pernambuco	5	13	39
Alagoas	2	5	30
Sergipe	2	4	24
Bahia	5	14	42
Espírito Santo	Único	2	20
Rio de Janeiro	4	12	45
São Paulo	3	9	36
Paraná	Único	2	20
Santa Catarina	Único	2	20
São Pedro do RS	2	6	30
Minas Gerais	7	20	40
Goiás	Único	2	22
Mato Grosso	Único	2	22

Um grande problema dos sistemas eleitorais é a divisão das circunscrições por critérios políticos, levando às distorções do *gerrymandering* (v. GERRYMANDERING) e da *charcutage* (v. CHARCUTAGE).

CLÁUSULA DE EXCLUSÃO

ALGUNS SISTEMAS eleitorais exigem, para funcionamento dos partidos, que alcancem eles certo patamar de votos. Assim, na Alemanha, onde o art. 6º, § 6º, da Lei Eleitoral Federal dispõe que, na apuração de votos das listas regionais somente se levará em conta os partidos que tenham obtido pelo menos 5% dos segundos votos dos eleitores (votos de listas de *Land*). A cláusula – chamada de *Speerrklausel*, cláusula de bloqueio – não se aplica aos partidos a) que tenham conseguido mandados diretos em pelo menos três distritos eleitorais; ou b) que representem uma minoria nacional.

Indicam os analistas que, desde 1949, a cláusula tem contribuído, ali, para a concentração dos partidos: enquanto, naquele ano, ainda obtinham representação no Parlamento dez partidos, desde 1961, apenas quatro (os democratas cristãos CDU e CSU, os social-democratas SPD e os liberais FDP) o conseguiram.

Segundo Sartori, a Grécia tem sido, "ditaduras à parte e variando em quase todas as eleições, o verdadeiro paraíso dos experimentos com cláusulas de exclusão; em distintas formas e modos, os obstáculos foram na Grécia de 10, 17, 20 e 25 e, inclusive (para alianças) de 35 e 40%". (Sartori, Giovanni. *Elementos de teoria política*. Madri: Alianza Editorial, 1932, p. 258)

Alguns autores se indagam se essa cláusula de exclusão – que traz "uma sentença de morte a pequenos grupos, de importância secundária" – é, verdadeiramente, democrática. (Assim, Friedrich, Carl. *La démocratie constitutionnelle*. Paris: Puf, 1958, p. 435)

Para outros autores, o quociente eleitoral (o mais das vezes, o resultado da divisão dos votos expressos pelo número de cargos a preencher) (v. QUOCIENTE ELEITORAL) seria, já, uma cláusula de exclusão.

Assim, Jairo Cesar Marconi Nicolau citando Taagepera e Shugart (Taagepera, Rein e Shugart, Matthew. *Seats and votes*. New Haven: Yale University Press), sobre o patamar mínimo de votos que, em qualquer democracia um partido necessita alcançar para assegurar sua representação, ele diz: "Este patamar mínimo será aqui denominado de cláusula de exclusão; ele pode ser legalmente definido ou ser fruto da relação entre a magnitude do distrito e a fórmula eleitoral utilizada". (Nicolau, Jario Cesar Marconi. "O sistema eleitoral brasileiro: a questão da proporcionalidade da representação política e seus determinantes". In: Lima Junior. Olavo Brasil (org.). *Sistema eleitoral brasileiro. Teoria e prática*. Rio de Janeiro: Rio Fundo Editora/Iuperj, 1991, p. 124)

NO BRASIL – O Governo militar, da Quinta República, impôs, entre nós, a cláusula de exclusão, com o art. 7º da lei 4.740, de 15 de julho de 1965, a primeira Lei Orgânica dos Partidos: "Só poderá pleitear sua organização o partido político que conte, inicialmente, com 5% (cinco por cento) do eleitorado que haja votado na última eleição geral para a Câmara dos Deputados, distribuídos em 7 (sete) ou mais Estados, com o mínimo de 7% (sete por cento) em cada um deles."

Depois, exigiu-se, no art. 149, VII, da Constituição proposta pelo presidente Castelo Branco e promulgada em 24 de janeiro de 1967, para que os partidos funcionassem, que alcançassem eles "10% do eleitorado que tenha votado na última eleição geral para a Câmara dos Deputados, distribuídos em dois terços dos Estados, com o mínimo de 7% em cada um deles, bem como 10% de deputados, em, pelo menos, um terço dos Estados, e 10% de senadores".

Reunindo-se a porcentagem requerida de deputados e senadores, criaram-se o partido oficial – a ARENA – e a legenda oposicionista, o MDB. Com o modelo bipartidário substituindo as antigas 13 legendas, poderia ser facilmente alcançado o mínimo de votos, patamar que, no entanto, sofreu inúmeras modificações.

Com a Emenda Constitucional n.º 1, imposta, em 17 de outubro de 1969, pelos ministros da Marinha de Guerra, do Exército e da Aeronáutica Militar, que detinham o comando do governo em razão do afastamento, por doença, do presidente Costa e Silva, a exigência passou a ser "de 5% do eleitorado que tenha votado na última eleição geral para a Câmara dos Deputados, distribuídos, pelo menos, em sete Estados, com o mínimo de 7% em cada um deles". Nova modificação viria com a Emenda Constitucional n.º 11, de 13 de outubro de 1978: o funcionamento do partido dependeria do "apoio, expresso em votos, de 5% (cinco por cento) do eleitorado que tenha votado na última eleição geral para a Câmara dos Deputados, distribuídos, pelo menos, por nove Estados, com o mínimo de 3% (três por cento) em cada um deles".

Mas com a superação do bipartidismo, em razão da reforma levada a efeito, em 1979, pelo ministro da Justiça, Petrônio Portella, cuidou-se de anular a cláusula: com a Emenda Constitucional n.º 22, de 29 de junho de 1982, acrescentou-se, às Disposições Gerais e Transitórias da Constituição, o art. 217, que determinava: "O disposto no item II do § 2º do art. 152 não se aplica às eleições de 15 de novembro de 1982."

Tivesse aplicação o artigo e os novos partidos – o PT, o PDT e o PTB – não alcançariam representação no Senado e na Câmara. Nem ultrapassariam o montante de 5% do corpo eleitoral, nem atenderiam a distribuição exigida pelos Estados, uma vez que concentraram sua votação em quatro deles, Minas Gerais, Rio de Janeiro, Rio Grande do Sul e São Paulo.

A última modificação da cláusula de exclusão brasileira teve lugar com a Emenda Constitucional n.º 25, de 27 de novembro de 1985. Segundo a nova redação do art. 152, § 1º, da Carta, não teria "direito a representação no Senado Federal e na Câmara dos Deputados o Partido que não obtiver o apoio, expresso em votos, de 3% (três por cento) do eleitorado, apurados em eleição geral para a Câmara dos Deputados e distribuídos em, pelo menos, 5 (cinco) Estados, com o mínimo de 2% (dois por cento) do eleitorado de cada um deles". Mas, se acrescentava no parágrafo seguinte: "Os eleitos por Partidos que não obtiverem os percentuais exigidos pelo parágrafo anterior terão seus mandatos preservados, desde que optem, no prazo de 60 (sessenta) dias, por qualquer dos Partidos remanescentes." E mais uma vez, por força do art. 5º da Emenda n.º 25, dispôs-se que não se aplicaria a cláusula para as eleições de 15 de novembro de 1986.

A Constituinte ali eleita não propôs, para a nova Constituição, nenhum patamar de votos para o funcionamento dos partidos, embora a Comissão Provisória de Estudos Constitucionais, instituída pelo Executivo em julho de 1985, sugerisse, no art. 66, § 4º de seu anteprojeto:

"Será cancelado o registro do Partido que, em duas eleições gerais consecutivas para a Câmara de Deputados, não obtiver o apoio, expresso em votos, de 3% do eleitorado, apurados em eleição geral para a Câmara dos Deputados e distribuídos em, pelo menos, cinco Estados, com o mínimo de 2% do eleitorado em cada um deles."

CLÁUSULA DO AVÔ

Após a promulgação, em 1870, da 15ª Emenda à Constituição dos EUA ("O direito de voto dos cidadãos dos Estados Unidos não poderá ser negado ou cerceado nem pelos Estados Unidos nem por qualquer Estado, por motivo de raça, cor ou prévio estado de servidão"), alguns Estados do Sul daquele país aprovaram alteração em seus sistemas eleitorais dispondo que todo indivíduo que não fosse cidadão em 1867, ou que não pudesse provar que seu avô o fora, não poderia ser eleitor sem que soubesse ler e escrever.

Alguns desses Estados chegaram a exigir uma prova, submetendo o candidato a eleitor a que fizesse um comentário à Constituição. ("Mas, por um curioso acaso, as questões postas ao eleitor branco são simples, enquanto que aquelas submetidas aos candidatos a eleitores negros fariam hesitar mais de um professor de Direito Constitucional." (Cotteret, Jean-Marie e Émeri, Claude. *Les Systèmes électoraux*. Paris: Puf, 3ª ed., 1978, p. 21)

CLUBE 3 DE OUTUBRO

Um dos mais ativos grupos de pressão da Segunda República, no Brasil, "grêmio cívico e doutrinário", que reunia militares e civis "visando em geral o estudo, a propagação e a defesa de quanto contribuir para fortalecer a harmonia internacional, a unidade pátria e a justiça entre os habitantes do Brasil" (novos Estatutos, de 23 de fevereiro de 1933).

Anunciado em programa publicado em novembro de 1930 ("Fique em face da nação a Legião de Outubro como uma grande força material e moral. A mobilização de todos os seus elementos, em prontidão militar para qualquer eventualidade, e em prontidão civil para a colaboração cívica na fase de reconstrução e reorganização, é a necessidade mais imperiosa do momento (…) O alistamento dos voluntários da Legião de Outubro deverá ser uma renovação do grande alistamento dos primeiros dias da revolução, mas com o caráter de um compromisso solene e vitalício." In: Carone, Edgard. *A Segunda República*. São Paulo: Difel, 1973, p. 259-260), ele se estruturaria no ano seguinte, com sede no Rio de Janeiro, "formado de oficiais do Exército, todos com a espada de Dâmocles da reforma administrativa ou das transferências sobre a cabeça, e funcionários públicos demissíveis *ad nutum*" (Barreto, Gabriel Mena. *Memórias de duas campanhas – 1930/1932*. Rio de Janeiro: Alba, 1933).

Em convenção nacional de novembro de 1932 indicou o Clube, como medidas indispensáveis e preparatórias para a convocação da futura constituinte "a) anulação do antigo alistamento eleitoral; b) instituição de um sistema eleitoral que determine a apuração do voto do cidadão pela forma qualificativa proporcional no que interessa à representação econômico-profissional; c) estabelecimento da representação profissional proporcional, ao lado da representação política, igualitária, no seio da Assembleia Constituinte". E, em consequência, a "afirmação de que a vontade dos cidadãos no tocante à representação política deve expressar-se pelo sufrágio direto, no âmbito municipal, e pelo sufrágio indireto nas esferas estaduais e federais". (In: Carone, Edgard, ob. cit., p. 261-262)

Em seus novos Estatutos, de 23 de fevereiro de 1933, dizia-se ser vedado ao Clube "o exercício de atividade eleitoral própria pela indicação de candidatos e pela tutela partidária dos seus filiados, aos quais, entretanto, é considerado ilícito o voto em partidos ou candidatos incompatíveis com pontos básicos da ideologia do Clube, a juízo do grande conselho". (In: Carone, Edgard, ob. cit., p. 265)

Alguns dos analistas indicaram como o mais característico no Clube "seu caráter seletivo: seus fundadores pretendiam filiar apenas os elementos realmente identificados com os propósitos da Revolução de outubro de 1930". (Drummond, José August. *O movimento tenentista: intervenção militar e conflito hierárquico*. Rio de Janeiro: Graal, 1986, p. 221) E, com efeito, o manifesto de novembro de 1930 falava da admissão dos voluntários "processada regularmente, depois das devidas sindicâncias". E a ficha de inscrição pedia a descrição, pelo interessado, de sua "atuação revolucionária entre 1922 e 1930".

Após ter caráter oficial, no seu início, pela participação de Vargas e de seus ministros, o Clube foi-se esvaziando, com o afastamento de seus elementos mais prestigiados, com a recomposição oligárquica iniciada em 1933. (Drummond, José Augusto, ob. cit., p. 223)

Mas foi positiva sua influência para a mudança do sistema eleitoral e para adoção da representação profissional. Se bem tenha o Clube deplorado, depois, o método adotado para escolha dos deputados "classistas".

Em manifesto de abril de 1934, dizia-se: "fizeram-se as eleições dentro da opinião pública nacional desorientada por comoções violentas, quando um prazo razoável, mas fixo, seria condição *sine qua non* de qualquer campanha eleitoral honesta. A representação profissional improvisou-se à boca das urnas para que nela se infiltrasse a política, antes que a organização sindical pudesse ponderar candidatos bastantes de representação eficiente e legítima. E fossem embora livres as urnas em boa parte do país, é mister muita hipocrisia para pretender-se que delas pudesse resultar um conjunto expressivo das aspirações e dos interesses da nacionalidade (...) Câmara profissional, conselho federal, com o subsídio dos conselhos técnicos, seriam fundamentos de organização racional e simplificada. Entretanto, preferiu o substitutivo complicar sem melhorar; é a câmara política, ainda com o anexo profissional; é o Senado, também político, e é, ademais disso, como superfetação política, um conselho nacional que não pode ser técnico porque não lhe permite a organização, mas que se destina seguramente a ser viveiro seleto do parasitismo político e meio sólido de empurrar ainda mais a já tão emperrada máquina da burocracia brasileira". (Carone, Edgard, ob. cit., p. 270-272)

Segundo ainda Carone, o definitivo declínio e desaparecimento do Clube se dão em 1934, "quando todo seu esforço para esmagar as oligarquias mostra-se improfícuo".

As eleições de 1933 e 1934 significam a pena de morte do tenentismo. (Carone, Edgard, ob. cit., p. 259)

COABITAÇÃO

NA FRANÇA, é como se designa a situação resultante da vitória, nas eleições legislativas, de uma maioria oposta ao Presidente.

CÓDIGO ELEITORAL DE 1932

ASSUMINDO A chefia do Governo Provisório, após a Revolução de 1930, Getúlio Vargas designou, pelo Decreto n.º 19.459, de 6 de dezembro daquele ano, Subcomissão Legislativa para estudar e propor a reforma da lei e do processo eleitorais. O grupo, composto por Assis Brasil (v. BRASIL, J. F. DE ASSIS), João G. da Rocha Cabral (v. CABRAL, JOÃO G. DA ROCHA) e Mário Pinto Serva (v. SERVA, MARIO PINTO), julgou que sua tarefa deveria ser dividida em duas partes, a primeira dizendo respeito ao alistamento dos eleitores – projeto publicado em setembro de 1931 – a segunda, referente ao processo de eleições. Entenderam também que os membros da subcomissão deveriam ser ouvidos sobre o projeto, grupo de jurisconsultos, sendo então convocados os professores Antônio de Sampaio Dória, de São Paulo, Juscelino Barbosa, de Minas Gerais, Mario Castro, de Pernambuco, Bruno de Mendonça Lima e Sérgio Ulrich de Oliveira, do Rio Grande do Sul, o dr. Adhemar de Faria e juiz Octávio Kelly, do Rio de Janeiro.

O novo ministro da Justiça e dos Negócios Interiores, Maurício Cardoso – que substituíra o anterior, Oswaldo Aranha – procedeu, junto com o grupo de jurisperitos, exaustiva revisão dos textos, e decidiu reuni-los em um só Decreto, de n.º 21.076, editado em 24 de fevereiro de 1932, que se tornou o primeiro Código Eleitoral do país.

Segundo afirmação de João Cabral, entendiam os autores do projeto: "1º) o poder político emana do povo; deve ser conferido por meio de eleição, observados os seguintes princípios fundamentais: 2º) todo cidadão é membro da soberania da nação, tem precipuamente o dever de concorrer para a formação, sustentação e defesa da autoridade pública; é eleitor, e elegível, nos casos e formas que a lei determina; 3º) a inscrição no Registro Cívico é obrigatória; 4º) as causas que possam fazer perder o direito eleitoral, ou seu exercício, são reduzidas ao mínimo; 5º) o voto é absolutamente secreto; 6º) a representação dos órgãos coletivos de natureza política é automática e integral, ou tanto quanto possível, proporcional; 7º) todas as corporações de caráter eletivo, designadas para intervir nas questões do sufrágio, devem ser escolhidas com as garantias dos princípios acima consignados; 8º) toda matéria de qualificação de eleitores, instrução e decisão de contendas eleitorais será sujeita à jurisdição de juízes e tribunais especiais, com as garantias inerentes ao Poder Judiciário." (Cabral, João G. da Rocha. *Código Eleitoral da República dos Estados Unidos do Brasil*. Rio de Janeiro: Freitas Bastos, 3ª ed., 1934, p. 14-15)

Como principais inovações ao sistema anterior – procurando, assim, atender aos reclamos que havia levado à Revolução que destruíra a República Velha, por "representação e justiça" –, trouxe o Código a representação proporcional (seguindo, aí, as ideias expressas em livros e conferências por Assis Brasil) o sufrágio feminino (facultativo, às mulheres *sui juris*) e a entrega da verificação e reconhecimento dos poderes à uma justiça especial.

Assim dispunha o Código, em seu Capítulo II, sobre a representação proporcional:

"1º É permitido a qualquer partido, aliança de partidos ou grupo de 100 eleitores, no mínimo, registrar, no Tribunal Regional, até cinco dias antes da eleição, a lista de seus candidatos, encimada por uma legenda.

Parágrafo único – Considera-se avulso o candidato que não conste da lista registrada.

2º Faz-se a votação em dois turnos simultâneos, em uma cédula só, encimada ou não de legenda.

3º Nas cédulas, estará impresso ou datilografado, um em cada linha, os nomes dos candidatos, em número que não exceda aos dos elegendos mais um, reputando-se não escritos os excedentes.

4º Considera-se votado em primeiro turno o primeiro nome de cada cédula e, em segundo, os demais, salvo o disposto na letra b do n.º 5

5º Estão eleitos em primeiro turno:

a) os candidatos que tenham obtido o quociente eleitoral (n.º 6);

b) na ordem de votação obtida, tantos candidatos registrados sob a mesma legenda quantos indicar o quociente partidário (n.º 7);

§ 1º Para o efeito de apurar-se a ordem de votação, contam-se ao candidato de lista registrada os votos que lhe tenham sido dados em cédulas sem legenda ou sob legenda diversa.

§ 2º Tratando-se de candidato registrado em mais de uma lista, considera-se o mesmo eleito sob a legenda em que tenha obtido o maior número de votos.

6º Determina-se o quociente eleitoral dividindo o número de eleitores que concorreram à eleição pelo número de lugares a preencher no círculo eleitoral, desprezada a fração.

7º Determina-se o quociente partidário dividindo pelo quociente eleitoral o número de votos emitidos em cédulas sob a mesma legenda, desprezada a fração.

8º Estão eleitos em segundo turno os outros candidatos mais votados, até serem preenchidos os lugares que não o foram no primeiro turno.

9º Contendo a cédula um só nome e legenda registrada, considera-se esse nome votado em primeiro turno e, em segundo, toda a lista registrada sob a referida legenda.

10º Contendo a cédula legenda registrada e nome estranho à respectiva lista, considera-se inexistente a legenda.

11º Contendo a cédula apenas a legenda registrada, considera-se voto para a respectiva lista em segundo turno e voto em branco no primeiro.

12º Pode-se repetir o primeiro nome da cédula; neste caso, considera-se votado o candidato em primeiro e segundo turnos, muito embora não se deva reputar simultaneamente eleito nos dois turnos.

13º Não se somam votos do primeiro turno com os do segundo, nem se acumulam votos em qualquer turno.

14º Em caso de empate, está eleito o candidato mais idoso.

15º Nas seções eleitorais onde se use a máquina de votar, serão observadas estas regras:

a) o voto é dado na máquina, dispensando-se a cédula;

b) é obrigatório o registro dos candidatos até cinco dias antes da eleição;

c) a máquina está preparada de modo a que cada eleitor não possa votar, no primeiro turno, em mais de um nome, e só possa, no segundo, até o número de lugares a preencher.

16º São suplentes dos candidatos registrados, na ordem decrescente da votação, os demais candidatos votados em segundo turno, sob a mesma legenda."

Como iria explicar, depois, João da Rocha Cabral, chamava-se "de dois turnos simultâneos" o processo sugerido por Assis Brasil e seguido pelo Código, porque, na mesma cédula, reunia as vantagens da votação uninominal e em lista, da apuração por quociente, no primeiro caso, ou turno, e da maioria relativa, no segundo. "Este – esclarecia Cabral – corresponde ao direito de a maioria governar, em relativa paz, dispondo de bastante vozes, no Parlamento; aquele, ao das minorias, direito sacrossanto, de fiscalização do governo e colaboração nos atos legislativos. Todas, maioria e minoria, representadas no Parlamento, quanto possível, proporcionalmente ao número de seus eleitores." (Cabral, João C. da Rocha, ob. cit., p. 104)

A principal diferença entre o primeiro projeto de Assis Brasil, em 1893, e o afinal adotado pelo Código de 1932, residia na possibilidade, neste último, do registro por partido, aliança de partidos ou grupo de eleitores, de lista de candidatos, encimada por legenda. E, por via de consequência, a possibilidade da eleição – em primeiro turno – de candidatos registrados sob a mesma legenda quantos indicasse o quociente partidário.

É que, diversamente da situação vivida no final do século XIX, já se poderia trazer um estímulo às organizações partidárias, realidades já aceitas em países mais adiantados.

Como argumentaria o deputado Barreto Campelo, nos debates de 1934, o Código vira "a necessidade da formação de correntes, de partidos políticos, de opiniões pré-constituídas que servissem nos vaivéns e flutuações das circunstâncias". Mas não poderia "ir do voto individual, majoritário, ao voto exclusivo de cédulas, ao voto partidário. Deu, por consequência, um remédio de emergência, a *latere*, suave, como um tônico, um simples tônico aos partidos". (Sessão de 1.9.1934. In: *Anais da Câmara dos Deputados*, v. 3, p. 384)

Outra diferença, simples, entre o primeiro projeto de Assis Brasil e o adotado pelo Código de 1932, é que se dispensava, agora, o "traço bem visível" a separar o primeiro nome, votado, dos nomes seguintes.

Como explicaria o próprio Assis Brasil, "essa pequena complicação é dispensável para se verificar qual o nome posto em primeiro lugar". (Brasil, J.F. de Assis. *Democracia representativa. Do voto e do modo de votar*. Rio de Janeiro: Leuzinger & Filhos, 1893, p. 189)

Quanto ao sufrágio feminino, entenderam os redatores do projeto que seria um ponto delicado "saber em que condição se deve arrojar a mulher no turbilhão dos comícios e na agitação dos Parlamentos". Mas a vista de razões jurídicas e sociais e segundo o exemplo de outros países, julgaram que deveria ser feita criteriosamente "a admissão do belo sexo ao exercício dos direitos políticos".

Propuseram, então, principiar por conceder à mulher sui juris os tais direitos. E, como a mulher casada não se poderia chamar *sui juris*, "pois que, em relação a elas, se mantém certas regras no Direito Civil, limitativas da sua liberdade e posição econômica", prescreveram-se no projeto "apenas certas regras especiais para afastar os embaraços dessa questão". (Cabral, João C. da Rocha, ob. cit., p. 23)

Mas o Código, afinal aprovado, estendeu o direito de voto à mulher, sem tornar obrigatório seu alistamento (arts. 2º e 120, b).

Uma das mais profundas inovações do Código foi a de entregar toda matéria de qualificação de eleitores, instrução e decisão das contendas eleitorais à jurisdição de juízes e tribunais especiais. Criava-se, assim, a Justiça Eleitoral, para atender os reclamos de "Representação e Justiça" que fundamentaram a derruição da República Velha (v. JUSTIÇA ELEITORAL).

Num elogio final ao Código que ajudara a elaborar, Cabral insiste em que ele, com o sufrágio universal "como o elemento essencialmente político", soubera combinar as "três molas reais" que o cercavam de garantias: o voto absolutamente secreto, a distribuição dos lugares em proporção da votação, sem prejuízo do governo que deve caber à maioria, e a mais perfeita garantia dos direitos eleitorais desde o alistamento até a apuração, mediante julgamento de todas as questões eleitorais por juízes e tribunais, embora de composição especial, mas sempre com os característicos da judicatura. (Cabral, João C. da Rocha, ob.cit., p. 20)

MODIFICAÇÕES AO CÓDIGO DE 1932 – LEI N.º 48, DE 4 DE MAIO DE 1935 – Antes mesmo de realizadas as eleições de 14 de outubro de 1934, para a renovação da Câmara de Deputados, começou-se a discutir a reforma do Código de 1932. Um dos pontos mais graves que se denunciaram foi a demora no processo de apuração dos pleitos e julgamento dos recursos eleitorais. Indicando esses problemas, dizia o presidente Getúlio Vargas em mensagem, de maio de 1935, dirigida ao Poder Legislativo: "Basta dizer-se que, em sete meses, de outubro de 1934 a maio de 1935, está ainda por findar o processo das eleições gerais." (In: *Anais da Câmara dos Deputados*, 1935, v. 1, p. 49) E, em discurso de julho de 1935, queixava-se o deputado Dorval Melchiades: "agora, nove meses depois das eleições de 14 de outubro, ainda não são conhecidos os seus resultados no Estado do Rio de Janeiro". (In: *Anais...*, v. 8, 1935, p. 406)

A alteração – conduzida por Comissão Especial de Reforma do Código Eleitoral, de que participaram os deputados Henrique Bayma, presidente Soares Filho, Homero Pires, Nereu Ramos, Gaspar Saldanha, Mozart Lago e Vieira Marques, e junto à qual trabalhou o Consultor Técnico do Ministério da Justiça, Sampaio Dória – resultou em profunda modificação ao sistema de representação proporcional antes proposto. Passou a ser a seguinte a redação do Capítulo III do Título II do Código:

"*Da Representação Proporcional*

Art. 89. Far-se-á a votação em uma cédula só, contendo apenas um nome, ou legenda e qualquer dos nomes da lista registrada sob a mesma.

Art. 90. Estarão eleitos em primeiro turno:

a) os candidatos que houverem obtido o quociente eleitoral (art. 91);

b) os candidatos da mesma legenda mais votados nominalmente, quantos indicar o quociente partidário (art. 92).

Art. 91. Determinar-se-á o quociente eleitoral dividindo-se o número de votos válidos apurados pelo de lugares a preencher na circunscrição eleitoral, desprezada a fração se igual ou inferior a meio, e equivalente a um, se superior.

Parágrafo Único – Contar-se-ão como válidos os votos em branco.

Art. 92 – Determinar-se-á o quociente partidário dividindo-se pelo quociente eleitoral o número de votos válidos emitidos em cédulas sob a mesma legenda, desprezada a fração.

Art. 93 – Para se apurar o quociente eleitoral do candidato (art. 90, a) ou a ordem de votação nominal (art. 90, b), não se somarão votos de cédulas avulsas com os de cédula sob legenda, nem os destas com os de cédula sob legenda diversa, mesmo no caso do art. 87.

1º O candidato, contemplado em diferentes quocientes partidários, considerar-se-á eleito sob a legenda em que obtiver maior votação.

2º Considerar-se-á eleito, fora do partido que o registrou, o candidato que tiver alcançado, em votação avulsa, o quociente eleitoral.

Art. 94. Estarão eleitos em segundo turno, até serem preenchidos os lugares que não o foram em primeiro, os candidatos mais votados e ainda não eleitos, de partidos que houverem alcançado o quociente eleitoral, observadas estas regras:

a) dividir-se-á o número de votos emitidos sob a legenda de cada partido pelo número de lugares por ele já obtidos mais um, cabendo o lugar a preencher ao partido que alcançar maior média;

b) repetir-se-á essa operação até o preenchimento de todos os lugares;

c) para se apurar qual o candidato mais votado do partido a que couber o lugar, somar-se-ão os votos de cédulas avulsas com os de cédula sob legenda, e os destas com os de cédula sob legenda diversa.

Art. 95. Se nenhum partido alcançar o quociente eleitoral, considerar-se-ão eleitos, em segundo turno, todos os candidatos mais votados na eleição, até serem preenchidos os lugares.

Art. 96. Estarão eleitos suplentes da representação partidária:

a) os mais votados sob a mesma legenda e não eleitos efetivos, nas listas do partido;

b) na falta deles, os candidatos constantes da respectiva lista, na ordem decrescente da idade.

Art. 97. Será nula a cédula que contiver mais de um nome, legenda não registrada, ou legenda e nome estranho à lista respectiva.

Art. 98. A cédula que contiver apenas legenda registrada será computada para determinação do quociente eleitoral e partidário.

Art. 99. Em caso de empate, haver-se-á por eleito o candidato mais idoso."

O modelo brasileiro alcançava, assim, a plena proporcionalidade, pois muitas vezes se alegou que o Código de 1932, embora afirmasse ter instituído a representação proporcional, trouxera um sistema misto, proporcional no primeiro turno e majoritário no segundo. O próprio Assis Brasil o reconhecia, ao insistir que, no segundo turno de seu sistema, "os candidatos da maioria serão os únicos favorecidos". (Brasil, J.F. de Assis, ob. cit., p. 182). A apuração do segundo turno, insistia ele, "deve constituir um prêmio do ganho de causa da facção mais poderosa". (In: Sampaio, Alde. *A proporcionalidade da reforma do Código Eleitoral.* Rio de Janeiro: Gráphica Sauder, 1935, p. 10)

O Código, modificado, alcançava também sua maior originalidade frente ao sistema proporcional dos outros países: a escolha uninominal, pelo eleitor, mesmo a partir de uma lista organizada pelas organizações partidárias. É verdade que se acolhia, ainda, a hipótese do voto à margem das listas. Mas, para muitos dos intérpretes do Código, teria dominado, no espírito de seus organizadores, "a ideia de impedir que a disciplina partidária fosse quebrada pela influência desagregante do voto avulso, que foi guerreado por todos os meios". (Castro, Augusto O. Gomes de. *O novo Código Eleitoral.* Rio de Janeiro: Coelho Branco Filho, 1936, p. 115)

Houve quem criticasse, como o deputado Alde Sampaio, na acesa discussão no Congresso em torno da reforma eleitoral, em 1935, a escolha uninominal, deplorando que o voto tivesse deixado de ser plural "para ser único, por eleitor". (Sampaio, Alde, ob. cit., p. 6)

CÓDIGO ELEITORAL DE 1950

APROVADO PELA lei n.º 1.164, de 24 julho de 1950, o Código foi fruto de uma longa maturação. Em novembro de 1946, o senador Ivo de Aquino apresentou projeto de lei consolidando as disposições então vigentes sobre a matéria eleitoral.

Discutido e votado no Senado, foi o projeto, em dezembro de 1948, encaminhado à Câmara e submetido a sua Comissão de Constituição e Justiça. Em parecer de março de 1950, Gustavo Capanema, na qualidade de relator daquela Comissão, explicava que, surgindo como uma consolidação dos textos em vigor, o projeto tratava-se de uma reforma da legislação, tão numerosas as adições e modificações propostas. (In: *Diário do Congresso Nacional*, ed. de 21.3.1950, p. 1.730)

Entre essas modificações, eram dignas de nota a extinção do processo de alistamento *ex-officio*, instituído pelo art. 22 do Decreto-Lei n.º 7.586, de 28 de maio de 1945, e a atribuição dos lugares não preenchidos com a aplicação dos quocientes partidários aos partidos que tivessem alcançado as maiores médias. Alterava-se, assim, a determinação anterior, do Decreto-Lei n.º 7.586, de 28 de maio de 1945, que beneficiava os partidos que tivessem alcançado o maior número de votos.

Como indicava Capanema, o projeto, repetindo o Decreto-Lei n.º 7.586, de maio de 1945, continha um título especialmente destinado a regular a constituição e a atividade dos partidos políticos. Mas o fazia "muito restritamente, tendo em mira apenas o lado eleitoral da questão, e, assim, dá lugar a que venha a ter existência uma lei especial sobre os partidos políticos". Já transitava, na Câmara, com esse objetivo, um projeto de lei resultante de um substitutivo do deputado Agamenon Magalhães.

Para Capanema, não se afigurava conveniente que a matéria prosseguisse em tais termos. "Doutrinariamente, afirmava ele, parece mais acertado que tudo seja assunto de uma só lei. Mais de um argumento neste sentido poderia ser indicado. É, porém, suficiente a consideração de que a justiça eleitoral, toda ela disciplinada no projeto da lei eleitoral, é, nos termos da Constituição, o aparelho regulador, ordenador, orientador, tanto do processo eleitoral como da organização dos partidos. A Constituição, assim, como que engloba tudo num só conjunto, numa só matéria: alistamento, eleições, partidos. Sob o ponto de vista prático, mais fácil e rápido há de ser ampliar o projeto da lei eleitoral, oriundo do Senado Federal, nele incluindo as disposições que lhe faltam sobre a organização partidária, do que fazer transitar separadamente o projeto de lei orgânica dos partidos, que ainda não conseguiu vencer os trâmites iniciais da Câmara dos Deputados." (In: *Diário do Congresso Nacional*, ed. cit., p. 1.730)

O entendimento de Capanema não foi, no entanto, acolhido pelos legisladores que se lhe seguiram.

Em 1971 seria editada a Lei Orgânica dos Partidos Políticos (lei n.º 5.682, de 21 de julho de 1971).

O Código de 1950 foi modificado pela lei n.º 2.550, de 25 de julho de 1955, sancionada com o intuito de lhe "sanar os defeitos e imperfeições", como afirmaria o então presidente do Tribunal Regional Eleitoral de São Paulo, Justino Pinheiro. (In: Malheiros, Arnaldo e Manso, Geraldo da Costa. *Legislação eleitoral e organização partidária*. São Paulo: Revista dos Tribunais, 1955, p. VIII) E pela lei n.º 2.582, de 30 de agosto de 1955, que instituiu a Cédula Única de Votação (v. CÉDULA ÚNICA).

Em geral, comentaria Justino Pinheiro, a lei n.º 2.550 melhorou o processo eleitoral, "apesar de dar a impressão de que atribuiu à Justiça Eleitoral os maus resultados verificados na aplicação do Código Eleitoral". (In: Malheiros, Arnaldo e Manso, Geraldo da Costa, ob. cit., p. VIII)

O Código de 1950 manteve o quadro proporcional esboçado pela lei n.º 7.586, de 1945, com alteração, como já se apontou, quanto ao destino das sobras.

CÓDIGO ELEITORAL DE 1965

EM EXPOSIÇÃO de Motivos datada de 20 de abril de 1965, o então ministro da Justiça, Milton Campos, lembrava que o presidente Castelo Branco, pouco depois de assumir suas funções, preocupara-se com dois projetos de reforma política: o do Código Eleitoral e o do Estatuto dos Partidos. E que, em visita ao Tribunal Superior Eleitoral, incumbira aquele órgão de elaborar os dois anteprojetos. (In: *Diário do Congresso Nacional*, ed. de 24.4.1965, p. 2.164)

Em fins de 1964, o Tribunal fazia entrega dos trabalhos e, numa introdução, o seu presidente, ministro Cândido Motta Filho, historiando o esforço realizado, apontava as mais importantes inovações propostas pelos textos: 1) a utilização dos distritos para as eleições proporcionais, segundo a experiência da Alemanha Ocidental; 2) criação da Corregedoria Geral, no Tribunal Superior Eleitoral, para fortalecer a ação da Justiça Eleitoral; 3) desaforamento dos processos não decididos no prazo, evitando-se as delongas dos julgamentos; 4) possibilidade da apuração não apenas pelas juntas eleitorais, como atualmente, senão também contagem prévia pelas próprias mesas receptoras, em determinadas condições, ou apuração pelas mesas e juntas, num mesmo local; 5) registro de candidatos somente a partir de seis meses antes das eleições, como também restrição das campanhas aos três meses anteriores aos pleitos; 6) cédula oficial para todas as eleições e em todo o país; 7) novas providências para neutralizar a influência do poder econômico e do poder estatal; 8) disciplina mais severa para pichamentos e afixação de cartazes; 9) valor probante para os boletins expedidos pelas juntas; 10) voto, no exterior, para presidente da República.

O sistema de apuração sugerido não foi acolhido. Como arguiria Milton Campos, o sistema, misto, "não seria só de votação distrital e, em cada distrito, considerar-se-ia eleito o candidato que aí tivesse a maioria absoluta de votos". No sistema pluripartidário, "isto seria praticamente impossível, ou quase, e assim a divisão em distritos tornar-se-ia inútil". (In: *Diário do Congresso Nacional*. ed. cit., p. 2.164)

Adotou-se a inovação de proibir-se que o eleitor, nas votações proporcionais, escolhesse nomes para deputados federais e estaduais em legendas diferentes, o que se destinava "a fortalecer os partidos pela melhor arregimentação partidária".

Manteve-se o propósito, que o anteprojeto expunha, de fortalecer a influência da Justiça Eleitoral, mas "se evitou consagrar o caráter normativo" de suas decisões: "É certo que essas decisões, pela sua reiteração em jurisprudência, acabam geralmente seguidas, por força de seu prestígio. Mas a normatividade das decisões judiciais não se concilia com o princípio casuístico que lhes é inerente." Quanto à duração das campanhas eleitorais, a vastidão do país, reclamando mais tempo para a promoção das candidaturas presidenciais, fez com que se alargasse o prazo para a propaganda destas, a partir da escolha pela convenção partidária.

Finalmente, quanto ao problema da contagem e apuração dos votos – que "sempre constituiu ponto delicado do processo eleitoral, ocasionando muitas vezes delongas excessivas ou erros de difícil reparação" –, admitiu-se o cômputo pela própria mesa receptora, mas dependendo de autorização do Tribunal Superior, mediante indicação pelo Tribunal Regional, das zonas ou seções onde se julgue conveniente o funcionamento do sistema.

Essa e outras cautelas dariam "a necessária plasticidade ao uso do processo, para que ele, sob o pretexto de servir à rapidez, não degenere em fonte de conflitos e fraudes". (In: *Diário do Congresso Nacional*, ed. cit., p. 2.164)

À diferença do Código anterior, que regulava, também, os partidos políticos, o novo Código, aprovado pela lei n.º 4.737, de 15 de julho de 1965, não cuidou dessas agremiações, que passaram a ser disciplinadas pela lei n.º 5.682, de 21 de julho de 1971, a chamada Lei Orgânica dos Partidos.

COELHO NETO

Nascido em Caxias, Maranhão, em 1864, Henrique Maximiliano Coelho Neto faleceu em 1934. Iniciou o curso de Direito na Faculdade de São Paulo, que interrompeu, em 1885, para participar do movimento abolicionista. Professor de Literatura e Teatro, seu primeiro romance *A capital federal*, foi publicado em 1893. A ele se seguiram: *A conquista* (1899), *Mano* (1929), *Fogo fátuo* (1930), *Miragem* (1895), *A esfinge* (1908) e *Rei negro* (1914) considerada o ápice de sua obra, atacada depois, pelo movimento modernista, de 1922. Um dos fundadores da Academia Brasileira de Letras (v. Academia Brasileira de Letras), chegou a ser proposto, em 1933, ao Prêmio Nobel.

Deputado federal, pelo Maranhão, por três legislaturas – de 1909 a 1918 – por influência de Pinheiro Machado, com a morte deste, foi retirado da chapa governista e não se elegeu, em 1919. O fato foi assim comentado por Capistrano de Abreu, em carta, de 1919, a seu amigo João Lúcio de Azevedo:

"Irá também a contestação de Coelho Neto a um diploma de deputado federal pelo Maranhão. Ainda não li; deve estar tremenda.

Pobre Coelho! Captou a simpatia de Pinheiro Machado, conseguiu que o elegessem, assentou a vida sobre a base de 30 contos, fracos! fracos! e agora terá que baixar ao terço. Não compreendeu que quando o padrinho morre o afilhado fica pagão e quis grimpar, mobilizou a imprensa da capital, incomodou-se e obteve manifestações nos Estados por onde passava, avocou as agências telegráficas, fez conferências em São Luiz. Nada compensou a falta de padrinho." (In: *Correspondência de Capistrano de Abreu*. Rio de Janeiro: Mec/Inl, v. II, 1954, p. 96)

Na cronologia da vida e obra de Coelho Neto, em sua obra seleta, diz-se:

"1918 – A politicagem maranhense, com Urbano Santos à frente, exclui o nome de Coelho Neto da representação de seu Estado na Câmara dos Deputados; viagem do escritor a São Luís, onde a mocidade o recebe com grandes manifestações de simpatia e solidariedade; discursos candentes em praça pública e artigos vibrantes nos jornais. A imprensa brasileira, em sua totalidade, coloca-se ao lado de Coelho Neto, prestigiando-o incondicionalmente. Carta de Rui Barbosa anatematizando os politiqueiros maranhenses. Mensagem de solidariedade dos intelectuais da Paraíba a Coelho Neto, encabeçada por Carlos D. Fernandes, Orris Soares e Alcides Bezerra."

No pleito realizado em 1º de março de 1918, Coelho Neto ficou como segundo suplente, com 1.230 votos.

Segundo o parecer de reconhecimento dos deputados, "o candidato Henrique Coelho Neto, nos termos do requerimento do seu procurador, inseto na ata da apuração geral, reproduziu o protesto do mesmo perante a Comissão dos Cinco (v. COMISSÃO DOS CINCO) contra as eleições mencionadas, notadamente quanto ao candidato diplomado Marcelino Rodrigues Machado, protesto depois ratificado (...) A exposição do candidato contestante Henrique Coelho Neto, pelo mesmo escrita e lida a esta comissão, pode ser dividida em duas partes: uma relativa ao processo eleitoral; outra relativa à inelegibilidade do candidato diplomado Marcelino Rodrigues Machado.

Quanto ao processo eleitoral, diz o contestante: 1) que a cédulas usadas nas mencionadas eleições 'foram cortadas e impressas em papel colorido, em contrário do que impõe a lei imperativa': 'que elas não devem ter distintivo algum' (§ 5º do art. 17 da lei citada); 2) que, como consta da circular publicada no Diário Oficial do Estado, os cinco candidatos mais votados foram recomendados, não somente pelo governador em exercício, como pelo que lhe devia suceder, como sucedeu no dia 1º de março, justamente quando se faria o pleito; 3) que, afinal, as referidas eleições, que não foram efetivamente realizadas, constituem uma farsa".

Alegou Coelho Neto, ainda, que o candidato diplomado, Marcelino Rodrigues Machado, por exercer o cargo de inspetor junto ao Liceu Maranhense e não haver se exonerado antes dos três meses que precederam a eleição, era manifestamente inelegível, estando "compreendido entre os funcionários administrativos federais demissíveis, independentemente de sentença judicial (art. 37, I, letra *f*, da lei n.º 3.208, de 27 de dezembro de 1916)".

Em sua contestação, que não foi acolhida, Coelho Neto se queixa: "O gesto tirânico de que fui vítima sublevou as consciências, a traição indignou os corações e o que se viu com espanto, pelo inesperado do levante, foi o protesto do ânimo cívico irromper abruptamente comunicando-se, como por um rastilho de brio, desde as fronteiras do Sul até as extremas do Norte." (In: *Estudos eleitorais*. Brasília: Tribunal Superior Eleitoral, v. 2, n.º 1, jan/abr 1998, p. 185 e sgs.)

A lição a extrair, do incidente, é que tinha razão Gilberto Amado (v. AMADO, GILBERTO) ao teorizar, abertamente, sobre a falsificação da vontade eleitoral na Primeira República: "As eleições eram falsas, mas a representação era verdadeira." (Amado, Gilberto. *Presença política*. Rio de Janeiro: José Olympio, 2ª ed., 1960, p. 81.

Se as eleições não prestavam, "os deputados e senadores eram os melhores que podíamos ter". E indicava o exemplo do Rio de Janeiro: "No Distrito Federal, o voto não era a bico de pena (v. A Bico de Pena), como no interior do país; era, de fato, depositado na urna. Resultado: representação falsa."

Mas como poderia Coelho Neto indignar-se contra o vício da eleição que o excluíra da Câmara, se o falseamento do pleito é que, por três vezes, o reconhecera deputado?

COLÉGIO ELEITORAL

Em sentido amplo, o conjunto de indivíduos aos quais se atribui o direito de participar de determinada eleição, em uma circunscrição determinada.

Em sentido restrito, assembleia a que se entrega o encargo de escolha a certos postos eletivos. Assim, cada país apresenta suas próprias peculiaridades a esse respeito.

Nos EUA – A Constituição americana instituiu um Colégio Eleitoral, ou colégios, para a escolha do presidente e vice-presidente da República.

Nos termos de seu art. II, seção 1, 2, "cada Estado nomeará, segundo a maneira ordenada pela sua legislatura, um número de eleitores igual ao número total de senadores e deputados a que tiver direito no Congresso; nenhum senador ou deputado, ou qualquer pessoa no exercício de cargo remunerado ou de confiança dos Estados Unidos poderá ser eleitor".

Já que se deveria seguir a determinação de cada Estado, os eleitores, que compunham os Colégios, foram designados, inicialmente, das mais diferentes maneiras: "pela própria legislatura, em votação conjunta; pela legislatura, através de voto concorrente das duas Câmaras; pelo voto do povo numa cédula geral; pelo voto do povo em distritos; pela escolha em parte pelo povo em distritos e em parte pela legislatura; pela escolha pela legislatura de candidatos votados pelo povo; e de outros modos". (MacPherson. In: Corwin, Edward S. *A Constituição norte-americana e seu significado atual*. Rio de Janeiro: Zahar, 1986, p. 116-117)

Hoje, os eleitores são eleitos, em todo o país, pelo voto popular.

A ideia dos "pais fundadores" da nação americana parece ter sido a de que devessem esses eleitores proceder, efetivamente, a escolha mas, como comentou Woodrow Wilson, "torna-se difícil compreender como, sendo políticos experimentados, esperassem algo de semelhante". (Wilson, Woodrow. *Governo constitucional nos Estados Unidos*. São Paulo: Ibrasa, 1963, p. 48)

Para todos os analistas, o rápido desenvolvimento do sistema partidário desde logo reduziu o papel do Colégio. Desde 1796, os eleitores são apenas "atores mudos dos partidos".

Uma das principais críticas ao modelo é quanto ao fato de que os votos eleitorais dos Estados sejam concedidos, ao final, a um só candidato.

Sempre se recorda que o presidente Kennedy, vencendo em Nova Jersey por uma margem estreita, de 23 mil votos em um total de 12.600 milhõe, ganhou todos os 16 votos daquele Estado. Daí que o senador Norris tenha apresentado emenda propondo que o voto eleitoral de cada Estado se dividisse entre os partidos, proporcionalmente à sua força. O projeto foi aprovado pelo Senado em 1949 mas rejeitado, enfim, pela Câmara.

A representação, atual, nos Estados-membros, no Colégio Eleitoral americano é apresentada no quadro ao lado.

No Brasil – A Constituição promulgada em 24 de janeiro de 1967 criou, por seu art. 47, para designação do

Estados	N.º de Delegados	Estados	N.º de Delegados	Estados	N.º de Delegados
Alabama	9	Indiana	12	Nova York	36
Alasca	3	Iowa	8	N. México	5
Arizona	7	Kansas	7	Ohio	23
Arkansas	6	Kentuck	9	Oklahoma	8
Carolina do Norte	13	Louisiana	10	Oregon	7
Carolina do Sul	8	Maine	4	Pensilvânia	25
Califórnia	47	Maryland	10	Rhode Island	4
Colorado	8	Massachusetts	13	Tennesse	11
Connecticut	8	Michigan	20	Texas	29
Dakota do Norte	3	Minnesota	10	Utah	5
Dakota do Sul	3	Mississipi	7	Vermont	3
Delaware	3	Missouri	11	Virgínia	12
Flórida	21	Montana	4	Virgínia do Oeste	6
Geórgia	12	Nebraska	5	Washington	10
Havaí	4	Nevada	4	Wiscosin	11
Idaho	4	New Hampshire	4	Wyoming	3
Illinois	24	Nova Jersey	16	D. de Columbia	3
Total 538					

presidente e vice-presidente da República, um Colégio Eleitoral, composto dos membros do Congresso Nacional e de delegados indicados pelas Assembleias Legislativas dos Estados. Mas a escolha que se seguiu, a do general Garrastazu Medici, depois da situação excepcional criada pelo afastamento do marechal Costa e Silva, foi, por força do Ato Institucional n.º 16, de 14 de outubro de 1969, processada "pelos membros do Congresso Nacional".

Pelo Colégio Eleitoral, restaurado pela Emenda Constitucional n.º 1, de 17 de outubro de 1969, iriam ser escolhido os generais Ernesto Geisel e João Batista de Figueiredo, e o civil Tancredo Neves. Inicialmente, se dispôs que cada Assembleia Legislativa estadual indicaria, para composição do Colégio, três delegados e mais um por 500 mil eleitores inscritos no Estado, não podendo nenhuma representação ter menos que quatro delegados.

Posteriormente, a Emenda Constitucional n.º 8, de 14 de abril de 1977, determinou que a representação de cada Assembleia passasse a ser de três delegados e mais um por um milhão de habitantes. Finalmente, pela Emenda Constitucional n.º 22, de 19 de junho de 1982, cada Assembleia teria seis delegados, indicados pelas bancadas do respectivo partido majoritário, dentre seus membros.

Essa modificação no número de representantes das Assembleias foi recebida, por muitos, como inconstitucional. A disposição feriria a letra do art. 47, § 1º da Carta, que determinava não pudesse ser objeto de deliberação proposta de Emenda tendente a abolir a Federação e a República. O constituinte teria valorizado essas duas matérias ao expor à inconstitucionalidade não apenas a regra que as negasse em sua integridade mas, ainda, aquela que, por mínimo que fosse, caminhasse a contrapelo desses mesmos valores. (Bastos, Celso. "Inconstitucionalidade do Colégio Eleitoral". In: *O Estado de São Paulo*, ed. de 3.4.1984)

Por outro lado, a violência ao princípio republicano se traduziria, na nova composição do Colégio, pela "disparidade de forças do voto de cada brasileiro". Por via dos diversos artifícios introduzidos na Constituição, o voto de um paulista valeria "115 vezes menos que o de um eleitor do Acre ou, ainda, 80 vezes menos que o de um eleitor de Rondônia, o que vale dizer que, para produzir o mesmo efeito no Colégio Eleitoral, tanto faz se o agente for representante de um acriano ou de 115 paulistas". (Bastos, Celso, art. cit.)

Uma grande discussão, afinal, envolveu o Colégio Eleitoral, com respeito à fidelidade partidária (v. FIDELIDADE PARTIDÁRIA).

COLIGAÇÕES

DENOMINAÇÃO DADA, na legislação brasileira, às alianças eleitorais entre partidos que visam alcançar, assim, o maior número de postos em uma eleição proporcional ou o melhor resultado em um escrutínio majoritário.

Até a Lei Orgânica dos Partidos – lei n.º 5.682, de 21 de julho de 1971 – falava-se, no Brasil, em alianças. Assim, o art. 101 do Decreto n.º 21.076, de 24 de fevereiro de 1932, nosso primeiro Código Eleitoral (v. CÓDIGO ELEITORAL DE 1932), no art. 101, b ("os partidos e as alianças do partido..."); a lei n.º 48, de 4 de março de 1935 (v. CÓDIGO ELEITORAL DE 1932 MODIFICAÇÕES – LEI N.º 48, DE 4 DE MARÇO DE 1935), em seu art. 167, § 4º; no Decreto-Lei n.º 7.586, de 28 de maio de 1945; e nas Instruções expedidas em 30 de junho de 1946 pelo Tribunal Superior Eleitoral, que assim dispunham, em seu art. 8º: "Considera-se aliança de partidos o acordo entre dois ou mais partidos para apresentação à eleição da mesma ou das mesmas candidaturas."

Em nossa Quarta República, iniciada no final de 1945, a proliferação de alianças de partidos – um dos pontos mais importantes, salienta Maria do Carmo Campello de Souza, a destacar nos diagnósticos da crise político-institucional brasileira – foi entendida, pela maior parte dos analistas, como "uma espécie de perversidade do sistema partidário, como sinal de seu artificialismo e de sua congênita inorganicidade". (Souza, Maria do Carmo Campello de. *Estados e partidos políticos no Brasil (1930 a 1964)*. São Paulo: Alfa-Ômega, 1983, p. 154)

Assim, por exemplo, entendia Nelson Sampaio, ao analisar as eleições de 1962, na Bahia. A prática das coligações era, segundo ele, permitida pela Justiça

Eleitoral apesar "de ir de encontro do verdadeiro espírito de representação proporcional, que pressupõe partidos de conteúdo ideológico e programas diferentes, para que não haja duplicações e não deixem de ser correntes de ideias para converter-se em simples aglomeração de pessoas". Sob esse aspecto, continuava Sampaio, "poder-se-ia sustentar a inconstitucionalidade de tais alianças, pois que a Constituição pretenderia a representação proporcional dos matizes mais relevantes da opinião pública". (Sampaio, Nelson. "As eleições de outubro de 1962 – Bahia". In: Cavalcanti, Themistocles e Dubnic, Reisky (Coord.). *Comportamento eleitoral no Brasil*. Rio de Janeiro: FGV, 1964, p. 17)

Mas esse entendimento foi rebatido por Gláucio Ary Dillon Soares, para quem o aumento de alianças não refletiria irracionalidade ou inexistência de estruturação no comportamento das organizações partidárias mas, exatamente, o oposto: revelaria "uma crescente racionalização daquele comportamento em face das normas institucionais então vigentes e de seu embasamento socioeconômico". (Soares, Gláucio A.D. *Sociedade e política no Brasil.*, São Paulo: Difel, 1974, cit. por Souza, Maria do Carmo Campello de, ob. cit., p. 154)

Em 1979, a lei n.º 6.767, de 20 de dezembro, veio dar nova redação à Lei Orgânica dos Partidos e proibiu, às agremiações, "fazer coligações com outros partidos para as eleições à Câmara dos Deputados, às Assembleias Legislativas e Câmaras Municipais". O objetivo do inciso, segundo Pinto Ferreira, foi o de forçar uma divisão de votos na área oposicionista, em dispositivo voltado contra o MDB. (Ferreira, Pinto. *Comentários à Lei Orgânica dos Partidos*. São Paulo: Saraiva, 1993, p. 63)

Novas alterações na Lei Orgânica – pelas Leis n.º 7.664/88, art. 8º e 7.773/89, art. 5º) vieram facultar a dois ou mais partidos coligarem-se para registro de candidatos comuns às eleições tanto majoritárias como proporcionais.

COMISSÃO DOS CINCO

Sobre a Comissão dos Cinco, no processo de verificação e reconhecimento dos poderes, no Brasil (v. Verificação e Reconhecimento dos Poderes), há um texto curioso de José Vieira em livro que ele disse ser "o registro desapaixonado dos sucessos da Câmara", durante a sessão legislativa de 1909:

"A entrega dos diplomas fatigou os candidatos e, mais ainda, os secretários; como viria depois a nomeação dos cinco, que devia ser feita pelo presidente, a Assembleia inteira impôs-se um pouco de energia e fitou-o calada. Carlos Peixoto escolhera decerto anteriormente os cinco deputados que viriam receber e verificar a legalidade dos diplomas. Dramatizou, porém, a escolha; pousou os grandes olhos nos colegas, passeou-os pelas bancadas, demorada, reflexivamente. Afinal, firmou-se na curul e nomeou: Galeão Carvalhal, de São Paulo; Cassiano do Nascimento, do Rio Grande do Sul, mas líder governista na sessão passada; Júlio de Melo, de Pernambuco; Bueno de Paiva, de Minas; Barbosa Lima, da Capital Federal, e Gonçalo Souto, do Ceará. Imediatamente, libertando-se do espanto geral, encerrou a sessão. Os cinco escolhidos passaram a possuir, para alguns candidatos, qualidade sobre-humanas. Embora a saída se fizesse apressadamente, aqueles que os encontravam lhe davam parabéns, com apertos de mão e abraços apertadíssimos. Até Barbosa Lima, um dos menos esperados, pois divergia da política do Catete meses antes e tivera rejeitadas, por determinação e como vingança da mesma política, as mais patrióticas, as melhores de suas emendas aos orçamentos, até o candidato do Distrito Federal sentiu nos seus ombros magros a pressão, o contentamento, o entusiasmo dos abraços (...) Barbosa Lima se reconciliara, nas férias, com a política do presidente. Frequentara a Carlos Peixoto na sua tão procurada república das Laranjeiras e consentia em ser orador oficial na tão estrondosa manifestação que Carlos Peixoto recebera quando regressou de Minas. No entanto, apesar da reconciliação, apesar de ter a prova de serem já recíprocas as simpatias entre Governo e Barbosa Lima, os candidatos temiam da integridade e da combatividade dele. Por isso abraçavam-no, os do Sul, os do Norte, quantos o viam. Um amigo, vendo-o caminhar para a primeira reunião, pegou-lhe no braço: 'Pois não é que estão pegando no bico da chaleira do Barbosa.'

Barbosa continuou a marcha. Um sorriso de ironia quebrava-lhe a temível severidade..." (In: Vieira, José. *A candeia velha, memória da Câmara dos Deputados*. Brasília/Rio de Janeiro: Senado Federal/Casa Rui Barbosa-Mec, 1980, p. 57)

COMPROMISSÁRIO

Segundo os dicionários, aquele que se vincula a um compromisso, ou que serve de árbitro. Na legislação eleitoral, a expressão foi empregada para indicar, nas eleições indiretas, aquele designado, pelo votante de 1º grau, para proceder a uma nova escolha.

No Brasil, o termo foi usado apenas uma vez, nas instruções trazidas pelo Decreto de 7 de março de 1821 que, copiando a Constituição de Cadiz (v. Constituição de Cadiz), regulava a designação de deputados às Cortes de Lisboa (v. Cortes de Lisboa). Segundo o art. 41 daquelas instruções, a assembleia paroquial indicava "à pluralidade de votos, 11 compromissários", que deveriam nomear o eleitor paroquial. A expressão original, na Constituição de Cadiz, foi camponisário, procurador.

CONDORCET, MARIE JEAN ANTOINE NICOLAS

Marquês de Caritat, nasceu na Picardia, França, em 17 de setembro de 1743. Ainda com 16 anos, sua maestria na análise matemática encontrou o reconhecimento de D'Alembert e de Clairante.

Aos 22 anos, compôs um tratado de cálculo integral. A filosofia e a literatura logo o atraíram. Tornou-se membro da Academia de Ciências em 1769.

Amigo de D'Alembert, de Voltaire e de Tourgot, escreveu, sob a influência deste último, a carta de um trabalhador da Picardia a M. Necker, em defesa do livre comércio do milho. Foi induzido por D'Alembert a tomar parte ativa na preparação da Enciclopédia. Publicou, em 1773, *Elogios dos acadêmicos da Academia Real das Ciências mortos desde 1666 a 1669*.

Ingressou na Academia Francesa em 1782. Em 1785 concluiu um trabalho sobre aplicação da matemática à teoria das probabilidades das decisões judiciais, publicando-a, em 2ª edição, em 1804, sob o título de *Elementos de cálculo das probabilidades e sua aplicação aos jogos de azar, à loteria e aos julgamentos dos homens*, reservando seu lugar na história da doutrina das probabilidades. Em 1786 publicou a *Vida de Tourgot*, e, em 1787, a *Vida de Voltaire*.

Com a Revolução, aplaudiu com o entusiasmo o que considerou o advento da democracia, elegendo-se membro da municipalidade de Paris e, depois, representante dos parisienses na Assembleia, aparecendo mais em escritos do que na tribuna.

Logo desfechou críticas aos textos legais aprovados e denunciou a prisão dos girondinos, tendo sido declarado fora da lei. Escondido em casa de madame Vernot, escreveu sua última obra, *Esboço de um quadro histórico dos progressos do espírito humano*. Saindo de seu refúgio, foi logo detido e faleceu na prisão.

Condorcet, apoiando-se parcialmente em Borda (v. BORDA), fez diversas propostas de sistema eleitoral, entendendo-o como "um procedimento de acercar-se da verdade, que se há de ler da vontade da maioria", de forma tal, segundo Nohlen, que a técnica de situar em relação proporcional mútua os candidatos segundo os votos graduados que sobre ele recaírem, ao tempo que servia completamente ao estabelecimento da maioria, sob as premissas do cálculo de probabilidades, estabeleceu uma relação positiva entre o grau da maioria e o acercamento à verdade. (In: Nohlen, Dieter. *Sistemas electorales del mundo*. Madri: Centro de Estudios Constitucionales, 1981)

"No momento em que a nação francesa – escreveu ele – vai se dar uma Constituição, a análise dos diversos modos de eleger, que se podem escolher, e dos resultados que eles devem produzir, merece, sem dúvida, ocupar os amigos da pátria. Isso vai decidir se seremos governados pela razão ou pela intriga, pela vontade de todos ou pela de um pequeno número, se a liberdade será tranquila ou se ela se transviará em penosas agitações." (Condorcet. *Oeuvres*. Paris, Garat et Cabanis, ano IX, t. XIII, p. 239 e t. XVIII, p. 29 (*Fragments sur les éléctions*) citado por Bonnefoy, Gaston. *La représentation proportionnelle*. Paris: Marchal & Billard, 1902, p. 217)

Em seu *Plan de Constitution présenté à la Convention Nationale les 15 et 16 Février 1793, An II de la République*, Condorcet havia proposto o voto único para a escolha de jurados pelo escrutínio de lista, cada votante não podendo indicar senão um só candidato: "Cada votante assinará seu boletim e não indicará senão um só indivíduo, qualquer que seja o número de jurados que sua assembleia primária deva designar."

E em outro título, sobre a organização das assembleias primárias, sugeriu o voto limitado: "Cada votante não indicará senão duas pessoas em seu boletim, qualquer que seja o número de membros que deve formar a junta." (In: Bonnefoy, Gaston, ob. cit., p. 217-218)

CONSELHEIRO

NUNCA SE distinguiu bem, na crônica do Império no Brasil, entre Conselheiro e Conselheiro de Estado.

O primeiro, ensina José Honório Rodrigues, era "um título, uma graça honorífica, e o segundo indica uma função pública, um cargo, um membro integrante de um colegiado remunerado. O primeiro era uma distinção com que o Imperador honrava uma pessoa, quase sempre pertencente aos meios profissionais, liberais, enquanto o segundo era um tratamento, e não um título". O primeiro título era fartamente distribuído "para premiar a capacidade intelectual, para distinguir o mérito profissional, liberal, a magistrados, professores, escritores". (Rodrigues, José Honório. *Atas do Conselho de Estado*. Brasília: Senado Federal,

1973, p. XXII) O segundo, de Conselheiro de Estado, se reservava àqueles que compunham os Conselhos (v. CONSELHO DE PROCURADORES GERAIS DAS PROVÍNCIAS DO BRASIL).

CONSELHO DE PROCURADORES GERAIS DAS PROVÍNCIAS DO BRASIL

FOI CRIADO por Decreto de 16 de fevereiro de 1822, pelo Príncipe Regente, D. Pedro. Dizendo ele que, desejando, "para utilidade geral do Reino Unido e particular do bom povo do Brasil, ir de antemão dispondo e arraigando o sistema constitucional, que ele merece, e Eu Jurei de dar-lhe, formando desde já um centro de meios e de fins, com que melhor se sustente e defenda a integridade e liberdade deste fertilíssimo e grandioso país", convocava o Conselho, para que representasse as Províncias, "interinamente, nomeando aquelas que têm até quatro deputados em Cortes, um; as que têm de quatro até oito, dois; e as outras daqui para cima, três".

O processo de eleição dos procuradores seguia o da Constituição de Cadiz (v. CONSTITUIÇÃO DE CADIZ), mas abreviado: os procuradores seriam nomeados "pelos eleitores de paróquia juntos nas cabeças de comarca".

Na eleição dos deputados às Cortes de Lisboa, esses eleitores de paróquia se reuniriam, também, na cabeça da Comarca, mas para nomear o eleitor ou eleitores que haveriam de concorrer à capital da Província, para elegerem, ali, os deputados.

Quatro foram as experiências de Conselhos de Procuradores ou de Estado, no século XIX, no Brasil. Foram, no entanto, pouco estudados, até o esforço coordenado por José Honório Rodrigues, e que resultou na publicação, em 1973, de suas atas. (*Atas do Conselho de Estado*, Direção, introdução histórica e bibliográfica de José Honório Rodrigues, 13 v., Brasília: Senado Federal, 1973)

O primeiro Conselho, o velho Conselho de Estado português, foi transplantado para o Brasil com a família real portuguesa e funcionou aqui até 1821, "com os mesmos conselheiros, com uma ou outra substituição que a morte provocaria". (*Atas...*, ob. cit., v. I, p. XLI e XLII).

O segundo, criado pelo Príncipe Regente em 16 de fevereiro de 1822, foi extinto por Decreto legislativo da Assembleia Constituinte, como se lê na Ata da reunião de 20 de outubro de 1823, ao Imperador. O terceiro criado por D. Pedro I, um dia após a dissolução da Assembleia Constituinte, por Decreto de 13 de novembro de 1823, seria extinto pelo Ato Adicional, de agosto de 1834. Finalmente, o quarto Conselho foi instituído pela lei n.º 234, de 23 de novembro de 1841 e somente iria ser dissolvida com o advento da República.

Só o segundo Conselho teria os seus membros eleitos. O mais interessante no Decreto que o constituiu foi a adoção do que os anglo-saxões denominariam, depois, de *recall* (v. RECALL), a possibilidade do chamamento de volta do eleito, por seus eleitores: caso os Procuradores não desempenhassem "devidamente suas obrigações", dois terços da Câmara, "em vereação geral e extraordinária", poderiam substituí-los.

O curto tempo de existência do Conselho – sua primeira sessão foi em 2 de junho de 1822; a última, de que documentação, foi em abril de 1823 – não permitiu se deflagrasse o mecanismo de troca, próprio do mandato imperativo, que faz dos eleitos comissários meros executores da vontade dos votantes.

CONSIDÉRANT, VICTOR

Francês, nascido em Salins, Jura, em 1893. Redator chefe da *Phalange* e da *Democratie pacifique*, publicou *Destinée sociale* (1834-1838), *Débacle de la politique* (1836), *Manifeste de l'école societaire* (1891), *Exposition du système de Fourier* (1845), *Principes du socialisme* (1847), *Théorie du Droit de Proprieté et du Droit au Travail* (1848) e *Le Socialismo devant le viex monde* (1848).

Eleito, em 1848, representante à Constituinte e, depois, à legislatura ordinária, tomou parte na insurreição de junho de 1849 e foi condenado à deportação. Refugiado na Bélgica, viajou, em 1853, aos EUA com intenção de criar, no Texas, uma comunidade societária. Após nova estada na Bélgica, retornou à América, onde fundou um falanstério que a guerra da Secessão arruinaria.

Em livro publicado em 1846, *A sinceridade do governo representativo*, Considérant expôs, pioneiramente, um sistema eleitoral proporcional, que denominou de livre concorrência de listas ou de lista livre.

Assim ele resumia seu sistema: Os eleitores, em um número que a lei fixasse, teriam direito a abrir uma seção eleitoral e a redigir um programa, devendo esse programa ser reconhecido e publicado oficialmente; os eleitores depositariam, depois, em uma urna, uma cédula na qual iria escrito unicamente o número da seção por que optaram, com o que ficavam determinadas as forças de que cada partido dispunha, tendo cada partido direito a um número de representantes proporcional ao das adesões. Em uma segunda votação, porque a primeira implicava unicamente na adesão a um partido ou programa, cada eleitor poderia votar em tantos candidatos quantos correspondessem a sua seção ou partido, depositando, para esse efeito, uma cédula que conteria o número de sua seção. Se houvessem sido sufragadas diversas candidaturas pelos aderentes de um mesmo partido, seriam eleitos os que houvessem obtido o maior número de votos.

A proposta de Considérant foi largamente difundida, apoiada por Morin, Baily, Studer, Naville, Gonin, Lutscher, até que foi acolhida pela Associação Reformista de Genebra, nas seguintes bases: 1º) Os partidos livremente formados propõem suas listas de candidatos, a fim de que cada lista obtenha um número de deputados proporcional ao número de votos que houver obtido; 2º) A eleição deve fazer-se por Colégios, aos quais se atribua um número determinado de representantes; 3º) As listas formadas segundo o item 1º deverão conter, alinhados por ordem alfabética, um número de nomes de candidatos igual ao de representantes que lhe seja dado eleger na circunscrição e serão apresentados por 30 eleitores ao presidente da eleição, antes de esta começar; 4º) O eleitor depositará na urna uma cédula contendo o número de ordem ou denominação da lista que prefira e a lista de candidatos cujo número será igual ou inferior a dois terços do número de deputados que devam ser eleitos no colégio; 5º) O escrutínio deverá ser realizado da seguinte maneira: as urnas não serão abertas senão reunindo todas as correspondentes a um colégio; contar-se-á o número de cédulas válidas; o número de cédulas, dividido pelo de deputados que cabe eleger, produz o quociente eleitoral ou cifra de repartição; conta-se o número de votos obtido por cada lista, calculado pelo número de cédulas que levam o número, letra, cor ou denominação correspondente; as cédulas correspondentes a cada lista se reúnem em blocos separados para o escrutínio; a cada lista se atribuirá um número de deputados proporcional ao número de votos obtidos pela mesma; este número se determinará dividindo-se o número de votos obtidos por cada lista pela cifra de repartição; se a repartição produzir frações, os deputados que restem por eleger se distribuirão entre as listas, dando-se à fração mais alta o primeiro deputado, à seguinte o segundo e assim sucessivamente; se duas listas tiverem a mesma fração, atribuir-se-á o lugar ao que tenha o maior número de votos e se esses forem iguais, se decidirá pela sorte; 6º) Uma vez realizado o escrutínio, se proclamará o número de cédulas válidas, a cifra de repartição (quociente), o número de votos obtidos por cada lista e o número de deputados que corresponda a cada uma das listas que tenham direito à representação; 7º) Para designar individualmente os candidatos eleitos, basta substituir a ordem alfabética pela qual se alinharam os nomes de cada lista pela ordem de maioria de votação, e assinalar os primeiros como eleitos até o número que corresponda à lista; se houver dúvidas na ordem, por haverem obtido dois ou mais número de votos, se decidirá por idade; 8º) Nos casos de eleição de um deputado por diversas listas, ou distintos colégios, assim como nos casos de não admissão, afastamento ou renúncia, ocupar-se-á a vaga com o candidato imediatamente seguinte da mesma lista. (*Enciclopedia universal ilustrada europeo-americana*, Bilbao/Madri/Barcelona, Espasa-Calpe, s.d., p. 1.015)

CONSTITUIÇÃO DE CADIZ

APROVADA, EM 1812, na Espanha, depois dos anos de domínio napoleônico. Teria sido elaborada sob influência da Constituição francesa de 1791. "Nossos Solons de Cadiz (...) produziram uma cópia da Constituição francesa de 1791", comentaria o Marquês de Miraflores (In: Alecrim, Otacílio. *Ideias e instituições do Império*. Rio de Janeiro: Instituto de Estudos Políticos, 1953, p. 28)

O texto aprovado resultou, segundo alguns analistas, de um compromisso entre liberais e absolutistas, favorável aos primeiros em razão da situação política de então. O compromisso parece claro quando se compara a organização liberal do Estado, estabelecida na Carta, com o reconhecimento total dos direitos da religião católica, que foi o ponto central dos absolutistas (Tura, Jordi Solé e Aja, Eliseo. *Constituciones y períodos constituyentes en Espana (1808-1936)*. Madri: Siglo Veintiuno Editores, 1985)

Portugueses, italianos, romenos, noruegueses, belgas, russos e brasileiros – lembrará Alecrim – receberam seu influxo. Em Nápoles, a apelidarão de la Pepa. O Brasil, por um dia, verá em vigor seu texto, jurado por D. João VI, em abril de 1821. Portugal a terá em 1820. Motins populares em Lisboa farão com que la Pepa seja jurada para o país; em razão de outro motim, ela foi revogada, menos, entre outros pontos, quanto ao sistema de eleições.

O quadro eleitoral esboçado pela Constituição era complexo. Para a eleição dos deputados das Cortes, elegiam-se juntas eleitorais de paróquia, que elegeriam juntas de partido, que elegeriam juntas de província que elegeriam, afinal, os deputados. Era o seguinte o teor dos principais artigos sobre a formação das Cortes:

"Art. 27 – As Cortes são a reunião de todos os deputados que representam a nação, nomeados pelos cidadãos na forma que se indicará.

Art. 28 – A base da representação nacional é a mesma em ambos os hemisférios.

(…)

Art. 31 – Haverá um deputado às Cortes por 70 mil indivíduos pertencentes à população, determinada nos termos do art. 29.

(…)

Art. 34 – Para a eleição dos deputados às Cortes realizar-se-ão juntas eleitorais de paróquia, de partido e de província.

Art. 35 – As juntas eleitorais de paróquia compor-se-ão de todos os cidadãos avizinhados e residentes no território da paróquia respectiva.

(…)

Art. 38 – Por 200 vizinhos as juntas de paróquia nomearão um eleitor paroquial.

(…)

Art. 41 – A junta paroquial elegerá, pela pluralidade de votos, 11 procuradores (camposinários) incumbidos de nomear o eleitor paroquial.

(…)

Art. 45 – Para ser nomeado eleitor paroquial é preciso ser cidadão, maior de 25 anos, domiciliado e residente na paróquia.

(…)

Art. 59 – As juntas eleitorais de partido serão compostas pelos eleitores paroquiais, os quais se reunirão na sede de cada partido a fim de nomearem o eleitor ou eleitores que hão de participar, na capital da Província, da eleição dos deputados às Cortes.

(…)

Art. 63 – O número de eleitores de partido será o triplo do número de deputados a eleger.

(…)

Art. 75 – Para ser eleitor de comarca é preciso ser cidadão no exercício de seus direitos, maior de 25 anos e domiciliado e residente na comarca, seja do estado secular ou do eclesiástico secular. A eleição pode recair em cidadãos pertencentes ou não à assembleia.

(…)

Art. 78 – As Assembleias Eleitorais de Província serão compostas pelos eleitores de todos os seus partidosas, os quais se reunião na capital a fim de nomearem os respectivos deputados às Cortes como representantes da nação.

(…)

Art. 91 – Para ser deputado às Cortes é preciso ser cidadão no exercício de seus direitos, maior de 25 anos, e nascido na província ou nela domiciliado com residência, pelo menos, há sete anos, seja do estado secular ou do eclesiástico secular. A eleição pode recair em cidadãos pertencentes ou não à Assembleia.

Art. 92 – É ainda preciso para ser eleito deputado às Cortes ter um rendimento anual bastante proveniente de bens próprios.

(…)

Art. 95 – Os secretários do despacho, os conselheiros de Estado e os que tenham empregos na casa real não poderão ser eleitos deputados às Cortes.

Art. 106 – As sessões das Cortes em cada ano durarão três meses consecutivos, com início no primeiro dia do mês de março.

(…)

Art. 108 – Os deputados serão renovados na sua totalidade de dois em dois anos.

(...)
Art. 110 – Os deputados não poderão voltar a ser eleitos, a não ser mediante outro mandato.
(...)
Art. 128 – Os deputados serão invioláveis pelas suas opiniões e não poderão ser arguidos por causa delas, em nenhum tempo ou circunstância ou perante qualquer autoridade. Nas causas criminais que contra eles forem intentadas não poderão ser julgados senão pelo Tribunal de Cortes nos termos prescritos pelo regimento destas. Durante as sessões das Cortes e um mês depois, os deputados não poderão ser demandados civilmente nem executados por dívidas.

Art. 129 – Enquanto durar o seu mandato, contado desde o dia em que a nomeação constar da deputação permanente das Cortes, não poderão os deputados aceitar para si ou solicitar para outrem emprego provido pelo rei, nem qualquer promoção que não seja de escala na respectiva carreira.

Art. 130 – Do mesmo modo não poderão os deputados, durante o tempo do seu mandato e um ano depois do último ato das suas funções, obter para si ou solicitar para outrem pensão ou condecoração atribuída pelo rei." (In: Miranda, Jorge. *Textos históricos do Direito Constitucional*. Lisboa: Imprensa Nacional/Casa da Moeda, 1980, p. 110 e sgs.)

Convocadas, em Portugal, em 1820, as Cortes de Lisboa, determinou-se, por decreto de D. João VI, de 7 de março de 1821, a eleição, "no Reino do Brasil e domínios ultramarinos", de deputados àquelas Cortes, na forma de instruções que, "para o mesmo efeito, foram adotadas no Reino de Portugal".

Essas instruções seguiram o modelo de Cadiz, com pequenas alterações. Na tradução portuguesa, por exemplo, as juntas eleitorais de paróquia se transformam em "de freguesia"; as de partido em "de comarcas".

Mas a cópia é, quase sempre, fiel ao texto espanhol, repetindo os itens do modelo de Cadiz, desde a fixação de datas para os atos eleitorais até a exigência da "assistência do pároco, para maior solenidade dos atos". Dezenove, no entanto, são as disposições adicionais, a maior parte negando aplicação a certos artigos, como, por exemplo, os de n.os 33, 37, 61, 80, 83 e 92. Uma dessas adições, ao art. 47, dispunha que "onde não houvesse casa do Conselho, ou se esta não for suficiente, a igreja será o lugar destinado à celebração dessas Assembleias".

Maria Beatriz Nizza da Silva indica que não houve oposição, no Brasil, à cópia do modelo espanhol para nossas eleições de 1822. Somente uma voz discordante se ouviu, no periódico *O Bem da Ordem*, reclamando algumas condições para a representação política:

"...os redatores da excelente Constituição do novo Reino da Holanda estabeleceram um termo, além do qual não poderiam concorrer nas Assembleias eletivas senão os que soubessem ler e escrever. Todas estas precauções, que são filhas da experiência, e que têm por abonadores muitos séculos, desde que se começaram a tomar na Grécia até o ano de 1817, em que foi feita aquela última Constituição, fazem ver quanto é necessário desviar das Assembleias eletivas primárias homens que não sabem o fim para que se ajuntam, nem as circunstâncias que devem concorrer nos eleitores.

Isto posto, quanto mais se pensa na utilidade que resulta de medidas tão sabiamente e desde tão longo tempo adotadas, tanto mais se admira que escapasse esse princípio regulador do bom acerto das eleições democráticas aos redatores da Constituição política da monarquia espanhola, feita pela Corte extraordinária de 1812..." (In: Silva, Maria Beatriz Nizza da. *Formas de representação política na época da Independência, 1820-1823*. Brasília: Câmara dos Deputados, 1987, p. 63-64)

COPO

EM LÍNGUA espanhola, um dos significados do verbo *copar* é o de obter, em uma eleição, todos os postos em disputa. *Ir ao copo* é, então, para a maioria, preencher todos os postos em disputa.

Isso é, o mais das vezes, conseguido em um sistema majoritário, de listas e, mesmo, no sistema de voto incompleto ou limitado (v. VOTO LIMITADO) quando, ao se pretender reservar certo espaço à minoria, a maioria, disciplinada, pratica o que se chama, no Brasil, de rodízio (v. RODÍZIO).

Como se sabe, no voto limitado, cabe ao eleitor indicar um número menor de candidatos que o total de vagas a preencher. Mas, por vezes, a maioria, maliciosamente, lança um maior número de candidatos e divide cuidadosamente seus votos, anulando a possibilidade de que a minoria alcance qualquer vaga. No caso brasileiro, o artifício foi explicado por Assis Brasil: "Repetirei, aqui, o que é tão sabido dos cabalistas. Admitamos que, em distrito que tenha de dar três deputados, a minoria disponha de 100 eleitores; vou provar que nem será preciso que a maioria tenha dois terços desse número, isto é, 200, para burlar inteiramente a representação da minoria. Sejam, pois, 153 apenas os eleitores da maioria, que apresentará por seus candidatos, em vez de dois nomes, como lhe competia, os três a quem chamaremos A, B e C. Em seguida, a maioria dividirá em três grupos a sua gente, cada um de 51 eleitores e, respeitando a letra da lei, que coíbe a votação em mais de dois nomes, fará votar cada grupo pela seguinte ordem: 1º grupo em A e C; 2º grupo, em C e B; 3º grupo, em B e A. É fácil verificar que cada candidato foi votado por dois grupos de 51 eleitores, o que deu a cada um 102 votos. Ora, a minoria só dispõe de 100 votos, o que quer dizer que o seu candidato mais votado não alcançará a eleição, visto que os três candidatos da maioria excedem esse número. Eis aí simples maioria fazendo unanimidade, e tudo sem violência, nem fraude, a não ser a autorizada pela própria lei." (Brasil, J.F. de Assis. *Democracia Representativa*. Rio de Janeiro: Leuzinger & Filhos, 1893, p. 155 e sgs.)

CORTES DE LISBOA

CONVOCADAS, EM Portugal, as Cortes de Lisboa, por Decreto de D. João VI, de 7 de março de 1821, determinou-se a eleição, "no Reino do Brasil e domínios ultramarinos", de deputados àquelas Cortes, na forma de instruções "que, para o mesmo efeito, foram adotadas no Reino de Portugal".

A origem dessas Cortes se vincula ao domínio godo na Espanha. Antes, havia a reunião dos Concílios, assembleias que tinham por fim aconselhar os reis, "pôr peias ao despotismo e promulgar leis". As Cortes, que reuniam o clero, a nobreza e o povo, tinham, de ordinário, funções somente consultivas. Em casos raros, no entanto, podiam ter voto deliberativo, necessitando suas resoluções, porém, de confirmação régia para que adquirissem força normativa.

Em Portugal, onde ficaram famosas as primeiras Cortes de Lamego e de Leiria (1254), as últimas reuniões haviam se efetuado no século XVII, no reinado de Pedro II, em 1698.

Segundo o art. 31 das instruções que acompanhavam o Decreto de março de 1821, e que seguiam o modelo da Constituição de Cadiz (v. CONSTITUIÇÃO DE CADIZ), "toda a povoação composta de 70 mil almas" teria um deputado às Cortes.

Em aditamento a esse artigo, as instruções aprovadas pelo Decreto firmado por D. João VI determinam: para que a nação portuguesa goze de uma representação que preencha cabalmente o seu destino, cumpre que o número de deputados não desça de 100; haverá, pois, para cada 30 mil almas um deputado.

O censo demográfico de 1808 indicava, para nosso país, uma população livre de 2.323.386 habitantes; o que deveria corresponder a um total de 76 representantes. Tendo de ser desprezadas as frações em cada Província, estabeleceu-se que o Brasil teria, somente, 72 deputados às cortes.

O número de deputados afinal eleitos – e dos que chegaram, efetivamente, à capital portuguesa – é muitas vezes apresentado com incorreções.

Em nota a livro de Varnhagen, editado pelo Instituto Histórico e Geográfico Brasileiro (Varnhagen, F.A. de. *História da independência do Brasil*. São Paulo: Melhoramentos, 5ª ed., 1962, p. 60), Rio Branco diz que a relação apresentada por aquele autor "contém vários erros, e o mesmo direi de todas as que anteriormente foram publicadas em outras obras". Mas Rio Branco não chega a corrigi-la; com sua morte, a comissão designada pelo Instituto listou os deputados eleitos, que somariam 68. Desses, não mais de 50 chegaram a Lisboa; e somente 16 assinaram, em 23 de setembro de 1823, o texto final ali aprovado.

D. Pedro expediu ordens para que as eleições se realizassem nas Províncias do sul – Rio de Janeiro, São Paulo, Minas –, mais ligadas a seu governo. Por instruções diretas de Lisboa é que as Províncias do norte – Bahia, Maranhão e Pará – escolheram seus representantes.

Outras Províncias, espontaneamente, sem aguardar instruções expressas, realizaram as eleições. A representação do Espírito Santo e um dos deputados de Goiás não conseguiram assento nas Cortes; gaúchos e mineiros não se dispuseram a ir a Portugal. A bancada mineira, em sua totalidade (dois se achavam, já, em Lisboa), dirigiu uma representação ao governo Provisório da Província, dizendo da conveniência de permanecer no Brasil, adiando seu comparecimento às Cortes "para melhor oportunidade política". (Sena, Nelson Coelho de. "Participação dos deputados brasileiros nas Cortes Portuguesas de 1821", in: *Livro do centenário da Câmara de Deputados (1826-1926)*. Rio de Janeiro: Emp. Brasileira Editora, 1926, p. 47) Uma carta do Príncipe Regente explicou ao Governo de D. João VI que os representantes de Minas "não iriam ocupar seus lugares na Assembleia de Lisboa sem que conhecessem as determinações definitivas da Constituinte portuguesa a respeito do Brasil".

As Cortes consideraram "acintosa" essa ausência e insistiram para que os dois deputados, que se encontravam em Lisboa, José Eloy Ottoni e F. de Pereira Duarte, tomassem assento ali. Seus diplomas, entretanto, não foram remetidos do Brasil. (Sena, Nelson Coelho, ob. cit., p. 48)

A representação de São Paulo foi a única que seguiu com instruções precisas de seu corpo votante.

Ouviram-se as Câmaras Municipais, perguntando-se-lhes "de suas conveniências locais" e quais eram "a seu parecer, as providências úteis ao Brasil e as apropriadas a cimentarem a união do reino americano com a metrópole". (Carvalho, M.E. Gomes de. *Os deputados brasileiros nas Cortes de 1821*. Brasília: Senado Federal, 1979, p. 129)

Com as respostas, foi redigido um documento que, em sua primeira parte, tratava, entre outros itens, da integridade e indivisibilidade do reino-unido, da igualdade dos direitos políticos e civis; depois, eram considerados os "negócios do Reino do Brasil" e se dizia da conveniência de que se estabelecesse "um governo geral executivo para o Reino do Brasil", a cujo governo central estivessem sujeitos os governos provinciais, "determinando-se os limites dessa subordinação". A catequização e civilização geral e progressiva dos índios bravos, a melhoria da sorte dos escravos, "favorecendo a sua emancipação gradual e conversão de homens imorais e brutos em cidadãos ativos e virtuosos", a absoluta necessidade de escolas de primeiras letras, de "bons catecismos para leitura e ensino dos meninos", de ginásios ou colégios e, até, de uma universidade, foram outros pontos abordados.

No que se refere ao sistema eleitoral, sugeriu-se: "6º – Pois que a constituição tem um corpo para querer ou legislar, outro para obrar e executar, e outro para aplicar as leis ou julgar, parece ser preciso vigiar estes três poderes, a fim de que nenhum faça invasões no território do outro, que haja um corpo de censores, de certo número de membros eleitos pela nação do mesmo modo que os deputados em Cortes, cujas atribuições serão: 1º conhecer qualquer ato dos três poderes que seja inconstitucional, cujo juízo final se faça perante um órgão jurado nacional, que será nomeado pelo corpo de censores em número igual dentre os deputados de Cortes, conselheiros de Estado e do Tribunal Supremo de Justiça; 2º verificar as eleições dos deputados em cortes antes que entrem em função; 3º fazer o mesmo a respeito dos conselheiros de Estado, cujo conselho será composto de membros nomeados pelas juntas eleitorais de Província, depois das eleições dos deputados, nomeando pelo menos cada Província, segundo a sua povoação, um conselheiro de Estado, que servirão por certo tempo, e renovar-se-ão por metade ou terço tirados à sorte. Esses conselheiros serão nomeados em número igual pelo reino de Portugal e Estados ultramarinos, seja qualquer a povoação atual ou futura dos Estados da União". (In: Moraes, Mello. *História do Brasil-Reino e do Brasil-Império*. Belo Horizonte: Itatiaia/Usp, 1985, t. I, p. 215)

Para a eleição dos deputados seguiu-se o complexo processo, em quatro graus, previsto pela Constituição de Cadiz para designação dos "deputados de Cortes".

Celebrar-se-iam, segundo seus Capítulos II e III, "juntas electorales de paroquia, de partido e de províncias"; as primeiras se comporiam "de todos os cidadãos avizinhados e residentes no território da paróquia respectiva, entre os que se compreendem os eclesiásticos seculares"; a junta paroquial elegeria "a pluralidade de votos, 11 compromissários, para que estes nomeiem o eleitor paroquial": as "juntas electorales de partido" se comporiam dos eleitores paroquiais que nomeariam "o eleitor ou eleitores" que concorreriam à capital da província para eleger os deputados de Cortes.

Na tradução portuguesa, no art. 34 das Instruções que acompanharam o Decreto de 7 de março de 1821, as juntas eleitorais de paróquia se transformam em "de freguesia"; as de partido em "de comarcas".

Mas a cópia, depois, é fiel ao texto espanhol e fala de "juntas ou assembleias paroquiais". A transcrição enumera, a seguir, todos os itens do modelo de Cadiz, desde a fixação das datas – o primeiro domingo de dezembro, 15 meses antes da celebração das Cortes, para as juntas de paróquia; o primeiro domingo do mês de novembro do ano anterior ao que houverem de celebrar as cortes, para as juntas de Comarca; o primeiro domingo do mês de dezembro do anterior às Cortes, para a junta de Província – até a "assistência do pároco, para maior solenidade dos atos". Dezenove são as disposições adicionais ao Título III da Constituição de Cadiz, a maior parte delas não dando aplicação a certos artigos. Uma dessas adições, ao art. 47, dispunha que "aonde não houver casa do Conselho, ou esta não for suficiente, a igreja será o lugar destinado à celebração dessas Assembleias".

CRISTIANIZAÇÃO

A TRAIÇÃO de um partido a seu candidato. A expressão surgiu nas eleições de 3 de outubro de 1950, com o abandono, pelo PSD – Partido Social Democrático –, de seu candidato, Cristiano Machado, e o apoio a Getúlio Vargas.

Como explicou um analista, "constituiu manobra política de envergadura e grande profundidade (…) Os dirigentes do PSD, os já naquele tempo considerados "as velhas raposas", homologaram a candidatura Cristiano Machado, na realidade partindo do seguinte princípio: Vargas fora afastado do governo por um movimento militar, que conservava, apesar de cinco anos depois, feridas não cicatrizadas. A vitória de Vargas nas urnas era fato indiscutível, assunto consumado pelos principais dirigentes do PSD. Mas sua posse, eis aí uma das contradições constantes da política brasileira, não merecia o mesmo raciocínio. 'As raposas do PSD' chegaram à conclusão de que, para assegurar a volta de Vargas ao poder, indispensável seria que obtivesse estrondoso triunfo nas urnas, capaz de impossibilitar qualquer ação contra sua nova investidura no governo. Assim, surgiu a candidatura Cristiano Machado, líder católico, destinada a dividir os votos antivarguistas e possibilitar a Getúlio abrir uma frente de votos – como na verdade sucedeu – que anestesiasse os setores militares que lhe eram contrários, inibindo qualquer rebeldia antieleitoral". (Couto, Francisco Pedro do. *O voto e o povo*. Rio de Janeiro: Civilização Brasileira, 1966, p. 47-48)

Getúlio Vargas obteve, no pleito, 48,7% da votação, contra 29,7% do candidato udenista, o brigadeiro Eduardo Gomes e apenas 21,5% de Cristiano.

CROSS-OVER

FENÔMENO POR vezes detectado nas eleições presidenciais dos EUA, nas chamadas "primárias abertas".

Nessas reuniões de partido, para designação dos delegados que escolherão os candidatos (v. PRIMÁRIAS), permite-se a participação de "independentes" ou de quem não declare publicamente sua preferência partidária. Um democrata, então, poderá votar em uma primária republicana e sufragar um nome que julgue seja mais facilmente derrotado pelo candidato democrata.

Diz-se que, em 1980, Ronaldo Reagan, postulante republicano, se beneficiou largamente, por esse meio, do apoio de eleitores democratas conservadores.

CUNHAS

Assim se denominavam, no Império, as nulidades, junto a nomes de peso, nas listas tríplices para escolha, pelo monarca, dos senadores. Procurava-se, desse modo, constranger D. Pedro II a certas designações. Mas, como conta Capistrano de Abreu, às vezes "o imperador escolhia a cunha, com grande gáudio das galerias". (Abreu, José Capistrano de. *Ensaios e Estudos*. Rio de Janeiro: Liv. Briguiet, 3ª série, 1938, p. 119)

CURRAL

Recinto destinado, nas cidades, a hospedar, alimentar e recrear o eleitorado do campo, trazido por uma das facções políticas. Nesses alojamentos, os eleitores são mantidos incomunicáveis, até a hora da votação, pretendendo-se, com isso, impedir, entre outras influências, a troca de cédulas pelos cabos eleitorais oposicionistas.

Como explica Ruy Santos (*Memórias de um leguleio*, Brasília, s/ed., 1978, p. 132) "o eleitor chamado de cabresto era trazido do meio rural em caminhões e enjaulado numa casa. Era o curral, como se chamava. Dali, ele só sairia à hora da votação, levando no bolso a cédula que colocaria no envelope recebido na mesa eleitoral. Quando era eleitor em que o chefe não tinha confiança plena, um cabo eleitoral o acompanharia até a sala; é que, apesar da proibição legal, a troca da cédula em volta do prédio em que funcionava a seção era intensa".

Em outras regiões do país, como Minas Gerais, se denomina quartel. (V. Cavalcanti, Themistocles Brandão, e outros. *O voto distrital no Brasil*. Rio de Janeiro: Fundação Getulio Vargas, 1975, p. 210. E, ainda, Carvalho, Orlando M. de. *Ensaios de sociologia eleitoral*. Belo Horizonte: Ed. da Revista Bras. de Estudos Políticos, 1958, p. 47)

As providências trazidas pelo Código Eleitoral de 1950 (v. Código Eleitoral de 1950) para proteger o sigilo do voto – a exigência de sobrecartas oficiais e do isolamento do eleitor em cabines – mostraram-se, segundo Edgard Costa, deficientes em razão do uso da cédula individual de votação: "O voto, notadamente nas cidades do interior, era controlado pelos cabos eleitorais, através dos chamados viveiros ou currais, como eram denominadas as concentrações de eleitores que, a pretexto de prestar-lhes assistência, faziam os partidos no dia do pleito, visando, porém, a impor-lhes o uso de determinada cédula, despojando-os de quaisquer outras, através de manobras várias, numa verdadeira coação moral." (Costa, Edgard. *A legislação eleitoral brasileira*. Rio de Janeiro: Deptº de Imprensa Nacional, 1964, p. 324)

O art. 66 da lei n.º 2.550, de 25 de julho de 1955, que veio alterar dispositivos do Código Eleitoral de 1950, pretendeu coibir essa prática criminosa, assim dispondo: "É vedado promover, no dia da eleição, com o fim de impedir, embaraçar ou fraudar o exercício do sufrágio, a concentração de eleitores sob qualquer forma, e o fornecimento gratuito de alimento e transporte coletivo."

Esses currais, quartéis ou viveiros lembram o *ovile* – em latim, curral de ovelhas, redil, aprisco – ou *saepta*, da Roma antiga, recinto fechado com estacas ou tábuas, onde se distribuíam os cidadãos nas assembleias, em razão das cúrias, centúrias ou tribos a que pertencessem. Davam acesso ao *ovile* ou *saepta*, a pons, passagem estreita. Mas, no caso romano, a reunião dos votantes nesses recintos, ao impedir que votassem mais de uma vez, visava, também, protegê-los do assédio dos candidatos e de seus asseclas.

D

DEGOLA

TERMO QUE indicava, na Primeira República, no Brasil, a não aprovação, e a consequente não diplomação, pelas comissões de reconhecimento do Senado e da Câmara de Deputados, de candidatos que a opinião pública julgava eleitos. Não existindo, ainda, a Justiça Eleitoral, que somente seria criada, no país, pelo Código Eleitoral de 1932 (v. CÓDIGO ELEITORAL DE 1932), o julgamento das eleições, no fundo e na forma, e o reconhecimento dos eleitos, era entregue às próprias assembleias (v. VERIFICAÇÃO E RECONHECIMENTO DOS PODERES).

A expressão *degola*, em verdade, foi uma transposição da sangrenta realidade política do Rio Grande do Sul para o quadro, mais ameno, da fraude no reconhecimento dos diplomas no Congresso.

Nos pampas, as características da luta entre republicanos e federalistas – com os deslocamentos frequentes das milícias, os movimentos rápidos de cavalaria, sem tropas estacionadas – não permitiriam o aprisionamento duradouro, ou mesmo seguro, do inimigo. O que levou, então, à prática brutal do que se denominou, também, de gravata colorada, em razão do lenço vermelho que era o emblema dos federalistas.

Conta-se que, das 10 mil vítimas da Revolução de 1893, no Rio Grande do Sul, pelo menos mil foram degolados. E o método, como informava Alfred Jacques, "requeria ciência": "O gaúcho velho explicava minúcias, ensinava o processo e concluía: *Hay dos maneras de degollar un cristiano, a la brasileira* (dois talhinhos seccionando as carótidas) ou *a la criola* (de orelha a orelha)." (Jacques, Alfred. *Os provisórios*. Porto Alegre: Globo, 1938, p. 83)

Mas antes mesmo do início da revolução já se praticava a degola, como o prova o grave comunicado ao presidente Floriano Peixoto do general João Teles, enviado ao Rio Grande do Sul: "V. Exª não faz ideia dos horrores que se têm praticado; os assassinatos são em número muito elevado, pois já por toda a parte se degolam homens, mulheres e crianças, como se fossem cordeiros." (In: Reverbel, Carlos. *Maragatos e pica-paus*. Porto Alegre: L&PM, 1985, p. 18)

A degola, no Parlamento, representava a etapa final do processo de aniquilamento das oposições. Começava-se pela fraude na eleição, pelos arranjos do alistamento, pela pressão oficial sobre os votantes; depois, pelos arranjos na apuração, com as atas falsificadas; e, afinal, o simulacro da verificação dos poderes, no que se chamou, também, de "terceiro escrutínio" (v. TERCEIRO ESCRUTÍNIO).

Um depoimento de Frederico Mindello dá notícia desse processo: "O reconhecimento de 1915 foi o último que, no Senado, Pinheiro Machado dirigiu. Dois degolamentos execrandos o assinaram. A 4 de junho, em votação nominal que Rui Barbosa requereu, José Bezerra, eleito e diplomado senador por

Pernambuco, foi degolado e reconhecido por Rosa e Silva. Na sessão de 7 de junho, ainda sob o protesto de Rui Barbosa, um esbulho maior se consumava. Ubaldino Amaral havia sido eleito e diplomado senador pelo Pará, com 14.507 votos. Seu competidor, Xavier da Silva, conseguiu apenas 4.559 votos... Ubaldino foi degolado e Xavier reconhecido." (In: *Anais da Semana Comemorativa da Revolução de 1930*. Brasília: Câmara dos Deputados, 1984, p. 260)

DIREITO ELEITORAL

PARA K. Braunias (*Das parlamentarische Wahlercht Ein Handbuch Über die Bildung der Gesetzgebender Koperschaften in Europa*. Berlim/Leipzig, 1932) há um Direito Eleitoral em sentido amplo e um Direito Eleitoral em sentido estrito.

No primeiro caso, é "o conjunto de normas jurídicas que regulam a eleição de órgãos". Este conceito, segundo Dieter Nohlen "abarca todas as regulações jurídico-positivas e todas as convenções, desde as candidaturas até a verificação da eleição.

Desde o ponto de vista do Direito Eleitoral em sentido amplo é correto considerar as questões do sistema eleitoral como questões jurídicas eleitorais, pois que não há dúvida de que se trata de regulações que se hão de determinar de modo legal". (Nohlen, Dieter. *Sistemas electorales del mundo*. Madri: Centro de Estudios Constitucionales, 1981, p. 54)

O conceito estrito de Direito Eleitoral envolve unicamente aquelas determinações legais que dizem respeito "ao direito do indivíduo a influir na designação dos órgãos". E, assim, ainda segundo Nohlen, concerne ao direito de sufrágio e se limita, em seu conteúdo, a estabelecer as condições jurídicas da participação das pessoas na eleição e da configuração deste direito de participação. O Direito Eleitoral, em sentido estrito, assinala, em concreto, quem é eleitor e quem é elegível e trata de determinar, além disso, se o direito de sufrágio é ou não universal, igual, direto e secreto. Com isso, o conceito estrito de Direito Eleitoral se remete a postulados e questões jurídicas que, no geral, têm um caráter jurídico-constitucional. (Nohlen, Dieter, ob. cit., p. 54)

DIRETAS JÁ

NA PRIMEIRA sessão legislativa do ano de 1983, o deputado por Mato Grosso, Dante de Oliveira, apresentava a Proposta de Emenda à Constituição, que tomou o n° 5/93, e em que dispunha: "Os arts. 74 e 148 da Constituição Federal, revogados seus respectivos parágrafos, passarão a viger com a seguinte redação: Art. 74. O presidente e o vice-presidente da República serão eleitos, simultaneamente, entre os brasileiros maiores de 35 anos e no exercício dos direitos políticos, por sufrágio universal e voto direto e secreto, por um período de cinco anos. Parágrafo Único. A eleição do presidente e vice-presidente da República realizar-se-á no dia 15 de novembro do ano que anteceder ao término do mandato presidencial. Art. 148. O sufrágio é universal e o voto é direto e secreto; os partidos políticos terão representação proporcional, total ou parcial, na forma que a lei estabelecer."

Desde abril de 1964, já haviam sido realizadas cinco eleições indiretas para o cargo de presidente: três, inicialmente, pelo Congresso Nacional, e as duas últimas pelo Colégio Eleitoral (v. ELEIÇÕES PRESIDENCIAIS NO BRASIL).

Na justificativa de sua Emenda, que foi assinada por 176 deputados e por 24 senadores, disse Dante de Oliveira que o que buscava era "restaurar a tradição da eleição direta, através do voto popular, tradição esta profundamente arraigada não apenas no Direito Constitucional brasileiro como também nas aspirações do nosso povo". E que "a legitimidade do mandato surge límpida, incontestada, se sua autoridade for delegação expressa da maioria do eleitorado".

A proposta logo recebeu o nome de "Emenda Dante de Oliveira" e foi uma das poucas vezes em que um projeto, ou a norma dele decorrente, recebeu o nome de seu autor. Recorde-se, no Império, a lei de 1881, defendida pelo presidente do Conselho de Ministros, José Antônio Saraiva (v. Lei Saraiva), a Lei Rosa e Silva, na Primeira República (v. Lei Rosa e Silva) e, mais recentemente, as Leis Etelvino Lins (trazendo a proibição da oferta de alimentos e transporte a eleitores) e Afonso Arinos, sobre a discriminação racial.

Depois, foi a partir da Emenda que todo o país se convulsionou em favor das eleições diretas: em janeiro de 1984, cerca de 300 mil pessoas se reuniram em comício em São Paulo; três meses depois, um milhão, no Rio de Janeiro. E em todas as capitais o povo pedia que a sucessão do presidente João Batista de Figueiredo se fizesse pelo voto popular.

Mas a Emenda não conseguiu a aprovação na Câmara. Seriam necessários dois terços dos votos – eram 479 os deputados – e esse montante não foi alcançado na sessão de 25 de abril de 1984, pois votaram a favor da Emenda, 298, 65 foram contrários e três se abstiveram. Cento e treze não compareceram. Por 22 votos a Emenda não foi vitoriosa.

A eleição que se seguiu, embora ainda pelo Colégio Eleitoral, recebeu, como se fosse direta, o calor popular e elegeu-se o oposicionista Tancredo Neves, findando o regime militar.

DISTRITO
(v. Circunscrição)

DUPLICATA

Assim se denominava, no Brasil, na Primeira República, a cópia, a mais, das chamadas "autênticas" (v. Autênticas) – as atas das eleições –, recebidas pelas Juntas de Apuração, mostrando graves divergências nos pleitos e um escrutínio, à parte, feito por um grupo concorrente.

O primeiro texto legal a falar em duplicata foi o Decreto n.º 1.668, de 7 de fevereiro de 1894, que aprovou as Instruções para a eleição de presidente e vice-presidente e consolidou as disposições vigentes quanto às eleições federais.

Segundo o § 6º do art. 18 daquelas Instruções, à junta apuradora caberia "somente somar os votos consistentes das autênticas", devendo, ainda, mencionar na ata qualquer dúvida que tivesse a respeito da organização de alguma mesa da seção eleitoral, bem como, e expressamente, os votos obtidos pelos candidatos naquela seção.

Mas, dizia-se no § 7º: "Em caso de duplicata, deverá a junta apurar somente os votos dados na eleição que tiver sido feita no lugar previamente determinado."

Com a Política dos Estados (v. Política dos Estados e Guilhotina Montenegro), promovida por Campos Sales, esclareceu-se, ainda mais, a política a ser seguida pelos órgãos verificadores com relação à duplicata: com uma nova redação dada ao art. 4º do Regimento da Câmara dos Deputados, passou-se a se entender como "diploma legítimo o documento que tiver sido expedido pela maioria da junta apuradora".

A lei eleitoral mais importante do período, de n.º 1.260, de 15 de novembro de 1904 – mais conhecida como Lei Rosa e Silva (v. LEI ROSA E SILVA) –, dispunha, mais detalhadamente: "Art. 99 – No caso de duplicata, a junta observará as seguintes disposições: I. Preferirá a autêntica da eleição realizada no lugar previamente designado; II. Se ambas as eleições forem feitas no mesmo local, preferirá a que tiver sido realizada perante a mesa legalmente formada; III. Faltando à junta base para verificar as hipóteses previstas nos números anteriores, deixará de apurar as duplicatas, mencionando na ata a ocorrência, e as remeterá ao poder verificador."

DUVERGER, MAURICE

NASCEU EM Angouleme, França, em 5 de junho de 1917. Colunista do *Le Monde*, professor de Sociologia Política da Universidade de Paris, eleito em 1989 para o Parlamento europeu. Autor de obras como *Les partis politiques* (1951), *De la Dictature* (1961), *La Sixieme Republique et le régime présidentiel* (1961), *Janus, des deux faces de l'Occident* (1972) e *Sociologie de la Politique* (1973).

Em Duverger, uma paixão de infância foram os insetos. A partir dos 13 anos, passava as férias a caçar besouros, a nomeá-los, classificá-los, a etiquetá-los, "com grande cuidado, de maneira rigorosa, científica". (Duverger, Maurice. *L'autre côté des choses*. Paris: Albin Michel, 1977)

Encontraria, depois, no Direito, "a segurança das classificações zoológicas". Mas as tipologias de Linné e Cuvier exprimiriam mais ou menos a ordem de aparição das espécies através dos milênios; e, desse ponto de vista, seriam naturais. Os quadros jurídicos, ao contrário, seriam construções artificiais do homem, introduzindo na sociedade uma ordem desejada por ele e podendo se tornar em maravilhoso instrumento de justificação da ordem existente.

Segundo Duverger, o Direito, bem ensinado, dá uma formação equilibrada, ao mesmo tempo racional e realista. Mas sob a condição de que não seja puramente jurídica porque, então, se teria a tendência de "confundir a ordem jurídica e a ordem das coisas".

No prefácio à 6ª edição de sua obra *Direito Constitucional e instituições políticas*, diz ele que o espírito geral do livro, editado pela primeira vez em 1947, era o mesmo: recolocar os problemas jurídicos e constitucionais sobre sua infraestrutura política e social, que os aclara e explica.

Só que, em 1945, essa tendência era castigada pelos programas oficiais, a expressão "ciência política" fazendo sorrir: o autor deveria, então, para seu grande pesar e a fim de que o livro pudesse ser utilizado pelos estudantes, deixar em segundo plano desenvolvimentos que considerava essenciais. Mas os programas mudaram, a reforma abriu à Ciência Política as portas das Faculdades de Direito, determinando que se ligassem intimamente o Direito Constitucional e as Instituições Políticas. Poder-se-ia, a partir de então, descrever a realidade tal como ela é, desembaraçada dos falsos problemas e questões que a encobriam.

A formação jurídica de Duverger (curiosamente, autor de uma tese sobre *L'affectation des immeubles dominiaux aux Services Publiques*, em 1940) lhe valerá, somente, para obter, dos colegas, indulgência para seu progressivo deslizar para a ciência política – que eles verão sempre como um "divertimento". Não lhe ocorrerá, por exemplo, em nenhum instante, considerar a natureza jurídica dos partidos.

Considerou Duverger a teoria dos partidos como sua "contribuição essencial à ciência política". Um dos pontos mais destacados de sua obra foi seu estudo da influência dos sistemas eleitorais sobre o número, a estrutura e a dependência recíproca dos partidos políticos.

Indicou ele, aí, o que – como lembraria em livro de memórias – mais se aproximaria de leis sociológicas, proposições que, em sua versão final, assim rezavam: "1º – A representação proporcional tende a um sistema de partidos múltiplos, rígidos e independentes; 2º – O escrutínio majoritário em dois turnos, a um sistema de partidos múltiplos, flexíveis e independentes; 3º – O escrutínio majoritário em um só turno, ao dualismo dos partidos." (Duverger, M. *L'influence des systèmes électoraux sur la vie politique*. Paris: Armand Colin, 1950, p. 13)

Depois de advertir que essas fórmulas não exprimiam senão "aproximações grosseiras", Duverger lembra que, à primeira vista, a tendência do regime majoritário, em um só turno, ao *two parties system*, parece o mais estabelecido, atuando, para isso, através de um fator mecânico e de um fator psicológico. O primeiro consistiria na "sub-representação" do terceiro partido, sua porcentagem de cadeiras sendo inferior a sua porcentagem de votos. O segundo seria devido ao fato de que, no caso de um tripartidismo funcionando em regime majoritário de um só turno, os eleitores logo compreenderiam que seus votos são perdidos se continuam a privilegiar o terceiro partido; daí sua tendência natural a sufragar o menos indicado de seus adversários, a fim de evitar o sucesso do pior.

Com relação às críticas sobre a indicação de que a representação proporcional tende a multiplicar o número de partidos políticos, Duverger mostra que o primeiro efeito da proporcionalidade é manter uma multiplicidade de partidos existentes. O segundo efeito é favorecer o seccionamento dos partidos.

Ao contrário do que sucede no regime majoritário, o escrutínio proporcional impede que as facções divergentes sejam esmagadas por seus rivais. Esse efeito, no entanto, seria limitado, a tendência multiplicadora da proporcionalidade se manifestando menos pela divisão dos partidos antigos que pela criação de novos.

Mais difícil de precisar, as consequências exatas do segundo turno em um escrutínio majoritário. Mas, para Duverger, teoricamente, parece que a existência de um segundo turno favorece a multiplicação dos partidos, o fracionamento das tendências vizinhas não chegando a atingir a sua representação global, pois que elas podem sempre se reagrupar quando da *ballotage* (v. BALLOTAGE).

Outras proposições de Duverger – que não alcançaram a repercussão daquelas sobre os sistemas eleitorais e número de partidos – envolveram a influência dos sistemas sobre as variações da opinião.

Resumiu ele assim essa influência: "1º – A representação proporcional é insensível às variações de opiniões tradicionais e muito sensível à aparição de correntes novas, mesmo provisórias e fracas; 2º – O escrutínio majoritário em um só turno é muito sensível às variações de opiniões tradicionais, mas insensível às correntes novas, a menos que estas sejam possantes e duráveis; 3º – O escrutínio majoritário em dois turnos é relativamente pouco sensível, tanto às variações de opiniões tradicionais quanto à manifestação de correntes novas."

Duverger adverte mais uma vez que essas fórmulas traduzem somente tendências gerais de base, suscetíveis de ser profundamente modificadas pela ação de outros fatores: elas comportariam, então, numerosas exceções. (Duverger, M., ob. cit., p. 47)

Com uma obra original, que tantos caminhos abririam no estudo não só dos partidos como dos sistemas eleitorais, Duverger foi alvo de críticas ásperas, sem consideração a seus expressos avisos – que não visaram, evidentemente, obter a comiseração de seus analistas – sobre o caráter meramente suposto de todo seu esforço teórico.

Exemplo disso foi o tão conhecido artigo de Aaron B. Wildavski, então Diretor do Departamento de Ciência Política da Universidade da Califórnia. Para Wildawski, incorreções metodológicas teriam impedido que Duverger conseguisse, entre outros, seu declarado objetivo de apresentar uma teoria geral dos partidos. Pois seu procedimento para atingir e justificar proposições básicas teria sido marcado por quatro "impressionantes falácias": uma falácia "historicista", uma falácia "mística"; uma falácia do "e consequentemente"; e uma falácia "da solidez mal aplicada".

Numa, limitar-se-ia a liberdade de análise, em razão de compromisso com uma visão evolutivo-determinista de que existiriam, nas diversas culturas, forças comuns a operar, e cuja ação as conduziriam, inevitavelmente, às mesmas experiências históricas; outra designaria a imposição, sobre os fatos a estudar, de convicções pessoais acerca de que certos fenômenos seriam "naturais"; outra seria um engodo, tornando imune à crítica, ou ao desmentido, uma análise abstrata simplesmente por atribuir a "outros fatores da situação" todas as discrepâncias entre o esquema hipotético e a observação real; finalmente, a última se referiria a circunstâncias nas quais os julgamentos finais seriam dúbios, por não se ter admitido o que está sendo deixado ao lado da análise e por se pressupor que as conclusões se aplicam antes à situação complexa, como esta realmente é, do que a relações entre uns poucos elementos dentro dela. A maior parte dessas falácias se referiria ao problema de explicar o grande número de exceções em relação às proposições de Duverger. A falha do autor não estaria na incapacidade de justificar tais exceções (tarefa na qual, para Wildawski, ele seria "muito criativo"), mas na utilização de métodos de análise que abrissem lugar a tantas exceções. (Wildawski, Aaron B. "Uma crítica metodológica a livro de Duverger". In: *The Journal of Politics*, v. 21, n.º 2, p. 303-318, maio. 1959)

E

EFEITO DEFERRE

É COMO se denomina, na França, a divisão política dos distritos eleitorais, levando a distorções como o *gerrymandering* americano (v. GERRYMANDERING).

Gaston Deferre, ministro do Interior em 1983, procedeu a uma divisão de Marseille em *arrondissements* (v. ARRONDISSEMENT) de modo tão hábil que, com 2.600 votos de maioria, o candidato Jean Claude Gaudin perdeu a chefia da administração municipal.

ELEIÇÃO

MUITOS DISTINGUEM entre eleição – quando o corpo eleitoral, em sua totalidade ou em certas circunscrições, designa representantes – e votação – quando o corpo eleitoral exerce, diretamente, a soberania. A eleição se procederia, então, em toda a parte onde governantes são designados pelo sufrágio; a votação seria um procedimento que tem lugar na democracia direta ou semidireta.

A ciência política moderna tem encarado a eleição como "um modo de agregar preferências de uma espécie particular", como "forma de procedimento reconhecido por regras de uma organização, segundo a qual todos ou alguns dos seus membros escolhem um número menor de pessoas ou uma pessoa para assumir um posto de autoridade na organização". (Mackenzie, W.J.M. *Elections, International Encyclopedia of the Social Science*, The Macmillan Company & The Free Press, v. 5, p. 2)

Tenta-se, assim, como adverte Mackenzie, englobar o procedimento formal e o significado social, ambos regra e escolha. Marcar uma cédula e depositá-la não é eleger, a não ser que o ator escolha, em um sentido socialmente significativo.

Na Grécia antiga, uma primeira distinção, como ensinou Barker, deveria ser feita entre a eleição, propriamente dita, a *hairesis*, e o emprego do sorteio, ou o apelo à sorte, *kleros*.

Os gregos consideravam a primeira como algo aristocrático, entendendo que a *hairesis* significava a escolha dos melhores, dos *aristoi*. O uso do sorteio era, então, muito mais comum nas cidades gregas, pelo menos quando eram democracias. (Barker, Ernest. "Eleições no mundo antigo". In: *Diógenes*. Brasília: Edit. Unb, n.º 2, 1982, p. 27-36)

Ainda na Grécia, foi documentada a primeira forma de eleição por aclamação (v. ACLAMAÇÃO), quando eram escolhidos, no regime implantado por Licurgo, em Esparta, os senadores: os candidatos atravessavam, de cabeça baixa, sem pronunciar palavras, um anfiteatro onde se reunia o povo, que os recebia com aprovação ou desaprovação. Em um recinto fechado, ao lado, sem serem vistos e sem que vissem a multidão, um grupo de jurados media o rumor dos aplausos ou apupos e apontava os vencedores.

O sistema de aclamação foi, ainda, utilizado na Inglaterra, até o *Ballot Act*, de 1872.

E também o foi, no Brasil, a partir de 1822, conforme a Decisão n.º 57, de 19 de junho daquele ano, nas assembleias para a escolha dos eleitores de paróquia.

Foi costume empregar, em certas eleições, favas, brancas e pretas. Era eleito o que reunisse o maior número de favas brancas (v. FAVAS CONTADAS).

E se utilizou, também, o escrutínio por bolas. No Parlamento espanhol, por exemplo, foi esse o processo de votação empregado para certos julgamentos. Segundo o art. 141, do Regulamento de 14 de fevereiro de 1838, "o escrutínio por bolas servirá para qualquer votação em que se qualifiquem os atos ou conduta de alguma pessoa ou pessoas". O deputado recebia, então, duas bolas, uma branca e uma negra, e depositava em uma urna, a bola branca, se aprovava, ou a negra, em caso de reprovação, pondo, em outra urna, a bola que não havia utilizado. (Gil-Robles, José Maria e Perez-Serrano, Nicolas. *Diccionario de terminos electorales y parlamentarios*. Madri: Taurus, 1977, p. 33-34)

Mas, em todos os sistemas eleitorais, foi se generalizando o uso de cédulas, depositadas em urnas, o que iria permitir um melhor controle dos votantes e uma mais perfeita aferição dos resultados.

ELEIÇÕES – FUNÇÕES

SEGUNDO RESUMO de Dieter Nohlen, em *Sistemas electorales del mundo* (Centro de Estudios Constitucionales, Madri, 1981, p. 32-33), as eleições podem cumprir as seguintes funções:

a) Legitimação do sistema político e de governo de um partido ou de uma coalizão de partidos (Luhmann, Niklas. *Legitimation durch Verfahren*. Berlim: Neuwied, 1969. Tradução portuguesa: *Legitimação pelo procedimento*. Brasília: Unb, 1980; v. Meyer, H. *Wahlsystem und Verfassungsordnung*. Frankfurt/M. 1973, p. 194 e sgs.);

b) Transferência de confiança a pessoas e partidos (v. Sternberger, D., Über Vorschlag und Wahl. In: Kaufmann, K., Kohl, H., Molt, P. *Kandidaturen zun Bundestag*. Colônia/Berlim, 1961; Hennis, W. *Grösse Koalition und kein Ende?* Munique, 1968, p. 52 e sgs.);

c) Recrutamento da elite política (Weber, M.; Schumpeter, J.A. *Kapitalismus, Sozialisimus und Demokratie*. Berna, 3ª ed., Munich, 1972. Tradução portuguesa: *Capitalismo, socialismo, democracia*. Rio de Janeiro: Fundo de Cultura, 1961);

d) Representação de opiniões e interesses da população eleitoral (Mill, J.S. *Considerations on representative government*. Londres, 1861. Tradução portuguesa: *Considerações sobre o governo representativo*. Brasília: Unb, 1980, v. Duverger, M. *Die politischen Parteien*. Tubinga, 1959, p. 379 e sgs. Tradução portuguesa: *Os partidos políticos*. Brasília: Unb, 1980);

e) Vinculação das instituições políticas com as preferências do eleitorado (Mackenzie, W.J.M. *Elections*. In: *I.E. Soc. Sci. 5*, Nova York, 1968, p. 1 e sgs.);

f) Mobilização do eleitorado em favor de valores sociais objetivos e programas políticos e interesses políticos de partido (Raschkle, J. *Mehrheitswahlrecht – Mittel zur Demokratisierung oder Formierung der Gesellschaft?* In: Steffani, W. (comp.) 1971, p. 191 e sgs.);

g) Elevação da consciência política da população por meio da aclaração de problemas e alternativas políticas (Raschke, J., ob. cit.);

h) Canalização de conflitos políticos por meio de procedimentos para conseguir sua solução pacífica (Luhmann, N., ob. cit.,1969);

i) Integração do pluralismo social e construção de uma vontade comum politicamente ativa (Smend, R. "Die politische Gewalt im Verfassungsstaat". In: Ibid. *Staatsrechtliche Abhandlungen.* Berlin. v. Heyl, A. v. *Wahlfreiheit und Wahlprüfung,*. Berlim, 1975, p. 133 e sgs.);

j) Introdução de uma luta competitiva pelo poder político (v. Schumpeter, ob. cit., p. 427 e sgs) sobre a base de programas objetivos alternativos;

k) Introdução de uma decisão sobre a direção do governo (v. Schumpeter, ob. cit., p. 433) sob a forma da criação de uma maioria parlamentar;

l) Estabelecimento de uma oposição capaz de controlar (v. Zillesen, (comp.) *Mehrheitswahlrecht? Beiträge zur Disckussion um die Anderung des Wahlrechts.* Berlim, 1967, p. 19 e sgs.; von Beyme, 1973, p. 469);

m) Preparação da mudança de titular do poder (Wildenmann, R., Kaltefleiter, W. e Schleth, U. *Auswirkungen von Wahlsystemen auf das Parteien – und Regierungssystem der Bundesrepublik.* In: Scheuch, E., Wildenmann, R., Colonia/ Opladen, 1965, p. 74 e sgs.).

ELEIÇÕES PRESIDENCIAIS

Quando os americanos do norte, na segunda metade do século XVIII, entregaram o Poder Executivo a um presidente, com mandato temporário, escolhido por todo o corpo de cidadãos, fizeram dessa escolha o ponto culminante do processo eleitoral.

A prevalência dos executivos nos Estados modernos, inclusive com a absorção do papel dos legislativos, e o fato, mesmo, de ser exercido por um só, faz atrair a maior atenção dos meios de comunicação para o presidente, cuja seleção é, então, o fato marcante de todo o processo político.

ELEIÇÕES PRESIDENCIAIS NO BRASIL

Na Primeira República – Instalada a República no Brasil, pelo movimento militar liderado por Deodoro da Fonseca, este, por Decreto de 3 de dezembro de 1989, constituiu comissão de cinco membros para elaborar o projeto da futura Constituição.

Pelo projeto, a eleição do presidente far-se-ia, como no modelo americano, em um sistema indireto, com eleitores em número duplo da representação de cada Estado à Câmara e ao Senado. Seriam, então, ao tempo, 550 eleitores presidenciais, votando em colégios eleitorais, em duas urnas, um dos candidatos devendo ser filho de outro Estado.

A chamada Comissão dos 21, composta na Constituinte, com um representante de cada Estado e do Distrito Federal, preferiu outro método: o presidente e o vice seriam eleitos pelos Estados, mas não por Colégios Eleitorais; em cada unidade da nova Federação far-se-ia uma eleição direta para escolha dos candidatos, do que resultaria, em cada uma, apenas um voto para o presidente e o vice. A maioria absoluta, em cada Estado, é que indicaria os vitoriosos; caso não se alcançasse essa maioria, o Congresso escolheria o vencedor, entre os três mais votados.

A esses dois modelos, a Constituinte preferiu um terceiro, o da escolha direta por todo o eleitorado. O art. 47 da primeira Constituição republicana assim dispôs: "O presidente e o vice-presidente da República serão eleitos por sufrágio direto da nação, e maioria absoluta de votos. § 1º – A eleição terá lugar no dia 1º de março do último período presidencial, procedendo-se na Capital Federal e nas capitais dos Estados a apuração dos votos recebidos nas respectivas circunscrições. O Congresso fará a apuração na sua primeira sessão do ano, com qualquer número de membros presentes. § 2º – Se nenhum dos votados houver alcançado maioria absoluta, um, dentre os que tiverem alcançado as duas votações mais elevadas, na eleição direta. Em caso de empate, considerar-se-á eleito o mais velho."

O quadro das eleições presidenciais na Primeira República mostra que, embora prevista na Constituição, em nenhuma oportunidade foi necessária a participação do Congresso em um segundo turno. Das 11 escolhas diretas, somente quatro – as de 1910, 1919, 1922 e 1930 – envolveram uma efetiva disputa. E mesmo nessas ocasiões, os vencedores – Hermes da Fonseca, Epitácio Pessoa, Arthur Bernardes e Júlio Prestes – alcançaram, respectivamente, 64%, 71%, 59% e 59% dos votos.

Uma segunda constatação é a da dispersão, miúda, de votos, em nomes que não entravam, a rigor, na competição. Na verdade, não previa a legislação o registro de qualquer candidatura. Os partidos não detinham, como no presente, o monopólio da representação e podiam os eleitores lembrar e indicar, como o desejassem, os vultos mais conhecidos da política. Rui Barbosa, por exemplo, é votado em todas as eleições até sua morte, em 1923, embora somente por duas vezes – em 1910, contra Hermes e em 1919, contra Epitácio – se apresentasse efetivamente como candidato. J.J. Seabra, a partir de 1902, e Assis Brasil, a partir de 1906, são também sufragados em todos os pleitos. Até mesmo a Princesa Isabel recebe votos, em 1902 e em 1906.

A terceira constatação, tantas vezes ressaltada, é a do modo como os grandes Estados, São Paulo e Minas, puderam se revezar no comando presidencial. "Impérios Centrais, como costumava denominá-los a imprensa, seu poder econômico e demográfico não encontrou obstáculos ao rodízio que levou a que, em 11 escolhas diretas, São Paulo indicasse seis presidentes e Minas, três.

E as exceções, com Hermes da Fonseca, em 1910, e com Epitácio Pessoa, em 1919, se explicaram, no primeiro caso, pela obtusa insistência de Afonso Pena em ter como seu sucessor o também mineiro David Campista; e, no segundo, pela morte de Rodrigues Alves, que tornou descaracterístico o processo: afastada a candidatura do dirigente de São Paulo, Altino Arantes, Arthur Bernardes, que iniciava sua administração à frente do Estado de Minas, preferiu aguardar o próximo quadriênio presidencial que, efetivamente, conduziu.

Os resultados das eleições presidenciais na Primeira República, a primeira delas, indireta, prevista para o dia seguinte à promulgação da Constituição, procedendo-se, nos termos do art. 1º de suas Disposições Transitórias, pelo Congresso estão relacionados nos quadros das páginas seguintes.

NA SEGUNDA REPÚBLICA – Com a Revolução de 1930, assumiu o Poder Executivo, como chefe do Governo Provisório, Getúlio Vargas, que fora derrotado na eleição de 1º de março daquele ano.

Por Decreto de n.º 21.402, de 14 de maio de 1932, Vargas programou, para 3 de maio do ano seguinte, a realização de eleição para designação de uma Assembleia Constituinte e criou uma comissão, sob a presidência do ministro da Justiça e Negócios Interiores, incumbida de elaborar o anteprojeto da Constituição.

Eleição de 25 de fevereiro de 1891 (Indireta, pelo Congresso)

Para Presidente

Deodoro da Fonseca	129	Joaquim Saldanha Marinho	2
Prudente de Moraes	97	José Higino Duarte Pereira	1
Floriano Peixoto	3	Em branco	2

Para Vice-Presidente

Floriano Peixoto	153	Coronel Piragibe	5
Alte. Eduardo Wandenkolk	57	Almeida Barreto	4
Prudente de Moraes	12	Custódio José de Melo	1

Eleição de 1º de março de 1894

Para Presidente

Prudente de Moraes	276.583		
Afonso A. Moreira Pena	38.291	Venâncio Neiva	12
José Cesário de F. Alvim	3.719	Carlos Olimpio Ferraz	12
Rui Barbosa	3.718	Albino Gonçalves Meira	10
José Luiz de A. Couto	3.437	Manuel Prudente de M. Barros	9
Lauro Sodré	1.983	Alexandre J. Barbosa Lima	9
Gaspar da Silveira Martins	1.234	Francisco Portela	9
Visconde de Ouro Preto	373	Barão de Ladário	8
José Mariano da Cunha	207	Felisberto Gomes de Moura	8
Custódio José de Melo	178	Taumaturgo de Azevedo	8
José Paes de Carvalho	164	Gonçalves Lima	8
Paulino J. Soares de Souza	157	Inocêncio Serzedelo Corrêa	7
Manoel Vitorino Pereira	125	D. Augusto de Xaxe C. Gotha	7
José Antonio Saraiva	119	Lafaiete Rodrigues Pereira	6
F. Silviano de A. Brandão	116	Joaquim J.B. Montenegro	6
Floriano Peixoto	109	José de Morais Barros	6
José Maria Albuquerque Melo	38	Antonio J. de Macedo Soares	6
Domingos de A. Figueira	38	Augusto O. Gomes de Castro	5
Joaquim Saldanha Marinho	33	Luiz de França e Silva	5
F. Bernardino Rodrigues Silva	31	José C. da Silva Campolina	5
Américo G. Ribeiro da Luz	30	Carlos Pimenta de Laet	5
Luiz F. Saldanha da Gama	30	Joaquim Nabuco	5
Gumercindo Saraiva	20	Manoel P. de Oliveira Valadão	5
Barão de Lucena	18	Cupertino de M. Barroso	4
José Higino Duarte Pereira	17	Carlos Augusto de Figueiredo	4
Antonio Coelho Rodrigues	16	João Cordeiro	4
Cônego Xavier da Silva	16	Joaquim D. Ribeiro da Luz	4
Quintino Bocaiúva	15	Candido L. Maria de Oliveira	4

Ambrósio Machado	15	Frederico Guilherme de Lorena	4
José P. de Magalhães Calvet	14	João da Mata Machado	2
João Alfredo C. de Oliveira	13	E outros com um voto	
PARA VICE-PRESIDENTE			
Manoel Vitorino Pereira	249.638		
José L. de Almeida Couto	31.819	José Pais de Carvalho	2.467
Gaspar da Silveira Martins	21.160	E outros menos votados	

ELEIÇÃO DE 1º DE MARÇO DE 1898
PARA PRESIDENTE

M.F. de Campos Sales	420.286	Gaspar da Silveira Martins	5
Lauro Sodré	38.929	Claudio de Amaral Savaget	5
Julio P. Castilhos	621	Barão de Ladário	4
Dionisio E.C. Cerqueira	454	Benedito Pereira Leite	4
Gal. Quintino Bocaiúva	421	A. Oscar de A. Guimarães	4
Luiz Viana	382	Isidoro Martins Junior	4
Severino dos Santos Vieira	363	Inocêncio Galvão de Queiroz	4
Afonso A. Moreira Pena	169	José A. de Magalhães Castro	4
José Cesário de F. Alvim	93	José Paes de Carvalho	3
Rui Barbosa	52	Antonio Gonçalves Ferreira	3
Crispim J. Bias Fortes	52	Cesar Spínola Zama	3
Visconde de Ouro Preto	24	José Cândido Goulart	3
Fernando L. Leite Pereira	23	Diocleciano Martir	3
Artur Cesar Rios	22	Joaquim A. Nabuco de Araujo	2
Aristides Augusto Lilon	22	José Luiz Coelho e Campos	2
Augusto O. Gomes de Castro	21	Antonio P. Nogueira Acioli	2
Francisco de A. Rosa e Silva	21	Antonio A. da Gama Melo	2
Paulino J. Soares de Souza	16	A. José Barbosa Lima	2
Ovídio Abrantes	15	Custódio José de Melo	2
Joaquim Duarte Murtinho	12	Cicero Dantas Martins	2
José L. de Bulhões Jardim	12	Francisco Rangel Pestana	2
Ramiro Afonso Monteiro	10	Prudente J. de Morais Barros	2
F. de Paula F. e Costa	10	José Marcelino de Souza	2
Pandiá Calógeras	9	Pedro Luiz de Moura	2
Joaquim Corrêa de Araujo	8	Joaquim F. de Assis Brasil	2
Francisco N. Neri de Pádua	8	Manoel L. de Carvalho Ramos	2
Manoel Vitorino Pereira	6	Possidônio B. do Carmo	2
João Tomaz Cantuária	5	E outros com um voto	
PARA VICE-PRESIDENTE			
F. de A. Rosa e Silva	412.074		
Fernando Lobo L. Pereira	40.629	Quintino Bocaiúva	1.843
Luiz Viana	1.859	E outros menos votados	

Eleição de 1º de março de 1902
Para Presidente

F. Rodrigues Alves	592.039	F. Maria Sodré Pereira	14
Quintino Bocaiúva	42.542	F. Alvaro Bueno de Andrade	13
Ubaldino do A. Fontoura	5.371	Rodrigues Alves	13
Julio P. Castilhos	1.343	Cândido Barata Ribeiro	12
S. dos Santos Vieira	903	Francisco R. de Paula Alves	9
Prudente de Morais Barros	332	Carlos Vaz de Melo	9
Rui Barbosa	269	Benedito Crispiano de Souza	8
F. Silviano de A. Brandão	245	José Peregrino	7
José L. de Bulhões Jardim	234	José Inácio Tosta	7
Lauro Sodré	187	João Augusto Neiva	6
Francisco Antonio de Sales	175	Manoel F. de Campos Sales	6
Manoel Vitorino Pereira	149	Barão de São Francisco	5
Domingos de A. Figueira	148	Eduardo Wandenkolk	5
Dionísio E. de C. Cerqueira	136	Isabel a Redentora	5
José C. de Faria Alvim	112	João Gonçalves de Azevedo	4
F. de Paula O. Guimarães	103	José P. de Oliveira e Silva	4
Visconde de Ouro Preto	94	Silviano de Almeida Brandão	4
Justo Leite Chermont	93	Urbano Coelho de Gouvea	4
Joaquim Duarte Murtinho	81	J. Alfredo Correa de Oliveira	3
Luiz Viana	68	Edmundo A. Torres Cotrin	3
Domingos Rodrigues Alves	68	Honório de Souza Pacheco	3
J. Candido da Costa Sena	62	J. Gomes Ribeiro Machado	3
Antonio de Souza Dantas	55	J.M. Carvalho Muniz Freire	3
Adalberto Ferraz da Luz	50	Rodolfo Ernesto de Abreu	3
Vitor Leonardo Soledade	48	Fernando L. Leite Pereira	3
Afonso A. Moreira Pena	46	Antonio Trindade Meira	2
Francisco Portela	45	A. Vitorino Araujo Falcão	2
Deocleciano Pires Teixeira	40	A. Olinto dos Santos Pires	2
Américo Werneck	33	Barão de Ladário	2
C.T. Saião Lobato	28	Julio Melo Filho	2
Crispim Jacques Bias Fortes	28	Joaquim Xavier da Silveira	2
José Joaquim Seabra	25	João Calino Rato	2
Francisco Glicério	22	José Violante	2
Antonio Cândido da Rocha	22	José Marcelino Brito	2
Benedito Pereira Leite	22	Pedro Regalado E. Batista	2
A.O. de Andrade Guimarães	21	Luiz Remo	2
Camilo F. Prates	18	Wenceslau Braz P. Gomes	2
Artur Cesar Rios	18	Manoel P. de Oliveira Valadão	2
José Marcelino de Souza	17	E outros com um voto	

Para Vice-Presidente

F. Silviano A. Brandão	563.734		
Justo Leite Chermont	59.887	Julio P. de Castilho	884
Cândido Barata Ribeiro	1.791	E outros menos votados	

Eleição de 1º de março de 1906
Para Presidente

Afonso A. Moreira Pena	288.285		
Lauro Sodré	4.865	Lauro Muller	6
Rui Barbosa	207	Alvaro Machado	5
M.F. de Campos Sales	95	Francisco Glicério	5
Severino Vieira	78	Sebastião Fleury Curado	5
Bernardino de Campos	64	Virgilio de Lemos	4
Nilo Peçanha	61	Alfredo Varela	4
J.F. de Assis Brasil	59	Alexandre Barbosa Lima	4
F. de A. Rosa e Silva	47	Silvino Bezerra de Menezes	3
Nicolas Berafild	35	A. Eugênio de Almeida Maia	3
J.G. Pinheiro Machado	32	Carlos A. da Silva Leite	3
Francisco Pereira Passos	31	João Pinheiro da Silva	3
Domingos de A. Figueira	24	Crispim J. Bias Fortes	3
Luiz Viana	21	Domingos M. dos Santos Pena	3
José Joaquim Seabra	21	Francisco Antonio de Sales	3
Francisco Portela	21	J.L. Bulhões Jardim	3
Luiz Mendes de Morais	20	Francisco Herculano da Pena	3
Visconde de Ouro Preto	20	Francisco Antunes Maciel	3
Barão do Rio Branco	20	G. Von Dollinger	2
A. Celso de A. Figueiredo	13	José Luiz Coelho e Campos	2
Vicente M. da Silva Abreu	12	Quintino Bocaiúva	2
Antonio Prado	11	Luiz F. de Campos Braga	2
Daniel Moreira da Silva	10	Antonio Carneiro da Rocha	2
A.N.G. Pereira da Silva	10	A. Cesar Spínola Zama	2
A.P. Nogueira Acioli	9	Antônio Pereira Guimarães	2
Joaquim Inácio Tosta	8	Reinaldo Celestino	2
Jovino Lopes Carmona	7	José Virgílio de Paula	2
José Marcelino de Souza	6	Herculano de Freitas	2
Fernando L. Leite Pereira	6	Wanderico Pereira	2
Princesa Regente Isabel	6	E outros com um voto	

Para Vice-Presidente

Nilo Peçanha	272.529		
Alfredo Varela	618	F. de A. Rosa e Silva	207
Rui Barbosa	211	E outros menos votados	

Eleição de 1º de março de 1910
Para Presidente

Hermes R. da Fonseca	403.867	Américo Luz	
Rui Barbosa	222.822	M.F. de Campos Sales	
Wenceslau Braz	152	Feliciano de Abreu Sodré	
Alfredo Backer	147	Rosa e Silva	
Assis Brasil	59	Joaquim Ribeiro da Luz	
Barão do Rio Branco	46	Barbosa Lima	3
Rodrigues Alves	42	Irineu Machado	3
J.J. Seabra	24	Luiz de Bragança	3
Albuquerque Lins	23	José Bráulio Brito	3
Nilo Peçanha	22	José L. de Bulhões Jardim	2
Borges de Medeiros	15	Artur Bernardes	2
Lauro Sodré	12	Quintino Bocaiúva	2
José Marcelino	8	Jorge Tibiriçá	2
Francisco Sales	7	Teixeira dos Santos	2
David Campista	6	E outros com um voto	
Francisco F. de Melo Campos	6		

Para Vice-Presidente

Wenceslau Braz P. Gomes	406.012		
M.J. de Albuquerque Lins	219.106	Nicolau Braz	63
Alfredo Backer	76	E outros menos votados	

Eleição de 1º de março de 1914
Para Presidente

Wenceslau Braz P. Gomes	532.107		
Rui Barbosa	47.782	Albuquerque Lins	10
J.G. Pinheiro Machado	222	F. de P. Rodrigues Alves	7
Nilo Peçanha	192	Francisco Sales	6
Irineu de Melo Machado	88	Lauro Muller	6
Francisco A. Almeida Brant	76	F. de Campos Valadares	6
Lauro Sodré	61	Barbosa Lima	6
Luiz Viana	55	Alfredo Elis	5
José Marcelino de Souza	43	Hermes da Fonseca	5
Urbano Santos	42	Pires Ferreira	4
Bernadino de Campos	35	Souza Aranha	3
Dantas Barreto	20	Augusto de Vasconcelos	3
D. Luiz de Bragança e Orleans	19	J.J. Seabra	3
J.F. de Asis Brasil	18	Simeão Leal	2
Jorge Tibiriçá	17	Jerônimo Monteiro	2

Tomaz Cavalcanti	16	Julio Bueno Brandão	2
Antonio Monteiro de Souza	14	F. Lobo Leite Pereira	2
Severino Vieira	12	J.M. Ribeiro Junqueira	2
Carlos de Laet	11	F. Ladainha dos Santos	2
Joaquim Maria	11	E outros com um voto	

Para Vice-Presidente

Urbano da Costa Araujo	556.127
Alfredo Elis	18.580
J.J. Seabra	926

J.G. Pinheiro Machado		129
E outros menos votados		

Eleição de 1º de março de 1918
Para Presidente

F. de P. Rodrigues Alves	386.467		
Nilo Peçanha	1.258	João Sampaio Viana	4
Rui Barbosa	1.014	Francisco Machado Falheiro	4
Nilo Procópio Peçanha	510	João Pandiá Calógeras	3
Eugênio Dantas Barreto	244	Oscar Rodrigues Alves	3
J.F. Assis Brasil	104	Alfredo Elis	3
Lauro Muller	61	Joaquim Castelo Branco	3
Cincinato Braga	56	Augusto Vieira Reis	3
Lauro Sodré	56	Dunshes de Abranches	3
Borges de Medeiros	44	Fausto Mourão	3
Francisco Sales	42	Vicente de Morais	3
J.J. Seabra	36	J.A. Correa de Oliveira	2
Wenceslau Braz	29	Edgard Lamuth	2
Delfin Moreira	28	Vieira de Albuquerque	2
Inácio Tosta	20	Coelho Neto	2
Miguel Calmon	15	J. Pinheiro Junior	2
Antonio Prado	15	Manoel Borba	2
Adolfo Dutra	12	Gal. Setembrino	2
Fernando de Melo Viana	12	José Calazans	2
Pedro Lessa	10	Homero Batista	2
Aurelino Leal	10	Barbosa Lima	2
Oliveira Valadão	8	Ferreira Chaves	2
Paulo de Frontin	8	Félix Pacheco	2
Rodrigues Doria	4	Silveira Brun	2
Rodolfo Miranda	4	Virgílio Melo Franco	16
Mário Serva	4	E outros com um voto	

Para Vice-Presidente

Delfin Moreira	382.491

Emídio Dantas Barreto	376	Nilo Peçanha	237
Rui Barbosa	266	E outros menos votados	

Eleição de 13 de abril de 1919
Para Presidente

Epitácio da S. Pessoa	286.373		
Rui Barbosa	116.414	Borges de Medeiros	5
Altino Arantes	161	Pedro Lessa	4
Frederico V.Steild	143	Antonio Prado	3
Paulo de Frontin	42	Wenceslau Escobar	3
Nilo Peçanha	40	Lauro Sodré	3
J.J. Seabra	34	Odilon Andrade	2
Alfredo Rui	28	Artur Bernardes	2
Dantas Barreto	25	Wenceslau Braz	2
João Ribeiro de O. e Souza	19	Lauro Muller	2
J.F. Assis Brasil	9	Oscar Rodrigues Alves	2
J.R, Cavalcanti	8	E outros com um voto	

Eleição de 1º de março de 1922
Para Presidente

Artur da Silva Bernardes	466.877	J.J. Seabra	26
Nilo Peçanha	317.714	Assis Brasil	16
Urbano Santos	232	Cincinato Braga	10
Washington Luiz	149	Lauro Muller	9
Dr. da Silva Bernardes	95	Paulo de Frontin	5
Rui Barbosa	70	Dantas Barreto	4
Hermes da Fonseca	33	E outros com um voto	

Para Vice-Presidente

Urbano S. da Costa Araujo	447.595	Carlos Campos	61
J.J. Seabra	338.809		
Washington Luiz	368	E outros menos votados	

Eleição de 1º de março de 1926
Para Presidente

Washington Luiz	688.528		
Assis Brasil	1.116	Fernandes Lima	13
Fernando de Melo Viana	341	Barbosa Lima	12
Isidoro Dias Lopes	71	Lauro Muller	11
Epitácio da Silva Pessoa	61	Carlos Batista	10

J.J. Seabra	55	Francisco Sá	9
Manuel Vicente Alves	55	A. Xavier	9
Gois Calmon	40	Carlos Prestes	8
Irineu de Melo Machado	27	Ermano Cunha	8
Adolfo Bergamini	24	Paulo de Frontin	7
Artur Bernardes	17	Leopoldino de Oliveira	7
Borges de Medeiros	16	Altino Arantes	5
Pedro Alcantara	16	Antonio Prado	5
Mauricio de Lacerda	15	Setembrino de Carvalho	4
Miguel Calmon	15	Anibal Freire	4
Fonseca Teles	13	E outros com um voto	

PARA VICE-PRESIDENTE

Fernando de Melo Viana	685.754		
Barbosa Lima	1.122	J.J. Seabra	224
Carlos Prestes	262	E outros menos votados	

ELEIÇÃO DE 1º DE MARÇO DE 1930

PARA PRESIDENTE

Júlio Prestes	1.091.709	F.J. Assis Brasil	4
Getúlio Vargas	742.794	Barbosa Gonçalves	3
Minervino de Oliveira	151	Otávio Brandão	2
Luiz Carlos Prestes	48	Carlindo F. de Andrade	2
João Pessoa	18	Artur Bernardes	2
Borges de Medeiros	8	Epitácio Pessoa	2
Otávio Mangabeira	5	E outros com um voto	

PARA VICE-PRESIDENTE

Vital H. Batista Soares	1.079.360		
João Pessoa Cavalcanti	725.566	Luiz Carlos Prestes	8
Gastão Valentim Antunes	141	E outros menos votados	

Mas, desde a vitória da Revolução, forças contraditórias o pressionavam, uma, a dos "constitucionalistas", pregando a imediata regularização da ordem política, com a realização de eleições livres e a manutenção, plena, das liberdades civis; outra, a dos "nacionalistas semi-autoritários", admitindo "formas políticas não democráticas", mas das quais pudessem resultar profundas modificações na ordem social e econômica. (Skidmore, Thomas. *Brasil, de Getúlio a Castelo*. Rio de Janeiro: Saga, 1969, p. 28)

Impacientes e, decerto, não confiantes na sinceridade de Vargas, os paulistas se rebelaram, em julho de 1932, no que se chamou de Revolução Constitucionalista. Vencido o movimento, Vargas editou, em 1º de novembro daquele ano, o Decreto n.º 22.040, que vinha regular detalhadamente os trabalhos da Comissão, denominada, depois, de Subcomissão do Itamaraty.

Para escolha do presidente da República, foi vitoriosa, na Subcomissão, uma das ideias já levantadas na Constituinte de 1890: a escolha indireta do chefe do Governo, por escrutínio secreto e maioria de votos do Parlamento.

Mas na Constituição, aprovou-se que, ao invés de designado indiretamente pela Assembleia, o presidente seria eleito por sufrágio "universal, direto, secreto e maioria de votos". (art. 52, § 1º)

Somente na primeira eleição, como se regulava no art. 1º das Disposições Transitórias da Carta, far-se-ia a primeira escolha, pela Assembleia Constituinte, que concluíra os seus trabalhos.

O quadro abaixo traz o resultado da única eleição presidencial do período.

NA TERCEIRA REPÚBLICA – Nenhum pleito presidencial foi realizado no período, que se iniciou com a Carta outorgada em 10 de novembro de 1937. Getúlio Vargas teve seu mandato prorrogado até a realização de plebiscito que decidiria sobre a aprovação da Constituição. O plebiscito não foi convocado e o mandato do presidente efetivamente um ditador, se prolongou até outubro de 1945, quando se deu seu afastamento do poder pelos militares.

NA QUARTA REPÚBLICA – Quatro foram os pleitos presidenciais realizados na Quarta República, período que vai desde o afastamento de Vargas, no final de 1945, ao movimento militar deflagrado em março de 1964.

A primeira eleição, em 2 de dezembro de 1945, se deu com a escolha dos deputados e senadores que compunham a Assembleia Constituinte e foi regulada pela Lei Constitucional n.º 9, de 28 de fevereiro de 1945 e pelo Decreto-Lei n.º 7.586, de 28 de maio daquele ano.

ELEIÇÃO DE 17 DE JULHO DE 1934

PARA PRESIDENTE	
Getúlio Dornelles Vargas	173
Antônio Augusto Borges de Medeiros	59
Pedro Aurélio Goes Monteiro	4
Protógenes Guimarães	2
Raul Fernandes	1
Arthur Bernardes	1
Plínio Salgado	1
Antônio Carlos Ribeiro de Andrada	1
Afrânio de Mello Franco	1
Oscar Weinschenk	1
Paim Filho	1
Levy Filho	1

O vice-presidente foi designado por eleição indireta, pela própria Assembleia que concluíra seus trabalhos, em 19 de setembro de 1946.

As três eleições seguintes obedeceram ao que dispunha o art. 81 da Constituição: "O presidente e o vice-presidente serão eleitos simultaneamente, em todo o país, 120 dias antes do termo do período presidencial." Entendia-se que o pleito se resolvesse por maioria simples de votos, já que não se exigia, expressamente, a maioria absoluta.

Mas, tendo Vargas obtido, no pleito de 3 de outubro de 1950, pouco mais de 47% dos votos, a oposição – de modo especial a UDN tentou a impugnação de sua escolha sob o argumento de que não alcançara ele a maioria absoluta. "A Carta de 1946 não dizia taxativamente que a eleição do presidente deve ser por maioria absoluta" – insistia Aliomar Baleeiro.

"Mas pode-se compreender assim." (Carone, Edgard. *A república liberal, II – Evolução política (1945-1964)*. São Paulo: Difel, 1985, p. 41).

Com a vitória de Juscelino Kubitschek, em 3 de outubro de 1955, com 35% dos votos, se levantou, mais uma vez, a objeção de não se ter alcançado a maioria absoluta. Mas, com o triunfo de Jânio Quadros, em 1960, por 5.636.623 votos, em 12.586.354 – 48,2% do total – a UDN, o partido que o apoiou, não viu qualquer irregularidade no fato de que seu candidato não houvesse obtido a maioria absoluta, comentaria Skidmore. (Skidmore, Thomas. *Brasil, de Getúlio a Castelo*. Rio de Janeiro: Saga, 1969, p. 237)

No quadro abaixo os resultados dos pleitos presidenciais em nossa Quarta República:

NA QUINTA REPÚBLICA – Seis foram as eleições presidenciais na Quinta Re-

---

ELEIÇÃO DE 2 DE DEZEMBRO DE 1945

PARA PRESIDENTE

Eurico Dutra	3.251.507	Yedo Fiuza	569.818
Eduardo Gomes	2.039.341	Rolim Torres	10.001
		Total	5.870.667

ELEIÇÃO PARA VICE-PRESIDENTE

(Pela Assembleia Constituinte, em 19 de setembro de 1946)

Sen. Nereu de O. Ramos	178	José C. de Macedo Soares	1
José Américo de Almeida	139	Sen. Luis Carlos Prestes	1
Sen. F. de Melo Viana	1	Votos em branco	3
		Total	323

ELEIÇÃO DE 3 DE OUTUBRO DE 1950

PARA PRESIDENTE

Getúlio Vargas	3.849.040	João Mangabeira	9.466

Eduardo Gomes	2.342.384	Votos em Branco	211.433
Cristiano Machado	1.697.193	Votos Nulos	145.473
		Total	8.254.989

para Vice-Presidente

João Café Filho	2.250.790	Alípio C. Neto	10.800
Odilon Braga	2.344.841		
Altino Arantes	1.649.309	Votos em Branco	1.048.778
Vitorino Freire	524.079	Votos Nulos	156.32

Eleição de 3 de outubro de 1955

Para Presidente

Juscelino Kubitschek	3.077.411	Plínio Salgado	714.379
Juarez Távora	2.610.462	Votos em branco	161.852
Adhemar de Barros	2.222.725	Votos nulos	310.185
		Total	9.097.014

para Vice-Presidente

João Goulart	3.591.409		
Milton Campos	3.384.739	Votos em branco	722.674
Danton Coelho	1.140.261	Votos nulos	257.931

Eleição de 3 de outubro de 1960

Para Presidente

Jânio Quadros	5.636.623		
Henrique Lott	3.846.825	Votos em branco	433.391
Adhemar de Barros	2.195.709	Votos nulos	473.806
		Total	12.586.354

para Vice-Presidente

João Goulart	4.547.010		
Milton Campos	4.237.719	Votos em branco	1.305.865
Fernando Ferrari	2.137.382	Votos nulos	358.378

pública, que se estendeu desde março de 1964 até a posse de José Sarney, em 1985.

A primeira, em 11 de abril de 1964, foi determinada pelo Ato Institucional n.º 1, de 9 daquele mês, "por maioria absoluta dos membros do Congresso Nacional". Para a escolha do vice-presidente, não se alcançou, no primeiro escrutínio, a maioria absoluta realizando-se, então, e pela primeira vez no país, um segundo turno nessa eleição.

A segunda eleição, em 3 de outubro de 1966, também se realizou por força de Ato Institucional, de n.º 2, de 27 de outubro de 1965, "pela maioria absoluta dos membros do Congresso Nacional, em sessão pública e votação nominal".

O terceiro pleito, em 25 de outubro de 1969, se deu em desatenção à Constituição de 1967, que já previa, para a escolha, um Colégio Eleitoral (v. COLÉGIO ELEITORAL – NO BRASIL): Ato Institucional de n.º 16, de 14 de outubro de 1969, insistiu em que a designação se fizesse "pelos membros do Congresso Nacional, em sessão pública e votação nominal".

As três eleições seguintes, de 15 de janeiro de 1974, de 15 de outubro de 1978 e de 15 de janeiro de 1985, se fizeram pelo Colégio Eleitoral, instituído pelo art. 76 da Carta de 1967.

Foram os seguintes os resultados eleitorais desses pleitos:

ELEIÇÃO DE 11 DE ABRIL DE 1964 (PELO CONGRESSO NACIONAL)

PARA PRESIDENTE

Humberto de Alencar Castello Branco	361
Deputado Juarez Távora	3
General Eurico Gaspar Dutra	2
Abstenções	72

PARA VICE-PRESIDENTE

Em 1º Escrutínio:

José Maria Alkmim	203
Auro Moura Andrade	150
Ranieri Mazzilli	2
Milton Campos	2
Antônio Sanchez Galdeano	1
Abstenções	63

Em 2º Escrutínio:

José Maria Alkmim	256

Auro Moura Andrade	9
Milton Campos	2
Juarez Távora	1

Eleição de 3 de outubro de 1966 (pelo Congresso Nacional)

Para Presidente

General Arthur da Costa e Silva	294

para Vice-Presidente

Deputado Pedro Aleixo	294

Eleição de 25 de outubro de 1969 (pelo Congresso Nacional)

Para Presidente

General Emílio Garrastazu Médici	293
Abstenções	75

Eleição de 15 de janeiro de 1974 (pelo Colégio Eleitoral)

Para Presidente

General Ernesto Geisel	400
Deputado Ulysses Guimarães	76

Eleição de 15 de outubro de 1978 (pelo Colégio Eleitoral)

Para Presidente

General João Baptista de O. Figueiredo	355
General Euler Bentes Monteiro	225

Eleição de 15 de janeiro de 1978 (pelo Colégio Eleitoral)

Para Presidente

Tancredo de Almeida Neves	480
Deputado Paulo Salim Maluf	180
Abstenções	17

NA SEXTA REPÚBLICA – Com a posse do vice-presidente José Sarney, em razão da enfermidade do presidente eleito, Tancredo Neves, inicia-se a Sexta República.

A Constituição, que a regula, promulgada em 5 de outubro de 1988, dispôs que a eleição do presidente, e do vice, realizar-se-á "simultaneamente, 90 dias antes do término do mandato presidencial vigente"; que a eleição do presidente importará a "do vice-presidente com ele registrado"; que será considerado eleito o candidato que obtiver "a maioria absoluta de votos, não computados os em branco e os nulos". "Se nenhuma dos candidatos alcançar essa maioria no primeiro pleito, proceder-se-á, em até 20 dias após a proclamação do resultado, nova eleição, concorrendo os dois candidatos mais votados e considerando-se eleito aquele que obtiver a maioria dos votos válidos. (art. 77 e seus parágrafos).

Em 15 de novembro de 1989, ocorreu a primeira eleição presidencial do período e três peculiaridades a distinguiram dos pleitos anteriores: pela primeira vez procedia-se, no Brasil, uma eleição direta que levou a um segundo turno; o grande número de disputantes, sendo apresentado, pelos partidos, 22 candidatos; finalmente, a largueza do corpo eleitoral: a última eleição presidencial direta havia mobilizado 15.543.332 eleitores. Agora, compareciam às urnas, 82.074.718. O quadro abaixo traz os resultados dos pleitos.

ELEIÇÃO PRESIDENCIAL 15 DE NOVEMBRO DE 1989 – 1º TURNO

	Votos	%
Fernando Collor	20.611.030	28,51
Luiz Inácio (Lula) da Silva	11.622.321	16,08
Leonel Brizola	11.167.665	15,45
Mário Covas	7.790.381	10,78
Paulo Maluf	5.986.585	8,28
Afif Domingues	3.272.520	4,53
Ulysses Guimarães	3.204.996	4,43
Roberto Freire	769.117	1,06
Aureliano Chaves	600.821	0,83
Ronaldo Caiado	488.893	0,68
Afonso Camargo	379.284	0,52
Enéas	360.578	0,50
Marronzinho	238.408	0,33
P.G.	198.710	0,27

Zamir	187.164	0,26
Lívia Maria	179.925	0,25
Eudes Mattar	162.343	0,22
Fernando Gabeira	125.844	0,17
Celso Brandt	109.903	0,15
Pedreira	86.107	0,12
Manoel Horta	83.291	0,12
Armando Correa	0	
Abstenção	9.793.809	11,94
Brancos	1.176.413	1,43
Nulos	3.473.484	4,23

Eleição Presidencial de 17 de dezembro de 1989 – 2º Turno

	Votos	%
Fernando Collor	35.089.998	42,75
Luiz Inácio (Lula) da Silva	31.076.364	37,86
Abstenção	11.814.017	14,40
Brancos	986.446	1,20
Nulos	3.107.893	3,79

Eleição Presidencial 15 de novembro de 1994

	Votos	%
Fernando Henrique Cardoso	34.364.961	54,27
Luiz Inácio Lula da Silva	17.122.127	27,40
Enéas Carneiro	4.671.457	7,38
Orestes Quércia	2.772.121	4,38
Leonel Brizola	2.015.836	3,18
Esperidião Amin	1.739.894	2,75
Carlos Antonio Gomes	387.738	0,61

Ernani Goulart Fortuna	238.197	0,38
Abstenção	16.834.339	17,76
Brancos	7.192.046	9,22
Nulos	7.444.017	9,55

Eleição Presidencial 4 de outubro de 1998

	Votos	%
Fernando Henrique Cardoso	35.936.540	53,06
Luiz Inácio Lula da Silva	21.475.218	31,71
Ciro Gomes	7.426.190	10,97
Enéas Carneiro	1.447.090	2,14
Ivan Moacyr da Frota	251.337	0,37
Alfredo Sirkis	212.984	0,31
José Maria de Almeida	202.659	0,30
João de Deus Barbosa de Jesus	198.916	0,29
José Maria Eymael	171.831	0,25
Teresa Ruiz	166.138	0,25
Sérgio Bueno	124.569	0,18
Vasco de Azevedo Neto	109.003	0,16
Abstenção	22.803.294	21,49
Em branco	6.688.403	8,03
Nulos	8.886.895	10,67

Eleição Presidencial 6 de outubro de 2002 – 1º Turno

	Votos	%
Luiz Inácio Lula da Silva	39.455.233	46,44
José Serra	19.705.455	23,19
Anthony Garotinho	15.180.097	17,86
Ciro Gomes	10.170.882	11,97

José Maria de Almeida	402.236	0,47
Rui Costa Pimenta	38.619	0,04
Abstenção	20.473.568	17,08
Em branco	2.873.203	3,00
Nulos	6.975.128	17,03

Eleição Presidencial 27 de outubro de 2002 – 2º Turno

	Votos	%
Luiz Inácio Lula da Silva	52.793.364	61,27
José Serra	33.370.739	38,72
Abstenção	23.589.188	20,46
Em branco	1.727.760	1,88
Nulos	3.772.138	4,11

Eleição Presidencial 1º de outubro de 2006 – 1º Turno

	Votos	%
Luiz Inácio Lula da Silva	46.662.365	48,61
Geraldo Alckmin	39.968.369	41,64
Heloisa Helena	6.575.393	6,85
Cristovam Buarque	2.538.844	2,64
Ana Maria Rangel	126.404	0,13
José Maria Eymael	63.294	0,07
Luciano Bivar	62.064	0,06
Rui Costa Pimenta	0	0,00
Abstenção	21.092.511	16,75
Em branco	2.886.205	2,73
Nulos	5.967.207	5.68

ELEIÇÃO PRESIDENCIAL 29 DE OUTUBRO DE 2006 – 2º TURNO

	Votos	%
Luiz Inácio Lula da Silva	58.295.042	60,83
Geraldo Alckmin	37.543.178	39,17
Abstenção	23.914.714	18,99
Em branco	1.351.448	1,32
Nulos	4.808.553	4,71

ELEIÇÃO PRESIDENCIAL 3 DE OUTUBRO DE 2010 – 1º TURNO

	Votos	%
Dilma Roussef	47.651.434	43,91
José Serra	33.132.283	32.61
Marina Silva	19.636.359	19,33
Plínio de Arruda Sampaio	886.816	0,87
José Maria Eymael	89.350	0,09
José Maria de Almeida	84.609	0,08
Levy Fidélix	57.969	0,06
Ivan Pinheiro	39.136	0,04
Rui Costa Pimenta	12,206	0,01
Abstenção	24.610.296	18,12
Em branco	3.479.340	3,13
Nulos	6.124.254	5,51

ELEIÇÃO PRESIDENCIAL 31 DE OUTUBRO DE 2010 – 2º TURNO

	Votos	%
Dilma Roussef	55.752.529	56,05
José Serra	43.711.388	43,95
Abstenção	29.197.152	21,50
Em branco	2,452.597	2,30
Nulos	4.689.428	4,40

ELEIÇÕES PRESIDENCIAIS NO BRASIL – REELEIÇÃO

Há 121 anos – desde a eleição do marechal Deodoro da Fonseca, em 25 de fevereiro de 1891, pela nossa primeira constituinte republicana – há o presidencialismo entre nós. E na primeira Carta republicana se dispôs: "O presidente exercerá o cargo por quatro anos, não podendo ser reeleito para o período presidencial imediato."

Houve, em verdade, tímidas tentativas, nas constituintes de 1934, de 1946, de 1987/1988, e na revisão, de 1993, de afastar a vedação da reeleição presidencial. Mas não se traziam argumentos de peso para respaldar a continuidade, no cargo, do primeiro mandatário. Talvez até porque, em nosso modelo de separação de poderes que, desde 1891, se quer que sejam "harmônicos e independentes entre si", o Executivo não tenha apresentado um bom desempenho.

Quando, em 1965, se pretendeu justificar o processo indireto para a eleição do presidente, que seria um item da Constituição de 1967, o então ministro da Justiça, Carlos Medeiros, afirmou aos jornais: "Nesse período de 40 anos, somente um presidente da República, o marechal Dutra, terminou normalmente o seu mandato e não sofreu, posteriormente, sanções políticas de caráter punitivo. Também os vice-presidentes Café Filho e João Goulart, que assumiram o poder como sucessores, não tiveram êxito.

Este exemplo mostra que o processo de escolha do presidente da República é falho. A eleição direta provoca a crise com a solução do golpe de Estado ou impede o eleito de governar."

O período de 40 anos, citado, começou com o afastamento de Washington Luiz, que a Revolução de 30 apeou do poder, quase ao final de seu mandato; alcançou o presidente Vargas, chefe do Governo Provisório a partir de 30, eleito presidente ao final dos trabalhos da Constituinte, em 1934, presidente, com mandato prorrogado pela Constituição de 1937 e, afinal, afastado pelos militares em outubro de 1945; envolveu o presidente Dutra, único, como se referiu o ministro Medeiros, a concluir seu mandato sem sofrer, depois, "sanções políticas de caráter punitivo"; envolveu, ainda, o mesmo Getúlio, que se suicidou no Palácio do Catete, em agosto de 1954 e seu vice, Café Filho que, internado em um hospital, não pôde, pela reação militar, reassumir as funções de presidente. Envolveu, também, o presidente Juscelino que, se completou seu mandato, foi alvo daquelas "sanções políticas"; finalmente, o mandato interrompido do presidente Jânio Quadros e de seu vice, João Goulart, completam o quadro.

Quais as vantagens, no caso brasileiro, de se seguir o molde norte-americano, permitindo a reeleição do presidente? Comentando o artigo de nossa primeira Carta republicana, que vedava a reeleição, João Barbalho, em seu notável *Constituição Federal Brasileira* (Brasília, Senado Federal, 1992), afirmava, em 1902: "De que poderosos meios não poderá lançar mãos o presidente que se pretende reeleger? Admitir presidente candidato é expor o eleitorado à pressão, corrupção e fraude na mais larga escala. Já de si a eleição presidencial engendra no país agitação não pequena e temerosa; e o que se dará quando o candidato for o homem que dispõe da maior soma de poderes e força, pela sua autoridade, pelos vastos recursos que pode pôr em ação para impor sua reeleição? E que perturbação na administração pública e que enorme prejuízo para o país no emprego de elementos oficiais com esse fim? Não há incompatibilidade, pois, mais justificada."

ELEIÇÕES PRESIDENCIAIS NOS EUA

Há um consenso, entre os analistas, em considerar que, dentre os modelos de eleição presidencial, o dos EUA é que apresenta maior complexidade. É que a Constituição daquele país entrega a regulação do processo à jurisdição dos Estados-membros da Federação.

Com efeito, o art. II, seção I, 1. da Carta aprovada em 1787, ao dispor sobre a eleição para presidente da República, determinou que cada Estado nomearia "segundo a maneira ordenada pela sua legislatura, um número de eleitores igual ao número total de senadores e deputados a que tiver direito no Congresso; nenhum senador ou deputado, ou qualquer pessoa no exercício de cargo remunerado ou de confiança dos Estados Unidos poderá ser eleitor". E o texto original prosseguia:

"3. Os eleitores reunir-se-ão em seus respectivos Estados e votarão por escrutínio em duas pessoas, das quais uma, pelo menos, não residirá no mesmo Estado que eles. Farão uma lista das pessoas votadas e do número de votos recebidos pelas mesmas; em seguida, a enviarão firmada, autenticada e selada à sede do governo dos Estados Unidos, dirigida ao presidente do Senado. Este, na presença dos membros do Senado e da Câmara de Deputados, procederá à abertura das listas e contagem dos votos. A pessoa que obtiver o maior número de votos será o presidente, se tal número representar a maioria do número total de eleitores nomeados; se ambos tiverem a mesma votação, a Câmara dos Deputados imediatamente elegerá um deles para presidente mediante votação por escrutínio; e se nenhum obtiver maioria, a referida Câmara procederá de idêntico modo em relação aos cinco primeiros colocados na lista. Ao eleger-se o presidente, os votos serão tomados por Estados, cabendo um voto à representação de cada Estado; o quorum para este efeito consistirá de um membro ou membros de dois terços dos Estados e será necessária para a escolha de uma maioria de todos os Estados. Em qualquer caso, eleito o presidente, a pessoa que se seguir com o maior número de votos dos eleitores será vice-presidente. Mas se houver duas ou mais pessoas com o mesmo número de votos, o Senado escolherá dentre elas o vice-presidente, por escrutínio."

A Emenda XII, de 15.06.1804 revogou esse parágrafo, impondo uma designação separada do presidente e do vice-presidente:

"1. Os eleitores reunir-se-ão em seus respectivos Estados e votarão por escrutínio para presidente e vice-presidente, um dos quais, pelo menos, não será habitante do mesmo Estado que eles; usarão cédulas separadas, numa das quais indicarão o nome em que votam para presidente, consignando em outro o nome do vice-presidente; enumerarão em listas distintas todas as pessoas votadas para presidente e vice-presidente, assim como o número de votos dados a cada uma; essas listas serão por eles assinadas, autenticadas e enviadas, depois de seladas, à sede do governo dos Estados Unidos, dirigidas ao presidente do Senado. Este abrirá, na presença do Senado e da Câmara dos Deputados, todas as listas e os votos serão contados. Será eleito presidente a pessoa que obtiver o maior número de votos para este posto, se tal número constituir a maioria do número total dos eleitores nomeados; e se ninguém obtiver essa maioria, a Câmara dos Deputados elegerá imediatamente, mediante escrutínio, o presidente, dentre as três pessoas enumeradas na lista e mais votadas para o cargo. Ao eleger-se o presidente, os votos serão tomados por Estados, tendo a representação de cada Estado um voto; um quorum para esse fim consistirá de um ou mais membros de dois terços dos Estados, sendo necessária maioria de todos os Estados para a eleição. E se a Câmara dos Deputados não eleger um presidente, quando estiver incumbida desse dever, até o dia 4 de março seguinte, o vice-presidente exercerá as funções de presidente, como no caso de morte ou de qualquer outra incapacidade constitucional do presidente.

2. A pessoa que obtiver o maior número de votos como vice-presidente será eleita para este cargo, se o número corresponder à maioria do número total dos eleitores nomeados; e se nenhuma pessoa obtiver maioria, o Senado escolherá o vice-presidente dentre os dois mais votados da lista; o quorum para esse fim consistirá de dois terços do número total de senadores, e será necessário para a eleição o voto da maioria do número total. Nenhuma pessoa constitucionalmente inelegível para o cargo de presidente será elegível para o de vice-presidente dos Estados Unidos."

A disposição final do parágrafo I foi, por sua vez, revogada pela Emenda XX.

Segundo alguns autores, previa-se, inicialmente, que a Câmara seria convocada muitas vezes para a decisão sobre a quem entregar a chefia do Executivo mas, salvo em 1800 e em 1824, a hipótese não se realizou.

No entendimento de Edward S. Corwin, "se aparecer, entretanto, um terceiro partido poderoso, a eleição poderá frequentemente caber ao Congresso, daí resultando, desde que o voto seria por Estados, que uma pequena fração do país escolheria o presidente dos três candidatos que houvessem recebido o maior número de votos eleitorais". (Corwin, Edward S. *A Constituição norte-americana e seu significado atual*. Rio de Janeiro: Zahar, 1986, p. 294)

À diversidade das disposições estaduais, se soma hoje, para tornar peculiar o processo de escolha presidencial dos EUA, "a atenuação do papel desempenhado pelos aparelhos tradicionais dos partidos na escolha do candidato, em proveito de um alargamento do papel dos membros do partido". (Bernier, Gerard. "Processus électoral", in: Orban, Edmond (org.) *Le Système politique des États-Unis*. Montreal: Les Presses de l'Université de Montréal, 1987, p. 130)

Com efeito, se viu, a partir de 1970, uma maior democratização dos processos de seleção de candidaturas, com o aumento do número das primárias (v. Primárias) e a diminuição dos caucuses (v. *Caucus*) para a escolha dos delegados às convenções dos partidos.

Os quadros das páginas seguintes traz o resultado das eleições presidenciais norte-americanas até hoje.

ELEIÇÕES PRESIDENCIAIS NOS EUA – REELEIÇÃO

Em sua primeira redação, a Constituição norte-americana não continha qualquer disposição sobre a reeleição dos presidentes. Um de seus mais argutos comentadores, Edward S. Corwin, esclarece, no entanto, não haver dúvidas de que o sentimento geral da Convenção de Filadélfia favorecia a "reelegibilidade indefinida". Embora alguns, como Jefferson, objetassem que essa continuidade

	Votos populares	%	Colégio Eleitoral
1789			
George Washington			69
John Adams			34
John Jay			9
1792			
George Washington			132
John Adams			77
George Clinton			50
1796			
John Adams			71
Thomas Jefferson			68
Thomas Pinckney			59
Aaron Burr			30
1800			
Thomas Jefferson			73
Aaron Burr			73
John Adams			65
Thomas Pinckney			64
1804			
Thomas Jefferson			162
Thomas Pinckney			14
1808			
James Madison			122
Thomas Pinckney			47
1812			
James Madison			128
De Witt Clinton			89

	Votos populares	%	Colégio Eleitoral
1816			
James Monroe			183
Rufus King			34
1820			
James Monroe			231
John Quincy Adams			1
1824			
Andrew Jackson	151.271	41,34	99
John Adams	113.122	30,92	84
Henry Clay	47.531	12,99	37
W.H. Crawford	40.856	11,17	41
1828			
Andrew Jackson	642.553	55,97	178
John Adams	500.897	43,63	83
1832			
Andrew Jackson	701.780	54,23	218
Henry Clay	484.205	37,42	49
William Wirt	100.715	7,78	11
1836			
Martin Van Buren	764.176	50,83	170
W.H. Harrison	550.816	36,63	73
1840			
W. H. Harrison	1.275.390	52,88	234
Martin Van Buren	1.128.854	46,81	60

		Votos populares	%	Colégio Eleitoral
1844				
	James K. Polk	1.339.494	49,54	170
	Henry Clay	1.300.004	48,08	105
1848				
	Zachary Taylor	1.361.393	47,28	163
	Lewis Cass	1.223.460	42,49	127
	Martin Van Buren	291.501	10,12	
1852				
	Franklin Pierce	1.607.510	50,84	254
	Winfield Scott	1.368.942	43,87	42
	John P. Hale	155.210	4,91	
1856				
	James Buchanan	1.836.072	45,28	174
	John C. Fremont	1.343.345	33,11	114
	Millard Fillmore	873.053	21,53	8
1860				
	Abraham Lincoln	1.865.908	39,82	180
	S.A. Douglas	1.380.202	29,46	12
	J.C. Breckinridge	848.019	18,09	72
	John Bell	590.901	12,61	39
1864				
	Abraham Lincoln	2.218.388	55,02	212
	G.B. Mcclellan	1.812.807	44,96	21
1868				
	Ulysses S. Grant	3.013.650	52,66	214
	Horatio Seymour	2.708.744	47,34	80

		Votos Populares	%	Colégio Eleitoral
1872				
	Ulysses S. Grant	3.598.235	55,63	286
	Horace Greeley	2.834.761	43,83	*
1876				
	R.B. Hayes	4.034.311	47,95	185
	Samuel J. Tilden	4.288.546	50,97	184
1880				
	James A. Garfield	4.446.158	48,27	214
	Winfield S. Hancock	4.444.260	44,25	155
1884				
	Grover Cleveland	4.874.621	48,50	219
	Mames G. Blaine	4.848.936	48,25	182
1888				
	Benjamin Harrison	5.443.892	47,82	233
	Grover Cleveland	5.534.488	48,62	168
1892				
	Grover Cleveland	5.551.883	46,05	277
	Benjamin Harrison	5.179.244	42,96	145
1896				
	William McKinley	7.108.840	51,01	271
	William J. Bryan	6.511.495	46,73	176
1900				
	William McKinley	7.218.039	54,67	292
	William J. Bryan	6.358.345	45,51	155
1904				
	Theodore Roosevelt	7.626.593	56,41	336
	Alton Parker	5.082.898	37,60	140

* Com o falecimento de Greeley, 63 votos dos democratas foram dispersados entre quatro candidatos.

		Votos populares	%	Colégio Eleitoral
1908				
	William H. Taft	7.676.258	51,58	321
	William J. Bryan	6.406.801	43,05	162
1912				
	Woodrow Wilson	6.293.152	41,84	435
	Theodore Roosevelt	4.119.207	27,39	88
	William H. Taft	3.486.333	23,18	8
1916				
	Woodrow Wilson	9.126.300	49,24	277
	Charles E. Hughes	8.546.789	46,11	254
1920				
	Warren G. Harding	16.133.314	60,30	404
	James M. Cox	9.140.884	34,17	127
1924				
	Calvin Coolidge	15.717.553	54,06	382
	John W. Davis	8.386.169	28,84	136
	R.M. Lafollette	4.814.050	16,56	13
1928				
	Herbert C. Hoover	21.411.991	58,20	444
	Alfred E. Smith	15.000.185	40,77	87
1932				
	F.D. Roosevelt	22.825.016	57.42	472
	Herbert C. Hoover	15.758.397	39,64	59
1936				
	F.D. Roosevelt	27.747.636	60,79	523
	Alfred M. Landon	16.679.543	36,54	8

		Votos Populares	%	Colégio Eleitoral
1940				
	F.D. Roosevelt	27.263.448	54,70	449
	Wendell Wilkie	22.336.260	44,82	82
1944				
	F.D. Roosevelt	25.611.936	53,39	432
	Thomas E. Dewey	22.013.372	45,89	99
1948				
	Harry S. Truman	24.105.587	49,51	303
	Thomas E. Dewey	21.970.017	45,12	189
	J.S. Thurmond	1.169.134	2,40	39
1952				
	D.D. Eisenhower	33.936.137	55,13	442
	Adlai Stevenson	27.314.649	44,38	89
1956				
	D.D. Eisenhower	35.585.245	57,37	457
	Adlai Stevenson	26.030.172	41,97	73
1960				
	John Kennedy	34.221.344	49,72	303
	Richard Nixon	34.106.671	49,55	219
1964				
	Lyndon Johnson	43.126.584	61,05	486
	Barry Goldwater	27.177.838	38,47	52
1968				
	Richard Nixon	31.785.148	43,42	301
	Hubert Humphrey	31.274.503	42,72	191

		Votos populares	%	Colégio Eleitoral
1972				
	Richard Nixon	47.170.179	60,69	520
	George McGovern	29.171.791	37,53	17
1976				
	Jimmy Carter	40.830.763	50,1	297
	Gerald Ford	37.147.793	48,0	240
1980				
	Ronald Reagan	43.901.812	50,7	489
	Jimmy Carter	35.483.820	41,0	49
1984				
	Ronald Reagan	54.455.075	58,8	525
	Mondale	37.577.185	40,6	13
1988				
	George Bush	48.886.097	43,4	426
	Dukakis	41.809.074	45,6	111
1992				
	William Clinton	44.909.806	43,10	370
	George Bush	39.104.550	37,45	168
	Perrot	19.743.821	18,91	
1996				
	William Clinton	47.402.357	49,24	379
	Roberto Dole	39.198.755	40,71	159
2000				
	George W. Bush	50.546.002	47,9	271
	Al Gore	50.999.897	48,4	266
2004				
	George W. Bush	62.040.610	50,7	286
	John Kerry	59.028.444	48,3	251

	Votos populares	%	Colégio Eleitoral
2008			
Barack Obama	60.456.897	52,9	365
John McCain	59.934.814	45,7	173

seria, em verdade, "vitalícia e degeneraria em herança". (Corwin, Edward S. *A Constituição Norte-Americana e seu significado atual*. Rio de Janeiro: Zahar, 1986, p. 116) e alguém chegou a dizer que, com a reeleição, estar-se-ia possibilitando uma "monarquia eletiva".

A candidatura de Washington – o comandante em chefe do exército e o principal fundador da República – para o primeiro mandato presidencial calou essas vozes. Eleito em 1789, ele se reelegeu em 1792 e não aceitou uma terceira candidatura. Impôs-se, então, o costume de o presidente somente pleitear uma reeleição. Assim Jefferson (1800-1808, Madison (1808-1816) e Monroe (1816-1824). Voltou a prevalecer, depois, o exemplo de Washington, com Lincoln (1860 e sua reeleição em 1864, com o segundo mandato não concluído), Grant (1868-1876), McKinley (1869-1904) e Woodrow Wilson (1912-1920).

O princípio foi quebrado por Andrew Jackson (reeleito em 1828 e, mais uma vez, em 1832) e, depois, por Roosevelt, que se elegeu para quatro mandatos (1932, 1936, 1940 e 1944), não concluindo o último. Seus adversários no Congresso apresentaram, em março de 1947, após sua morte, proposta de emenda constitucional que se incorporaria, em definitivo, à Constituição em fevereiro de 1951, com a seguinte redação: "Ninguém poderá ser eleito mais de duas vezes para o cargo de presidente e pessoa alguma que tenha sido presidente, ou exercido o cargo de presidente por mais de dois anos de um período para o qual outra pessoa tenha sido eleita presidente poderá ser eleita para o cargo de presidente mais de uma vez."

O que a Constituição proíbe, então, é o exercício de mais de dois mandatos, em qualquer tempo. Mas o costume, agora imposição constitucional, de reeleger, apenas uma vez, o presidente – continuado com Eisenhower (1952-1960), Nixon (1968-1972) e Reagan (1980-1984) –, levou a que um professor de Washington comentasse, jocosamente: "O que temos, em verdade, é um mandato de oito anos a ser confirmado, no quarto ano, para os bons presidentes."

ELEIÇÕES PRESIDENCIAIS NA FRANÇA

O SISTEMA parlamentarista francês, na Quinta República, sofreu alteração com o referendo de 28 de outubro de 1962, que aprovou a designação do presidente da República por eleição pelo sufrágio universal direto.

Originariamente, dispunha a Constituição de 4 de outubro de 1958: "Art. 6 – O presidente da República é eleito por sete anos, por um Colégio Eleitoral compreendendo os membros do Parlamento, dos conselhos gerais e das assembleias dos territórios de além-mar, assim como representantes eleitos dos conselhos municipais."

Com a revisão constitucional promovida a 6 de novembro de 1962, passou a ser assim regulada a eleição presidencial: "Art. 6º – O presidente da República é eleito por sete anos pelo sufrágio universal direto. As modalidades de aplicação do presente artigo são previstas numa lei orgânica. Art. 7º – A eleição do presidente da República será efetuada por maioria absoluta dos votos depositados. Se tal maioria não for obtida no primeiro escrutínio, uma segunda votação terá lugar no domingo seguinte. Somente poderão apresentar-se nesta os dois candidatos que houverem conseguido o maior número de votos no primeiro escrutínio, tomando em conta a possível retirada de alguns dos candidatos mais favorecidos."

Foram os seguintes os resultados das eleições presidenciais deste então:

Eleições de 5 e 19 de dezembro de 1965

Primeiro Turno	N.º de Votos	% dos Votos
General De Gaulle	10.828.523	44,65
François Mitterand	7.694.003	31,72
Jean Lecanuet	3.777.119	15,57
J-L. Tixier-Vignancour	1.260.208	5,20
Pierre Marcilhacy	415.018	1,71
Marcel Barbu	279.683	1,15
Abstenção		15,25
Nulos	248.403	
Segundo Turno		
Charles De Gaulle	13.083.688	55,20
François Mitterand	10.619.735	44,80
Abstenção		15,68
Nulos	668.213	

Eleições de 1º e 15 de junho de 1969

Primeiro Turno	N.º de Votos	% dos Votos
Georges Pompidou	10.051.816	44,47
Alain Poher	5.268.651	23,31
Jacques Duclos	4.808.285	21,27

Gaston Deferre	1.133.222	5,01
Michel Rocard	816.471	3,61
Louis Ducatel	286.447	1,27
Alain Krivini	239.106	1,06
Abstenção		22,41
Nulos	295.036	

SEGUNDO TURNO		
Georges Pompidou	11.064.371	58,21
Alan Poher	7.943.118	
Abstenção		31,15
Nulos	1.303.798	

Eleições de 5 e 19 de maio de 1974

PRIMEIRO TURNO	N.º DE VOTOS	% DOS VOTOS
François Miterrand	11.044.373	43,25
Valery Giscard d'Estaing	8.326.774	32,60
Jacques Chaban-Delmas	3.857.728	15,11
Jean Royer	810.540	3,17
Arlette Laguiller	595.247	2,33
René Dumont	337.800	1,32
Jean-Marie Le Pen	190.921	0,75
Émile Muller	176.279	0,69
Alain Krivine	93.990	0,37
Bertrand Renouvin	43.722	0,17
Jean-Claude Sebag	42.007	0,16
Guy Héraud	19.255	0,06
Abstenção		15,77
Nulos	237.107	

Segundo Turno

Valery Giscard d'Estaing	13.396.203	50,81
François Miterrand	12.971.604	49,19
Abstenção		12,67
Nulos	356.788	

Eleições de 16 de abril e 10 de maio de 1981

Primeiro Turno	N.º de Votos	% dos Votos
Valéry Giscard d'Estaing	8.222.432	28,32
François Mitterand	7.505.960	25,85
Jacques Chirac	5.225.848	18,00
Gerges Marchais	4.456.922	15,35
Brice Lalonde	1.126.254	3,88
Arlete Laguiller	668.057	2,30
Michel Crépeau	642.847	2,21
Michel Debré	481.821	1,66
Marie-France Garaud	386.623	1,33
Huguette Bouchardeau	321.353	1,11
Abstenção		18,91
Nulos	477.965	

Segundo Turno

François Mitterand	15.708.262	51,76
Valery Giscard d'Estaing	14.642.306	48,24
Abstenção		14,15
Nulos	898.984	

Eleições de 24 de abril e 8 de maio de 1988

Primeiro Turno	N.º de Votos	% dos Votos
François Mitterand	10.381.322	34,11

Jacques Chirac	6.075.160	19,96
Raymond Barre	5.035.144	16,54
Jean-Marie e Pen	4.376.742	14,38
André Lajoinie	2.056.261	6,76
Antoine Waechter	1.149.897	3,78
Pierre Juquin	639.133	2,10
Arlette Laquiller	606.201	1,99
Pierre Boussel	116.874	0,38
Abstenção		18,65
Nulos	622.566	
SEGUNDO TURNO		
François Mitterand	16.704.279	54,02
Jacques Chirac	14.218.970	45,98
Abstenção		15,94
Nulos	1.161.822	

ELEIÇÕES DE 23 DE ABRIL E 7 DE MAIO DE 1995

PRIMEIRO TURNO	N.º DE VOTOS	% DOS VOTOS
Lionel Jospin	7.098.191	23,30
Jacques Chirac	6.348.696	20,84
Édouard Balladur	5.658.996	18,58
Jean-Marie Le Pen	4.571.138	15,00
Robert Hue	2.632.936	6,58
Arlete Laguiller	1.615.653	5,30
Philippe de Villiers	1.443.235	4,74
Dominique Voynet	1.010.738	3,32
Jacques Cheminade	84.969	0,28
Abstenção		21,62

Nulos	882.408	
SEGUNDO TURNO		
Jacques Chirac	15.763.027	52,64
Lionel Jospin	14.180.644	47,36
Abstenção		20,34
Nulos	1.902.148	

Eleições de 21 de abril e 5 de maio de 2002

PRIMEIRO TURNO	N.º DE VOTOS	% DOS VOTOS
Jacques Chirac	5.665.855	19,88
Jean-Marie Le Pen	4.804.713	18,86
Lionel Jospin	4.610.113	16,18
François Bayrou	1.949.170	6,84
Arlette Laguiller	1.630.045	5,72
Jean Pierre Chevènement	1.518.528	5,33
Noel Mamère	1.495.724	5,25
Olivier Besancenot	1.210.562	4,25
Jean Saint-Josse	1.204.689	4,23
Alain Madelin	1.113.484	3,91
Robert Hue	960.480	3,37
Bruno Mégret	667.026	2,34
Christiane Taubira	660.447	2,32
Corinne Lepage	535.837	1,88
Christine Boutin	339.112	1,19
Daniel Gluckstein	132.686	0,47

Abstenção		28,40
Nulos	997.262	

SEGUNDO TURNO

Jacques Chirac	25.540.873	82,21
Jean-Marie Le Pen	5.525.906	17,79
Abstenção		20,29
Nulos	1.764.718	

ELEIÇÕES DE 22 DE ABRIL E 6 DE MAIO DE 2007

PRIMEIRO TURNO	N.º DE VOTOS	% DOS VOTOS
Nicolas Sarkozy	11.448.663	31,18
Ségolène Royal	9.500.112	25,87
François Bayrou	6.820.119	18,57
Jean-Marie Le Pen	3.834.530	10,44
Olivier Besancenot	1.498.581	4,08
Philippe de Villiers	818.407	2,23
Marie-George Buffet	707.268	1,93
Dominique Voynet	576.666	1,57
Arlette Laguiller	487.857	1,33
José Bové	483.008	1,32
Frédéric Nihous	420.645	1,15
Gérard Schivardi	123.540	0,34
Abstenção		16,23

Nulos	7.218.592	
SEGUNDO TURNO		
Nicolas Sarkozy	18.983.138	53,06
Ségolène Royal	16.790.440	46,94
Abstenção		16,03
Nulos	1.568.426	

ELEITORES DE PARÓQUIA

DENOMINAÇÃO DADA, no Império, até 1881, aos que votavam no segundo grau. A Constituição monárquica de 25 de março de 1824 determinava que fossem indiretas as eleições, "elegendo a massa dos cidadãos ativos em Assembleias Paroquiais os eleitores de Província, e estes os representantes da nação, e Província". (art. 90)

Mas, mesmo em textos anteriores, como no Decreto de 7 de março de 1821 que, repetindo as disposições da Constituição espanhola de Cadiz (v. CONSTITUIÇÃO DE CADIZ), dispunha sobre a designação de deputados às Cortes de Lisboa (v. CORTES DE LISBOA), já se fazia menção a eleitor de paróquia. E a própria Decisão n.º 57, de 19 de junho de 1922, que trazia instruções para a convocação de nossa primeira Assembleia Geral Constituinte, dizia que a nomeação dos deputados seria feita "por Eleitores de Paróquia" (art. 1).

Os textos posteriores à Constituição sempre se referiram, também, a esses eleitores, não de Província, mas de paróquia.

Pela Carta de 1824, podiam participar desse segundo grau – e, assim, votar na eleição dos deputados, senadores e membros dos Conselhos de Província, depois Assembleias Legislativas Provinciais – os que podiam votar no primeiro grau.

Mas se excetuavam: I. Os que não tivessem renda líquida anual de 200 mil-réis por bens de raiz, indústria, comércio, ou emprego; II. Os libertos; III. Os criminosos pronunciados em querela, ou devassa. Quanto ao primeiro item, foi ele modificado pelo Decreto n.º 484, de 25 de novembro de 1846, depois do qual se passou a exigir, e até a Lei Saraiva, de 1881 (v. LEI SARAIVA), para os eleitores, o dobro daquela renda.

ESCRUTÍNIO

SINÔNIMO, HOJE, de votação, apuração, contagem votos. Do latim *scrutinium* que, no Direito Canônico, tinha o sentido de "exame, averiguação exata e diligente que se faz de uma coisa para saber e formar juízo dela". (*Diccionário da La Real Academia Española de la Lengua*, 19ª ed., Madri, 1970)

O sentido moderno, de "reconhecimento e regulação dos votos nas eleições ou em outro análogo", surge a partir de 1326, como explica Leo Moulin. (In:

Boursin, Jean Louis. *Les dés et les urnes*. Paris: Seuil, 1990, p. 75)

O escrutínio canônico era um procedimento complexo: "três escrutinadores eram designados para ir de dois em dois, recolher secretamente os votos motivados de cada eleitor". Como escreveu Berliere: "A obrigação de exprimir seus sufrágios diante de dois comissários com justificação dos méritos dos candidatos escolhidos dava ao ato de votar um caráter mais sério e mais solene que o simples depósito, na urna, de uma cédula preenchida em segredo." (Berliere, Dom U. *Les Élections Abbatiales au Moyen Age, Mémoires de l'Académie Royale de Belgique*, XX, fasc. 3, Bruxelles, 1927)

Feito isto, os escrutinadores anunciam o resultado em alta e inteligível voz: "é a *publicatio*. Verifica-se, em seguida, o zelo, os méritos, a autoridade do candidato, mesmo em caso de unanimidade: é a *collatio*. Vem então a eleição propriamente dita, feita por um só em nome de todos, e que se assemelha, antes, a isto que chamamos hoje proclamação. Ela é seguida da aclamação de toda a comunidade que somente perfecciona/ratifica o processo". (Boursin, Jean Louis, ob. cit., p. 75)

ESCRUTÍNIO DE LISTA FRACIONÁRIA

Tido como uma combinação dos chamados sistemas de voto cumulativo (v. Voto Cumulativo) e de voto limitado (v. Voto Limitado), o escrutínio de lista fracionária foi proposto por Séverin de La Chapelle, em 1893. (La Chapelle, Séverin de. "La représentation proportionnelle – La liste fractionnaire et les listes concurrentes entières compares". In: *Revue Catholique des Institutions et du Droit*, 10º v. 1893, cit., por Bonnefoy, Gaston, *La représentation proportionnelle*. Paris: Paris, Marchal & Billard, 1902, p. 96)

Como explica Bonnefoy, o sistema difere do modelo do voto cumulativo e limitado no fato de que as cédulas, nas circunscrições de dois representantes, somente portam um nome e, em todas as outras, a metade mais um dos nomes a eleger. E que os eleitores têm a liberdade de inscrever, em seus boletins, nomes diferentes ou indicar um ou vários nomes cumulativamente repetidos até o limite fixado.

Elogiando o sistema, como uma "combinação engenhosa", certo analista disse que sua vantagem era a de que ele respeitava "tanto no terreno eleitoral como nas assembleias políticas, o princípio da necessidade de uma maioria. Mas ele não tenderia a constituir senão "uma maioria preponderante, de nenhum modo uma maioria absoluta e onipotente". (In: Bonnefoy, Gaston, ob. cit., p. 97)

ESGUICHO

Ou "voto de esguicho" foi pela primeira vez denunciado na Assembleia Constituinte, em 1934, pelo deputado baiano J.J. Seabra. (Discurso na sessão de 15.1.1934. In: *Anais da Assembleia Constituinte*, v. VI, Rio de Janeiro: Imprensa Nacional, 1935, p. 58)

Mas o mecanismo foi melhor explicitado por Domingos Velasco que o classificou de "fraude legal", dizendo ter ocorrido em quase todos os Estados, no pleito de outubro de 1934. Segundo ele, no Rio Grande do Sul, os elementos do Partido Liberal haviam deslocado candidatos já eleitos, da Frente Única, "os quais, por sua combatividade, poderiam prejudicá-los, descarregando nas eleições suplementares a votação em outros candidatos adversos, menos votados". (Velasco, Domingos. *Direito Eleitoral*. Rio de Janeiro: Ed. Guanabara, 1935, p. 43)

Ao estabelecer a eleição em dois turnos simultâneos de votação, o Código Eleitoral de 1932 (v. CÓDIGO ELEITORAL DE 1932) dispunha que estavam eleitos em primeiro turno a) os candidatos que tivessem obtido o quociente eleitoral (art. 58, 5º, a; b) e, na mesma ordem de votação obtida, tantos candidatos registrados sob a mesma legenda quantos indicasse o quociente partidário (art. 58, 5º, b).

Como esclarecia Velasco, não se somavam os votos do primeiro turno com os do segundo, nem se acumulavam os votos de qualquer turno, mas contavam-se ao candidato de lista registrada os votos que lhe tinham sido dados em cédulas sem legenda ou sob legenda diversa, para efeito de apurar a ordem de votação.

Logo surgiu a dúvida sobre se a ordem de votação, a que se referia a letra b, n.º 50, do art. 58, era a do primeiro ou a do segundo turno. O Tribunal Superior de Justiça Eleitoral decidiu a questão, julgando que os candidatos "eleitos pelo quociente partidário não são os colocados em primeiro lugar nas cédulas que não tenham alcançado o quociente eleitoral, e sim os mais votados dentre todos os candidatos constantes da lista registrada, visto que aos votos partidários são adicionados os votos dados em cédulas sob legenda diversa ou em cédulas avulsas". (Telegrama do presidente do Superior Tribunal, esclarecendo decisão de acórdão, publicado no *Boletim Eleitoral* n.º 99, 1933, p. 2.129. In: Velasco, Domingos, ob. cit., p. 41)

Contra esse entendimento, se opuseram dois Tribunais Regionais, o do Espírito Santo e o de São Paulo, opinando este último que a aplicação do quociente partidário no segundo turno seria "desconcertante, irracional, senão ridícula".

Para o juiz Sampaio Dória, cada partido daria "em segundo turno, aos seus candidatos, e não pode fazer de outro modo, o mesmo número de votos, pois que são contados, pela legenda, igualmente a todos. Logo, fora do primeiro turno, o partido não tem meios de graduar a votação a seus candidatos. Graduou no primeiro, onde os seus eleitores exprimiram as suas preferências. Mas no segundo, não. Aí, todos têm, necessariamente, a mesma votação. Quem, então, vai eleger, nesse turno, entre os candidatos dos partidos, tantos quantos igualem o quociente partidário? (...) quem vai afinal fazer a escolha, são os eleitores estranhos ao partido, seus opugnadores, os adversários, os inimigos políticos? Porque são eles que, com os votos avulsos ou equivalentes, graduam a votação em segundo turno, aos candidatos alheios".

E concluía ele: "Poderia ser mais ridícula a lei que desse às pequenas parcialidades o arbítrio de eleger, não os seus candidatos, mas os candidatos dos partidos adversos?" (In: Velasco, Domingos, ob. cit., p. 42-43)

Esse critério, para Velasco tão defeituoso, provocou os escândalos das eleições suplementares, "nos quais um partido, organizando cédulas avulsas, modificava, de acordo com os seus interesses, a ordem de votação dos candidatos de outro partidos, realizando-se um novo escrutínio".

Quando somente foi mais amplamente denunciado o artifício após o Código Eleitoral de 1932, é que a representação proporcional, com a apresentação de listas pelos partidos políticos, o havia favorecido.

Em livro recente, José do Patrocínio Motta, no entanto, registra "votos de esguicho" no Rio Grande do Sul, na Primeira República, informando que o presidente Borges de Medeiros determinava que funcionários de uma repartição votassem em certo candidato oposicionista, a fim de superar os votos que, porventura, outro candidato, também oposicionista, pudesse receber. (Motta, José do Patrocínio. *República fratricida*. Porto Alegre: Martins Livreiro-Editor, 1989, p. 171) Mesmo na representação distrital, plurinominal – com distritos de cinco nomes, com voto limitado e cumulativo, como definido na chamada Lei Rosa e Silva, de 1904 –, seria possível o "esguicho". Mas Motta se refere às eleições à Assembleia Estadual e, para aqueles pleitos, valia, segundo a lei n.º 153, de 14 de julho de 1913, o esquema proporcional, inovadoramente proposto para o Rio Grande do Sul.

Mas na Segunda República, no Rio Grande, sob o regime do Código de 1932, Patrocínio Motta aponta dois casos, de grande repercussão, no pleito de 1934, graças ao "voto de esguicho": a eleição dos oposicionistas Marcial Terra e Walter Jobim, com preterição de seus companheiros de chapa Décio Martins Costa e João Neves da Fontoura. Décio Martins e João Neves – este, então, no exílio em Buenos Aires e Montevidéu – ficaram como suplentes. Marcial Terra e Walter Jobim renunciaram, porém, a seus postos, anulando, deste modo, a manobra do governo de Flores da Cunha. (Motta, José do Patrocínio, ob. cit., p. 172-173)

Quanto a Walter Jobim, afirmou ele, então, aos jornais: "Diga que renuncio, ou melhor, não desempenharei jamais um mandato para o qual não me considero eleito. O eleito foi o sr. João Neves. Pretenderam lhe depurar a eleição. Antigamente se o fazia na Câmara, por ocasião do reconhecimento, agora, mercê dos defeitos do Código Eleitoral pratica-se o atentado nas eleições suplementares (…) Não se conhece maior imoralidade política, o que, aliás, retrata em cores vivas a decadência da época." (Entrevista de janeiro de 1935 a um jornal de Santa Maria)

João Neves recusou a renúncia de Jobim em seu favor mas este a manteve, argumentando: "Por insubstituível, insuperável, Rio Grande não prescinde de ação fulgurante do tribuno defensor impretérito de suas liberdades. Renúncia do imperativo moral, impedir calculada depuração. Dever não se discute, cumpre-se com satisfação tanto maior quanto repara injustiças inomináveis." (Telegrama de Walter Jobim a João Neves da Fontoura, em janeiro de 1935)

Os votos de esguicho parecem se assemelhar ao fenômeno detectado em algumas eleições presidenciais dos EUA, quando das chamadas "primárias abertas" (v. PRIMÁRIAS). Partidários de uma agremiação participam das prévias de outra e votam, aí, em candidatos que julguem possam se mais facilmente derrotados (v. CROSS-OVER).

ESTADOS UNIDOS DA AMÉRICA DO NORTE

REPÚBLICA FEDERATIVA, os EUA entregaram o Poder Executivo a um presidente, eleito (v. ELEIÇÃO PRESIDENCIAL NOS EUA) por um Colégio Eleitoral (v. COLÉGIO ELEITORAL – NOS EUA), com um mandato de quatro anos, permitida uma reeleição.

O Poder Legislativo é exercido por uma Câmara de Representantes e por um Senado.

A Câmara dos Representantes possui, hoje, 435 membros, com um mandato de dois anos. Cada Estado terá direito a, pelo menos, um representante, redistribuindo-se as demais cadeiras após censo realizado a cada dez anos. (v., a seguir, DISTRIBUIÇÃO DAS CADEIRAS DOS DEPUTADOS NA CÂMARA DOS REPRESENTANTES). A eleição, na maioria dos casos, é distrital, cabendo aos Estados a delimitação das circunscrições.

O Senado compõe-se de dois representantes, por Estado, com mandato de seis anos. Inicialmente, os senadores eram eleitos pelos legislativos estaduais. A 17ª Emenda, porém, aprovada em 1913, dispôs que eles fossem eleitos diretamente, pelo povo de cada Estado. A igualdade da representação estadual, no Senado, como já se disse, era, "em 1789, uma necessidade política. Sua abolição, hoje, uma impossibilidade política". (Rodee, C; Anderson, T.J. e Christol, C. *Introdução à Ciência Política*. Rio de Janeiro: Agir, 1959, t. 1, p. 169)

A definição do direito de sufrágio cabe à legislação de cada Estado. Daí que tenham os EUA conhecido grande diversidade de regulação quanto a restrições por sexo, idade, condições domiciliares. A inscrição nas listas eleitorais e o voto são facultativos e uma grande abstenção é, normalmente, verificada nos pleitos.

HISTÓRIA ELEITORAL – Os peregrinos do navio *May Flower*, que, em 1620, fundaram Plymouth, nas costas de Massachusetts, manifestaram sua intenção de "tudo ajustar e combinar em boa união, irmanados numa corporação civil política (...)"

E, de início, valeram-se da forma direta de governo, com uma assembleia dirigente, formada por seus habitantes, excluídas as mulheres.

Com a extensão de seus domínios, com o aumento da população, criou-se uma câmara de representantes, renovada anualmente.

As outras colônias obtiveram, também, o governo de si mesmas. Testados na luta religiosa e contra os privilégios reais, na ilha britânica, tentaram, na nova terra, um governo local e a valorização da cidadania.

Inicialmente, a colonização fora deixada a cargo das próprias companhias de colonização. Em meados do século XVIII, no entanto, oito das 13 colônias se haviam transformado em Províncias reais; três continuavam sob a administração dos proprietários e em duas os governadores eram eleitos pelos próprios colonos. Já se esboçava, então, o quadro de separação de poderes que a independência iria ratificar: um governador, constituindo o Executivo, uma Assembleia Legislativa – embora constituída através de um sufrágio restrito, negado aos negros, às mulheres, aos pobres e, por vezes, aos que professavam religião diversa –, e uma judicatura mais ou menos independente.

Com a declaração de independência, aprovou-se, inicialmente, uma confederação, onde cada Estado retinha "sua soberania, liberdade e independência" (art. 2 dos Artigos de Confederação). Criou-se um congresso, com delegados de cada Estado (um mínimo de dois, e um máximo de sete) escolhidos anualmente, "como a legislação de cada Estado puder promover".

Mas se estabelecia um direito de cada Estado "de convocar seus representantes, ou qualquer deles, em qualquer época do, e para enviar outros em sua substituição no restante do período". Era o início do *recall* (v. RECALL), a possibilidade de cassação do eleito por seus eleitores. Nenhuma pessoa poderia exercer a função de delegado "por mais de três anos em qualquer período legislativo de seis anos".

Em 1787, reunidos inicialmente para reformar os artigos, 55 delegados dos Estados terminaram por elaborar uma nova Constituição. Viam a necessidade de que fosse criado um governo central mais poderoso.

E passaram a constituir uma federação, com a separação de poderes baseada na história inglesa, no seu próprio passado colonial e nas constituições dos Estados tornados independentes.

Para o exercício do Poder Executivo, criaram a função de presidente da República, eleito por um período de quatro anos. E estabeleceram um bicameralismo, com uma Câmara de Representantes (*House of Representatives*) e um Senado (*Senate*). A cúpula do Poder Judiciário seria representada por uma Corte Suprema.

Para a eleição do presidente, o art. II, Seção I, 1, da Constituição determinou que cada Estado nomearia, "segundo a maneira ordenada pela sua legislatura, um número de eleitores igual ao número total de senadores e deputados a que tiver direito no Congresso". Esses eleitores reunir-se-iam em seus receptivos Estados e votariam em duas pessoas, das quais uma, pelo menos, não deveria residir naquele Estado. Ganharia aquele candidato que reunisse "a maioria do número total de eleitores nomeados".

Eleito o presidente, a pessoa que se seguisse com o maior número de votos, seria o vice. E, dizia o artigo: "Se ambos tiverem a mesma votação, a Câmara dos Representantes imediatamente elegerá um deles para presidente mediante votação por escrutínio." Os votos seriam tomados por Estados, cabendo um voto à representação de cada unidade federada.

A Emenda XII, de 1804, reformulou o texto, impondo uma designação separada do presidente do vice-presidente e definindo melhor o processo de escolha, pelo Congresso, no caso de nenhum candidato obter a maioria absoluta dos votos do Colégio Eleitoral. Em tal caso, a Câmara elegeria "imediatamente, mediante escrutínio, o presidente, dentre as três pessoas enumeradas na lista e mais votadas para o cargo".

No caso da vice-presidência, quando nenhum dos candidatos alcançasse a maioria absoluta, o Senado escolheria entre os mais votados da lista.

Segundo alguns analistas, previa-se, inicialmente, que a Câmara seria convocada muitas vezes para a decisão sobre a quem entregar a chefia do Executivo. Mas, salvo em 1800 e em 1824, a hipótese não se verificou.

No entendimento de Edward S. Corwin, "se aparecer, entretanto, um terceiro partido poderoso, a eleição poderá frequentemente caber ao Congresso, daí resultando, desde que o voto seja por Estado, que uma pequena fração do país escolha o presidente dos três candidatos que houvessem recebido o maior número de votos eleitorais". (Corwin, Edward S. *A Constituição norte-americana e seu significado atual*. Rio de Janeiro: Zahar, 1986, p. 294)

DISTRIBUIÇÃO DAS CADEIRAS, AOS ESTADOS, NA CÂMARA DOS DEPUTADOS – Na redação original da Constituição americana, dispunha-se, sobre a Câmara, que os deputados seriam distribuídos entre os diversos Estados, "proporcionalmente às suas respectivas populações, que serão determinadas adicionando-se ao total das pessoas livres, inclusive aquelas obrigadas a serviços durante certo número de anos, e exclusive os índios não tributados, as três quintas partes de todas as demais pessoas". E que "o número de deputados não excederá de um por trinta mil habitantes, mas cada Estado terá, pelo menos, um deputado" (art. I, seção II, 3). A referência aos escravos ("as demais pessoas") foi revogada pela Emenda XIV.

A Constituição não determinou o modo como seriam alocadas as cadeiras entre os Estados nem impediu que, nestes, grandes disparidades populacionais envolvessem a configuração dos distritos eleitorais.

Quanto a este último item, só recentemente foi corrigido, com uma decisão da Corte Suprema, de que se impusesse, tanto quanto possível a igualdade entre esses distritos.

Quanto à divisão proporcional dos postos, entre os Estados, diversas foram as fórmulas buscadas para sua justa distribuição.

Método da proporção fixa, com rejeição das frações – 1790 a 1830 – Esse foi o primeiro método utilizado, sugerido por Thomas Jefferson, quando da primeira distribuição, após o censo de 1790.

Uma proporção determinada de representantes por habitantes (digamos 33 mil) seria utilizada para divisão pela população de cada Estado. O resultado seria a quota de representantes de cada Estado. Um representante seria atribuído em função do número de quotas alcançado pelo Estado. Desse modo, um Estado com uma quota de 3,9, teria direito a três representantes.

A aplicação desse método deu lugar a um paradoxo populacional pois que, com uma proporção fixa de representação, um aumento na população total poderia resultar na redução do tamanho da Câmara. Um exemplo foi dado por Edward Huntington: uma proporção fixa de 250 mil pessoas por distrito poderia resultar numa Casa de 435 membros se a população totalizasse 102.750.113; mas em uma Câmara de somente 391 membros se a população aumentasse para 102.958.798 pessoas. (Huntington, Edward V. "Methods of Apportionment in Congress", cit. in: *Congressional Quarterly's, Guide to U.S. Elections*. Washington, D.C., Congressional Quarterly Inc., p. 529)

Método de proporção fixa com frações maiores – 1840 – Utilizado apenas uma vez, após o censo de 1840. Baseou-se em uma ideia de Daniel Webster. Como no Método de Proporção Fixa, com Rejeição das Frações, uma proporção de pessoas por distrito era predeterminada e dividia-se, por ela, a população de cada Estado. Mas, agora, as frações não eram desprezadas. Por cada fração de mais da metade, um representante adicional era atribuído a cada Estado. Assim, um Estado com uma quota de 3,51, ganhava quatro representantes, mas um Estado com 3,49 obtinha apenas três. Esse método poderia levar, igualmente, a um paradoxo populacional.

Método de Vinton – 1850 a 1900 – Fórmula sugerida por Samuel F. Vinton, deputado por Ohio. Segundo ela, dever-se-ia estivar, previamente, o número total de membros da Casa dos Representantes e a população do país deveria ser divididas por esse número. Indicava-se, então, a *ratio* da população para cada representante.

Cada Estado teria, então, tantos membros na Câmara quantas vezes alcançasse esse quociente. Finalmente, para que se atingisse o esperado total da Casa, representantes adicionais seriam atribuídos a cada Estado em razão dos restos (v. Restos), eleitores não representados, começando-se por aqueles que atingissem as mais altas frações do quociente.

O método de Vinton somente se diferenciava do sistema anterior, utilizado em 1842, porque este atribuía as cadeiras suplementares a todos os Estados que alcançassem frações de mais da metade do quociente.

Vinton não fazia senão reiterar a proposta de Hamilton, secretário do Tesouro em 1792, que sugeriu ao então presidente George Washington não vetar o projeto de lei que propunha esse método para repartição das cadeiras na Câmara. Daí que, nos EUA, se denomine, também, método de Hamilton.

Mas o método de Vinton permitiu o que se denominou de "defeito fatal": o paradoxo de Alabama, o contrassenso de um aumento do número total de cadeiras na Câmara poder implicar na perda de representante de um dos Estados, mesmo que isso não correspondesse a uma alteração em sua população (v. Paradoxo do Alabama).

Método das maiores frações – 1910 a 1940 – Esse método foi utilizado após os censos de 1910, 1930 e 1940. Baseava-se nos mesmos princípios do sistema anterior, mas com algumas novas e complexas fórmulas matemáticas que buscavam uma distribuição mais equitativa das cadeiras.

Método de iguais proporções – Foi adotado pelo Congresso, em 1941. Segundo a determinação constitucional, cada Estado recebe uma cadeira e, assim, as primeiras 50 são distribuídas.

Para alocação das restantes 385, a população a repartir, de cada Estado (residente, mais os residentes no exterior) é multiplicada pelo decimal da fração $1/\sqrt{n(n-1)}$, onde n é o número de cadeiras para o Estado. O resultado dessa multiplicação é um número denominado valor de prioridade.

Assim, por exemplo, em 1970, o valor de prioridade para a segunda cadeira da Califórnia foi determinado multiplicando-se a população a repartir, no Estado, naquele ano, 20.098.683, por $1/\sqrt{2(2-1)}$ ou 0.70710678. O resultado dessa multiplicação foi 14.212.042. O mesmo cálculo foi feito para Nova York, levando à multiplicação pela população a repartir, 18.287.529, pelo mesmo fator, 0.70710678. O resultado foi 12.931.236. O processo foi repetido para cada Estado e o resultado para o de menor população, o Alasca, foi 215.008.

Para determinar o valor de prioridade, na atribuição aos Estados da terceira cadeira, a população de cada Estado é multiplicada por $1/\sqrt{3(3-1)}$ ou 0,408 24829 e o cálculo é repetido para cada Estado para o número seguinte de cadeiras.

Quando os necessários valores de prioridade são calculados para todos os Estados, eles são colocados em ordem, a começar pelos de maior grandeza.

A Califórnia, com o maior valor de prioridade para a segunda cadeira, em 1970, recebeu aquela cadeira, a de n.º 51 da Casa. Nova York veio em segundo lugar.

Os dez primeiros e os dez últimos valores de prioridade, calculados pelo Census Bureau com base no censo de 1970, foram os seguintes:

Tamanho da casa	Estado	Tamanho da delegação do Estado	Valor de prioridade
51	Califórnia	2	14.212.042
52	Nova York	2	12.931.236
53	Pensilvânia	2	8.403.479
54	Califórnia	3	8.205.326
55	Texas	2	7.989.449
56	Illinois	2	7.908.509
57	Ohio	2	7.587.397
58	Nova York	3	7.465.852
59	Michigan	2	6.319.552
60	Califórnia	4	5.802.042
426	Michigan	19	483.268
427	Texas	24	480.908
428	Carolina do Sul	6	477.855
429	Ohio	23	477.016
430	Dakota do Sul	2	476.058
431	Illinois	24	476.036
432	Nova York	39	475.041
433	Flórida	15	473.088
434	Califórnia	43	472.947
435	Oklahoma	6	472.043

F

FAVAS CONTADAS

A EXPRESSÃO, que significa coisa certa, infalível, inevitável, indicando não haver qualquer dúvida quanto a um fato referido ("São favas contadas"), tem origem eleitoral, quando a votação se realizava com a utilização de favas brancas e pretas.

Era vitorioso o candidato que somasse mais favas brancas, os eleitores se servindo das favas pretas como sinal de não aprovação.

FEDERALISMO

MUITAS VEZES são esquecidos os vínculos teóricos e práticos entre o federalismo e a separação de poderes. Esta – a distinção entre um Executivo, um Legislativo e um Judiciário – uma divisão funcional. Aquela, uma divisão espacial. Mas pretendendo ambos, desde seus esquemas iniciais, a restrição de poder que assegure a proteção dos cidadãos.

Esse propósito foi, no primeiro caso, mais evidenciado pelos "pais fundadores" da república americana. Desligando-se do jugo inglês, já tinham os habitantes da nova terra a experiência, nas suas 13 Províncias, de um Executivo local, de uma legislatura – embora respaldada em um sufrágio extremamente restrito – e de uma judicatura mais ou menos independente.

Ao tentar repetir esse esquema no governo continental, temeram, primeiramente, o desbordamento do Legislativo. E daí a razão de sua divisão em duas casas quando, afinal, sem a existência de uma nobreza, no novo solo, a Câmara Alta seria dispensável. Temeram, em menor grau, o Judiciário. Graças à natureza de suas funções, seria ele "o que apresenta menor perigo aos direitos políticos da Constituição, por estar menos em condições de molestá-los ou prejudicá-los". (Hamilton, Madison e Jay. *Sobre a Constituição dos Estados Unidos*. São Paulo: Ibrasa, 1964, p. 142)

Temeram, finalmente, o Executivo e, de resto, a conduta de Jorge III bem justificava tal sentimento. A solução procurada, aí, de limitar o segmento em face do Legislativo e do Judiciário, respondeu, igualmente, a outro problema – o de fortalecer os poderes da Confederação, insuficientes. O mecanismo, magnífico, da Federação, conseguiu "a transferência de certos poderes essenciais ao governo central, ao tempo em que deixava os restantes aos diferentes Estados", proporcionando "um limite efetivo a todos os governos". (Hayeck, Friedrich A. *Los fundamentos de la libertad*. Buenos Aires: Centro de Estudios sobre La Libertad, 1978, 3ª ed., p. 253)

Mas, na cena eleitoral, o federalismo – ao substituir a ideia da representação dos indivíduos pela das comunidades naturais, como apontaria Duverger – constitui um "maravilhoso meio para justificar as desigualdades de representação", privilegiando circunscrições me-

FIDELIDADE PARTIDÁRIA

nores e menos povoadas, em detrimento de outras, de maior área geográfica e maior densidade populacional. (Duverger, M., introdução a Cotteret, Jean Marie; Émeri, Claude; e Lalumière, Pierre. *Lois électorales et inegalités de représentation en France*. Paris: Armand Colin, 1960, p. IX)

No caso brasileiro, introduziu-se, no regime proporcional para as eleições à Câmara dos Deputados, um critério federativo que, para muitos, somente poderia prevalecer com relação à segunda Casa do Congresso.

A Constituição de 1891 dispusera, em seu art. 28, § 1º, que o número dos deputados seria fixado em proporção que não excederia de um por 70 mil habitantes, "não devendo esse número ser inferior a quatro por Estado". A Constituição de 1934 veio trazer uma limitação também quanto ao número máximo de representantes. Dizia, em seu art. 48, que "o número de deputados por Estado será proporcional à população e fixado por lei, não podendo ser superior a dez nem inferior a três por Estado". Hoje, a Constituição estabelece esses limites em um mínimo de oito e um máximo de 70 deputados (art. 45, § 1º da Constituição de 5 de outubro de 1988).

Essa fixação, de um mínimo e de um máximo de deputados por Estado, havia levado, já em 1959, o professor Miguel Reale a um protesto: nada justificaria, para ele, "que considerações peculiares ao sistema federalista se insinuem na problemática da representação popular, influindo na composição da Câmara dos Deputados". (Reale, Miguel. "O sistema de representação proporcional e o regime presidencial brasileiro", in: *Revista de Estudos Políticos*, n.º 7, nov. 1959, p. 9) Esse "desrespeito ao princípio da representação proporcional", através de "critérios artificialmente impostos", resultava em uma gritante desigualdade entre indivíduos pertencentes aos grandes e pequenos Estados, provada por ele com quadros baseados no censo demográfico de 1950 e nos dados estimativos do IBGE para a população nacional em 1959. Apontou Reale algumas consequências que a distribuição do eleitorado nacional por colégios eleitorais regionais e o desrespeito ao princípio da proporcionalidade ensejavam: "a) Pode um presidente da República ser eleito por maioria absoluta (se receber, por exemplo, a votação maciça de cinco ou seis Estados de maior eleitorado) e, no entanto, se achar em minoria na Câmara (dada a diversidade de quocientes: elege-se aqui um deputado com apenas 2 mil votos; acolá, não bastam 60 mil); b) Pode uma legenda ser a mais votada no país e, no entanto, ter posição secundária na Câmara (...) E vice-versa, o partido que mais elegeu deputados, pode não ter recebido o maior número de sufrágios no país (...) c) Um partido, insignificante no cenário nacional, pode conquistar número desproporcional de lugares na Câmara, se a sua legenda estiver a serviço da oligarquia dominante em dados Colégios Eleitorais de Estados ou Territórios dotados de ponderável bancada e diminuto quociente eleitoral." (Reale, Miguel, art. cit.)

FIDELIDADE PARTIDÁRIA

OBRIGATÓRIA VINCULAÇÃO, do representante, às diretrizes estabelecidas pelos órgãos de direção de seu partido.

No projeto da Constituição brasileira de 1967, elaborado por comissão de juristas, dispunha-se que, no decurso do mandato eletivo, nenhum parlamentar poderia "retirar-se do partido pelo qual fora eleito, nem transferir-se para outro, salvo renunciando o mandato que exercia". Mas o texto definitivo da Constituição, ao tratar dos partidos políticos, declarou que sua organização, funcionamento e extinção seriam regulados em lei, observada, entre outros princípios, a "disciplina partidária" (art. 149, V).

Com a Emenda n.º 1, de 1969, a fidelidade partidária se traduziria em termos rigorosos: perderia o mandato, "no Senado, na Câmara dos Deputados, nas Assembleias Legislativas e nas Câmaras Municipais, quem, por atitudes ou pelo voto, se opuser às diretrizes legitimamente estabelecidas pelos órgãos de direção partidária ou deixar o partido sob cuja legenda foi eleito" (art. 152, Parágrafo Único).

Sempre se argumentou que o dispositivo entrava em conflito com a essência e a estrutura do texto constitucional, com a inviolabilidade do exercício dos mandatos de deputados e senadores e, com respeito a estes, com o art. 41 da Carta, que os declarava representantes dos Estados.

Como poderiam eles representar, soberanamente, as unidades da Federação, pelas quais haviam sido eleitos, se estivessem atrelados às determinações dos órgãos de direção partidária?

A mais acesa discussão, no Brasil, sobre a fidelidade partidária, envolveu sua aplicação, ou não, ao Colégio Eleitoral criado pela Constituição de 1967 para a escolha do presidente da República. A Carta, ao criar o Colégio, e a Lei Complementar n.º 15, de 1973, ao regulamentá-lo, não haviam feito qualquer menção ao instituto da fidelidade.

O debate avivou as distinções entre o Poder Legislativo e o Colégio, este de vida efêmera, limitada a certo tempo e lugar, com predeterminada finalidade.

O fato de o Colégio se servir, para funcionar, nas dependências do Congresso, não lhe transmitiria, por mimetismo, as regras que a legislação omitira – era a argumentação trazida por um dos juristas (Limborço, Lauro. "A fidelidade no Colégio Eleitoral". In: *Estado de São Paulo*. ed. de 5.8.1984, p. 59)

Chamado a pronunciar-se sobre a disciplina partidária e a perda do mandato por infidelidade partidária, o Tribunal Superior Eleitoral entendeu, em novembro de 1984, não existir "norma constitucional ou legal que restrinja o livre exercício do sufrágio dos membros do Congresso Nacional e dos Delegados das Assembleias Legislativas dos Estados no Colégio Eleitoral, de que tratam os arts. 74 e 75 da Constituição, ou que lhes prescreva a nulidade por violação da fidelidade partidária". (Resolução n.º 11.985, de 6.11.1985. In: *Boletim Eleitoral*, Brasília, Dept.º de Imprensa Nacional, nov. de 1985, p. 32).

Respondendo a outra consulta, ainda em novembro de 1984, o Tribunal iria reafirmar que não prevaleciam "para o Colégio Eleitoral, de que tratam os arts. 74 e 75 da Constituição, as disposições relativas à fidelidade partidária, previstas no art. 152, §§ 5º e 6º da Constituição, arts. 72 a 74 da Lei Orgânica dos Partidos". (Resolução n.º 12.000, de 20.11.1985. In: *Boletim Eleitoral*, Dept.º de Imprensa Nacional, nov. 1985, n.º 402, p. 32)

E que não poderia um partido político "fixar, como diretriz partidária, a ser observada por parlamentar a ele filiado, membro do Colégio Eleitoral, a obrigação de voto em favor de determinado candidato". Segundo o relator, ministro Neri da Silveira, introduzido o sistema de eleições indiretas para presidente e vice-presidente da República, desde o

Ato Institucional n.º 1, de 1964, em nenhum documento constitucional, quer na Emenda Constitucional n.º 1, de 1969, onde se instituiu a figura da fidelidade partidária, com a sanção da perda do mandato, quer nas alterações subsequentes, ou mesmo na legislação ordinária, havia se estabelecido que o voto, no Colégio Eleitoral, se atribuído a candidato de partido diverso do que pertencesse o senador, deputado federal ou estadual, constituísse caso de infidelidade partidária.

Para ele, o Colégio Eleitoral formava um corpo de eleitores destinado a eleger um dos candidatos previamente registrados, na forma da lei, mediante voto nominal, em sessão pública. Não seria possível retirar do sufrágio o caráter de livre manifestação do eleitor.

À mingua de norma expressa, não seria admissível entender que os eleitores do Colégio "não gozem de liberdade na eleição do chefe do Poder Executivo, entre os candidatos registrados pelos partidos políticos. Embora indireto o processo de eleição, a liberdade do sufrágio é da índole do sistema democrático de escolha de titulares de cargos eletivos".

Era diferente, assim, a situação de quem votava não como integrante de sua Casa Legislativa, e nela deliberando, mas como membro do Congresso Nacional ou Assembleia Legislativa, na condição de eleitor de um Colégio Eleitoral, para escolher, dentre os candidatos registrados pelos partidos, o presidente e o vice-presidente da República. (In: Boletim Eleitoral, ob. cit., p. 37)

Em fevereiro de 2007, o senador Marco Maciel apresentou Proposta de Emenda Constitucional em que se dispunha: "Perderá automaticamente o mandato o membro do Poder Legislativo que se desligar do partido pelo qual tenha concorrido à eleição salvo no caso de extinção, incorporação ou fusão do partido político."

Com emendas apresentadas pelo senador Antonio Carlos Valadares, que estendia a disposição a "cargos eletivos do Poder Executivo", a proposta, aprovada pelo Senado, foi encaminhada à Câmara dos Deputados. (A PEC tomou, na Câmara, o n° 182 e se encontra, agora, na Comissão de Constituição e Justiça e de Cidadania)

Mas, ao mesmo tempo, o senador Maciel fez com que seu partido, o PFL, dirigisse uma consulta ao Tribunal Superior Eleitoral em que se indagava: "Os partidos e coligações têm o direito de preservar a vaga obtida pelo sistema eleitoral proporcional quando houver pedido de cancelamento de filiação ou de transferência do candidato eleito por um partido para outra legenda?"

Para surpresa de muitos, a resposta foi afirmativa. Para o relator, ministro Cesar Asfor, não era nova a questão de se saber se o mandato eletivo é tido como pertencente ao indivíduo eleito, "à feição de um direito subjetivo", ou pertencente ao grêmio político partidário sob o qual obteve a eleição. Mas não via ele dúvidas de "que o vínculo de um candidato ao Partido pelo qual se registra e disputa uma eleição é o mais forte, se não o único elemento de sua identidade política, podendo ser afirmado que o candidato não existe fora do Partido Político e nenhuma candidatura é possível fora de uma bandeira partidária". E concluía ele: "Não se há de permitir que seja o mandato eletivo compreendido como algo integrante do patrimônio privado de um indivíduo, de que possa ele dispor a qualquer título... por que isso é a contrafação essencial da natureza do mandato cuja justificativa é a função representativa de servir, ao invés de servir-se." (TSE-CTA n° 1398, Res. 22.256/2007)

Em razão dessa decisão, três partidos na Câmara, o PPP, o PSDB e o DEM, em que se transmutara o PFL, requereram ao presidente, Arlindo Chinaglia, as vagas de deputados que haviam se transferido para partidos situacionistas. Ora, tratando-se de uma consulta, sem caráter vinculante, a resposta da Presidência só poderia ser, como foi, negativa. Os partidos, então, impetraram mandados de segurança à Suprema Corte.

Em 1989, o Supremo rejeitara a tese da perda do mandato por desfiliação partidária. Tratava-se do caso de um suplente que se transferira de seu partido, mas a ele voltara e se questionava, então, seu direito a assumir o cargo, agora vago. A Emenda Constitucional de 1985, trouxera o fim da fidelidade partidária contida na Emenda Constitucional n° 01/69, que punia com a perda do mandato aquele que deixasse o partido sob cuja legenda fora eleito. Entendeu, então, seu relator, ministro Moreira Alves: "A lógica do sistema de representação proporcional e o valor que a atual Constituição empresta à representação parlamentar federal do Partido exigiam que a Carta Magna adotasse esse mínimo de fidelidade partidária que é o da permanência do Partido pelo qual o candidato se elegeu ou obteve a suplência, dada a importância que, a mais das vezes, o voto de legenda tem para o eleito ou para o suplente. Mas, se essa lógica não é seguida com relação ao empossado no cargo de Deputado nem ao eleito diplomado mas ainda não empossado – e, quanto a este, não há sequer que se falar em independência de exercício de mandato –, não há por que ter de ser observada quanto ao suplente: não se pode exigir do substituto a fidelidade que não se exige do substituído."

Somente quatro dos ministros não entenderam assim. E a respeito desses votos, o ministro Rezek, que acompanhou a maioria, foi profético: "Sei que o futuro renderá homenagem à generosa inspiração cívica da tese que norteou os votos dos eminentes ministros Celso Mello, Paulo Brossard, Carlos Madeira e Sidney Sanchez." (MS 20.927-DF, Rel. o ministro Moreira Alves, julgado em 11.10.1989. In: *DJ* de 15.4.1994)

Em outubro de 2007, triunfava a "inspiração cívica da tese" antes vencida. Julgando-se o MS 26.602-DF, dizia-se em sua ementa: "A permanência do parlamentar no Partido Político pelo qual se elegeu é imprescindível para a manutenção da representação partidária do próprio mandato. Daí a alteração da jurisprudência do Tribunal, a fim de que a fidelidade do parlamentar perdure após a posse no cargo eletivo." (MS 26.602/DF, impetrado pelo Partido Popular Socialista-PPS, relator o ministro Eros Grau, julgado em 4.10.2007. In: *DJ* de 17.10.2008)

E de modo ainda mais incisivo, se afirmou no julgamento do MS 26.603/DF: "O mandato representativo não constitui projeção de um direito pessoal titularizado pelo parlamentar eleito, mas representa, ao contrário, expressão que deriva da indispensável vinculação do candidato ao Partido Político, cuja titularidade sobre as vagas conquistadas no processo eleitoral resulta de 'fundamento constitucional autônomo', identificável tanto no art. 14, § 3°, inciso V (que define a filiação partidária como condição de elegibilidade) quanto no art. 45, 'caput' (que consagra o 'sistema proporcional), da Constituição da República." (MS 26.604, impetrado pelo

Partido da Social Democracia Brasileira – PSDB, relator o ministro Celso de Mello, julgado em 4.10.2007. In: *DJ* de 19.12.2008)

Mas faltaram os nossos historiadores e cientistas políticos em assegurar que na lógica da reforma, trazida por aquela lei de 1935 ao nosso sistema proporcional, bastava a escolha de um nome, pelo eleitor, para que se definisse por qual lista ele optava. E que essa escolha por uma lista partidária – embora não tão claramente expressa, como nos outros países – vinculando a vontade do eleitor a uma legenda, faz desta, efetivamente, a primeira destinatária do voto.

FIRST-PAST-THE-POST

DESIGNAÇÃO INGLESA do sistema majoritário, em um só turno, que exige, para a vitória, por um candidato, número de votos superior ao alcançado por cada um de seus oponentes. A maioria simples – e não a absoluta, ou qualificada (v. MAIORIA) – basta, e no caso de mais de dois candidatos, o vencedor, o mais das vezes, não tem, a seu lado, a maioria do corpo votante, que se dispersa por outros disputantes.

Vigente na Inglaterra, antes de 1885 em distritos plurinominais e, a partir dali, em distritos de um só nome, o modelo leva à injustiça. Em muitos distritos, confessaria Bagehot (v. BAGEHOT, WALTER), "a cassação de votos da minoria é sem esperança e crônica". (Bagehot, Walter. *The English Constitution*. Londres: Oxford University Press, p. 134) Mas Bagehot vai defender o sistema majoritário, de um só turno, pois ele assegura a governabilidade.

Segundo a maior parte dos analistas, essa técnica permite, quando concorrem somente dois candidatos, que se afira, desde logo, a maioria. Mas, quando a disputa envolve mais de dois concorrentes, a indicação de um só nome não exprime a totalidade do julgamento dos eleitores, que podem ter opiniões diversas sobre os outros candidatos. E a maioria relativa, então alcançada, não expressará a preferência coletiva. (v. Boursin. *Les dés e les urnes*. Paris: Seuil, 1990, p. 120)

FOGOS

O DECRETO de 7 de março de 1821, que mandava proceder à nomeação dos deputados às Cortes Portuguesas – e que utilizava o método utilizado na Constituição espanhola de Cadiz (v. CONSTITUIÇÃO DE CADIZ) –, determinava que, nas juntas ou assembleias paroquiais, seria "nomeado um eleitor paroquial por cada 200 *fogos*". E, depois, nas instruções que acompanhavam o Decreto de 3 de junho de 1822, que mandava convocar uma Assembleia Geral Constituinte e Legislativa no Brasil, dizia-se que "toda a Povoação ou Freguesia que tiver até 100 *fogos* dará um eleitor; não chegando a 200, porém, se passar de 150, dará dois; não chegando a 300 e passar de 250, dará três, e assim por diante".

Embora conhecida e entendida por todos, a expressão fogos somente teria sua definição legal, no país, pelas instruções trazidas por Decreto n.º 157, de 4 de maio de 1842: "Por *fogo* entende-se a casa, ou parte dela, em que habita independentemente uma pessoa ou família; de maneira que um mesmo edifício pode ter dois ou mais *fogos*."

Aos párocos, inicialmente, caberia mandar afixar, nas portas de suas igrejas, editais que indicassem o número de *fogos* de suas freguesias e ficariam responsáveis pela exatidão desse número (Art. 6 das Instruções que acompanhavam o Decreto de 3 de junho de 1822). Depois, para a formação da lista de *fogos* passaram a contribuir não só os párocos mas, também, os juízes de paz, inspetores de quarteirão, coletores ou administradores de rendas, delegados, subdelegados "e quaisquer outros empregados públicos", que ministrariam subsídios às juntas organizadoras das eleições em cada paróquia (art. 5º do Decreto n.º 154, de 4 de maio de 1842). Essa lista seria organizada por quarteirões, "declarando-se em frente de cada *fogo* o nome da pessoa, ou chefe de família, que o habite, sendo os fogos igualmente numerados conforme a ordem natural, e sucessiva da numeração, de sorte que o último número dos fogos indique a totalidade deles" (art. 4º do Decreto n.º 154).

FOLHA INDIVIDUAL DE VOTAÇÃO

Foi adotada, no Brasil, pela lei n.º 2.550, de 25 de julho de 1955. A folhas seriam conservadas em pastas, uma para cada seção eleitoral; por ocasião das eleições, seriam remetidas às mesas receptoras e por estas encaminhadas, com a urna e os demais documentos da eleição, às Juntas Eleitorais, que as devolveriam, concluídos os trabalhos da apuração, ao respectivo cartório, onde ficariam guardadas (art. 68). Ao alistar-se, o eleitor receberia um extrato de sua folha individual, com a denominação de "Título Eleitoral" (v. Título Eleitoral). O Título, além dos elementos necessários à identificação do eleitor, inclusive fotografia, conteria o número correspondente ao da referida Folha Individual e a indicação, por extenso, da seção eleitoral em que tivesse ele sido inscrito.

Como conta Edgard Costa, a inovação da Folha Individual de Votação se deveu a sua sugestão, como presidente do Tribunal Superior Eleitoral, à Câmara de Deputados, em 1954. Seu objetivo era corrigir "as inúmeras fraudes praticadas com o uso do título eleitoral". Uma vez que passava a fixar o eleitor na mesma seção eleitoral, somente nela podendo ele votar, e sendo conservada em cartório, a Folha "aboliu, entre outras fraudes, a do uso de título falso ou de 2ª via dolosamente obtida, que permitiam a duplicidade de votos em seções diferentes e a retenção do título por terceiros – os chamados "cabos eleitorais" – como modo de obstar o exercício do voto de adversários". (Costa, Edgard. *A Legislação Eleitoral Brasileira*. Rio de Janeiro: Dept.º de Imprensa Nacional, 1964, p. 309)

Para Edgard Costa, representando verdadeiro e legítimo titulo eleitoral, a adoção da folha individual implicaria na abolição desse documento. Mas a Comissão Mista de Reforma Eleitoral, do Congresso, conservou, "expressamente, a denominação – título eleitoral – àquele cartão, que, como um extrato da respectiva folha individual, conteria, a mais, os elementos necessários à identidade do seu portador, inclusive a sua fotografia, continuando, porém, restrito a servir de prova de que o eleitor está inscrito na seção em que deverá votar, com as garantias decorrentes dessa condição". (Costa, Edgard, ob. cit., p. 310)

A falsificação desse cartão, ou "Título", não poderia beneficiar seu portador, pela inexistência da correspondente folha individual de votação. Ainda que o voto seja tomado em separado – conclui Edgard Costa –, verificado, posteriormente, sua não correspondência com a folha individual de votação seria anulada.

FÓSFORO

Alguns dicionários apontam o *fósforo* como um indivíduo "metediço", "intruso", ou como "homem sem mérito". E nenhuma referência faz ao significado que lhe deram a crônica política e o debate parlamentar do Império e da Primeira República: o do falso eleitor, que vota por outro. Como Rui explicava, em discurso de 1879: "*Fósforo* é tanto o não qualificado que usurpa o nome, o lugar, o direito do qualificado, como o realmente qualificado, sem direito a sê-lo; em suma, tudo quanto vota ilegitimamente." (Barbosa, Rui, discurso de 10.7.1879. In: *Obras completas*, v. VI, t. I, Rio de Janeiro: Mec, 1943, p. 266)

O livro de Francisco Belisário Soares de Souza, *Sistema eleitoral no Império*, de 1872 (Brasília, Senado Federal, 1979), mostra o quanto o *fósforo* ou o *invisível* representava um papel notável nas eleições de então. No Senado e na Câmara do Segundo Reinado, muitas vezes se aludiu às "influências fosfóricas".

Na Primeira República, em áreas mais propícias aos vícios eleitorais, como o Rio Grande do Sul, os *fósforos* se multiplicaram. Uma disposição da lei n.º 58, editada em janeiro de 1897 por Júlio de Castilhos, determinava não caber às mesas eleitorais "entrar na apreciação da identidade da pessoa do eleitor, qualquer que seja o caso". Isso permitia, segundo o comentário de Mem de Sá, "a qualquer preto retinto votar com o título de um teuto chamado Hans Bernstein". (Sá, Mem de. *A politização do Rio Grande*. Porto Alegre: Tabajara, 1973, p. 27) Ou que, segundo Rubens Maciel, os mortos participassem involuntariamente da fraude; e "duplamente, não só porque votavam mas porque reincidiam no voto". (In: *Simpósio sobre a Revolução de 30*. Porto Alegre: Ufrgs, 1983, p. 148) Em livro recente, sobre as revoluções no Rio Grande do Sul, José do Patrocínio Motta explica: "Eram chamados *fósforos* pela oposição, os eleitores do governo, verdadeiro contingente eleitoral, que votavam em qualquer urna e por mais de uma vez. Eram chamados *fósforos* porque riscavam em qualquer urna, esta assemelhada com uma caixa de *fósforos*. *Fósforo* era uma expressão pejorativa da época." (Motta, José do Patrocínio. *República fratricida*. Porto Alegre: Martins Livreiro-Editor, 1989, p. 82) Mas era a denominação, como vimos, de todas as épocas, e a designar não somente aqueles que votavam com o governo.

Uma das primeiras leis da Primeira República, que estabelecia o processo eleitoral para as eleições federais, parecia ser permissiva com os *fósforos*: a lei n.º 35, de 26 de janeiro de 1892 determinava, por seu art. 43, § 4º, que "o eleitor não poderá ser admitido a votar sem apresentar o seu título, não podendo, em caso algum, exibido este, ser-lhe recusado o voto, nem tomado em separado". O texto foi repetido pelo art. 7º, § 4º, das Instruções trazidas pelo Decreto n.º 1.668, de 7 de fevereiro de 1894. Mas a lei n.º 1.269, de 15 de novembro de 1904 (v. Lei Rosa e Silva) veio possibilitar, à mesa eleitoral, se tivesse "razões fundadas para suspeitar da identidade do eleitor", tomar seu voto em separado, retendo o título exibido e o enviando, com a cédula, à junta apuradora do distrito (art. 74, § 3º)

Uma curiosa tentativa de eliminação do "fósforo", no Brasil, foi a trazida pela lei n.º 2.550, de 25 de julho de 1955, com a tentativa – seguindo o exemplo de outros países – de marcar o dedo do eleitor com tinta indelével. Dizia o seu art. 36: "Depositado o voto na urna, o eleitor, logo em seguida, introduzirá o dedo mínimo da mão esquerda em um recipiente que contenha tinta fornecida pelo Tribunal Superior Eleitoral ou pelos

Tribunais Regionais Eleitorais. § 1º – Se o eleitor se encontrar impossibilitado de utilizar o dedo mínimo da mão esquerda para o fim previsto neste artigo, seja em virtude de lesão física temporária ou permanente, seja por qualquer outro motivo, deverá ser assinalado, pela mesma forma, em lugar visível, de preferência no dedo mínimo da mão direita. § 2º – A tinta a que se refere este artigo deverá possuir características tais que, aderindo à pele, somente desapareça após 12 (doze) horas no mínimo. § 3º – Não será admitido a votar o eleitor que, no ato da votação, apresente vestígio da tinta de que trata este artigo e seus parágrafos."

Representação dirigida ao Congresso pelo presidente do Tribunal Superior Eleitoral mostrou, porém, a inexequibilidade da medida, ante a constatação da inexistência de tinta com as características exigidas (Costa, Edgard. *A legislação eleitoral brasileira*. Rio de Janeiro: Dept.º de Imprensa Nacional, 1964, p. 270) O art. 36 e seus parágrafos, da Lei n.º 2.250/55 foram, então, não decorrido um mês de sua edição, revogados pelo art. 7º da lei n.º 2.582, de 20 de agosto de 1955.

Um romance de Mário Palmério, retratando a deformada realidade eleitoral de um pequeno município de Minas Gerais, diz como havia ali, com a conivência do escrivão, uma inundação de eleitores-fantasmas: "O processo era simples. Nos últimos dias do alistamento, o partido reunia as certidões de idade remetidas pelos cartórios de paz e que sobravam, entregando-os aos cabos eleitorais de confiança. Cada um deles se incumbia de fazer porção de requerimentos, tudo com a própria letra, assinando-os com o nome constante da certidão de idade. E davam entrada às petições e assinavam o recibo e os títulos respectivos. Um eleitor ficava, assim, de posse dos vários títulos, reproduzindo-os em vários eleitores. Compareciam nas sessões, votavam, assinavam as folhas de votação, e não havia jeito de apanhar a fraude: a assinatura conferia com a do título."

Palmério faz referência a dois desses *invisíveis*, Calistinho Corneta, um "*fósforo de segurança*" e Doquinha de Joca Bento. Deste último, "contavam horrores". Na penúltima eleição, "o tipo pintara e bordara": "Votou, a primeira vez, barbudo, representando o velho Didico, morto havia mais de um ano; fez a barba, deixando o bigode, e foi para outra sessão votar em nome de um tal de Carmelita, sumido desde meses; tirou o bigode e, com a cara mais limpa e lavada deste mundo, preencheu a falta de outro eleitor; e dizem ainda que votou mais uma vez, de cabelo oxigenado e cortado à escovinha, substituindo um rapazinho alemoado que viera trabalhar, por uns tempos, na montagem da usina elétrica". (Palmério, Mário. *Vila dos Confins*. Rio de Janeiro: José Olympio, 1956, p. 320 e 340)

FRANÇA

REPÚBLICA, COM governo unitário, a França apresenta, atualmente, um sistema de governo que traz algumas dificuldades para sua definição, pelos analistas. Para alguns, o regime instituído pela Constituição de 1958, com a alteração de 1962, é "misto, meio parlamentar, meio presidencial", intermediário entre o regime parlamentar europeu, "onde o governo pertence a um Gabinete, responsável ante o parlamento, e o regime presidencial americano, "onde o governo pertence a um presidente que o Parlamento não pode derrubar". (Duverger, M. *Éléments de Droit Public*. Paris: Puf, 1957, p. 93). Para outros, o regime ali indicaria uma República mais parlamentar que presidencial; finalmente, há quem entenda que a França vem assistindo, nesta sua Quinta República, o muito óbvio declínio do Parlamento e o alargamento das funções do Chefe de Estado.

Até pela ordenação dos títulos nas Cartas: na Constituição de 1946, o Parlamento tinha a precedência; nesta de 1958, os textos relativos ao presidente da República vêm em primeiro lugar. A um Chefe de Estado Parlamentar, "sem prestígio nem poderes", se substituiu um chefe supremo do Governo, exercendo efetivamente as funções que a Constituição lhe reconhece, ao invés de ser, delas, o titular nominal.

Retornando ao poder depois da crise da Argélia, o general De Gaulle recebeu delegação para preparar uma nova Constituição. Uma lei constitucional, de 3 de junho de 1958, estabeleceu os princípios a que a nova Carta se cingiria: o Poder Executivo e o Poder Legislativo deveriam ser efetivamente separados, de maneira que o Governo e o Parlamento assumam cada um por sua parte e por sua responsabilidade, a plenitude de suas atribuições (art. 2º); o Governo deveria ser responsável perante o Parlamento (art. 3º). E esses princípios foram acolhidos no texto, aprovado por referendo de 29 de setembro de 1958. "Mediocremente redigido" – criticavam alguns autores –, o texto se prestaria "a muitas interpretações". A Constituição, segundo outro analista, conteria "muitos regimes possíveis". (Rivero, J. *Regard sur les institutions de la Cinquième Republique*. Paris: Dalloz, 1958)

Falou-se de um "regime parlamentar orleanista", a recordar aquele de Luís Filipe, baseado no princípio de que o trono – ou a presidência – não é "uma cadeira vazia", reservando-se, assim, poder e influência ao Chefe de Estado. E, numa referência curiosa, se disse que "a Constituição imperial do Brasil, que havia estabelecido um parlamentarismo orleanista, chamava esta função de 'poder moderador'". (Duverger, M. *Institutions politiques et Droit Constitutionnel*, Paris: Puf, 1955, t. 2, p. 243)

E muitos insistiram na importância da reforma de 1962 – quando a eleição do presidente passou a ser feita pelo sufrágio universal –, introduzindo um elemento a mais de presidencialismo no sistema anterior. Seria, então, normal, que os textos concernentes às prerrogativas do presidente passassem a ser interpretados conforme a nova situação.

Mas se a claridade e a precisão francesas não se esmeraram em seu novo texto constitucional, inquietude e criatividade sobram em sua aplicação. Depois do largo período inicial em que coincidiam a base eletiva presidencial e a maioria no Parlamento, assiste-se, agora, ao fenômeno da "coabitação", a instalar um equilíbrio precário, a se dizer "polibiano", entre os Chefes de Estado e de Governo.

Nas eleições presidenciais francesas (v. Eleições Presidenciais na França) exige-se a maioria absoluta de sufrágios. Caso nenhum candidato a alcance, proceder-se-á a um segundo escrutínio, duas semanas após o primeiro, sendo declarado eleito o candidato que obtiver o maior número de votos.

O Parlamento é integrado por uma Assembleia Nacional e por um Senado. Os deputados à Assembleia Nacional são eleitos, para um mandato de cinco anos, por sufrágio universal direto, por escrutínio majoritário em que se exige, igualmente, a maioria absoluta, podendo, assim, desdobrar-se em dois turnos (v. *Ballotage*). A França metropolitana se divide 96 departamentos, que se compõem, geralmente, de dois a seis *arrondissements*. Estes coincidem, na sua maioria, com os distritos eleitorais (v. Ar-rondissements), que indicam cada qual seu deputado. São, hoje, 491 mandatos nas 4 cadeiras nas Assembleia Nacional.

A eleição dos senadores, por nove anos, renovando-se, a cada três anos, um terço de seu número, é indireta. Nos departamentos aos cabe eleger até quatro senadores, a escolha é pelo sistema majoritário, exigindo-se maioria absoluta, com listas apresentadas pelos partidos. Os departamentos com mais de quatro senadores empregam o sistema proporcional de listas. Os eleitores escolhem um Colégio Eleitoral, composto de deputados nacionais, de representantes departamentais e de membros dos conselhos municipais que, por sua vez, designam os senadores de cada departamento.

O voto, na França, é facultativo. É obrigatória, no entanto, a inscrição dos eleitores na lista de cada distrito. Tem direito ao voto os que completarem os 18 anos, franceses natos, ou naturalizados, esses depois de dez anos de naturalização.

História Eleitoral – Segundo resumo de Hauriou foram as seguintes as principais etapas da extensão do sufrágio na França:

1. O ponto de partida foi o voto censitário: a Constituição de 1791 condicionou o exercício do direito de voto, para eleição do Parlamento, ao pagamento de um imposto no valor de três jornadas de trabalho, o que resultou em eliminar, do corpo eleitoral, quase um terço dos cidadãos.

2. O sufrágio universal foi instituído em 1793, mas, pela Constituição do Ano III, o direito de voto se condicionou, mais uma vez, ao pagamento de contribuições diretas; na Constituição do Ano VIII, afirmou-se o sufrágio universal, mas o voto dos cidadãos serviria, somente, para elaboração das "listas de confiança", a partir das quais o Senado designaria os legisladores, os tribunos, os cônsules etc. O sistema permaneceu o mesmo sob o Império.

3. Após a queda de Napoleão, estabeleceu-se, sob a Restauração, um sufrágio fortemente censitário. Era preciso pagar mil francos-ouro de impostos diretos para ser elegível e 300 francos para ser eleitor.

4. Com a Carta de 1830, o sufrágio permanece censitário, o censo sendo, no entanto, rebaixado para 500 francos, para a elegibilidade, e 200 para a capacidade de eleger. Desde o começo da Revolução de 1848, o sufrágio universal é proclamado, mas somente para os homens. Só com a liberação, em 1945, é que o direito de voto é concedido às mulheres. (Hauriou, André. *Droit Constitutionnel et institutions politiques*. Paris: Éditions Montchrestien, 1966, p. 247-248)

Quanto aos regimes eleitorais, após o sufrágio universal masculino, a França apresenta – ainda segundo Hauriou – o seguinte quadro:

1. Sob a Segunda República (1848-1851), a lei de 15 de março de 1849 estabeleceu o escrutínio de lista majoritária, em um só turno, no quadro departamental; as candidaturas múltiplas são autorizadas.

2. Sob o Segundo Império (1852-1870), o Decreto Orgânico, de 2 de fevereiro de 1852, institui o escrutínio majoritário uninominal, em dois turnos, dito "escrutínio *d'arrondissement*, que se tornou, por assim dizer, o escrutínio de direito comum.

3. Sob a Terceira República (1870-1940), a lei de 1849 é, de início, recolocada em vigor para a eleição da Assem-

bleia Nacional, em 1871; depois, em 1875, volta-se ao escrutínio majoritário uninominal, em dois turnos. Para as eleições de 1885, faz-se a experiência do escrutínio de lista majoritária, em dois turnos, tendo por quadro o departamento. Mas, para as eleições de 1889, retorna-se ao escrutínio *d'arrondissement*, em dois turnos, que permanecerá até depois da guerra de 1914-1918.

Em 1919, com a Lei Dessoye, se deu o que foi classificado como uma "introdução incompleta" da representação proporcional. Lei de julho daquele ano dispunha que os deputados seriam eleitos por um escrutínio de lista departamental. Mas todo candidato que, no primeiro turno, obtivesse a maioria absoluta dos votos, seria proclamado eleito. Em uma circunscrição onde houvesse seis cadeiras a preencher e 60 mil votantes, se os seis candidatos da lista A obtivessem, cada um, 31 mil votos, estariam todos eleitos e a lista B, cujos candidatos tivessem reunido cada um 29 mil votos, não teria alcançado nenhuma cadeira. Era, então, a aplicação do escrutínio de lista puro e simples, segundo a regra majoritária. E não se empregava a proporcionalidade senão se houvesse cadeiras ainda a preencher pela maioria absoluta. Em lugar de se proceder a um segundo turno de escrutínio, essas cadeiras seriam repartidas proporcionalmente ao número de votos recolhidos por cada uma das listas em competição, segundo o sistema do quociente, e as cadeiras que restassem após essa primeira repartição, seriam atribuídas à lista com mais forte média. O sistema, segundo seus críticos, era "complicado e obscuro. A possibilidade de candidaturas isoladas (suprimida por uma lei de 15 de março de 1924) prejudicava a disciplina dos partidos. A liberdade deixada ao eleitor, de *panacher* sua lista, ia de encontro ao princípio da representação proporcional, As vantagens dadas à maioria na aplicação do quociente e a atribuição das cadeiras restantes à mais forte média, incitavam os partidos a fazer alianças para assegurar a vantagem à maioria; em razão disso, desaparecia um dos principais méritos da R.P., a possibilidade para cada partido de ir ao escrutínio por sua própria conta e com seu programa próprio." (Laferriere, Julien. *Manuel de Droit Constitutionnel*. Paris: Édition Domat, 1947, p. 578) Uma lei de 20 de julho de 1927 restabeleceu o escrutínio *d'arrondissement*, que permaneceria até 1940.

4. Sob a Quarta República (1946-1958) faz-se a experiência da proporcionalidade no quadro departamental, com utilização do quociente e da mais forte média (leis de 1945 e 1946). Mas, em 1951, se limita a proporcionalidade pelo sistema de *apparentements* (v. APPARENTEMENTS).

5. Sob a Quinta República (1958) se assiste a um retorno do escrutínio majoritário, em dois turnos (ordenação de 13 de outubro de 1958). (Hauriou, André, ob. cit., p. 267/268)

FRANCO, AFONSO ARINOS DE MELO

NASCEU EM Belo Horizonte, MG, em 27 de novembro de 1905 e faleceu no Rio de Janeiro, em 27 de agosto de 1990. Bacharelou-se em 1927, pela Faculdade de Direito do Rio de Janeiro e ocupou, de 1927 a 1928, o cargo de Promotor de Justiça da Comarca de Belo Horizonte. Professor de História do Brasil da Universidade do então Distrito Federal se elege, em 1947, deputado por Minas à Câmara Federal, reelegendo-se para as legislaturas de 1950 e 1954.

Ocupou, no governo Jânio Quadros, a pasta das Relações Exteriores sendo, depois, escolhido senador pelo Rio. Autor de obras como *Introdução à realidade brasileira* (1934), *O índio brasileiro e a Revolução Francesa* (1937), *Terra do Brasil* (1939), *História e teoria do partido político no Direito Constitucional brasileiro* (1949), deixou páginas da mais abrangente interpretação do passado político brasileiro. Tendo a UDN – partido que integrava – constituído, em 1947, comissão de parlamentares incumbida de estudar a reforma eleitora, Arinos, seu relator, propôs duas emendas, depois aprovadas, estabelecendo o que chamou de "distribuição proporcional das sobras" – na verdade, a distribuição pelas maiores médias – e a vedação de um mesmo candidato se apresentar por mais de uma circunscrição eleitoral. É que o ex-ditador Getúlio Vargas, nas eleições gerais de dezembro de 1945, havia sido eleito deputado federal por sete Estados e senador por dois. Mais tarde, em reforma posterior do Código Eleitoral, Arinos propôs "a adoção da cédula única para as eleições majoritárias, que foi adotada, e também para as proporcionais, o que, na ocasião, foi recusado".

Em sua obra *História do povo brasileiro* (São Paulo, J. Quadros Editores Culturais, 1967), em colaboração com o ex-presidente Jânio Quadros, Afonso Arinos traçou um quadro exaustivo das sucessões presidenciais na Primeira República. Para ele, o sistema eleitoral e as oligarquias de então constituíam os instrumentos de seleção de um legislativo bastante homogêneo. Em outro livro, afirmou que "havia uma sorte de Congresso de notáveis, eleitos não pelos eleitores primários, mas pelos "coronéis" dos municípios e das Comissões Executivas Partidárias. Estes chefes municipais e estaduais surgiam, por sua vez, como produtores de um *consensus* histórico e emergiam materialmente do jogo sutil das forças e interesses locais e regionais. Os membros do Congresso vinham, pois, escolhidos por um Colégio Eleitoral censitário, numa eleição de segundo grau não escrito, mas que funcionava e permitia aquela representação, tanto quanto possível, homogênea" (Franco, Afonso Arinos de Melo. *A escalada*. Rio de Janeiro: José Olympio, 1965, p. 50-51)

G

GERGONNE, JOSÉ DIEZ

Matemático francês, nascido em Nancy, em 1771, e falecido em 1859, em Montpellier. Catedrático na Escola Central, depois na Universidade de Montpellier, da qual foi reitor. Fundou os *Annales de mathématiques*, do qual se publicaram 21 volumes, de 1810 a 1831. Consagrou-se, de modo especial, ao estudo do princípio de dualidade em geometria projetiva.

Em artigo intitulado "Aritmética política sobre as eleições e o sistema representativo", assim propôs: "À época das eleições, os eleitores se ajuntarão espontaneamente, seguindo a natureza de suas opiniões, de seus interesses ou de seus votos (...) e será (...) deputado de um departamento à Câmara eletiva todo cidadão que (...) seja portador de um mandato de 200 eleitores (...) lhe conferindo esse título." Mas Gergonne não aponta o modo de superar as dificuldades trazidas quando os eleitores se agrupam para eleger um candidato em número que exceda o quociente ou quando o número de representantes não for preenchido, os votos não se reunindo em grupos correspondentes ao quociente.

Lendo o artigo no volume X (1819-1820) dos *Annales de mathématiques*, Andrae (v. Andrade, Carl) se surpreendeu por encontrar desenvolvida, ali, "a mesma ideia de proceder eleições de representantes que imaginei e de que fiz uso pela primeira vez na lei eleitoral de outubro. Gergonne postula que quem quer que possa manifestamente mostrar que é apoiado por votos de um certo número (200) de eleitores legítimos, deva ser reconhecido como representante". (Andrae, Poul. *Andrae and his Invention – The Proportional Method*. Filadélfia, 1926, p. 29)

Teria sido Gergonne, assim, um dos primeiros a sugerir uma fórmula de proteção racional das minorias. Mas só mereceu, da posteridade, o reconhecimento por Andrae pois nem mesmo seus compatriotas franceses o recordaram, nesse campo.

GERRYMANDERING

Diz-se do desenho tendencioso das circunscrições eleitorais, no sistema distrital. A expressão resultou da ação de Eldbridge Gerry.

Ele nasceu em 1744 e faleceu em 1814. Assinou a Declaração de Independência americana e fez parte da Convenção de 1787, que elaborou a Constituição dos EUA. Assim o viu, ali, um de seus contemporâneos: "O caráter do sr. Gerry está assinalado pela integridade e perseverança. É orador cauteloso e ativo, possui elevado grau de confiança e penetra a fundo os assuntos sobre os quais discute, sem respeito à elegância nem ao floreio de frase. É coerente e, às vezes, claro nos seus argumentos, concebe bem, e tem por virtude principal o amor ao país. O sr. Gerry é bastante cavalheiro em princípios e modos; tem-se empenhado no comércio e é homem de bens. Conta cerca de 37 anos. (Tinha, na realidade 43.)" (In: Padover, Saul K. *A Constituição viva dos Estados Unidos*. São Paulo: Ibrasa, 1964, p. 37)

Eldbridge Gerry chegou à vice-presidência do país. Governou Massachusetts e, pouco antes do pleito de 1812, o Legislativo daquele Estado aprovou uma formação dos distritos eleitorais que beneficiava, largamente, o situacionismo. O governador Gerry parece ter se oposto, inicialmente, ao projeto mas lhe deu, afinal, a aprovação. O partido de Elbridge Gerry, com 50.164 votos, alcançou 29 cadeiras, enquanto a oposição, com 52.766 votos, somente conseguiu 11 postos. O mapa eleitoral, com a caprichosa distribuição das áreas, foi examinado, depois, pelo editor de um jornal e por um pintor, Gilbert Stuart, que começou a desenhar, por cima de um dos distritos, uma cabeça, patas, rabo, algo que se assemelhou, por fim, a uma salamandra. "Uma *gerrymandra*", sentenciou o editor. O comentário fez sucesso e, a partir de então, designou a fraude, tão comum, do mapismo nos sistemas distritais.

Em outras regiões, se constatou o *gerrymandering*. No Estado do Mississipi, por exemplo, um dos distritos era chamado de cordão de sapato (*Shoe tring district*) por sua extensão, de 500 milhas por, somente, 40 de largura. No Missouri, outro se estendia pelo Estado inteiro e nele se procurara reunir tantos eleitores negros quanto possível.

Na França, o *gerrymandering* foi chamado de *Efeito Deferre* (v. EFEITO DEFERRE) em razão do fato de Gaston Deferre, ministro do Interior em 1983, ter dividido Marselha em distritos de maneira tão hábil que Jean Claude Gaudin, com 2.600 votos de vantagem, no conjunto da cidade, perdeu a eleição para a prefeitura. (In: Boursin, Jean-Louis. *Les dés et les urnes*. Paris: Seuil, 1990, p. 155)

Os franceses usam, também, a expressão charcutage (v. CHARCUTAGE), para essa formação de distritos por critérios meramente políticos.

GIRARDIN, EMÍLIO DE

NASCEU EM Paris, em 1806, e faleceu em 1881. Depois de editar periódicos de grande sucesso, como *La mode*, *Le journal de connaissances utiles*, e *Le panthéon littéraire*, lançou *La presse*, o primeiro jornal político para o grande público, com preço acessível que a publicação de anúncios permitia.

Deputado de Burges, a partir de 1834, depois pelo Bas-Rhin, à Assembleia Legislativa, foi deputado por Paris de 1872 até sua morte. Deixou muitas obras literárias, entre estas uma autobiografia, *Emile*.

Em 1851, propôs o método da simples pluralidade. Sugeria fazer-se do país uma só circunscrição eleitoral. Cada eleitor votaria, então, por um candidato, qualquer que fosse o número de representantes a eleger. Com os votos emitidos por todos os eleitores, proclamar-se-iam eleitos os candidatos que houvessem obtido maioria relativa dos sufrágios. Pretendia Girardin que a representação pudesse ser a imagem perfeita da comunidade política. E argumentava: "Tendo as minorias o mesmo direito que as maiorias a estar representadas, busque-se o meio de conciliar estes dois direitos, opostos na aparência, de tal maneira que, maiorias e minorias, exatamente somadas, sejam fielmente representadas. A Câmara deve ser a imagem perfeita da França; ela deve ser, até certo ponto, o mapa político do país reduzido segundo uma escala cujos graus se calculem pelo número dos representantes que devam ser eleitos." (In: Arechaga, Justino Jimenez. *La libertad política*. Montevideo: Libreria Nacional, 1884, p. 167-168)

Mas, segundo seus analistas, o sistema da pluralidade simples alcançava os resultados mais opostos à proporcionalidade.

E por que o sistema não conseguisse alcançar plenamente seu objetivo – entre outras causas, pelo fato de que a maioria acumulava seus votos sobre um pequeno número de candidatos –, Boutmy (v. BOUTMY, EMÍLIO) propôs sua modificação, sugerindo que cada representante tivesse um número de votos parlamentares proporcional ao número de sufrágios que alcançasse.

GRÃ-BRETANHA

COM UM parlamentarismo "puro", em que todo o poder é exercido por um gabinete, respaldado na maioria do Parlamento, a Grã-Bretanha tem, desde 1855, seu sistema eleitoral com base em circunscrições (*constituencies*) uninominais, em que, por maioria relativa, são eleitos os representantes à Câmara dos Comuns. Não se exige, assim, do candidato vitorioso, que ele alcance número de votos superior ao do conjunto de seus oponentes (v. FIRST-PAST-THE-POST).

S.E. Finer chama o sistema inglês de "sistema de adversários", um combate ou encontro entre dois rivais em benefício do público. Nos tribunais civis, diz ele, as partes, em um assunto contencioso, apresentam suas alegações, contradizem as de seus oponentes e reinquirem as testemunhas de acordo com disposições estritas de procedimento, a fim de conseguir, da parte do juiz ou do jurado, uma sentença em seu favor. A partir, sobretudo, de 1945, a vida pública britânica se tem comportado de forma similar, em especial depois das eleições, na forma de uma polêmica contínua, na Câmara dos Comuns, onde uma oposição sem poder enfrenta um governo todo-poderoso, com a esperança de obter um veredicto favorável nas eleições seguintes. (Finer, S.E. (org.). *Política de adversários y reforma electoral*. México: Fondo de Cultura Economica, 1980, p. 13)

Esse sistema, segundo Finer, produz quatro resultados principais: em primeiro lugar, discrimina aqueles partidos, como o Liberal, cujo eleitorado se acha mais ou menos proporcionalmente distribuído entre as circunscrições, de tal sorte que, apesar de reunir quase um quinto da votação total, se encontra sempre, nas circunscrições, muito em desfavor, com relação aos principais partidos; em segundo lugar, na medida em que as eleições tendem a ser disputadas, quase exclusivamente, pelos partidos Conservador e Trabalhista, o sistema plural traz, como consequência, o exagero da representação, em termos de cadeiras, em favor do partido triunfante, em comparação com a percentagem que ele obtém na votação total; em um sistema puramente bipartidista, essa desproporção poderia expressar-se em termos da Lei do Cubo (v. LEI DO CUBO); a terceira consequência se refere ao fato de que uma pequena mudança na direção do voto produz, como resultado da mesma desproporção entre os sufrágios obtidos e as cadeiras conquistadas, a saída do partido do Governo e sua substituição pelo oponente; essas pequenas modificações na direção do voto são conhecidas, em inglês, como swing (v. SWING); a quarta e última consequência é que o sistema premia e fomenta a solidariedade dentro do partido. (Finer, S.E., ob. cit., p. 17-18)

A campanha eleitoral, com utilização do *canvassing* (v. CANVASS), é muito curta, não decorrendo senão 18 dias entre o primeiro programa político de um dos partidos na televisão e o dia do escrutínio. Como disse Blumler, "o desenvolvimento de uma campanha eleitoral britânica se faz sobre um ritmo análogo àquele de um drama bem construído. Assim, ele comporta um levantar de cortinas, sob a forma de entrevistas televisionadas dos principais dirigentes de partidos, desde o anúncio da eleição. Seguem-se atos muito breves. No primeiro, o partido no poder indica o tema do debate e dá seu tom. No curso do segundo ato, a oposição busca reconquistar a iniciativa. No final, atinge-se a apoteose, quando, nos últimos dias, todos os concorrentes procuram, em um último esforço, chegar a uma conclusão que faça triunfar a causa". (Blumler, Jay G. "Mass media roles and reactions in the February election". In: Penniman, Howard. R. *Britain at the polls*, American Enterprise Institute for Public Policy Research, Washington D.C., 1975)

As eleições para a Câmara dos Comuns devem ter lugar, normalmente, de cinco em cinco anos, mas o período é reduzido em razão das dissoluções.

A idade, para o exercício do sufrágio, é fixada em 18 anos. Mas o voto não é obrigatório.

Atualmente, são 623 as circunscrições eleitorais, 516 na Inglaterra, 71 na Escócia e 36 no País de Gales. Elas devem ter, em média, 60 mil eleitores.

Comissões Parlamentares de Limites Distritais encarregam-se de revisões periódicas das circunscrições. Cada comissão é formada, *ex-officio*, pelo *Speaker* da Câmara dos Comuns, seu presidente, por um juiz da Suprema Corte e por dois outros membros do Parlamento, nomeados pelo Governo, geralmente após consulta aos partidos de oposição. O Ministério do Interior é o responsável pelo cumprimento da legislação eleitoral. Disputas sobre os resultados dos pleitos são resolvidas por uma corte eleitoral, composta de dois juízes da Suprema Corte.

Quando, em 1917, se discutiu uma reforma eleitoral, a Câmara de Lordes propôs a introdução da representação proporcional, com voto único transferível, sobre a base de circunscrições plurinominais. A Câmara dos Comuns rechaçou a proposta e se pronunciou em favor de um voto alternativo (v. VOTO ALTERNATIVO) em circunscrições uninominais. Nenhuma das sugestões foi aprovada, continuando o sistema implantado desde 1885, de pluralidade de votos em circunscrições uninominais.

Mais recentemente, uma comissão, sob a presidência de Lord Blake e que contou, entre seus membros, com o professor Ralf Dahrendorf, estudou a reforma eleitoral na Grã-Bretanha. A chamada Comissão Blake produziu um relatório, publicado em 1976, em favor da adoção de um sistema alemão modificado: entre 640 deputados, 480 seriam eleitos em circunscrições uninominais e 160 seriam escolhidos de modo a tornar a representação de cada partido proporcional aos sufrágios expressos. O país seria dividido em 12 regiões e em cada uma delas, um partido deveria ultrapassar a soleira dos 5% para ter direito, eventualmente, a cadeiras suplementares. Os deputados que viessem, assim, se juntar ao número de seus colegas seriam escolhidos unicamente entre os candidatos batidos dos partidos sub-representados que tivessem recebido as porcentagens mais elevadas em suas circunscrições.

O interesse principal das proposições da comissão Blake reside no fato de que oferecem a possibilidade de salvaguardar as "preciosas" circunscrições uninominais e a relação particular entre deputado e eleitor que, segundo se julga, elas estimulam. (Butler, David. "Le système électorale en Grande-Bretagne", in: Cadart, Jacques (org.) *Le modes de scrutin des dix-huit pays libres de l'Europe Occidentale*. Paris: Puf, 1983, p. 64-65)

HISTÓRIA ELEITORAL – Em 1254, Henrique III convocou, para o Conselho do Rei, dois cavalheiros de cada Condado, que deveriam se pronunciar sobre a possibilidade da imposição de novas contribuições. Em 1265, Simon de Monfort, tendo feito prisioneiro o rei, pediu, em seu nome, a cada Condado, que elegessem dois cavalheiros, e a cada burgo, que escolhessem, também, dois representantes, para a composição do Parlamento. No século XIV, completou-se a divisão do Parlamento em duas casas, uma de lordes hereditários; outra de representantes eleitos.

Mas nos séculos XII e XIV, e no começo do século XV, a expressão direito de voto era incompreensível: ao votar, o eleitor não entendia exercer um direito, mas cumprir um dever desagradável. Uma vez escolhidos, os membros do Parlamento iam até Westminster não como representantes de circunscrições eleitorais soberanas, mas sob a ordem de um soberano senhor. Não eram delegados, munidos de mandatos imperativos para fazer o que seus eleitores lhes haviam pedido, mas, constrangidos e forçados, eram designados por seus concidadãos para fazer o trabalho que exigia a Coroa. Seus poderes vinham do alto e não de baixo. (Cadart, J. *Régime électoral et régime parlementaire en Grand-Bretagne*. Paris: Armand Colin, 1948, p. 13)

A partir do século XVI, cresce a importância da Câmara dos Comuns e começa a compra de cadeiras. O direito de voto ou o título de Membro do Parlamento "não é mais um encargo mas um privilégio". (Cadart, J, ob. cit., p. 15)

Desde sua origem, o direito de votar era diferente no campo e nas cidades. O sufrágio nas cidades, nos séculos XIII e XIV, era democrático, determinado pelo costume local: bastava ocupar uma casa para votar. No campo, era exigido a posse de uma propriedade com 40 shillings de renda anual.

Mas, com a importância do Parlamento, começa-se a reduzir o número de beneficiários dos sufrágios, ao menos em porcentagens. Os limites dos burgos parlamentares não foram modificados até a grande reforma de 1832; burgos abandonados continuaram a ter direito a eleger representantes e se agravou a desigualdade de distribuição das cadeiras com o desenvolvimento das regiões e cidades industriais do norte (v. BURGOS PODRES).

O quadro da p. 198, da representação da Inglaterra e do País de Gales, por regiões, em 1831, dá conta dessa desigualdade.

A corrupção era geral, pela compra dos eleitores, pela intimidação, pelo voto múltiplo. Até 1918 persistiu o sufrágio diferenciado, em razão da posse de uma propriedade.

Reformas sucessivas, em 1832, em 1867 e em 1884, estenderam o poder de voto à classe média urbana, ao proletariado urbano e, por fim, ao proletariado rural e aos trabalhadores das minas. Em 1918, foi concedido o sufrágio a todos os homens e mulheres, os primeiros atingindo sua maioridade eleitoral aos 21

Representação na Inglaterra e País de Gales, por região, em 1831

	Habitantes	Membros do Parlamento
10 condados do sul (agrícola)	3.260.000	235
6 condados do norte (industrial)	3.595.000	68
Cornualha	300.000	42
Lancahire (indust. já concentrada)	1.330.000	14
Birmigham, Manchester (cada uma)	100.000	–
Leedo, Sheffield, (cada uma)	50.000	–

(F.A. Ogg, *English Government and Politics*, cit. por Cadart, ob. cit., p. 17)

anos de idade, as mulheres, aos 30. Essa desigualdade foi corrigida em 1928.

O voto plural (v. Voto Plural) foi restringido em 1918 e, afinal, abolido em 1948. Também foi abolida em 1948 a representação, de 12 postos, exercida com o voto dos titulares de diplomas das universidades.

GUARDA NACIONAL

A ideia de uma Guarda Nacional, no Brasil, estava, já, no art. 145 da Constituição monárquica de 1824, com sua determinação de que todos os brasileiros eram "obrigados a pegar em armas, para sustentar a independência e a integridade do Império", na defesa contra seus inimigos externos e internos.

Mas a crise de 7 de abril de 1831, com o afastamento de Pedro I, apressou sua formação, numa cópia da lei francesa de março daquele mesmo ano. Proposta com muito liberalismo – uma "força cidadã", tendo seu oficialato eleito e convocando seus integrantes sem qualquer distinção de raça –, a Guarda foi, progressivamente, perdendo suas características inovadoras e se inscrevendo como mais um instrumento a serviço das elites governantes.

Jeanne Berrance de Castro distingue três fases na vida da corporação. A primeira, de 1831 à reforma da lei de 1850, quando a Guarda atuou, "de forma direta e intensa na campanha de pacificação nacional". A segunda, de 1850 ao fim do Império, teria se caracterizado "pelo início da aristocratização de seus quadros dirigentes, transformando-se, depois, em milícia-eleitoreira, força de oficiais sem soldados". Finalmente, uma fase republicana, até 1922, ano de seu desaparecimento, quando iria se verificar a absorção da milícia cidadã pelo Exército, como força de segunda linha. (Castro, Jeanne Berrance de. "A Guarda Nacional". In: Holanda, Sérgio Buarque de. *História geral da civilização brasileira*. São Paulo: Difel, t. II, 4º v., p. 274)

Outro autor, Robson Cavalcanti, distingue quatro períodos: o primeiro, desde o ato de criação da Guarda, em 1831, à lei de 1850; o segundo, que se estende até 1873, caracterizado por uma excessiva descentralização e pelo desvio de seu aspecto, primordialmente militar, para um mais abertamente político; o terceiro começa com a lei de 10 de novembro de 1873 – que desmobiliza a Guarda e restringe suas atribuições – e vai até 1889; o último, desde a proclamação da República até o Decreto n.º 13.040, de 29 de maio de 1918, quando se extingue a instituição. (Cavalcanti, Robson. *As origens do Coronelismo*. Recife: Ufpe, 1984)

Interessa-nos, aqui, o modo como a convocação, ou a ameaça de convocação à Guarda Nacional, restringiu, também, a liberdade do voto, aspecto que, segundo Berrance de Castro, teria sido "assinalado com certo exagero". (Castro, Jeanne Berrance de, ob. cit., p. 288) Mas, lamentando que, na perspectiva histórica, haja o esquecimento do papel da milícia na sustentação do trono, nos tempestuosos tempos da menoridade, Berrance de Castro reconhece que a Guarda Nacional constituiu "parte da engrenagem" da defeituosa organização eleitoral do Império. (Castro, Jeanne Berrance de, ob. cit., p. 282)

Pela legislação – a lei de 18 de agosto de 1831, o Decreto de 23 de outubro de 1832 e a lei de 19 de setembro de 1850 –, o serviço da Guarda Nacional era "obrigatório e pessoal".

Mas largas eram as exceções, com as possibilidades de isenção do alistamento e de inclusão na reserva: os que apresentassem doenças incuráveis, os detentores de postos no Executivo ou Legislativo, os religiosos, profissionais liberais, estudantes. Era permitida, também, a dispensa do serviço ativo em casos como o de um "proprietário, ou um administrador ou feitor de cada fábrica ou fazenda rural, que contiver 20 ou mais trabalhadores efetivamente empregados"; de "um vaqueiro, capataz ou feitor de cada fazenda de gado, que produzir 50 ou mais crias anualmente"; ou de "até três caixeiros de cada casa de comércio nacional ou estrangeiro, conforme a sua importância".

O que, obviamente, alargava a pressão dos potentados locais sobre o eleitorado submisso.

Dos políticos do Império, foi José de Alencar o que mais se bateu, em sua luta pela regeneração do sistema representativo, pela reforma ou mesmo abolição da Guarda Nacional. Segundo ele, a história do recrutamento no Ceará era "um drama dos mais violentos e constritadoras cenas de imoralidade, de sangue e lágrimas".

Ministro do Gabinete Itaboraí, ele apresentou, a respeito, um projeto que chegou a submeter ao imperador ("Tive a honra de discutir com a Coroa", recordou) e que, afinal, não foi acolhido na Câmara. Alencar dizia ter testemunhado "fatos da opressão que se praticava em nome da Guarda Nacional; da falta de segurança individual, das violências que sofriam os praças; eu que via a lei atual da Guarda Nacional todos os dias violada, porque não era possível executá-la estritamente sem grande vexame". (Discurso de 20.6.1870. In: Viana Filho, Luís. *A vida de José de Alencar*. Rio de Janeiro: José Olympio/MEC, 1979, p. 164)

Mas uma sugestão curiosa, apresentada por Nabuco de Araujo, em 1855, dá mostra do quanto a Guarda Nacional se integrava na "engrenagem" eleitoral: em carta a um amigo, ele propunha a organização da milícia de modo a que agisse como uma força pública e não como um partido, dividindo a oficialidade entre os partidos, equilibrando as influências políticas no seio da tropa e não as excluindo. (M. 123, Museu Imperial, Petrópolis, *Carta de Nabuco a Paes Barreto*, Buarque, p. 288)

GUARDA NEGRA

GRUPO DE capoeiristas (v. CAPOEIRA) que, no Brasil, a partir da abolição, em maio de 1888, tinha o propósito de conter o crescente movimento republicano. Como relata Holloway, "fazendo sua a causa da princesa Isabel, herdeira do trono imperial que assinara a lei de abolição, os membros da Guarda Negra dissolviam comícios republicanos e importunavam os adversários da monarquia". (Holloway, Thomas H. *Polícia no Rio de Janeiro – Repressão e resistência em uma cidade do século XIX*. Rio de Janeiro: Fundação Getulio Vargas, 1997, p. 247)

Em livro de memórias, Medeiros de Albuquerque, um dos entusiastas da República, conta ter enfrentado a Guarda Negra com "um excelente Smith Wesson" e "duas caixas de balas". Ele recorda: "A travessa da Barreira estava literalmente apinhada de uma turba multa ululante e sanguinária, mas nenhum deles com arma de fogo, todos apenas confiantes em suas artes de capoeiras, alguns nos seus cacetes e nas suas navalhas". (Albuquerque, Medeiros de. *Minha vida da infância à mocidade – Memórias (1867-1893)*. Rio de Janeiro: 1933, p. 124, cit. por Freyre, Gilberto. *Ordem e progresso*. Rio de Janeiro: Record, 4ª ed., p. 13)

Triunfante a República, comenta Gilberto Freyre, a Guarda Negra passaria a ser tratada com desprezo pelos historiadores oficiais, "quando a verdade é que, por seu esforço antirrepublicano, se exprimiu a capacidade de gratidão ao Império de muito negro liberto pelo Governo monárquico; e o que esses libertos possuíam então para pôr a serviço de sua causa era, principalmente, a sua capoeiragem, a sua arte de cabroeiras, a sua perícia de guerrilheiros urbanos". (Freyre, Gilberto, ob. cit., p. 310)

GUILHOTINA MONTENEGRO

ALCIDES MONTENEGRO era deputado e líder do governo Campos Sales na Câmara. Apresentou em 13 de outubro de 1899 emenda, de maior repercussão, ao Regimento daquela Casa. O Regimento, aprovado em 1891, dispunha: "Art. 1º – No ano da primeira legislatura, reunir-se-ão os deputados eleitos, na sala destinada aos trabalhos da Câmara, 15 dias antes do destinado para a abertura do Congresso Nacional e ocupando a presidência o deputado que for mais velho em idade dentre os presentes, convidará para servirem interinamente de secretários os quatro deputados que mais moços lhe parecerem."

As diversas facções do Partido Republicano procuravam, então, indicar idosos como candidatos para, assim, controlarem o processo de verificação e reconhecimento de poderes. "Ao mais velho, pois, comentaria Campos Salles, caberia, em última análise, a formação de sua Câmara. A questão estava assim entregue a um certificado de idade." (Salles, M.F. de Campos. *Da propaganda à presidência*. São Paulo: A Editora, 1908, p. 237).

Estimulado por Campos Salles, Augusto Montenegro apresentou a seguinte emenda: "Ao art. 1º – Depois das palavras 'entre os presentes', diga-se – salvo se entre estes se encontrar o presidente ou qualquer dos vice-presidentes que serviram na última sessão legislativa, a quem competirá então a presidência na ordem respectiva (o mais como está)." Denominado a *guilhotina Montenegro*, o texto, juntamente com outro item, que estabelecia como diploma legal ou presumidamente legítimo aquele expedido pela maioria das juntas apuradoras, foi o fundamento do que Salles empreendeu como Política dos Estados (v. POLÍTICA dos Estados) e que lhe permitiu, como disse, "apagar as dissenções que dividiam o Congresso e constituir nele uma unidade forte, patriótica e decidida a prestar seu concurso ao governo". (Salles, M.F. de Campos, ob. cit., p. 236).

Para seus críticos, contudo, a *guilhotina* foi a oficialização do que todo um passado de fraudes impusera, coroando o simulacro de representação que maculou toda a República Velha.

H

HARE, THOMAS

Inglês, propôs, em fascículo de 1857 (*The machinery of representation*) e em livro de 1859 (*Treatise on the election of representatives*), revisto em 1861, o que se designou, inicialmente, Procedimento do Boletim Uninominal com Substitutos ou com Transferência de Sufrágios à Escolha dos Eleitores. Na verdade, era o mesmo método sugerido, dois anos antes, por Andrae (v. Andrae, Carl) e que constou na lei dinamarquesa de 1855.

O depois denominado Escrutínio de Lista com Voto Transferível ou Voto Único Transferível (v. Voto Único Transferível), era assim explicado por Assis Brasil: "O país deve formar um círculo único; cada eleitor vota em tantos nomes quantos os lugares a preencher; para que um candidato se considere eleito é preciso que obtenha o quociente resultante da divisão do número de votantes pelo de lugares a prover; em cada lista, porém, só se conta um nome, e é o do primeiro inscrito; se esse não alcança o quociente, ou se o excede, os votos que obtiver, ou que lhe sobrarem, passam ao segundo, e assim por diante, até esgotar as listas, findo o que devem estar designados todos os representantes, e, se não estiverem, os votos perdidos se darão aos mais votados. Como se vê, os votos dados ao primeiro nome da lista se transferem aos imediatos, quando esse primeiro não alcançou o quociente, ou passou dele; daí a denominação de voto transferível." (Brasil, J.F. de Assis. *Democracia representativa – Do voto e do modo de votar*. Rio de Janeiro: Typ. de G. Leuzinger, 1893, p. 166)

Tudo indica que Hare não teve conhecimento do experimento anterior de Andrae. Este o confirma: "Hare não soube nem suspeitou que aquele método já estava em uso na Dinamarca. Não teve o menor conhecimento daquela lei." (Andrae, Poul. *Andrae and his Invention – The Proportional Method*. Filadélfia: The autor, 1926, p. 86). E Stuart Mill o justifica em nota aposta à 3ª edição de seu famoso livro: a coincidência pode servir "como mais um exemplo, além dos muitos que já existem, de como as ideias que trazem solução às dificuldades comuns à mente ou à sociedade humanas se apresentam, sem que para isso se comuniquem, a várias mentes superiores ao mesmo tempo. (Mill, J. Stuart. *Considerações sobre o governo representativo*. Brasília: Unb, 1980, p. 85)

Mas foi graças à propaganda de Mill que a proposta de Hare teve notável divulgação, obscurecendo, mesmo, o papel de Andrae como antecipador da fórmula. Para Mill, os méritos do sistema eram os de que, primeiramente, ele garantia a representação proporcional às divisões do corpo eleitoral; depois, não permitiria que fosse o eleitor representado por alguém que não tivesse escolhido: "Cada membro da Casa seria representante de uma circunscrição unânime." Tão grande e numerosas seriam suas vantagens, insiste Mill, que situam "o plano do sr. Hare entre as maiores melhorias jamais feitas na teoria e na prática do governo". (Mill, J. Stuart, ob. cit., p. 76)

Como Andrae, Hare recusou também a designação de seu método como de representação das minorias: "Eu sempre desejei chamá-lo de eleição livre." E como enfatizaram alguns analistas, se Hare obteve a representação das minorias, não foi senão indiretamente: "ele se propôs, antes de tudo, liberar o eleitor do jugo dos partidos e de se altear a seus próprios olhos". (Andrae, Poul, ob. cit., p. 34)

Além de sua utilização na Dinamarca, a partir de 1855, para eleição de 30 representantes no Landsthing, ou Câmara Alta, o modelo foi aplicado, por curto tempo, a partir de 1893, na Costa Rica e, em 1896, na Tasmânia.

HOMENS BONS

Segundo as Ordenações, *homens bons* e povo elegiam os juízes, vereadores, almotacés e outros oficiais que compunham as Câmaras. Há quem julgue que, aí, a expressão povo é enganadora, somente uma classe selecionada, uma nobreza, tendo direito de voto.

Em Portugal, como informa Herculano, *homens bons* eram todos os chefes de família do lugar e dessa classe somente eram excluídos os servos e os indivíduos assoldados, que serviam em casa alheira. (Herculano, Alexandre. *História de Portugal*. v. VIII, p. 313) No Brasil, a nobreza dos homens bons incluía os nobres de linhagem e seus descendentes; os senhores de engenho, a alta burocracia civil e militar e seus descendentes. A esse grupo, se juntavam os homens novos, burgueses que o comércio enriquecera.

HOMENS NOVOS

No Brasil, aqueles que, na Colônia, juntamente com os *homens bons* (v. Homens Bons) – na linguagem das Ordenações –, elegiam os oficiais das Câmaras. Segundo Oliveira Vianna, eram os burgueses que o comércio enriquecera (Vianna, Oliveira. *Instituições políticas brasileiras*. Rio de Janeiro: Record, 1974, 2º v., p. 131.

HONDT, VICTOR D'

Nasceu na Bélgica, em 1841, e faleceu em 1901. Advogado, tornou-se, em 1885, professor de Direito Civil, na Universidade de Gand. Propôs um método que resolveu o problema da distribuição das cadeiras, na representação proporcional, sem que sobrassem restos.

Na defesa de seu sistema, Hondt começou por admitir a justeza da repartição proporcional adotada por Thomas Hare, com a fixação de um quociente eleitoral: "Esta maneira de proceder é, incontestavelmente, a única legítima, e se cometeria uma verdadeira iniquidade, por exemplo, se, havendo diversos trabalhadores executando um serviço qualquer, a totalidade da remuneração fosse dada somente ao que houvesse trabalhado mais. Esta, sem dúvida, é a injustiça que se comete aplicando o método comum de eleições." (Hondt, Victor D'. "Systeme pratique et raisonné de représentation proportionnel", cit. por Aréchaga, Justino Jimenez de. *La libertad política*. Montevidéu: 1884, p. 337)

Supõe ele, então, que os números 1.501, 799 e 700 representem as forças respectivas de três partidos que disputam as eleições de vários candidatos. Os 1.501 eleitores, que constituem a metade mais um do corpo eleitoral, elegeriam todos os candidatos e os demais partidos não teriam parte alguma na representação. Hondt pergunta: "Não há meio de impedir essa injustiça, aplicando, para distribuição dos candidatos entre os eleitores, a regra de proporção que explicamos há pouco?" E responde: "Por regra geral, não; excepcionalmente, sim."

E explica: "Com efeito, não se pode dizer: se 3 mil eleitores têm direito a três representantes, um eleitor tem direito a 3 mil menos, ou seja, 3/3.000, e 1.501, 799 e 700 eleitores têm direito, respectivamente, a 1.501, 799 e 700 vezes menos. Essa maneira de proceder daria os seguintes resultados:

– O partido A, de 1.501 eleitores, teria direito a 3/3.000 x 1.501 ou 1.501/1.000 representantes;

– O partido B, de 799 eleitores, teria direito a 3/3.000 x 799, ou 799/1.000 representantes;

– O partido C, de 700 eleitores, teria direito a 3/3.000 x 700, ou 700/1.000 de representantes.

"Vê-se quanto é curiosa a conclusão; chegaríamos a milésimos de representantes, e estes são, por sua natureza, indivisíveis. Mas este absurdo não se produziria se o corpo eleitoral tivesse que eleger, por exemplo, cinco representantes e estivesse dividido nestes dois partidos: A, com 2 mil aderentes e B, com 3 mil. Então, a regra de proporção poderia ser aplicada:

– O partido A, de 2 mil eleitores, teria direito a 5/5.000 x 2.000, ou seja, dois representantes;

– O partido B, de 3 mil eleitores, teria direito a 5/5.000 x 3.000, ou seja, três representantes.

A representação proporcional é, pois, possível, segundo o método do quociente eleitoral de Hare, quando os números que representam as forças respectivas dos partidos, multiplicados pelo número de candidatos a eleger-se, são divisíveis pelo número total dos eleitores de todos os partidos. Mas não é possível quando não existe essa divisibilidade."

Conclui, então, Hondt: "Sendo impossível a aplicação rigorosa da regra matemática, em razão da indivisibilidade dos candidatos, é necessário modificar, até certo ponto, essa aplicação, renunciar a esse rigor absoluto que leva ao absurdo, para não manter senão um rigor relativo, em harmonia com a prática e com a realidade."

Ele demonstra, então, exaustivamente, que é a indivisibilidade dos candidatos a repartir o que impede, geralmente, a repartição matemática. "E se tal é o obstáculo, nada é mais fácil de evitar, desprezando certas frações. O autor do plano de uma cidade, não deve fazer abstração de todos os detalhes que não lhe permite reproduzir a diminuição da escala que emprega? Quanto menor é esta, mais detalhes têm que omitir; e, mesmo assim, sempre conserva entre o conjunto das partes reproduzidas uma perfeita proporção."

Propõe ele, então, um procedimento análogo na repartição eleitoral: "Não se poderiam reduzir as cifras eleitorais, de maneira que a redução responda perfeitamente ao número de candidatos a eleger?" E exemplifica: "Tomemos, por exemplo, os números 90, 75 e 45. Se de dividem estes três números por 15, se obtém 6, 5 e 3. Todo mundo sabe que 6 é para 5 e para 3 o que 90 é para 75 e para 45. A mesma proporção, entre os primeiros números, existe entre os segundos. Em outros termos, quando se dividem vários números por um mesmo divisor, os quocientes que se obtém estão na mesma proporção que os números divididos. Logo, a divisão de vários números por um mesmo divisor produz uma redução proporcional. Que mais se necessita para resolver o problema?"

Volta ele a propor que 3 mil eleitores devam eleger três representantes e que estejam divididos em três partidos, A, com 1.501, B, com 7.899 e C, com 700 aderentes. E divide os três números pelo mesmo divisor, 750; os quocientes obtidos seriam proporcionais entre si. Prescindindo das frações, obter-se-ia o número 2 para o partido A, 1 para o partido B e zero para o partido C. Esse resultado é proporcional. Com efeito, não seria possível conceder um representante ao partido C, pois se lhe desse um, o partido B, que é mais numeroso, deveria ter também um, e o partido A, que é de uma importância de mais que o dobro, poderia reclamar dois, o que daria quatro representantes e só três devem ser eleitos.

"Logicamente, diz Hondt, e segundo todas as regras da equidade, ao partido B corresponde um representante, pois é mais que a metade do partido A, e a este partido correspondem dois, por que caso se meçam os três com a mesma escala de 750 eleitores por um candidato, este número se encontra compreendido duas vezes no número 1.501 e somente uma vez no número 799. Sendo, pois, os três partidos medidos com o mesmo metro, nenhum deles pode protestar contra o resultado da repartição.

A conclusão de Hondt é que "a justiça se encontra na divisão de todas as cifras eleitorais pelo divisor que dê quocientes cuja soma seja igual ao número de representantes a eleger." (In: Aréchaga, Justino Jimenez, ob. cit., p. 341 e sgs.)

Em uma brochura intitulada *Exposição do sistema prático de representação proporcional adotado pelo Comitê da Associação Reformista Belga*, editada em 1878, insistiu ele no detalhamento de sua proposta:

A. DISTRIBUIÇÃO DAS CADEIRAS

Nenhum partido pode se queixar de uma distribuição feita com a ajuda de uma medida única e consequentemente igual para todos e que preenche todas as cadeiras vagas.

O partido que não alcança a medida eleitoral dando direito a uma cadeira não pode protestar contra sua exclusão de toda representação.

As cadeiras são indivisíveis.

Do mesmo modo, o partido que obtém uma ou mais cadeiras, mas que tem um excedente não representado, não pode alegar injustiça; porque esse excedente será sempre inferior ao metro eleitoral correspondente a uma cadeira.

Este metro eleitoral, esta medida única e igual para todos, denomina-se divisor ou repartidor.

Assim, em um exemplo de uma eleição para sete deputados, suponhamos que seja:

o número eleitoral da lista

    liberal 8.145
    católica 5.680
    independente 3.725

O número divisor é 2.036.
Este número entra

    4 vezes em 8.145
    2 vezes em 5.680
    1 vez em 3.725

Cabem, então:

    4 cadeiras ao partido liberal
    2 ao partido católico
    1 cadeira ao partido independente

Mas como achar, perguntar-se-á, o número divisor? Dividindo os números eleitorais por 1, 2, 3, 4 e assim por diante; comparando os quocientes obtidos e relacionando-os segundo a ordem de sua importância. O quociente que ocupe o nível correspondente ao número de cadeiras é o número divisor.

Façamos a operação. Os números eleitorais dos partidos são 8.145, 5.680 e 3.725. Dividamos sucessivamente esses números por 1, 2, 3, 4 e 5. Obteremos os quocientes conforme o quadro abaixo.

Há sete cadeiras a distribuir. Dos diversos quocientes indicados, o número 2.036 é o sétimo na ordem de importância. Ele será o número divisor.

Deve-se notar que qualquer número depois de 2.036 até aquele de 1.893, exclusivamente, seguindo a ordem descendente, poderá desempenhar o mesmo papel. O quociente 1.893, com efeito, é o oitavo na ordem de importância; ele corresponde a uma eleição para oito cadeiras; mas todo divisor superior não produzirá mais uma soma de quocientes igual a 8.

A busca do número divisor pode ser facilitada por tabelas dando os quocientes dos números de 1 a 1.000 divididos pelos números 1, 2, 3, 4 e assim por diante, até o número correspondente ao máximo de cadeiras sobre as quais uma eleição deve incidir.

B. Designação dos Eleitos

Em cada lista, são os candidatos que obtiveram mais marcas de preferência (em nosso sistema, o maior número de votos pessoais) que devem ser eleitos.

Suponhamos que a apuração tenha dado, no que concerne às marcas de preferência, os seguintes resultados (v. quadro da p. 208).

Pode acontecer, mas muito excepcionalmente, que, dentre os quocientes obtidos pela divisão dos números eleitorais

Divididos por			
1	8.145	5.680	3.725
2	4.072	2.840	1.862
3	2.715	1.893	
4	2.036		
5	1.629		

Disponhamos, agora, esses números segundo a ordem de sua importância:

1º	8.145		
2º		5.680	
3º	4.072		
4º			3.725
5º		2.840	
6º	2.715		
7º	2.036		
8º			1.893

dos partidos por 1, 2, 3, 4, o que ocupa na ordem de importância o nível correspondente ao número de cadeiras, se produza sobre diferentes listas. A última cadeira a se atribuir pertencerá, nesse caso, por igual título, a mais de um partido. A qual atribuir, então? Ao partido concorrente à cadeira em questão, que tenha o número eleitoral mais elevado.

Uma outra solução teria o risco de conceder a maioria das cadeiras a um partido de menor importância. O que não é admissível. (In: *La représentation proportionnelle – Études de législation et de statistique comparées*. Paris: F. Pichon, 1888, p. 69 e sgs.)

A ideia, feliz, de Hondt, foi a de diminuir o quociente eleitoral a ponto de não sobrar qualquer cadeira após a primeira repartição. Eliminava-se, assim, o tão angustiante problema dos restos. Hondt inspirou ao ministro Van Den Harven um projeto apresentado em 8 de agosto de 1899 e que estabelecia o novo método de distribuição proporcional. A justiça do sistema, como alegou o

CANDIDATOS LIBERAIS		CANDIDATOS CATÓLICOS		CANDIDATOS INDEPENDENTES	
Alvin	503	Dury	204	Lyon	305
Boulle	385	Jadot	195		
Caron	679	Persoul	326		
Garnier	405	Van Ryn	123		
Lamal	203				
Motte	701				
Vaesw	108				

São eleitos:

Liberais:	Motte	701	
	Caron	679	
	Alvin	503	
	Garnier	405	
Católicos:	Persoul	326	
	Dury	204	
Independentes:	Lyon	305	

próprio Hondt, "se encontra na divisão de todas as cifras eleitorais pelo divisor que dê quocientes cuja soma seja igual ao número de representantes a eleger". A chave do método, explicariam seus comentadores, reside em que quando se dividem vários números por um mesmo divisor, os quocientes que se obtém estão na mesma proporção que os números divididos. Logo, a divisão de vários números por um mesmo divisor produz uma redução proporcional que resolve, prática e racionalmente, o problema.

O sistema Hondt, para alguns de seus críticos, porém, apresenta a desvantagem de favorecer os grandes partidos, em detrimento dos menores. Daí que se tenha sugerido outras séries de divisores, que se listam no quadro seguinte:

PROCEDIMENTOS DE DIVISORES ALTERNATIVOS AOS DE HONDT

Denominação	Série de Divisores
Método de Hondt	1 – 2 – 3 – 4 – 5 etc.
Método Imperiali	2 – 3 – 4 – 5 etc.
Método St. Lague	1 – 3 – 5 – 7 etc.
Método St. Lague modificado	1,4 – 3 – 5 – 7 etc.
Método dinamarquês	1 – 4 – 5 – 7 – 10 – 13
Método Huntington	1,41 – 2,45 – 3,46 – 4,47

(In: Nohlen, D. *Sistemas electorales del mundo*, Madri, Centro de Estudios Constitucionales, 1981, p. 130, cit. por Franco, Rolando. *Los sistemas electorales y su impacto político*. Costa Rica, Capel, 1987, p. 72)

IDENTIFICAÇÃO BIOMÉTRICA

Inicialmente, a Lei n° 12.034, de 29 de setembro de 2009, dispôs, em seu art. 5°, § 5°, que seria permitido "o uso de identificação do eleitor por sua biometria ou pela digitação de seu nome ou número de eleitor, desde que a máquina de identificação não tenha nenhuma conexão com a urna eletrônica".

Segundo os dicionários, a biometria é a ciência da aplicação de métodos de estatística quantitativa a fatos biológicos, a análise matemática de dados biológicos e a ciência que estuda a mensuração dos seres vivos. Um de seus tipos é a identificação digital que passou a ser usada, no país, pela Justiça Eleitoral. E a urna com leitor biométrico começou a ser empregada nas eleições de 2008.

Conforme esclarece o Tribunal Superior Eleitoral, "na identificação biométrica as impressões digitais garantem que uma pessoa seja cadastrada somente uma vez na base de dados da Justiça Eleitoral e, após esse cadastramento, as urnas biométricas são carregadas com as impressões digitais dos eleitores de cada seção eleitoral. Ao se apresentar para votar, o eleitor tem as suas digitais analisadas e, havendo coincidência das minúcias das digitais apresentadas com as das imagens constantes no banco de dados da Urna Eletrônica, esta automaticamente habilita o eleitor para votar".

Garantia de maior segurança na identificação daquele que vota, impedindo, assim, que outro se apresente com o título eleitoral, afasta-se, de vez, a fraude que era comum no final do Império e no começo de nossa República: o que se denominava de *fósforo* (V. Fósforo). O que já vinha sido impedido, primeiro, pela Folha Individual de Votação, criada pela Lei n° 2.550, de 25 de julho de 1955 (V. Folha Individual de Votação), que veio abolir, entre outras fraudes, a do uso de título falso ou de 2ª via, obtida de modo doloso, que possibilitava a duplicidade de votos em seções diferentes e, enfim, o voto por outrem. Depois, também vedada pelo recadastramento dos eleitores, promovido em 1985-1986, por iniciativa do então presidente do TSE, ministro Néri da Silveira, com a criação de um número único, sequencial em todo o país.

Nas eleições gerais de 2010 mais de um milhão de eleitores, em 60 municípios, votaram com o novo sistema. E espera o Tribunal Superior Eleitoral que até 2018, todos os eleitores do país utilizem urnas com leitor biométrico.

Quanto à disposição da Lei n° 12.034/2009, de que "a máquina de identificação não tenha nenhuma conexão com a urna eletrônica", ela é criticada pelo ex-secretário de Informática do TSE, Paulo César Bhering Camarão. Segundo ele, "o princípio descrito busca garantir que somente o eleitor registrado na urna vote e, mesmo assim, por uma única vez. Isso vem ocorrendo desde as eleições de 1996 sem ter apresentado qualquer problema. Substituir esse procedimento com a suspeita de que – por intermédio do terminal do mesário, que só acessa o arquivo de eleitores da urna – se possa alterar votos é não se aprofundar na análise detalhada dos sistemas do voto eletrônico no Brasil. Se for eliminada essa conexão, terão que ser encontradas soluções que garantam a fidelidade da identificação do eleitor e a autorização para o voto, sem retirar toda a segurança que o processo atual, já testado, proporciona". (Camarão, Paulo César Bhering, entrevista a *Brasília em Dia*, edição de 15.12.2010)

INCOMPATIBILIDADE

IMPEDIMENTO a que o representante acumule o mandato, com certos encargos que ele detinha antes da eleição ou que ele assuma depois. Não torna a eleição nula uma vez que haja desincompatibilização na época certa. Difere da inelegibilidade (v. INELEGIBILIDADE), pois que esta se aponta antes da eleição, tornando-a nula. A incompatibilidade, ao contrário, não impede a eleição, que é válida, e só interdiz a conservação do mandato e da situação incompatível. Ocorre incompatibilidade a propósito de função pública e de certas situações ou ocupações privadas e quanto à acumulação de mais de um mandato.

NO BRASIL – As primeiras incompatibilidades, entre nós, já foram firmadas na Constituição do Império, de 1824, em seus arts. 29 e sgs. Os senadores e deputados poderiam ser nomeados para os cargos de ministros de Estado ou Conselheiros de Estado "com a diferença de que os senadores continuariam a ter assento no Senado e o deputado deixaria vago o seu lugar na Câmara e, se procedesse à nova eleição na qual pudesse ser reeleito e acumulasse as duas funções". Mas, não se poderia "ser ao mesmo tempo membro de ambas as Câmaras" (art. 31). O exercício de qualquer emprego, à exceção dos de Conselheiro de Estado e ministro de Estado, cessaria "interinamente, enquanto durarem as funções de deputado e senador" (art. 32).

Ao disciplinar, depois, a matéria, os legistas do Império – e mesmo os melhores doutrinadores, como Pimenta Bueno – confundiam inelegibilidade e incompatibilidade – referindo-se, sempre, somente a esta última denominação para indicar os casos de impedimento à capacidade eleitoral passiva.

Todas as Constituições que se seguiram à de 1824 trataram dos impedimentos a que os membros do Congresso pudessem celebrar contratos com o Poder Executivo, dele receber comissões ou empregos remunerados, fazer parte de diretoria de empresas que gozassem de favores do Governo etc.

Mais rigorosa a de 1891 impunha a perda do mandato do deputado ou senador que aceitasse o cargo de ministro de Estado (art. 50, Parágrafo Único).

INELEGIBILIDADE

O IMPEDIMENTO a que uma pessoa concorra a eleição. Pode ser absoluta, proibindo a candidatura às eleições em geral, ou relativa, impossibilitando a postulação a determinado mandato eletivo. Como ensina Pinto Ferreira, há três tipos de inelegibilidades relativas: "O primeiro diz respeito ao exercício de certas funções: é a inelegibilidade relativa funcional; o segundo concerne ao parentesco: é a inelegibilidade por parentesco; o terceiro abrange a obrigatoriedade de domicílio eleitoral no Estado ou no município por prazo entre um ou dois anos, fixado conforme a natureza do mandato ou função." (Ferreira, Pinto. *Manual prático de Direito Eleitoral*. São Paulo: Saraiva, 1973, p. 148)

A inelegibilidade se distingue da incompatibilidade (v. INCOMPATIBILIDADE) pois, ao contrário desta, é anterior à eleição, impede as candidaturas, leva à anulação dos votos.

NO BRASIL – No Império, inicialmente, à falta de previsão da lei, os detentores de funções públicas disputavam, com vantagem, os pleitos, em se afastar de seus cargos. Uma rápida leitura do *Catálogo biográfico dos senadores brasileiros* (Brasília, Senado Federal, 1986), mostra, por exemplo, que, entre muitos outros, foram eleitos senadores, nas Províncias que presidiam: Leitão da Cunha, em 1870, pelo Amazonas; Sá e Albuquerque, em 1865, por Pernambuco; Carneiro Campos, em 1857, por São Paulo; Francisco de Souza Paraizo, em 1837, pela Bahia; Francisco Gonçalves Martins, em 1851, também pela Bahia; Almeida e Albuquerque, em 1857, pela Paraíba; Cansanção de Sinimbu, em 1858, pela Bahia; Maciel da Costa, em 1826, pela Paraíba; Rodrigues Jardim, em 1837, por Goiaz. E, para a Câmara, era tão frequente a eleição dos dirigentes das Províncias que Paula Souza indagava, em 1846: "Qual é o presidente que, de certa época para cá, não é eleito deputado?" (Sessão de 23.6.1846. In: *Anais do Senado*, Brasília, Senado, 1978, p. 218) E, quando não candidatos, os dirigentes das províncias impunham nomes de sua preferência. Comentava Vasconcelos: "Os presidentes das Províncias, que são quase todos candidatos ou que tem candidatos do seu peito". (Sessão de 16.6.1846. In: *Anais do Senado*, ob. cit., p. 184)

Aos poucos é que, com grande reação no Parlamento, vão se alinhando os casos de inelegibilidades – incompatibilidades, como então se dizia.

Hoje, no Direito Eleitoral, se distinguem com precisão as duas realidades: inelegibilidade sendo um impedimento à capacidade eleitoral ativa, ao direito de ser eleito; incompatibilidade sendo um impedimento ao exercício do mandato eletivo, à prática de certos atos, ou ao exercício acumulativo de certas funções. (Ferreira, Pinto, ob. cit., p. 148)

Mas, no Império, somente se falou de incompatibilidades, envolvendo os impedimentos anteriores e posteriores às eleições. A lei e os melhores tratadistas, como Pimenta Bueno (*Direito Público brasileiro e análise da Constituição do Império*. Brasília: Senado, 1978), confundiam os dois conceitos.

Mesmo com grande oposição no Senado e na Câmara, foram, pouco a pouco, sendo levantados obstáculos à eleição, nas circunscrições em que exerciam seus postos, dos agentes do poder público.

Em 1839, uma indicação do deputado Bastos de Oliveira propunha que a Comissão de Constituição oferecesse parecer sobre a conveniência de adotar-se que os presidentes de Províncias, juízes de Direito e Comandantes de Armas não pudessem ser eleitos nas Províncias em que servissem.

Em 1841, por projeto do deputado Joaquim Manuel Carneiro da Cunha, se consideravam não elegíveis, além dos presidentes, nas Províncias, que administrassem os bispos, em suas dioceses, os desembargadores, nos distritos de suas relações, os Comandantes de Armas, nos lugares de seus comandos, os chefes de Polícia, seus delegados, nos termos e distritos de sua jurisdição, os juízes de Direito em suas comarcas.

Noutro projeto, de 1843, de Antônio Pereira Rebouças, alargava-se essa relação para incluir, também, os vigários, subdelegados, promotores, juízes de paz, intendentes de Marinha, inspetores das tesourarias e alfândegas, procuradores fiscais, coletores e arrematantes de rendas públicas.

A Comissão Especial, que se nomeou para examinar o projeto Rebouças, trouxe-lhe a mesma contestação que a discussão sobre projetos semelhantes iria enfrentar sempre: o texto alcançava direitos políticos do cidadão e não poderia, assim, ser objeto de deliberação sem que, a seu respeito, fossem observadas as formalidades fixadas na Lei Fundamental do Estado, para todas as proposições que envolvessem reforma constitucional. (In: Pinto, Antônio Pereira (org.). *Reforma eleitoral, Brasília*. Unb, 1983, p. 78 e segs.)

A inconstitucionalidade da proibição foi sempre arguida. Nenhum dos empregos – dizia-se – era excluído da Câmara dos Deputados ou do Senado, pela Constituição; logo, a proposta vinha restringir os direitos políticos dos cidadãos. Também se objetou, em 1845, na Câmara, que, aprovadas restrições à elegibilidade, haveria barganha, com o ajuste de funcionários "para se fazerem eleger reciprocamente, uns nos distritos dos outros". (Sessão de 23.6.1846. In: *Anais...*, ob. cit., p. 218)

Em 1846, pela lei n.º 387, se determinou que não poderiam ser eleitos membros das Assembleias Provinciais, o presidente da Província, seu secretário e o Comandante de Armas.

Em 1855, pela Lei dos Círculos (v. LEI DOS CÍRCULOS), o marquês do Paraná impôs o alargamento das inelegibilidades. Mas só porque transformara seu projeto em "questão ministerial", enfrentando uma muito firme reação do Parlamento que julgava inconstitucional a inibição a que fossem votados empregados públicos. A esse entendimento vai, de início, filiar-se o próprio imperador que, por ocasião do debate sobre a Lei Saraiva (v. LEI SARAIVA) – e que viria a impedir a candidatura ao Senado dos ministros de Estados –, anotou: "Não é melhor que o presidente do Conselho exija dos ministros o compromisso de não se apresentarem candidatos às senatorias do que vedar-lho por lei?" (In: *Perfis parlamentares – 4 – José Antônio Saraiva*. Brasília: Câmara dos Deputados/José Olympio, 1978, p. 647)

Em muitos casos, mais que a letra da lei, valeu o rigor ético com que muitos dos políticos do Império corrigiam a tolerância das normas.

Joaquim Nabuco elogia a recusa do pai, por nove vezes, a candidatar-se ao Senado e a prevalecer-se, assim, de sua posição como ministro; ao menos em quatro ocasiões, a postulação seria natural. "Rejeitei quatro senatorias por lealdade aos princípios, por conveniência política", escreveria José Thomaz Nabuco de Araujo, em carta a Sá e Albuquerque. E ao aceitar que, na Lei Saraiva, constasse a proibição de candidaturas ministeriais, o imperador lembraria o procedimento de Nabuco e diria, em despacho: "Os senhores têm razão de pôr isso na lei; não há mais desses homens." (In: Nabuco, Joaquim. *Um estadista do Império*. São Paulo/Rio de Janeiro: Nacional/Civ. Brasileira, 1936, p. 254)

Em discurso de julho de 1869, Saraiva conta como, havendo sido proposta sua candidatura à Câmara pelo Piauí, ele a afastou, pois governava, então, aquela Província. (In: *Perfis...*, ob. cit., p. 421)

Somente com a Lei Rosa e Silva (v. Lei Rosa e Silva), na República, em 1904, é que se passaria a utilizar o termo correto, de inelegibilidade.

Segundo a atual Constituição, além dos casos de inelegibilidade previstos em seu art. 14, a lei complementar estabelecerá outros "a fim de proteger a normalidade e a legitimidade das eleições contra a influência do poder econômico ou o abuso do exercício de função, cargo ou emprego na administração direta ou indireta". (§ 9º)

INICIATIVA POPULAR

Procedimento pelo qual determinada porção do eleitorado de um país pode dar começo à elaboração de projeto de lei. Permite-se, assim – comenta Duverger –, ao invés de um simples controle, uma orientação, pelos governados, da atividade governamental.

A eficácia do procedimento, prossegue Duverger, é variável, conforme se trate de uma iniciativa "formulada", compreendendo um verdadeiro projeto de lei, ou de uma iniciativa "não formulada", consistindo em uma simples indicação geral da reforma a cumprir. No primeiro caso, contata ele, o povo chega a elaborar, diretamente, a maior parte de uma medida governamental. (Duverger, Maurice. *Manuel de Droit Constitutionnel et de Science Politique*. Paris: Puf, 1948, p. 182)

Segundo outros autores, a iniciativa popular pode criar, ao lado do procedimento legislativo ordinário, um procedimento legislativo especial, que permita ao povo modificar o direito em vigor com, ou mesmo sem o consentimento dos órgãos competentes.

Na Suíça, a iniciativa popular foi introduzida em 1852, na Argovia, e outros cantões seguiram seu exemplo.

No Brasil – Na elaboração da Constituição de 1988 foi permitida a apresentação de emendas populares. Dispunha o art. 24 do regimento interno da Constituinte que ficava assegurada "a apresentação de proposta de emenda ao projeto da Constituição, desde que subscrita por 30 mil (trinta mil) ou mais eleitores brasileiros, em listas organizadas, no mínimo, por 3 (três) entidades associativas, legalmente constituídas, que se responsabilizarão pela idoneidade das assinaturas".

E como informa Maria Victoria de Mesquita Benevides (*Cidadania ativa – Referendo, plebiscito e iniciativa popular*. São Paulo: Ática, 1991, p. 124), três emendas populares sobre a inclusão de institutos de participação no texto constitucional reuniram, sob o patrocínio de grupos de São Paulo e Minas, mais de 400 mil assinaturas.

A Constituição atual prevê, inicialmente, que a soberania popular será exercida por meio de representantes eleitos ou diretamente (art. 1º, Parágrafo Único).

O art. 14 indica, quanto ao exercício direto, o plebiscito, o referendo e a iniciativa popular. E esta, afinal, nos termos do art. 61, § 2º, poderá ser exercida "pela apresentação à Câmara dos Deputados de projeto de lei subscrito por, no mínimo, 1% do eleitorado nacional, distribuído pelo menos por cinco Estados, com não menos de 3/10% dos eleitores de cada um deles".

A exigência desse número de assinaturas torna pouco provável a utilização do procedimento. Esse patamar elevado – creditado "à intensa polêmica sobre o próprio princípio participativo" – representou, segundo Maria Victória Benevides, "uma vitória dos conservadores, já que não podiam, simplesmente, eliminar toda e qualquer forma de iniciativa popular, como desejavam".

Essa posição conservadora é retratada, por ela, num testemunho que recolhe, nos debates da subcomissão de direitos políticos. Um constituinte de São Paulo assim se pronuncia: "Quanto à iniciativa dada à população, acho que constitui um desrespeito ao próprio Parlamento, porque ninguém há de negar que, se qualquer cidadão aqui chegar e me apresentar um projeto, posso não concordar com ele, mas o encaminho. Portanto não há necessidade de criarmos instrumentos que dificultem essa apresentação. Todos nós recebemos, diariamente, sugestões até na rua. E as apresentamos ou não (...) Se somos advogados constituídos do povo, ou somos bons advogados ou não somos. Passarmos a nós mesmos um atestado de incompetência e incapacidade é um absurdo. Creio ainda que exigirmos um número de assinaturas – 20 mil, 30 mil, 50 mil – que correspondem aos votos que recebemos aqui para representarmos esse mesmo povo, seria a mesma questão de o cliente passar à frente do advogado e discutir com o juiz." (*Diário da Constituinte*, 22.4.1987. In: Benevides, Maria Victória de Mesquita, ob. cit., p. 126)

ISRAEL

O PODER Legislativo em Israel é unicameral. Seu Parlamento se chama o *Knesset*, eleito a cada quatro anos, a menos que seja dissolvido. Compõe-se de 120 representantes (número a que se chegou em respeito à tradição, pois o primeiro Parlamento após o retorno a Sião – o *Grande Knesset* – possuía 120 membros).

O direito de voto é dado aos maiores de 18 anos. Para compor o *Knesset*, exige-se a idade mínima de 21 anos.

As eleições para o *Knesset* são diretas, iguais, secretas e pelo sistema proporcional. Para escolha desse sistema, frente a outra opção, pelo escrutínio majoritário, operou-se grande debate, do final de 1956 ao início de 1958. O então primeiro-ministro, Ben Gourion, alinhou-se entre os defensores do esquema majoritário. Para ele, o sistema de representação proporcional poderia "abalar o regime democrático e a estabilidade do Estado"; encorajaria "o sectarismo e a intolerância" e concederia, "por vezes, a minorias insignificantes a possibilitar ao povo sua vontade". (Arazi, Arye. *Le sistème électoral israélien*. Genebra: Librairie Droz, 1963, p. 22)

O perigo específico do sistema proporcional em Israel seria, para ele, que todos os partidos do país não baseavam a discussão sobre problemas reais, tais como a construção de novas moradias ou as exigências da defesa nacional, pois que, sobre esses pontos, todos estavam de acordo; apresentavam eles ao público ideologias abstratas, incompreensíveis para as grandes massas. Se houvesse dois partidos, como no mundo anglo-saxão, cada um deveria necessariamente exprimir sua opinião sobre problemas reais e essenciais e a atitude que eles adotassem a respeito de dois ou três problemas principais permitira distingui-los.

Insistindo no fato de que o sistema majoritário contribuíra para a estabilidade dos países anglo-saxões, Ben Gourion disse que não era por acaso que os regimes totalitários – de direita e de esquerda – tivessem surgido nos países onde as eleições se procedem segundo o sistema proporcional.

A argumentação de Ben Gourion foi repelida de líderes de outros partidos, com a alegação, entre outras, de que o sistema majoritário – como no exemplo inglês – falsificava a representação.

A eleição é por listas, apresentadas por qualquer grupo parlamentar que se afasta ou por 750 eleitores. Cada lista tem o máximo de 120 nomes, com uma denominação que a distinga de suas concorrentes. É permitida a coligação entre duas listas que serão, então, consideradas como só uma para o cálculo de repartição das cadeiras, exigindo-se, aí, que obtenham, cada, o mínimo de 1% dos votos válidos.

O Estado de Israel é uma só circunscrição. O número total de votos válidos é dividido por 120 e se obtém, assim, o quociente eleitoral que permitirá a distribuição dos postos. As cadeiras que sobram são alocadas pela multiplicação do quociente eleitoral pelo número de postos já atribuídos a cada lista; subtrai-se o produto do número total de votos válidos obtidos por esta lista: ao *pro rata* dos resultados da operação, as cadeiras suplementares serão atribuídas a cada lista.

A verificação e reconhecimento dos poderes são entregues ao próprio Parlamento.

JUNTAS ELEITORAIS

No passado, Assembleias ou Colégios de votantes, nas eleições indiretas. Hoje, no Brasil, órgãos da Justiça Eleitoral. Também, na Espanha, denominam-se, assim, os órgãos permanentes da Administração Eleitoral: Junta Electoral Central, Juntas Electorales Provinciales e Juntas Electorales de Zonas.

Na própria Espanha, em 1812, a Constituição de Cadiz (v. Constituição de Cadiz) criou, para a complexa eleição em quatro graus, através das quais se escolhiam os deputados às Cortes, juntas eleitorais de paróquia, de partido e de província.

No Brasil – Fazendo valer, para a eleição dos deputados às Cortes de Lisboa, o mesmo disciplinamento da Constituição de Cadiz, o rei de Portugal, D. João VI, por Decreto de 7 de março de 1821, determinou a escolha de representantes "no Reino do Brasil e domínios ultramarinos". As instruções baixadas por aquele Decreto traduziram o texto de Cadiz, alterando-o em alguns pontos.

As Juntas Electorales de Parroquia se transmudaram em Juntas Eleitorais de Freguesia; as de Partido, em Juntas de Comarcas. As de Província mantiveram essa denominação.

Os textos posteriores, do Brasil independente não utilizaram, inicialmente, a expressão Juntas. Falava-se de Colégio Eleitoral (Decisão n.º 57, de 19 de junho de 1822) ou Assembleia Eleitoral (decisão de 26 de março de 1824). Mas, pela lei n.º 387, de 19 de agosto de 1846, dá-se a denominação de Junta de Qualificação ao grupo com a atribuição de "formar a lista geral dos cidadãos que tenham direito de votar". Juntas Paroquiais, é como denominou tal Colégio o Decreto n.º 2.675, de outubro de 1875.

As Juntas Eleitorais, como conhecemos hoje, datam de 1934, quando sua organização foi permitida pelo art. 83, § 3º da Constituição de nossa Segunda República: "a lei poderá organizar juntas especiais de três membros, dos quais dois, pelo menos, serão magistrados, para a apuração das eleições municipais". Pelo atual Código Eleitoral, compete a tais Juntas: I – apurar, no prazo de dez dias, as eleições realizadas nas zonas eleitorais de sua jurisdição; II – resolver as impugnações e demais incidentes verificados durante os trabalhos de contagem e da apuração; III – expedir os boletins de apuração e IV – expedir diplomas aos eleitos para cargos municipais.

JUSTIÇA ELEITORAL

Uma difícil questão enfrentada pelos formuladores dos sistemas eleitorais foi a de a quem entregar o julgamento da validade das eleições, se às próprias assembleias – isto é, aos próprios eleitos – ou a um órgão distinto dos Parlamentos.

A atribuição ao Poder Judiciário, pouco a pouco, em diversos países, do alistamento permanente e a presença de juízes nas mesas eleitorais e Juntas Apuradoras, indicava a muitos que não havia melhor caminho, para a lisura dos pleitos, que o de encarregar, também, os tribunais, do processo, das decisões sobre as contestações e da própria diplomação dos eleitos

Para outros, no entanto, a entrega da verificação de poderes a outra entidade, que não o próprio Legislativo, teria como consequência que "a independência, a pureza e mesmo a existência e ação do Legislativo poderiam ser destruídas ou expostas a eminente perigo". (Story, cit. por Lima Sobrinho, Barbosa. "O Direito Eleitoral e a Constituição". In: *A Constituição de 1946*. Brasília: Centro de Ensino à Distância, 1987, p. 24)

E havia, ainda, quem visse, aí, o inconveniente de se desviar o juiz de "sua missão nobre e serena", o perigo de arrastá-lo, "perigosamente, para as contendas políticas". (Aurelino Leal e Carlos Maximiliano, cit. por Lima Sobrinho, ob. cit., p. 24)

Mas em muitos sistemas eleitorais triunfou a tese do chamamento da Justiça à chamada verificação e reconhecimento dos poderes. A Argentina entregou o processo eleitoral ao Judiciário Federal, o Uruguai, a uma magistratura especial. Tribunais eleitorais foram criados pelas Constituições da Alemanha, da Prússia, da Áustria, da Grécia, da Polônia, da antiga Tcheco-Eslováquia.

No Brasil – Desde as instruções baixadas com o Decreto de 26 de março de 1824 que, em nosso país, um juiz de fora, ou ordinário, ou quem suas vezes fizesse, presidia as mesas eleitorais. Assim, desde o início, foi dado, ao Judiciário, um pouco de participação no processo eleitoral.

Em 1842, Decreto de 4 de maio determinava a qualificação prévia dos votantes e elegíveis por uma Junta presidida pelo juiz de paz. Em 1846, se reiterava que o juiz de paz presidiria a Junta de Qualificação, que o juiz municipal ficaria à frente do Conselho Municipal, que receberia recursos quanto à qualificação e de cujas decisões caberia, por sua vez, recursos à Relação do Distrito.

Com o Decreto n.º 2.675, de outubro de 1875, a Lei do Terço (v. Lei do Terço), a presidência da junta municipal cabia ao juiz de Direito. A interferência deste, no alistamento, alargou-se, com a Lei Saraiva, de 1881 (v. Lei Saraiva).

As leis promulgadas no governo Wenceslau Braz, em 1916 – a de n.º 3.139, de 2 de agosto e a de n.º 3.208, de 27 de dezembro – anularam o alistamento anterior e confiaram a qualificação para as eleições presidenciais exclusivamente às autoridades judiciárias. Somente juízes de Direito decidiam sobre os pedidos de qualificação. Por força da lei n.º 3.208, a apuração geral não mais se procederia nas sedes dos distritos mas nas capitais, por Juntas apuradoras compostas do juiz federal, de seu substituto e do representante do Ministério Público junto ao Tribunal local de segunda instância.

Mais do que a reforma de 1875, a de 1916 foi considerada, por muitos, "como o ponto de partida para a criação da Justiça Eleitoral". Não conseguiu, no entanto, segundo outros analistas, pôr termo às continuadas fraudes, em razão, sobretudo, das deficiências de nossa organização judiciária. Representara "um mau ensaio", pois gerara, graças às intervenções indébitas que desmoralizavam as apurações e o reconhecimento de poderes, descrença em que os magistrados pudessem servir de garantia a uma boa representação, à expressão da verdadeira eleição popular.

Esse é o entendimento, na Assembleia Nacional Constituinte, em 1934, do deputado Soares Filho, para quem, a lei, promulgada no governo Wenceslau, deixara os magistrados sem meios de evitar as fraudes, quando as mesas não se reuniam e, sobretudo, nas Juntas Apuradoras: "As Juntas Eleitorais foram máquinas de somar votos e, além disso, a certeza de que seu julgamento estava sujeito à revisão, no reconhecimento do plenário das Câmaras políticas, determinava a completa desmoralização do trabalho da Justiça." (Ata da sessão de 19.1.1934. In: *Anais da Assembleia Nacional Constituinte*. Rio de Janeiro: Imprensa Nacional, v. VI, p. 263)

Após a Revolução de 1930, na Subcomissão que preparou o Código Eleitoral (v. CÓDIGO ELEITORAL DE 1932), Assis Brasil (v. BRASIL, J.F. DE ASSIS), João G. da Rocha Cabral (v. CABRAL, JOÃO G. DA ROCHA) e Mário Pinto Serva (v. SERVA, MÁRIO PINTO), admitiram que se tornara, no Brasil, uma aspiração geral "arrancar-se o processo eleitoral, ao mesmo tempo, do arbítrio dos governos e da influência conspurcadora do caciquismo local. (In: Cabral, João G. da Rocha. *Código Eleitoral da República dos Estados Unidos do Brasil*. Rio de Janeiro: Freitas Bastos, 1934, 3ª ed., p. 31) E daí que tivessem proposto, para o processo eleitoral, "essencialmente político", "uma especial magistratura, tanto quanto possível independente do arbítrio do governo, ainda mesmo em relação a seus órgãos auxiliares, de caráter administrativo"; e, sendo a função judicante, mesmo em matéria eleitoral, distinta da técnica e administrativa, propunham "tribunais e juízes especiais para exercerem a primeira, e repartições e funcionários também especiais para o desempenho da segunda". (Cabral, João G. da Rocha, ob. cit., p. 31)

A proposta foi aceita e a Justiça Eleitoral criada, no Brasil, pelo Código de 1932.

As primeiras eleições realizadas, no país, após sua criação – as de maio de 1933, para eleição da Constituinte que elaboraria a Carta de 1934 – foram saudadas como "eleições verdadeiras", em que os candidatos se tranquilizaram com os reconhecimentos entregues, exclusivamente, à magistratura. Desaparecera, segundo os comentadores, a desmoralização dos reconhecimentos políticos, das degolas eleitorais e da falsificação do voto. (Itagiba, Ivair Nogueira. *O pensamento político universal e a Constituição brasileira*. 1948, 2º v., p. 480, cit. por Espínola, Eduardo. *Constituição dos Estados Unidos do Brasil*. Rio de Janeiro: Freitas Bastos, 1952, 2º v., p. 484-485)

Nesse pleito, por três vezes teve o Superior Tribunal Eleitoral de fulminar escolhas realizadas "com o vício de antigas impudências", em Mato Grosso, Espírito Santo e Santa Catarina. (Espínola, Eduardo, ob. cit., p. 485)

Com o golpe de 10 de novembro de 1937, a Constituição, naquele dia outorgada, silenciou sobre uma Justiça Eleitoral. Nada se dizia, na Carta, sobre a competência para a verificação e reconhecimento dos poderes. E, de resto, nenhuma eleição se realizaria na ditadura de Vargas. Aproximando-se o fim do Estado Novo, a Justiça Eleitoral seria restaurada pelo Decreto n.º 7.586, de 28 de maio de 1945, e não deixaria mais de ser incluída nas Constituições que se seguiram.

L

LEAL, VICTOR NUNES

Nasceu em Carangola, Minas Gerais, em 11 de novembro de 1914 e faleceu em 17 de maio de 1985. Advogado, jornalista, professor catedrático de Política, da Universidade do Brasil (de 1943 a 1969), ensinou também Ciência Política e Direito Constitucional na Universidade de Brasília. Chefe da Casa Civil da Presidência da República (de 1956 a 1959), consultor geral da República (1960), ministro do Supremo Tribunal Federal (de 1960 a 1969). Autor de *Três ensaios de administração* (Dasp, 1958), de *Problemas de Direito Público* (Forense, 1960) e de *Pareceres do consultor geral da República* (Imprensa Nacional, 1966).

Seu livro *Coronelismo, enxada e voto*, impresso pela Forense em 1949, tornou-se um texto clássico no exame de características de nossa política municipal.

Entendeu ele o coronelismo como "resultado da superposição de formas desenvolvidas do regime representativo a uma estrutura econômica e social inadequada". E ao invés de considerá-lo como mera sobrevivência do poder privado, o via como uma forma peculiar de sua manifestação, "uma adaptação em virtude da qual os resíduos do nosso antigo e exorbitante poder privado têm conseguido coexistir com um regime político de extensa base representativa". O coronelismo seria "um compromisso, uma troca de proveitos entre o poder público, progressivamente fortalecido, e a decadente influência social dos chefes locais". E desse compromisso fundamental é que resultariam "as características secundárias do sistema "coronelista", como sejam, entre outras, o mandonismo, o filhotismo, o falseamento do voto, a desorganização dos serviços públicos locais".

O exame da estrutura e do processo do coronelismo levou o autor à percuciente análise do quadro fundiário do país, da composição de classes no meio rural, da administração municipal, da nossa organização policial e judiciária. O capítulo sexto do volume é dedicado à legislação eleitoral e conclui com a afirmação de que, no longo período examinado – desde o decreto eleitoral de março de 1821 às eleições de 1947 – , "permaneceu o fato fundamental da influência governista na expressão das urnas, conquanto diminuída nas eleições que sucederam à Revolução de 30". A explicação do fato, segundo ele, residiria no governismo dos chefes locais e na sujeição do eleitorado do interior, especialmente do rural, a esses chefes, em função da estrutura agrária "que deixa o trabalhador do campo ignorante e desamparado".

LEI DA FICHA LIMPA

Inicialmente, tratou de inelegibilidades a Lei Complementar n° 5, de 29 de abril de 1970, alcançando, inclusive, já que se estava em nossa Quinta República, sob o regime dos militares, os que houvessem sido atingidos pelas sanções previstas nos Atos Institucionais.

Nova Lei Complementar, de n° 64, de 18 de maio de 1990, reiterou, em face da Constituição de 1988, mas retirando os tons autoritários da anterior, a longa enumeração dos casos em que seria vedada a candidatura a postos eletivos.

Finalmente, após uma grande campanha movida pela Conferência Nacional dos Bispos do Brasil – CNBB –, e com a reunião de cerca de 1,3 milhões de assinaturas, um projeto de lei de iniciativa popular resultou na edição da Lei Complementar n° 135, de 4 de junho de 2010.

Logo a imprensa a denominou de "Lei da Ficha Limpa" e uma grande polêmica, levada aos tribunais, a cercou.

Em primeiro lugar, foi contestada sua aplicação nas eleições de 2010. É que a atual Constituição, por seu art. 16, dispunha: "A lei que alterar o processo eleitoral só entrará em vigor um ano após sua promulgação." Sua redação foi logo corrigida por emenda apresentada pelo senador Josaphat Marinho e promulgada em 14 de setembro de 1993. Hoje, o texto determina: "A lei que alterar o processo eleitoral entrará em vigor na data de sua publicação, não se aplicando à eleição que ocorra até um ano da data de sua vigência."

É que havia um mau costume, no país, de, às vésperas de cada eleição, editar-se uma lei para regê-la. Mas, ante a determinação constitucional, o Congresso se apressou em aprovar, antes de outubro de cada ano que antecedia os pleitos, leis de ocasião, insistindo nessa tão deplorável tendência de, ao invés de as modificações serem insertas no Código Eleitoral, se distribuirem as inovações em leis episódicas, que regulam cada eleição e se esgotam com seu cumprimento. Assim, a Lei n° 8.214, de 24 de julho de 1991, com normas para a realização das eleições municipais de outubro de 1992; a lei n.° 8.713, de 30 de setembro de 1993, para disciplinar as eleições de outubro de 1994; a Lei n.° 9.100, de 29 de setembro de 1995, para regulação das eleições de outubro de 1996.

O mais grave, no entanto, é que, por três vezes, aprovaram-se projetos de lei dispondo sobre o processo eleitoral meses antes das eleições. Primeiramente, com a edição, em 18 de maio de 1990, cinco meses antes das eleições, da Lei Complementar 64, dispondo sobre inelegibilidades. Mas o Supremo Tribunal, no julgamento do Recurso Extraordinário n.° 129.392, decidiu que o princípio da anterioridade eleitoral não vedava a vigência imediata da LC 64 na medida em que esta definia o regime constitucional de inelegibilidade exigido pelo art. 14, § 9°, da Constituição. O segundo exemplo foi o da Lei n.° 11.300, de 10 de maio de 2006, que dispunha sobre propaganda, financiamento e prestação de contas das despesas com campanhas eleitorais. O Tribunal Superior Eleitoral, por sua Resolução n.° 22.205, resolveu que fossem aplicadas, às eleições daquele ano, alguns dispositivos da lei, "considerando que o art. 16 da Constituição não se dirige à edição de normas que não afetam o processo eleitoral".

Finalmente, quanto à Lei Complementar n.° 135, houve, no que concerne ao princípio constitucional da anterioridade eleitoral, confuso desdobramento. Inicialmente, o Supremo, a menos de um mês do pleito de outubro de 2010, viu um empate de cinco a cinco de seus ministros – uma vez que, com a aposentadoria do ministro Eros Graus, era de dez membros a composição da Corte

– no julgamento do ex-governador do DF, Joaquim Roriz, que tivera seu registro impugnado em razão da aplicação da Lei da Ficha Limpa (RE 630.147/DF). O processo restou prejudicado em razão da perda superveniente do objeto, dada a renúncia de Roriz a sua candidatura. Depois, no julgamento do caso de Jader Barbalho (RE 631.102/PA), após se verificar, também, empate na votação, decidiu-se, aplicando-se, por analogia, o inciso II do parágrafo único do Regimento Interno na Corte, manter a decisão recorrida, do Tribunal Superior Eleitoral. Mas, em março de 2011, a validade da lei para as eleições de 2010 foi afastada com nova decisão da Suprema Corte, agora completa com a posse de novo ministro, Luiz Fux.

Mas outras questões toldavam ainda a plena aceitação da lei. Como, por exemplo, sua constitucionalidade. Mas, em julgamento de fevereiro de 2012, a Suprema Corte entendeu que a lei não desrespeitava a atual Carta. Sete dos ministros respaldaram-se no "princípio da moralidade" e quatro, vencidos, invocaram o princípio da presunção da inocência entendendo como inconstitucional indicar, como a lei o faz, inelegível aquele condenado por órgão colegiado mesmo que ainda seja possível a interposição de recursos, não havendo, assim, coisa julgada.

LEI DO CUBO

Na Grã-Bretanha, tentou-se explicar a diferença entre os dois partidos de governo por um efeito matemático do regime eleitoral, sob o nome de *Lei do Cubo*. Se a relação entre os sufrágios obtidos no país por cada partido é A/B – A representando os votos do partido vitorioso –, a relação das cadeiras à Câmara dos Comuns é igual a A3/B3. Por exemplo: em 1959, os conservadores obtiveram 365 cadeiras com 49,3% dos votos expressos, os trabalhistas, 258 cadeiras com 43,9% dos votos. A Lei do Cubo se observou, aí, precisamente, calculando-se assim:

$$\text{Votos: } \frac{49{,}3}{43{,}9} = 1{,}123 \ (1{,}123) = 1{,}416$$

$$\text{Cadeiras: } \frac{365}{258} = 1{,}415$$

Mas é necessário que se reúnam muitas condições para que a Lei do Cubo seja realizada. O quadro da p. 226 compara votos e resultados para as eleições gerais na Grã-Bretanha, de 1945 a 1974.

Como explica Frédéric Bon, a Lei do Cubo não se verifica, aí, senão de 1955 a 1966, com dois exemplos notáveis em 1959 e 1964. Ela é aproximativa em 1945, 1950 e 1970. E é falsa em 1951 e 1974, quando o partido, em segundo lugar (margem de 0,8% em 1951, 1,0% em 1974), se beneficia de uma leve vantagem em cadeiras (26 em 1951, 5 em 1974) (Bon, Frédéric Bon, ob. cit., p. 92-93)

LEI DOS CÍRCULOS

O Decreto n.º 842, chamado *Lei dos Círculos*, foi proposto pelo chefe do Gabinete instalado em 6 de setembro de 1853, Honório Hermeto Carneiro Leão, o marquês do Paraná. Embora o Decreto falasse em distritos (art. 1º, § 3º: "As Províncias do Império serão divididas em tantos distritos eleitorais quantos forem os seus deputados à Assembleia Geral"), na crônica política e no debate parlamentar somente se chamavam de círculos essas áreas em que as Províncias passaram a ser divididas, para fins eleitorais. Somente depois da Lei Saraiva, de 1881 (v. LEI SARAIVA), é que essas circunscrições passaram, e para sempre, na legislação eleitoral brasileira, a se denominar de distritos. (v. DISTRITOS)

Como se disse na Câmara, o projeto encerrava "duas ideias dominantes": a divisão das províncias do Império em tantos distritos eleitorais quantos fossem seus deputados à Assembleia Geral e a proibição de que fossem votados, para membros das Assembleias Provinciais, para deputados ou senadores, nos Colégios Eleitorais em que exercessem autoridade, ou jurisdição, os presidentes de Províncias e seus secretários, os comandantes de armas e generais-em-chefe, os inspetores da Fazenda Geral e provincial, os chefes de polícia, os delegados e subdelegados, os juízes de Direito e municipais.

Hoje, no Direito Eleitoral, se distinguem, com precisão, as duas realidades: a inelegibilidade (v. INELEGIBILIDADE), um impedimento à capacidade eleitoral ativa, ao direito de ser eleito; e a incompatibilidade (v. INCOMPATIBILIDADE), um impedimento ao exercício do mandato eletivo, à prática de certos atos ou ao exercício acumulativo de certas funções.

Mas no Império somente se falava em incompatibilidades, envolvendo os impedimentos anteriores e posteriores às eleições. A lei e os melhores

VALIDADE DA LEI DO CUBO PARA AS ELEIÇÕES INGLESAS 1945-1974

Ano	Votos (% dos votos expressos)			Cadeiras			Relação dos Votos
	Cons.	Trab.	Relação Cons./Trab.	Cons.	Trab.	Relação Cons./Trab.	
1945	36,1	48,0	0,752	197	393	0,501	0,4260
1950	43,5	46,1	0,944	298	315	0,946	0,841
1951	48,0	48,8	0,984	321	295	1,088	0,953
1955	49,7	46,4	1,071	345	277	1,245	1,228
1959	49,3	43,9	1,123	365	258	1,415	1,416
1964	43,4	44,1	0,983	304	317	0,959	0,953
1966	41,9	48,1	0,871	253	364	0,695	0,661
1970	46,4	43,1	1,077	330	288	1,146	1,249
1974	38,2	37,2	1,027	296	301	0,983	1,083

(In: Charlot, Monica. *La démocratie à l'anglaise*. Paris: Armand Colin, 1972, p. 445-446, cit. Bon, Frédéric. *Les élections en France*. Paris, Seuil, 1978, 93)

tratadistas, como Pimenta Bueno (*Direito Público Brasileiro e análise da Constituição do Império*. Brasília: Senado Federal, 1978), confundiam os dois conceitos. Somente com a Lei Rosa e Silva (v. Lei Rosa e Silva) é que se passaria a utilizar o termo correto, de inelegibilidade, para o impedimento a que certas autoridades concorressem aos postos eletivos.

Um dos argumentos que se opôs à aprovação da Lei dos Círculos foi o de sua inconstitucionalidade. É que, como se alegava, o art. 97 da Constituição permitia somente que uma lei marcasse o modo prático das eleições e o número de deputados relativamente à população. Seria, então, necessária uma reforma constitucional, seguindo-se as formalidades, tão rigorosas, exigidas pelos arts. 174 e seguintes da Carta.

Mais um item de inconstitucionalidade, que se arguiu, era o de que os arts. 43 e 74 da Constituição – e o art. 4º da Ato Adicional – ordenavam, expressamente, que as eleições dos membros das Assembleias Provinciais, dos deputados e dos senadores se fizessem "da mesma maneira". Como aplicar, então, os círculos a deputados e não a senadores?

Além da inconstitucionalidade, fizeram-se outros reparos à proposição: se os círculos eleitorais, do projeto, tinham por fim a liberdade do voto, a sinceridade da eleição, ver-se-ia piorar o estado de coisas para o qual se buscava remédio. A opressão seria mais intolerável, crescendo o vexame do povo na razão da eficácia que haveriam de adquirir, com a nova ordem de coisas, as influências locais. O intuito de fazer entrar na representação nacional e provincial todas as opiniões existentes no país importaria, antes, em "uma veleidade de cavalheirismo político" do que um plano talhado a conseguir o fim proposto.

Haveria, ainda, um equívoco no objetivo de pôr os candidatos em contato com o eleitor; os candidatos iriam se identificar, em verdade, com "os dominadores das localidades; o estudo e discussão dos interesses locais e peculiares de cada província tocariam, com mais propriedade, às Câmaras dos distritos e Assembleias Provinciais".

Finalmente, havia oposição ao projeto com relação às dificuldades da divisão. E isso levou a que, aprovada a lei, em 1855, já em 1860 trazia-se sua alteração com a criação dos círculos de três nomes.

Em nota de 25 de março de 1880, o imperador Pedro II escrevia: "Sempre fui partidário dos círculos de um deputado, mas a quase impossibilidade de dividi-los, atendendo à generalidade dos interesses legítimos, fez-me concordar com os de três, já pensando na ideia da representação obrigatória da minoria." (In: *Perfis parlamentares, 4 – José Antônio Saraiva, Brasília*. Câmara dos Deputados, 1978, p. 647)

A "impossibilidade" de uma boa divisão dizia respeito, aí, à rarefação dos grupos populacionais, dispersos no território, tão alargado, do Império. O primeiro recenseamento geral, realizado em 1872, indicava pouco mais de 10,1 milhões habitantes, distribuídos pelas 20 províncias.

Mas não se compreende o argumento de que a divisão em menor número de círculos atendesse melhor "à generalidade dos interesses legítimos". Nenhuma divisão das províncias em circunscrições menores ordenaria melhor ou ajustaria de modo mais racional os segmentos de uma sociedade que, de resto, apresentava a modorrenta uniformidade de opiniões, não afetadas por divisões de credo, de especialização do trabalho.

Curioso é, hoje, ressaltar que um dos propósitos de Honório Hermeto era o de abrir, com seu projeto, um espaço às minorias nas Assembleias, terminar com as tão deploradas "câmaras unânimes". (v. CÂMARAS UNÂNIMES) A experiência dos diversos sistemas de apuração nos mostra, hoje, como o voto distrital desatende as parcelas minoritárias de opinião. Mas, em 1855, o que se tinha em vista era, obviamente, as minorias localizadas. Como explicava, em certa ocasião dos debates, o senador Souza Ramos: para que o projeto desse lugar a que a minoria se representasse no Parlamento, seria necessário "que a opinião adversa estivesse grupada em certos pontos para dali virem seus representantes". (Sessão de 30.8.1855. In: *Anais do Senado do Império*, Brasília, Senado Federal, 1978)

Outro item do projeto, aprovado, e que mereceu críticas foi que, a partir dele, a maioria que elegesse o deputado elegeria, igualmente, seu suplente. (v. SUPLENTES). Anteriormente, o que determinava o art. 89 da lei n.º 387, é que "para suplentes dos deputados e membros das Assembleias Provinciais, ficam designadas as pessoas que se lhes seguirem em número de votos, constantes da Ata Geral, precedendo-se entre si pelo maior número que cada um deles tiver". Daí, então, que o senador Eusébio de Queirós visse, na reforma, uma contradição: "Se por um lado abris as portas do Parlamento aos representantes da minoria em um ou outro círculo, por outro, trancais as suplentes, que atualmente oferecem essa representação da minoria." (Sessão de 4.8.1855. In: *Anais do Senado do Império*, ob. cit., p. 135) Eliminava-se, assim, como muitas vezes foi repetido na discussão, "o respiradouro dos suplentes".

A aprovação da lei se deveu à imposição de Paraná, que fez dela "uma questão ministerial". Mas sua morte, em 3 de setembro de 1856, impediu que assistisse as eleições sob essa nova regulação. Foi Caxias que as presidiu e, segundo Francisco Iglésias, "verificou-se resultado até então original, com a apreciável representação dos liberais. O sistema revelava-se moralizador, afastando as bancadas maciças de um partido só, como era comum antes". (Iglésias, Francisco. *História geral da civilização brasileira*, t. II, *O Brasil monárquico*, 3º v. São Paulo: Divisão Europeia do Livro, 1969, p. 58)

Mas, crítico acerbo dos círculos, Francisco Belisário explicaria a entrada, em 1856, de alguns liberais no Parlamento pelo fato de que aquela era a terceira eleição geral a que os conservadores presidiam, sem deixar o poder.

Era natural, então, o enfraquecimento de um partido à medida que seu domínio se prolongava.

Por outro lado, teria colaborado para o pouco de representação da minoria "o estado dos ânimos e o congraçamento momentâneo dos partidos".

E Belisário indicava, por exemplo, na província do Rio de Janeiro, membros da oposição liberal que haviam sido sufragados por conservadores. (Souza, Francisco Belisário de. *O sistema eleitoral do Império*, 1979, p. 83)

LEI DO TERÇO

SEGUNDO O Decreto n.º 2.675, de 20 de outubro de 1875, na chamada *Lei do Terço*, cada eleitor deveria votar, no Brasil, para deputados à Assembleia Geral, ou para membros das Assembleias Legislativas Provinciais, em tantos nomes quantos correspondessem aos dois terços do número total marcado para a Província.

Era o voto limitado, ou incompleto (v. VOTO LIMITADO), cogitado, já, por um jornal inglês, em 1836, e do qual fizera uso, em 1839, a Pensilvânia, nos Estados Unidos da América do Norte e, de 1867 a 1881, a Inglaterra.

Procurava-se, por tal expediente, abrir espaço às minorias. Entre nós, José de Alencar (v. ALENCAR, JOSÉ DE) o sugerira em artigo publicado no *Jornal do Commercio*, em 1859.

Mas, em 1874, quando das discussões em redor da *Lei do Terço*, ele preferia a eleição direta: "Temos experimentado os círculos, os triângulos, diversas formas de manipulação, falta a eleição direta; é o travesseiro para o enfermo que não tem repouso." (Sessão da Câmara, de 23.6.1874)

Se o número marcado para deputados fosse superior a múltiplo de três, o eleitor deveria adicionar, aos dois terços, um ou dois nomes, conforme fosse o excedente.

E o § 19 estabelecia: nas províncias que tivessem de eleger deputados em número múltiplo de três, cada eleitor votaria na razão de dois terços; nas que tivessem de eleger quatro deputados, o eleitor votaria em três nomes e, em quatro, nas que tivessem de eleger cinco deputados; nas províncias que elegessem somente dois deputados, o eleitor votaria em dois nomes.

Daí viriam as primeiras críticas ao sistema: o voto incompleto não tinha aplicação a sete províncias, era arbitrário em outras sete, sendo exercido, com exatidão, em apenas seis. E, em verdade, o quadro de distribuição de votos, por eleitor, em cada província, na forma das Instruções de 12 de janeiro, que regulamentaram o Decreto 2.675 apresentava-se conforme o quadro da p. 230.

Tal diversidade fazia, então, justa a crítica de Tito Franco de Almeida: seria mais exato dizer, ao invés de Lei do Terço, que o sistema não poderia ter qualquer qualificação ou denominação. (Almeida, Tito Franco de. *Estudos e comentários da reforma eleitoral*. Rio de Janeiro: A.M. Fernandes da Silva, 1875, p. 68)

A medida mereceu violenta apóstrofe de Rui Barbosa, em discurso de julho de 1879: "essa pomposa e vã representação das minorias, antecipada e aritmeticamente circunscritas ao terço. Como se as minorias lucrassem nada com esse presente grego, que as humilha, aleija, mutila, comprimindo-as, cega e violentamente, nesse leito de Procusto, disfarçado na promessa ilusória, no incerto, no predeterminado, no falibilíssimo quinhão dos terços. Como se a proporção prefixa de um para três não fosse, entre a minoria e a maioria, uma proporção arbitrária. Como se o terço não exprimisse um *nec plus ultra* odiosamente limitativo à progressiva expansão das forças oposicionistas." (Discurso de 10.7.1879. In: *Perfis parlamentares – 28 – Rui Barbosa*. Brasília: Câmara dos Deputados, 1985, p. 216)

E, em sua aplicação, o situacionismo logo achou o modo de burlar a conquista da minoria: com o *rodízio* (v. RODÍZIO), mostrado, por exemplo, por Figueira de Melo, no Senado, na sessão legislativa de 1875, em duas hipóteses. Na primeira, de um distrito com 180 eleitores, 120 da maioria e 60 da minoria: "Esses eleitores da maioria dividem-se em três grupos: 40 votam nos candidatos A e B, 40 votam nos candidatos B e C e outros 40 nos candidatos A e C. Portanto, os candidatos A, B e C vêm a ter 80 votos cada um, e suplantam assim os 60 da minoria, que não poderá eleger seu candidato."

Na segunda hipótese, que pareceria mais favorável à representação das minorias, mesmo aí poderiam elas ser

Províncias	N.º de Deputados	N.º de Votos
Amazonas	2	2
Espírito Santo	2	2
Goiás	2	2
Mato Grosso	2	2
Paraná	2	2
Rio Grande do Norte	2	2
Santa Catarina	2	2
Pará	3	2
Piauí	3	2
Sergipe	4	3
Alagoas	5	4
Paraíba	5	4
Maranhão	6	4
São Pedro do RS	6	4
Ceará	8	6
São Paulo	9	6
Rio de Janeiro	12	8
Pernambuco	13	9
Bahia	14	10
Minas Gerais	20	14

inutilizadas: "A maioria tem 765 eleitores, e a minoria 500, número até muito superior ao terço; ainda assim, a minoria não será representada, desde que houver uma regular e simples divisão dos votos. Basta que das 765 cédulas correspondentes ao número de eleitores da maioria se tirem 510, e em todas estas se escreva o nome do candidato A, e terá este 510 votos, número superior ao da minoria; que dentre esses 510 eleitores, que votarão no candidato A, 255 votem no candidato B e 255 votem no candidato C. Ora, 255 eleitores, que não foram ainda contados, votam nos dois candidatos B e C, que, tendo já cada um 255 votos da turma dos 510 eleitores, ficarão também com a maioria de 10 votos sobre os 500 pertencentes à minoria." (Pinheiro, Luiz F. Maciel. *Reforma eleitoral*. Rio de Janeiro: Inst. Typoghafico do Direito, 1876, p. 200)

A *Lei do Terço* foi revogada em 1881, com a aprovação da Lei Saraiva, que trouxe as eleições diretas e, de volta, os distritos uninominais.

LEI N.º 85, DE 1947

Em 1945, com a redemocratização da qual surgiria nossa Quarta República, ouviram-se muitas críticas quanto ao fato de que os recursos na Justiça Eleitoral não se submetessem ao rigor dos prazos. A lei então vigente – o Decreto-Lei n.º 7.586, de 28 de maio de 1945 – repetiria, em seu art. 107, o texto do art. 163 do Código de 1935: "A nulidade de pleno direito, ainda que não arguida pelas partes, deverá ser decretada pelo Tribunal Superior."

A jurisprudência do antigo Tribunal Superior Eleitoral, criado pelo Código de 1932, admitira conhecer nulidades de pleno direito, mesmo não alegada pelas partes. Esse entendimento fora perfilado pela lei n.º 48, de 4 de maio de 1935, que a nova regulação reproduzira.

Abria-se aí, por se tratar de matéria eleitoral, com a preponderância do interesse público sobre o particular, uma exceção à regra processual de que o recurso devia se restringir ao ponto recorrido. Mas a determinação era, para críticos como Barbosa Lima Sobrinho, "fator decisivo para a multiplicação dos recursos". (Lima Sobrinho, Barbosa. *Questões de Direito Eleitoral*. Recife: 1949, p. 247)

Mas a lei n.º 85, de 6 de setembro de 1947, por seu art. 3º, já trouxera o que, ao crítico, parecia a reforma mais necessária: a adoção do princípio da preclusão (v. Preclusão) dos prazos. O recurso que não fosse utilizado a tempo não deveria mais ser admitido. O art. 3º da nova lei dispôs: "Os prazos para a interposição dos recursos eleitorais são preclusivos, e as nulidades de pleno direito somente podem se decretadas quando arguidas em recursos regulares e tempestivos."

A lei n.º 85, denominada "Lei Eleitoral de Emergência", resultou de projeto apresentado pelo deputado Plínio Barreto e segundo o deputado Lameira Bittencourt, seu relator na Comissão de Constituição e Justiça, tinha dois objetivos: "1º – revigorar uma legislação eleitoral no sentido técnico já não existente, já caduca, de sorte que possa haver uma lei que presida à realização das próximas eleições; 2º – adotar providências de caráter urgente, para que o pleito municipal, em todo o país, possa processar-se como prescreve a Constituição."

A menção a prazos preclusivos não constava da proposta inicial sendo introduzida pela Comissão de Constituição e Justiça com a seguinte redação: "3º – Os prazos para a interposição dos recursos eleitorais serão preclusivos e as nulidades de pleno direito só podem ser arguidas em recursos regulares e tempestivos ou decretados *ex-officio* quando os tribunais conhecerem dos mesmos recursos."

Mas provocou, no plenário, a reação, entre outros, o deputado Barreto Pinto, que argumentou: "É perigosíssimo deixar ao arbítrio do Tribunal Superior Eleitoral, depois de julgados todos os casos e os que ele ainda possa vir a julgar, decretar *ex-officio* qualquer providência nesse sentido."

Faz-se uma eleição como a que tivemos no caso do senador Euclides Vieira, que alcançou 400 mil votos, e o Tribunal, por maior ocasional, cassa o diploma de um senador da República, que conseguiu mais da metade da votação em seu Estado. É verdadeiro absurdo; não é patriótico, é antidemocrático. Permita-me o nobre colega e grande jurista

Lameira Bittencourt declarar que é um absurdo."

Ao que o deputado Lameira Bittencourt retrucou: "O tribunal só poderá conhecer *ex-officio* dessas nulidades de pleno direito no decorrer dos recursos interpostos, temporaneamente, isto é, dentro dos prazos. Se assim é, não pode haver de maneira alguma os riscos vislumbrados pelo zelo justo, mas excessivo, do ilustre deputado."

Mas emenda apresentada pelo deputado Negreiros Falcão propôs a supressão da parte final do art. 3º, como sugerido pela Comissão. E alegava ele: "Não se justifica a decretação de nulidades não arguidas posteriormente desde que não estamos mais na época em que se usava caçar nulidades, ao invés de preservar a verdade através de processos. O que se deve inicialmente defender é o voto desde as suas origens até o florescimento de seus efeitos, que é a diplomação do candidato."

Assim, pois, desde que nenhum interessado alegue agravo ou prejuízo oriundo de nulidade, não se compreende a sua decretação, por amor a um formalismo esterilizador das fontes do sufrágio.

A proposta pareceu perfeita ao deputado Gabriel Passos, a que melhor se coadunava com o Direito Eleitoral. E dizia ele: "Não tendo as partes interposto recurso, se conformam com o processo. Para que, pois, dar-se ao juiz a faculdade de suscitar uma nulidade que ninguém houve como prejudicial contra a qual ninguém reclamou?"

A emenda foi acolhida.

LEI ROSA E SILVA

Assim chamada a lei n.º 1.269, de 15 de novembro de 1904. Seu projeto foi apresentado à Câmara pelo deputado Anísio de Abreu, mas, no Senado, tão relevante foi a atuação, sobre o texto, do senador pernambucano Rosa e Silva, que, afinal, a lei teve seu nome.

Ao invés dos distritos eleitorais de três deputados, trazidos pela lei n.º 35, de 26 de janeiro de 1892, introduziram-se os distritos de cinco deputados (art. 58). Os Estados que dessem sete deputados, ou menos, constituiriam um só distrito eleitoral. Quando o número desses representantes não fosse perfeitamente divisível por cinco – o que somente iria ocorrer em dois Estados, Ceará e Paraíba e no Distrito Federal, respectivamente com 10,5 e 10 deputados –, juntar-se-ia, para a formação dos distritos, a fração, quando de um, ao distrito da capital do Estado e, quando de dois, ao primeiro e segundo distritos, cada um dos quais elegeria seis deputados.

Cada eleitor votaria em três nomes, nos Estados cuja representação constasse apenas de quatro deputados; em quatro nomes, nos distritos de cinco; em cinco, nos de seis; e em seis, nos distritos de sete deputados.

O voto poderia ser cumulativo (v. Voto Cumulativo): na eleição geral da Câmara ou quando o número de vagas a preencher no distrito fosse de cinco ou mais deputados, o eleitor poderia acumular todos os seus votos ou parte deles em um só candidato, escrevendo o nome do mesmo tantas vezes quantos fossem os votos que lhe quisesse dar. (art. 59)

Com o voto cumulativo, em listas incompletas (v. Voto Limitado), procurava Rosa e Silva, no substitutivo que apresentou, afinal aprovado, assegurar a representação das minorias. Mas essa representação, ele a queria "real, emanada das urnas, e não como uma doação legal nem como produto da liberalidade das situações dominantes no Estado". (In: Fulgêncio, Tito. *A carteirinha do eleitor.*

Belo Horizonte: Imprensa Oficial do Estado de Minas Gerais, 1917, p. 51)

Rosa e Silva acreditava que ao legislador não cumpria fixar a proporção em que as minorias deveriam representar-se, mas, unicamente, assegurar a verdade do processo eleitoral e adotar um sistema que lhes facilitasse eleger seus representantes, dependendo o maior ou menor número deles dos esforços e do valor eleitoral das respectivas agremiações. E para a efetividade e proporcionalidade da representação das minorias, conviria "o alargamento das circunscrições eleitorais".

Para ele, a divisão dos Estados em distritos de três, como se dispunha na lei anterior, de n.º 35, de 1892, por um lado, não permitiria a proporcionalidade da representação das minorias, desde que houvesse "uma só base para todas elas"; e, por outro lado, facilitaria a continuação dos *rodízios* (v. Rodízio), pois cada eleitor só poderia acumular dois votos.

Podendo o eleitor votar em quatro nomes, onde as minorias fossem fracas, a oposição, ainda assim, poderia eleger um representante, acumulando todos os seus quatro votos em um só candidato; e onde fossem fortes, poderiam eleger dois candidatos.

Em verdade, a experiência de 1875, do terço (v. Lei do Terço), havia provado que a repartição arbitrária não importava em qualquer garantia de representação aos grupos menores. Recursos como o do rodízio deixavam, à maioria mesma, a totalidade dos postos.

Mas, na solução Rosa e Silva, a própria complexidade do processo inviabilizava a consecução de seu objetivo. E, de resto, toda a maquinaria fraudulenta – a envolver o alistamento e a qualificação dos eleitores, a votação, a apuração e a verificação e o reconhecimento dos diplomas – não haveria de ser corrigida por meros arranjos de técnica eleitoral. Somente o regime proporcional, que viria na Segunda República, com o Código de 1932 (v. Código Eleitoral de 1932) é que a tenderia à necessidade de dotar as Câmaras de representantes dos grupos menores de opinião.

Uma das disposições da Lei Rosa e Silva mereceria a crítica e a inconformação do dirigente do Rio Grande do Sul, Borges de Medeiros (v. Medeiros, Borges de): a que dispunha sobre a participação, nas comissões de alistamento nos municípios, dos quatro maiores contribuintes ali domiciliados, "sendo dois do imposto predial e dois dos impostos sobre propriedade rural" (art. 9º). Nas capitais, e onde não houvesse contribuintes de impostos sobre a propriedade rural, serviriam os dois maiores contribuintes do imposto de indústrias e profissões, e outros tantos do imposto predial urbano.

Para Borges, a legislação federal se divorciava, aí, "da índole e da essência de nosso regime", ao privilegiar os maiores contribuintes e excluir os pequenos proprietários e contribuintes. (Exposição de Motivos da Lei Estadual n.º 58, de 12 de março de 1907)

Pela Lei Rosa e Silva, ainda, a eleição seria por escrutínio secreto, permitindo-se, no entanto, ao eleitor, "votar a descoberto" (art. 57). (v. Voto a Descoberto) Esse item receberia, também, a desaprovação do oficialismo no Rio Grande do Sul: com o lema "viver às claras", do positivismo gaúcho, combateu-se, ali, o sigilo do voto (v. Voto Secreto), afirmando-se que a corrupção eleitoral tinha nele "um de seus mais poderosos estimulantes". (Castilhos, Júlio de. *Exposição de Motivos da lei n.º 18*, de 12 de janeiro de 1897)

Se quisesse tornar a descoberto o seu voto, o eleitor, segundo a Lei Rosa e Silva, apresentaria duas cédulas, que assinaria perante a mesa eleitoral. Uma delas seria depositada na urna e a outra ficaria em seu poder, depois de datadas e rubricadas ambas, pelos mesários (art. 57, Parágrafo Único).

O primeiro pleito para o Congresso sob a nova lei foi o de 30 de setembro de 1906. Como anota Afonso Arinos, o voto incompleto e cumulativo, ali introduzido, permitiu que, em Minas Gerais, no Rio Grande do Sul e em outros Estados, grupos oposicionistas elegessem deputados.

Pena, diz Arinos, é que a lei "estivesse além de seu tempo e que os costumes das oligarquias fraudulentas não permitissem uma evolução normal das instituições. No norte, sobretudo, a lei pouco valeu para as oligarquias enraizadas, como as dos Maltas, em Alagoas, a dos Aciólis, no Ceará ou a dos Lemos, no Pará". (Franco, Afonso Arinos de Melo. *Rodrigues Alves*. Rio de Janeiro: José Olympio, 1973, 2º v., p. 2)

LEI SARAIVA

PRESIDENTE DO Conselho de Ministros no Gabinete de 28 março de 1880, José Antônio Saraiva conseguiu a aprovação do Decreto n.º 3.029, de 9 de janeiro de 1881, que transformou em diretas as eleições, até então em dois graus.

Em discurso de outubro de 1880, o senador José Bonifácio Andrada – mais conhecido por José Bonifácio, o Moço, filho do primeiro Martim Francisco – apontava "as cinco abundantíssimas fontes de vícios, fraudes e abusos que a eleição indireta oferecia: a infidelidade das qualificações, a soberania das mesas eleitorais, a fraqueza dos votantes, a dependência do eleitor e a intervenção do governo". (In: *Perfis parlamentares – 13 – José Bonifácio, o Moço*. Brasília: Câmara dos Deputados, 1978, p. 100).

Mas José Bonifácio criticava, no projeto, a exclusão da massa do povo brasileiro, pelo afastamento do analfabeto e pela exigência de alta renda para o eleitor. Se no texto afinal aprovado, permaneceu a negativa do voto aos que não "soubessem ler e escrever" – proibindo-se, no entanto, o sufrágio aos analfabetos só para o futuro –, não se elevou a renda líquida anteriormente exigida. Por um texto legal pouco conhecido, o Decreto n.º 484, de 25 de novembro de 1846, haviam sido duplicados os tetos indicados pela Constituição de 1824 para a renda líquida a ser exigida no voto: aos chamados votantes, eleitores de primeiro grau, deveria ser pedida a renda de 200 mil-réis: aos eleitores, de segundo grau, a renda de 400 mil-réis.

Quando a Lei Saraiva trouxe a eleição direta, eliminando um daqueles atores da cena eleitoral, exigiu, do novo eleitor, o censo antes pedido ao votante. O projeto sugeria a renda mínima de 400 mil-réis para o novo eleitor, mas a redação final estabeleceu a renda líquida de 200.

Alguns de nossos melhores analistas, lendo somente o texto da Constituição, sem atenção à revisão de 1846, e observando o debate do projeto, deduziram que a Lei Saraiva havia elevado a exigência de renda (assim, Victor Nunes Leal: "Novas alterações surgiram com a Lei Saraiva, de 1881, que instituiu em todo o Império a eleição direta, elevando o censo para o alistamento." "A República, partindo do voto direto e suprimindo o censo alto da Lei Saraiva." In: Leal, Victor Nunes. *Coronelismo, enxada e voto*, 5ª ed. São Paulo: Alfa-Ômega, 1986, p. 111 e 225)

Mas, se não elevou o censo, a Lei Saraiva trouxe uma série de exigências para a comprovação de renda: para o voto de proprietários de imóveis, certificados de averbação com o valor locativo; de locatários, contratos de arrendamento lançados "em livro de notas, com antecedência de um ano, pelo menos; de possuidores de renda proveniente de indústria ou profissão, certidões de registro de fundo comércio ou pela respectiva repartição fiscal que apontassem um fundo capital elevado, ou ainda, certidão de pagamento de imposto de indústria ou profissão".

Daí que se constituísse, como diria Buarque de Holanda, "uma proposta de voto direto e restrito ao mesmo tempo", uma "reforma que nada tinha de revolucionária". (Holanda, Sérgio Buarque. *História geral da civilização brasileira*. t. II, 5º v., São Paulo: Difel, p. 225)

Um dos problemas do projeto de que resultou a Lei Saraiva foi de sua inconstitucionalidade. A Constituição de 1824 fazia complexa a alteração do que dizia respeito "aos limites e atribuições respectivas dos poderes públicos e aos direitos políticos e individuais dos cidadãos" (art. 178). Tudo o que não se referisse a esse âmbito, poderia ser alterado, sem grandes formalidades, "pelas legislaturas ordinárias".

Mas houve quem lembrasse – como o visconde Abaeté em reunião do Conselho de Estado, de 1878 – que, em Portugal, onde a eleição de deputados era, também, de dois graus, segundo um dos artigos da Constituição, se aprovara a eleição direta por lei ordinária. (In: *Atas do Conselho de Estado*, v. X, Brasília: Senado, p. 139) E quem argumentasse, como Paulino José Soares de Souza, que os autores da Constituição de 1824 não haviam incluído o voto entre os direitos políticos do cidadão. (In: *Atas do Conselho de Estado*, ob. cit., p. 164)

Vencendo os escrúpulos iniciais de Pedro II, Saraiva aprovou o projeto, por via ordinária. Com a lei de 1881 voltam os círculos (v. Círculos), chamados, agora, de distritos (v. Distritos). Distritos de um, para os deputados à Assembleia Geral; distritos plurinominais para os membros das Assembleias Legislativas Provinciais.

O alistamento dos eleitores passou a ser preparado, em cada termo, pelo juiz municipal e organizado, em definitivo, por comarcas, pelos juízes de Direito destas (art. 6º). Títulos de eleitores seriam extraídos dos registros e assinados pelos juízes (art. 6º, § 14).

Alargavam-se os casos de incompatibilidades, aí envolvidas as inelegibilidades; dispensavam-se as cerimônias religiosas que, nas eleições anteriores, integravam o processo; as mesas eleitorais passaram a ser presididas pelo juiz de paz mais votado da sede da paróquia ou do distrito de paz.

LIBERUM VETO

Como explica Konopczynski, era o direito de cada um dos membros das dietas de suspender, por sua única decisão, e a não importa em que momento, a deliberação da Assembleia.

Bastava que ele declarasse "Eu me oponho", sem precisar explicar sua decisão. A câmara não tinha outro caminho que o de enviar uma delegação ao recalcitrante para tentar convencê-lo. (Konopczynski, Ldadislas. "Le liberum veto". In: Boursin, Jean-Louis. *Les dés et les urnes*. Paris: Éditions du Seuil, 1990, p. 51)

O *liberum veto* leva, ao ponto extremo, o poder de bloqueio de uma minoria (v. Minoria de Blocagem) entregando, a um só, a decisão negativa de impedir a deliberação da maioria.

LIGA ELEITORAL CATÓLICA (LEC)

Formada após a Revolução Constitucionalista de 1932, deflagrada por São Paulo, a LEC era uma organização que visava influir sobre a escolha de futuros legisladores que aceitassem as reivindicações católicas. Seus estatutos, aprovados em 1932, assim dispunham:

"Art. 1º – A LEC tem por fim a arregimentação eleitoral de todos aqueles que aceitarem o seu programa, no que se refere ao exercício do direito do voto, pugnando pelos ideais católicos na vida pública brasileira.

Art. 2º – Para realizar seus fins, a LEC tratará: 1º – de alistar, de acordo com a lei, o maior número possível de eleitores; 2º – de unir, eficientemente, a estes numa organização centralizada, que se mantenha, rigorosamente, dentro de sua finalidade.

Art. 3º – A organização da LEC terá como órgãos respectivos de direção quatro juntas: a) a nacional; b) a estadual; c) a regional; c) a local.

(…)

Art. 9º – Não poderão fazer parte das Juntas, de qualquer grau, as pessoas que por sua situação política partidária possam comprometer a finalidade da Liga, que sempre se conservará acima e fora de todos os partidos políticos.

(…)

Art. 11 – As Juntas locais poderão inscrever na Liga qualquer pessoa que não tenha direito a voto de acordo com o Código Eleitoral, desde que ela assuma por escrito o compromisso de: a) cumprir o dever eleitoral; b) votar de acordo com a orientação da Liga.

Art. 12 – Os sócios da Liga poderão filiar-se a qualquer partido, reservando, porém, a si, toda a liberdade necessária para seguir a orientação eleitoral da mesma.

Parágrafo Único – Não poderão, entretanto, pertencer a partido político cujo programa infrinja os deveres da consciência religiosa.

Art. 13 – A Junta Nacional ou as Juntas Estaduais, conforme a natureza das eleições, apresentarão aos candidatos a cargos eletivos o programa elaborado previamente por elas.

Parágrafo Único – Sobre a conveniência, ou não, da intervenção nas eleições municipais, resolverá a Junta Diocesana (Regional).

Art. 14 – Nas eleições federais esse programa será apresentado pela Junta Nacional, depois de audiência prévia às Juntas Estaduais.

Parágrafo Único – Nas eleições estaduais o programa será apresentado pelas Juntas Estaduais, depois de consulta à Junta Nacional.

Art. 15 – Os candidatos aos votos do eleitorado da Liga se comprometerão por escrito a defender no decorrer de todo o seu mandato o programa apresentado pela mesma.

Art. 16 – Por ocasião das eleições, depois de tomados os compromissos, serão apresentados, em listas, os nomes recomendados pela Liga aos sufrágios de seus eleitores." (In: Lustosa, Oscar de Figueiredo (org.). *Igreja e política no Brasil*. São Paulo: Loyola/Cepehb, 1983, p. 102 e sgs.).

Em seu programa de março de 1933, a LEC apresentou, com vistas à eleição dos constituintes da Segunda República, "dez princípios de justiça legal e distributiva" que constituiriam os lemas fundamentais de sua ação. Eram eles: 1) Promulgação da Constituição em nome de Deus; 2) Defesa da indissolubilidade do laço matrimonial, com assistência às famílias numerosas e reconhecimento de efeitos civis ao casamento religioso: 3) Incorporação legal do ensino religioso, facultativo, nos programas das escolas públicas, primárias, secundárias e normais da União, dos Estados e dos Municípios; 4) Regulamentação da assistência religiosa, facultativa, às classes armadas, prisões, hospitais etc. 5) Liberdade de sindicalização, de modo que os sindicatos católicos, legalmente organizados, tenham as mesmas garantias dos sindicatos leigos; 6) Reconhecimento do serviço eclesiástico de assistência espiritual às Forças Armadas e às populações civis como equivalente ao serviço militar; 7) Decretação da Legislação do Trabalho, inspirada nos preceitos da Justiça Social e nos princípio da Ordem Cristã; 8) Defesa dos direitos e deveres da propriedade individual; 9) Decretação da Lei de Defesa da Ordem Social, contra quaisquer atividades subversivas, respeitadas as exigências das legítimas liberdades políticas e civis; 10) Combate a toda e qualquer legislação que contrarie, expressa ou implicitamente, os princípios da doutrina Católica. (Lustosa, Oscar de Figueiredo, ob. cit., p. 104 e sgs.)

Do êxito da ação da LEC, nas eleições de 1933, dá prova a afirmação de Alceu Amoroso Lima – autor de textos de que resultou o programa da entidade: "Pela primeira vez conseguimos que as forças representativas da nacionalidade, ao elaborarem um novo estatuto jurídico fundamental, ouvissem as reivindicações católicas." (Lima, Alceu Amoroso. *Indicações políticas – Da revolução à Constituição*, Rio de Janeiro: Civilização Brasileira, 1936, p. 11)

Em programa publicado em outubro de 1945, na volta do país à normalidade democrática, reconhecia a LEC que, na Constituição promulgada em julho de 1934, haviam sido incorporados praticamente todos os pontos fundamentais de seu programa. Mas que, na Carta de 1937, haviam sido "suprimidos ou alterados alguns deles". Voltava, então, a entidade, a justificar os itens de seu credo, incluindo agora o reconhecimento dos direitos e deveres fundamentais da pessoa humana e a pluralidade partidária, com exclusão de organizações antidemocráticas.

O Tribunal Superior Eleitoral teve oportunidade, em 1947, de se pronunciar sobre uma possível coação exercida sobre o eleitorado pela Liga Eleitoral católica: foi quando do julgamento de recurso contra a diplomação, como senador por Sergipe, do coronel Augusto Maynard Gomes. Foi encaminhada ao Tribunal copiosa documentação com "fotografias de dísticos de propaganda, prospectos da LEC, com aprovação eclesiástica, proibindo católicos de votar em candidatos da UDN, suspeitos de aproximação com o Partido Comunista do Brasil, publicações de jornais, justificações de terem associações religiosas e sacerdotes recomendados e pregado que os eleitores católicos não poderiam sufragar os candidatos da UDN, sob as penas de pecado mortal.

Mas entendeu a Corte que, apesar da veemência da linguagem, a propaganda usara "de argumentos de ordem espiritual, que não eram de molde a atemorizar o eleitorado, impedindo-o de votar nos candidatos hostilizados. Ninguém acusará de exercer coação o partido que combater o adversário, considerando a eventualidade de sua vitória como capaz de acarretar a ruína, o descalabro, a miséria. E no mundo materialista de hoje, essa ameaça seria mais intimidativa do que a que vaticinasse apenas ruínas sobrenaturais". E que, afinal "negar a qualquer partido a associação eclesiástica, o direito de disseminar suas ideias e proclamar suas opiniões políticas é que constituiria verdadeiro atentado contra as liberdades públicas". (In: *Diário de Justiça*, de 24 de junho de 1947)

LIMA JUNIOR, OLAVO BRASIL DE

Nascido em 1945 e falecido no ano de 1999, Olavo Brasil de Lima Junior trouxe uma valiosa contribuição aos estudos políticos e, de modo especial, aos partidos, que examinou com o equilíbrio e correção que marcaram sua vida de pesquisador.

Doutor em Ciência Política pela Universidade de Michigan, pesquisador e Diretor Executivo do Instituto Universitário de Pesquisas do Rio de Janeiro – Iuperj, dirigente da Fundação Casa Rui Barbosa, ele foi, também, professor titular do Departamento de Ciência Política da Universidade de Minas Gerais. Atualmente, presidia a Associação Nacional de Pesquisa e Pós-Graduação em Ciências Sociais – Anpocs.

Sua primeira obra publicada foi *Partidos políticos brasileiros: a experiência federal e regional – 1945-1964*. (Rio de Janeiro: Graal, 1983), originalmente tese de doutoramento na Universidade de Michigan. Ali, a "ideia crucial", como ele a resumiu, foi a de que, no período, apenas nominalmente o país possuía um sistema multipartidário excessivamente fragmentado. Segundo ele, de fato, em termos reais, o número de partidos efetivamente existentes, era bem menor, a julgar pelo seu grau de competitividade.

Organizou, a seguir, *Sistema eleitoral brasileiro – Teoria e prática* (Rio de Janeiro: Iuperj/Rio Fundo Editora, 1991), resultado do trabalho desenvolvido pelo Laboratório sobre Partidos, Eleições e Problemas Institucionais, criados por ele no Iuperj.

Em prefácio a este último livro, Giusti Tavares aponta que pertencem à escola de Olavo algumas das mais relevantes produções da recente investigação acerca dos sistemas eleitoral e partidário e da representação legislativa no país, indicando, como exemplos, textos de Antônio Lavareda, Jairo Marconi Nicolau, Fabiano Mendes Santos e Renato Lessa. Segundo Giusti, apenas com a obra de Olavo Brasil, a competição partidária eleitoral e parlamentar passou a ser examinada "como sistema, no sentido rigoroso do termo, no qual contam não apenas os atributos sociais, políticos e ideólogos intrínsecos dos eleitores e dos partidos, mas a interação ao mesmo tempo estrutural e estratégica que aqueles atores desenvolvem entre si sob as condições das leis, das instituições e dos mecanismos que regulam o processo eleitoral". A partir desse livro pioneiro é que se introduzem, na comunidade brasileira de ciência política, "as noções de sistema partidário eleitoral (...) enfim, dos sistemas eleitorais". Olavo teria sido "o primeiro a examinar sistematicamente e com o recurso a indicadores de grande acuidade e precisão, as propriedades e os efeitos das leis, das instituições e dos mecanismos do sistema eleitoral, sobre o comportamento dos eleitores e dos partidos e, em última instância, sobre a configuração do sistema partidário, quer no terreno da competição eleitoral, quer no cenário parlamentar". Finalmente, foi ele "o primeiro a analisar a multiplicidade e a diversidade dos padrões regionais, estaduais, de distribuição das preferências partidárias do eleitorado e, por via de consequência, a multiplicidade e diversidade dos sistemas partidários estaduais".

Em 1993, publicaria *Democracia e instituições políticas no Brasil dos anos 80* (São Paulo: Loyola) em que aponta – e deplora – a desvinculação entre os sistemas partidário-parlamentar e eleitoral como "síndrome e, simultaneamente parte, do distanciamento mais geral, entre a sociedade e política no país".

Finalmente, em 1997, publicou *Instituições política democrática – o segredo da legitimidade* (Rio de Janeiro: Zahar) em que, para seu prefaciador, Fabiano Mendes Santos, sem "índices, números e tabelas", "combina, de forma equilibrada, filosofia política, análise institucional e os fundamentos da moderna teoria democrática".

Morto aos 54 anos, muito poderia ainda Olavo Brasil de Lima Junior estender-se em seu esforço analítico, tão exitoso, para a busca, por nosso país, da compreensão de sua realidade política e de sua redefinição institucional.

LIMA SOBRINHO, BARBOSA

Nasceu em 1897. Bacharelou-se em 1917 pela faculdade de direito do Recife. Nomeado, em 1921, adjunto de Promotor, transferiu-se para o Rio, redator-chefe do *Jornal do Brasil*, em 1924 e presidente da Associação Brasileira de Imprensa em 1926. Em 1933 publicou *A verdade sobre a revolução de outubro* (São Paulo: Gráfica Edit. Unidas). Em 1938 foi designado, por Getúlio Vargas, para a presidência do Instituto do Açúcar e do Álcool. Deputado à Assembleia Constituinte de 1946, voltaria à Câmara em 1958. Publicou, em 1949, o livro *Questões de Direito Eleitoral*.

Candidato ao governo de Pernambuco, em 1947, pelo PSD, contra o candidato Neto Campelo, da Aliança UND/PCD/PL, sua eleição foi contestada em um dos mais tumultuados processos que o país já conheceu. Somente tomou posse um ano depois, em fevereiro de 1948: é que podiam, então, ser alegadas nulidades sem atenção aos prazos agora rígidos e à preclusão (v. Preclusão), somente introduzida pela Lei de Emergência n.º 85, de 6 de setembro de 1947 (v. lei n.º 85, de 1947).

Em livro de 1976, o jornalista Andrade Lima Filho falava dessa eleição de 1947, como tendo sido "um mundo de chicana e sofisma: a cada hora, um recurso; por qualquer pretexto, uma impugnação. Barbosa ganhava numa urna? Anula-se a urna. A verdade eleitoral beneficiava o PSD? Suprima-se a verdade. A lei estava do lado do candidato vitorioso? Revogue-se a lei. (Lima Filho, Andrade. *China Gordo: Agamenon Magalhães e sua época*. Recife: Editora Universitária, 1976, p. 249)

Em artigo, também em 1947, Barbosa Lima Sobrinho defenderia a redução da competência do TSE, pleiteando que se tornasse definitivo, na maioria dos casos, o pronunciamento da instância regional, devendo o recurso ao Tribunal Superior ter sempre "a feição e os limites de um recurso extraordinário". Mas a lei n.º 85, de 6 de setembro daquele ano por seu artigo 3º, já trouxera o que, ao crítico, parecia a reforma mais necessária: a adoção do princípio da preclusão dos prazos; o recurso que não fosse utilizado a tempo, não deveria ser mais admitido.

Curiosa foi a versão, trazida em duas obras, de que, quase findo o seu mandato de governador ou após o seu término, o Tribunal Superior Eleitoral teria considerado vencedor seu oponente. Assim, em livro de memórias, organizado por Maria Celina D'Araujo e Celso Castro, disse o presidente Ernesto Geisel: "Após a redemocratização em 45, realizaram-se eleições nos estados. Em Pernambuco havia dois candidatos: Barbosa Lima, que era do PSD, apoiado pelo Agamenon Magalhães, e Neto Campelo, que era da UDN. Nessa ocasião – era o governo Dutra – fui mandado várias vezes a Recife, onde havia problemas. Houve a eleição, foi eleito o Barbosa Lima, mas a UDN entrou com um recurso no Tribunal, dizendo que tinha havido erro na apuração. Babosa Lima governou quatro anos e depois, quando já tinha terminado o mandato, o Tribunal julgou o recurso: o eleito fora Neto Campelo." (*Memórias*, Fundação Getulio Vargas Editora, p. 262)

E em dicionário histórico e biográfico, coordenado por Israel Beloch e Alzira Alves de Abreu se disse: "Já no final de sua gestão, Barbosa Lima foi surpreendido pela sentença favorável do TSE a um novo recurso impetrado por Neto Campelo que, no entanto, não chegou a ser empossado no governo." (In: *Dicionário Histórico-Biográfico Brasileiro – 1930-1983*. Rio de Janeiro: Forense Universitária, 1984)

Essas afirmações conflitam com os fatos. Ao decidir, em sessão de 19 de janeiro de 1948, pela diplomação como governador, de Barbosa Lima Sobrinho, entendeu o Tribunal Regional Eleitoral de Pernambuco que "a votação impugnada, bem como a votação pleiteada pela Aliança da UDN, do PDC e do PL no recurso n.º 328, pendente de julgamento do Tribunal Superior Eleitoral, onde tem o n.º 753, não podem influir na colocação do mesmo candidato, como o mais votado para governador na eleição de 19 de janeiro de 1947".

A proclamação se fazia em obediência à resolução n.º 1.525, de 6 de fevereiro de 1947, do TSE, que prescrevia: "Art. 1º – A proclamação pelos Tribunais Regionais Eleitorais do senadores, deputados e governadores dos Estados, bem como dos vereadores da Câmara do Distrito Federal, eleitos em 19 de janeiro de 1947, independerá da solução das dúvidas, impugnações ou recursos suscitados ou interpostos, desde que a votação impugnada não possa alterar a colocação já obtida pelos candidatos, segundo os votos apurados."

Ora, o recurso de n.º 753 foi julgado pelo TSE em 23 de janeiro de 1948, reconhecendo-se, pela Resolução n.º 2.606, em parte, o pedido da Aliança UDN/PSD/PL para anulação de algumas seções, que não poderiam, como se antecipou, influir no resultado da eleição.

LOGROLLING

ATO DE desembaraçar toras de madeira para apressar sua descida pelas águas.

Na gíria parlamentar americana, designa o voto dado por um congressista, em favor de projeto de outro, na espera da contrapartida, em escrutínios sucessivos, do apoio para projetos de seu interesse.

LUBBOCK, JOHN

NATURALISTA E político inglês, nasceu em Londres em 1834, e faleceu em 1913. Tinha o título de primeiro barão Avebury e publicou, entre outros livros, *Tempos pré-históricos* (1865), *Os prazeres da vida* (1887), *Casamento, totemismo e religião* (1911).

Defendeu o sistema que diferia do sugerido por Thomas Hare (v. HARE,

Thomas) apenas na extensão do campo de sua aplicação. Propôs, juntamente com Courtney, sua ideia na Câmara dos Comuns, quando da discussão da chamada terceira reforma eleitoral, mas o Parlamento de 1884 preferiu as circunscrições uninominais.

Era a seguinte a proposição de Lubbock: "1º) Cada eleitor não possuiria senão um voto, mas poderia votar com devolução por tantos candidatos quantos desejasse, indicando os números 1, 2, 3 etc., em relação aos nomes dos candidatos segundo sua ordem de preferência; 2º) As cédulas, tendo sido misturadas, seriam sucessivamente extraídas das urnas para serem desdobradas. Na medida em que fossem sendo retiradas, receberiam um número de ordem, de sorte que cada uma delas dispusesse de um número distinto; 3º) O quociente obtido por meio da divisão do número de cédulas válidas pelo número de deputados a eleger, mais um, quociente acrescido ele mesmo de uma unidade, arredondando-se as frações, se houvesse, seria chamado de *quantum*; 4º) Todo candidato que recolhesse um número de votos em primeiro lugar igual ou superior ao *quantum* seria declarado eleito e as cédulas que trouxessem, no início, o nome desse candidato, seriam, até a ocorrência do *quantum*, postas à parte. Sobre todas as cédulas semelhares que restassem, o nome do candidato posto em primeiro lugar seria considerado como nulo, de maneira a elevar de um nível a ordem de preferência em favor dos outros candidatos. Agir-se-ia do mesmo modo até que não houvesse mais candidatos reunindo um número de sufrágios de primeira linha, ou sufrágios assemelhados aos de primeira linha, que excedesse o *quantum*; 5º) O candidato ou os candidatos que tivessem obtido o menor número de sufrágios de primeira linha ou de sufrágios assemelhados seriam declarados não eleitos, no objetivo de elevar igualmente, na ordem de preferência, todos os votos dados aos candidatos que se seguissem; e as regras do item 4º seriam de novo aplicadas, se possível; 6º) Quando, pela aplicação sucessiva das regras dos itens 4º e 5º, o número de candidatos fosse reduzido ao número de cadeiras a preencher, os candidatos restantes seriam proclamados eleitos." (In: Bonnefoy, Gaston. *La représentation proportionnelle*. Paris: Marchal & Billard, 1902, p. 82-83)

M

MACHADO, PINHEIRO

Senador pelo Rio Grande do Sul, Pinheiro Machado chegou a ser, nos inícios da Primeira República, "o árbitro dos destinos do país", o "sobrepresidente", como disse Rui Barbosa.

Assumindo a presidência efetiva do Senado, como vice – a presidência, nominal, cabia ao vice-presidente da República, como determinava a Constituição de 1891 –, ele, controlando as comissões de verificações de poderes, promovia amigos e ceifava a vida política de adversários.

Entre muitos exemplos, cite-se o caso de Gilberto Amado (v. Amado, Gilberto). Várias vezes preterido em sua ambição de integrar a Câmara, Gilberto se aproxima de Pinheiro e, por sua influência, é inscrito entre os candidatos e eleito. Em livro de memórias, ele conta como foi a resistência de Pinheiro Machado, no morro da Graça, juntamente com o chefe de Sergipe, coronel Oliveira Valadão: "Fui lá, no dia marcado. Logo que nos sentamos à mesa, Pinheiro Machado, com aquela voz característica, para mim inesquecível, disse: 'Valadão, exponha a este perna fina o que acabamos de conversar.' Tinha sido decidida a minha entrada na chapa para deputados federais na eleição que se processaria poucos meses depois." (Amado Gilberto. *Mocidade no Rio e primeira vigem à Europa*, p. 95, cit. por Carone, Edgar. *A República velha (instituições e classes sociais)*. Rio de Janeiro: Difel, 1962, p. 297)

E, também, entre tantos outros, Coelho Neto (v. Coelho Neto). Deputado pelo Maranhão por três legislaturas, somente pela força de Pinheiro, com a morte deste, foi excluído da Câmara, e sua irresignação – com protestos junto à Comissão de Verificação, entrevistas a jornais, conferências em todo o país – marcou o ano de 1919.

No novo governo Hermes da Fonseca, Pinheiro atingiu o ponto culminante de seu poder. Em 1912, com o desaparecimento de Quintino Bocaiúva, assumiu a direção do Partido Republicano Conservador. Hermes se reconhece súdito do partido, considerando "um dos atos mais felizes" de seu governo ter-se "abrigado à sombra do PRC". (Porto, José da Costa. *Pinheiro Machado e seu tempo*. Rio de Janeiro: José de Olympio, 1950, p. 159)

Mas, na sucessão de Hermes, o nome de Pinheiro é vetado, inicialmente por Dantas Barreto, que depõe, vaidoso: "Foi Pernambuco, pelos seus representantes no respectivo governo e no Congresso Federal, que deu o brado de alerta, cujos ecos vibrantes chegaram imediatamente a São Paulo, Minas Gerais, Bahia, Alagoas e Ceará." (Porto, José da Costa, ob. cit. p. 180)

Em 4 de maio de 1913, o Partido Republicano mineiro declarou não aceitar sua candidatura. Ele recordaria, sempre, "o gesto brutal de Minas". E em 21 de abril, Minas Gerais e São Paulo firmaram o Pacto de Ouro Fino (v. Pacto de Ouro Fino). Em termos da política dos governadores, diz Costa Porto, a candidatura de Pinheiro estava aniquilada, combatida pelos cinco grandes dos situacionismos estaduais – Dantas, Seabra, Botelho, Rodrigues Alves e Bueno Brandão –, sendo certo que o Distrito Federal, o mais rebelde de todos os centros eleitorais, engrossaria as fileiras dos coligados.

Pinheiro Machado como que anteciparia seu fim, ao receber, pouco antes de sua morte, homenagem de estudantes, no Rio de Janeiro. Disse-lhes: "É possível que durante a convulsão (...) possamos submergir (...) Tombaremos, na arena, fitando a grandeza da pátria (...) Não ocultaremos, como César, a face com a toga e, de frente, olharemos fito a treda e ignóbil figura do sicário."

Mas ele não encarou o homem que o apunhalou, pelas costas, em 8 de setembro de 1915, nos corredores do Hotel dos estrangeiros. "Um homem sem história, diz Costa Porto, utilizando não adaga florentina, mas uma faca punhal que custara 600 réis." (Porto, José da Costa, ob. cit., p. 183).

E em carta escrita em março de 1914, para ser aberta pela mulher "se porventura for eu vítima do ódio de meus inimigos e da República", concluía Pinheiro: "Se me for adversa a sorte, na grande luta em que pelejamos, morrerei sereno, certo de que a história fará justiça ao meu patriotismo." (Porto, José da Costa, ob. cit., p. 242)

Mas a história só lhe resguardou a má imagem, de quem encarnou, como ninguém, a fraude eleitoral na República Velha.

MAIORIA

Costuma-se distinguir a maioria relativa, ou simples, da maioria absoluta e da qualificada.

Maioria Relativa (ou Simples) – Basta que o candidato obtenha qualquer margem sobre seus concorrentes, mesmo que o total alcançado seja inferior ao total dos votos recebidos por outros candidatos. É a formulada designada, em inglês, de *first-past-the-post*. (v. First-past-the-post)

Maioria Absoluta – Ganha a eleição o candidato que obtém a metade mais um dos votos válidos. Se o total dos eleitores é número ímpar, a metade mais um se deve calcular tomando-se a metade do número imediatamente inferior e aumentando-o de uma unidade. Daí que alguns matemáticos prefiram dizer que a maioria se expressa, nesse caso, pela "maior metade da totalidade absoluta".

Essa questão, de uma maioria por meio voto, foi posta, certa vez, na Câmara de Deputados francesa, segundo relatório de Duverger de Hauranne, assim redigido: "O segundo colégio de Pas-de-Calais elegeu M. Harlé Fº. O número de votantes foi de 401: M. Harlé obteve 201 votos. Alguns eleitores pretenderam que esse número de votos não era suficiente, pois que M. Harlé havia sido designado pela maioria de meio voto; mas a jurisprudência da Câmara é inteiramente contrária a essa pretensão, e a junta concluiu pela admissão de M. Harlé Fº". (In: Pierre, Eugène. *Traité de Droit Politique Électoral et Parlementaire*. Paris: Librairies-Imprimeries Réunies, 1893, p. 208)

Exigida a maioria absoluta para a designação de representantes, e não alcançada, repete-se o escrutínio. Dá-se o escrutínio de *ballotage*, como denominam os franceses (v. BALLOTTAGE). Essa repetição, nos diferentes sistemas eleitorais, pode seguir quaisquer das seguintes variantes: a) a realização de tantas eleições quantas se fizerem necessárias até que algum candidato obtenha a maioria absoluta; b) limitar a segunda eleição a poucos candidatos – normalmente dois ou três – que lograram, na primeira, o maior número de votos; c) realizar a segunda eleição renunciando, aí, à maioria absoluta e elegendo o candidato que obtiver a maioria simples de votos.

MAIORIA QUALIFICADA – Quando se exige, para eleição do representante, um patamar de votos superior à maioria absoluta, assim, por exemplo, 2/3, 60% ou 3/4 da totalidade do corpo votante. No Brasil, a Constituição estadual do Rio Grande do Sul, de 14 de julho de 1891, possibilitava a reeleição do presidente do Estado, se alcançasse ele as três quartas partes dos votos. Determinava o art. 9º da Carta: "O presidente exercerá a presidência durante cinco anos, não podendo ser reeleito para o período seguinte, salvo se merecer o sufrágio de três quartas partes do eleitorado."

Leis eleitorais posteriores, de 12 de janeiro de 1897 e de 14 de julho de 1913 explicitaram que, "na eleição em que for votado o presidente do Estado, se nenhum cidadão houver alcançado a maioria absoluta de votos e aquele não tiver obtido as três quartas partes dos sufrágios, proceder-se-á a nova eleição na qual o presidente não poderá ser votado".

MANDATO IMPERATIVO

AO INVERSO do mandato representativo (v. MANDATO REPRESENTATIVO) é o que, com base na representação de direito privado, entende que o eleitor pode prescrever, ao eleito, o modo pelo qual este terá de agir, em seu nome. E requer, levando ao extremo esse entendimento, a possibilidade de que o eleitor possa revogar o mandato, antes da expiração do prazo para o qual foi o representante eleito. (v RECALL).

Segundo alguns analistas, essa concepção, que estabelece uma subordinação estreita do deputado à sua circunscrição, procede de certa concepção política do governo representativo que se resigna a essa forma de governo em razão da impossibilidade da democracia direta em um grande país. Desse ideal, do governo direto, convém, então, se aproximar na medida do possível. Seria necessário, assim, que os mandatários do povo cuidem dos negócios públicos da mesma maneira como o povo o faria, se pudesse se pronunciar diretamente. (Laferriere, Julien. *Manuel de Droit Constitutionnel*. Paris: 2ª ed., Éditions Domat Montchestien, 1947, p. 403-404)

Para seus críticos, o mandato imperativo faria a discussão nas Assembleias sem razão, pois que o voto a emitir, por cada deputado, lhe seria ditado de antemão.

O mandato imperativo rebaixaria, assim, o representante a um papel mecânico: "Se nós somos constrangidos por nossas instruções, dizia Mirabeau, não temos senão que depositar nossos cadernos sobre nossa tribuna e retornar para casa." (Laferriere, Julien, ob. cit., p. 408) Mirabeau se referia aos *cahiers de doléance*, que reuniam, no Antigo Regime, as postulações e recomendações dos representados; a respeito dos pontos sobre os quais não tinha recebido instruções, o deputado deveria se abster de se pronunciar e lhe caberia pedir aos eleitores para completar seu mandato. Nos

Estados Gerais, quando o rei punha uma questão que não havia sido prevista nos seus cadernos, os deputados declaravam que deveriam voltar aos seus eleitores para lhes reclamar novas instruções. Pelo menos, quando fosse votar sobre questões não previstas, o deputado deveria fazê-lo, não segundo sua opinião pessoal, mas segundo a vontade presumida de seus constituintes. (Laferriere, Julien, ob. cit., p. 401)

A possibilidade de que instruções obrigatórias pudessem ser impostas pelos eleitores a seus eleitos foi impugnada por Burke, em célebre pronunciamento de 1774. Disse ele aos que o haviam sufragado, em Bristol: "Certamente, a felicidade e a glória de um representante devem consistir em viver na união mais estreita, a correspondência mais íntima e uma comunicação sem reservas com seus eleitores. Seus desejos devem ter, para ele, grande peso, sua opinião, o máximo respeito, seus assuntos, uma atenção incessante (...) Mas sua opinião imparcial, seu juízo maduro e sua consciência ilustrada não deve sacrificá-lo a vós, a nenhum homem, nem a grupo de homens (...) Vosso representante deve a vós não somente sua indústria, senão seu juízo, e vos atraiçoa, em vez de vos servir, se se sacrifica a vossa opinião." (In: *A representação*. Brasília: Fundação Projeto Rondon-Minter/Ministério da Educação-Sesu, s.d., p. 20)

O mandato imperativo, compreendido como aquele dado por cada circunscrição a determinado representante, foi sendo negado a partir da Constituição francesa de 1791, que dispôs, em seu Título III, Capítulo I, seção 3, art. 7: "Os representantes nomeados nos departamentos não serão representantes de um departamento particular mas da nação inteira."

MANDATO LIVRE, OU REPRESENTATIVO

NA CONVENÇÃO francesa, Condorcet (v. CONDORCET) afirmou: "Mandatário do povo, farei o que creio mais conforme a seus interesses. Ele me enviou para expor minhas ideias, não as suas; a independência absoluta de minhas opiniões é o primeiro de meus deveres para com ele." (In: Laferriere, Julien. *Manuel de Droit Constitutionnel*. Paris: 2ª ed., Éditions Domat Montchrestien, 1947, p. 407)

A frase mostra bem a natureza do mandato livre, ou representativo, que começa por negar qualquer possibilidade de condicionamento, pelos eleitores, da atuação de seus eleitos. Entende-se como um mandato concedido pela nação inteira – e não por circunscrições localizadas – ao corpo legislativo em seu conjunto. A eleição, aí, não é uma transmissão de poderes feita pelo Colégio Eleitoral ao representante, pois esses poderes não pertencem senão à nação em sua totalidade, em sua unidade. A eleição é simplesmente a escolha de uma pessoa, que, a seguir, é investida da qualidade de membro da assembleia. Os poderes que cada deputado exercerá na assembleia lhe veem, não de seus eleitores particulares, mas de sua participação nesse mandato coletivo que a nação, em seu conjunto, deu à Assembleia, em seu conjunto. (Laferriere, Julien, p. 406)

MANGABEIRA, JOÃO

NASCEU EM 23 de junho de 1880, em Salvador, Bahia. Formado em Direito, em 1897, iniciou a carreira de advogado em Ilhéus, naquele estado. Deputado à Assembleia Legislativa, em 1906, elegeu-se, em 1909, deputado federal.

No Rio de Janeiro, foi redator-chefe do *Diário de Notícias*. Concorrendo à reeleição, em 1912, não teve seu diploma reconhecido pela Câmara para onde voltou em 1918 exercendo mandato até 1930, quando se elegeu senador.

Após a Revolução de 1930, participou da comissão encarregada de elaborar o anteprojeto da futura Carta, sendo seu relator geral. Não concorreu à Constituinte mas, em artigos para o *Diário Carioca*, de grande repercussão, e reunidos no livro *Em Torno da Constituição* (Cia. Editora Nacional, 1934), defendeu o anteprojeto.

Mais uma vez deputado, em 1935, foi preso em maio de 1935, sem licença da Câmara. Em maio de 1947 assumiu o mandato de deputado e liderou a bancada do Partido Socialista Brasileiro, criado naquele ano. Em 1950, foi candidato à Presidência por aquele Partido. Ministro das Minas e Energia no Gabinete Brochado da Rocha em 1962, e ministro da Justiça no Gabinete Hermes Lima, faleceu em 27 de abril de 1964.

Mangabeira rebelou-se contra a falta de proporcionalidade do sistema adotado pelo Código Eleitoral de 1932 (v. Código Eleitoral de 1932), contrário, segundo ele, à letra dos arts. 23 e 181 das Disposições permanentes e art. 3º, § 1º, das Disposições Transitórias da Constituição de 1934, segundo a qual os representantes do povo na Câmara Federal seriam eleitos pelo sistema proporcional. Em representação ao Tribunal Superior de Justiça Eleitoral, pediu ele que fossem expedidas novas instruções aos tribunais regionais a fim de que estes procedessem validamente à proclamação dos eleitos em segundo turno, deixando de aplicar o inciso 8º do art. 58 do Código Eleitoral e que se distribuíssem os lugares, em segundo turno, proporcionalmente ao número de votos obtidos pelos partidos, grupos ou candidatos avulsos. (In: Velasco, Domingos. *Direito Eleitoral*. Rio de Janeiro: Editora Guanabara, 1935, p. 47 e sgs.)

Segundo Velasco, "o que tornou sensacional a representação Mangabeira foi o sentido constitucional de sua brilhante argumentação". Mas o Tribunal desatendeu a representação, julgando que o n.º 8 do art. 58 do Código deveria ser considerado "como estatuído legitimamente sobre uma das várias modalidades do processo eleitoral, que se compreendem no sistema proporcional, no sistema de representação proporcional".

E, para Velasco, cabia razão ao Tribunal: "Havendo o Código batizado a representação verdadeira de representação proporcional e tendo sido na sua vigência que se procederam às eleições dos deputados à Assembleia Nacional Constituinte, torna-se patente que ao usarem na Constituição a expressão do sistema proporcional, sistema de representação proporcional, admitiram os constituintes como proporcional o sistema do Código de 1932." (Velasco, Domingos, ob. cit., p. 49)

MAQUINAS DE VOTAR

Segundo o art. 57 do Código Eleitoral de 1932 (v. Código Eleitoral de 1932), o sigilo do voto seria resguardado pelo uso de sobrecartas oficiais, uniformes, opacas, pelo isolamento do eleitor em gabinete indevassável, pelo emprego de urna ampla, para que não se acumulassem as sobrecartas na ordem em que fossem recebidas; ou pelo registro obrigatório de candidatos, até cinco dias antes das eleições e pelo uso de máquinas de votar, regulado oportunamente pelo Tribunal Superior.

Um dos autores do anteprojeto do Código, João Cabral (v. CABRAL, JOÃO C. DA ROCHA), julgou inútil que figurasse, ali, a possibilidade do uso das máquinas de votar "apenas como homenagem ao progresso da mecânica". (Cabral, João C. da Rocha. *Código Eleitoral da República dos Estados Unidos do Brasil*. Rio de Janeiro: 3ª ed., Freitas Bastos, 1934, p. 102)

Para ele, era incompatível com o uso da máquina a garantia, do sistema eleitoral Assis Brasil (v. BRASIL, JOAQUIM FRANCISCO DE ASSIS), de se dar ao votante e aos partidos, até o momento de realização do sufrágio, com a entrega do voto à mesa receptora, a liberdade de escolha do seu ou dos seus representantes, tivessem ou não sido proclamados candidatos, estivessem ou não os seus nomes incluídos em listas registradas.

Os autores do anteprojeto – explicou ele – bem consideraram, previamente, as vantagens da máquina, ultimamente experimentada na América do Norte. Mas por aquelas razões principais ou outras secundárias – como o elevado preço das máquinas e o reduzido número de eleitores do país – fugiram de figurar, na lei, hipótese contrária ao sistema ali mesmo estabelecido. (Cabral, João C. da Rocha, ob. cit., p. 103)

Mas a redação final do Código indicou a possibilidade da utilização de máquinas. A partir do art. 70, são mais de dez as referências e, no Capítulo IV, Do Ato de Votar, se disse que "Se se utilizarem máquinas de votar, o processo de votação será regulamentado oportunamente".

Só recentemente é que o Brasil passou a utilizar, nas eleições, máquinas mas com o processo eletrônico (v. VOTO ELETRÔNICO) ao invés dos tradicionais, utilizadas nos EUA e que motivaram as referências do Código de 1932.

Nos EUA – Foi em Lockport, Nova York, que se empregaram, em 1892, pela primeira vez, as máquinas de votar. Quando seu uso se estendeu, o Judiciário de muitos Estados inquinou o processo de inconstitucional. Para a Suprema Corte de Kentucky, os "pais fundadores", idealizadores da Constituição, tinham entendido que uma cédula, com os nomes dos candidatos, deveria ser fornecida. Mas o sucesso das máquinas veio com a correção dos abusos decorrentes das cédulas de papel e da apuração rápida e confiável.

MEDEIROS, BORGES DE

ANTÔNIO AUGUSTO Borges de Medeiros (1864-1961), sucessor de Júlio de Castilhos, governou o Rio Grande do Sul nos quinquênios de 1898-1893, 1893-1908, 1913-1918, 1918-1923 e 1923-1928.

A reeleição do então chamado "presidente" do Estado era permitida pela Constituição (v. CONSTITUIÇÃO DO RIO GRANDE DO SUL) se alcançasse ele o voto de três quartas partes do eleitorado. Graças à compressão oficial, ao voto a descoberto, à fraude generalizada, foram possíveis as vitórias de Borges, mas sua última eleição, de 25 de novembro de 1922, é contestada pela oposição, chefiada por Assis Brasil (v. BRASIL, J.F. ASSIS), que deflagra a Revolução de 1923, considerada, no aspecto militar, "o mais fraco dos movimentos revolucionários no Rio Grande do Sul". "Nos dez meses de sua duração, não se registrou um só combate decisivo. Foram lutas dispersas, pelas campanhas rio-grandenses, correrias e tiroteios, sem que se assinalasse o encontro de forças consideráveis em autêntico encarniçamento de duas vontades opostas." (Ferreira Filho, Arthur. *História geral do*

Rio Grande do Sul. Porto Alegre: Globo, 1969, p. 220)

As hostilidades terminam com a assinatura do Tratado de Pedras Altas, em 14 de dezembro de 1923, que leva à reforma da Constituição nos pontos em que conflita com a Constituição Federal. Impede-se, a partir daí, a reeleição do presidente do Estado e dos intendentes Municipais, impõe-se a eleição do vice-presidente e dos vice-intendentes, até então nomeados, e se adota a lei federal para as eleições estaduais e municipais.

Borges promulgara, em julho de 1913, a Lei Estadual n.º 153, que implantou, no Estado, o sistema proporcional. Na exposição de motivos em que apresentava à apreciação pública o projeto, Borges afirmava que, em seu plano de reforma da legislação eleitoral, sobrelevava a tudo "o método ideado pelo autor para tornar uma realidade a promessa constitucional de representação das minorias".

Em verdade, a Constituição Federal de 24 de fevereiro de 1891, em seu art. 28, falava em que se garantisse, na representação à Câmara de Deputados, "a representação da minoria". E a Constituição do Rio Grande do Sul se referia, de modo mais preciso, quanto à Assembleia Estadual, à garantia "da representação das minorias".

Para a eleição de seus representantes, o Rio Grande do Sul passou, então, a se constituir um só Colégio Eleitoral, votando cada eleitor em 32 nomes (art. 82). No ato de apuração, verificaria a Junta Apuradora, preliminarmente, o número total de eleitores que concorriam ao pleito e o número de votos que houvesse recebido cada candidato (art. 83). Em seguida, seriam discriminadas as cédulas ou listas de votos em tantos grupos quantos fossem as que contivessem os mesmos nomes, qualquer que fosse a votação individual dos candidatos (art. 83, § 1º). Somados, depois, os votos individualmente obtidos por todos os candidatos do grupo, seria a respectiva soma dividida pela totalidade dos eleitores (art. 83, § 2º). O quociente da divisão, efetuada pela forma prescrita, seria o indicador do número de candidatos eleitos pelo grupo; quando as cédulas ou listas não pudessem constituir grupos por conterem menos de 32 nomes, ou todos ou alguns nomes variáveis, apurar-se-ia, separadamente, a votação total que houvesse obtido cada candidato. Multiplicada, depois, essa soma pelo número de representantes a eleger, se o respectivo produto fosse igual ou superior à totalidade dos eleitores concorrentes à eleição, ter-se-ia o candidato por eleito (art. 83, § 4º).

Assim resumia Borges as disposições que julgava substanciais e inovadoras em seu projeto: "a) determinação do quociente eleitoral, sendo o dividendo a soma dos votos de cada grupo e o divisor fixo a totalidade dos eleitores; b) discriminação, por meio de grupos, das listas ou cédulas que contiverem os mesmos nomes e distribuição proporcional dos candidatos eleitos mediante a aplicação da regra do quociente eleitoral; c) escrutínio de lista ou cédulas contendo tantos nomes quantos os dos representantes a eleger em todo o Estado; d) um único Colégio Eleitoral, compreendendo todo o território rio-grandense; e) mesas eleitorais permanentes em todos os distritos municipais."

Negou ele que tivesse aproveitado as sugestões de Hare (v. HARE, THOMAS) e Andrae (v. ANDRAE, CARL), mas confessou seu débito com José de Alencar (v. ALENCAR, JOSÉ): "Na elaboração do projeto, em vivenda campestre nos confins deste município, as minhas lucubrações só puderam haurir na ocasião ensinamentos luminosos em J. de Alencar, cuja obra, sempre nova, a traça do tempo não conseguiu poluir."

Com a lei de Borges, o quadro do Rio Grande do Sul, a partir de 1913, se mostrou complexo. Para a eleição de deputados federais, o processo era o estabelecido pela lei n.º 1.269, de 15 de novembro de 1904 (v. LEI ROSA E SILVA), com o voto distrital e com distritos de cinco nomes.

Por decreto de 1894, se estabelecera, para o Rio Grande do Sul, uma representação de 16 deputados federais. E decreto de 1909 dividira o território do Estado em três distritos, com sedes em Porto Alegre, Cruz Alta e Pelotas, o primeiro com seis deputados, os dois outros com cinco.

O eleitor rio-grandense votaria, então, para a Câmara Federal, em um sistema distrital, plurinominal e cumulativo, já que poderia acumular todos os seus votos, ou parte deles, em um só candidato. Para a designação dos membros à Assembleia dos Representantes, era distinto o processo; proporcional, votando os eleitores em uma lista de 32 nomes.

Dando um depoimento sobre a situação eleitoral em 1921 no Rio Grande do Sul e deplorando a fraude, João Neves da Fontoura diz que lei imposta por Borges "merecia os mais rasgados elogios sob o aspecto de facultar a presença da minoria nos corpos deliberantes". E acrescenta: "Basta referir que, quando entrei para a Assembleia, um representante federalista foi eleito com pouco mais de 400 votos! Mas não se pense que eram 400 votos individuais, além de outros da legenda. Não; era tudo que o candidato alcançara!" (Fontoura, João Neves da. *Memórias*, v. 1. *Borges de Medeiros e seu tempo*. Porto Alegre: Globo, 1958, p. 272)

Até 1913, informa o prof. Selvino A. Malfati, a Assembleia gaúcha era maciçamente republicana – leia-se castilhista. Somente em 1913, os liberais conseguiram eleger um representante, dois em 1918 e três em 1923. (In: Porto, Walter Costa. *O voto no Brasil – da colônia à Quinta República*. Brasília: Gráfica do Senado Federal, 1989, p. 199)

Encerrando seu último mandato de presidente do Estado em 1928, Borges indicou, para aquele posto, Getúlio Vargas, que se candidata em 1930, à Presidência, assumindo, pela revolução daquele ano, a chefia do Governo Provisório.

Em 1931, Borges já condenava, em entrevista, a política de Getúlio. No ano seguinte, apoiaria, no que foi considerado um gesto quixotesco, a Revolução Constitucionalista de São Paulo ("Usaram canoas de leiteiro, velhos automóveis e até cavalos – Borges com quase 70 anos, Pilla, cidadão urbano – e saíram à procura de homens e colunas (...) E Borges e Luzardo, curtindo os rigores de um agosto especialmente áspero e chuvoso, cavalgaram dezenas de léguas, encaragados de frio, dedos enregelados". In: Sá, Mem de. *A politização do Rio Grande*. Porto Alegre: Tabajara, 1976, p. 93).

Preso, enviado ao Rio de Janeiro, ele foi "exilado" no Recife, onde gozou de certa liberdade e concluiu seu livro. Ao comunicar, em telegrama ao interventor do Rio Grande do Sul, Flores da Cunha, a remoção do velho líder, Getúlio dizia: "Dr. Borges seguiu hoje Pernambuco. Ficará com liberdade interior uma fazenda como deseja. Seguiu satisfeito, declarando escreveu, pelo Sinval, desaconselhando revolução." (In: Silva, Hélio. *A crise do tenentismo*. Rio de Janeiro: Civilização Brasileira, 1968, p. 40). Mas, algum tempo depois, quando, em visita àquele Estado, Getúlio mandou um emissário para lhe dizer que era livre de ir para onde quisesse, mesmo para o Rio Grande do Sul, ouviu como resposta. "Diga ao ditador que daqui ninguém me tira. E só volto ao Rio Grande com a nova Constituição debaixo do braço." (In: Silva, Hélio, ob. cit., p. 91).

Com a volta do país à normalidade democrática, Borges foi eleito, em 1933, para a Assembleia Constituinte e, na eleição indireta ali realizada para a Presidência, recebeu 59 votos, contra 173 dados a Getúlio.

Faleceu em abril de 1961, aos 97 anos de idade.

MENDIGOS

A CONSTITUIÇÃO de 24 de fevereiro de 1891 – a primeira de nossas Constituições republicanas – foi, também, a primeira a excluir dos mendigos o direito de voto.

Dispunha ela, em seu art. 70, § 1º: "Não podem alistar-se eleitores para as eleições federais, ou para as dos estados: 1º Os mendigos; 2º Os analfabetos; 3º Os praças de preto, exceptuados os alunos das escolas militares de ensino superior; 4º Os religiosos de ordens monásticas, companhias, congregações, ou comunidades de qualquer denominação, sujeitas a voto de obediência, regra, ou estatuto, que importe a renúncia da liberdade individual."

Para um analista como João Barbalho, as restrições aí consignadas se fundamentavam "na falta de independência e de isenção dos exceptuados".

Eles, com efeito, pela sua condição, não poderiam "fazer uso consciente, discreto e voluntário do direito de voto, que assim em suas mãos perderiam toda a significação e valor". (Barbalho, João. *Constituição Federal brazileira. Comentários*. Rio de Janeiro: Typographia da Cia. Litho-Tipographia, em Sapopemba, 1902, p. 291)

Quando da elaboração da Carta, o projeto do Governo Provisório – como informa Agenor de Roure – já continha essa restrição, e a Comissão dos "vinte e um", na Assembleia Constituinte, a manteve. Mas o Apostolado Positivista combateu a medida, entendendo que "os mendigos não são os únicos cidadãos dependentes". E argumentava: "Pode até acontecer que haja muitos mendigos superiores em critério moral e social a muitos capitalistas e letrados." (Roure, Agenor de. *A constituinte republicana*. Brasília: Senado Federal, 1979, p. 263)

Mas a exclusão dos mendigos nunca poderia ser entendida como um critério meramente censitário.

A lei n.º 3.139, de 2 de agosto de 1916, ao regular o alistamento eleitoral, veio, no entanto, dar esse sentido ao texto constitucional ao exigir, para que se deferissem os requerimentos de alistamento, além dos requisitos de idade, de residência, de cidadania brasileira, a prova "de exercício de indústria ou profissão ou de posse de renda que assegure a subsistência mediante qualquer documento admissível em juízo, exceto as justificações" (art. 5º, § 2º, b) (v. CENSO).

MÉTODO DE SAINTE-LAGUE

MODO PARA a distribuição proporcional de cadeiras sugerido por Sainte-Lague em que, como no Método Hondt (v. HONDT), se opera por divisões sucessivas de número de votos alcançados por cada um dos partidos. Mas os divisores, ao invés de seguirem a série natural dos números inteiros, são os inteiros ímpares 1, 3, 5 etc.

Se numa eleição, com 100 mil votantes, para preenchimento de dez postos, os partidos A, B e C e D obtivessem, respectivamente, 44 mil, 23 mil, 17,5 mil e 15,5 mil votos, teríamos, pelo método proposto por Sainte-Lague a distribuição de cadeiras feita conforme o quadro abaixo.

Os dez maiores resultados dariam quatro cadeiras ao partido A e duas a cada um dos outros partidos. À diferença da aplicação, ao mesmo caso, do método Hondt (que daria cinco postos, em vez de quatro, ao partido A), vê-se que é atenuada, aqui, a vantagem relativa dos partidos maiores.

Utiliza-se, nos países escandinavos, o método Sainte-Lague, mas tendo, como primeiro divisor, o n.º 1,4 para tornar mais difícil, segundo se diz, a eleição do primeiro de uma lista muito minoritária.

MILL, JOHN STUART

FILHO DO filósofo escocês James Mill, nasceu em Londres, em 20 de maio de 1806 e morreu em Avignon, França, em 8 de maio de 1873. Entre suas obras principais estão *Sobre a liberdade* (1859), *Considerações sobre o governo representativo* (1861) e *Utilitarismo* (1863).

Foi memorável a discussão que manteve com outro grande liberal da segunda metade do século XIX, Walter Bagehot (v. BAGEHOT, WALTER). Bagehot se baseou, exclusivamente, em razões funcionais para justificar o modelo majoritário-distrital vigente na Grã-Bretanha e para considerar que a representação proporcional, embora incomparavelmente mais justa, ameaçava a capacidade de ação do Governo.

Mill, ao contrário, iria ressaltar as "vantagens transcendentes" da representação proporcional. Ele deplora o governo "de privilégios, em nome da maioria numérica, que é praticamente a única a ter voz no Estado", com "uma exclusão total das minorias". E elogia a proposta de Thomas Hare (v. HARE, THOMAS), um esquema que, para ele, "tem o mérito quase inigualável de desenvolver um grande princípio do governo de maneira próxima da perfeição ideal no que tange ao objetivo específico em questão, ao mesmo tempo em que atinge vários outros fins quase tão importantes". (Mill, J. Stuart. *Considerações sobre o governo representativo*. Brasília: Unb, 1980, p. 75)

DISTRIBUIÇÃO DE CADEIRA – MÉTODO DE SAINT-LANGUE

		Partido A	Partido B	Partido C	Partido D
Votos		44.000	23.000	17.500	15.500
Divididos	por 1	44.000	23.000	17.500	15.500
	por 3	14.666	7.600	5.833	5.166
	por 5	8.800	4.600	3.500	3.100
	por 7	6.825	3.825	2.500	2.214
	por 9	4.888	2.500	1.944	1.722

Em primeiro lugar, prossegue ele, "o plano garante a representação proporcional ao número de divisões do corpo eleitoral; não apenas dos dois grandes partidos, e talvez de algumas grandes minorias seccionais em certas localidades, mas também de todas as minorias do país, em número suficiente para ter, segundo os princípios de uma justiça equânime, direito a um representante".

Em segundo lugar, "nenhum eleitor seria, como agora, representado nominalmente por alguém que não tivesse escolhido. Cada membro da Casa seria representante de uma circunscrição unânime". (Mill, J. Stuart, ob. cit., p. 76)

Com base nas ideias de Hare, ele apresentou, na sessão da Câmara de 30 de maio de 1867, proposição que, segundo um analista, rompia mesmo com os princípios tradicionais da organização eleitoral do Reino Unido. Eram as seguintes as linhas principais de seu projeto: a) O número de membros do Parlamento atribuído a cada Colégio Eleitoral, em lugar de ser fixo, seria determinado por cada eleição, tomando-se o total de votos emitidos em todo o reino e dividindo esse número por 658, recolhendo-se o quociente, desprezadas as frações. Cada colégio designaria, então, um número de representantes igual ao número de vezes que o quociente fosse contido no total de votos emitido por seus eleitores; b) Cada eleitor teria o direito de votar oralmente ou por escrito. Se por escrito, a cédula de voto conteria uma lista de nomes disposta pela ordem de suas preferências; o voto escrito, ou oral, não se poderia contar senão a um só candidato; mas se o candidato, cujo nome se achasse em primeiro lugar da lista, tivesse, já, obtido um número de votos suficiente para sua eleição, a cédula seria contada em favor do candidato que estivesse em segundo lugar. c) Para ser eleito, seria preciso obter, em um só colégio ou em colégios diversos, um número de votos igual ao quociente. Se o quociente não fosse alcançado por 658 candidatos, eleger-se-iam, para completar o número, aqueles que tivessem obtido a maior votação. Cada membro representaria o colégio no qual tivesse obtido o maior número de votos. (Hansard's Parliament. deb., t. CLXXXVII, col. 1343 e segs. In: *La représentation proportionnelle*. Paris: F. Pichon, 1888, p. 87)

Como Mill explicava, o projeto não era inspirado por espírito de partido; não dependia nem da democracia nem da aristocracia, não era *tory* nem *whig*, nem radical; em verdade, ele deveria pertencer ao patrimônio de todos os partidos, se eles preferirem, a uma série de triunfos passageiros, um tratamento sempre conforme aos princípios da justiça.

Mostrando que enorme fração do corpo eleitoral ficava sem representação direta no Parlamento inglês – o conjunto de minorias batidas nas eleições –, Mill chegava a indagar se as maiorias locais, elas mesmas, eram fielmente representadas. O candidato, em geral, era "designado por uma meia dúzia de líderes locais, que podem ser políticos honestos mas podem, também, ser intrigantes sem honra; de uma ou outra espécie, escolherão os que estejam dispostos a gastar mais dinheiro". Seria necessário, então, permitir aos eleitores "atribuir seu voto a outros nomes".

Com a mesma argumentação com que tinha defendido as ideias de Hare, em seu *Considerações sobre o governo representativo*, Mill refutou as objeções ao projeto – as de que ele destruía "o caráter local da representação" ou de que ele apresentava "uma complicação extrema". Outra recriminação, vinda de Lord Cranborne, era a de que Mill e sua escola se deixavam guiar por filósofos, por razões de ordem teórica e não por considerações de utilidade prática. O projeto foi retirado de pauta.

MINORIA DE BLOCAGEM

Diz-se da minoria que pode se opor a uma decisão desejada pela maioria. Quando se faz, por exemplo, necessária a manifestação de três quartos dos votos de uma Assembleia para adotar uma deliberação, basta que um quarto se oponha.

A regra, para Mirabeau, apresenta "o mais grave de todos os inconvenientes", que é o de transferir à minoria dos sufrágios "a influência que o bem geral dá incontestavelmente à maioria". Daí que se admita, geralmente, que caso se deseje entregar à decisão à maioria, que seja por maioria simples. A adoção de qualquer patamar inferior a 50% seria inaceitável "por que remeteria à decisão à minoria". Mas a adoção de todo patamar superior a 50%, por sua vez, daria o poder à minoria.

É certo, como explica Boursin, que não se trata, aí, do poder de fazer adotar um texto, mas do poder de impedir. Mas uma decisão negativa é, igualmente, uma decisão. (Boursin, Jean-Louis. *Les dés et les urnes*. Paris: Seuil, 1990, p. 80)

A exigência de um patamar maior que a maioria absoluta era chamada, por Mirabeau (v. Mirabeau), de "pluralidade graduada". Segundo ele, só havia um ato, em uma Assembleia política, a exigir, por sua natureza, um consentimento superior àquele da pluralidade: o "pacto social que, por ele mesmo, sendo inteiramente voluntário, não pode existir sem um consentimento unânime". (Mirabeau, discurso de 29 de julho de 1879, na Assembleia Nacional Francesa. In: *La France parlementaire*. Paris: 1851, p. 62). E dizia: "Tanto se discutiu o voto por ordens, tanto se criticou o veto por ordens! E não está claro que a pluralidade graduada é exatamente a mesma pretensão sob um nome mais doce e que, nesse caso, como no outro, seria sempre o quarto ou o terço da Assembleia que daria as leis à nação? Todo aquele que observou os Estados republicanos, verá, ali, os nobres efeitos dessa aristocrática invenção." (Mirabeau, ob. cit., p. 62)

MIRABEAU

Nasceu em Bignon, França, em 9 de março de 1749, e faleceu em Paris, em 2 de abril de 1791. Às vésperas da Revolução Francesa, Mirabeau proclamava os dois grandes princípios que deveriam presidir a organização da sociedade política: "O primeiro princípio nesta matéria é o de que a representação seja individual; ela o será se não existe nenhum indivíduo na nação que não seja eleitor ou eleito, pois que todos deverão ser representantes ou representados." E acrescentava: "Quando uma nação não tem representantes, cada indivíduo dá seu voto por ele mesmo. Quando uma nação é muito numerosa para se reunir em uma só Assembleia, ela forma diversas; e os indivíduos de cada Assembleia particular concedem a um só indivíduo o direito de votar por eles; todo representante é, consequentemente, um eleito; o conjunto dos representantes é a nação, e todos aqueles que não são representantes deverão ter sido eleitores daquele que os representa." O segundo principio, para Mirabeau, era o de que a representação deveria ser igual: "A representação será igual em número se cada agregado de cidadãos escolheu tantos representantes quanto outro também importante." E ele, então, na sentença que lhe deu tanto renome e que é tão repetida pelos defensores do sistema proporcional, afirmou: "O direito social exige que as diversas ordens que se reúnem no corpo da nação participem dele na medida relativa de sua importância. Os Estados são para a nação o que é um mapa reduzido em relação a sua extensão física; seja em parte, seja no todo, a cópia deve sempre ter as mesmas proporções que o original." (Mirabeau. *Oeuvres de Mirabeau précédées d'une notice sur sa vie et ses ouvrages, discours et opinions*. Paris: Merilhou, 1834, t. I, p. 4 e sgs.).

Designado por Aix e Marselha para integrar a Assembleia dos Estados Gerais, em 1789, foi dele a reação, decisiva, para que o Terceiro Estado, que representava, obtivesse o voto por indivíduo e, assim, dominasse a nobreza e o clero. Dos três Estados que se reuniram após séculos de não convocação, se disse, inicialmente, que eram "um corpo imóvel e sem vida: um homem veio e foi sua alma: este homem foi Mirabeau". (Dumez, Eugene, Mirabeau. In: *La France parlementaire*. Paris: 1851, p. 2)

O rei Luiz XVI pretendeu cassar os atos do Terceiro Estado, e deliberou que, na votação, se obedecesse ao voto por ordens e determinou que os deputados se retirassem. Mirabeau, então, reagiu, contestando as ordens do monarca, transmitidas pelo Grande Mestre de Cerimônias, M. de Dreux Brézé: "As comunas da França resolveram deliberar; e vós, *monsieur*, que não soubestes ser o órgão do Rei junto à Assembleia Nacional; vós, que não tendes nem lugar, nem voto, nem direito de falar, ide dizer ao vosso Senhor que estamos aqui pela vontade do povo e que ninguém nos arrancará deste lugar senão pela força das baionetas." (Dumez, Eugene, ob. cit.,p. 3)

Ao fim de sua vida, Mirabeau agiu em contrário às suas convicções e conduta anteriores. Concluiu, com a Corte, "um ajuste vergonhoso"; teve, com Maria Antonieta e com M. de Montmorin, entrevistas "em que aconselhou a fuga da família real, em que propôs a dissolução da Constituinte e a restauração dos abusos que ele tinha sido o primeiro a estigmatizar e a infamar". Mas, conclui Dumez, "se seu caráter foi venal, seu talento restou incorruptível". (Dumez, Eugene, ob. cit., p. 9)

Sepultado no Panteon, em 1791, seus despojos foram dali retirados, por um decreto da Convenção.

N

NABUCO, JOAQUIM

Em um período de apenas 11 anos, Joaquim Nabuco disputou, por sete vezes, eleições para a Assembleia Geral, no final do Império. A primeira, em 1876, quando o chefe liberal de Pernambuco, o Barão de Vila Bela, a pedido de seu pai, o Senador Nabuco, o incluiu na chapa de Deputados. Nabuco permaneceu em Londres e não foi eleito. A segunda, em outubro de 1878 quando, com 991 votos, estreou na Câmara. A terceira, em outubro de 1881, quando disputou, e perdeu, pelo Rio de Janeiro. A quarta, em 1884 quando, eleito, não foi reconhecido. A quinta, quando, em 7 de junho 1885, em razão do falecimento de um deputado eleito pelo Quinto Distrito de Pernambuco, substituiu este, na Câmara. A sexta, em agosto de 1885, em razão da dissolução da Câmara pelo novo gabinete de Cotegipe, quando se elegeu pelo Primeiro Distrito de Pernambuco. E, afinal, a sétima, em setembro de 1887, em eleição em razão da escolha, como ministro, de Machado Portela.

Sempre se recorda que Nabuco passara toda sua infância em Massangana, o engenho de sua madrinha, d. Ana Rosa Falcão de Carvalho, em Pernambuco e, em suas memórias conta o incidente, o "traço inesperado" que lhe descobriu a natureza da instituição com a qual vivera "até então familiarmente, sem suspeitar a dor que ela ocultava": estava, em uma tarde, sentado à frente da casa-grande do Engenho quando um jovem negro se precipitou a seus pés suplicando "pelo amor de Deus que o fizesse comprar por minha madrinha para me servir. Ele vinha das vizinhanças, procurando mudar de senhor, porque o dele, dizia-me, o castigava, e ele tinha fugido com risco de vida". (Nabuco, Joaquim. *Minha formação*. Brasília: Senado Federal, 1998, p. 182)

Doze anos depois da morte de sua madrinha e de sua ida para o Rio de Janeiro, para se reunir aos pais e irmãos, Nabuco volta ao engenho, onde cavara "com as minhas pequenas mãos ignorantes, esse poço da infância, insondável em sua pequenez, que refresca o deserto da vida e faz dele para sempre em certas horas um oásis sedutor". Visitou a capelinha de São Mateus, atrás da casa-grande, onde, na parede ao lado do altar, jazia sua madrinha. E pela pequena sacristia abandonada, penetrou no cercado onde eram enterrados os escravos. Sozinho, ali, invocou todas as suas reminiscências, chamou-os a muitos pelos nomes e aspirou "no ar carregado de aromas agrestes, que entretêm a vegetação sobre suas covas o sopro que lhes dilatava o coração e lhes inspirava a sua alegria perpétua". (Nabuco, Joaquim, ob. cit., p. 188)

Foi assim que "o problema moral da escravidão" se desenhou, pela primeira vez, aos seus olhos, "em sua nitidez perfeita e com sua solução obrigatória". E ali mesmo, formou, aos 20 anos, "a resolução de votar a minha vida, se assim me fosse dado, ao serviço da raça generosa entre todas que a desigualdade da sua condição enternecia em vez de azedar e que por sua doçura no sofrimento emprestava até mesmo à opressão de que era vítima um reflexo de bondade..." (Nabuco, Joaquim, ob. cit., p. 188)

Para as eleições gerais convocadas para 1876, Domingos de Souza Leão, o barão de Vila Bela, chefe liberal na província de Pernambuco, escreve, cheio de ressalvas, ao senador Nabuco de Araújo: "Eu mesmo, que me julgo com direito a aspirar a uma cadeira na Câmara temporária, assentei em não solicitar tão subida honra, dos meus correligionários, para dar um exemplo de abnegação; meu genro que não suponho em circunstâncias somenos a muitos, também não se apresenta. Nesses termos exijo que você me diga se julga conveniente a apresentação do seu Quinquim pelo Partido, certo de que me louvarei em sua opinião, que, se for afirmativa, hei de procurar fazê-la valer perante a comissão eleita pelo diretório para organizar a chapa dos nove, e da qual faço parte." (Gouvea, Fernando da Cruz. *Joaquim Nabuco entre Monarquia e a República*. Recife: Fundação Joaquim Nabuco/Ed. Massangana, 1989, p. 75)

Mas Vila Bela avança seu pessimismo: "ninguém pode confiar no resultado do pleito, que cada dia se me antolha menos auspicioso para a oposição porque cada dia vão o governo, seus agentes e partidários aumentando mais as fraudes e inqualificáveis abusos, cuja medida ainda não está cheia. E assim, me parece que não daremos nem o sexto do eleitorado". (Gouvea, Fernando da Cruz, ob. cit., p. 76)

Em verdade, havia, em outubro de 1875, sido editado o Decreto n° 2.675, a chamada "Lei do Terço", com uma limitação ao voto do eleitor, com vistas a deixar, à oposição, parte dos representantes. Se o número marcado para deputados, em uma Província, fosse superior a múltiplo de três, dever-se-ia adicionar, aos dois terços, um ou dois nomes, conforme fosse o excedente. Para Pernambuco, então, ficaram 13 deputados, o eleitor somente podendo votar em nove.

Entre as "fraudes e inqualificáveis abusos" previstos por Vila Bela, estava o "rodízio", explicado por Figueira de Melo, no Senado, na sessão legislativa de 1875, imaginando um distrito com 180 eleitores, 120 da maioria e 60 da minoria: "Esses eleitores da maioria se dividem em três grupos: 40 votam nos candidatos A e B, 40 votam nos candidatos B e C, os outros 40 nos candidatos A e C. Portanto, os candidatos A, B e C vêm a ter 80 votos cada um, e suplantam assim os 60 da minoria, que não poderá eleger o seu candidato." (Pinheiro, Luis F. Maciel. *Reforma eleitoral*. Rio de Janeiro: Instituto Typographico do Direito, 1876, p. 200)

E ninguém, como advertiu Vila Bela, poderia confiar no resultado do pleito, com a máquina dos conservadores no poder. Sobretudo Nabuco, que permaneceu em Londres, adido à legação do Brasil na capital britânica e não foi eleito.

Mas, no início de 1878, o gabinete volta a ser chefiado pelos liberais, entregue ao visconde de Sinimbu. E, em abril daquele ano, dava-se a dissolução da Câmara. Estava entre as prerrogativas do imperador, no exercício do Poder Moderador, dissolver a Câmara dos Deputados, nos casos em que o exigisse "a salvação do Estado". A medida seria excepcional, em hipóteses gravíssimas, de traumas institucionais. Mas, com a aceitação das práticas parlamentaristas, no governo de Pedro II, o processo de dissolução da Câmara foi adotado, por ele, 11 vezes.

Mais um vez, atendendo ao senador Nabuco, Vila Bela inclui o jovem Nabuco na disputa, sacrificando "candidaturas como as do Deão Farias e de Aprígio Guimarães, nomes tradicionais do liberalismo pernambucano". Não só incluindo como garantindo sua eleição "apesar da quase hostilidade de correligionários preteridos e indignados com a acolhida dispensada ao 'ilustre pimpolho'". A imprensa conservadora, em Pernambuco, glosava: "Quincas, o belo, o formoso/Rapaz da moda, elegante/Veio de terra distante/Uma eleição pleitear/Saltou de calças bem largas/Pulseira d'ouro no braço/Bengala de castão d'aço/E um croisé de arrastar." (*O tempo*, edição de 20.8.1878. In: Gouveia, Fernando da Cruz, ob. cit., p. 93)

Nabuco foi o último da chapa dos 13 nomes que o Partido Liberal apresentara.

Mas antes do pleito, em setembro, falecia o senador Nabuco de Araújo, em 19 de março e logo, como contou Nabuco em suas memórias, Souza Carvalho vai à Vila Bela e diz que o compromisso de eleger o filho se esboroara, pois, *sublata causa, tollitor effectus*. Mas Vila Bela manteve sua palavra. (Nabuco, Joaquim, ob. cit., p. 174)

Vigendo ainda a Lei do Terço, Nabuco se queixa, em um manifesto, que um de seus maiores defeitos foi que, "em troca dessa concessão irrisória feita à oposição, suprimiram-se os antigos distritos eleitorais. A capital antes da lei achava-se muitas vezes à mercê dos votos de Paudalho, mas que ainda podia lutar, viu o seu direito de representação inteiramente anulado pela eleição por Províncias". (Gouvea, Fernando da Cruz, ob. cit., p. 108)

Mas Nabuco conseguiu o último lugar, com 991 votos, distribuídos conforme demonstra o quadro na p. 260.

O pequeno número de votos que levou à escolha de Nabuco em 13° lugar, em uma chapa de 13 nomes, se explica em razão do processo adotado, da eleição em dois graus: os "votantes" (a Constituição vigente, de 1824, em seu art. 90, falava na "massa dos cidadãos ativos") designavam os "eleitores" (segundo a Constituição, "os eleitores de Província"), que escolhiam os deputados e senadores. Haveria um eleitor por cada 100 "fogos", estes definidos por Decreto de maio de 1842: "Por fogo entende-se a casa, ou parte dela, em que habita independentemente uma pessoa ou família; de maneira que um mesmo edifício pode ter dois, ou mais fogos."

Antes de sua iniciação política, disse Nabuco que não fora "senão um curioso, atraído pelas viagens, pelo caráter dos diferentes países, pelos livros novos, pelo teatro, pela sociedade", o que chamou de "lazaronismo intelectual". (Nabuco, Joaquim, ob. cit., p. 173) Segundo os dicionários, lazaronismo seria o da vida de Lázaro, por sua vez mendigo de Nápoles, madraço, vadio, ocioso (Nabuco, Joaquim, ob. cit., p. 173). Depois, eleito pela primeira vez para o Parlamento, "tinha necessidade de outra provisão de sol interior; era-me preciso, não mais o diletantismo, mas a paixão humana, o interesse vivo, palpitante, absorvente, no destino e na condição alheia, na sorte dos infelizes". E confessou que esse interesse só podia ser o da emancipação dos escravos. E por felicidade de sua hora, "trazia da infância e da adolescência o interesse, a compaixão, o sentimento pelo escravo – bolbo que devia dar a única flor da minha carreira". (Nabuco, Joaquim, ob. cit., p. 174)

Cidades	Votos	Cidades	Votos
Barreiros	8	Ipojuca	23
Bezerros	17	Itambé	0
Bom Conselho	40	Jaboatão	11
Bom Jardim	37	Limoeiro	40
Bonito	48	Nazaré	30
Brejo	27	Olinda	14
Buique	26	Ouricuri	15
Cabo	26	Palmares	30
Cabrobó	20	Panelas	58
Caruaru	48	Paudalho	44
Cimbres	40	Rio Formoso	13
Escada	38	Santo Antão	39
Flores	4	São Bento	21
Garanhuns	41	Sirinhaém	6
Goiana	20	Tacaratu	29
Igarassu	27	Triunfo	8
Ingazeira	15		

(In: Gouvea, Fenando da Cruz, ob. cit., p. 113)

Mas outros temas tomaram sua atenção nesse primeiro momento, entre eles a tentativa de imigração de asiáticos ("A lavoura do norte não os quer, a lavoura do sul não os pediu", discursou ele), a eleição direta, a secularização dos cemitérios, a venda dos bens dos conventos. Mas, sobretudo, a elegibilidade dos não católicos, ou, "acatólicos", como se dizia.

Por força do art. 95, inciso III, da Constituição de 1824, não poderiam ser deputados à Assembleia Geral os que não professassem "a religião do Estado".

E os que não se vinculassem à religião católica não poderiam, também, ocupar a Regência e, mesmo, o cargo de imperador, em vista do juramento que, para o exercício dessas funções, era exigido pelo art. 103 da Carta: "Juro manter a Religião Católica Apostólica Romana, a integridade e a indivisibilidade do Império; observar e fazer observar a Constituição Política da Nação Brasileira, e mais as leis do Império, e prover o bem geral do Brasil, quanto em mim couber."

A Constituição estabelecera, em seu art. 5º, que a Religião Católica era a religião do Império. E mais: que todas as outras religiões seriam "permitidas com seu culto doméstico, ou particular, em casas para isso destinadas, sem forma exterior de templo".

O projeto de Constituição redigido por Antônio Carlos, em 1823, havia sido mais drástico: "As outras religiões, além da cristã, são apenas toleradas, e a sua profissão inibe o exercício dos direitos políticos." Mas a permissão no texto outorgado, de fevereiro de 1824, não escondia seu caráter discriminatório, limitando os cultos ao interior dos lares, deixando a ostensividade somente ao credo católico. Mais adiante, o texto constitucional apresentava uma promessa que a realidade desmentia: "Ninguém pode ser perseguido por motivo religioso, uma vez que respeite a do Estado e não ofenda a moral pública" (art. 179, IV).

Logo a reforma eleitoral de 1881 afastaria qualquer restrição ao voto, com a chamada Lei Saraiva, que disse, em seu art. 2°, "é eleitor todo cidadão brasileiro".

Em março de 1880, Saraiva substitui Sinimbu na Chefia do Gabinete e prometeu a reforma eleitoral, tão proclamada e não realizada. E logo Saraiva pediu, e obteve, do imperador, a dissolução da Câmara. Nabuco retorna de uma estada em Londres e vê "que não seria eleito por parte alguma" mas que era de seu dever "dar batalha". Renunciara, segundo ele, o apoio dos amigos de Pernambuco pois se negara a atender o pedido de Vila Bela, para que "cessasse a oposição que fazia ao gabinete para não criar dificuldades na Província ao grupo que ele dirigia e que era então o perseguido". Também, em Pernambuco, somente poderia se apresentar pela capital e, nela, "não podia pensar em tornar-me adversário do dr. José Mariano".

Apresentou-se, então, candidato "pela Corte, que por ser um município neutro não pertence a Província alguma e por ser a capital do Império e o centro da nossa vida nacional daria à batalha abolicionista a maior repercussão". (Nabuco, Joaquim. "Terceira conferência no Teatro Santa Isabel". In: *Campanha abolicionista no Recife* (Eleições de 1984, Brasília, Senado Federal, 2010, p. 99)

Foi derrotado.

O pleito, em 31 de outubro de 1881, já se fizera sob a nova lei – de n° 3029, de janeiro daquele ano. Com ela, voltaram os círculos, chamados agora, e para sempre, na legislação eleitoral, de distritos, distritos de um, para os deputados à Assembleia Geral, distritos plurinominais para os membros das Assembleias Legislativas Provinciais. E a lei proibiu o voto aos analfabetos, mantido o sufrágio para os que já votassem.

A reforma, comentaria Raymundo Faoro, foi cercada de "prestígio miraculoso". (Faoro, Raimundo. *Os donos do poder*: Porto Alegre/São Paulo: Globo/Usp, 1975, T. 1, p. 372) Mas uma grande perplexidade causa ainda aos analistas o fato do grande encolhimento, a partir dela, do corpo eleitoral. Segundo Faoro, havia, em 1872, 1.089.659 votantes, cerca de 10% da população, e apenas 20.006 eleitores. Na primeira eleição da vigência da Lei Saraiva, em que Nabuco se apresentou pelo Primeiro Distrito do Rio de Janeiro, inscreveram-se somente cerca de 150 mil eleitores, quando, reunidos os antigos votantes e eleitores, deveriam ter se apresentado mais de um milhão.

Em setembro de 1884, Nabuco volta ao Recife e se candidata, mais uma vez, pelo Primeiro Distrito, enfrentando, agora, Manoel do Nascimento Machado Portela, líder conservador de Pernambuco. E uma grande campanha se desenvolve, com quatro grandes conferências no Teatro Santa Isabel, a primeira em 12 de outubro, a última em 30 de novembro ("Que as pontes do Capibaribe não dividam este berço de tão grandes tradições em dois campos inimigos, um, em que flutua a bandeira da liberdade e outro – feudo da escravidão", dizia ele, na *Primeira Conferência no Teatro Santa Isabel*. In: *Campanha Abolicionista...*, ob. cit., p. 21), e com comícios, com grande afluência popular. Mas o pleito de 1° de dezembro foi enodoado pela violência ocorrida na Matriz de São José (estranho que atividades eleitorais tivessem lugar na matriz pois fora determinado, pela Lei Saraiva, que o governo, na Corte, e os presidentes, nas Províncias, designassem, com a precisa antecedência, os edifícios em que deveriam ser realizadas as eleições. E "só em falta absoluta de outros edifícios poderão ser designados para esse fim os templos religiosos", dizia-se no art. 15, § 6°, da lei), como conta Carolina Nabuco: "À porta da Matriz de São José, onde se havia contado como certo o triunfo de Nabuco, estava afixado o resultado da eleição. Portela 94, Nabuco 76. A mesa havia começado a redigir a ata. José Mariano já se achava havia alguns momentos junto a ela, quando se ouvia chegar a onda popular, lançando vivas a Nabuco. Não havia polícia. O primeiro movimento dos mesários foi trancar as portas contra aqueles que vinham em número tão superior que nada se poderia fazer para garantir as urnas. Estabelecendo a clandestinidade da eleição, não fizeram senão confirmar as suspeitas dos que se aproximavam. "Estão falsificando a ata", gritaram de fora. O fiscal dos conservadores, ilegalmente armado, esperou o povo de revólver em punho e antes de pagar com a vida essa defesa insólita, o obrigou por duas vezes a descer a escada em debandada. Os assaltantes, a princípio desprevenidos, subiram afinal armados de facas, cacetes e até paralelepípedos. O fiscal, major Esteves, vulgo Bodé, que com seu irmão e um sobrinho continuava a defender o recinto, foi mortalmente ferido e o sobrinho morto instantaneamente. Os livros e papéis foram destruídos." (Nabuco, Carolina. *A vida de Joaquim Nabuco*. Rio de Janeiro: Livraria José Olympio Editora, 1958, p. 178)

Teria sido o seguinte o resultado do pleito naquele Primeiro Distrito:

Freguesia de São Frei Pedro Gonçalves
Seção Única – Arsenal da Marinha

Manuel do Nascimento Machado Portela	94 votos
Joaquim Aurélio Nabuco de Araújo	85

Freguesia de Santo Antônio
1ª Seção – Câmara Municipal

Joaquim Aurélio Nabuco de Araújo	102
Manuel do Nascimento Machado Portela	69
Uma cédula em branco	

2ª Seção – Escola Modelo

Joaquim Aurélio Nabuco de Araújo	98
Manuel do Nascimento Machado Portela	57

3ª Seção – Escola Normal

Joaquim Aurélio Nabuco de Araújo	88
Manuel do Nascimento Machado Portela	62

Freguesia de São José
2ª Seção – Martírios

Joaquim Aurélio Nabuco de Araújo	86
Manuel do Nascimento Machado Portela	85

3ª Seção – São José de Ribamar

Joaquim Aurélio Nabuco de Araújo	80
Manuel do Nascimento Machado Portela	65

Freguesia de Afogados
1ª Seção – Matriz

Manuel do Nascimento Machado Portela	129
Joaquim Aurélio Nabuco de Araújo	76

2ª Seção – Remédios

Manuel do Nascimento Machado Portela	128
Joaquim Aurélio Nabuco de Araújo	87

3ª Seção – Peres

Joaquim Aurélio Nabuco de Araújo	37
Manuel do Nascimento Machado Portela	28

4ª Seção – Boa Viagem

Manuel do Nascimento Machado Portela	27
Joaquim Aurélio Nabuco de Araújo	7

RESUMO:

Joaquim Aurélio Nabuco de Araújo	746
Manuel do Nascimento Machado Portela	744

(In: Gouvea, Fernando da Cruz, ob. cit., p. 178-179)

Na edição de 19 de dezembro, no *Jornal do Recife*, Nabuco, dirigindo-se ao Eleitorado do Primeiro Distrito, dizia: "Nulificada como foi a eleição da matriz é a mim que deve caber o diploma de deputado do Primeiro Distrito por ter eu 747 votos, que ninguém honestamente me pode contestar, contra 745 dados ao meu competidor e um ao sr. dr. Paulo de Oliveira. (...) Eu, porém, declarei solenemente que não aceitaria o diploma de deputado do Recife sem os votos de São José." E já protestava antecipadamente contra a apuração da "maioria da Junta, disposta a dar diploma ao dr. Portela em qualquer caso, pretendendo fazer uma ata falsa, fabricada dez dias depois da eleição, quando legalmente não existia mais mesa eleitoral de São José, assinada em casas particulares, no todo a mais monstruosa fraude que jamais se concebeu para iludir a lei – ata feita sem publicidade, sem a presença dos mesários, sem anúncio prévio, tão em segredo como se fabrica moeda falsa". (In: Gouvea, Fernando da Cruz, ob. cit., p. 189)

Nabuco reclamou um segundo escrutínio e este se fez em 9 de janeiro de 1885, com sua vitória, com 894 votos.

Mas, no tempo, o julgamento das eleições cabia à própria Câmara interessada. (A Constituição de 1891 dizia, em seu art. 18, Parágrafo Único, que, a cada uma das Câmaras competia "verificar e reconhecer os poderes de seus membros".) Formava-se uma comissão de cinco entre os candidatos julgados "líquidos" (aqueles que, sobre a eleição, não pesava qualquer contestação) e seu parecer era submetido ao plenário. E, assim, em sessão de 12 de maio de 1885, a Câmara procedeu à votação do parecer n° 119/1885, relativo à eleição do Primeiro Distrito da província de Pernambuco. Por 51 votos contra 48, foram aprovadas "as demais eleições do primeiro escrutínio, em que obteve maioria absoluta o dr. Manoel do Nascimento Machado Portela, e anulado por conseguinte o segundo escrutínio, seja o mesmo reconhecido deputado pela província de

Pernambuco". E prossegue a ata: "Achando-se presente o sr. dr. Manoel Portela, é convidado a prestar juramento e a tomar assento." (In: *Anais da Câmara dos Deputados*, sessão de 12.5.1885, p. 65-67)

Nabuco foi, então, como se diria, mais tarde, em nossa Primeira República, "degolado". (O termo se aplicava à não aprovação e consequente não diplomação, pelas comissões de reconhecimento do Senado e da Câmara dos Deputados, de candidatos que a opinião pública julgava eleitos. E era uma transposição da cruel realidade política do Rio Grande do Sul – onde se degolavam os adversários – para o quadro, mais ameno, da fraude no julgamento das eleições no Congresso.)

Mas, oito dias depois desse julgamento, falecia o deputado Antônio Epaminondas de Melo, eleito pelo Quinto Distrito da província de Pernambuco. Apresentado, pelos liberais, como candidato, o dr. Ermírio César Coutinho cede a candidatura a Nabuco. E, também, outro possível candidato, Joaquim Francisco, cede-lhe a vaga. O Partido Conservador indica, para a disputa, o nome de Francisco do Rego Barros de Lacerda, e a eleição se dá em 7 de junho de 188, tendo o seguinte resultado:

Nazaré

Joaquim Nabuco	51 votos
Francisco de Lacerda	33

Tracunhaém

Joaquim Nabuco	43
Francisco de Lacerda	42
Joaquim Francisco	2

Alagoa Seca

Joaquim Nabuco	30
Francisco de Lacerda	13

Vicência

Joaquim Nabuco	57
Francisco de Lacerda	50

Bom Jardim

Joaquim Nabuco	185
Francisco de Lacerda	120

Resumo: Em todo o distrito, compareceram 626 eleitores, cuja maioria absoluta é 314 votos que foram assim distribuídos:

Joaquim Aurelio Nabuco de Araújo	366
Francisco do Rego Barros de Lacerda	258
Joaquim Francisco de Melo Cavalcante	2
Está eleito o Dr. Joaquim Nabuco	

(In: Gouvea, Fernando da Cruz, ob. cit., p. 218)

Em 1885, a chefia do Ministério fora entregue ao "saquarema" barão de Cotegipe, ante uma câmara liberal. E em sessão do Conselho de Estado, de 27 de agosto daquele ano, Cotegipe esclareceu que, ao assumir o Gabinete, deveria prever, como previu, a possibilidade do voto de desconfiança que a Câmara pronunciara, duas semanas antes. Tendo empenhado esforços para evitar o conflito parlamentar antes de obter os meios de governo e a lei concernente à extensão gradual do elemento servil, e tendo procurado "concorrer para o melhoramento de nossos hábitos parlamentares", julgava, agora, irrecusável o pedido de dissolução. (*Atas do Conselho de Estado*. Brasília: Senado Federal, 1973, v. XIII, p. 44)

A dissolução foi decretada em 26 de outubro de 1885. Marcadas as eleições para 15 de janeiro de 1886, Nabuco foi, mais uma vez, candidato pelo Primeiro Distrito. E, mais uma vez, enfrentou Manuel do Nascimento Machado Portela. Foi o seguinte o resultado do pleito:

Primeiro Distrito
Paróquia de S. Frei Pedro Gonçalves do Recife
(180 eleitores)

Nascimento Portela	106
Nabuco de Araújo	80

Paróquia de Santo Antônio
(462 eleitores)

Nabuco de Araújo	258
Nascimento Portela	213

Paróquia de S. José
(496 eleitores)

Nascimento Portela	288
Nabuco de Araújo	208

Paróquia de Afogados
(267 eleitores)

Nascimento Portela	416
Nabuco de Araújo	211

Resumo de toda a votação do Distrito:

Manuel do Nascimento Machado Portela	1.023
Joaquim Aurélio Nabuco de Araújo	756
Souza Reis	1
Em branco	1

Sendo a maioria absoluta de 891, está eleito o sr. dr. Manuel do Nascimento Machado Portela

(*Diário de Pernambuco*, ed. de 16 de janeiro de 1886. In: Gouvea, Fernando da Cruz, ob. cit., p. 250-251)

A oposição se queixou da pressão do governo, dizendo que o presidente da Província, Costa Pereira, "teve a felicidade de não ver as calçadas desta cidade sujas de tinta de sangue, isto é exato. Não houve mortos, nem feridos, nem mesmo desordens que obrigassem o comércio a fechar as portas; mas S.Ex.ª dispôs da força pública com tamanha desfaçatez que bem podia de um momento para outro terem aparecido conflitos, com todas as suas sequências deploráveis. Forte com a esquadra, chegada nas vésperas do Rio de Janeiro, e da qual fez desembarcar no dia anterior duas metralhadoras, S.Ex.ª fez postar nas seções dos Martírios, São José, do Primeiro Distrito, forças respeitáveis da primeira linha, como também no Segundo Distrito, na matriz da Boa Vista, 40 praças de linha no quintal da igreja, em frente dela sentinelas colocadas a pouca distância uma das outras, em forma de cordão sanitário". (*A Província*. Ed. de 15.1.1886. In: Gouvea, Fernando da Cruz, ob. cit., p. 251)

Mas Nabuco teria um novo embate, em setembro de 1887, com Machado

Portela, nomeado ministro do Império do gabinete de Cotegipe. A Constituição de 1824 dispunha, em seu art. 29: "Os senadores e deputados poderão ser nomeados para o cargo de ministro de Estado, ou Conselheiro de Estado, com a diferença de que os senadores continuam a ter assento no Senado, e o deputado deixa vago o seu lugar na Câmara, e se procede a nova eleição, na qual pode ser reeleito a acumular as duas funções."

Embora tivesse havido arbitrariedades da polícia da Província – como a proibição de comício no bairro de Afogados, com uma morte por "prancha de espada dos cavalarianos" –, a vitória foi de Nabuco, conforme publicado pelo *Diário de Pernambuco* em sua edição de 15 de setembro: "Obtiveram os srs. dr. Joaquim Aurélio Nabuco de Araujo, 1.408 votos, e o conselheiro Manuel do Nascimento Machado Portela, 1.260. Está portanto eleito o primeiro." (*Diário de Pernambuco*. Ed. de 15.9.1887. In: Gouvea, Fernando da Cruz, ob. cit., p. 294)

Nabuco voltava, mais uma vez, à Câmara. Mas não concluiu mais este mandato: veio a República.

Com a República, foi lançada mais uma vez, pelo Primeiro e pelo Quarto Distrito do agora Estado de Pernambuco, sua candidatura. Ele recusa, numa "Resposta às mensagens do Recife e de Nazaré", dizendo: "Eu não sei se não terei um dia na República a fé de Tomé; sinto-me, porém, incapaz de ter a fé de Pedro e de seguir o mestre desconhecido em um novo apostolado." (Nabuco, Carolina, ob. cit., p. 266)

Em 1906, após uma ausência de sete anos, Nabuco, já embaixador em Washington, retorna ao Brasil em razão da Conferência Pan-Americana. Seu amigo Antonio Sales o procurou, buscando interessá-lo em uma nova campanha, para criação de uma consciência continental, pan-americana. Nabuco lhe respondeu: "Não tenho mais a coragem do lugar-comum." (Prefácio de Rocha Neto, Bento Munhoz da, ao livro de Joaquim Nabuco. *Discursos parlamentares*. Rio de Janeiro: Departamento de Imprensa Nacional, 1945, p. 25)

Esse reparo amargo afronta tantas de suas afirmações de valorização desse "bolbo" de que haveria de resultar o que julgava ser "a única flor" de sua carreira. E, afinal, também sua imagem, apregoada por tantos analistas, como a do maior político brasileiro, pois que soube juntar, como nenhum outro, teoria e ação para a conscientização e correção de nossa realidade.

NÚMERO UNIFORME

DIZ-SE DO quociente eleitoral (v. QUOCIENTE) fixado, antecipadamente, no sistema proporcional. Ao invés de se aguardar o resultado da eleição e apurar-se o quociente pela divisão do número de eleitores que compareceram ao escrutínio pelo de cargos a preencher, determina-se, antecipadamente, tal cifra. Decorre, daí, que, a depender do total de eleitores que concorram ao pleito, varie o número de representantes a serem designados.

Uma das razões para a fixação de um número uniforme é a de corrigir a diversidade dos quocientes eleitorais em diferentes circunscrições de um país. Assim, se determina, com a devida aproximação, um número que sirva para o território nacional. Entendem muitos autores que esse sistema permite uma maior aproximação a uma exata representação proporcional.

O modelo foi adotado pela lei eleitoral alemã de 1920, na República de Weimar (v. REPÚBLICA DE WEIMAR). Criadas 35 circunscrições, a cada partido se atribuiriam tantos representantes quantas vezes sua lista reunisse o número uniforme, fixado em 60 mil votos. As sobras aí encontradas poderiam ser atribuídas a listas de circunscrições que produzissem os maiores restos; e as sobras não aproveitadas nas listas de circunscrições seriam, por sua vez, atribuídas a uma lista nacional. Com listas de circunscrições, listas de uniões de circunscrições e listas de toda a nação, e elegendo deputados por cada uma delas, alcançava-se o máximo de aproveitamento de votos.

Variava, conforme o comparecimento, às urnas, dos votantes, o número de representantes. Em 1928, votaram 31 milhões de eleitores e foram 492 os deputados. Em 1930, tendo sido 35 milhões os eleitores, o número de deputados subiu a 577.

O

OPÇÃO

PROCEDIMENTO DA democracia semidireta, como o plebiscito (v. PLEBISCITO), o referendo (v. REFERENDO) e a iniciativa popular (v. INICIATIVA POPULAR), embora menos empregado. Consiste, como explica Battelli, na faculdade, concedida ao corpo eleitoral, de se submeter ou cessar de se submeter às disposições de uma determinada lei ou de escolher, entre diversos sistemas administrativos, o que os interessados consideram mais conveniente.

Na chamada opção local, a votação popular pode ter lugar periodicamente e de pleno direito, seja por demanda de um órgão ou de um certo número de membros de um organismo ao qual a lei confere o direito de provocá-la.

A opção local se aproxima, então, do referendo, mas distingue-se dele porquanto a lei submetida à opção local é juridicamente perfeita, antes que o corpo eleitoral local a aceite expressamente, enquanto o consentimento do povo é necessário para que uma lei submetida aos sufrágios populares, em virtude do referendo, se torne definitivamente perfeita. Na opção local, é somente a aplicação de uma lei, mas não sua formação, que depende dos votos dos interessados.

De outra parte, em caso de referendo, a lei é submetida uma única vez aos cidadãos, enquanto que no caso de opção local, a votação pode ser renovada um número infinito de vezes. Além do mais, na opção local, o voto pode ter lugar, sucessivamente, em uma ou em diversas localidades, enquanto que no referendo todos os cidadãos votam ao mesmo tempo.

Em caso de referendo, enfim, a lei deve ser submetida ao povo, em um certo prazo; em caso de opção local, ao contrário, a votação popular pode ter lugar a qualquer tempo.

Criada nos EUA, na segunda metade do século XIX, as primeiras leis que a previam foram, inicialmente, declaradas inconstitucionais pelas Cortes dos diversos Estados. Indica-se, na Grã-Bretanha, a existência de algumas leis de opção local, como, por exemplo, na Escócia, a lei de 1913, sobre o consumo de bebidas alcoólicas. E, também, nos Estados escandinavos (as mais importantes, sobre a venda de aguardente) e em alguns cantões suíços, adotando-se, ali, a permissão, ao corpo eleitoral dos distritos ou comunas a possibilidade de escolher entre sistemas eleitorais. (Battelli, Maurice. *Les institutions de démocratie directe*. Paris: Lib. du Recueil Sirey, 1932, p. 76, 97, 98, 141, 148)

Segundo Duverger, o referendo francês de 21 de outubro de 1945, que pedia ao povo que escolhesse entre três sistemas – retorno à Constituição de 1875, constituinte soberana e constituintes com poderes limitados – era, em realidade, uma opção. (Duverger, Maurice. *Manuel de Droit Constitutionnel et de Science Politique*. Paris: Puf, 5ª ed., 1948, p. 183)

P

PACTO DE OURO FINO

AJUSTE FIRMADO em 21 de abril de 1923, entre paulistas e mineiros, para a sucessão de Hermes da Fonseca. Situacionista, líder da bancada do Estado na Câmara Federal, foi enviado por Rodrigues Alves, presidente de São Paulo, para um entendimento com o governador mineiro, Bueno Brandão, que descansava na cidade de Ouro Fino.

Conforme conta Afonso Arinos (v. FRANCO, AFONSO ARINOS DE MELO), em seu livro sobre Rodrigues Alves (Franco, Afonso Arinos de Melo. *Rodrigues Alves, apogeu e declínio do presidencialismo*. São Paulo: Edusp, 1973, p. 688), este, na carta de recomendação de seu enviado, dizia que Cincinato iria "conversar sobre a situação política tão delicada do momento, meios de resolvê-la com maior proveito para a República". Mas a finalidade básica do pacto, continua Arinos, era afastar, da sucessão, o nome de Pinheiro Machado (v. MACHADO, PINHEIRO).

PANACHAGE

EM FRANCÊS, literalmente, o verbo *panacher* significa "ornar com penacho, matizar, tomar várias cores". Mas, no âmbito eleitoral, traduz a possibilidade de que o eleitor não se prenda à lista oferecida pelo partido e possa compor seu voto com nomes de diversas listas.

A *panachage* é condenada por muitos, em razão de: 1º) complicar singularmente os trabalhos de apuração e tornar mais difícil a repartição das cadeiras; 2º) contrariar o princípio da representação proporcional, que supõe um voto por ideias e não por pessoas; 3º) favorecer as intrigas turvas já que, comumente, permite decapitar as listas adversárias. (Barthélemy, Joseph. *L'organization du suffrage et l'experience belge*. Paris: M. Giard & É. Brière, 1912, p. 720)

Mas autores da importância de Hondt (v. HONDT, VICTOR D') aceitaram os boletins *panachés*, que ele denominava "mistos": "Que fazer dos boletins mistos? Evidentemente, não se pode fazer abstração deles. O boletim misto é tão respeitável quanto o boletim de lista. Parece justo considerar cada boletim como uma unidade e atribuir a cada uma das listas uma fração correspondente ao número de candidatos de cada um deles, inscritos no boletim. Assim, o boletim com três candidatos liberais e dois candidatos católicos, seria atribuído por 3/5 aos liberais e por 2/5 católicos." (In: Barthélemy, Joseph, ob. cit., p. 720)

PAPA, ELEIÇÃO DO

JÁ SE disse que a forma de governo da Igreja Católica era uma espécie de "monarquia eletiva". A escolha de seu soberano pontífice – o Papa – sofreu, na história, uma contínua evolução. Os historiadores indicam, com relação a essa eleição, três períodos, em cada uma das quais se podem distinguir duas fases.

PAPA, ELEIÇÃO DO

O primeiro momento compreende os cinco primeiros séculos. Em sua primeira fase, até o pontificado de São Silvestre, a eleição do Papa se fazia pelos presbíteros e diáconos da cidade de Roma. Após São Silvestre, o povo começou a intervir na escolha, como intervinha na eleição dos bispos. Nessa fase, intervém, também, os imperadores, para manutenção da ordem e para que se evitassem cisões e tumultos. Elegia-se, então, o bispo de Roma, posto por meio do qual se exercia o papado. Não poderiam concorrer os que já exercessem o bispado de outras sedes, pois não se costumava, ao tempo, abandonar o bispado para o qual fossem escolhidos.

No segundo período, desde o século VI até meados do século XI, os monarcas passaram a intervir, de modo direto, na eleição do Papa. O clero, com ajuda do exército e do povo de Roma, escolhia um nome e a ata de eleição era levada ao imperador, que exigia uma larga soma para confirmar o nome. Numa segunda fase desse período, obteve-se maior liberdade e embora se procedesse a eleição ante comissários do imperador, só havia intervenção destes para evitar desordens. Passou-se, a partir daí, à possibilidade de eleição de quem já se ligasse, como bispo, a uma outra localidade.

Um terceiro período vai dos meados do século XI a nosso dias. Dispusera o papa Nicolau II, no Concílio de Letran, em abril de 1059, que a eleição de fizesse somente pelos cardeais-bispos, comunicando estes sua escolha aos demais cardeais, ao clero e ao povo, para seu assentimento, sem prejuízo dos privilégios do imperador. A intervenção do povo vai desaparecendo e uma segunda fase deste período começa em 1179, sendo decretado no Concílio III, de Letran, que a escolha do Papa se fizesse única e exclusivamente pelo Colégio de Cardeais, considerando-se o escolhido aquele que obtivesse dois terços dos votos.

Gregório X, no Concílio de Lion, em 1274; Clemente V, no de Viena, em 1311; Clemente VI, em 1354; Julio II, em 1505; Pio IV, em 1562; Gregório XV, em 1610; Urbano VIII, em 1626; e Clemente XII, em 1731, dispuseram sobre a eleição e essas determinações foram refundidas e consolidadas na Constituição de Pio X, *Vacante sede apostolica*, título II que, com a *Predecessores nostri*, de Leão XIII e as Instruções, que a acompanham, compõem o disciplinamento atual vigente.

Hoje, só os cardeais têm direito a participar da eleição. São obrigados, sob pena gravíssima, a guardar segredo, a abster-se de comprometer seu voto ou de reunir-se para acordos antes do escrutínio.

Nem podem, sob pena de excomunhão, tratar da escolha em vida do Pontífice. O escolhido deve ser do sexo masculino, batizado, católico e com discernimento necessário para aceitar a eleição e exercer o cargo.

Não é requerido, então, que seja clérigo, tampouco cardeal.

A eleição se deve dar no décimo dia do falecimento do Papa, em Roma, embora, caso as circunstâncias o obriguem, possa se fazer em outro lugar seguro.

A ela devem concorrer metade mais um dos cardeais existentes; deve se proceder em conclave, isto é, em lugar fechado; e pode se realizar por *inspiração*, *por compromisso* ou *por escrutínio*.

A escolha é *por inspiração*, quando todos os cardeais proclamam, de viva voz, de forma unânime, como se fossem inspirados pelo Espírito Santo, um candidato. Desse modo foram eleitos os papas Alexandre V (1409), Paulo III (1534), Pio IV (1559), Pio V (1566), Sixto

V (1585). Clemente X (167I) e Inocêncio XI (1676).

É *por compromisso* quando todos os cardeais concordam em delegar a escolha a três, cinco ou sete dentre eles, definindo as regras dessa escolha e se comprometendo a aceitar o designado.

Finalmente, se dá *por escrutínio* quando, por votação secreta, por meio de papeletas, se escolhe por maioria de dois terços de votos – em cujo número não pode computar-se o do eleito. Três fases são, aí, compreendidas: o ante-escrutínio, o escrutínio propriamente dito e o pós-escrutínio.

O ante-escrutínio compreende a preparação e distribuição das papeletas; a designação dos escrutinadores, em número de três, de três encarregados de recolher os votos dos enfermos e de três revisores; o preenchimento das cédulas pelos cardeais, sendo elas dobradas e marcadas com o selo de cada votante.

O escrutínio compreende o juramento, por cada um dos cardeais, de fórmula sobre a eleição ("Ponho por testemunho a Nosso Senhor Jesus Cristo, que me há de julgar, de que elejo aquele que, segundo Deus, julgo que se deva eleger") e a colocação na cédula em um cálice, que serve de urna; o recolhimento dos votos dos enfermos, que não possam se deslocar até a mesa; a contagem de todas as cédulas; finalmente, o escrutínio propriamente dito: o primeiro escrutinador tomará cada cédula, a desdobrará somente para ler o nome votado e sem dizer palavra, passará ao segundo escrutinador que a lerá, também, em silêncio e a passará ao terceiro que lerá, enfim, o nome em voz alta.

O pós-escrutínio envolve a recontagem de todos os votos, a revisão dos sufrágios e a contagem feita pelos escrutinadores e, finalmente, a queima de todas as cédulas.

Se não se alcançou a maioria de dois terços, a queima das cédulas se procede com palha úmida, para que o povo, na praça do conclave, tome conhecimento de que não foi, ainda, eleito o Papa.

Até o conclave de 1903, em razão da morte de Leão XIII, permitia-se que, não alcançada a maioria de dois terços, os cardeais pudessem modificar seu voto, apoiando qualquer dos candidatos votados, o mais das vezes o que tivesse reunido o maior número de preferências.

Era possível, então, a cada votante "fazer acessão" (v. ACESSUS), declarando: "*Accedo Domino Cardinali X.*" (Boursin, Jean Louis. *Les dés et les urnes*. Paris: Éditions du Seuil, 1990, p. 75) Esse procedimento abreviava o processo de escolha mas impunha dificuldades quanto a revisão, abertura e cotejo das cédulas, sendo derrogado e, em seu lugar, procedendo-se, sempre, a novo escrutínio quando a maioria não fosse obtida.

PARADIGMA DE MICHIGAN

FOI ASSIM denominado o modelo construído por equipe do Survey Research Center de Michigan, EUA e que dava ênfase à estabilidade e a generalidade da identificação partidária e a uma relação determinista entre essa identificação e o voto.

Elaborado a partir da relativa estabilidade do sistema partidário norte-americano após a Segunda Guerra Mundial, o esquema via a identificação partidária como uma característica duradoura do eleitor e transmissível de geração a geração.

A instabilidade do comportamento eleitoral resultaria, então, fenômeno limitado no tempo, imprevisível, uma espécie de desvio episódico, de uma *allegeance* de base com relação a um determinado partido. (v. Campbell, A., Converse, P., Miller, W. e Stokes, D. *The American Voter*. Nova York: John Wiley and Sons, 1960)

O modelo foi, depois, transportado para análise da situação inglesa (Butler, D., Stokes, D. *Political Changes in Britain*. Londres: MacMillan, 1969) e, afinal, combatido pela ciência política dos EUA e da Inglaterra, que asseguraram:

– uma proporção decrescente de eleitores tem uma identificação psicológica forte e durável com um partido;

– a identificação partidária determina cada vez menos diretamente o voto;

– a etiqueta partidária dos candidatos desempenha um papel cada vez menor entre os critérios que guiam a escolha de candidatos pelos eleitores;

– os cidadãos tem atitude cada vez mais negativas com relação aos partidos;

– a identificação partidária se transmite cada vez menos frequentemente de geração a geração (Nie, N; Verba, S. e Petrocik, J. *The Changing American Voter*. Cambridge: Mass. Harvard University Press, 1976).

As novas pesquisas mostraram que, nos anos 1970, os eleitores estavam mais politizados e eram capazes de forjar seus próprios julgamentos políticos e compreender, melhor que seus antepassados, o conjunto de circunstâncias próprias a uma eleição (v. Grunberg, Gerard. "L'instabilité du comportement électoral". In: Gaxie, Daniel. *Explication du vote*. Paris: Presses de La Fondation Nationale des Sciences Politiques, 1989)

PARADOXO DO ESTADO DO ALABAMA

QUANDO, NO regime proporcional, se dá a distribuição de cadeiras suplementares pelo método dos maiores restos (v. RESTOS), ocorre, por vezes, curioso fenômeno: o aumento do número global de postos a preencher pode resultar, para um dos partidos, em uma diminuição de sua representação.

O fato foi pela primeira vez observado em 1881, nos EUA, quando da repartição das cadeiras à Câmara dos Representantes entre os diferentes Estados. A diretoria do Bureau de Recenseamento havia calculado a repartição de postos para uma Câmara variando de 275 a 350 cadeiras.

Descobriu-se que o Estado de Alabama, com oito cadeiras em uma Câmara de 299 representantes, não receberia senão sete em um casa de 300 deputados.

Chamado de *paradoxo do Estado do Alabama*, essa peculiaridade do sistema proporcional foi denunciada por um deputado do Colorado como "uma atrocidade" e, contra ela, outro representante, do Estado do Maine, invocou a proteção divina: "Que Deus venha em ajuda do Estado do Maine, quando os matemáticos o tomam por alvo e tentam feri-lo em sua representação a esta Assembleia." (Bon, Frédéric. *Les élections en France*. Paris: Éditions du Seuil, 1978, p. 99-100)

PARTIDOS

NO EXAME dos partidos, alguns autores lembram a perspectiva dos dicionários, a enfatizar ora a divergência ("grupos de pessoas opostas a outras pelas opiniões, interesses etc."), ora o congraçamento ("uma organização política cujos membros empreendem uma ação comum para dar ou conservar o poder a uma pessoa ou a um grupo, para fazer triunfar uma ideologia") (*Grand Larousse Encyclopédie*, 1963 e Robert, 1962. Cit. por

Charlot, Jean. *Os partidos políticos*. Brasília: UnB, 1982, p. 5)

E é geralmente aceita a caracterização trazida por La Palombara de partido como: 1) uma organização durável, ou seja, uma organização cuja esperança de vida política seja superior à de seus dirigentes; 2) uma organização local bem estabelecida e aparentemente durável, mantendo relações regulares e variadas com o escalão nacional; 3) a vontade deliberada dos dirigentes nacionais e locais da organização de chegar ao poder e exercê-lo, sozinhos ou com outros, e não simplesmente influenciar o poder; 4) a preocupação, enfim, de procurar suporte popular por meio das eleições ou de qualquer outra maneira. (La Palombara, W. *Political Parties and Political Development*. Princeton: Princeton University Press, 1966, p. 5-7. Cit. por Charlot, Jean, op. cit.)

E se marca assim, a partir desses requisitos, sua diferenciação dos grupos de pressão (v. Grupos de Pressão): estes visariam a influenciar o poder, não exercê-lo; não almejariam – ao menos os GPS não exclusivos – a continuidade e a organização dos partidos nem o apoio popular.

Os partidos teriam tido seu início no século XIX: nos EUA quando da presidência Jackson; na França, em 1848; no Brasil, na década de 1840. Apontou-se uma aversão inicial, no quadro político, desde a filosofia iluminista e a Revolução Francesa, pelos corpos intermediários, por tudo que se impusesse entre a nação e os indivíduos. Com a extensão do voto a cada vez mais alargada massa de cidadãos, os partidos tornaram-se mais e mais essenciais ao processo eleitoral. Crê-se hoje, com Duverger, que os partidos servem para organizar a democracia, sem que nada possa substituí-los nesse papel. Mas trazem eles certo número de venenos capazes de negar a democracia ou, pelo menos, de deformá-la.

No Brasil – Para a maior parte dos analistas, entre esses Bolívar Lamounier e Rachel Meneguello (Lamounier, Bolívar, e Meneguello, Raquel. *Partidos políticos e consolidação democrática – O caso brasileiro*. São Paulo: Brasiliense, 1986), teriam sido sete as formações partidárias no país.

A primeira, na fase monárquica, a começar em 1837. Para José Murilo de Carvalho (Carvalho, José Murilo. *A construção da ordem – A elite política imperial*. Brasília: UnB, 1981, p. 158) as consequências da descentralização, efetivada pelo Código de Processo Criminal de 1932 e pelo Ato Adicional de 1834, e as rebeliões provinciais da Regência (v. Regência) é o que iriam, ao fim da década, possibilitar a formação dos dois grandes partidos – o Conservador e o Liberal – que, com alguns altos e baixos, iriam dominar a vida política até o final do Império. O Partido Conservador teria surgido de uma coalizão de ex-moderados e ex-restauradores, sob a liderança do ex-liberal Bernardo Pereira de Vasconcelos, e se propunha a reformar as leis de descentralização, num movimento chamado pelo próprio Vasconcelos de regresso. Os defensores das leis descentralizadoras se organizaram, então, no que passou a ser chamado de Partido Liberal. O aparecimento de um Partido Progressista, fruto do movimento de Conciliação, iniciado em 1853, pelos conservadores –, e a fundação, em 1870, do Partido Republicano, completaram o quadro partidário do Império, cuja evolução é retratada por José Murilo de Carvalho (v. quadro na p. 276).

A segunda fase partidária brasileira, na Primeira República, de 1889 a 1930, conheceu partidos estaduais e, na

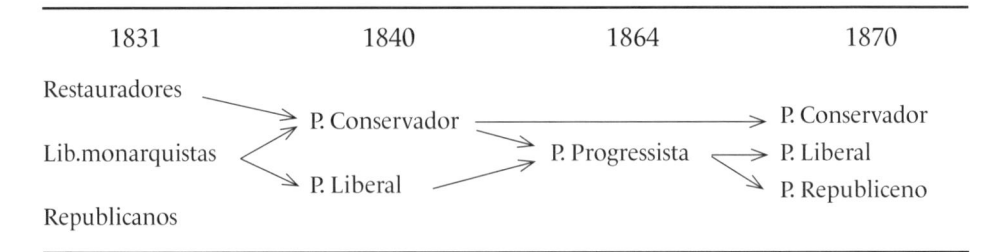

1831	1840	1864	1870
Restauradores			
	P. Conservador		P. Conservador
Lib.monarquistas		P. Progressista	P. Liberal
	P. Liberal		P. Republiceno
Republicanos			

verdade, em cada unidade federativa, ou partidos únicos ou partidos dominantes – para empregar a expressão criada por Duverger para qualificar a agremiação que, num sistema pluralista de partidos, apresenta "um nítido afastamento de seus rivais na totalidade de um período" e que se identifica "com a totalidade da nação, com suas doutrinas, suas ideias, seu estilo de certo modo coincidindo com os daquele período". (Duverger, M. *Sociologia política*. Rio de Janeiro: Forense, s.d., p. 386-387) Frustradas foram todas as tentativas de organização de partidos nacionais, entre essas a de Francisco Glicério, com o Partido Republicano Federal e de Pinheiro Machado, com o Partido Republicano Conservador.

Com a Segunda República, o Brasil conheceu sua terceira formação partidária, com agremiações nacionais, de funda conotação ideológica – a Aliança Nacional Libertadora e o integralismo. A legislação eleitoral, pela primeira vez, fez referência à possibilidade de apresentação de candidatos por partidos ou por alianças de partidos (v. CÓDIGO ELEITORAL DE 1932), mas se permitia o registro de lista de candidatos por grupos de, no mínimo, cem eleitores. E, ainda, o registro de candidato avulso (v. CANDIDATO AVULSO).

Com o golpe de 1937 e a instalação de nossa Terceira República, houve o único hiato em nossa trajetória partidária. E surpreende até que, em sua ação política, o ditador Vargas não tenha procurado se apoiar, em seu Estado Novo, como o modelo fascista europeu bem sugeria, em qualquer base partidária.

Em uma entrevista coletiva à imprensa, em 1945, Getúlio Vargas descreveria o nazifascismo como sistema "caracterizado por um partido único, oficial, e pelo poder absoluto do Estado sobre a vida econômica e espiritual dos indivíduos, com preconceito racial e repúdio da religião". Segundo ele, "nada disso tinha acontecido no Estado Novo".

A redemocratização do país, no final de 1945, trouxe, por força do Decreto nº 7.586, de 28 de maio de 1945, o monopólio, que não mais seria quebrado no país, dos partidos políticos na apresentação dos candidatos. Daí por diante, eles e somente eles concorreriam para a expressão do sufrágio. Nessa que seria a quarta formação partidária do país, ocorreu a explosão de um multipartidarismo, com 13 legendas.

Mas para Olavo Brasil, dependendo do nível de competição, das mudanças através do tempo e das diferenças entre os Estados, a competição eleitoral, no período, assumiu formas diferentes, tão distintas que, a seu ver, seria inadequado afirmar que o Brasil possuía, então, um sistema multipartidário. Para ele, o que haviam eram três subsistemas partidários, claramente diferenciáveis: um sistema bipartidário, um sistema multipartidário moderadamente fragmentado e um sistema multipartidário altamente fragmentado. (Lima Junior,

Olavo Brasil de. *Os partidos políticos brasileiros – A experiência federal e regional: 1945-1964*. Rio de Janeiro: Edições Graal, 1983, p. 30)

Com o movimento militar de 1964, teve-se a quinta fase partidária, com um bipartidismo imposto pelo poder central. Há quem diga – lembram Lamounier e Meneguello – que a implantação do bipartidismo viria "de uma admiração ingênua do presidente Castello Branco pelo modelo britânico". Mas há, também, quem veja no intento "uma tentativa de mexicanização, sendo a Arena o projeto brasileiro de um futuro PRI (Partido Revolucionário Institucional)". (Lamounier, B. & Meneguello, Raquel. op. cit., p. 66) Para acomodar as correntes de opinião nessa sístole partidária, os líderes militares utilizaram-se da sublegenda (v. Sublegenda), copiada do modelo uruguaio.

Nossa sexta formação partidária viria, segundo Lamounier e Meneguello, com um "retorno controlado ao pluripartidarismo" pela reforma partidária de 1979. E buscou-se imitar o sistema alemão, de condicionar a atuação dos partidos ao alcance de um mínimo de respaldo eleitoral (v. Cláusula de Exclusão). Finalmente, a atual fase dos partidos no país começa com a Emeda Constitucional n.º 25, de maio de 1985, com o alargamento do pluripartidismo, chegando-se, no momento, a mais de 30 legendas registradas no TSE, 16 delas com representação no Congresso.

Para Lamounier e Meneguello, o Brasil é, no nível econômico e social em que se situa, caso único no mundo, de subdesenvolvimento partidário. Isso se deve, segundo eles, à interferência constante do Estado, que se compraz em golpear as agremiações, ao fato de o poder central, no Brasil, ter sempre dificultado ou procurado impedir, de maneira deliberada, o fortalecimento de nossos partidos. (Lamounier, B. e Meneguello, Raquel, ob. cit., p. 11-12) Mas se poderia lembrar, também, que nosso sistema proporcional, de lista, mas com escolha uninominal pelos eleitores – tão destoante do modelo proporcional adotado pelos demais países (v. Representação Proporcional – no Brasil) – colabora, igualmente, para a redução da força dos partidos, instalando um individualismo destrutivo do tão necessário congraçamento nessas agremiações.

PARTIDO COMUNISTA DO BRASIL

Após a Revolução de 1930, houve, por parte dos tenentes – que um *brazilianist* denominou de "semiautoritários" – uma forte reação aos grupos políticos tradicionais. Recusavam eles o apelo às urnas que, acreditavam, terminariam por premiar os segmentos oligárquicos do país. Mas quando as eleições foram realizadas, para a designação dos membros à Assembleia Constituinte de 1933, um relatório da Embaixada dos EUA no Rio de Janeiro, indicava que, dos 140 eleitos pelo Distrito Federal e pelos seis Estados mais populosos, 94 eram considerados pró-governo, 26 neutros ou indefinidos; e 20, antigoverno.

O Partido Comunista, no entanto, teve negado o seu registro, que passava a ser exigido pelo novo Código Eleitoral (v. Código Eleitoral de 1932). O Tribunal Superior Eleitoral, em sessão 31 de março de 1932, entendeu que, "como filiado à Terceira Internacional de Moscou, é uma associação para fins ilícitos e, como tal, nula de pleno direito". (*Voto do Relator*. Miranda Valverde. In: *Boletim Eleitoral* de 7.4.1933)

Mais tarde, a Constituição de 1946 viria a introduzir um crivo ideológico para o registro das agremiações, vedando, por seu art. 141, § 13, "a organização, o registro ou o funcionamento de qualquer partido político ou associação cujo programa ou ação contrarie o regime democrático, baseado na pluralidade dos partidos e na garantia dos direitos fundamentais do homem".

Seguia-se, aí, uma linha que já marcara a legislação europeia de decênios anteriores. Com efeito, a Constituição iugoslava, em 1931, proibira os partidos confessionais e submetera as agremiações à autorização prévia. Uma lei alemã, de 1932, autorizara o ministro do Interior a solicitar leitura dos estatutos dos partidos e a obrigá-los a fazer modificações, sob pena de dissolução. Uma lei austríaca, de 1933, proibira o partido nazista. Na antiga Checoslováquia, em 1933, ocorrera a dissolução do Partido Nacional Socialista e do Partido Alemão, uma vez que se armara o governo do poder de suspender o partido que ameaçasse "a independência, a unidade constitucional, a integridade e a forma democrática republicana". Na Suécia, Dinamarca, Finlândia e Noruega, editaram-se leis proibindo o uso de uniformes pelos partidos políticos e sua militarização.

O Partido Comunista, no Brasil, obtivera seu registro, no TSE, provisoriamente, em 27 de outubro de 1945 e, em definitivo, por decisão de 10 de novembro daquele ano, juntamente com mais dez agremiações, concorreu às eleições de 2 de dezembro daquele ano, para a Presidência da República e para o Congresso Constituinte.

De um total de 6.168.695 eleitores que compareceram às urnas, o candidato comunista à Presidência, Yedo Fiúza, obteve 569.818 votos. O partido elegeu um senador, pelo Distrito Federal, e 14 deputados, recolhendo para a legenda, nos Estados, uma soma de 511.302 votos. Isso representava pouco menos de 10% dos votantes. Para a eleição às Assembleias Estaduais, que se realizou em janeiro de 1947, o partido designaria 46 deputados, em 14 unidades da Federação, obtendo, em todo país, 479.024 votos.

Mas, em razão das disposições do art. 141 da nova Carta, rumoroso debate iria resultar no cancelamento do registro do Partido Comunista e na extinção, em 7 de janeiro de 1948, do mandato de seus representantes.

Duas denúncias haviam sido encaminhadas ao Tribunal Superior Eleitoral. Segundo o relatório, "uma delas veio acompanhada de numerosos documentos, constituídos, sobretudo, de publicações de jornais, entrevistas e discursos, com os quais o denunciante pretendeu destacadamente provar: a) que o partido é uma organização internacional, orientada pelo comunismo marxista-leninista da antiga União das Repúblicas Socialistas Soviéticas (URSS); b) que, em caso de guerra com a Rússia, os comunistas ficariam contra o Brasil; o partido é estrangeiro e está a serviço da Rússia. A outra denúncia afirma que, logo após registrado, o partido passou a exercer ação nefasta, insuflando luta de classes, fomentando greves, procurando criar ambiente de confusão de desordem".

Por três votos contra dois, pela Resolução n.º TSE 1.841, de 7 de maio de 1947, o registro foi cancelado.

Mais uma vez, em 1984, sofreram os dirigentes do Partido Comunista uma restrição, quando lhes foi negada a publicação, pelo *Diário Oficial*, do manifesto, do programa e do estatuto, ato preparatório para a obtenção do registro provisório junto ao Tribunal Superior Eleitoral.

Em parecer de 30 de maio de 1984, disse o consultor jurídico do Ministério da Justiça: "No caso, trata-se de partido político dissolvido por decisão judicial, conforme Resolução n.º 1.841 do TSE, por contrariar os princípios constitucionais que à época regiam e hoje continuam a reger a organização e o funcionamento dos partidos (art. 152 da CF). Com efeito, se a agremiação partidária não pode reorganizar-se por já ter sido dissolvida por decisão judicial definitiva, a publicação no *Diário Oficial* dos atos preparatórios para a reorganização desse partido não pode ser autorizada."

Mas sentiu também o partido, manobras à margem da lei, vindas dos grupos que o combatiam. Assim, no pleito de outubro de 1954, em Pernambuco, a falsificação do jornal *Folha do Povo*. É o que conta Luiz do Nascimento: "No dia da eleição, 3 de outubro, no lugar da edição normal, circulou uma *Folha do Povo* falsificada, em formato menor, com o desenho de Prestes, em corpo inteiro, na primeira página, repetido na terceira. Afora outras "recomendações", estampou a seguinte manchete: "Prestes dirige-se aos trabalhadores: para governador de Pernambuco, vote branco; para deputados, escolham nossos candidatos." Completaram a edição dois longos artigos, um deles de Rui Faço. Teriam sido impressos 50 mil exemplares, distribuídos gratuitamente, na cidade e no interior do Estado, logo ao clarear do dia a fim de convencer os eleitores comunistas e respectivos simpatizantes de que, à última hora, Prestes retirara o apoio expressamente dado até a véspera, ao candidato João Cleofas.

A edição, normal, enquanto isso, foi preterida, da seguinte maneira: "elementos da situação dominante praticaram, junto à empresa de eletricidade, revoltante sabotagem, cortando o fornecimento de energia na área da oficina gráfica do matutino, durante o período das 19 horas do dia 2 às 7 da manhã seguinte." (Nascimento, Luiz do. *História da imprensa de Pernambuco*. Recife: UFPE, 1967, p. 369)

PELOUROS

BOLAS DE cera nas quais se incluíam papéis com votos. Eram utilizados nas eleições do Brasil colonial, para os chamados Conselhos das Câmaras. As Ordenações Filipinas, em seu título LXVII, indicavam o modo como se procederia a eleição "dos juízes, vereadores, almotacés e outros oficiais". Seriam feitos três pelouros para juízes, três para vereadores "e assim para cada ofício". Os pelouros seriam postos em um saco apartado, com tantos repartimentos quantos fossem os ofícios; o saco seria colocado em um cofre de três fechaduras, das quais teriam as chaves "os vereadores do ano passado, cada um a sua; e não dariam "a chave a outro, em modo que nunca um tenha duas chaves". E "o tempo que houverem tirar os pelouros, segundo seu foro e costume, mandarão apregoar que venham a Conselho; e perante todos, um moço de idade até sete anos meterá a mão em cada repartimento, e os que saírem nos pelouros serão oficiais cada ano, e não outros".

Uma das fraudes, com relação a essas eleições, e que se acha bem documentada, ocorreu em 1º de janeiro de 1641, em São Paulo. Mandaram os oficiais, conforme determinavam as Ordenações, que um menino retirasse do saco um dos pelouros, onde deveriam estar os nomes dos que serviriam como vereadores.

Aberto, pelo juiz Ordinário, "se achou o papel que estava dentro do referido pelouro em branco, sem estar letra alguma nele, do que eu e o tabelião Domingos da Mota damos nossa fé". As Ordenações não previam esse incidente. Resolveu-se, então, que os vereadores que terminavam seu mandato prosseguissem nas funções, até nova designação de oficiais, o que se deu somente três meses depois. (Ferreira, Manoel Rodrigues. "A evolução do sistema eleitoral brasileiro". In: *Boletim Eleitoral*, novembro, 1956, p. 155)

PILLA, RAUL

Nasceu em 20 de janeiro de 1892, na capital do Rio Grande do Sul. Diplomou-se pela Faculdade de Medicina de Porto Alegre, conquistando, em 1926, a Cátedra de Fisiologia.

Opondo-se à reeleição de Borges de Medeiros (v. Medeiros, Borges de) à Presidência do Estado, em 1923, foi um dos organizadores da coligação do então Partido Federalista com a dissidência do Partido Republicano, de que surgiria, em 1928, o Partido Libertador, do qual foi presidente.

Exilado em razão de sua luta em favor da Revolução de 1932, volta ao Rio Grande em 1935, para exercer o cargo de secretário da Agricultura. deputado à Assembleia Legislativa do Estado, é, em 1945, eleito deputado à Assembleia Nacional Constituinte, da qual participa ativamente. Postula, para nosso quadro eleitoral, em 1946 e, depois, em 1950, a adoção do sistema uruguaio da sublegenda (v. Sublegenda). E prega, insistentemente, o modelo parlamentarista. Em março de 1949, apresenta emenda assinada por 109 outros parlamentares, propondo o sistema parlamentar de governo.

Na legislatura seguinte, duas subemendas trouxeram a matéria outra vez à discussão mas somente em agosto de 1961, com a renúncia do presidente Quadros e a insatisfação militar ante sua substituição pelo vice, João Goulart, tentou-se o regime parlamentar. Pilla votou a favor da reforma, embora, como disse, "como propugnador do sistema pudesse sem grande contradição votar contra ele, nesta oportunidade; voto a favor (...) porque desnatural seria sacrificar o fim que é o bem comum, ao instrumento, que é, por natureza, secundário". (In: *Perfis parlamentares – 16 – Raul Pilla*. Brasília: Câmara dos Deputados, 1980, p. 36).

Malograda a experiência, pelo esforço, desagregador, do próprio chefe de Estado, referendo em 6 de janeiro de 1963 (v. Referendo de 6 de janeiro de 1963) aprovou a volta do presidencialismo.

Após o movimento militar de 1964, Pilla renova sua emenda à Constituição, que, embora subscrita por mais de 2/3 da Câmara, não foi considerada.

Em discursos agosto de 1966, ele se despede do Congresso afirmando-se, "mais do que um deputado demissionário", "um político que se retira inteiramente da vida pública". (In: *Perfis*, ob. cit., p. 52) Morre em Porto Alegre, em 7 de junho de 1973.

PLEBISCITO

Do latim *plebiscitu*, decreto do povo, reunido em comícios. Instrumento de democracia direta, como o referendo (v. Referendo), a iniciativa popular, (v. Iniciativa Popular), o veto popular (v. Veto).

As constituições de muitos países utilizam, indiferentemente, as expressões *plebiscito* (a alemã, de 23 de maio de 1949, art. 29, 2), *referendo* (a italiana, de

1º de janeiro de 1948, art. 75), *referendo consultivo* (a espanhola, de 31 de outubro de 1987, art. 92), *consulta popular* (a mexicana, de 31 de janeiro de 1917, art. 73, VI, 2º), *consulta direta* (a portuguesa, de 2 de abril de 1976, art. 241).

Muitos analistas apontam, com relação a plebiscitos e referendos, diferenças que a prática histórica, para outros, não autoriza. Há quem diga, por exemplo, que, no plebiscito, o eleitorado delibera sobre um assunto, sem ato prévio do Governo. A preexistência desse ato caracterizaria o referendo. Para outros, no plebiscito o povo decide sobre fatos ou acontecimentos determinados e não sobre atos normativos, o que se daria com o referendo. Finalmente, há quem veja no plebiscito, sempre a deliberação sobre um homem, e essa marca cesariana o distinguiria do referendo, sempre a decisão sobre um problema.

Ao relacionar esses entendimentos, Gladio Gemma conclui que os dois termos, a rigor, são sinônimos, observando-se, no entanto, certa diferença histórica em seu uso. Para ele, o termo plebiscito "é usado para designar eventos excepcionais, normalmente à margem das previsões constitucionais, situações em que os textos constitucionais aludem mais frequentemente ao referendo". E, mais frequentemente, se usa o termo plebiscito "para indicar pronunciamentos populares não precedidos por atos estatais, maxime sobre fatos ou eventos (não atos normativos) que, por sua natureza excepcional, não contam com uma disciplina constitucional". (In: Bobbio, Norberto. *Dicionário de política*. Brasília: 2ª ed., Unb, 1986, p. 927)

Mas só a crônica francesa insiste mesmo em separar o referendo – um pronunciamento popular sobre uma questão de governo, um texto, ou uma medida em particular – do plebiscito, cuja finalidade seria a de aprovar a designação de um homem à magistratura suprema, ou aprovar sua política, uma vez que ele tenha empolgado o poder.

Só que essa distinção, "historicamente recente, geograficamente francesa", tem sido considerada, também, "intelectualmente confusa". (Parodi, Jean Luc. *La politique*. Paris: Cepl, 1971, p. 395) É, em verdade, difícil de separar, por exemplo, no que parece ser a mera aprovação de um texto legislativo, a expressão, também, de um voto de confiança a um homem ou a um partido. O caráter plebiscitário de certos referendos – como, por exemplo, aquele em que o povo francês recusou, em 24 de abril de 1969, o projeto de reforma do Senado e que provocou o afastamento de De Gaulle – pode bem transformar essa discussão em um esforço bizantino.

A história, como lembra Gomes Canotinho, está a demonstrar os perigos da "tentação plebiscitária": 1) o plebiscito como forma de processo de reforço do poder pessoal (ex. os plebiscitos napoleônicos e gaullistas); 2) o plebiscito como forma de superação dos partidos e da representação partidária (ex. a República de Weimar); 3) o plebiscito como caminho para o decisionismo ou existencialismo jurídico (República de Weimar e gaullismo). (Canotilho, José Joaquim Gomes. *Direito Constitucional*. Coimbra: Liv. Almedina, 1987, p. 387)

NO BRASIL – CONSTITUIÇÃO DE 1937 – Na Carta outorgada por Vargas, em 10 de novembro de 1937, foi dado um largo espaço às consultas plebiscitárias. Previa-se, inicialmente, que a resolução do Parlamento, referente à incorporação, subdivisão ou desmembramento de Estado poderia "ser submetido, pelo presidente da República, ao plebiscito das populações interessadas". (art. 5º)

Poderiam, também, "a todo tempo", "ser conferidos ao Conselho de Economia Nacional, mediante plebiscito a regular-se em lei, poderes de legislação sobre algumas ou todas as matérias de sua competência (art. 63). A iniciativa do plebiscito caberia ao presidente da República, que especificaria "no decreto respectivo as condições em que, e as matérias sobre as quais, poderá o Conselho de Economia exercer poderes de legislação" (art. 63, Parágrafo Único).

A terceira hipótese de plebiscito era a de que, no caso de rejeição, pelo Parlamento, de projeto de iniciativa do presidente para emenda à Constituição, ou no caso em que o Parlamento aprovasse definitivamente, apesar de oposição do presidente, projeto de iniciativa da Câmara, o chefe do Executivo poderia "dentro de trinta dias", resolver que um ou outro projeto fosse submetido a plebiscito (art. 74, § 4º).

Finalmente, a própria Constituição deveria ser submetida a plebiscito: "Art. 187 – Esta Constituição entrará em vigor na sua data e será submetida ao plebiscito nacional na forma regulada em decreto do presidente da República."

Embora referido no Carta, por dez vezes, e para as quatro hipóteses acima, nenhum plebiscito foi convocado, no período abrangido pela Constituição de 1937, embora fosse indispensável o pronunciamento popular sobre seu texto. Isso levou a que Francisco Campos – reconhecido como o principal autor da Carta –, quando de seu rompimento com o presidente Vargas, dissesse, em entrevista, que ela era um documento que não poderia "invocar em seu favor o testo da experiência", pois não fora "posta à prova", permanecendo "em suspenso desde o dia de sua outorga". (Campos, Francisco. *Correio da Manhã*. Rio de Janeiro, 3 de março de 1945)

A Constituição de 1937, insistia Campos naquela entrevista, não tinha mais vigência, era "de valor puramente histórico. Entrou para o imenso material que, tendo sido ou podendo ter sido jurídico, deixou de o ser ou não chegou a ser jurídico por não haver adquirido ou haver perdido sua vigência". A constatação, para Campos, defluía claramente do texto da própria Carta que, em seu art. 175, declarava: "O atual presidente da República tem renovado o seu mandato até a realização do plebiscito a que se refere o art. 187, terminando o período presidencial fixado no art. 80 se o resultado do plebiscito for favorável à Constituição."

E o art. 80, por sua vez, dispunha. "O período presidencial será de seis anos."

Resultava, para Francisco Campos, da combinação dos dois artigos, que: 1º) o mandato do presidente começaria a correr da data da Constituição; 2º) que esse período não poderia exceder a seis anos e, estabelecendo o art. 175 que o presidente só terminaria esse período se o plebiscito fosse favorável à Constituição, o plebiscito deveria realizar-se, impreterivelmente, dentro dos seis anos a que se referia o art. 80. Ora, prosseguia ele, "não se tendo realizado o plebiscito dentro do prazo estipulado pela própria Constituição, a vigência desta, que antes da realização do plebiscito seria de caráter provisório, só se tornando definitiva mediante a aprovação plebiscitária, tornou-se inexistente". (Campos, Francisco, entrevista citada)

Constituição de 1946 – A Constituição de 18 de setembro de 1946, por seu art. 2º, indicava o plebiscito somente para o caso de incorporação, subdivisão ou desmembramento de Estados para anexação a outro ou formarem novos Estados, caso em que se ouviriam as "populações diretamente interessadas".

Mas, quando da crise com o afastamento do presidente Jânio e com a instituição do parlamentarismo, pela Emenda Constitucional n.º 4, de 2 de setembro de 1961, cogitou-se, em seu art. 25, sobre a realização "de plebiscito que decida da manutenção do sistema parlamentar ou volta do sistema presidencial". Em tal hipótese, dever-se-ia fazer a consulta plebiscitária "nove meses antes do termo do atual período presidencial". Antecipada a consulta, realizou-se ela em 6 de janeiro de 1963, mas como referendo (v. REFERENDO).

CONSTITUIÇÃO DE 1967 – A Constituição de 24 de janeiro de 1967 não se utilizou da expressão plebiscito, falando, somente, de "consulta prévia às populações locais, para a criação de novos municípios" (art. 14).

CONSTITUIÇÃO DE 1988 – A constituição atual, de 5 de outubro de 1988, declara, inicialmente, no Parágrafo Único de seu art. 1º, "que todo poder emana do povo, que o exerce por meio de representantes eleitos, ou diretamente". E relaciona, no art. 14, os modos desse exercício direto: o plebiscito, o referendo, a iniciativa popular que, mediante lei, serão regulados.

O Ato das Disposições Constitucionais Transitórias determinou que em 7 de setembro de 1993 o eleitorado definiria, "através de plebiscito, a forma (república ou monarquia constitucional) e o sistema de governo (parlamentarismo ou presidencialismo) que devem vigorar no país".

Antecipado para 21 de abril de 1993, e após um amplo debate que envolveu os mais expressivos segmentos da sociedade brasileira, o plebiscito resultou na aprovação da forma e do regime de governo vigentes no país, pelos números do quadro da p. 284.

Lei recente, de n.º 9.709, de 18 de novembro de 1988, veio regular a execução do que dispõe nos incisos I, II e III do art. 14 da Constituição. Plebiscito e referendo – se disse no art. 2º, "são consultas formuladas ao povo para que se delibere sobre matéria de acentuada relevância, da natureza constitucional, legislativa ou administrativa".

O plebiscito "é convocado com anterioridade a ato legislativo ou administrativo, cabendo ao povo, pelo voto, aprovar ou denegar o que lhe tenha sido submetido" (§ 1º).

O referendo "é convocado com posterioridade a ato legislativo ou administrativo, cumprindo ao povo, pelo voto, aprovar ou denegar o que lhe tenha sido submetido.

PLEBISCITOS NAPOLEÔNICOS

ASSIM CHAMADAS as consultas populares procedidas por Napoleão Bonaparte, em maio de 1800, maio de 1804, e por Luiz Napoleão, em dezembro de 1851, novembro de 1852 e maio de 1870. Juridicamente, foram referendos (v. REFERENDO – NA FRANÇA) com exceção, talvez, do de dezembro de 1851, único em que não se ocultou, por trás da aprovação de um texto, a confirmação da soberania a um dirigente.

Como explica Friedrich, Napoleão Bonaparte, subindo ao poder, pretendeu ser o executante da vontade divina, atuar em nome do povo e cumprir, assim, o papel do legislador – divino – que Rousseau havia previsto como corretivo necessário à grande fragilidade humana nos organismos políticos de notável grandeza.

Plebiscito de 15 de abril de 1993

Eleitorado	90.256.629		
Comparecimento	67.010.241	74,24	
Abstenções	23.246.311	25,76	
Forma de governo	Votos	Votantes (%)	Eleitorado (%)
República	44.266.433	66,05	49,04
Monarquia	6.843.159	10,20	7,58
Votos em branco	7.030.852	10,49	7,78
Votos nulos	8.869.797	13,23	9,82
Sistema de governo			
Presidencialismo	37.156.841	55,44	41,16
Parlamentarismo	16.517.862	24,64	18,30
Votos em branco	3.467.204	5,17	3,84
Votos nulos	9.868.334	14,27	10,93

Mas, na prática, a teoria era amesquinhada pela pressão governamental, com intimidação sobre os eleitores e corrupção nessas consultas. Quando, com Luiz Napoleão, cessou a prática dos registros abertos, com listas oficiais dos votantes, prosseguiu a fraude, deixando-se à disposição dos eleitores um número insuficiente de papeletas com o voto "Não". (Friedrich, Carl J. *Gobierno constitucional y democracia*. Madri: Inst. de Estudos Políticos, 1975, v. II, p. 551 e sgs.)

PLURALIDADE

USADA, NOS primeiros momentos dos sistemas eleitorais em todo o mundo, como sinônimo de maioria de votos (v. MAIORIA).

No Brasil, foi utilizada pela primeira vez nas Instruções trazidas pelo Decreto de 7 de março de 1821 que, copiadas da Constituição de Cadiz (v. CONSTITUIÇÃO DE CADIZ), regulavam a nomeação de deputados às Cortes de Lisboa (v. CORTES DE LISBOA).

Segundo seu art. 41, a Assembleia Paroquial nomearia, "à pluralidade de votos", compromissários, que deveriam nomear o eleitor paroquial. Entendia-se, aí, que a maioria fosse relativa. Por pluralidade absoluta – por maioria absoluta – seriam escolhidos, pelos eleitores paroquiais, os eleitores de comarca (art. 74) e, por eles, os deputados (art. 84).

Para a eleição de representantes a nossa primeira Assembleia Geral Constituinte e Legislativa, em 1822, a Decisão n.º 57, de 19 de junho daquele ano, se referia à pluralidade para a escolha dos eleitores (Cap. III, 2), do presidente da mesa eleitoral em cada distrito (Cap. V, 3) e, afinal, dos deputados (Cap. V, 5).

De pluralidade relativa tratavam, por exemplo, com respeito à eleição de eleitores, deputados e senadores, o Decreto de 26 de março de 1824 (Cap. III, 4º e Cap. VIII, 4º e 7º) e a lei n.º 387, de 19 de agosto de 1846 (arts. 56, 70 e 88).

A uma maioria absoluta já se reportava o Decreto n.º 842, de 19 de setembro de 1855 (v. LEI DOS CÍRCULOS), em seu art. 1º, § 6º, mas, no decreto que a regulamentou, de n.º 1.812, de 23 de agosto de 1856, ainda era citada a pluralidade de votos para que se completasse a composição da mesa do colégio (art. 19).

POINCARÉ, HENRI

MATEMÁTICO FRANCÊS, nasceu em Nancy, em 1854, e faleceu em Paris, em 1912. Eleito para a Academia Francesa, em 1908, interessou-se pela análise matemática, a mecânica analítica, a mecânica celeste, a física matemática e a filosofia das ciências.

Defendeu, junto à Comissão de Estudos do Comitê Republicano da Representação Proporcional a fórmula do "número único", a que se chegaria com a divisão do número de eleitores pelo de cargos a preencher. Na verdade, o quociente (v. QUOCIENTE), hoje aceito em tantos sistemas eleitorais. Os votos não representados – isto é, "os restos" – seriam, segundo Poincaré, somados no conjunto das circunscrições em proveito de cada partido.

Em carta a Lachapelle, Poincaré expôs as vantagens morais de seu sistema: "1º) O sistema do número único será compreendido no primeiro instante, e o mais ignorante dos matemáticos verá, sem maior exame, que ele dá satisfação completa à justiça. Essa é uma séria vantagem; não basta ser justo, é preciso ainda que se pareça justo. 2º) O sistema é facilmente perfectível: se não se crê poder aplicá-lo imediatamente ao conjunto do território, poder-se-á aplicá-lo de início a regiões restritas e, em seguida, progressivamente a regiões mais e mais extensas. 3º) Ele obriga os partidos a que se organizem e que mostrem sua bandeira. 4º) É aquele que atinge melhor os resultados morais que os partidários da R.P. têm em vista. Fazer compreender aos deputados que eles representam a França e não um Departamento, fazer compreender aos eleitores que eles devem votar por ideias e não por pessoas." (In: Lachapelle, G. *Les régimes électoraux*. Paris: Librairie Armand Colin, 1934, p. 169-170)

Três séries de objeções foram levantadas contra a proposição de Poincaré. Primeiramente, que ela havia sido concebida por teóricos, por filósofo sem conhecimento das realidades políticas; em segundo lugar, que os eleitores, aí, não saberiam, de antemão, quantos deputados seriam eleitos no Colégio em que emitissem seu voto. (Em verdade, como explicava Lachapelle, em seu texto de 1934, sob o regime do número único, o número de deputados passava a depender não mais da população ou de qualquer outro procedimento arbitrário de atribuição de mandatos mas, o que seria muito mais lógico e justo, do número de sufrágios validamente expressos.) Finalmente, se argumentava que o sistema favoreceria, largamente, os partidos mais unidos e melhor disciplinados, em detrimento de outros (o que, comentaria Lachapelle, é evidente, mas tal é, precisamente, sua vantagem moral). (Lachapelle, ob. cit., p. 170)

POLÍTICA DOS ESTADOS

PRESIDENTE NO quatriênio 1898-1902, Campos Sales marcaria seu governo com a modificação, que viu aprovada, no Regimento da Câmara dos Deputados.

Em livro publicado em 1908, esclareceu Campos Sales que sempre proclamara como um mal a ser extirpado, como um embaraço à eficácia da ação governativa, "o espírito partidário", com suas paixões e com suas violências. Encontrara ele, ao iniciar seu governo, somente frações do Partido Republicano Federal, não propriamente um partido político, mas "apenas uma grande agregação de elementos antagônicos". (Sales, M.F. de Campos. *Da propaganda à Presidência*. São Paulo: A Editora, 1908, p. 225, 234, 235)

Em verdade, o Partido Republicano se dividira em dois blocos, o da *concentração*, formado por adeptos de Francisco Glicério, e o dos prudentistas. Daí que a obra política que Campos Sales dissesse intentar tivesse a intenção de apagar as dissensões que dividiam o Congresso e de constituir, nele, "uma unidade forte, patriótica e decidida a prestar seu concurso ao governo".

Ele iria denominar de *política dos Estados* esse programa, que os críticas preferiam apontar como *política dos governadores*. (Queixou-se Campos Sales: "Outros deram à minha política a denominação de *política dos governadores*. Teriam talvez acertado se dissessem *política dos Estados*. Essa denominação exprimiria melhor meu pensamento." Sales, M.F. de Campos, ob. cit., p. 235)

Com seu patrocínio, o líder do Governo na Câmara, Augusto Montenegro promoveu a reforma do Regimento daquela Casa, passando-se a se entregar a presidência da comissão encarregada de organizar a lista dos diplomados não ao mais velho entre os presentes, mas ao presidente ou qualquer dos vice-presidentes que serviram na última sessão legislativa (v. GUILHOTINA MONTENEGRO).

Para um dissidente como Francisco Glicério, a medida resultara da resolução tomada e já executada por Campos Sales "de fazer toda a sua política com os governadores e presidentes dos Estados, outorgando a estes e a seus amigos locais todos os favores e meios que os partidos auferem quando se acham em posse do poder". (*Anais da Câmara*, sessão de 20.10.1889, p. 489)

Na mais instigante análise sobre a estratégia de Campos Sales, Renato Lessa mostra que o arranjo que, a partir de 1898, trouxe estabilidade política ao regime republicano, "era construído sobre premissas opostas". Com dois aspectos distintos, um procedural outro substantivo. O primeiro, formado por um conjunto de procedimentos para dotar a República de um padrão mínimo de governabilidade, envolvia a montagem da política dos governadores e a conduta da Comissão de Verificação dos Poderes. O outro, dizia respeito aos valores atribuídos ao modelo por Campos Sales, "notadamente uma concepção despolitizadora de administrativa do Governo". Em razão dessas premissas opostas, "o próprio modelo continha os fundamentos de sua decadência, dada a incompatibilidade entre procedimentos que autorizavam uma ética egoísta e predatória e os valores que, obcecados pelo ideal de pura administração, exigiam dos autores um comportamento baseado em uma ética altruística". (Lessa, Renato. *Invenção Republicana*. Rio de Janeiro: Iuperj/Vértice, 1988, p. 16)

Mas todos estavam conscientes da profunda modificação a que se procedera: o que parecera uma pequena alteração no regimento da Câmara havia sido uma formidável alavanca a transmudar o eixo da política nacional.

E muitas vezes se apontou na proposta de Campos Sales a oficialização do que todo um passado de fraudes impusera: o que se passava nas seções eleitorais era "mera comédia", valendo, somente, o que se faria depois, as atas que se lavrariam mais tarde, em casa dos chefetes eleitorais, e sobre as quais se debruçaria, para confirmá-las, o poder verificador. (Guanabara, Alcindo. *A presidência Campos Sales*. Rio de Janeiro: Laemmert, 1902, p. 109)

PRECLUSÃO

A PERDA de uma faculdade processual, por se haver ultimado o prazo fixado na lei para seu exercício. Como explicou Chiovenda, "todo processo para assegurar precisão e rapidez do desenvolvimento dos atos judiciais, estabelece limites ao exercício de determinadas faculdades processuais, com a consequência de que além desses limites, estas faculdades não podem ser exercidas. Dei a estas consequências o nome de preclusão". (Chiovenda. *Processo Civil*, v. II, p. 478).

A preclusão foi introduzida em nosso Direito Eleitoral pela lei n.º 85, de 6 de setembro de 1947, denominada Lei Eleitoral de Emergência (v. LEI N.º 85, DE 1947). Dispôs o seu art. 3º: "Os prazos para interposição dos recursos eleitorais são preclusivos, e as nulidades de pleno direito somente podem ser decretadas quando arguidas em recursos regulares e tempestivos."

PRÉVIAS, PESQUISAS, TESTES PRÉ-ELEITORAIS

ASSIM DENOMINADAS pela legislação brasileira (art. 255 do Código Eleitoral – lei n.º 4.737, de 15 de julho de 1965), são aferições de opinião pelas quais se pretende antecipar o resultado dos pleitos.

Constituem-se em um tema muito recente – e preocupante – dos cientistas políticos, sociólogos e *experts* em comunicação.

NOS EUA – Como relata Jean-Louis Boursin (*Les dés et les urnes*. Paris: Édition Seuil, 1990), a primeira das prévias conhecidas foi a realizada em 24 de julho de 1824, pelo jornal americano *The Harrisburg Pennsylvanian*. Era o que os americanos chamaram de *straw vote*, ou "voto de palha" (v. VOTO DE PALHA), votação fictícia que mostrou, então, a cômoda vantagem do candidato Andrew Jackson. A prática do *straw vote* se firmou no país, mas apresentada, inicialmente, como um relato da situação, somente depois firmando uma predição sobre o resultado final.

A partir de 1883, outro jornal, *Boston Globe*, costumava enviar observadores para a apuração em algumas seções, cuidadosamente selecionadas, antecipando-lhes a decisão. Passou-se, depois, à fase de grandes inquéritos de opinião, publicações como o *New York Herald Tribune* e o *Literary Digest* chegando a interrogar milhões de eleitores sobre sua preferência de voto, principalmente por cartas que tinham como base as listas telefônicas.

Doutor em Psicologia da Universidade de Iowa, George Gallup contestou os resultados do *Literary Digest* em 1936. Com uma amostragem de apenas 3 mil eleitores, ele anunciou o resultado esperado naquela consulta sobre 10 milhões de pessoas e, também, sua própria previsão sobre a eleição em que se enfrentavam F.D. Roosevelt e Alfred M. Landon. Contrariamente ao que afirmava o *Literary Digest*, ele antecipou a vitória de

Roosevelt por 55,7% dos votos (Roosevelt venceria com uma vantagem maior, de 62,5%).

Mas os responsáveis por tais pesquisas encontraram, também, retumbantes fracassos, como quando do anúncio da vitória de Dewey sobre Trumann, nos EUA, em 1948, ou da derrota dos conservadores, nas eleições britânicas de 1970.

Com respeito à influência das pesquisas sobre o comportamento dos eleitores, cabe recordar a curiosa contribuição de um cientista político, Karl Popper. Ele fala de um "efeito de Édipo", que seria o condicionamento da predição sobre o fato predito. As pessoas, segundo ele, estariam dispostas a seguir o anúncio da pitonisa, a se esforçar e a contribuir, com a própria ajuda, para a realização da profecia. Popper ressalta, então, o fato de que as expectativas desempenham, aí, um papel importante na realização daquilo que é esperado e a influência, afinal, de uma peça de informação sobre o quadro que a mesma informação referencia. (Popper, Karl. *A miséria do historicismo*. São Paulo: Cultrix/Edusp, 1980, p. 14)

NA FRANÇA – Já se indicou que a França é o país em que mais se realizam e divulgam essas pesquisas, ali chamadas de sondagens (v. SONDAGENS). Em maio de 1984, a *Revue Française de Sondages* dava conta, em quatro anos, da efetivação de 4 mil delas e avaliava, para aquele ano, a publicação de duas por dia. (Jaffré, Jérôme. *Réflexions sur la sondomanie*. In: *Pouvoirs*, 1985, n.º 33, p. 15)

A maior crítica, ali, é a de que a técnica das sondagens permite apreender opiniões expressas isoladamente pelos indivíduos, em uma situação artificial. Nada permitiria imaginar que a soma dessas respostas possibilite circunscrever uma vontade política global ou mesmo o estado de opinião de uma sociedade.

As sondagens representariam um modo sofisticado para colher comportamentos verbais superficiais, estritamente opiniões, e não disposições profundas. Nada dizem sobre o pensamento profundo dos indivíduos, sobre sua disposição para agir. Não se saberia, então, como lhes conceder um valor preditivo. (Cayrol, Roland. *Du bon usage des sondages*. In: *Pouvoirs*, ob.cit., p. 7 e sgs.)

Mas, para Jérôme Jaffré, as sondagens constituem ferramentas extremamente funcionais para a França atual em razão de pelo menos cinco pontos: I. A eleição do presidente da República pelo sufrágio universal – Ela personaliza fortemente a vida política e dá uma considerável importância às sondagens de popularidade, aos estudos de imagens de líderes e simulações do voto presidencial; II. A ausência de modos de seleção de candidatos – À falta de "primárias à americana", as sondagens fornecem os indispensáveis elementos de informação e de clarificação para a pré-seleção de candidatos; III. A significação das eleições legislativas – Desde 1962, as eleições legislativas tiveram seu sentido modificado: não são mais eleições de representação, como sob a Quarta República, mas de designação, visando claramente a formação de uma maioria e a dissolução não sendo mais encarada como um crime contra a República e sim como um modo de resolução nas normas das crises políticas pelo sufrágio universal. Todos esses pontos reforçam o papel das sondagens; IV. A simplificação do sistema partidário, remodelado pela eleição presidencial e pelo novo papel das eleições legislativas. As sondagens de opinião sobre a imagem dos partidos, sua audiência, suas alianças, sua credibilidade governamental tornam-se, assim, um instrumento de análise necessário; V. E, finalmente, a transposição do sistema majoritário às eleições locais. Para as eleições cantonais e municipais se têm, cada vez mais, utilizado as sondagens para mensurar a adesão dos habitantes de uma comunidade a seu dirigente. (Jaffré, Jérôme, art. cit., p. 16 e sgs)

Da França nos veio o primeiro exemplo de cuidado efetivo de um Governo em controlar essas pesquisas, procurando assegurar sua objetividade e isenção. Lei de 19 de julho de 1977 submeteu a publicação de sondagens relativas a eleições a certas condições, entre as quais a de que o organismo responsável pela consulta forneça todos os elementos sobre o modo e de sua realização e, também, a proibição de sua divulgação na semana anterior ao pleito.

Instituiu a lei uma Comissão de Sondagens, integrada por membros do Conselho de Estado, da Corte de Cassação e da Corte de Contas. A comissão, que ficou encarregada de zelar pela regularidade das sondagens, é vinculada ao Ministério do Interior daquele país, que não possui, como o Brasil, uma Justiça Eleitoral.

São as seguintes as disposições dos principais artigos da lei n.º 77-808:

"Art. 1º
São reguladas pelas disposições da presente lei a publicação e a difusão de qualquer sondagem de opinião que tenha uma vinculação direta ou indireta com um referendo, uma eleição presidencial ou uma das eleições regulamentadas pelo código eleitoral, bem como a eleição de representantes à Assembleia das comunidades europeias.

As operações de simulação de voto realizadas a partir de sondagens de opinião são assemelhadas a sondagens de opinião para aplicação da presente lei.

Art. 2
A publicação e a difusão de qualquer sondagem, tal como definida no art. 1º, devem ser acompanhadas das indicações seguintes, sob a responsabilidade do organismo que a realizou:

O nome do organismo que realizou a sondagem;

O nome e a qualificação do adquirente da sondagem;

O número das pessoas interrogadas;

A data ou as datas nas quais se procedeu as consultas.

Art. 3
Por ocasião da publicação ou da difusão de qualquer sondagem, como definida no art. 1º, o organismo que a realizou deve proceder ao depósito, junto à comissão de sondagens, instituída na conformidade do art. 5º da presente lei, de um documento detalhando particularmente:

O objeto da sondagem;

O método segundo o qual as pessoas interrogadas foram escolhidas, a escolha e a composição da amostragem;

As condições nas quais se procedeu aos interrogatórios;

O texto integral das questões postas;

A proporção das pessoas que não responderam a cada uma das questões;

Os limites de interpretação dos resultados publicados;

Se for o caso, o método utilizado para deduzir os resultados de caráter indireto que serão publicados.

A comissão de sondagens pode ordenar a publicação, por aqueles que procederam a publicação ou a difusão de uma sondagem, tal como definidas no art. 1º, de indicações que figurem no relatório que a acompanhe ou algumas delas.

Art. 4
O organismo que realizou uma sondagem como definida no art. 1º, deve manter à disposição da comissão de sondagens, instituída na conformidade do art. 5 da presente lei, os documentos com base nos quais a sondagem foi publicada ou difundida."

Art. 11
Durante a semana que precede cada turno de escrutínio assim como durante o desenvolvimento deste, são interditas, por qualquer meio que seja, a publicação, a difusão e o comentário de qualquer sondagem como definida pelo art. 1º.

Contudo, no caso de eleições parciais, legislativas, senatoriais, cantonais ou municipais, se desenvolvendo no intervalo entre duas renovações da Assembleia Nacional, do Senado, dos conselhos gerais ou dos conselhos municipais, essa interdição não se aplica senão às sondagens que se vinculem, direta ou indiretamente, a esses escrutínios parciais.

A interdição não se aplica às operações que tem por objeto dar um conhecimento imediato dos resultados de cada turno de escrutínio e que são efetuadas entre o encerramento da última seção de metrópole e a proclamação dos resultados."

A lei foi regulamentada pelo Decreto n.º 78-79, de 25 de janeiro de 1979 e a comissão composta de nove membros: três do Conselho de Estado, três da Corte de Cassação e três da Corte de Contas, com mandato de três anos.

Recomendações relativas às sondagens foram editadas pelo Decreto n.º 80-351, de 16 de maio de 1980, com a seguinte redação:

"Art. 1º
As operações que conduzem à publicação e à difusão de sondagens de opinião definidas na lei de 19 de julho de 1977 devem ser efetivadas de maneira a assegurar sua qualidade e objetividade.

Art. 2
A amostragem das pessoas interrogadas deve ser representativa do conjunto das categorias sobre as quais se funda a pesquisa.

Art. 3
As questões postas não devem ser de natureza a induzir em erro as pessoas interrogadas ou a orientar as respostas.

A escolha dos pesquisadores e as instruções dadas a estes não devem ser de natureza a falsificar os resultados da pesquisa.

Art. 4
A duração da consulta não deve exceder um termo tal que seus resultados não possam ser tidos como homogêneos.

Art. 5
O ajustamento dos resultados brutos da pesquisa não deve ter por resultado afetar a sinceridade dos resultados da sondagem.

Art. 6
O trabalho dos pesquisadores deve ser regularmente controlado pelo organismo de sondagem. Este deve assegurar que a pesquisa é executada conforme às instruções que deu e às disposições do presente decreto.

Art. 7

A pessoa interrogada deve ser informada do nome do organismo que realiza a sondagem. O pesquisador deve lembrar a essa pessoa que ela tem o direito de não responder e encerrar, a qualquer momento, a entrevista.

Art. 8

Os documentos que mencionem a identidade das pessoas interrogadas não podem ser comunicados senão às pessoas às quais é confiado o controle do trabalho dos pesquisadores e aos que são encarregados de pesquisas que exijam o uso de documentos nominativos. Sob a reserva das disposições do art. 9, abaixo, os documentos devem ser destruídos logo que este controle e essas pesquisas são efetuados.

Art. 9

O organismo que realiza uma sondagem deve conservar e manter à disposição da comissão, durante um período de dois meses, os documentos que permitam verificar a objetividade e a qualidade da sondagem, particularmente

– os detalhes do plano de amostragem e a amostragem real;

– a lista dos pesquisadores, as instruções que lhes foram dadas, e os controles efetuados;

– as respostas recolhidas e os outros documentos gerados no curso da pesquisa;

– os documentos relativos ao tratamento das respostas;

– os resultados brutos da sondagem e, se for o caso, os ajustamentos efetuados

– os contratos de venda de sondagem.

O prazo previsto na alínea precedente pode ser prolongado por decisão da comissão, quando ela estime necessário para proceder à verificação de uma sondagem ou para as necessidades de processo judicial."

Entendeu a Comissão que as sondagens de que trata a lei são aquelas que incidem sobre as intenções de voto dos eleitores, sobre a popularidade de determinados políticos (os chamados "barômetros"), ou sobre o governo.

Procedido um balanço dos trabalhos da Comissão, desde 1977, verificou-se que as irregularidades mais comuns foram a falta de identificação da origem das consultas, defeitos nas condições de sua aplicação, redirecionamentos que afetaram sua sinceridade, ausência ou insuficiência de documentação que permitisse seu controle e, finalmente, erros na publicação e apresentação dos resultados.

A questão mais discutida, na França, quando da edição da lei n.º 77-808, foi o da interdição da publicação do resultado das sondagens na semana que antecede cada escrutínio. Houve quem argumentasse que a vedação era incompatível com o art. 11 da Declaração dos Direitos do Homem e do Cidadão, de 1791 ("A livre comunicação dos pensamentos e das opiniões é um dos direitos mais preciosos do homem."). E se viu – fato raríssimo, comentou Jean-Louis Boursin – o presidente da Assembleia Nacional, M. Edgar Faure, criticar uma lei votada, em 4 de julho de 1977, ele declarou: "É contrária à liberdade de informação e isto dá a pensar que, na França, se tomou o caminho da repressão. Na verdade, as sondagens se transmitirão por baixo do pano, as agências e jornais estrangeiros as publicarão. Esses jornais serão interditados na França?" (Boursin, Jean-Louis. *Les dés et les urnes*. Paris: Seuil, 1990, p. 252)

Boursin anota, a respeito, o bom-censo do ministro britânico Callaghan que, recusando uma proposição análoga da Câmara dos Comuns, de 14 de outubro de 1968, declarava: "Eu não sei se se pode provar que as sondagens influenciam os eleitores. De toda maneira, restringir sua publicação implicaria que não se possa ter confiança no povo para que use de seu direito de voto, e eu me perguntaria se o Parlamento tem mesmo o direito de determinar o que é bom que os leitores leiam para ajudá-los a se decidir quanto ao voto." (Boursin, Jean–Louis, ob. cit., p. 252)

No Brasil – No Brasil, a primeira tentativa de controle das pesquisas foi a vedação, pelo art. 255 de nosso Código (lei n.º 4.737, de 15 de julho de 1965 – v. Código Eleitoral de 1965) de sua divulgação, "por qualquer forma", nos 15 dias anteriores aos pleitos.

A proibição, no entanto, caiu, em face dos termos da nova Constituição e com o protesto daqueles que julgaram ser essa uma intolerável restrição ao direito de informação.

Mas há quem, contrariamente, entenda que o dispositivo visava resguardar o direito de escolha de cada um, sem os constrangimentos dessa antecipação dos resultados eleitorais, de uma cientificidade por vezes duvidosa.

PRIMÁRIAS

Eleições que, nos Estados Unidos da América do Norte, servem para designar os delegados às convenções partidárias que escolherão os candidatos à Presidência.

Mas, em alguns Estados, ao invés de indicar delegados, as primárias se destinam à escolha do próprio candidato, entre os diversos postulantes ao cargo. Mais recentemente, o aumento da importância das primárias vem reduzindo a força do aparelho tradicional dos partidos. Isso pode ser demonstrado pelo quadro da página ao lado.

A diversidade da regulamentação das primárias nos Estados permite distinguir quatro grandes variantes: a) o voto recai sobre delegados que já indicaram sua preferência sobre um candidato à Presidência, em particular; b) além da escolha indicada no item anterior, a primária se acompanha de um voto de preferência por um dos candidatos que aspiram a investidura por seu partido; c) o voto recai sobre a eleição de delegados que, em virtude da legislação do Estado, serão obrigados a votar no candidato que obtiver a maioria de votos no distrito eleitoral; d) o voto recai sobre os candidatos à investidura presidencial; proceder-se-á, então, a distribuição dos delegados seguindo a regra da representação proporcional. Os democratas fixaram, em 1984, um mínimo de 20% dos votos para que um candidato tenha direito a delegados em um determinado Estado. (In: Bernier, Gérald. *Processus électoral, le système politique des États-Unis*. Montreal/Bruxelas: Les Presses de l'Université de Montréal/Établissements Émile Bruylant, 1987, p. 131-132)

Como indicam todos os analistas, as prévias tem duas finalidades: possibilitar a seleção dos delegados à convenções dos dois partidos e permitir que os candidatos provem a viabilidade de sua aspiração, indicando que gozam, efetivamente, de um apoio popular.

PRIMÁRIA ABERTA

Diz-se da eleição primária que não exige, de seus participantes, a vinculação partidária. O que possibilita que votem, aí, eleitores "independentes" e, mesmo, ativistas de partido adversário que se esforçarão pela vitória de candidatos mais frágeis (v. Cross-over).

IMPORTÂNCIA DAS ELEIÇÕES PRIMÁRIAS NA ESCOLHA DOS DELEGADOS ÀS CONVENÇÕES NACIONAIS DOS PARTIDOS, ENTRE 1912-1984, NOS EUA

Ano	N.º de primárias por partido		Porcentagem de delegados	
	Democrático	Republicano	Democrático	Republicano
1912	12	13	32,9	41,7
1916	20	20	53,5	58,9
1920	16	20	44,6	57,8
1924	14	17	35,5	45,3
1928	17	16	42,2	44,9
1932	16	14	40,0	37,7
1936	14	12	36,5	37,5
1940	13	13	35,8	38,8
1944	14	13	36,7	38,7
1948	14	12	36,3	36,6
1952	15	13	38,7	39,0
1956	19	19	42,7	44,8
1960	16	15	38,3	38,6
1964	17	17	45,7	45,6
1968	17	16	37,5	34,3
1972	23	22	60,5	52,7
1976	29	28	72,6	67,9
1980	31	35	74,7	74,3
1984	26	30	49,5	67,9

(In: Stephen J. Wayne, *Élections primaires et caucus, Élections 84*. Agence d'Information des États-Unis, maio 1984, p. 9)

PRIMÁRIA FECHADA

PRIMÁRIA QUE exige, do eleitor, vinculação partidária.

Q

QUARTEL

RECINTOS, SITUADOS na zona urbana, destinados a hospedar, alimentar e recrear o eleitorado do campo, trazido por uma das facções políticas. Nesses alojamentos, os eleitores se mantém incomunicáveis com o exterior, até a hora da votação, pretendendo-se, com isso, impedir, entre outras influências, a troca de cédulas pelos cabos eleitorais oposicionistas. (In: Cavalcanti, Themístocles Brandão e outros. *O voto distrital no Brasil*. Rio de Janeiro: FGV, 1975, p. 210). Ver, também, Carvalho, Orlando M. de. "Ensaios de Sociologia Eleitoral". Belo Horizonte: *Revista Brasileira de Estudos Políticos*, 1958, p. 47) Denominado, em algumas regiões do país, de curral (v. CURRAL).

QUOCIENTE ELEITORAL

É, EM aritmética, o número que indica quantas vezes o divisor se contém no dividendo. Em técnica eleitoral, é a cifra que resulta da divisão do número de votantes, em uma determinada circunscrição, pelo número de postos a preencher.

Mas essa cifra pode ser predeterminada quando, numa antecipação ao resultado do pleito, a lei determina, de antemão, o número de votos pelo qual cada partido alcançará as cadeiras em disputa. É o que se chama número uniforme (v. NÚMERO UNIFORME) ou, incorretamente, quociente uniforme.

Como o número de votos reunidos pelos partidos nunca é um múltiplo exato do quociente, sobram votos não representados. A utilização desses restos e a consequente atribuição das cadeiras não preenchidas encontram soluções diversas pelos diferentes sistemas eleitorais (v. RESTOS).

O engenhoso sistema proposto por Hondt fez do quociente eleitoral um divisor perfeito, que não deixa restos e permite, de imediato, o preenchimento de todos os postos em disputa (v. HONDT, VICTOR D').

Uma vez que, determinado o quociente eleitoral, define-se, a seguir, o quociente partidário (v. QUOCIENTE PARTIDÁRIO) – este o resultado da divisão do total de votos alcançado por um partido, pelo quociente eleitoral –, costuma-se falar de um duplo quociente.

NO BRASIL – A primeira vez que, em nosso país, a legislação falou em quociente foi no Decreto n.º 3.029, de 9 de janeiro de 1881, a chamada Lei Saraiva (v. LEI SARAIVA).

Ao se dispor, ali, sobre a eleição dos membros das Assembleias Legislativas Provinciais, se disse que seriam considerados eleitos os cidadãos que reunissem "votação igual, pelo menos, ao quociente eleitoral, calculado sobre o número total dos eleitores que concorrerem à eleição" (art. 18, § 3º).

O eleitor votava em um só nome, embora os distritos fossem plurinominais, em um mínimo de dois nomes, como em Minas Gerais, e em um máximo de 11, como em Goiás, Rio Grande do Norte e Mato Grosso.

Se por algum ou por alguns dos candidatos não fosse alcançado o quociente, proceder-se-ia "quanto aos lugares não preenchidos, a nova eleição".

Tratava-se, assim, do curioso emprego do quociente em uma eleição majoritária, de listas, mas com escolha uninominal, pelos votantes.

Era, a rigor, a exigência de uma certa maioria, menor que a absoluta, mas determinada. Nos distritos de dois nomes, equivalia a 50% do eleitorado. Nos distritos de 11 nomes, apenas o patamar de 1/11 do número de votantes.

A ideia de um quociente, para eleição sob o regime proporcional, veio com a lei n.º 153, de 14 de julho de 1913, no Estado do Rio Grande do Sul, na fórmula tão original proposta por Borges de Medeiros (v. MEDEIROS, BORGES DE).

Com o Código Eleitoral de 1932 (v. CÓDIGO ELEITORAL DE 1932) trazendo, ao plano nacional, a representação proporcional, introduziu-se, em definitivo, o mecanismo do quociente eleitoral, móvel, definido através da divisão do "número de leitores que concorreram à eleição pelo número de lugares a preencher no círculo eleitoral, desprezada a fracção" (Capítulo II, § 3º).

QUOCIENTE DE DROOP

PROCEDIMENTO, proposto por Droop, para calcular o quociente, visando superar o problema dos restos (v. RESTOS). Droop propôs que se procurasse calcular o quociente como se houvesse uma cadeira a mais a distribuir. Se, por exemplo, se tratasse de alocar 15 cadeiras, a população eleitoral seria dividida por 16. E, para evitar o caso – teoricamente possível – de que a distribuição levasse à repartição, no primeiro momento, de 16 cadeiras, o quociente seria calculado pela divisão por 16, não da população exata, mas de seu número acrescido de uma unidade. (Droop. *On Methods of Electing Representatives*. Londres, 1868)

QUOCIENTE PARTIDÁRIO

RESULTADO DA divisão do número de votos alcançado por um partido pelo quociente eleitoral (v. QUOCIENTE ELEITORAL). Como diz o Código Eleitoral brasileiro, lei n.º 4.737, de 15 de julho de 1965 (v. CÓDIGO ELEITORAL DE 1965), em seu art. 107: "Determina-se para cada partido o quociente partidário, dividindo-se pelo quociente eleitoral o número de votos válidos dados sob a mesma legenda, desprezada a fração."

QUORUM

DENOMINAÇÃO DADA ao número de membros cujo concurso ativo seja indispensável para a validade das decisões de uma Assembleia.

Como indicam muitos autores, *quorum* e maioria (v. MAIORIA) são realidades distintas e que, por equívoco, muitas vezes são confundidas. "As duas são necessárias à validade dos votos mas não estão sempre, inevitavelmente, reunidas. Pode haver maioria, mesmo que não haja *quorum* e, reciprocamente, um voto válido, por que o *quorum* existe, pode ser tido como nulo, uma vez que não se atinja o número de sufrágios legalmente exigido." (Pierre, Eugène. *Traité de Droit Politique Électoral ou Parlementaire*. Paris: Librairies-Imprimeries Réunis, 1893, p. 204)

RECALL

A POSSIBILIDADE de cassação do eleito, por seus eleitores. Já se afirmou, muitas vezes, que o *recall* teve origem em Los Angeles, em 1903. Mas ele foi, pela primeira vez, enunciado, nos EUA, nos Artigos da Confederação, que reservaram, aos Estados, o direito de destituir seus delegados ao Congresso e enviar outros, em seu lugar. O *recall* é baseado na teoria de que "o povo deve manter um controle mais direto e elástico sobre os ocupantes de cargos públicos"; e de que, como numa frase familiar do Oregon, deve ser capaz de despedir esses eleitos "como um fazendeiro dispensa seus empregados". (In: *The Initiative Referendum and Recall*. Ed. por Munro, William Bennet. Londres/Nova York: D. Appleton and Company, 1915, p. 298)

Como Bobbio ressalta, a possibilidade de revogação do mandato por parte dos eleitores é própria do pensamento político marxista. Marx mesmo deu ênfase ao fato de que, na Comuna de Paris, esta "se achava composta por conselheiros municipais escolhidos mediante sufrágio universal, nos diferentes distritos de Paris, responsáveis e com mandato revogável a qualquer momento". (Marx, Karl. *A guerra civil na França*. In: *Il partito e l'Internazionale*. Edizioni Rinascita: Roma, 1948, p. 178; citado por Bobbio, Norberto, *El futuro de la democracia*. Barcelona: Plaza & Janes Editores, 1985, p. 62)

O princípio foi, muitas vezes, retomado por Lenin e constou de várias constituições soviéticas. O art. 105 da Constituição da URSS assim dispõe: "O deputado tem a obrigação de explicar aos eleitores tanto sua atividade como a dos sovietes. O deputado que não se mostre digno da confiança de seus eleitores pode ser privado do mandato a qualquer momento por decisão da maioria dos eleitores, segundo as modalidades previstas pela lei." (Bobbio, Norberto, ob. cit., p. 62)

Em alguns cantões suíços há o *aberrrufungsrecht*, o direito de revogação do mandato não de um deputado mas de toda a assembleia. Se durante uma legislatura – como explica Laferrière – um número determinado de cidadãos o requer, a questão da revogação da Assembleia é submetida ao povo. Se a maioria se pronuncia nesse sentido, os poderes da Assembleia chegam ao fim e procedem-se a novas eleições gerais. É, em suma, o direito de dissolução do Parlamento que, em lugar de se reservar ao Governo, é atribuído ao corpo eleitoral. A dissolução das Assembleias, por referendo, em razão de iniciativa popular, havia sido admitido, também, por algumas Constituições alemãs de pós-guerra – na Baviera, em 1919; na Prússia, em 1920; e no Saxe, em 1920. (In: Laferrièrre, Julien. *Manuel de Droit Constitutionnel*. Paris: Éditions Domat Montchrestien, 1947, p. 427)

No Brasil – O *recall* foi, pela primeira vez, utilizado no Brasil, em 1822, pelo Decreto de 16 de fevereiro daquele ano, que criou o Conselho de Procuradores Gerais das Províncias do Brasil. Em discurso, falando pela Província de São Paulo, José Bonifácio, tido como idealizador do Conselho, pedira ao Príncipe Pedro que convocasse "uma junta comum de Procuradores Gerais ou representantes, legalmente nomeados pelos eleitores de paróquia, para que nesta corte e perante Vossa Alteza Real o aconselhem e advoguem a causa das suas respectivas províncias; podendo ser revogados seus poderes e nomeados outros, se se não comportarem conforme as vistas e desejos das mesmas províncias". (In: Rodrigues, José Honório. *Atas do Conselho de Estado*. Brasília: Senado Federal, 1973, v. I, p. XLVIII)

E o Decreto de 16 de fevereiro de 1822 previu a substituição dos procuradores, caso não desempenhassem "devidamente suas obrigações", por dois terços da Câmara, em "vereação geral e extraordinária".

Mas o tempo curto de duração do Conselho – sua primeira sessão foi em 2 de junho de 1822 e a última, de que há documentação, em 7 de abril de 1823 – não permitiu que operasse o mecanismo de substituição.

Somente na Primeira República, nas Constituições estaduais do Rio Grande do Sul, de Goiás, de Santa Catarina e São Paulo, é que iria reaparecer, no Brasil, o *recall*.

No Rio Grande do Sul – O art. 39 da Constituição do RS, aprovada em 14 de julho de 1891, dispunha, com respeito à Assembleia dos Representantes: "O mandato do representante não será obrigatório; poderá ser renunciado em qualquer tempo e também cassado pela maioria dos eleitores." O texto foi regulado pela lei estadual n.º 18, de 12 de janeiro de 1897:

"Art. 98 – Para ser cassado o mandato de representante do Estado nos termos do art. 39 da Constituição, é necessário:

I. que assim o proponha a quarta parte do eleitorado do respectivo distrito;

II. que na consulta feita ao distrito o representante em litígio não obtenha em seu favor metade mais um, pelo menos, dos votos com que foi eleito;

Art. 99 – A proposta, manuscrita ou impressa, terá a assinatura dos proponentes reconhecidas por notário e será instruída com certidão se acharem, todos eles, inscritos como eleitores nos livros ou listas do registro eleitoral do distrito.

Art. 100 – Esteja ou não funcionando a Assembleia dos Representantes, deverá a proposta ser dirigida por intermédio do Secretário de Estado dos Negócios do Interior e Exterior ao presidente daquela corporação, a fim deste verificar se está nos termos legais.

Art. 101 – No prazo de 20 dias contados daquele em que for entregue a proposta, o presidente da Assembleia comunicará sua decisão à Secretaria de Estado dos Negócios do Interior e Exterior, que a fará publicar na folha que insere o expediente oficial.

§ 1º Se a proposta estiver nas condições da presente lei, o presidente do Estado mandará convocar o eleitorado para responder sobre a seguinte consulta: Deve ou não considerar-se cassado o mandato do representante do Estado, F.?

§ 2º A votação sobre a consulta terá lugar em dia designado pelo Governo e dentro de três meses, contados da data em que tiver sido comunicada a decisão de que trata o art. 101.

§ 3º Se dentro do prazo de 20 dias, marcado para a referida comunicação, não for esta feita, o governo considerará recebida a proposta dos eleitores e procederá pelo modo estabelecido nos parágrafos antecedentes.

Art. 102 – O eleitor escreverá em sua cédula: sim ou não, conforme quiser ou não cassar o mandato."

Obviamente, o mecanismo somente poderia ser operado no sistema distrital, com a divisão do território eleitoral em circunscrições menores, que permitissem a delimitação precisa, de um grupo de votantes, o mesmo que, anteriormente, havia se pronunciado sobre a concessão do mandato. Ora, o Rio Grande do Sul, até 1913, enquadrou-se, para suas eleições para a Assembleia estadual, no modelo distrital, válido nacionalmente a partir das disposições da chamada Lei Rosa e Silva, de 1904, que estabelecera os distritos plurinominais e o voto cumulativo. Em julho de 1913, porém, com a promulgação da lei n.º 153, o RS adotou, de modo inovador, o modelo proporcional: seu território eleitoral passou a ser, na designação dos membros da Assembleia dos Representantes, todo o Estado, não mais dividido em circunscrições. Votava-se, então, em lista de 32 nomes. Como pretender, a partir de então, que um certo número de eleitores – que não se poderia determinar que tivessem indicado aquele representante – pudessem propor sua cassação? E como a confirmação do mandato poderia ser garantida pelos que não o haviam sufragado?

Na verdade, passava o *recall* – depois de 1913 – a ser mecanismo ocioso, disposição sem qualquer eficácia. Mas, mesmo antes, não há notícia de sua utilização no Rio Grande do Sul. É verdade que, em uma das reuniões da Subcomissão encarregada de preparar, em 1933, o anteprojeto da nova Constituição, Oswaldo Aranha, a propósito de emenda que estabelecia a cassação do mandato do presidente da República, por meio de plebiscito, afirmou que o que se queria estabelecer tinha "precedentes na vida do país, dentro de meu Estado, o Rio Grande do Sul, onde a cassação do mandato se tem exercido com grande e real benefício para a comunhão rio-grandense". (In: Azevedo, José Affonso Mendonça de. *Elaborando a Constituição*. Belo Horizonte, 1933, p. 553) No entanto, a bibliografia consultada silencia sobre qualquer cassação de representante na história do Estado.

NO ESTADO DE GOIÁS – A primeira Constituição do Estado de Goiás, promulgada em 1º de junho de 1891, acolhia, também, o *recall*: "Art. 56. O mandato legislativo não será obrigatório e o eleitorado poderá cassá-lo, declarando, mediante o processo que a lei estabelecerá, o mandato carecedor de sua confiança." Antes que a lei reguladora fosse editada, o texto foi modificado por uma reforma constitucional, de 13 de julho de 1898, ficando eliminada a possibilidade da cassação.

NO ESTADO DE SANTA CATARINA – As duas primeiras Constituições do Estado de Santa Catarina, de 1892 e de 1895, trouxeram a possibilidade do *recall*. A primeira dispunha, em seu art. 14: "O mandato legislativo pode ser renunciado, e a revogabilidade se efetuará quando, consultado, o eleitorado por um terço dos eleitores, não obtiver o deputado metade e mais um dos votos com que foi eleito." O texto foi interpretado por Felisbello de Carvalho no sentido de que se investia o deputado do poder de renunciar, "dependendo, porém, do pronunciamento do eleitorado". (Freire, Felisbello. *As Constituições dos Estados e a Constituição Federal*, Rio de Janeiro: H. Garnier, 1898, p. 40)

A segunda Constituição, de 26 de janeiro de 1895, estabelecia, em seu art. 20: "O mandato não é imperativo e pode ser removido. Os deputados podem renunciá-lo em qualquer tempo." A reforma não deu a compreensão devida ao texto e o próprio governador do Estado, ao propor a modificação da Constituição, sugeriu se alterasse o artigo:

"Não se pode descobrir a razão da palavra removido, pelo que nenhuma dúvida oferece a sua eliminação, que corrige o defeito da frase." (Piazza, Walter F. *O Poder Legislativo catarinense*. Florianópolis: Assembleia Legislativa de Santa Catarina, 1984) Assim, no Estado de Santa Catarina, o *recall* foi acolhido entre julho de 1892 e maio de 1910, mas com dúvidas quanto ao seu exato significado. Não mereceu regulamentação e nem teve aplicação.

No Estado de São Paulo – A Constituição paulista, promulgada em 14 de julho de 1891, ao tratar do Poder Legislativo, dispunha em seu art. 6º, § 3º: "Poderá, entretanto, ser a qualquer tempo cassado o mandato legislativo, mediante consulta feita ao eleitorado por proposta de um terço de seus eleitores, na qual o representante não obtenha a seu favor metade e mais um, pelo menos, dos sufrágios com que houver sido eleito."

O texto não teve regulamentação e não há notícia de sua aplicação.

RECRUTAMENTO

Instrumentos para a grande compressão do Governo nas eleições, no Império, foram o recrutamento para o Exército e a convocação para a Guarda Nacional (v. Guarda Nacional).

O modo como o recrutamento, para a força de primeira linha, como se dizia, era utilizado como constrangimento sobre os votantes, é relatado, entre outros, por João Francisco Lisboa, ao escrever sobre os partidos e eleições na Província do Maranhão. Embora com o exagero da caricatura, contava ele que a Corte expedira ordens apertadas para o recrutamento e um dos grupos que se digladiavam naquela Província, os *cambagás*, que haviam conservado todos os cargos de polícia, passaram a mão "nos poucos patuleias que restavam nos diversos grupos contrários de *bacuráus*, *morossorocas* e *jaburus*. Aconteceu, como sempre, que ao passo que eram recrutados alguns homens laboriosos e honestos, e mesmo alguns chefes de família, a quem se não dava quartel, pelo só fato de pertencerem a partidos adversos, eram poupados quantos vadios, réus de polícia e malfeitores que se abrigavam sob a bandeira dos recrutadores. Eram poupados, bem entendido, momentaneamente, e porque as eleições batiam à porta; passada a crise e a necessidade do cacete auxiliador, outro acordo se tomaria". (Lisboa, João Francisco. *Jornal de Timon. Partidos e eleições no Maranhão*. t. 1, Lisboa: Matos Moreira & Pinheiro, 1901, p. 123)

Os sequestrados eram postos nos calabouços militares e porões dos navios de guerra, incomunicáveis; somente depois de alguns dias é que suas famílias e amigos tomavam conhecimento do fato e, indo ao palácio do Governo, reclamavam a soltura pois a lei garantia a muitos a isenção do serviço, em virtude de profissão, estado civil, moléstia ou idade avançada. Mas o presidente da Província respondia com um sorriso nos lábios e uma afabilidade encantadora "que, quantos aos indivíduos isentos, mais que ninguém sentia ele não lhes poder valer pois haviam já assentado praça, visto que nos três dias que a lei lhes facultava para justificarem os seus motivos de isenção, nada absolutamente haviam reclamado, e que agora só lhes restava recorrerem ao Governo imperial, por intermédio de seus respectivos comandantes". (Lisboa, João Francisco, ob.cit., p. 124) Mas essas denúncias eram feitas comumente no Parlamento pelos que se achavam em oposição em suas Províncias.

Mesmo Saraiva, em discursos de 6 e 27 de julho de 1869, ao criticar a situação conservadora na Bahia, citava o caso de um inspetor de quarteirão em Alagoinhas e de um subdelegado de Araçás prevenindo que "quem não votar no Governo deve ser recrutado". Ele admitia que o monarca tinha o poder de criar e aniquilar situações políticas; mas, realizada a mudança, não poderia ele conter os ministros e nem impedir que os presidentes fizessem "nas províncias o que não é possível que alguém acredite sem ser testemunha ocular". (In: *Perfis parlamentares – 4. José Antônio Saraiva*. Brasília: Câmara dos Deputados/José Olympio, 1978, p. 384)

E até Caxias chegava a reconhecer, em debate no Senado, de julho de 1848, que os encarregados do recrutamento só convocavam uma parte da população: "não recrutavam entre os que votam a favor do governo, mas só entre os que votam contra e às vezes não contra o Governo, mas só contra esses tais que querem dominar o voto das localidades". E acrescentava: "Há muitos que com efeito vexados pelo recrutamento têm sido obrigados a desistir de suas opiniões; mas há outros que persistem nelas, é só nestes portanto que se faz o recrutamento." (In: *Anais do Senado do Império do Brasil*, sessões de julho de 1848, Brasília: Senado Federal, 1978, p. 234)

A brutalidade nesse processo de convocação para as forças armadas ("Não é possível recrutar-se sem violência", admitia Saraiva. In: *Perfis parlamentares – 4. José Antônio Saraiva*, ob. cit., p. 234) foi relatada por muitos que escreveram sobre o Brasil do século XIX. Viajando pelos sertões das Províncias da Bahia, Sergipe e Alagoas, Antônio Muniz de Souza, por exemplo, pintava em cores vivas o "mau método" de arrebanhar elementos para o Exército. A maior parte dos empregados encarregados do recrutamento, segundo ele, "só obrão conforme o seu orgulho, deixando de proceder na conformidade das instruções; só olhão para os filhos d'aqueles homens a quem são poucos affectos ainda que estes não estejão sujeitos ao recrutamento; os seus apanigoados, porém, afilhados, e alcoviteiros ficarão isentos do recrutamento; ainda que por ley não estejão, apezar de serem huns perversos e malvados como sempre acontece". (Souza, Antônio Muniz de. "Viagens e observações de um brasileiro". In: *Revista do Instituto Geográfico e Histórico da Bahia*, n.º 72, 1945, p. 36)

E insistia ele na desordem que se observava com o recrutamento pelas "Vilas de fóra": "Tudo se paralysa, a agricultura soffre, o comércio padece, os homens desamparão as moradas, e povoações, e vão viver no mais recôndito das matas." (Souza, Antônio Muniz de, ob. cit., p. 37)

O quadro da distribuição dos efetivos das Forças Armadas no Império, retirado dos relatórios do Ministério da Guerra, de 1839 a 1870, por Jeanne Berrance de Castro, mostra números que hoje parecem diminutos mas que eram expressivos ante a população da época. (Castro, Jeanne Berrance de. "A Guarda Nacional". In: Holanda, Sérgio Buarque de. *História geral da civilização brasileira*. São Paulo: Difel, 1963 a 1978, t. II, 4º v., p. 274)

Os anos de 1844, 1851 e 1852, apresentaram o maior efetivo na Força de primeira linha, com mais de 18 mil homens.

Mas para a pressão sobre os eleitores bastava a ameaça de convocação. Em lugar de se ter por fim que recrutar para preencher os quadros do Exército, recrutava-se e dispensava-se "para se influir no processo eleitoral". Era a conclusão de Saraiva, em discurso de 1869. (Sessão de 27.7.1869. In Perfis..., ob. cit., p. 441)

E era, em seu livro célebre, publicado em 1872, a opinião de Francisco Belisário de Souza, para quem, em questões de recrutamento, "o verdadeiro vexame é antes a ameaça do mal do que o próprio mal". E explicava ele: "Por um indivíduo recrutado e remetido para fora do município, a população inteira, sujeita ao recrutamento, isto é, a grande massa dos votantes, foi ameaçada e aterrada com a iminência do perigo. Todos ignoram em quem cairá o golpe; a espada está suspensa sobre todas as cabeças." (Souza, Francisco Belisário de. *O sistema eleitoral do Império*. Brasília: Senado Federal, 1979, p. 35)

REFERENDO

Segundo Schmitt, "votação popular sobre a confirmação ou não confirmação de uma medida do corpo legislativo". A expressão, segundo ele, "se reservará adequadamente para o caso em que se submeta ao cidadão com o direito de voto, para seu julgamento definitivo, uma decisão da representação popular". (Schmitt, Carl. *Teoria de La Constitución*. Madri: Editorial Revista de Derecho Privado, 1934, p. 302) Mas, o que se observa, na legislação de muitos países, é a utilização inadequada, para hipóteses de referendos, da expressão plebiscito (v. Plebiscito).

Indica-se, como origem dos referendos modernos, a tradicional Assembleia suíça, a *Landsgemeinde*, desde os inícios da Confederação Helvética. Queiroz Lima fala do procedimento dessas Assembleias, "impregnado de arcaísmo e sujeito a um minucioso cerimonial". A abertura da reunião era precedida de procissão, os trabalhos se iniciavam com prece e cântico, as votações se fazendo por meio de mãos erguidas. (In: Maluf, Sahid. *Teoria geral do Estado*. São Paulo: Sugestões Literárias, 1974, 8ª ed., p. 196)

Há autores que distinguem 1) referendo constituinte ou constitucional (que se refere a uma consulta sobre um texto constitucional) do referendo legislativo (que prevê um pronunciamento sobre leis ordinárias). Exemplos dos primeiros seriam os de 5 de maio e 13 de outubro de 1946 e de 28 de setembro de 1958, na França, sobre as Constituições da Quarta e da Quinta Repúblicas; 2) referendo obrigatório (quando uma medida tomada pelos governantes somente pode vigorar após o consentimento expresso dos governados) do referendo facultativo (uma vez elaborada a lei, não pode ela ser aplicada senão após certo prazo, se nenhuma demanda de referendo houver sido formulada. O silêncio, aí, acarreta a aceitação. Segundo Duverger, esse última modalidade se aproxima do veto. A diferença é que, neste, a lei entra em vigor imediatamente, sem esperar que se esgote o prazo durante o qual pode se produzir a demanda de votação popular (Duverger, Maurice. *Manuel de Droit Constitutionnel et Science Politique*. Paris: Puf, 1948, 5ª ed., p. 182); 3) referendo de escolha, ou de deliberação, quando o povo é chamado para escolher entre diversas opções possíveis para solução de um problema; e referendo de legitimação, quando se procura dar à solução já adotada – porque é necessária ou por causa de sua qualidade técnica – uma primeira garantia de obediência, fazendo-a aclamar por aqueles que sofrerão suas consequências. (Bortoli, Gilbert. *Sociologie du référendum dans la France Moderne*. Paris: R. Pichon et R. Durand-Auzias, 1965, p. II)

O quadro abaixo mostra os referendos realizados em 22 das atuais democracias.

NO BRASIL – Com a renúncia do presidente Jânio Quadros, em agosto de 1961, os ministros das três pastas

REFERENDO NACIONAIS EM 22 DEMOCRACIAS LIBERAIS

	1900 1909	1910 1919	1920 1929	1930 1939	1940 1949	1950 1959	1960 1969	1970 1979	1980 1989	1990 1995	1900 1995
Europa do oeste											
Alemanha			2	(4)							2
Inglaterra								1			1
Áustria				(1)				1			2
Bélgica						1					1
Dinamarca		1	1	1		2	6	3	1	2	17
Espanha					(1)		(1)	(2)	1		1
Finlândia				1						1	2
França					(4)	1	4	1	1	1	8
Grécia			(3)	(1)	(1)		(1)	(2)			0
Irlanda				1		1	2	5	4	5	18
Islândia		1		1	2						4
Itália			(1)	(1)	(1)				12	24	39
Luxemburgo		2		1				3			3
Noruega	2	1	1					1		1	6
Países Baixos											0
Portugal				(1)							0
Suécia			1			2			1	1	5
Total	2	5	5	5	2	7	12	15	20	36	109
Suíça	14	11	32	23	17	45	26	86	62	64	380
América do Norte											
Canadá						1				1	2
Estados Unidos											0
Australásia											
Austrália	1	14	3	2	5	1	2	12	10	0	49
N. Zelândia	3	4	3	3	6	3	6	3	3	0	34

Os números entre parênteses correspondem a referendos realizados em contextos autoritários ou de transição democrática. Não são tomados em conta totais.

Vinte e quatro dos 34 referendos neozelandeses incidiram sobre a a consumação de bebidas alcoólicas e foram realizados ao mesmo tempo que as eleições.

(Fonte: Butler e Ranney (1994), Centro de Estudos e de Documentação sobre a Democracia Direta, Universidade de Genebra, cit. por Morel, Laurence. In: *Le Referendum*, pouvoirs, n.º 77. Paris: Éditions du Seuil, 1996)

militares lançaram manifesto onde declaravam não aceitar sua substituição pelo seu vice. Na chefia do Executivo, em regime que lhe atribuía ampla autoridade e poder pessoal, João Goulart se constituiria "sem dúvida alguma, no mais evidente incentivo a todos aqueles que desejam ver o país mergulhado no caos, na anarquia, na luta civil".

Um Congresso pressionado e constrangido acataria, então, com a adoção do modelo parlamentarista, a redução dos poderes de Goulart, dando-lhe a chefia do Estado mas lhe retirando a do Governo. A Emenda Constitucional n.º 4, de 2 de setembro de 1961, que instituiu o sistema parlamentar, dispôs, em seu art. 25, que lei poderia dispor "sobre a realização de plebiscito que decida da manutenção do sistema parlamentar ou volta ao sistema parlamentar, devendo, em tal hipótese, fazer-se a consulta plebiscitária nove meses antes do termo do atual período presidencial". A consulta deveria realizar-se, então, em 1965. Mas a Lei Complementar, de n.º 2, de 16 de setembro de 1962, antecipou-a – chamando-a de referendo – para 6 de janeiro de 1963. Realizado o referendo – único na história do país –, 76,97% do eleitorado negaram a continuidade do modelo parlamentar, com a seguinte distribuição dos votos:

REFERENDO DE 6 DE JANEIRO DE 1963

Sim	2.073.582
Não	9.457.448
Votos em branco	284.444
Votos nulos	480.701
Total de votantes	12.286.175
Total de eleitorado	18.565.277

NA FRANÇA – A França é dos países que mais se utilizaram dos referendos. Aprovaram-se, por tais consultas, as Constituições de 1793, de 1795, de 1799, os *senatus consultus* de 1852 e 1870, bem como as Constituições de 1946 e 1958.

O art. 90 da Constituição da Quarta República – de 27 de outubro de 1946 – previa o referendo para o caso da revisão de seu texto. O projeto de reforma seria submetido a referendo, salvo se fosse adotada "em segunda leitura pela Assembleia Nacional, pela maioria de dois terços ou se fosse votada pela maioria de três quintos por cada uma das duas assembleias".

Na atual Constituição francesa – de 4 de outubro de 1958 – dois artigos, os de n.º 11 e 79, tratam do referendo, trazendo uma distinção na elaboração dos textos submetidos à consulta popular. Segundo o art. 11, o presidente da República, por proposição do Governo, pode submeter a referendo "qualquer projeto de lei sobre a organização dos poderes públicos, comportando a aprovação de um acordo de comunidade ou tendente a autorizar a ratificação de um tratado que, sem ser contrário à Constituição, teria incidência sobre o funcionamento das instituições". O art. 89 dispõe sobre projeto ou proposição de revisão da Constituição que somente é definitiva "após ter sido aprovada por referendo. Contudo, o projeto de revisão não será submetido a referendo caso o presidente decida submetê-lo ao Parlamento: nesse caso, "o projeto de revisão não é aprovado senão quando reúna a maioria de três quintos dos votos expressos".

Resultados das consultas populares na França, desde 1793
I. Referendos e Plebiscitos de 1793 a 1870

DE 4 DE OUTUBRO DE 1793
(Sobre a Constituição do Ano I (Convenção), em 24 de junho de 1793)

		% dos inscritos	% dos expressos
Eleitores inscritos	7.000.000		
Votos expressos	1.866.613		
Abstenções		73,3	
Pelo Sim	1.853.847	26,48	99,32
Pelo Não	12.766	0,18	0,68

DE 23 DE SETEMBRO DE 1795
(Sobre a Constituição do Ano III (Diretório), em 22 de outubro de 1795)

		% dos inscritos	% dos expressos
Eleitores inscritos	7.000.000		
Votos expressos	956.745		
Abstenções		73,3	
Pelo Sim	914.853	26,48	99,32
Pelo Não	41.892	0,18	0,68

DE 22 A 30 DE OUTUBRO DE 1795
(Sobre o Decreto dos dois terços)

		% dos inscritos	% dos expressos
Eleitores inscritos	7.000.000		
Votos expressos	263.131		
Abstenções		96,2	
Pelo Sim	167.758	2,39	63,75
Pelo Não	95.373	1,36	36,25

Fins de 1795
(Sobre a Constituição do Ano VIII (Consulado) em 13 de dezembro de 1799)

		% dos inscritos	% dos expressos
Eleitores inscritos	7.000.000		
Votos expressos	3.012.569		
Abstenções		56,9	
Pelo Sim	3.011.007	43,01	99,99
Pelo Não	1.562	0,02	0,01

DE MAIO DE 1795
("O povo deseja a hereditariedade da dignidade imperial na descendência direta, natural, legítima e adotiva de Napoleão Bonaparte?")

		% dos inscritos	% dos expressos
Eleitores inscritos	7.000.000		
Votos expressos	3.072.479		
Abstenções		56,7	
Pelo Sim	3.069.911	43,79	99,88
Pelo Não	2.568	0,03	0,12

DE 30 DE MAIO DE 1815
(Sobre o Ato Adicional às Constituições do Império de 22 de abril de 1815)

		% dos inscritos	% dos expressos
Eleitores inscritos	7.000.000		
Votos expressos	1.309.512		
Abstenções		81,2	
Pelo Sim	1.305.206	18.64	99,65
Pelo Não	4.206	0,06	0,35

DE 20/21 DE DEZEMBRO DE 1851
(Sobre Presidência decenal)

		% dos inscritos	% dos expressos
Votantes	8.116.773		
Votos Expressos	8.079.953		
Pelo Sim	7.349.216		92,06
Pelo Não	640.737		7,94

DE 21/22 DE NOVEMBRO DE 1852
["O povo quer investir Louis-Napoleão do poder que pensamos lhe deva ser conferido?" (A Coroa Imperial)]

		% dos inscritos	% dos expressos
Votantes	8.140.660		
Votos Expressos	8.077.334		
Pelo Sim	7.824.189		96,87
Pelo Não	253.145		3,13

DE 8 DE MAIO DE 1870
(Passagem pelo Império parlamentar)

		% dos inscritos	% dos expressos
Eleitores inscritos	10.939.384		
Votos expressos	8.930.725		
Abstenções		16,5	
Pelo Sim	7.358.786		82,4
Pelo Não	1.571.939		17,6

DE 3 DE NOVEMBRO DE 1870
(Plebiscito de Paris)

		% dos inscritos	% dos expressos
Votos Expressos	620.634		
Pelo Sim	557.996		90
Pelo Não	62.638		10

II. Referendos a partir de 1945
DE 21 DE OUTUBRO DE 1945

1ª QUESTÃO: Deseja que a Assembleia eleita seja constituinte?

		% dos inscritos	% dos expressos
Brancos e nulos	1.025.744	4,1	
Pelo Sim	17.957.868	72,9	96,490
Pelo Não	670.672	2,7	3,6

2ª QUESTÃO: V. aprova que os poderes públicos sejam, até a entrada em vigor da nova Constituição, organizados conforme as disposições do projeto de lei cujo texto figura no verso deste boletim?

		% dos inscritos	% dos expressos
Brancos e nulos	1.064.890	4,3	
Pelo Sim	12.317.882	50	66,3
Pelo Não	6.271.512	25,4	33,7

DE 5 DE MAIO DE 1946
(Recusa do projeto de Constituição aprovado pela Assembleia eleita em 21 de outubro de 1945)

		% dos inscritos	% dos expressos
Eleitores inscritos	24.657.128	100	
Votantes	19.895.411		
Abstenções	4761.717	19,3	
Brancos e nulos	513.054	2	
Pelo Sim	9.109.771	36,9	47
Pelo Não	10.272.586	41,6	53

DE 13 DE OUTUBRO DE 1946
(Aceitação da Constituição aprovada pela Assembleia eleita em 2 de junho de 1946)

		% dos inscritos	% dos expressos
Eleitores inscritos	24.905.538	100	
Votantes	17.129.645		
Abstenções	7.775.893	31,2	
Brancos e nulos	336.502	1,3	
Pelo Sim	9.002.287	36	53,5
Pelo Não	7.790.856	31,2	46,5

DE 28 DE SETEMBRO DE 1958
(Aceitação da Constituição da Quinta República)

		% dos inscritos	% dos expressos
Eleitores inscritos	26.603.464	100	
Votantes	22.596.850		
Abstenções	4.006.614	15,06	
Brancos e nulos	303.559	1,1	
Pelo Sim	17.668.790	66,4	79,2
Pelo Não	4.624.511	17,3	20,7

DE 8 DE JANEIRO DE 1961
(Sobre a política de autodeterminação da Argélia)

		% dos inscritos	% dos expressos
Eleitores inscritos	27.184.408	100	
Votantes	20.791.246		
Abstenções	6.393.162	23,5	
Brancos e nulos	594.699	2,1	
Pelo Sim	15.200.073	55,9	75,2
Pelo Não	4.996.474	18,3	24,7

REFERENDO

DE 8 DE ABRIL DE 1962
(Sobre a aprovação dos acordos de Evian e delegação de poderes para sua aplicação)

		% dos inscritos	% dos expressos
Eleitores inscritos	26.991.743	100	
Votantes	20.401.906		
Abstenções	6.589.837	24,4	
Brancos e nulos	1.098.23.	4	
Pelo Sim	17.508.607	64,8	90,6
Pelo Não	1.795061	6,6	9,3

DE 28 DE OUTUBRO DE 1962
(Sobre a eleição do presidente da República pelo sufrágio universal)

		% dos inscritos	% dos expressos
Eleitores inscritos	27.852.113	100	
Votantes	21.301.816		
Abstenções	6.280.297	22,7	
Brancos e nulos	559.758	2	
Pelo Sim	12.809.363	46,4	61,7
Pelo Não	7.932.695	28,7	38,2

DE 27 DE ABRIL DE 1969
(Sobre o projeto de criação de regiões e de reforma do Senado)

		% dos inscritos	% dos expressos
Eleitores inscritos	28.655.692	100	
Votantes	23.093.296		
Abstenções	5.562.396	19,4	
Brancos e nulos	635.678	2,2	
Pelo Sim	10.512.469	36,7	46,7
Pelo Não	11.945.149	41,6	53,2

DE 23 DE ABRIL DE 1972
(Sobre a entrada da Grã-Bretanha no Mercado Comum Europeu)

		% dos inscritos	% dos expressos
Eleitores inscritos	29.071.070	100	
Votantes	17.581.840		
Abstenções	11.489.230	39,5	
Brancos e nulos	2.070.615	7,1	
Pelo Sim	10.502.756	36,1	67,7
Pelo Não	5.008.469	17,2	32,2

DE 6 DE NOVEMBRO DE 1988
(Sobre os Acordos de Matignon, aprovados por 80% do eleitorado mas com a afluência às urnas de apenas 36,9%)

		% dos inscritos	% dos expressos
Eleitores inscritos	38.025.823	100	
Votantes	14.028.725	36,89	
Abstenções	23.997.118	63,11	
Brancos e nulos	1.657.659	11,82	
Pelo Sim	9.896.498		80,0
Pelo Não	2.474.548		20,0

DE 20 DE SETEMBRO DE 1992
(Sobre o Tratado de Maatricht: V. aprova o projeto de lei submetido ao povo francês para que o presidente da República autorize a ratificação do Tratado sobre a União Europeia?)

		% dos inscritos	% dos expressos
Eleitores inscritos	38.305.534	100	
Votantes	26.695.951	69,7	
Abstenções	11.603.168	30,30	
Brancos e nulos	904.451	3,39	
Pelo Sim	13.165.475		51,04
Pelo Não	12.626.700		48,96

DE 24 DE SETEMBRO DE 2000
(Você aprova o projeto de Lei Constitucional fixando a duração do mandato do presidente da República por cinco anos?)

		% dos inscritos	% dos expressos
Eleitores inscritos	39.941.192	100	
Votantes	12.058.688	30,19	
Abstenções	27.882.504	69,81	
Brancos e nulos	1.940.340	16,09	
Pelo Sim	7.407.697		73,21
Pelo Não	2.710.651		26,76

DE 29 DE MAIO DE 2005
(Você aprova o projeto de lei que autoriza a ratificação do Tratado estabelecendo uma Constituição para a Europa?)

		% dos inscritos	% dos expressos
Eleitores inscritos	47.799.866	100	
Votantes	29.985.293	69,34	
Abstenções	12.814.573	30,66	
Brancos e nulos	728.620		
Pelo Sim	12.808.270		45,33
Pelo Não	15.449.508		54,67

NA ITÁLIA – A Constituição italiana, de 1º de janeiro de 1948, prevê duas formas de consulta popular: o referendo constitucional confirmativo (art. 138) e o referendo ab-rogativo de iniciativa popular (art. 75). O primeiro visa a confirmação das leis de revisão da Constituição:

"Art. 138 – As leis de revisão da Constituição e as outras leis constitucionais são adotadas através de cada Câmara mediante duas deliberações sucessivas, com um intervalo não inferior a três meses, e são aprovadas desde que alcancem a maioria absoluta dos membros de cada Câmara na segunda votação.

As leis são submetidas a *referendum* popular quando, no intervalo de três meses a partir de sua publicação, o solicite um quinto dos membros de uma Câmara ou 500 mil eleitores ou cinco Conselhos Regionais. A lei submetida a *referendum* não é promulgada, senão depois de aprovada pela maioria dos votos válidos."

Esse procedimento não é possível senão se a lei de revisão não foi aprovada, em segundo turno, por cada uma das Câmaras, pela maioria de dois terços de seus membros.

Quanto ao segundo, nos termos da Constituição:

"Art. 75 – O *referendum* popular é convocado para deliberar sobre a anulação, total ou parcial, de uma lei ou de um ato que tenha valor em lei, quando o requeiram 200 mil eleitores ou cinco Conselhos Regionais.

Não é admitido o *referendum* para as leis tributárias e de balanço, de anistia e de indulto e de autorização a ratificar tratados internacionais.

Têm direito de participar do *referendum* todos os cidadãos eleitores para a Câmara de Deputados.

A proposta submetida a *referendum* é aprovada se atingir a maioria dos votos válidos.

A lei determina as modalidades de processamento do *referendum*."

Assim, uma lei ordinária haveria de determinar o modo de aplicação dessas normas. Somente em 1970, a lei n.º 332, de 25 de maio, dispôs sobre o referendo, restringindo seu alcance uma vez que sua convocação não poderia ser feita no ano que precede o fim do mandato da Câmara e do Senado, nem nos seis meses que se seguem à convocação do corpo eleitoral para eleições legislativas. (art. 31). Esse retardamento da lei regulamentadora se deveu – segundo se disse – à obstrução dos partidos no poder, que hesitavam em deixar nas mãos da oposição tão relevante instrumento.

Nenhum pedido de ab-rogação de lei pode ser apresentado se, nos cinco anos precedentes, um referendo sobre a mesma lei foi recusado (art. 38). Finalmente, o referendo é cancelado se a lei em questão foi ab-rogada pelo Parlamento antes da data do escrutínio.

Em 1978, a Corte Constitucional da Itália declarou irrealizáveis quatro dos oito referendos pedidos – sobre o Código Penal, a concordata, a organização judiciária e o Código Penal Militar. Em 1981, declarou não realizáveis referendos sobre a caça, centrais nucleares, delitos de opinião, a Guardia di Finanza, drogas leves e sobre a interrupção voluntária da gravidez.

Uma das críticas mais frequentemente formuladas a respeito do referendo é a de que ele provoca "uma atitude maniqueísta, que divide irremediavelmente o eleitorado e torna toda solução de compromisso ainda mais laboriosa". (Ryngaert, Johan. *Le référendum d'iniciative populaire en Italie: Une longue traversée du désert*. In: *Revue Française de Science Politique*, v. XXXII, 1982, p. 1024 e sgs.) Mas essa situação somente se produziu, na Itália, com respeito aos referendos "morais", sobre o divórcio e o aborto, para as decisões relativas à ordem pública, por exemplo, "os resultados revelam que o eleitorado subscreveu largamente as soluções adotadas pelo Parlamento. Assim, antes de se opor, a democracia direta e a democracia representativa convergem". (Ryngaert, Johan, ob. cit., p. 1038)

Resultados das consultas populares na Itália, desde 1974

DE 12 DE MAIO DE 1974
(Sobre a abolição do divórcio)

Votantes	33.023.179	(87,7%)
Pelo Não	19.138.300	(59,3%)
Pelo Sim	13.157.558	(40,7%)

DE 11 DE MAIO DE 1978
(Abolição da Lei Reale)

Votantes	33.489.688	(81,2%)
Pelo Não	24.038.806	(76,5%)
Pelo Sim	7.400.619	(23,5%)

(Abolição do financiamento público aos partidos)

Votantes	33.488.690	(81,2%)
Pelo Não	17.718.478	(56,4%)
Pelo Sim	13.691.900	(43,6%)

DE 17 DE MAIO DE 1981
(Abolição do porte de arma)

Votantes	34.275.379	(79,4%)
Pelo Não	26.995.173	(85,9%)
Pelo Sim	4.423.426	(14,1%)

(Abolição da prisão perpétua)

Pelo Não	23.330.954	(77,4%)
Pelo Sim	7.114.719	(22,6%)

(Abolição da Lei Cossiga)

Pelo Não	26.524.667	(81.1%)
Pelo Sim	4.639.809	(14,9%)

(Abolição da lei sobre o aborto)

Pelo Não	24.395.909	(88,4%)
Pelo Sim	3.588.995	(11,6%)

DE 9 DE JUNHO DE 1985
(Abolição da lei sobre escala móvel)

Votantes	34.959.404	(71,9%)
Pelo Não	18.384.788	(54,3%)
Pelo Sim	15.460.855	(45,7%)

DE 8 DE NOVEMBRO DE 1987
(Abolição da lei sobre a responsabilidade civil dos juízes)

Votantes	29.866.249	(65,1%)
Pelo Não	5.059.819	(19,4%)
Pelo Sim	20.770.334	(81,2%)

(Localização das centrais nucleares)

Pelo Não	5.059.819	(19,4%)
Pelo Sim	20.894.110	(80,6%)

(Subvenção às coletividades locais para implantação de centrais nucleares)

Pelo Não	5.247.887	(20,3%)
Pelo Sim	20.618.624	(79,7%)

(Participação em programas nucleares no estrangeiro)

Pelo Não	7.361.666	(28,1%)
Pelo Sim	18.795.852	(71,9%)

(Comissão parlamentar encarregada da acusação de ministros)

Pelo Não	3.890.111	(15%)
Pelo Sim	22.117.634	(85%)

DE 3 DE JUNHO DE 1990
(Abolição da legislação sobre a caça)

Votantes	20.482.359	(43,3%) Não válido
Pelo Não	1.505.161	(7,8%)
Pelo Sim	17.790.070	(92,2%)

(Abolição do art. 842 do Código Civil – Caça)

Votantes	20.274.101	(42,9%) Não válido
Pelo Não	1.497.976	(7,7%)
Pelo Sim	17.899.910	(92,3%)

DE 9 DE JUNHO DE 1991
(Abolição do voto de preferência múltiplo)

Votantes	29.383.273	(62,2%)
Pelo Não	1.247.951	(4,4%)
Pelo Sim	26.922.176	(95,6%)

(Abolição da representação proporcional para eleição de senadores)

Votantes	36.921.999	(77%)
Pelo Não	6.037.259	(17,3%)
Pelo Sim	28.953.431	(82,7%)

(Abolição do financiamento público dos partidos)

Pelo Não	3.373.146	(9,7%)
Pelo Sim	31.225.163	(90,3%)

(Abolição da apenação pelo uso de drogas)

Pelo Não	15.529.597	(44,6%)
Pelo Sim	19.225.520	(55,4%)

(Abolição da tutela sobre regiões metropolitanas pelas uniões sanitárias locais)

Pelo Não	5.997.027	(17,4%)
Pelo Sim	28.415.136	(82,6%)

(Abolição do ministério das participações do Estado)

Pelo Não	3.428.510	(9,9%)
Pelo Sim	31.232.268	(90,1%)

(Abolição do Ministério da Agricultura – 5 Regiões)

Pelo Não	10.311.381	(29,8%)
Pelo Sim	24.327.313	(70,2%)

(Abolição do Ministério do Turismo – cinco Regiões)

Pelo Não	6.143.293	(17,7%)
Pelo Sim	28.528.133	(82,3%)

(Abolição da nomeação de dirigentes de bancos pelo Ministério do Tesouro)

Pelo Não	3.524.385	(10,2%)
Pelo Sim	31.045.963	(89,8%)

DE 11 DE JUNHO DE 1995
(Representação sindical independente das confederações)

Votantes	27.695.048	(56,9%)
Pelo Não	12.310.754	(50,03%)
Pelo Sim	12.297.033	(49,97%)

(Representação sindical independente das confederações nas empresas)

Pelo Não	9.226.071	(37,9%)
Pelo Sim	15.105.812	(62,1%)

(Representação sindical na função pública)

Pelo Não	8.550.360	(35,3%)
Pelo Sim	15.690.510	(64,7%)

(Alocação de fundos para habitação)

Pelo Não	8.773.389	(36,3%)
Pelo Sim	15.374.706	(63,7%)

(Privatização da televisão pública)

Pelo Não	11.311.268	(45,1%)
Pelo Sim	13.767.132	(45,9%)

(Autorização para abertura de comércio)

Pelo Não	15.801.429	(64,4%)
Pelo Sim	8.738.609	(35,6%)

(Retenção automática da cota sindical sobre o tratamento)

Pelo Não	10.851.357	(43,8%)
Pelo Sim	13.949.499	(56,2%)

(Lei eleitoral municipal)

Pelo Não	12.449.029	(50,6%)
Pelo Sim	12.162.505	(49,4%)

(Liberdade de abertura de comércio)

Pelo Não	15.563.771	(62,5%)
Pelo Sim	9.384.490	(37,5%)

(Concessão de canais de televisão nacionais)

Pelo Não	15.366.242	(57%)
Pelo Sim	11.590.539	(43%)

(Inserções publicitárias na televisão)

Pelo Não	15.049.256	(55,7%)
Pelo Sim	11.896.425	(44,3%)

(Publicidade na televisão)

Pelo Não	15.171.890	(56,4%)
Pelo Sim	11.730.479	(43,6%)

DE 15 DE JUNHO DE 1997
(A revogação da lei sobre a *golden chare* do ministro da Fazenda durante a privatização)

Pelo Não	3.340.908	(25,9%)
Pelo Sim	9.539.439	(74,1%)

(Revogação da lei que restringe objetores de consciência)

Pelo Não	3.775.597	(28,3%)
Pelo Sim	9.561.023	(71,7%)

(Revogação da lei que permite aos caçadores ter acesso à propriedade privada)

Pelo Não	2.581.678	(19,1%)
Pelo Sim	10.936.636	(80,9%)

(Revogação da lei sobre as carreiras dos juízes)

Pelo Não	2.123.408	(16,4%)
Pelo Sim	10.786.082	(83,6%)

(Revogação da lei sobre a admissão à Ordem dos Jornalistas)

Pelo Não	4.380.246	(34,5%)
Pelo Sim	8.322.142	(65,5%)

(Revogação da lei que permite a juízes outras atividades)

Pelo Não	1.879.885	(14,4%)
Pelo Sim	11.160.914	(85,6%)

(Extinção do Ministério de Políticas Agrárias)

Pelo Não	4.258.968	(33,1%)
Pelo Sim	8.589.847	(66,9%)

DE 18 DE ABRIL DE 1999
(Sobre a Lei Eleitoral. Embora a proposta tenha sido aprovada por 91,5% dos eleitores, o referendo foi invalidado por não ter sido alcançado o comparecimento de mais de 50% dos inscritos)

Pelo Não	1.960.022	(8,5%)
Pelo Sim	21.161.866	(91,5%)

DE 21 DE MAIO DE 2000
(Sobre a revogação de leis sobre as eleições. Como o anterior, o referendo foi invalidado dado o comparecimento de apenas 32% dos eleitores)
(Revogação da lei sobre o reembolso de gastos eleitorais)

Pelo Não	4.073.688	(28,9%)
Pelo Sim	10.004.581	(71,1%)

REFERENDO

(Revogação da seção da lei sobre a representação proporcional)

Pelo Não	2.551.693	(18,0%)
Pelo Sim	11.637.524	(82,0%)

(Revogação da lei sobre a eleição proporcional de juízes do Conselho Superior)

Pelo Não	3.805.250	(29,4%)
Pelo Sim	9.125.465	(70,6%)

(Separação das carreiras de magistrados entre os juizados e ministérios do Governo)

Pelo Não	4.150.241	(31,0%)
Pelo Sim	9.237.713	(69,0%)

(Revogação da lei que permite a juízes o exercício de outros cargos)

Pelo Não	3.360.487	(24,8%)
Pelo Sim	10.200.692	(75,2%)

(Revogação da lei obriga empregadores de mais de 15 servidores a reempregarem os demitidos sem razão suficiente)

Pelo Não	9.834.046	(66,6%)
Pelo Sim	4.923.381	(33,4%)

(Proibição a sindicatos de cobrar encargos por meio de associações de previdência)

Pelo Não	5.331.053	(38,2%)
Pelo Sim	8.632.445	(61,8%)

DE 7 DE OUTUBRO DE 2001
(Proposta de alteração da Constituição para dar mais poderes às regiões sobre temas como agricultura, educação, saúde e impostos)

Pelo Não	5.819.187	(35,8%)
Pelo Sim	10.438.419	(64,2%)

DE 15 DE MAIO DE 2003
(Embora aprovadas as questões, a afluência às urnas foi de apenas 26% dos eleitores e o referendo foi invalidado)

(Se poderiam as pequenas empresas ser obrigadas a readmitir trabalhadores ilegitimamente despedidos)

Pelo Não	1.616.379	(13,3%)
Pelo Sim	10.572.538	(86,7%)

(Se é possível a recusa a permitir que cabos de eletricidade se instalem em propriedades privadas)

Pelo Não	1.761.558	(14,4%)
Pelo Sim	10.430.181	(85,6%)

DE 12 DE JUNHO DE 2005
(Sobre as leis de fertilidade. Como a afluência às urnas foi somente de 26%, o referendo foi invalidado)

(Afastamento de limites na pesquisa clínica e experimental em embriões)

Pelo Não	1.461.217	(12,0%)
Pelo Sim	10.743.710	(88,0%)

(Afastamento de limites à investigação em embriões)

Pelo Não	1.367.288	(11,2%)
Pelo Sim	10.819.909	(88.8%)

(Afastamento da definição legal dos embriões como pessoas)

Pelo Não	1.492.042	(12,3%)
Pelo Sim	10.663.125	(87,7%)

REFERENDO

(Permissão do tratamento de fertilização *in vitro*)

Pelo Não	2.744.895	(21,8%)
Pelo Sim	9.931.161	(78,2%)

DE 25 DE JUNHO DE 2006
(Propostas de reforma que davam mais poderes ao primeiro-ministro, ao Senado e à Câmara e às regiões, dando-lhes controle da educação e saúde bem como uma representação no Supremo Tribunal Federal)

Pelo Não	25.791.213	(61,3%)
Pelo Sim	9.962.348	(38,7%)

DE 21-22 DE JUNHO DE 2009
(Sobre a reforma da lei eleitoral)

(Câmara de Deputados – Revogação da conexão entre listas e da atribuição do prêmio-maioria a uma coalização de listas)

Pelo Não	2.318.792	(22,36%)
Pelo Sim	8.052.954	(77,64%)

(Senado – Revogação da conexão entre listas e da atribuição do prêmio- maioria a uma coalizão de listas)

Pelo Não	2.311.350	(22,31%)
Pelo Sim	8.050.362	(77,69%)

(Câmara dos Deputados – Revogação da possibilidade de um candidato ser eleito em mais de um círculo eleitoral)

Pelo Não	1.417.819	(13,0%)
Pelo Sim	9.489.791	(87,0%)

REFERENDO DE 12 E 13 DE JUNHO DE 2011
(Com quatro questões relativas à privatização dos serviços de água, a um retorno à possibilidade da energia nuclear e ao processo penal)

(Sobre a gestão privada da água: procedimentos para a atribuição e gestão dos serviços públicos locais de importância econômica)

Pelo Não	1.265.495	(4,65%)
Pelo Sim	25.935.372	(95,35%)

(Revogação parcial da legislação sobre a determinação da tarifa do serviço de água com base em um retorno adequado sobre o capital investido)

Pelo Não	1.146.639	(4,2%)
Pelo Sim	26.130.637	(95,8%)

(Revogação das novas regras que permitem a produção de energia nuclear no território)

Pelo Não	1.622.090	(5,95%)
Pelo Sim	25.643.652	(94,05%)

(Revogação das regras de impedimento do presidente do Conselho de ministros e ministros a comparecer em um tribunal criminal)

Pelo Não	1.462.888	(5,38%)
Pelo Sim	25.736.273	(94,62%)

REFORMA BUENO DE PAIVA

Assim se denominou a reforma, proposta pelo governo Wenceslau Braz, em 1916. Em seu discurso de candidato à Presidência, em dezembro de 1913, afirmara Wenceslau que, quanto ao quadro eleitoral, a lei não tinha "o poder mágico de transformar a sociedade"; por mais perfeita, nada modificaria se "deturpada pelo abuso de poder ou pela fraude". Mas, apesar disso, prometeu: "Sobre esse assunto, que é transcendental para a República, agirei desassombradamente perante os funcionários públicos e procurarei interessar os chefes políticos para os seguintes fins: a) seriedade no alistamento; b) plena liberdade nas urnas; c) reconhecimento dos poderes dos legitimamente eleitos; d) sincera, leal, positiva garantia para a efetiva representação das minorias." (In: Bessone, Darcy. *Wenceslau, um pescador na Presidência*. Belo Horizonte: Soc. de Estudos Históricos D. Pedro II, 1968, p. 160).

Já presidente, na mensagem com que inaugurava a sessão legislativa de 1915, Wenceslau insiste: "Precisamos garantir o alistamento e a eleição contra o assalto dos defraudadores; precisamos impedir as duplicatas e triplicatas de atas e juntas apuradoras. É também indispensável que a apuração e o reconhecimento sejam a expressão da vontade eleitoral." (In: *Mensagens presidenciais – 1915/1918*. Brasília: Câmara dos Deputados, 1978, p. 5)

Duas leis foram, então, aprovadas sob o seu patrocínio. A primeira, de n.º 3.139, de 2 de agosto de 1916, entregou ao Poder Judiciário o preparo do alistamento eleitoral: o requerimento de alistamento seria dirigido ao juiz de Direito; uma junta, composta do juiz Federal da seção, de seu substituto e do procurador-geral do Estado, do Distrito Federal ou do Território, julgaria os recursos interpostos contra a decisão final dos magistrados. A segunda, de n.º 3.028, de 27 de dezembro de 1916, consolidou as normas até então vigentes e, entre outros itens, reduziu a possibilidade do voto a descoberto somente à hipótese em que deixasse de se reunir a mesa eleitoral de qualquer seção situada fora da sede do município.

Os dois textos mereceram a denominação de Reforma Bueno de Paiva, pela participação de Francisco Álvaro Bueno de Paiva, mineiro, nascido em 1861, deputado à Constituinte e à primeira legislatura, senador em 1911, vice-presidente na vaga aberta com o falecimento de Delfim Moreira.

A contribuição de Wenceslau Braz teve seu ponto culminante – dirão seus analistas – no papel confiado ao Poder Judiciário de principal executor das leis eleitorais. (Costa, Edgard. *A Legislação eleitoral brasileira*. Rio de Janeiro: Deptº de Imprensa Nacional, 1964, p. 106) E muitos indicarão que esse seu passo "pode ter sido o ponto de partida para a criação da Justiça Eleitoral, a verificar-se na República Nova, depois de 1930". (Bessone, Darcy, ob. cit., p. 234)

Mas muitos deploraram – como o deputado Soares Filho, em intervenção à Assembleia Constituinte de 1933-1934 – ter sido esse "um mau ensaio", por gerar "dentro de pouco tempo, graças às intervenções indébitas que desmoralizaram as apurações e os reconhecimentos de poderes, a descrença na eficácia de que os magistrados pudessem servir de garantia a uma boa representação, à expressão verdadeira da eleição popular". E prosseguia ele: "Essa lei deixou os magistrados sem meios de evitar as fraudes quando as mesas não se reuniam e, sobretudo, nas Juntas apuradoras, na condição de mortos-vivos, mecanizados na soma de votos impuros, na apuração de atas fraudulentas, mas revestidas de todas as formalidades legais. As juntas eleitorais eram meras máquinas de somar votos e, além disso, a certeza de que seu julgamento estava sujeito à revisão, no reconhecimento do plenário das Câmaras políticas, determinava a completa desmoralização do trabalho da justiça." (In: *Anais da Assembleia Nacional Constituinte*. Rio de Janeiro: Imprensa Nacional, v. VI, p. 263)

REGÊNCIA

AO RENUNCIAR, em abril de 1831, à Coroa brasileira, partindo para Portugal, Pedro I deixou, aqui, seus quatro filhos menores, Maria, Januária, Francisca e Pedro, este, nascido em dezembro de 1825, então com pouco mais de 5 anos de idade.

A Constituição do Império determinava que o imperador seria "menor até a idade de 18 anos completos" (art. 21); que, durante sua menoridade, o império seria governado por uma regência, à qual pertenceria "o parente mais chegado do imperador, segundo a ordem de sucessão, e que seja maior de 25 anos de idade" (art. 122).

Se o Imperador não tivesse parente algum que reunisse essas qualidades, seria o Império "governado por uma regência permanente, nomeada pela Assembleia Geral, composta de três membros, dos quais o mais velho em idade seria o presidente" (art. 123).

Finalmente, enquanto não se elegesse essa regência, governaria uma regência provisional, composta de ministros de Estado do Império e da Justiça, e dois Conselheiros de Estado mais antigos em exercício, presidida pela imperatriz viúva e, na sua falta, pelo mais antigo conselheiro de Estado (art. 124).

Os Ministérios do Império e da Justiça estavam vagos, exonerados os seus titulares, como os dos outros cargos, na tarde de 5 de abril de 1831. Senadores e deputados, reunidos no Paço do Senado, elegeram, "em forma de acordo, que apaziguasse o país" (In: Ms. Arquivo Imperial de Petrópolis, v. Calmon, Pedro. *História do Brasil*. Rio de Janeiro: José Olympio, 1959, v. V), uma regência provisória, composta pelos senadores Carneiro de Campos e Nicolau Vergueiro e pelo brigadeiro Francisco de Lima e Silva.

Lei aprovada em 14 de junho de 1831 dispôs sobre a forma de eleição de uma regência permanente, nomeada pela Assembleia Geral e composta de três membros, pela "pluralidade absoluta de votos dados em escrutínio secreto".

Elegeu-se, então, naquele mês de junho de 1831, uma regência permanente composta do mesmo Lima e Silva e dos deputados José da Costa Carvalho e João Bráulio Muniz.

Reformada a Constituição pelo Ato Adicional de 1834, estabeleceu-se que, durante a menoridade do imperador, o Império seria governado "por um regente eletivo e temporário", com mandato de quatro anos.

A eleição seria feita "pelos eleitores da respectiva legislatura, os quais, reunidos em seus colégios, votarão por escrutínio secreto, em dois cidadãos brasileiros, dos quais um não será nascido na Província, a quem pertencerem os Colégios, e nem um deles será cidadão naturalizado".

A votação em dois nomes, um deles não nascido na Província, tinha, segundo Octávio Tarquínio de Souza, o intuito de "alargar a visão dos eleitores e fazê-los interessados em homens e acontecimentos extraprovinciais"; procurava-se "coibir os excessos do espírito regionalista, dando-se ao pleito sentido nacional, numa ocasião em que o Brasil se encontrava sob o choque de violentos abalos e preso nas dissensões mais profundas". (Souza, Octávio Tarquínio de. *História dos fundadores do Império do Brasil*. Rio de Janeiro: José Olympio, 1957, v. VI)

Mas era uma cópia da primitiva redação do art. II, seção I, da Constituição americana: pelo texto redigido na Câmara Estadual da Filadélfia, em 1787, para a eleição do presidente da República, os eleitores reunir-se-iam em seus respectivos Estados e votariam "em escrutínio em duas pessoas, das quais uma, pelo menos", não residiria no mesmo Estado que eles.

É que alguns dos delegados que elaboraram a Constituição "não esperavam que os eleitores fossem inteiramente isolados das preferências populares". Previam que os eleitores dariam um voto para "um filho de seu Estado, uma figura política popular localmente, e outro para "uma personalidade continental", um indivíduo com reputação nacional, da qual os membros da elite política estariam cientes, embora a pessoa pudesse não ser bastante conhecida pelo cidadão comum. (Wilmerding, Luius. *The Electoral College*. New Brunswick, N.Y.: Rutgers University Press, cit. por Watson, Richard A. *A disputa presidencial norte-americana*. Rio de Janeiro: Novo Tempo Edições, 1984, p. 73)

Eleições procedidas em 7 de abril de 1835 levaram à Regência uma o padre Feijó.

Somente a 9 de outubro a Assembleia Geral terminava a apuração. Feijó obteve 2.826 votos e seu principal competidor, Holanda Cavalcanti, mereceu 2.251 (In: Ellis Junior, Alfred. *Feijó e a primeira metade do século XIX*, 2ª ed., Rio de Janeiro: Nacional, 1980, p. 205). Com um corpo votante de 6 mil eleitores, cada um devendo indicar dois nomes, a votação se deu na forma dos quadros das páginas seguintes.

Foram ainda votadas 189 pessoas, 98 com apenas um voto. (Ata da sessão da Assembleia Geral de 9.10.1835. In: *Anais...*, p. 368-369)

Realizadas as eleições em abril, somente em outubro seria definida a escolha do regente, pela Assembleia Geral.

A informação de Handelmann é a de que o Senado procurou embaraçar, por muitos modos, a execução do Ato Adicional, especialmente no que se referia à organização da Regência; e que, depois de chegadas todas as atas da eleição, ainda adiou, "por muitos meses, a verificação dos votos". Até "pediu a colaboração da Câmara dos Deputados para eleger, pelo sistema antigo, novo membro da Regência Trina atual em substituição de João Muniz que, entretanto, havia morrido".

E a Câmara dos Deputados declarou-se pronta para isso, caso o Senado assumisse toda a responsabilidade de semelhante quebra da lei e declarasse publicamente que a apuração dos votos era de todo impraticável – responsabilidade gravíssima, da qual o Senado, todavia, recuou". (Handelmann, H. *História do Brasil*. 4ª ed., Belo Horizonte: Itatiaia/ Usp, 1982, p. 320-321)

Mas o atraso na apuração viria, mais provavelmente, como o indica Octávio Tarquínio de Souza, das dificuldades de comunicação e das deficiências dos meios de transporte que faziam chegar, muito morosamente, no Rio de Janeiro: os resultados. "Cada correio de terra ou paquete do Norte é um alvoroço",

Eleição para a Regência, em 7 de abril de 1831

	Feijó	Holanda Cavalcanti
São Paulo	268	190
Minas Gerais	976	95
Espírito Santo	32	29
Rio de Janeiro	257	277
Santa Catarina	49	58
São Pedro (RS)	136	49
Bahia	229	435
Sergipe	15	288
Alagoas	97	161
Pernambuco	179	354
Paraíba	32	155
Rio Grande do Norte	66	27
Ceará	212	125
Piauí	17	–
Maranhão	92	–
Pará	8	–
Goiás	129	5
Mato Grosso	34	3
Total	2.828	2.251

Eleição para a Regência, em 7 de abril de 1835
(Nomes votados, além de Feijó e Holanda Cavalcanti)

José da Costa Carvalho	847	Arcebispo da Bahia	238
Pedro Araújo Lima	760	Marquês de Caravelas	163
F. de Lima e Silva	629	J.J. Rodrigues Torres	144
M. de C. Paes de Andrade	605	Alencar	131
B. Pereira de Vasconcelos	605	José Bonifácio de Andrade	123
Cypriano B. de Almeida	266	J. Ignácio Borges	118

F. Carneiro de Campos	96	J.N. de Madureira Cabral	17
A.A. da Costa Ferreira	90	Veiga Pessoa	17
J.B. Ferreira de Melo	82	Raphael Tobias de Aguiar	17
Vergueiro	58	Chichorro da Gama	16
Martin Francisco	57	Visconde de Cayru	16
J. Pinheiro vasconcelos	57	Visconde de Caeté	15
Visconde de Congonhas	54	Marcelino Pinto R. D.	15
Bráulio	46	A. da Costa Pinto	15
M.J.F. Barros Leite	46	A. da Cunha Vasconcelos	15
J.J. Fernandes Torres	42	Marquês de S. J. da Palma	14
Limpo de Abreu	41	J.F. Souza Campelo	13
F. de B. Guerra	41	F.M. Martins Ramos	13
Barão de Parnaíba	41	V.T. Pires de F. Camargo	12
F. de Paula e Souza	38	C. José Dias	12
E. Ferreira França	37	A. Carlos	12
M. Calmon du Pin	36	A. de H. Cavalcanti	12
M. do N. Castro Silva	35	A.F. França	12
Manoel I. de melo e Souza	34	J.R. da Costa Pimentel	12
J. de Araújo Ribeiro	29	B. Barrozo Pereira	12
J. Custódio Dias	28	J.M. Pereira Cardozo	12
M. dos S. M. Vellasques	26	J.A. R. de Carvalho	11
F. de Souza Martins	23	J. Araújo Ribeiro	11
F. dos Santos Pinto	23	M. F. da Câmara	11
Bispo de Cuiabá	23	F. de P. H. Cavalcanti	10
J.V. da Silva e Souza	21	M. Vidigal	10
Marquês de barbacena	21	Marquês de Itanhaem	10
J.C. Mayrink da S. F.	20	L.P. de Araújo Bastos	10
A. Augusto da Silva	18	J. Corrêa Pacheco	10
F.J. Corrêa	18	J.I. da Silva Pereira	10
J.A. de Oliveira	17	R. Pinto Lobato	10

publicaria a Aurora Fluminense. (Souza, Octávio Tarquínio de, ob. cit., p. 169)

E dois fatos podem amparar essa conclusão: ao terminar a contagem dos votos, em 9 de outubro de 1835, o presidente consultava a Assembleia se julgava a eleição válida, "apesar da falta de alguns Colégios". (Ata da sessão de 9.10.1835) E a apuração da eleição seguinte, realizada em abril de 1838 – quando não se aponta qualquer procrastinação do Senado – demora, igualmente, até outubro daquele ano.

Nenhum dos candidatos alcançaria, segundo Pedro Calmon, "suficiente maioria para se intitular eleito da nação". (Calmon, Pedro, ob. cit., p. 1.602)

Julgou Buarque de Holanda, porém, surpreendente a polarização em relação às candidaturas Feijó e Holanda Cavalcanti, predominando a diversidade em relação ao companheiro de chapa, previsto na lei. A se admitir não ser provável que Feijó e Holanda Cavalcanti tivessem muitos eleitores em comum, a polarização muito precisa da opinião se dava em um época "em que não havia praticamente organizações partidárias e em que os meios de propaganda eram praticamente inexistentes".

E resultava, para ele, do fato de que a magistratura e o clero se haviam definido em campos opostos.

Feijó, em sua campanha eleitoral, nas colunas de *O Justiceiro* – fundado por Feijó, em companhia do primo, diácono Miguel Archanjo Ribeiro de Camargo –, nunca deixara de manifestar claramente seu menosprezo pela Magistratura.

Daí que a Buarque de Holanda parecesse significativa a repartição geográfica dos votos: "Feijó venceu geralmente no interior, particularmente em Minas Gerais, onde maiores eram as dificuldades de acesso ao bacharelado. Holanda Cavalcanti venceu em Santa Catarina, Rio de Janeiro e ao longo da fachada atlântica, desde a Bahia à Paraíba.

Mesmo em São Paulo, a vitória de Feijó foi assegurada no interior: na capital, no Vale do Paraíba, em Santos, em Iguape, em Paranaguá, Feijó perdeu.

Ao longo do litoral, as grandes exceções em favor de Feijó foram alguns verdadeiros feudos eclesiásticos – o Ceará dos Alencares, o Rio Grande do Norte de Brito Guerra e mesmo o Espírito Santo, cuja única cadeira na Câmara dos Deputados foi ocupada por padres, ininterruptamente de 1834 a 1844." (Holanda, Sérgio Buarque de. *História geral da civilização brasileira*. São Paulo: Difel, 1967, t. II, 2º v., p. 44)

Buarque de Holanda lembra como, no meio rural, sendo vedado o acesso ao bacharelado antes da instalação dos cursos jurídicos em São Paulo e Olinda, o ingresso no clero era um meio utilizado pelas famílias dominantes das pequenas localidades para garantir sua supremacia social e política. (Holanda, Sérgio Buarque de, ob. cit., p. 43)

Se "atenções e votos" convergiram para Feijó e Cavalcanti, segundo Pereira da Silva, fora porque o primeiro "deixara nomeada extensa pelos seus feitos de ministro" e o segundo "escolhido pelo norte do Império como personagem imparcial e neutro, avesso aos partidos pleiteantes e dirigido só por suas convicções e consciência". (Silva, J. M. Pereira da. *História do Brasil – de 1831 a 1840*. Rio de Janeiro: Dias da Silva Junior, 1878, p. 149-150)

Já para Alfredo Ellis Junior, o resultado permitiria "uma série de conjeturas": o sul dera maioria a Feijó, enquanto o nordeste açucareiro ficara com Holanda. (Ellis Junior, Alfred, ob. cit.,p. 206)

Mas todos indicam, como um dos principais fatores da vitória de Feijó, o apoio decisivo de Evaristo da Veiga, pelas páginas de seu jornal *Aurora*.

A escolha de Feijó, como candidato, não merecera a acolhida unânime de seu grupo partidário. Com o Ato Adicional, estavam fortes no poder os "moderados".

No pleito de 1834, quando se tinha procedido a escolha dos eleitores, eles tinham alcançado mais de 5 mil votos, pouco mais de mil se distribuindo entre "exaltados" e "restauradores", esses, depois, desarvorados com a morte, em Portugal, em 24 de setembro daquele ano, de Pedro I.

Desses 5 mil votos, somente a metade se destinaria a Feijó, que iria enfrentar, em seu governo, além da guerra civil, com rebeliões no Pará, no Rio Grande do Sul, em Pernambuco, a luta parlamentar.

Guerra civil e luta parlamentar, "os dois maus signos" sob os quais se desenvolveria sua regência. (Novelli Junior, ob. cit., p. 213)

E sem apoiar-se em alguns dos grandes nomes de prestígio individual que se haviam inclinado a uma colaboração, não teve senão mediocridades em seu governo.

É com palavras duras que se divide à comissão encarregada de apresentar a resposta à fala de 1837: "e sem me importar com os elementos que se compõe a Câmara dos Senhores Deputados, prestarei a mais franca e leal cooperação à Câmara, esperando que, ao menos desta vez, cumpram as promessas tantas vezes repetidas de tomar em consideração as propostas do governo". (*Anais da Câmara*, 1837, t. I, p. 197)

E com expressões ainda mais enérgicas é que encerraria a sessão legislativa de 1853: "Seis meses de sessão não bastaram para descobrir remédios adequados aos males públicos, eles, infelizmente, vão em progresso; oxalá que na futura sessão o patriotismo e sabedoria da Assembleia Federal possa satisfazer às urgentíssimas necessidades do Estado. Está fechada a sessão." (Egas, E. *Diogo Antônio Feijó*. São Paulo: 1912. In: Novelli Junior, ob. cit., p. 226)

Afinal, entendeu Feijó que deveria demitir-se. Ao embaixador da França no Brasil explicaria "que a resistência facciosa das Câmaras tinha arrastado o Império à base da ruína; que o Brasil partia-se em pedaços, que nada podendo, era de seu dever retirar-se para não assistir a desastres contra os quais negavam-lhe todos os recursos". (Rangel, Alberto. *No rolar dos tempos*. Rio de Janeiro: 1937, p. 151. In: Novelli Junior, ob. cit., p. 232)

Em 19 de setembro de 1837, Feijó renuncia. Designado, na véspera, ministro do Império, assume o lugar Araújo Lima.

Em abril de 1838, iria se realizar a segunda eleição para regente único. Araújo Lima, no cargo, obteria 4.308 votos. Seu principal competidor, ainda Holanda Cavalcanti, teria 1.981.

A ata da sessão da Assembleia Geral, de 6 de outubro de 1838, quando se concluiu a apuração, indica somente a votação em dez nomes, ao contrário da eleição de Feijó, quando se dá o número de votos de 261 (quadro da página 327).

Efetivado na Regência Única depois de prestar juramento perante a Assembleia, em 7 de outubro de1938, Araújo Lima teria seu mandato interrompido pelo "golpe da maioridade", em 23 de julho de 1840.

REPRESENTAÇÃO DAS MINORIAS

Foi Pirmez que, em 2 de abril de 1878, na Câmara dos Representantes da Bélgica, pela primeira vez trouxe a distinção entre os sistemas de representação das minorias, em empíricos e racionais, ou matemáticos.

Sistemas empíricos seriam aqueles que visavam uma certa representação das minorias, mas não asseguravam a estas "uma justa e exata representação".

Os racionais, ou matemáticos, seriam os que asseguravam uma representação dos diferentes partidos ou grupos políticos exatamente proporcional ao número de seus eleitores. Teriam, como principal característica, a possibilidade da transferência de votos entre os candidatos de qualquer das correntes de opinião.

Entre os sistemas empíricos, Pirmez incluiu: 1) o voto cumulativo (v. VOTO CUMULATIVO); 2) o voto limitado, ou incompleto (v. VOTO LIMITADO, OU INCOMPLETO); 3) o voto gradual (v. VOTO GRADUAL OU POR PONTOS) e o escrutínio de lista fraccionária (v. ESCRUTÍNIO DE LISTA FRACCIONÁRIA) e 4) o voto único intransferível (v. VOTO ÚNICO INTRANSFERÍVEL).

E entre os sistemas racionais, ou matemáticos – hoje geralmente chamados de sistemas proporcionais – Pirmez relacionou: 1) o sistema de quociente ou voto único transferível com lista de preferência (v. VOTO ÚNICO TRANSFERÍVEL); e 2) o escrutínio de lista com repartição proporcional ou sistema de concorrência de listas (v. ESCRUTÍNIO DE LISTA COM REPARTIÇÃO PROPORCIONAL). (In: Bonnefoy, Gaston. *La représentation proportionnelle*. Paris: Marchal & Billard, 1902, p. 61 e sgs.)

Costuma-se dizer que o sistema majoritário sacrifica as correntes menores de opinião. Duverger fala, a esse respeito, "da brutalidade do escrutínio majoritário de um só turno". (Duverger, Maurice. *Sociologia política*. Rio de Janeiro: Forense, 1966, p. 378)

E forçoso é lembrar, nesse campo, a tão memorável discussão que envolveu, na segunda metade do século XIX, dois grandes liberais ingleses, Walter Bagehot (v. BAGEHOT, WALTER) e Stuart Mill (v. MILL, JOHN STUART). O primeiro dos contendores procurou justificar o modelo majoritário-distrital de seu país considerando que, embora incomparavelmente mais "justa", a representação proporcional ameaçava a capacidade de ação do governo. Stuart Mill, ao contrário, iria ressaltar as "vantagens transcendentes" da representação proporcional e enfatizar a justiça eleitoral dela resultante.

A história eleitoral mostra que, atendendo aos reclamos da opinião pública, foram tentados, inicialmente, os processos empíricos para a representação das

ELEIÇÃO DE ABRIL DE 1838, PARA REGENTE ÚNICO

Pedro de Araújo Lima	4.308	Diogo Antônio Feijó	414
A. de Holanda Cavalcanti	1.981	Bernardo P. de Vasconcelos	298
Antonio C.R. de Andrada	597	Raphael Tobias de Aguiar	180
José da Costa Carvalho	581	José Bonifácio de A. Silva	164
F. de Lima e Silva	443		
Arcebispo da Bahia	432	Outros menos votados	

minorias; depois, triunfaram, na maior parte dos modelos políticos, os sistemas chamados racionais, ou proporcionais.

NO BRASIL – Como informa Belisário de Souza, a representação das opiniões em minoria já preocupara, no Brasil, os autores da lei de 19 de agosto de 1846. Embora o texto confirmasse a eleição dos deputados pelo sistema majoritário, de lista, em um de seus itens atendeu às correntes minoritárias: quando, através de emenda na Comissão de Constituição, se propôs que fosse feita a eleição do suplente na mesma ocasião, porém separadamente da escolha do deputado, optou-se pela manutenção do modelo então em vigor uma vez que ele possibilitava – com o chamamento dos suplentes que se seguiam em votos – que se ouvisse os representantes da oposição.

Indagava Zacarias de Goes e Vasconcelos, no calor dos debates: "Senhores, esses suplentes são os eleitos da minoria; e o país não interessa em ouvir a minoria?" (Souza, Francisco Belisário de. *O sistema eleitoral no Império*. Brasília: Senado Federal, 1979, p. 67) Proposta, depois, a Lei dos Círculos (v. LEI DOS CÍRCULOS), que introduziria, em 1855, o sistema majoritário-distrital, com circunscrição de um só deputado, visava ela, curiosamente, abrir espaço às minorias nas Assembleias e terminar com as tão deploradas "câmaras unânimes", com o predomínio de uma só parcialidade política (v. CÂMARAS UNÂNIMES).

Mas Honório Carneiro Leão, o marquês do Paraná, que tanto a defendeu, como chefe do Gabinete de 6 de setembro de 1853, tinha em vista as minorias localizadas.

Pela Lei dos Círculos, no entanto, a maioria que elegesse o deputado elegeria, igualmente, seu suplente. Daí o comentário do senador Eusébio de Queiroz, que deplorava a medida: "Se por um lado abris as portas do Parlamento aos representantes da minoria em um ou outro círculo, por outro, trancais aos suplentes, que atualmente oferecem essa representação da minoria." (*Atas do Senado do Império*, sessão de 30.8.1855)

Mas a busca de representação das minorias no quadro majoritário-distrital só viria mais objetivamente a ser discutida a partir de 1860, com as hipóteses do voto limitado (v. VOTO LIMITADO) ou cumulativo (v. VOTO CUMULATIVO), citando-se os escritos de Grath Marshal.

O folheto publicado em 1865, sob o título O imperialismo e a reforma – de autoria de um deputado, como informa Belisário, "que ocultou o seu nome" – dá conta de um projeto, elaborado por um parlamentar com assento no ministério e dispunha que, em qualquer eleição, os votantes somente indicariam "dois terços do número dos cidadãos que tiverem de ser eleitos".

Outro projeto de reforma eleitoral para a representação das minorias, mas, como comentaria Belisário, "de modo deficiente", foi apresentado, em julho de 1866, por Ignácio de Barros Barreto (v. BARRETO, IGNÁCIO DE BARROS).

E a representação das minorias teve um defensor destacado em José de Alencar (v. ALENCAR, JOSÉ DE), em artigos publicados no *Jornal do Commercio*, do Rio de Janeiro: em janeiro de 1859 e em discursos na Câmara.

Afinal, pelo Decreto n.º 2.675, de 20 de outubro de 1875, a chamada Lei do Terço (v. LEI DO TERÇO) se trouxe uma limitação ao voto do eleitor, com vistas a deixar, à oposição, parte dos representantes. Revogado em 1881, pela Lei Saraiva (v. LEI SARAIVA), o modelo retornaria, no Império, com o Decreto n.º 3.340, de 14 de outubro de 1887, para as eleições dos membros das Assembleias Legislativas Provinciais e vereadores às Câmaras Municipais.

Com a República, foi expressa, na Constituição Federal, a preocupação com as correntes menores de opinião. Pelo art. 28 da Carta aprovada em 24 de fevereiro de 1891, se dispunha, com respeito à eleição de deputados, que seria garantida "a representação da minoria".

A redação, como esclareceu Barbalho, foi equivocada. "Das minorias (e não da minoria), com mais propriedade e acerto dizia a emenda aditiva de que resultou esta cláusula final do art. 28. Esta emenda, votada e aceita tal qual fora escrita e sem nenhuma impugnação (*Anais do Congresso Constitucional*, v. III, p. 33, 142 e 213), foi sem razão modificada por aquele modo na redação final." (Barbalho, João. *Constituição Federal brasileira*. Brasília: Senado Federal, 1992, p. 82)

Também em algumas Constituições Estaduais essa garantia foi incluída. Assim, nas Cartas do Rio de Janeiro, aprovada em 9 de abril de 1892 ("art. 6º, § 2º – A representação das minorias será respeitada nesta eleição (de deputados))"; de Santa Catarina, aprovada em 7 de julho de 1892 (art. 8º – Lei especial regulará o processo eleitoral, rigorosamente garantindo a liberdade do voto e a representação da minoria; de São Paulo, aprovada em 14 de julho de 1891 (art. 5º, § 2º – A lei estabelecerá o processo eleitoral que mais assegure a representação das minorias).

A primeira lei eleitoral após a Constituição Federal, de n.º 35, de 26 de janeiro de 1892, trouxe, de volta, os distritos eleitorais de três deputados e o voto incompleto ou limitado: cada eleitor votaria em dois terços do número de deputados do distrito; nos distritos de quatro ou cinco deputados, votaria em três nomes.

E pela Lei Rosa e Silva, de n.º 1.269, de 15 de novembro de 1904 (v. Lei Rosa e Silva), ampliaram-se os distritos, de três para cinco nomes e, ao voto limitado, juntou-se o voto cumulativo. Rosa e Silva acreditava que, ao legislador, não cumpria fixar a proporção em que as minorias deveriam representar-se mas, unicamente, assegurar a verdade do processo eleitoral e adotar um sistema que lhes facilitasse eleger seus representantes, dependendo o maior ou menor número deles dos esforços e do valor eleitoral das respectivas agremiações. (Fulgêncio, Tito. *A carteirinha do eleitor*. Belo Horizonte: Imprensa Oficial do Estado de Minas Gerais, 1917, p. 51)

Mas, em verdade, a experiência anterior, de 1875, com a Lei do Terço, do Decreto n.º 2.675, havia demonstrado que a repartição arbitrária da circunscrição eleitoral não importava em real garantia da representação aos grupos menores.

Recursos como o rodízio (v. Rodízio) deixavam à maioria mesma a totalidade dos postos.

Na solução Rosa e Silva, a própria complexidade do processo inviabilizava a consecução de seus propósitos. E, de resto, toda a maquinária fraudulenta – a envolver o alistamento e a qualificação dos eleitores, a votação, a apuração e a verificação e reconhecimento dos diplomas – não haveria de ser corrigida por meros arranjos de técnica eleitoral. Somente o regime proporcional, que viria a partir de 1930, é que poderia atender à necessidade de dotar as Câmaras de representantes da oposição (v. Código Eleitoral de 1932).

REPRESENTAÇÃO PROFISSIONAL

NA BASE da ideia de uma representação profissional, ou de classes, está a de um Parlamento econômico, a da concessão do direito de eleger representantes não aos indivíduos mas aos agrupamentos econômicos e financeiros.

Há quem lembre, como pioneira, a sugestão de Napoleão Bonaparte no sentido de que, na Câmara francesa, entre mais de 600 deputados, fossem reservados 23 postos para representantes do comércio e da indústria (v. João Mangabeira, em pronunciamento de novembro de 1932 à Subcomissão do Itamaraty que elaborou anteprojeto de Constituição. In: Azevedo, José Affonso Mendonça de. *Elaborando a Constituição nacional*. Belo Horizonte: 1933, p. 319).

E se recorda o pronunciamento de Sieyès, na Assembleia Nacional da França, em 1889: "Se quiséssemos fazer alguma coisa melhor, nesta matéria, na minha opinião, adotaríamos uma combinação própria para dar ao Legislativo um número mais ou menos igual de homens dedicados aos três grandes trabalhos, às três grandes indústrias que compõem o movimento e a vida de uma sociedade que prospera, isto é, a indústria rural, a indústria citadina e aquela que existe em toda a parte e tem por fim a cultura do homem; e dia virá em que se há de compreender que estas são questões importantes." (In: Azambuja, Dary. *Teoria geral do Estado*. Rio de Janeiro/Porto Alegre/São Paulo: Globo, 4ª ed., 1959, p. 342)

Em 1938, a Itália substituiu a Câmara dos Deputados pela Câmara dos Feixes e das Corporações. Na Grécia, sob a Constituição de 1927, o Senado, além de 92 membros eleitos ao sufrágio universal e de dez membros eleitos pela Câmara e Senado reunidos, contava 18 senadores eleitos pelas organizações profissionais (Câmaras de comércio, da agricultura, do artesanato, organizações operárias, universidades e escolas superiores). Na Hungria, a lei de 1926 fazia constar, no Senado, grande número de membros indicados pelos organismos e instituições da agricultura, da indústria, do comércio, da ciência, da arte e das profissões. Segundo a Constituição de 1933, de Portugal, havia, ao lado de uma Assembleia nacional, eleita pelo sufrágio universal, uma Câmara corporativa, composta de representantes de autoridades locais e dos interesses sociais, estes últimos sendo considerados em seus ramos fundamentais de ordem administrativa, moral, cultural e econômica. (Laferrière, Gaston. *Manuel de Droit Constitutionnel*. Paris: Éditions Domat, 1947, p. 541)

É fácil constatar a existência, no Estado, de interesses econômicos e sociais distintos, a alguns dos quais correspondem organizações públicas ou privadas que se pode declarar serem os representantes de tais interesses. Mas as dificuldades surgem quando se quer passar à realização prática dessa representação. Pois que, primeiramente, esses grupos são numerosos e de importância desigual; como, então, sobre que base, determinar esses Colégios Eleitorais? Uma mesma forma geral de atividades comporta divisões múltiplas cujos interesses são, por vezes, antagônicos. Não se poderia multiplicar, ao infinito, as categorias representáveis e como, então, atribuir a cada parcela, o número de representantes correspondente a sua importância? Depois, esse Parlamento profissional não teria, verdadeiramente, a superioridade que se pretende atribuir-lhe. E não estaria, decerto, apto a isso que é essencialmente a missão de um órgão político; a busca do interesse geral. (Laferrière, Gaston, p. 542 e sgs.)

NO BRASIL – Ao falar na sessão da Câmara de Deputados, de 30 de agosto de 1855, em meio à discussão sobre a Lei dos Círculos (v. LEI DOS CÍRCULOS), disse Araújo Lima: "Se quereis que todas as opiniões sejam representadas no Parlamento, o meio seria outro, seria a representação por classes: o comércio, a agricultura, a instrução etc., deveriam eleger seus representantes." Mas, mesmo nos países politicamente mais desenvolvidos, se tinha, então, debatido a representação dos segmentos econômicos.

A representação que se disse "classista", somente chegaria ao Brasil depois da Revolução de 1930. O quadro esboçado por Angela Maria de Castro Gomes ("A representação de classes na constituinte de 1934". In: *Regionalismo e centralização política – Partidos e Constituinte nos anos 30*. Rio de Janeiro: Nova Fronteira, 1980, p. 427 e sgs.) permite-nos indicar as seguintes etapas no processo de adoção da representação profissional no Brasil:

1. O discurso pronunciado pelo chefe do Governo Provisório, Getúlio Vargas, em 1931, na solenidade de instalação da comissão para elaborar os projetos de revisão ou reforma da legislação. Denunciando um romantismo político já superado, propôs Vargas a organização de classes e uma participação direta na vida pública do Estado, quer em Assembleias a que tivessem acesso seus representantes, quer em Conselhos Técnicos especializados e incorporados à administração pública.

Segundo Getúlio, seria indispensável, para legislar com segurança e previsão, investigar e compreender as modificações sociais do mundo moderno; a grande força dominadora e renovadora da vida social contemporânea era, principalmente, de caráter econômico; o edifício do novo direito, a ser erigido, remodelado da base ao alto, deveria, assim, "ter, por argamassa, os fatos econômicos". (Vargas, Getúlio. *A nova política do Brasil*. Rio de Janeiro: José Olympio, I v., p. 123)

2. A menção, no art. 142 das Disposições Transitórias do Código Eleitoral aprovado pelo Decreto n.º 21.076, de 24 de fevereiro de 1932 (v. CÓDIGO ELEITORAL DE 1932) à nova representação: "No Decreto em que convocar os eleitores para a eleição dos representantes à Constituinte, o Governo determinará o número de representantes nacionais que a cada Estado caiba eleger, bem como o modo e as condições de representação das associações profissionais."

Mas, nos dois anteprojetos que preparou, a Subcomissão, integrada por Assis Brasil, Mario Pinto Serva e João da Rocha Cabral, não acolhera o princípio da representação profissional. Em seu livro *Democracia representativa – Do voto e do modo de votar*, Assis Brasil não abriu espaço à discussão do assunto. E a Subcomissão, na exposição de motivos que acompanhava os anteprojetos, dizia: "Prevenir-se-á a desordem, a incongruência, o atrito dos elementos propriamente políticos se das forças econômicas, mediante uma organização nova dos poderes públicos, na qual entrem a funcionar harmonicamente os dois elementos, ou melhor, todas as forças vivas da sociedade. Mas isso, essa organização integral não é matéria incumbida a esta Subcomissão, escapa ao objeto de nosso trabalho, que deve precipuamente visar o alistamento do eleitorado e depois o processo pelo qual ele deve ser chamado o mais breve possível para a eleição da Constituinte." (Cabral, João C. da Rocha. *Código Eleitoral da República dos Estados Unidos do*

Brasil. 3ª ed., Rio de Janeiro: Freitas Bastos, 1934, p. 20)

3. A inclusão da representação profissional no programa do Clube 3 de Outubro (v. CLUBE 3 DE OUTUBRO), organizado pelos líderes do "tenentismo" e um dos que mais procuraram influir na estruturação do país após 1930. Julgada "a única fórmula capaz de assegurar uma verdadeira organização política nos moldes exigidos pela moderna evolução social", a representação classista era defendida com outras propostas, entre elas – como indica Ângela Maria de Castro Gomes – a de uma representação igualitária entre os Estados. Esse item, em que se buscava uma atenuação da força dos grandes Estados, reforçaria a ideia da bancada das profissões.

4. A rejeição, em janeiro de 1933, pela subcomissão encarregada de elaborar um anteprojeto da Constituição – a chamada "Subcomissão do Itamaraty – da representação das profissões. Propunha-se, no texto, uma só Câmara, integrada por representantes políticos dos Estados, com a consequente extinção do Senado.

Entendia, ali, Oliveira Vianna (v. VIANNA, FRANCISCO JOSÉ OLIVEIRA) que, em matéria de representação política das classes, devia-se começar "pelo princípio, isto é, estabelecendo a representação das classes nos municípios e, depois, nos Estados. Só depois de termos conseguido a organização da representação profissional nos conselhos municipais e nas Assembleias Estaduais é que podemos pensar em realizá-lo na Assembleia Nacional". (In: Azevedo, José Affonso Mendonça de, ob. cit., p. 341)

Argumentava ele que não seria possível a representação política das classes "sem a prévia organização profissional dessas mesmas classes". E essa não seria obra "que se realize por uma simples disposição de lei, por uma decisão imperativa da Carta Constitucional". Seria "obra do tempo, da evolução econômica, do trabalho lento das forças sociais e espirituais". O Brasil, para ele, era "o país da insolidariedade e da ausência do espírito de associação". E não se improvisariam "a solidariedade de uma classe", "o sentimento e o hábito da cooperação, o espírito corporativo, a organização sindicalista". (Azevedo, José Affonso Mendonça de, ob. cit., p. 341-342)

A ideia da representação de classes, ou das profissões não foi aceita pela Subcomissão do Itamaraty, contra o voto de Oswaldo Aranha, José Américo, Themistocles Cavalcante, Góes Monteiro e João Mangabeira.

5. Proposta do Clube 3 de Outubro (v. CLUBE 3 DE OUTUBRO), de feição caracteristicamente corporativista, elaborada por Waldemar Falcão, Abelardo Marinho, Herculano Cascardo e Stênio Lima, encaminhada ao chefe do Governo e, a partir dela, a preparação de projeto, submetido ao Superior Tribunal Eleitoral.

6. Rejeição, pelo STE, do projeto. Sobre essa decisão, escreveria Flores da Cunha, interventor do Rio Grande do Sul, a Vargas: "Mal andariam os revolucionários se começassem desrespeitando os arestos das autoridades por eles próprios instituídas." (Arq. de Getúlio Vargas, 33-1-17/31. In: Gomes, Angela Maria de Castro, ob. cit., p. 434)

7. Reunião ministerial, realizada em 1º de abril de 1933, onde se aprova a manutenção da representação de classes. O ministro da Justiça, Antunes Maciel Junior, em texto encaminhado ao chefe do Governo, expusera: "pareceu ao Governo que seria de lamentáveis efeitos derrogar o Código em matéria de tamanha relevância (...) E procurou-se, então,

uma fórmula intermediária, harmonizadora, pela qual, cumprindo o Governo os seus compromissos revolucionários, não perdesse a linha de discrição e cautela. Não outorgou representação 'às classes', propriamente, até porque lhe faltava base atual na organização embrionária das mesmas, entre nós. Dá-as às 'associações profissionais' (…) e estende-a a outros organismos que, conquanto não sindicalizados, são, em verdade, na sua personalidade jurídica, núcleos respeitáveis com força social e profissional. É uma fórmula, repito, de meio-termo, que deixará a desejar para os extremistas, porem significará uma leal satisfação do Governo aos elementos esforçados que clamam pela representação de classes". (Arquivo de Getúlio Vargas, 33-3-20/1. In: Gomes, Angela Maria de Castro, ob. cit., p. 436)

8. Determinação, do Decreto n.º 22.621, de 5 de abril de 1933, ao dispor sobre a convocação da Assembleia Nacional Constituinte e ao aprovar seu regimento, de que fossem 40 os deputados eleitos por sindicatos legalmente reconhecidos e por associações de profissionais liberais e de funcionários públicos existentes nos termos da lei civil.

9. Disposição do Decreto n.º 22.653, de 20 de abril de 1933, no sentido de que, dos 40 representantes de associações profissionais, tocassem 20 aos empregados e 20 aos empregadores, nestes incluídos três, por parte das profissionais liberais e, naqueles, dois, por parte dos funcionários públicos.

10. Eleição, em julho e agosto de 1933, dos deputados representantes das profissões.

11. Inclusão, afinal, no texto da Constituição promulgada em 16 de julho de 1934, de normas disciplinadoras da escolha, para a Câmara, ao lado de "deputados do povo", de deputados "das profissões, estes em um total equivalente a um quinto da representação popular".

Pelas instruções aprovadas pelo Decreto n.º 22.696, de 11 de maio de 1933, os sindicatos reconhecidos até o dia 20 daquele mês, e as associações de profissionais liberais e de funcionários públicos, legalmente organizados, elegeriam, até 30 de junho, seus delegados, com a missão especial de, na capital da República, designarem os representantes à Constituinte.

A escolha, pelos delegados, se efetuaria separadamente, para cada um dos grupos, por escrutínio secreto, votando cada eleitor em lista de tantos nomes quantos fossem os delegados que devessem ser designados. O Decreto n.º 22.653 determinara que seriam proclamados eleitos os que obtivessem "maioria de votos" (art. 4º, § 4º), estabelecendo o sistema de "pluralidade relativa", como no Império; mas o Decreto n.º 22.696 veio a exigir a maioria absoluta. Se todos, ou alguns dos votados, não obtivessem essa maioria, realizar-se-ia um segundo escrutínio, somente podendo ser sufragados, então, os nomes mais votados dentro do total que correspondesse ao duplo dos lugares a preencher.

Aprovada a Constituição, reiterou ela (art. 23, § 3) que os deputados das profissões seriam eleitos por sufrágio indireto das associações profissionais, "na forma da lei ordinária".

E estabeleceu, ainda, que ninguém poderia "exercer o direito de voto em mais de uma associação profissional". É certo, no entanto, que grande parte dos eleitores brasileiros passaram a ter dois votos, um para a designação dos deputados do povo; outro, através das associações a que pertencesse, para a designação dos representantes classistas.

Em texto publicado em livro póstumo, Oliveira Vianna ("Minha colaboração ao anteprojeto da Constituição Federal de 1934 – Anteprojeto do Itamarati". In: *Ensaios inéditos*. Campinas, SP: Unicamp, 1991, p. 203 e sgs.) dá conta de sua reação à implantação da representação política das classes entre nós. Segundo ele, "mesmo classes poderosas e esclarecidas, como as dos plantadores de café e as dos produtores de açúcar, constituindo uma verdadeira elite econômica, ainda não se conseguiram unir de maneira efetiva e permanente. Se assim é para estas classes, pode-se imaginar o que não será para o resto do país, principalmente para os 80% de matutos, sertanejos, gaúchos, praieiros etc., espalhados, como proprietários e como trabalhadores, por todos os nossos vastos sertões, matas e pampas". (Vianna, Oliveira, ob. cit, p. 209)

A manipulação, pelo Governo, da escolha dos delegados-eleitores e dos representantes afinal indicados, viria macular, em definitivo, a experiência. A imprensa, por ocasião da eleição, denunciava a atuação do Ministério da Justiça.

E depoimentos posteriores, como o de Edgard Teixeira Leite, apontavam que, mesmo no caso da designação dos representantes dos empregadores, a bancada classista fora "feita a dedo": "E os homens que foram para lá foram filtrados pelo governo. A Federação das Indústrias de São Paulo indicou o Roberto Simonsen, por exemplo. Mas ele só ficou porque foi aceito pelo Governo. Realmente, o que o Governo queria era uma massa de manobra dentro da Constituinte. E conseguiu." (In: Lima, Valentina da Rocha (org.). *Getúlio, uma história oral*. Rio de Janeiro: Record, 1986, p. 94)

A política toda do Brasil não queria saber de representação classista – ajuntaria Paulo Pinheiro Chagas. Segundo ele, Getúlio a queria "porque esses deputados seriam nomeados por ele". A representação de classes não passaria, enfim, "de uma farsa", concluiria Evaristo de Moraes Filho (In: Lima, Valentina da Rocha, ob. cit., p. 94-95)

REPRESENTAÇÃO PROPORCIONAL
(v. Representação das Minorias)

RESTOS

Votos não utilizados, quando da repartição das cadeiras no sistema proporcional. Também chamados sobras. Produzem-se os restos porque o número de votos alcançados pelos partidos nunca é um múltiplo exato do quociente eleitoral (v. Quociente).

Como explicava Assis Brasil (v. Brasil, Joaquim Francisco de), "matematicamente falando, é impossível, ainda mesmo em teoria, uma lei que dê em resultado a representação proporcional. Para que cada partido fosse representado em exata proporção, seria necessário fazer frações de representante, porque não é de esperar que o número de aderentes de cada partido seja sempre divisor exato do número de votantes de todo o distrito". (Brasil, J. F. de Assis. *Democracia representativa – Do voto e do modo de votar*. Rio de Janeiro: Leuzinger & Filhos, 1893, p. 123) Que fazer, então, com os votos que se excluem da primeira distribuição de cadeiras? Os sistemas eleitorais, em todo o mundo, empregam, geralmente, um dos seguintes métodos:

a) *Atribuição das cadeiras, não inicialmente alocadas, ao partido que tiver alcançado o maior número de votos*

O privilegiamento, aí, da maioria se fundamenta na alegação de que, se se procedesse a nova eleição, para provimento do lugar vago, venceria, obviamente, o partido com maior apoio popular.

Assis Brasil, que defendia esse entendimento, concluía: "Todo partido, ou opinião, tem direito a conquistar na eleição tantas vozes na representação nacional, quantas vezes mostrar possuir em número de votos o quociente resultante da divisão do número de votantes pelo de representante a eleger; as forças que se perderem, por não alcançarem o quociente, ou por excederem dele, aumentarão aquela a que terá de incumbir o poder de deliberar." (Brasil, J.F. de Assis, ob. cit., p. 127-128)

b) *Atribuição ao partido que tiver os maiores restos*

Esse sistema, também denominado de suíço, leva ao favorecimento dos pequenos partidos. Foi a fórmula defendida por Hamilton, quando se cogitou de atribuir, a cada estado da nova federação americana, um número de representantes proporcional à sua população.

c) *Atribuição pela mais forte média*

A alocação da cadeira ainda não distribuída se dá, aqui, ao partido que conseguiu cada posto com o maior número de eleitores. Essa a fórmula proposta por Jefferson, em oposição a Hamilton, na distribuição, aos novos Estados da república americana, de representantes na Câmara. O método de Hondt (v. HONDT, VICTOR D') se funda, também, nas maiores médias mas ele permite que se conheça, imediatamente, o resultado de uma eleição proporcional e propõe a redução do quociente a ponto de não sobrar qualquer cadeira após a primeira repartição.

NO BRASIL – O primeiro método, adotado no Brasil, com o Código Eleitoral de 1932 (v. CÓDIGO ELEITORAL DE 1932) foi o da repartição pelo maior resto. Recebeu a mais forte crítica daqueles que, como Domingos Vellasco (v. VELLASCO, DOMINGOS), a consideraram fórmula mista, de transação, de acomodação de sistemas opostos, o majoritário e o proporcional. (Vellasco, Domingos. *Direito eleitoral*. Rio de Janeiro: Guanabara, 1935, p. 39)

Para Vellasco, o sistema de representação proporcional integral, como era usado no Uruguai, tinha significação certa, exprimindo, antes de tudo, um movimento de combate ao sistema majoritário, que atribuía todos os postos de representação à maioria; mas o sistema Assis Brasil procurava uma harmonização com a necessidade de fortalecer a maioria que governa, atendia "aos reclamos dos partidários do sistema de transação e ao sistema de representação proporcional integral".

Com a reforma do Código de 1932, procedida em 1935, passou-se a repartição pela maior média.

A alteração foi trazida pela lei n.º 48, de 4 de maio de 1935 e que resultou de projeto elaborado por comissão especial de que participaram os deputados Henrique Bayma, os presidentes, Soares Filho, Homero Pires, Nereu Ramos, Gaspar Saldanha, Mozart Lago e Vieira Marques, e junto à qual trabalhou o consultor técnico do Ministério da Justiça, Sampaio Dória.

O texto trouxe algumas profundas modificações ao Código em face, sobretudo, de denúncias quanto à demora no processo de apuração das eleições e julgamento dos recursos eleitorais.

Segundo a lei n.º 48, a apuração ainda se fazia em dois turnos mas, para serem preenchidos os lugares que não o tivessem sido no primeiro momento, dividir-se-ia, no segundo turno, "o número de votos emitidos sob a legenda de cada partido pelo número de lugares por ele já obtido mais um, cabendo o lugar a preencher ao partido que alcançar a maior média".

Em 1945, com a edição do Decreto Lei n. 7.586, de 28 de maio, alterou-se o modelo de 1935, passando a cadeira que sobrasse a ser atribuída ao partido que tivesse alcançado o maior número de votos.

O entendimento – firme convicção do então ministro da Justiça, Agamenon Magalhães, segundo se propalou – se fundava na conveniência de que houvesse um partido preponderante, a garantir, efetivamente, a estabilidade governamental.

Segundo o art. 48 do Decreto-Lei n.º 7.586, os lugares não preenchidos "com a aplicação do quociente eleitoral e dos quocientes partidários", seriam atribuídos ao partido que tivesse "alcançado o maior número de votos, respeitada a ordem de votação nominal de seus candidatos".

O Partido Social Democrático, então, com pouco mais de 40% dos votos (2.531.944 em um total de 6.188.856 expressos) obteve 53% das cadeiras (151 lugares na Câmara de 286).

Com o Código Eleitoral de 1950, aprovado pela lei n.º 1.164, de 24 de julho daquele ano (v. CÓDIGO ELEITORAL DE 1950), adotou-se o sistema das maiores médias para atribuição das cadeiras não preenchidas com a aplicação dos quocientes partidários.

Segundo seu art. 59, "os lugares não preenchidos com a aplicação dos quocientes partidários serão distribuídos mediante a observação das seguintes regras: 1) Dividir-se-á o número de votos válidos atribuídos a cada partido pelo número de lugares por ele obtidos, mais um, cabendo ao partido que apresentar a maior média um dos lugares a preencher; 2) Repetir-se-á a operação para a distribuição de cada um dos lugares".

Mantido pelo art. 109 do Código Eleitoral, trazido pela lei n.º 4.737, de 15 de julho de 1965 (v. CÓDIGO ELEITORAL DE 1965), esse é o sistema atualmente em vigor.

RINGS

GRUPOS QUE lideram a "máquina" dos partidos americanos que "controlam as primárias, escolhem os candidatos, trabalham as convenções, organizam as eleições, tratam, em nome do partido, na cidade, com os líderes da agremiação, no Estado". (Bryce, James. *La république américaine*. Paris: M. Giard & É Brière, 1912, p. 163) Ficaram famosos o *Tammany Ring*, de Nova York (v. TAMMANY SOCIETY), o *Gas Ring*, de da Filadélfia e o *Kearneyismo*, na Califórnia, estudados por Bryce. (Bryce, James, ob. cit., t. IV, p. 1 a 138)

RODÍZIO

DENOMINAÇÃO DADA à maneira como, depois da chamada Lei do Terço – o Decreto n.º 2.675, de 20 de outubro de 1875 (v. LEI DO TERÇO) –, a maioria procurava impedir a eleição, que o texto legal tentava garantir, de representantes da minoria.

Segundo o art. 2º, § 17, do Decreto, cada eleitor deveria votar, para deputados à Assembleia Geral ou para membros das Assembleias Legislativas Provinciais, em tantos nomes quantos correspondessem aos dois terços do número total marcado para a Província. Se o número de deputados fosse superior a múltiplo de três, o eleitor deveria adicionar, aos dois terços, um ou dois nomes, conforme fosse o excedente.

Em discurso no Senado, em 1875, Figueira de Melo explicava o *rodízio*, apresentando duas hipóteses. A primeira, de um distrito com 180 eleitores, 120 da maioria e 60 da minoria: "Esses eleitores da maioria dividem-se em três grupos: 40 votam nos candidatos A e B, 40 votam nos candidatos B e C; os outros 40 nos candidatos A e C. Portanto, os candidatos A, B e C vêm a ter 80 votos cada um, e suplantam, assim, os 60 da minoria, que não poderá eleger o seu candidato." Na segunda hipótese, parecia, de início, ainda mais favorável à representação das minorias: "A maioria tem 765 eleitores, e a minoria 500, número até muito superior ao terço; ainda assim a minoria não será representada, desde que houver uma regular e simples divisão dos votos. Basta que das 765 cédulas correspondentes ao número de eleitores da maioria se tirem 510, e em todas estas se escreva o nome do candidato A, e terá este 510 votos, número superior ao da minoria; que dentre esses 510 eleitores, que votarão no candidato A, 255 votem no candidato B e 255 no candidato C. Ora, 255 eleitores, que não foram ainda contados, votam nos dois candidatos B e C, que, tendo já cada um 255 votos da turma dos 510 eleitores, ficarão também com a maioria de dez votos sobre os 500 pertencentes à minoria." (In: Pinheiro, Luiz F. Macie. *Reforma eleitoral*. Rio de Janeiro: Inst. Typhográfico do Direito, 1876, p. 200).

Ao se cogitar do *terço*, e sendo de 122 o número de deputados à Assembleia Geral, na legislatura que se iniciava em 1876, era de se esperar que à minoria liberal coubesse 40 daquelas cadeiras. Mas dada a possibilidade do *rodízio* e as dificuldades do processo – que chegou a ser denominado por Martinho de Campos de "o projeto da cabra-cega" –, os liberais tiveram, na Câmara de 1877, apenas 16 deputados.

Com a Lei Saraiva, de 1881, voltaram os distritos de um nome, para a Assembleia Geral mas, com a República, a lei n.º 35 de 26 de janeiro de 1892, fez retornar os distritos de três e, assim, a possibilidade do *rodízio*. Ao defender a proposta de ampliação dos distritos, para cinco nomes e acumulação de votos, o senador Rosa e Silva defendia que, podendo o eleitor votar em quatro nomes, onde as minorias fossem fracas, a oposição, ainda assim, poderia eleger um representante, acumulando todos os seus quatro votos em um só candidato; e onde fossem fortes, poderiam eleger dois candidatos. (Fulgêncio, Tito. *A carteirinha do eleitor*. Belo Horizonte: Imprensa Oficial, 1917, p. 51). Eliminava-se, deste modo, segundo ele, as possibilidades do *rodízio*.

S

SALVAÇÕES

Com a eleição, em março de 1910, para a Presidência da República, do marechal Hermes da Fonseca – que venceu Rui Barbosa (v. Barbosa, Rui) e a reação "civilista" –, o bloco militar entendeu de afastar e aniquilar as forças oligárquicas que dominavam sobretudo os Estados do Norte e Nordeste do país.

A operação, como explicou Costa Porto (Porto, José da Costa, *Pinheiro Machado e seu tempo*. Rio: José Olympio, 1950, p. 158), "obedecia a diretrizes simples, aplicadas quase invariavelmente: onde havia caciquismo a derrubar, suscitava-se, de preferência, a figura de um militar, filho do Estado, embora sem contato com a terra e que, agitando o meio ambiente, se propunha a liberar o povo do 'jugo opressor'. O processo variava pouco: as guarnições aquarteladas nas capitais tomavam o partido do companheiro de farda, a oposição, animada pelo bafejo do Exército, redobrava de ardor e em meio à campanha os ânimos se exaltavam, sucediam-se os conflitos, os batalhões federais atritavam com a polícia, sobrevinha o ambiente de terror que desmantelava as oligarquias, entregando os Estados à Salvação".

Assim ocorreu no Amazonas, no Rio de Janeiro, estendendo-se, depois, à Bahia, a Alagoas, ao Rio Grande do Norte, ao Ceará. Em Pernambuco, contra o domínio, havia largo tempo, de Rosa e Silva, um dos maiores vultos da política nacional, vice-presidente de Campos Sales, se ergueu a candidatura de Dantas Barreto, que servira, com destaque, na Guerra do Paraguai e lutara em Canudos. Na campanha, vitoriosa, para o Governo do Estado, as forças dantistas entoavam a Vassourinha:

> "Pernambuco há vinte anos
> que vivia escravizado
> O general Dantas Barreto
> vem salvar o nosso Estado."

SERVA, MARIO PINTO

Nasceu na capital de São Paulo, em 1881. Formado em Direito, foi nomeado Promotor Público de Tietê e, depois, serviu à Cia. Paulista de Estradas de Ferro. Jornalista, fundou a Liga Nacionalista e o Partido Democrático do São Paulo, elegendo-se, por ele, deputado estadual em 1934.

Com Assis Brasil (v. Brasil, Joaquim Francisco de) e João G. da Rocha Cabral (v. Cabral, João C. da Rocha) integrou, após a Revolução de 1930, a comissão que recebeu a incumbência de estudar e propor a reforma da lei e do processo eleitorais. Por motivo de doença, não pôde Mario Pinto Serva acompanhar, no Rio de Janeiro, o desenvolvimento dos trabalhos do grupo, limitando-se como informou Cabral, "a trocar ideias com os outros em cartas e entrevistas". ("Os seus naturais escrúpulos levaram-no, desde o princípio, a pedir para ser substituído, ao que nos opusemos, não só em atenção aos seus notáveis méritos, como também pela possibilidade de sua preciosa contribuição, mesmo à distância" – Cabral, João G. da Rocha. *Código Eleitoral da República dos Estados Unidos do Brasil*. Rio de Janeiro: Freitas Bastos, 1934, 3ª ed., p. 13)

Em artigos e livros publicados anteriormente à conclusão da elaboração do projeto do Código de 1932, Serva manifestara, já, as ideias consagradas naquele texto. Assim, em Renascença nacional (São Paulo: Ferraz, 1930), julgando o Brasil governado "por uma oligarquia central em conluio com 21 oligarquias estaduais", pregava, como necessidade mais urgente do país "um plano de alfabetização nacional para que combatesse a teoria viciosa das elites".

Para ele, os brasileiros não estariam preparados para a prática do voto público, a descoberto, que requer opinião esclarecida, mas sim aptos para a prática do sistema eleitoral do voto secreto. Em *A reforma eleitoral* (São Paulo: Livraria Zenith, 1931) declarava que "as máximas reivindicações do país, se pleiteiam, se acumulam e se concentram na arena da reforma eleitoral" (p. 5), e postulava o sufrágio universal ("Hoje, um verdadeiro truísmo em ciência política", p. 105), o voto secreto ("a máxima das questões nacionais", p. 73), um novo alistamento ("se o alistamento eleitoral existente no Brasil inteiro é fraudulento, em grande parte, urge anulá-lo", p. 137), a representação proporcional ("o meio de regenerar nossa política, fazendo definirem-se as correntes de opinião orientadas por programas", p. 163).

Mas Serva discordava de duas propostas que o Código adotou. A primeira, a representação profissional ("Votarem os cidadãos como eleitores nas urnas públicas, não é mais simples e natural do que votarem os mesmos cidadãos numa associação de classe, como profissionais deste ou daquele ofício?" "Conferir o direito eleitoral às associações de classe do país – é atirar este ao caos." – p. 48-49) Outra, a do voto feminino. Embora declarasse ele, em entrevista à imprensa, ser de todo favorável ao sufrágio da mulher (lembrando haver sido, no Brasil, "há talvez dez anos, quem primeiro sustentou a sua legalidade em face do texto da Constituição de fevereiro de 1891"), entendia que a matéria deveria ser deixada para deslinde pelo novo texto constitucional.

Essa discordância de Serva foi assinalada por nota de João da Rocha Cabral (v. CABRAL, JOÃO DA ROCHA) a sua edição do Código Eleitoral: "a falta de contacto assíduo terá, quiçá, em mais de um ponto, sido causa de havermos consagrado algumas disposições que lhe não mereceram aprovação. Para esse caso, ficou entre os membros da Subcomissão lealmente entendido que cada um guardaria a faculdade de declarar oportunamente as ressalvas que subscrevesse a obra final. Isso mesmo escrevemos ao ministro sr. Oswaldo Aranha quando, em começo de setembro de 1931, lhe apresentamos a primeira parte de nosso trabalho". (Cabral, João G. da Rocha, ob. cit., p. 13)

SILVA, ANTÔNIO CARLOS RIBEIRO DE ANDRADE E

NASCEU EM Santos, São Paulo, em novembro de 1773. Formou-se em Filosofia (1796) e Direito (1797) pela Universidade de Coimbra. Escrivão da Ouvidoria de São Paulo, auditor geral das tropas da capitania, Juiz de Fora de Santos e, depois, ouvidor de Olinda. Em Pernambuco, ligou-se à revolução de 1817 e, com a derrota do movimento, foi encarcerado, na Bahia, por quase quatro anos.

Deputado às Cortes de Lisboa, desempenhou ali, segundo seus biógrafos, papel eminente: "Tornou-se, sem contestação, o líder dos interesses e dos sentimentos de seu país, não lhe faltando audácia para revidar à insolência dos deputados lusos, nem discernimento para perceber o espírito recolonizador e antibrasileiro que o Soberano Congresso mal encobria sob o disfarce de pregões liberais." (Souza, Octávio Tarquínio de. *História dos fundadores do Império do Brasil*. Rio de Janeiro: José Olympio, v. VII, 1957)

Deputado à Constituinte de 1823, elegeu-se, mais tarde, às legislaturas de 1838-1841 e 1845-1847. Ministro no Gabinete de julho de 1840, foi, afinal, senador, por Pernambuco, em 1845, ano em que faleceu.

Por duas vezes, pelo menos, no Parlamento do Império, Antônio Carlos falou de seu papel, na elaboração do projeto à Constituinte de 1823 e na repercussão, deste, na Carta de 1824. A primeira, na sessão de 24 de abril de 1840; a segunda, em sessão de 12 de junho de 1841, quando disse: "Senhores, a Constituição foi feita às carreiras, quanto mais nela medito, mais me persuado de que quem a fez não entendia o que fazia. Eu provarei que não entendem em parte." Interrompido por Carneiro Leão, que lembrou que Antônio Carlos dissera, no ano anterior, que a Constituição fora obra sua, o orador replicou: "A que eu projetava não tinha poder moderador. Também disse que fiz as bases da Constituição, que reconheci, quando apresentei o projeto, que ele era muito defeituoso e esperava que na discussão se modificasse: mas os senhores conselheiros de Estado, que entraram a fazer a Constituição, não fizeram senão inserir poder moderador, elemento federativo, colocar alguns artigos diferentemente e no mais copiaram o meu projeto."

Em verdade, compôs Antônio Carlos comissão, integrada ainda por seu irmão, José Bonifácio, Pereira da Cunha, Bittencourt e Sá, Araújo Lima, José Ricardo e Muniz Tavares, para redação do projeto que, apresentado à Constituinte, somente pôde ser discutido até o art. 23, quando, em novembro de 1823, foi dissolvida a Assembleia. Mas tudo indica que tenha sido exclusivamente seu o trabalho, sobre o qual se debruçaram posteriormente, aproveitando-o quase por inteiro, os membros do Conselho de Estado, do que resultou o texto final da Carta de 1824.

O item mais curioso da proposta de Antônio Carlos foi o de seu art. 123: considerava cidadãos ativos, para votar nas Assembleias primárias ou de paróquias, todos os brasileiros ingênuos e os libertos nascidos no Brasil e estrangeiros naturalizados; mas tantos uns como outros, deveriam estar no gozo dos direitos políticos e ter "de rendimento líquido anual o valor de 150 alqueires de farinha de mandioca, regulado pelo preço médio de sua respectiva freguesia, e provenientes de bens de raiz, comércio, indústria, ou artes, ou sejam os bens de raiz próprios, ou foreiros, ou arrendados por longo termo, como de nove anos, e mais. Os alqueires serão regulados pelo padrão da capital do Império".

Não há, nos Anais da Assembleia Constituinte, qualquer justificativa de Antônio Carlos quanto à medida proposta, cujo mérito, aliás, não foi levado em conta, chegando, na opinião pública, ao desfavor de se denominar o projeto de "constituição da farinha de mandioca".

O que pretendia Antônio Carlos era, obviamente, pôr o texto constitucional a salvo da flutuação dos preços, do desmerecimento da moeda, buscando o que modernamente se denominaria de "indexação."

A ideia ele a colheu, provavelmente, da redação do art. 173 da Constituição francesa do ano III (de 22 de outubro de 1795), que remunerava os membros do Diretório no valor de 50 mil "*myriagrammes de froment*", isto é, 10.222 de uma espécie de trigo.

O único comentário, conhecido, a propósito dessa sugestão de Antônio Carlos, foi de seu sobrinho, José Bonifácio, o Moço, filho do primeiro Martim Francisco. Em discurso de 28 de abril de 1879, disse ele que o art. 123 do projeto da Constituição procurara medir "o direito de voto pela própria vida"; e que havia "talvez duas imagens nesta apreciação original dos legisladores de 1823. O preço do alqueire significa a independência pessoal, e é por isso calculado na freguesia do votante. O padrão regulado pelo da capital do Império simboliza a coletividade, na qual reside a garantia do exercício do voto". (In: *Perfis parlamentares – 13 José Bonifácio (O Moço)*. Brasília: Câmara dos Deputados, 1978, p. 79)

SILVA, JOSÉ BONIFÁCIO ANDRADA E

Nasceu em Santos, São Paulo em 13 de junho de 1763. Formou-se em Filosofia e Letras pela Universidade de Coimbra. Comissionado pelo Governo de Portugal, em 1790, empreendeu excursão científica pela Europa, para adquirir "por meio de viagens literárias e explorações filosóficas, os conhecimentos mais perfeitos da Mineralogia e mais partes da Filosofia e História Natural".

Realizou, por dez anos, estudos em Paris e em Freiberg, visitando minas da Saxônia, Boêmia, Hungria, Suécia e Noruega, retornando a Lisboa somente em 1800. Designado para criar a cadeira de Metalurgia da Universidade de Coimbra, foi nomeado intendente geral das Minas e Metais do Reino e assumiu outros encargos como os de diretor do Real Gabinete da Casa da Moeda de Lisboa, superintendente do Rio Mondego e Obras Públicas de Coimbra.

Escreveu muitos trabalhos sobre mineralogia e em outubro de 1818 conseguiu licença para retornar ao Brasil com vencimentos de três cargos que ocupava.

Após a Revolução Constitucionalista de Portugal, presidiu, em São Paulo, a eleição para constituição de governo provisório.

Foi José Bonifácio o principal redator das *Lembranças e apontamentos*, que acompanharam os deputados eleitos pela província de São Paulo às Cortes de Lisboa. Ouviram-se, inicialmente, as Câmaras Municipais, indagando-se-lhes "de suas conveniências locais" e quais eram, "a seu parecer, as providências úteis ao Brasil e as apropriadas à união do reino americano com a metrópole". (Sena, Nelson Coelho de. "Participação dos deputados brasileiros nas Cortes Portuguesas de 1821". In: *Livro do Centenário da Câmara dos Deputados (1826-1926)*. Rio de Janeiro: Emp. Brasileira Editora, 1926, p. 18 e 48)

Com a resposta, foi elaborado um documento que, com referência ao sistema eleitoral, afirmava: "6º – Pois que a Constituição tem um corpo para querer ou legislar, outro para obrar e executar, e outro para aplicar as leis ou julgar, parece preciso vigiar estes três poderes, a fim de que nenhum faça invasões no território do outro, que haja um corpo de censores, de um certo número de membros eleitos pela nação do mesmo modo que os deputados em cortes, cujas atribuições serão: 1º – conhecer qualquer ato dos três poderes que seja inconstitucional, cujo juízo final se faça perante um órgão jurado nacional, que será nomeado pelo corpo de censores em número igual dentre os deputados de cortes, conselheiros de Estado e do Tribunal Supremo de Justiça; 2º – verificar as eleições dos deputados em cortes antes que entrem em função; 3º – fazer o mesmo a respeito dos conselheiros de Estado, cujo conselho será composto de membros nomeados pelas Juntas Eleitorais de Província, depois das eleições dos deputados, nomeando pelo menos cada Província, segundo a sua povoação, um conselheiro de Estado, que servirão por certo tempo, e renovar-se-ão por metade ou terço tirados à sorte. Esses conselheiros serão nomeados em número igual pelo reino de Portugal e Estados ultramarinos, seja qualquer a povoação atual ou futura dos Estados da União." (Moraes, Mello. *História do Brasil-Reino e do Brasil Império*. Belo Horizonte: Itatiaia, USP, 1985, t. I, p. 215)

Quanto ao Conselho, reiterou ele a sugestão, ao príncipe, para que criasse "uma Junta comum de procuradores gerais ou representantes, legalmente nomeados pelos eleitores de paróquia, para que nesta corte e perante Vossa Alteza Real o aconselhem e advoguem a causa das suas respectivas Províncias; podendo ser revogados seus poderes e nomeados outros, caso não se comportassem conforme as vistas e desejos das mesmas Províncias". (*Atas do Conselho de Estado*. Brasília: Senado Federal, 1973, v. I, p. XLVIII)

Firmou José Bonifácio, como ministro, o Decreto de 3 de junho de 1822 que mandava convocar "uma Assembleia Geral Constituinte e Legislativa composta dos deputados das Províncias do Brasil". E, deputado constituinte, após a dissolução daquela Assembleia, foi preso e banido para a Europa.

Ainda na Europa, se elegeu suplente de deputado pela Bahia, participando de parte dos trabalhos da legislatura em 1831 e 1832. Em 1831, com a abdicação do imperador, tido por este como "meu verdadeiro amigo", foi designado tutor de seus filhos. Sua destituição, no entanto, foi reclamada pelos moderados e pelo ministro Feijó. Seus inimigos conseguiram, em dezembro de 1833, sua suspensão do cargo e sua prisão. Faleceu em 6 de abril de 1838.

SISTEMA DE BADEN

Modo de escrutínio que assegura uma representação proporcional integral, por meio de um voto local e uma atribuição de cadeiras complementares no nível nacional.

Utilizado, inicialmente, em Baden, na Alemanha, foi adotado, em 1920, pela República de Weimar (v. República de Weimar).

SISTEMA ELEITORAL

Segundo G. Schepis (*I sistemi elettorali Teoria – Técnica – Legislazioni Positive*. Empali, 1955) há um conceito amplo e outro estrito de sistema eleitoral.

Por sistema eleitoral, no primeiro sentido, entende ele "a totalidade orgânica das distintas normas jurídicas, das técnicas e procedimentos que se aplicam ao processo, desde a abertura das eleições até a proclamação dos candidatos eleitos". Em um sentido especial, entende por sistema eleitoral "o processo técnico que subjaz na distribuição dos mandatos".

Em comentário a essa visão de Schepis, Dieter Nohlen comenta: "Existe, com efeito, o perigo de querer converter partes do Direito Eleitoral em sentido estrito em problemas de sistema eleitoral. Essa denominação parece justificar-se ali onde a restrição do Direito Eleitoral leva a eleições desiguais e, por meio da determinação da chave de representação, a divisão de circunscrições e outros elementos serve para assegurar o predomínio de uma capa social ou de um partido. Em todo o caso, o conceito de sistema se amplia aqui muito mais para compreender a todos aqueles métodos de dominação na esfera eleitoral que servem para manipular os resultados e para afiançar o grupo dominante no poder político." (Nohlen, Dieter. *Sistemas electorales del mundo*. Madri: Centro de Estudios Constitucionales, 1981, p. 55)

DIVISÃO DOS SISTEMAS ELEITORAIS – Costuma-se dividir os sistemas eleitorais de acordo com dois princípios: o princípio da eleição majoritária e o princípio da eleição proporcional. Esses conceitos, segundo Nohlen (ob. cit., p. 78), definem os tipos básicos de sistemas eleitorais; e todo debate, a respeito, "parte deles ou conduz a eles". Por esta razão, como diz Nohlen, a análise científica dos termos eleição majoritária e eleição proporcional tem uma importância enorme; mas, em verdade, ela é descurada, em detrimento do debate sobre sistemas eleitorais que se tem procedido tanto na ciência como na política. Mas, como apontou Hans Meyer (*Wahlsystem und Verfassungsordnung*, Frankfurt/M, 1973, p. 156 e sgs.) a definição do uso dos sistemas eleitorais básicos não opera no mesmo plano lógico: Enquanto que (...) a eleição majoritária, em realidade, se define, desde um ponto de vista técnico-eleitoral, como aquela eleição na qual "resulta eleito o que reúne uma maioria dos votos", (...) a eleição proporcional se define como aquela eleição "na qual os lugares de deputados dos partidos concretos se distribuem na mesma proporção em que se encontram os votos emitidos para cada partido". Daí que Nohlen postule a elaboração de critérios de classificação "inequívocos que sejam logicamente congruentes". (Nohlen, Dieter, ob. cit., p. 78)

Considera ele fundamental a distinção de dois princípios dentro dos conceitos de eleição majoritária e eleição proporcional, que denomina princípio de decisão e princípio de representação. "Se a decisão eleitoral dentro de uma circunscrição tem lugar de acordo com a maioria de votos, com esta regra que estabelece o modo de valorar os votos (isto é, os emitidos para o candidato vencedor alcançam toda sua eficácia, os emitidos a favor do candidato ou candidatos vencidos são votos perdidos), fica definida, desde um ponto de vista conceitual, a pauta de decisão da (eleição) majoritária ou o princípio majoritário. Se, pelo contrário, a eleição de um Parlamento conduz a uma certa representação de forma que, por exemplo, na medida do possível, todas as forças sociais e grupos políticos se encontram representados nesse Parlamento em proporção a seu apoio eleitoral, esta concepção se orienta para o princípio de representação da eleição proporcional." (Nohlen, Dieter, ob. cit., p. 79)

No passado, costumava-se classificar os sistemas eleitorais em: 1) sistemas majoritários; 2) sistemas minoritários (empíricos e proporcionais); e 3) sistemas mistos.

SISTEMAS MAJORITÁRIOS

Os QUE atribuem o cargo, em disputa, ao candidato, grupo ou partido que obtém a maior quantidade de votos. A maioria, aí, pode ser absoluta ou relativa. Absoluta, quando se requer que o postulante alcance a metade mais um (ou, como preferem os matemáticos, "a maior metade da totalidade absoluta") dos votos válidos emitidos. Relativa, quando se exige que o candidato alcance soma de votos maior que o de qualquer de seus oponentes, sem se pedir que ele reúna mais votos que a soma de seus adversários. (v. MAIORIA).

Quando se trata de preencher um só cargo entre dois candidatos, a maioria absoluta e relativa coincidem. Quando há mais de dois candidatos, a maioria relativa pode muito bem ser da minoria mais numerosa, ou, em outros termos, a primeira minoria.

O sistema de maioria absoluta foi utilizado na França, em 1789, 1793, 1795, 1852 e 1875 até 1919. Teve também aplicação na Itália até 1919. Dá lugar à *ballotage* (v. BALLOTAGE) que, na terminologia francesa, significa a repetição da eleição até que se obtenha a maioria absoluta. Com essa repetição pode-se ter as seguintes alternativas: a) realizam-se tantas eleições quantas forem necessárias até que se obtenha a maioria absoluta; b) limita-se a segunda eleição aos candidatos que obtiveram, na primeira, a maior quantidade de votos; c) realiza-se a segunda eleição aplicando-se a simples pluralidade de votos. Neste caso, o que se faz é renunciar à maioria absoluta

Os sistemas de maioria relativa podem ser a) uninominais ou b) plurinominais ou de lista completa.

No primeiro caso, o território eleitoral é dividido em tantas circunscrições quantos sejam os postos em disputa; é o modelo seguido nos países anglo-saxões. É geralmente criticado por muitas vezes produzir, no âmbito das circunscrições, resultados arbitrários. É conhecida a denúncia de Mackenzie sobre o caso inglês: "Em 1924, cada cadeira custou aos conservadores 19.200 votos e aos trabalhistas, 36.500; em 1929, as cifras foram 33.400 e 29.100; em 1931, 22.900 e 27.000. Em 1945, o Partido Trabalhista obteve na Câmara dos Comuns 393 cadeiras e os demais partidos 247, mas só teve 11.992.292 votos contra 13.488.723. Resultados como esses, anota Mackenzie, são perigosos porque podem pôr em dúvida o direito do Governo a reger o país, sugerindo que o sistema eleitoral é um simples jogo de azar." (Mackenzie, W.J.M. *Free elections*. Londres: George Allen & Unwin, p. 52)

Nos sistemas plurinominais, ou de lista completa, o eleitor vota por uma lista de candidatos e a que obtém a maioria simples de votos ganha a totalidade da representação. Concede-se, assim, a vitória integral a listas que não se constituem senão em minorias do corpo eleitoral

NO BRASIL – As primeiras eleições que o Brasil conheceu, ainda no período colonial, para a escolha de "juízes, vereadores, almotacés e outros oficiais", se faziam pelo sistema majoritário, pela "pluralidade", como se dizia. "Homens bons e povo" (v. HOMENS BONS) escolhiam seis eleitores que, por sua vez, indicavam, para os cargos do Conselho, "as pessoas que mais pertencentes lhes parecerem". (*Ordenações Filipinas*, Livro I, Título LXVII)

Foi, também, pela "pluralidade de votos" que se escolheram os representantes do Brasil às Cortes de Lisboa (v. CORTES DE LISBOA), em 1822. Juntas Eleitorais de Freguesia designavam, "à pluralidade de votos", compromissários, que deveriam nomear eleitores paroquiais. Estes se reuniriam em Juntas

Eleitorais de Comarca que, "à pluralidade absoluta de votos", deveriam indicar eleitores de Comarca; estes, por sua vez, se reuniriam em Juntas Eleitorais de Comarca que, ainda pela pluralidade absoluta, escolheriam os deputados. (Decreto de 7 de março de 1821, arts. 41, 74 e 89)

No Império, desde a decisão de 19 de junho de 1822, que trouxe instruções para a eleição da Assembleia Geral Constituinte, valeu também, para a indicação dos membros do Parlamento, o sistema majoritário, de lista até 1855 e, a partir daí, com a Lei dos Círculos (v. LEI DOS CÍRCULOS), o sistema majoritário-distrital. Primeiramente, com distritos de um só nome, quando as províncias foram divididas em tantas circunscrições quantos fossem os seus deputados à Assembleia Geral (art. 1º, § 3º, do Decreto 842, de 19 de setembro de 1855); a partir de 1860, distritos de três nomes ("As províncias do Império serão divididas em distritos eleitorais de três deputados cada um" – art. 1º, § 2º, do Decreto 1.082, de 18 de agosto de 1860)

Voltou-se ao sistema majoritário de lista, mas com voto incompleto, em 1875 (v. LEI DO TERÇO). Mas se retornou, em 1881, ao sistema distrital, com circunscrições de um só nome. ("As províncias serão divididas em tantos distritos eleitorais quantos forem os seus deputados à Assembleia Geral, atendendo-se quanto possível à igualdade de população entre os distritos de cada Província e respeitando-se a continuidade do território e a integridade do município." Art. 17 do Decreto n.º 3.029, de 9 de janeiro de 881) (v. LEI SARAIVA)

Com a República, manteve-se o modelo distrital, salvo para a escolha do primeiro Congresso Nacional, quando se votou em lista (art. 30 do Decreto n.º 511, de 23 de junho de 1890, o chamado Regulamento Alvim). Pela a lei n.º 35, de 26 de janeiro de 1892, os distritos eram de três nomes ("Art. 36 – Para a eleição de deputados, os Estados da União serão divididos em distritos eleitorais de três deputados, equiparando-se aos Estados, para tal fim, a Capital Federal"), mas cada eleitor votaria "em dois terços do número de deputados do distrito" (art. 36, § 3º) (v. VOTO INCOMPLETO OU LIMITADO).

A Lei n. 1.269, de 15 de novembro de 1904, a chamada Lei Rosa e Silva (v. LEI ROSA E SILVA), ampliou para cinco o número de indicados por distrito e, ao voto incompleto anterior, acrescentou o voto cumulativo (v. VOTO CUMULATIVO).

O sistema majoritário-distrital, para a eleição do Parlamento foi substituído, após a Revolução de 1930 e a partir do Código Eleitoral de 1932 (v. CÓDIGO ELEITORAL DE 1932) pelo sistema proporcional.

SISTEMAS MINORITÁRIOS

BASEIAM-SE NO reconhecimento por representação às minorias, para que tenham participação no exercício do poder no Estado. Eram classificados, no passado, em sistemas empíricos, respaldados em considerações práticas, e sistemas racionais, por se fundarem em técnicas de proporcionalidades matemáticas.

SISTEMAS MINORITÁRIOS EMPÍRICOS – Chamados, também, sistemas primários ou rudimentares, por serem simples corretivos do exclusivismo majoritário.

a) Voto limitado – em que o eleitor vota por um número de candidatos inferior ao do total de postos a preencher.

Pensa-se, assim, em assegurar, de antemão, representação à minoria (v. VOTO LIMITADO).

b) Voto cumulativo – em que se permite ao eleitor acumular seus votos sobre um só candidato, distribui-los entre dois ou mais, ou simplesmente dar um voto a cada candidato (v. VOTO CUMULATIVO).

c) Voto gradual – em que se assegura a possibilidade de graduação do voto do eleitor em razão de suas preferências por candidatos (v. VOTO GRADUAL).

d) Do mínimo eleitoral – Consiste em estabelecer um determinado mínimo eleitoral, permitindo que um candidato que se haja apresentado em várias circunscrições uninominais possa somar os votos obtidos em cada uma delas a fim de cobrir o mínimo fixado para ser eleito. O fascista Moller, na Inglaterra, foi quem primeiro o propôs, com o fim de conseguir uma cadeira na Câmara dos Comuns.

e) Da simples pluralidade – método proposto, em 1851, por Emilio Girardin (v. GIRARDIN, EMILIO), em que se fazia do país uma só circunscrição eleitoral, cada eleitor votando por um candidato, qualquer que fosse o número dos representantes e se proclamando eleitos os candidatos que houvessem obtido maioria relativa dos sufrágios.

SISTEMAS MINORITÁRIOS RACIONAIS
(V. REPRESENTAÇÃO PROPORCIONAL)

SISTEMA HAGENBACH-BISCHOFF

CHAMADO DE sistema suíço ou de quociente retificado, criado pelo físico Hagenbach-Bischoff para aproveitamento dos restos na distribuição de cadeiras em um modelo proporcional. Consiste em diminuir o quociente eleitoral quando este resulta superior ao número de votos obtidos pelos partidos. Acrescenta-se, para tal, uma unidade ao número de cadeiras a preencher, para obtenção do referido quociente. Se, com essa tentativa, não se resolve o problema, agrega-se, então, mais uma unidade ao número de cadeiras a preencher.

SISTEMA HAGENBACH-BISCHOFF DE LISTAS ASSOCIADAS – Dá, aos que apresentam as listas, o direito de indicá-las como associadas, permitindo que, no cômputo de votos, estes se somem como se fossem dados a uma única lista. Essa soma serve de base para a distribuição dos postos, seguindo-se o método de Hondt (v. HONDT, VICTOR D'). Entre outras vantagens, o sistema possibilita o aproveitamento de restos que, de outra forma, se perderiam e possibilita, também, a obtenção de mais cadeiras do que poderiam corresponder às listas, se concorressem isoladamente.

SISTEMA SAINT LAGUE – Correção ao sistema Hondt (v. HONDT, VICTOR D') proposto, em 1910, e que foi adotado, nos países escandinavos em, 1951 e 1952.

Como o sistema Hondt teria o inconveniente de favorecer os grandes partidos, em detrimento dos pequenos, Saint Lague sugeriu a utilização da série de números ímpares ao invés da série natural numeral simples. Com isto, se diminuía a vantagem dos grandes partidos já que, com o aumento da margem entre os divisores e da margem entre os quocientes, o custo de cada cadeira se eleva progressivamente. Mas a nova modalidade trazia, inversamente, vantagem aos pequenos partidos. Nova correção foi, então proposta, utilizando-se como primeiro divisor, 1.4, ao invés de 1, passando, assim, a ser mais alto o custo da primeira cadeira.

SISTEMA VAN DER HEUVEL

Ministro do Governo da Bélgica, Van der Heuvel implantou, através da lei eleitoral de 1899, daquele país, sistema "de voto de lista e ordem devolutiva para proclamação dos candidatos na ordem apresentada pelo comitês dos partidos".

Visava ele corrigir os inconvenientes apresentados pelo voto de preferência, quando uma minoria, incapaz de eleger, por não alcançar o quociente, poderia influir, votando em candidatos menos capacitados das listas.

Procurava Van der Heuvel, desse modo, conciliar a liberdade do eleitor com o direito dos partidos, de designar quais os candidatos mais merecedores de escolha. Assim, na lei belga, os comitês dirigentes dos partidos poderiam indicar, em razão dos resultados de suas Assembleias gerais, os candidatos na ordem que desejassem que fossem eles sufragados.

Para que o resultado da eleição não dependesse unicamente da ordem da apresentação ou da vontade do comitê, concedia-se ao eleitor a faculdade de votar especificamente no candidato, aproveitando-se sua opção como voto de lista para adjudicação de postos ao partido e como voto especial em favor do candidato, com preferência aos que o antecedem ou o seguem na lista.

E, como explica Gimenez Fernandes, "ao fazer a atribuição dos postos correspondentes à lista, se vão adjudicando, aplicando a cada um dos candidatos tantos votos da lista em ordem devolutiva quantos sejam necessários para que, somados com os de preferência obtidos pelo candidato, alcancem a cifra repartidora dos votos precisos para ser proclamado vencedor; e esgotados por sua aplicação devolutiva os votos de lista, se proclamam, se ainda há postos a prover dessa lista, os candidatos que alcancem maioria relativa de votos".

Um exemplo de Gimenez Fernandes aclara o sistema. Supõe ele uma eleição em que hajam sido atribuídos ao partido azul seis deputados; que a cifra repartidora seja de 13.720; que os votos de lista obtidos pelo partido sejam 27.911 e os de preferência obtidos pelos candidatos assim se apresentem:

	Votos de Preferência	Votos de Lista Aplicado	Total	
1º – A	1.452	12.268	13.720	Eleito
2º – B	136	13.584	13.720	Eleito
3º – C	253	2.059	2.312	
4º – D	479	0	479	
5º – E	11.421	0	11.421	Eleito
6º – F	13.215	0	13.215	Eleito
7º – G	13.150	0	13.150	Eleito
8º – H	9.510	0	9.510	Eleito

"Começa-se, pois, por aplicar os votos de lista, em ordem devolutiva, até que se esgotem, adjudicando a cada candidato os que bastem para que, somados com os seus, de preferência, alcance ele o coeficiente eleitoral; proclamam-se os candidatos que hajam alcançado esse divisor ou cifra, neste caso, A, B, e, em continuação, se proclamam para ocupar os quatro postos restantes, os candidatos F, G, E e H, que vão obtendo maioria relativa de sufrágios sobre D e C, não obstante que este há se beneficiado dos sufrágios de lista não utilizados nem por A nem por B." (Fernandes, Manuel Gimenez. *Estudios de Derecho Electoral contemporâneo*. Madri: Universidad de Sevilla, 1977, p. 127 e sgs.)

SISTEMA WEILL-RAYNAL

PROPOSTO PELO prof. Etienne Weill-Raynal e incluído no programa do Partido Socialista francês, pretendeu aliar o escrutínio majoritário uninominal à representação proporcional.

O procedimento, como informa Frédéric Bon, foi concebido pelo socialista austríaco Adler, sustentado, na França, por Bracke e sugerido, como projeto de lei, em 1926, por Léon Blum.

Para uma Câmara de 544 deputados, propunha que o território fosse dividido em 332 circunscrições. Restariam 212 cadeiras nacionais. Cada partido apresentaria um candidato em cada circunscrição e as 332 cadeiras "primárias" seriam atribuídas por escrutínio majoritário, em um só turno. Uma vez efetuada essa primeira atribuição, as cadeiras complementares, descontadas do contingente de 212 cadeiras nacionais, seriam atribuídas de modo que o número total de deputados de cada partido fosse rigorosamente proporcional ao número de votos obtidos por seus candidatos.

O sistema Weill-Raynal possibilitaria, segundo Bon, uma primeira eleição pelo escrutínio majoritário e, depois, pela proporcionalidade, uma "repescagem" dos melhores candidatos derrotados. (Bon, Frédéric. *Les élections en France*, Paris, Éditions du Seuil, 1978, p. 126)

Mas o processo traria um problema: como fazer quando uma formação política obtivesse, pelo escrutínio majoritário, uma soma de deputados mais elevada que a quota-parte que lhe desse a proporcionalidade? Surgiriam duas soluções: a primeira a de se aceitar um certo desvio na distribuição proporcional: o partido que ultrapassasse sua quota conservaria as cadeiras obtidas; a distribuição das cadeiras nacionais seria, então, reservada a seus concorrentes. A segunda solução consistiria em criar cadeiras nacionais suplementares, de tal sorte que a influência respectiva dos partidos pudesse ser fielmente respeitada.

Weill-Raynal preconizou a segunda solução, argumentando que o evento a corrigir seria altamente improvável. Quando se produzisse, envolveria um pequeno número de cadeiras; assim, bastaria a criação de alguns deputados nacionais suplementares para equilibrar a representação dos diversos partidos. Mas a argumentação do autor seria falsa, conclui Bon, para quem o sistema Weill-Raynal exige que a relação de forças entre os partidos se mostre equilibrada. Em qualquer outra situação, perderia suas virtudes proporcionais e conduziria a estranhos resultados. (Bon, Frédéric, ob. cit., p. 128)

SLADKOWSKY, K.

PUBLICISTA TCHECO que sugeriu um sistema proporcional chamado, por Lestrade, "de alongamento". (Lestrade, Combes de. *Droit politique contemporain*. Paris: Guillaumin et Cie., p. 601)

Propôs Sladkowsky que a eleição se fizesse por escrutínio de lista. À maioria seria concedida a totalidade das cadeiras. Mas, à minoria, se ofereceriam tantas cadeiras suplementares quantas vezes alcançasse ela o quociente. Este seria obtido dividindo-se o número de cadeiras atribuídas aos votos da maioria pelo número de cadeiras fixado, inicialmente, para a Câmara.

Assim, tenhamos como exemplo uma circunscrição com oito deputados a eleger, onde votem 22 mil eleitores, repartindo-se em quatro grupos, de 12 mil, 5 mil, 3 mil e 2 mil, respectivamente. O primeiro grupo conseguiria oito cadeiras. O quociente seria, então, 12 mil dividido por oito, o que daria 1.500. O segundo grupo teria três deputados; o terceiro, dois e o quarto, um.

O sistema – segundo Lestrade, que o analisou em 1900 – seria o único "que introduz na representação proporcional uma exatidão aproximativa, não exigindo dos escrutinadores aptidões matemáticas excepcionais". Mas teria o defeito de trazer, à organização política, uma inovação radical: a variabilidade do número de eleitos. (Lestrade, Combes de, ob. cit., p. 601)

SONDAGENS

A EXPRESSÃO francesa *sondages* quer expressar, o que a legislação brasileira identifica como "prévias, pesquisas ou testes pré-eleitorais" (v. PRÉVIAS, PESQUISAS OU TESTES PRÉ-ELEITORAIS).

SPOIL SYSTEM

SISTEMA AMERICANO, dito de despojos, no qual os dirigentes do partido vencedor de uma eleição passa a dispor de um grande número de empregos de administração, de que são afastados os membros do partido vencido.

A melhor tradução brasileira para *spoil system* se encontra em um romance de Machado de Assis (v. ASSIS, MACHADO DE). Em *Quincas Borba*, ele fala de "um campo de batatas e duas tribos famintas. As batatas apenas chegam para alimentar uma das tribos, que assim adquire forças para transpor a montanha e ir à outra vertente, onde há batatas em abundância". Dá-se a guerra e, depois: "Ao vencido, ódio ou compaixão; ao vencedor, as batatas." A conclusão de Machado é a de que "as batatas fizeram-se para a tribo que elimina a outra". (Assis, Machado. *Obra completa*. Rio: Cia. Aguilar, v. 1, 1971, p. 648 e 567)

SUBLEGENDA

PELO ATO Complementar n.º 4, de 20 de novembro de 1965, foi instituída, no Brasil, a sublegenda com base no modelo uruguaio do Sublema (v. SUBLEMA). Segundo o art. 9º daquele inciso legal: "Para as eleições diretas a serem realizadas em 1966, poderá ser admitido o registro de candidatos em sublegendas, na conformidade do que dispuser o documento constitutivo de cada organização."

Farta foi sua regulamentação; após o AC n.º 4/65, trataram da sublegenda os Atos Complementares n.º 7, de 31 de janeiro de 1966; 25, de 24 de novembro de 1966; 26, de 29 de novembro de 1966; 29, de 26 de dezembro de 1966; 37, de 14 de março de 1967; 61, de 14 de agosto de 1969; as leis n.ºs 5.453, de 14 de junho de 1968; 5.581, de 26 de maio de 1970 e, finalmente, o Decreto-lei n.º 1.541, de 14 de abril de 1977.

Deputado à Constituinte de 1946, Raul Pilla (v. PILLA, RAUL) apresentara emenda a dispositivo que tratava da organização partidária, propondo a substituição da expressão partidos políticos por correntes de opinião, para que se evitasse, segundo ele, "a autocracia dos partidos e se possibilitasse a adoção do sistema uruguaio, que admite lemas e sublemas, ou seja, de acordo com a nossa terminologia, legendas e sublegendas. Assim, no caso de haver uma corrente no seio de um partido, ela poderá concorrer às eleições sem prejudicar o próprio partido". (In: *Perfis parlamentares – 16 – Raul Pilla*. Brasília: Câmara dos Deputados, 1980, p. 169). Para Pilla, o único inconveniente do sistema de representação proporcional era o de conferir, às direções partidárias, demasiada força. A emenda não foi, então, aprovada.

A sublegenda foi, mais uma vez, proposta por Pilla, quando das discussões, em 1950, do Código Eleitoral. Para ele, a sublegenda viria como um corretivo natural dos inconvenientes "que a votação somente em legenda poderia acarretar". Com a sublegenda, não se estabeleceria a ditadura do partido "porque a oposição, a dissidência no seio do partido poderia sempre fazer valer os seus direitos".

E acrescentava: "Contra a sublegenda se tem arguido que ela leva à fragmentação dos partidos. Nada mais falso. O argumento apenas demonstra que não se compreendeu perfeitamente o papel da sublegenda e reproduz o erro, muito comum, de se tomar o efeito pela causa. Afirmo, justamente, o contrário: que a providência legal capaz de melhorar e garantir a unidade dos partidos, principalmente dos grandes partidos, é a sublegenda." A sublegenda, insistia ele, "não cria dissídios, apenas lhes dá vazão. É uma válvula para os dissídios, ao passo que a ausência de sublegenda os pode mascarar, enquanto são pouco intensos; basta, porém, que se tornem profundos para que se verifique o espetáculo de todos os dias; as dissidências, que não têm no partido nenhuma garantia, nenhuma maneira de se manifestar, pois estão debaixo da ditadura partidária, só encontram o recurso de se bandearem para outro partido". (In: *Diário do Congresso Nacional*, ed. de 17.2.1950, p. 979)

Apresentou, então, Raul Pilla, a seguinte emenda ao Código Eleitoral:

"Art. 2º – Legenda é a denominação de um partido político em todos os atos e processos eleitorais; sublegenda é a denominação de uma fração de partido político em todos os atos e processos eleitorais.

§ 1º – Terá direito a registro de sublegenda no âmbito nacional toda fração partidária que disponha, no mínimo, de um quarto da representação federal do partido ou tenha obtido, em convenção estadual, o voto de um quarto de seus membros, no mínimo, no âmbito estadual, a que disponha de um quarto da representação estadual do partido ou tenha obtido em convenção estadual o voto de um quarto de seus membros e, no âmbito municipal, a que disponha de um quarto da representação municipal, ou disponha de um quarto dos membros do partido regularmente inscrito no município.

§ 2º – O uso da legenda partidária caberá sempre à fração que tenha obtido a maioria da representação no último pleito.

§ 3º – Para a determinação do quociente político, os votos da sublegenda serão somados aos da legenda; para a distribuição dos lugares assim alcançados, entre a legenda e a sublegenda, determinar-se-ão os respectivos quocientes eleitorais."

E justificando sua proposta, argumentava Pilla que tal processo era o adotado, "pela legislação de um dos países mais adiantados do mundo, o Uruguai, e contra ele se tem invocado vários argumentos, inclusive o de ser menos democrático que o voto pessoal. Este argumento, que não tem qualquer fundamento, se baseia em um conceito errôneo do que seja democracia e muito principalmente desconhece o caráter que a Constituição atual quis dar a nossa democracia, quer dizer, uma democracia de partidos". (*Diário do Congresso Nacional*, ed. cit.) Também não se incorporou ao Código a sugestão de Pilla.

Quando, afinal, incluíram em nossa legislação a sublegenda, os líderes militares de 1964 não tinham em mente o mesmo propósito de Pilla – a garantia às correntes minoritárias dos partidos; viram-na, antes, como um modo de manter a unidade dos partidos nacionais, na violenta sístole que reduziu a dois, em um bipartidarismo oficial, as 13 legendas até então existentes. Valeriam ainda – é certo – alguns dos argumentos de Pilla, os de 1950, quando ele insistia em que, ao invés de estimular a fragmentação dos partidos, a sublegenda lhes garantiria a coesão, sendo "válvulas para os dissídios".

Um parecer da Comissão Mista do Congresso Nacional sobre um dos projetos de lei que regularia a sublegenda – o que resultaria na lei n.º 5.453, de 14 de junho de 1968 – falava de "resquícios do divisionismo do passado", que persistiam e se manifestavam, "agora, através de dissídios e divergências, no próprio seio das agremiações nacionais". Indicava, que, "não raro, foi a prepotência das direções partidárias a causa desse cisma". E que "o defeito da legislação eleitoral não estava propriamente no pouco rigor com que permitiu a formação dos novos partidos, mas, isto sim, em não proporcionar às cisões minoritárias uma estrutura legal de afirmação de suas convicções". (In: *Arquivos da Comissão de Constituição e Justiça*. Brasília: Câmara dos Deputados, jul./dez. 1980)

SUBLEMA

MECANISMO DA legislação uruguaia que permite que as facções de um partido apresentem seu candidato à Presidência da República e a outras funções eletivas, atribuindo-se ao candidato que obtiver o maior número de votos o total obtido pelo conjunto das facções.

O art. 2º da lei n.º 9.381, de 23 de maio de 1939 – a *Ley de Lemas* –, assim dispõe: "Las agrupaciones políticas que se hayan formado dentro de um partido y no hayan tenido registrado anteriormente lema próprio, tendrán derecho a sublema dentro del lema del partido, siempre que hayan solicitado antes del 1º de Enero de 1939 y estuvieron organizadas como partidos consuanterioridad a esa fecha, y dieren cumplimiento a los seguintes requisitos: a) el sublema no deberá ostentar palabras que figuren en el lema ne podrá contener vocablos o expressiones hostiles para otro núcleo del partido; b) sus autoridades no podrán estar integradas por miembros afiliados a otros partidos. Los votos emitidos bajo cualquier sublema se acumularán al lema partidário."

Para Duverger, é um "sistema eleitoral engenhoso": os partidos, "interiormente, dividem-se em facções, mas estas raramente chegam ao cisma". (Duverger,

Maurice. *Os partidos políticos*. Brasília: Unb, 2ª ed., p. 247)

O dispositivo foi aproveitado no Brasil pelo Ato Complementar n.º 4, de 20 de novembro de 1965 (v. SUBLEGENDA e URUGUAI).

SUFRAGISTAS

NOME DADO, na Inglaterra, àquelas que lutaram pelo direito do voto à mulher. O movimento das sufragistas se iniciou, ali, em 1910. Dividido a respeito do sufrágio feminino, o Gabinete deixou à Câmara a decisão sobre a medida. Foi apresentado um projeto, por Dickinson, concedendo o voto às mulheres de 25 anos de idade, que ocupassem um imóvel ou que fossem casadas com homem que ocupasse um imóvel. Previa-se que, aprovada a lei, fossem beneficiadas 6 milhões de mulheres. Mas o projeto foi rejeitado em segunda discussão, por 47 votos.

Foi quando, como relata Agenor de Roure, mobilizaram-se as sócias da *Women's Social and Political Union* e da *Women's Freedom League*: "Abertas as hostilidades, quebraram vitrines, queimaram as cartas das caixas do correio, destruíram por meio de bombas uma casa alugada por Lord Georg em Tadworth, incendiaram o quiosque de chá dos jardins de Kew etc." (De Roure, Agenor. *A Constituinte Republicana*. Brasília: Senado Federal, 1979, p. 274)

Assumiu a liderança desses protestos a sra. Emmeline Pankhurst. "Presas, as sufragistas inglesas decretaram a greve de fome. Recorreram as autoridades à alimentação forçada, mas tiveram de recuar e de apelar para os *prisoners bill* e dar liberdade provisória às grevistas, enfraquecidas pela dieta ou pelo jejum voluntário. Mais tarde, condenada a sra. Pankhurst a três anos de trabalhos forçados, as sufragistas de Londres anunciaram que não mais respeitariam a vida humana, incendiaram as tribunas de dois prados de corrida, fizeram explodir bombas em uma estação de estrada de ferro, danificaram museus, puseram fogo à casa de um deputado adversário do voto feminino, arrancaram trilhos, jogaram uma bomba no Banco da Inglaterra. A cada violência do Governo contra as sociedades femininas, sérias depredações eram praticadas. A sra. Pankhurst, posta em liberdade para comer *at home*, era de nova agarrada logo que engordava um bocadinho." (De Roure, Agenor, ob. cit., p. 274)

Sempre houve dúvidas sobre se a campanha das sufragistas veio em ajuda ou em prejuízo do atendimento de seus objetivos.

Com a Primeira Guerra Mundial, terminaram as hostilidades. A ocupação, pelas mulheres, do espaço deixado pelos homens convocados, operou em favor da concessão do sufrágio feminino.

SUPLENTES

DO LATIM, *supplens*, os que exercem ou devem exercer certas funções, na falta ou impedimento de seus titulares.

Uma das primeiras justificativas para a escolha de suplentes de parlamentares foi a carta, na Bélgica, de março de 1891, de Beernaert, à Comissão dos XXI, do Congresso: "Para a Câmara, como para o Senado, seria desejável que os eleitores procedessem à escolha, ao mesmo tempo de representantes e de suplentes, de modo a evitar as eleições parciais, muito frequentes." (In: Barthélemy, Joseph. *L'organization du suffrage et l'experience belge*. Paris: M. Giard & É. Brière, 1912, p. 705)

O incômodo dessas eleições parciais, para os eleitores, traria outro inconveniente: a alteração do quadro da representação nas Casas do Congresso, no modelo proporcional.

Barthélemy argumenta: "O equilíbrio dos partidos no Parlamento é estabelecido no momento da eleição geral, de acordo com sua força no país. Que um representante venha a desaparecer, por qualquer motivo, e o equilíbrio se acha destruído em detrimento do partido a que ele pertença. Como se vai restabelecer esse equilíbrio? Caso se proceda a uma eleição parcial, essa eleição será feita necessariamente segundo o regime majoritário; o equilíbrio proporcional será, então, destruído em definitivo. Não há, assim, senão um meio de assegurar, a todos os partidos, no intervalo de duas eleições gerais, a mesma proporção de representantes: o de lhes permitir apresentar aos eleitores, ao mesmo tempo que candidatos efetivos, cidadãos que sejam chamados a preencher, automaticamente, as vagas que venham a se produzir na representação. Desse modo, o suplente surge como uma peça essencial ao sistema proporcional." (Barthélemy, Joseph, ob. cit., p. 705)

NO BRASIL – Nas Instruções aprovadas pelo Decreto de 7 de março de 1821, regulando a nomeação dos deputados às Cortes de Lisboa – baseadas na Constituição espanhola de Cadiz (v. CONSTITUIÇÃO DE CADIZ) –, chamavam-se de substitutos os suplentes.

Dispunha o art. 90 daquelas Instruções: "Depois da eleição dos deputados, se procederá à dos substitutos, pela mesma forma e método; e o número destes será, em cada Província, igual ao terço dos deputados, que lhe corresponderem. Quando uma Província não tiver de eleger mais de um ou dois deputados, elegerá sempre um deputado substituto. Estes concorrerão nas Cortes, ou pela morte do proprietário, ou pela sua impossibilidade legalizada pelas mesmas Cortes, e isto em qualquer tempo, que um ou outro acidente se verificar, depois de feita a eleição."

O Decreto n.º 57, de 19 de junho de 1822, que veio disciplinar a eleição dos deputados à Assembleia Constituinte, não se referiu à eleição de suplentes. Mas se entendeu que, na falta do representante eleito, se observasse a ordem da votação, convocando-se o seguinte, mais votado. Isso deu lugar a que pudesse ser chamado o maior adversário do eleito.

Como conta Barbosa Lima Sobrinho, "nenhum exemplo mais expressivo dessa estranha situação que a eleição de José da Silva Lisboa, futuro barão e visconde de Cairu, para substituto de Cipriano José Barata de Almeida, na primeira Assembleia Constituinte do Brasil. Barata era revolucionário, inconformado, desrespeitoso com o poder público; Cairu, ao contrário, fazia questão de demonstrar seu espírito conservador, ultramontano mesmo, e um zelo inexcedível pelas pessoas dos governantes. Não querendo exercer o mandato, Barata se deixara ficar em Pernambuco, a zurzir, contentemente, numa gazeta impiedosa, *A sentinela da liberdade* na guarita de Pernambuco, as atitudes de seu suplente, quando deveria ter sido mais eficaz que o viesse substituir e exercer o mandato que lhe coubera". (Lima Sobrinho, Barbosa. "Direito eleitoral e a Constituição de 1946". In: *A Constituição de 1946*. Brasília: Centro de Ensino à Distância, 1987, p. 22)

O Decreto de 26 de março de 1824, que mandava proceder à eleição dos deputados e senadores da Assembleia Geral Legislativa e dos membros dos então chamados Conselhos Gerais das Províncias – depois Assembleias Legislativas Provinciais – determinava, em seu Capítulo VII, § 8º: "Para suplentes dos deputados nomeados ficam designados, por agora, as pessoas que a estes se seguirem em número de votos, constantes da ata geral, precedendo-se entre si pelo maior número que cada um deles tiver; de maneira que, achando-se algum dos deputados legitimamente impedido por ausência, moléstia prolongada, ou por ter sido nomeado senador, a Câmara da capital expedirá ao suplente um diploma igual aos que se passaram aos deputados, acompanhando-o de um ofício, em que declare que vai lutar na Assembleia como substituto, ou por falta absoluta ou durante o impedimento temporário, seguindo-se este método quando forem mais de um os legítimos impedidos."

Esse modo de substituição dos deputados iria ser alterado, no Império, com a adoção do Decreto n.º 842, de 19 de 1855, a chamada Lei dos Círculos, de Paraná (v. LEI DOS CÍRCULOS): a maioria que elegesse o deputado, elegeria, depois, seu suplente.

Daí que, na discussão do projeto, se ouvisse uma condenação, ao texto, pelo senador Eusébio de Queiroz: "Se por um lado abris as portas do Parlamento aos representantes da minoria em um ou outro círculo, por outro, trancais aos suplentes, que atualmente oferecem essa representação da minoria." (*Atas do Senado do Império*, sessão de 30.8.1855)

Para Eusébio, a reforma agravaria o fenômeno das câmaras unânimes – câmaras onde se representavam uma só parcialidade política (v. CÂMARAS UNÂNIMES). O partido em minoria – argumentava ele – "não teria o respiradouro dos suplentes, que é muito mais importante do que parece".

Essa expressão – um "respiradouro" dos suplentes – será repetida no debate de 1855 e chegou a ser incluída no relatório da Comissão de Constituição, da Câmara, de 21 de agosto daquele ano (In: Pinto, Antônio Pereira (org.). *Reforma eleitoral*. Brasília, Unb, 1983, p. 222).

Com o Decreto n.º 1.082, de 18 de agosto de 1860, de ampliação para círculos de três nomes, terminaram os suplentes. Segundo seu art. 5º, § 5º, "no caso de morte do deputado, opção por outro distrito ou perda do seu lugar por qualquer motivo", proceder-se-ia "a nova eleição no respectivo distrito".

A suplência voltaria, no quadro eleitoral brasileiro, em nossa Segunda República, com o Decreto n.º 21.076, de 24 de fevereiro de 1932 (v. CÓDIGO ELEITORAL DE 1932). Previra-se, ali, uma apuração em dois turnos; seriam eleitos, em primeiro turno, os candidatos que obtivessem o quociente eleitoral; e, na ordem da votação obtida, tantos candidatos registrados sob a mesma legenda quantos indicasse o quociente partidário; em segundo turno estariam eleitos os outros candidatos mais votados, até serem preenchidos os lugares que não fossem preenchidos no primeiro turno. Seriam suplentes – determinava o art. 58, 16º – "na ordem decrescente da votação, os demais candidatos votados em segundo turno, sob a mesma legenda".

A suplência passou, então, a ser "exclusivamente partidária", comenta Pinto Ferreira. (Ferreira, Pinto. *Código eleitoral comentado*. São Paulo: Saraiva, 3ª ed., 1991, p. 136) Como explicava Pontes de Miranda, em seus Comentários à Constituição de 1946, "a suplência tem o fito de partidizar a eleição. O esforço que um partido envidou para eleger alguém não se perde com a morte do eleito ou outro motivo de vaga". (In: Ferreira, Pinto, ob. cit., p. 136)

SWING

O MOVIMENTO de pêndulo que leva, na Inglaterra, ora os conservadores, ora os trabalhistas, ao poder. Desde 1832 – com exceção de apenas quatro ocasiões –, um partido não consegue êxito em mais de duas eleições sucessivas.

O cientista político David Butler (v. BUTLER, DAVID) fez uma tentativa de fixar, matematicamente, os efeitos do *swing*. A lei foi assim enunciada: "Todo *swing* de 1% de votos proporciona 18 cadeiras ao partido que se beneficiou com ele, ou seja, ao redor de 3% de deputados." (Butler, David. "La relation entre les sièges obtenus et le voix recueillis par les partis dans les élections britaniques". In: *Revue française de science politique*, p. 265/9, abr./jun., 1952).

Esse 1% de sufrágios se converte, de fato, em 6% de deputados: os três obtidos pelo *swing*, mais os três que o outro partido perde.

A lei de Butler requer condições muito concretas para sua aplicação, entre elas: 1) Os grandes partidos devem ser muito mais poderosos que os demais, na quase totalidade dos distritos; 2) Os candidatos dos pequenos partidos não podem concentrar-se nos distritos marginais; 3) O *swing* entre os dois grandes partidos deve ter quase a mesma importância em todas as circunscrições; 4) O número médio de eleitores inscritos há de ser o mesmo nos distritos trabalhistas e conservadores; 5) Nenhum dos partidos pode ter uma concentração de votos maior que o outro nos distritos vencidos por forte maioria. Segundo Jimenez de Parga, todos esses requisitos podem se resumir em um só: um país politicamente equilibrado. (Parga, M. Jimenez. *Los regimes políticos contemporâneos*. Madri: Tecnos, 1971, 5ª ed., p. 334-335)

T

TAMMANY SOCIETY

Fundada em 1789, na cidade de Nova York, 15 dias após a inauguração de Washington, com o nome de Sociedade Colombiana, por um americano de origem irlandesa, William Mooney. Inicialmente, tinha um fim assistencial. Em 1805, tomou o nome definitivo de Tammany Society, em homenagem a um chefe indígena, adotando, também, características da organização de mesma origem: compunha-se de 13 "tribos", com 12 "sachems", sob o comando de um "grande sachem", "sagamore", e um "winshinski", ou porteiro.

Passando para o controle dos políticos e abandonando seus ideais, tornou-se uma força poderosa, apoiando-se nas classes menos favorecidas da cidade e no grande número de imigrantes e seus descendentes. Com a pilhagem dos fundos municipais, a divisão dos despojos eleitorais, com a naturalização apressada dos estrangeiros e a manipulação fraudulenta dos pleitos, alcançou, por vezes, o domínio político da cidade e do Estado. (Bryce, James. *La république américaine*. Prias, M. Giard & É. Brière, 1913, p. 1 e sgs.)

TERCEIRO ESCRUTÍNIO

Como foi chamado, no final do Império e na Primeira República, o julgamento, fraudulento, das eleições pelo Congresso (v. Verificação e Reconhecimento dos Poderes).

Teve grande repercussão a denúncia feita por Barbosa Lima, deputado por Pernambuco, à Constituinte, em 1890, sobre a "célebre teoria do terceiro escrutínio". Consistia, para ele, na "vergonhosa norma adotada por algumas Câmaras, digo mal adotada pela maioria de algumas Câmaras, que se inspirava servilmente no *mot d'ordre* que vinha do alto e procurava satisfazer a má vontade de certos Gabinetes contra representantes legitimamente eleitos, que vinham contrariar as ideias aceitas pelo poder então dominante". (Sessão de 18.12.1890. In: *Anais*, p. 41)

Exemplo, entre tantos outros, do terceiro escrutínio, foi o não reconhecimento de Irineu Machado, candidato à reeleição, no Senado, no governo Bernardes. Ele obteve, sobre seu competidor, Mendes Tavares, amparado pelo Catete, quase o triplo da votação. "Feita a pressão sobre o Senado Federal, este, por maioria de votos, aprovou um parecer preparado contra todas as regras da matemática e do Direito, dando como eleito o candidato, estrondosamente derrotado." (Ribeiro, Álvaro. *Falsa democracia – A revolta de São Paulo em 1924*. Rio de Janeiro: J. de Piro, 1927, p. 161)

A expressão *terceiro escrutínio* era mais adequada às eleições indiretas, no Império, antes da reforma de 1881 (v. Lei Saraiva) quando, além dos dois graus da eleição, poder-se-ia falar de mais um.

Mas, mesmo na República, com as eleições diretas, Afonso Arinos falaria de uma sorte de pleito indireto, de "eleitos não pelos eleitores primários, mas pelos coronéis dos municípios e das Comissões Executivas Partidárias". Os membros do Congresso, para ele, vinham "escolhidos por um Colégio Eleitoral censitário, numa eleição de segundo grau não escrito, mas que funcionava e permitia aquela representação tanto quanto possível homogênea". (Franco, Afonso Arinos de Melo. *A escalada*. Rio de Janeiro: José Olympio, 1965, p. 50-51)

TIRAGEM À SORTE

ENCONTRA-SE EM Heródoto uma das primeiras referências à escolha aleatória dos dirigentes. Elogiando a democracia, um de seus personagens, Otanes, diz: "Ela dá, pela via da sorte, as funções públicas a magistrados responsáveis." (In: *Documentação e atualidade política*. Brasília: Unb, n.º 4, jul./set., 1977, p. 12)

A *tiragem à sorte* foi vista pelos gregos como mecanismo revelador da vontade divina. E a ela se opuseram os que se rebelavam contra a igualdade, entre os bons e maus, entre os capazes e incapazes, que o processo impunha. "É loucura, como Xenofonte faz Sócrates dizer, que os magistrados da cidade sejam designados pela escolha de uma fava, enquanto que ninguém desejaria indicar pela sorte nem um piloto, nem um pedreiro, nem um tocador de flauta, nem qualquer outro artesão ou artista, cujas falhas serão bem menos prejudiciais que aquelas que se comete no Governo." (In: Glotz, Gustave. *La cité grecque*. Paris: Albin Michel, 1968, p. 223)

A escolha pelo sorteio implica em um certo otimismo, de julgar que fossem todos os indivíduos aptos ao exercício do governo. É com ufanismo que Péricles, em seu discurso de homenagem aos mortos no início da guerra do Peloponeso, mostra essa faceta da organização de Atenas: "olhamos o homem alheio às atividades públicas não como alguém que cuida apenas de seus próprios interesses, mas como um inútil; nós, cidadãos atenienses, decidimos as questões públicas por nós mesmos, ou pelo menos nos esforçamos para compreendê-las claramente, na crença de que não é o debate que é empecilho à ação, e sim o fato de não se estar esclarecido pelo debate antes de chegar a hora da ação". (Tucídides. *História da Guerra do Peloponeso*. Brasília: Unb, 1982, p. 99)

Mas, em Atenas, onde pela sorte era designada a maior parte das funções públicas, tomavam-se muitas precauções para o correto exercício dos cargos. Primeiro, a *dokimasia*, espécie de exame em que se verificava a legitimidade de nascença e a integração genealógica e cultural à pólis, a regularidade fiscal, o bom tratamento aos pais, o comportamento em campanhas militares etc. (Ehremberg, Victor. *L'état grec*. Paris: Maspero, 1976, p. 122).

Depois, a *euthyna*, uma prestação de contas do mandato cumprido e a *graphè paranamon*, ação pública por ilegalidade.

Finalmente, a *eisangelia*, destinada a reprimir os crimes não previstos nas leis e atentatórios à segurança do Estado, a traição e a alta traição, aí compreendida a tentativa de alterar o governo democrático por atos ou palavras. (In: Glotz, Gustave, ob. cit., p. 336) Esse conjunto de instrumentos de fiscalização e punição assustavam os menos capacitados.

Alguns autores indicaram, em tempos mais recentes, alguns exemplos de escolha pela sorte, na França: o recrutamento militar, no século XIX, a designação de jurados, a amortização de empréstimos.

A mais curiosa experiência, porém, foi a da eleição do doge, de Veneza, no que se chamou de "a obra de arte de 1268". O procedimento comportava as seguintes etapas: 1. Os membros do Grande Conselho, com mais de 30 anos, tiravam à sorte 30 "leitores"; 2. Esses 30 leitores tiravam à sorte, entre eles, nove leitores sábios; 3. Estes últimos escolhiam, à maioria de sete votantes contra dois, 41 cidadãos, entre os mais esclarecidos; 4. Estes 41 tiravam à sorte, entre eles, 12 pessoas; 5. Estes 12 escolhiam, à maioria de dois terços, 25 cidadãos, entre os mais esclarecidos; 6. Estes 25 tiravam à sorte nove cidadãos; 7. Estes nove elegiam 11 cidadãos, à maioria de sete votos contra dois; 8. Estes 11 tiravam à sorte 41 cidadãos; 9. Estes 41 elegiam o Doge. (In: Boursin, Jean-Louis. *Les dés e les urnes*. Paris: Seuil, 1990, p. 34-35)

TRAPAÇA TASMANIANA

FRAUDE ELEITORAL inventada por um certo Simpson, em uma das circunscrições da Austrália, a Tasmânia, em fins do século passado. A ideia, engenhosa, era a de que o cabo eleitoral reunisse seus eleitores e mandasse o primeiro votar, trazendo-lhe a cédula em branco. Após seu preenchimento, a cédula era dada a outro eleitor, que a depositava na urna e trazia outra cédula em branco. E assim por diante. O pagamento por esses votos – em dinheiro ou em favores – era feito com a plena garantia de seus resultados. Segundo a crônica das eleições no Brasil, essa fraude é aqui conhecida como o "voto encadeado" (v. VOTO ENCADEADO), "formiguinha" ou "corrente" (VOTO CORRENTE).

TRATADO DE PEDRAS ALTAS

COM A vitória de Borges de Medeiros, em sua quinta postulação ao governo do Rio Grande do Sul, em novembro de 1922, seus oponentes, do Partido Federalista e do extinto Partido Republicano, chefiados por Assis Brasil (v. BRASIL, JOAQUIM FRANCISCO DE ASSIS), pegaram em armas, na chamada Revolução de 1923. A revolta terminou com a assinatura de um acordo, com a seguinte ata:

"ATA DE PACIFICAÇÃO – Aos 14 dias do mês de dezembro do ano de 1923, em Pedras Altas, município de Pinheiro Machado, estado do Rio Grande do Sul, na casa de residência da granja de Pedras Altas, reunidos os senhores general de Divisão Fernando Setembrino de Carvalho, ministro de Estado dos Negócios da Guerra, como delegado especial do exmo. sr. presidente da República, e o dr. Joaquim Francisco de Assis Brasil, como representante dos chefes revolucionários em armas, comigo o tenente-coronel Lafayette Cruz, servido de secretário, e presentes os senhores drs. João Baptista Luzardo, Armando de Alencar e Cypriano Laje, majores Euclydes de Oliveira Figueiredo, José Pedro Gomes e Sebastião do Rego Barros, capitães Cassildo Krebs, Carlos Sivério Eiras e Augusto Cardoso Rabello, primeiros-tenentes Agenor da Silva Mello e dr. Carlos Sanzio e Telegrafista José Affonso Soares, foram por mim lidas as cláusulas do acordo que é resultante de entendimento e ajuste prévios entre o general Setembrino de Carvalho e o dr. Antônio Augusto Borges de Medeiros, presidente do estado dos Rio Grande do Sul, de um lado, e, de outro, entre o mesmo sr. general e o dr. Joaquim Francisco de Assis Brasil, acordo este que, celebrado nesta data, põe termo à luta armada que os revolucionários sustentam contra o governo do Estado, cláusulas que são as seguintes:

PRIMEIRA – Reforma do art. 9º da Constituição, proibindo a reeleição do presidente para o período presidencial imediatamente posterior. Idêntica disposição quanto aos Intendentes.

SEGUNDA – Adaptação às eleições estaduais e municipais da legislação federal.

TERCEIRA – Consignar no projeto de reforma judiciária uma disposição que conceda à Justiça ordinária a atribuição de julgar os recursos referentes às eleições municipais.

QUARTA – As nomeações de intendentes provisórios serão sempre limitadas aos casos de completa acefalia administrativa, quando, em virtude de renúncia, morte, perda do cargo ou incapacidade física, ou por falta de eleição, não houver intendentes, vice-intendentes e Conselhos Municipais.

QUINTA – Os intendentes provisórios procederão às eleições municipais no prazo improrrogável de 60 dias, a contar da data das respectivas nomeações.

SEXTA – O vice-presidente será eleito ao mesmo tempo e da mesma forma que o presidente. Se, no caso de vaga, por qualquer causa, o vice-presidente suceder ao presidente, antes de decorridos três anos do período presidencial, proceder-se-á a eleição dentro de 60 dias. Idêntica disposição quanto aos vice-intendentes.

SÉTIMA – As minorias terão garantida a eleição de um representante federal em cada distrito.

OITAVA – Para as eleições estaduais, o Estado será dividido em seis distritos, ficando garantida a eleição de um representante em cada distrito.

NONA – A representação federal do Estado promoverá a imediata aprovação do projeto de anistia em favor das pessoas envolvidas nos movimentos políticos do Rio Grande do Sul e o Governo Federal dará todo o seu apoio a essa medida. Enquanto não for ela decretada, o Governo do estado, na esfera de sua competência, assegurará às mesmas pessoas a plenitude das garantias individuais e não promoverá nem mandará promover processo algum relacionado com os referidos movimentos, que serão também excluídos de qualquer ação policial.

DÉCIMA – O Governo Federal e o Governo do estado, em ação harmônica, empregarão os meios necessários à eficácia das citadas garantias. As garantias a que se refere a cláusula décima serão asseguradas na forma porque abaixo se declara: *Primeira* – O Governo Federal terá, em caráter amistoso, como fiscal da regularidade do alistamento e do processo eleitoral, um representante, a que caberá: a) dar assistência aos interessados em promover as exclusões que deverão ser feitas nos termos da lei; b) fiscalizar o processo de qualificação dos novos eleitores, cooperando eficazmente no sentido de ser incluídos os alistandos que o devem ser e arredando os óbices que sobrevierem para dificultar aos interessados a entrega do respectivo título; c) acompanhar o processo de eleição, fiscalizando a sua regularidade para assegurar a expressão da verdade eleitoral; d) designar, para eficácia de sua ação, nas localidades, representantes de sua confiança; *Segunda* – O Governo Federal, com a cooperação do Governo do estado, este por meio de sua representação no Congresso Nacional, promoverá o adiamento das próximas eleições federais para maio de 1924, época em que já devem estar feitas as reformas constitucionais assentadas; *Terceira* – O Governo Federal, por intermédio de outro delegado seu, com tantos representantes quantos forem necessários, exercerá a vigilância eficaz em todas as localidades onde julgar preciso garantir os direitos individuais contra qualquer gênero de pressão facciosa ou partidária; *Quarta* – Os representantes do Governo Federal, em ação harmônica com o Governo do estado, providenciarão para a efetivação de todas as garantias, quer no que respeita ao serviço eleitoral, quer no que concerne aos direitos individuais, promovendo, junto ao Governo da União, ou do Estado, como convier, as medidas reclamadas; *Quinta* – Esta situação perdurará até que, a juízo do Governo Federal, se tornem dispensáveis as garantias especiais indicadas, por ter entrado a situação no Rio Grande em definitiva normalidade; *Sexta* – Logo que seja declarada a paz, o armamento das tropas revolucionárias será recebido por oficiais do Exército que forem para isso designados; os corpos e contingentes provisórios que forem mantidos depois de pacificado o Estado, terão caráter policial e poderão ser organizados militarmente; *Sétima* – O Governo do Estado solicitará da Assembleia dos Representantes autorização para relevar de quaisquer direitos os contribuintes que os tiverem pago anteriormente às autoridades revolucionárias, desde que estas tenham feito a arrecadação de conformidade com as leis e regulamentos do Estado; *Oitava* – As requisições feitas e as contribuições de guerra impostas pelos revolucionários serão satisfeitas, bem como indenizados os danos causados aos particulares de quaisquer facção; o Governo Federal se responsabilizará por esses pagamentos, nomeando uma comissão de árbitros, composta de um seu representante, de outro do Governo do estado e um terceiro dos revolucionários, para o fim de examinar a procedência e legitimidade das reclamações e avaliação do *quantum* a cada reclamante; marcará para isso um prazo para apresentação de tais reclamações; *Nona* – O general Setembrino de Carvalho virá pessoalmente ao Estado para o fim especial de assegurar todas as garantias indicadas.

Finda esta leitura, declarou o senhor ministro da Guerra, para o fim especial de constar desta ata, que estava autorizado a afirmar que o Governo Federal se compromete a pôr em ação toda a sua boa vontade e atribuições constitucionais para que as eleições federais sejam adiadas para maio próximo e que, em relação ao sexto número da cláusula décima, é pensamento do Governo do Estado conservar com caráter policial e organizados militarmente, apenas os corpos atuais que forem julgados indispensáveis ao policiamento e segurança pública, aproveitando neles os elementos que possam auxiliá-lo na obra de paz e confraternização que vai ser iniciada e, mais ainda, que não o Governo do estado como o Governo Federal assumem o compromisso de que serão afastados dos respectivos cargos quaisquer funcionários ou agentes de autoridade que, por seus atos, pretendem tornar ineficazes as garantias asseguradas no presente acordo. E, tendo ficado ciente do que se estatuiu, declarou o doutor Assis Brasil que lançaria uma proclamação aconselhando os revolucionários a deporem as armas na conformidade deste acordo, retirando-se para seus lares, confiantes nas garantias que oferece o Governo Federal. E, para constar a todo o tempo e produzir os devidos efeitos, foi lavrada a presente ata (...)" (In: Silva, Hélio. *1922*

– *Sangue na areia de Copacabana*. Rio de Janeiro: Civilização Brasileira, 1964, p. 354-357)

TURNOS

DIZ-SE QUE a eleição é em turnos quando, exigida a maioria absoluta ou qualificada para a vitória de um dos candidatos, não sendo esta alcançada, repete-se o escrutínio.

Pode-se 1. realizar tantas votações quantas sejam necessárias até que algum dos candidatos, mantendo-se todos na disputa, obtenha a maioria, absoluta ou qualificada; 2. limitar o acesso ao turno seguinte aqueles que, no anterior, lograrem a maior quantidade de votos; 3. fazer valer, na eleição seguinte, a simples pluralidade de votos, renunciando-se, assim, à maioria absoluta ou qualificada.

O mais das vezes, reduz-se o número de disputantes no segundo turno, aceitando-se, aí, somente os dois que alcançaram maior votação.

Pode-se repetir a eleição pelo mesmo Colégio Eleitoral ou por Colégio distinto.

Nos Estados Unidos da América do Norte, por exemplo, na eleição presidencial, se nenhum dos candidatos alcançar "a maioria do número total dos eleitores nomeados", a Câmara dos Deputados "elegerá imediatamente, mediante escrutínio, o presidente, dentre as três pessoas enumeradas na lista e mais votadas para o cargo" (Emenda XII).

Também na Bolívia, exige-se, para a eleição de presidente e vice a obtenção da "maioria absoluta dos votos válidos" (art. 130 da Constituição de 2 de fevereiro de 1967). Não atingida essa maioria, a eleição é decidida pelo Congresso.

Na França, segundo o art. 7º de sua atual Constituição, "a eleição do presidente da República tem lugar pela maioria absoluta no primeiro turno. Se esta não é obtida, o presidente da República é eleito, em segundo turno, por maioria relativa". Repete-se, assim, o escrutínio, pelo mesmo corpo eleitoral.

Também para a eleição para o Parlamento, a França restaurou, após 1958, o escrutínio uninominal majoritário em dois turnos. Diferentemente do que prevaleceu, ali, anteriormente, na Terceira República, não se permite mais que se apresentem novas candidaturas no segundo turno.

O mais curioso modelo de exigência de uma maioria qualificada e a da consequente realização de novos escrutínios é o da eleição do Papa (v. PAPA, ELEIÇÃO DO).

NO BRASIL – As eleições em turno, no Brasil, se iniciaram com a chamada Lei dos Círculos (v. LEI DOS CÍRCULOS) – o Decreto n.º 842, de 19 de setembro de 1855. Segundo seu art. 1º, § 6º, na designação de deputados à Assembleia Geral, "se ninguém obtiver maioria absoluta de votos, proceder-se-á imediatamente a segundo escrutínio, votando cada eleitor unicamente em um dos quatro cidadãos mais votados no primeiro escrutínio. Se ainda no segundo escrutínio ninguém obtiver maioria absoluta de votos, proceder-se-á imediatamente a um terceiro, votando cada eleitor unicamente em um dos dois cidadãos mais votados no segundo escrutínio, e ficará eleito deputado o que obtiver maioria absoluta de votos.

No caso de empate decidirá a sorte, e aquele contra quem ela decidir será declarado suplente".

Com a reforma trazida pelo Decreto n.º 1.082, de 22 de agosto de 1860, que introduziu o círculo de três nomes, voltaram os deputados a ser eleitos "por maioria relativa de votos" (art. 1, § 4º).

Os turnos voltaram com o Decreto n.º 3.029, de 9 de janeiro de 1881, a chamada Lei Saraiva (v. LEI SARAIVA), exigida a maioria absoluta para os candidatos à Assembleia Geral (embora, no art. 18, § 2º, se falasse, simplesmente, em "maioria") e, para os membros das Assembleias Legislativas Provinciais, que alcançasse o "quociente eleitoral, calculado sobre o número total dos eleitores que concorrerem à eleição" (art. 18, § 3º).

Na República, valeu, desde o Decreto n.º 511, de 23 de junho de 1890, com o chamado "Regulamento Alvim", a "pluralidade relativa de votos" para a eleição de deputados e senadores.

Para presidente e vice-presidente da República, nos termos do art. 47 da Constituição, de 24 de fevereiro de 1891, se exigiu "a maioria absoluta de votos". Mas, nas 12 eleições do período, a primeira, indireta e as 11 seguintes diretas, os vencedores alcançaram, sempre, no primeiro escrutínio, a porcentagem de votos exigida.

Na Segunda República, pediu-se, também, para a eleição excepcional de seu primeiro presidente, pela Assembleia Constituinte que encerrava os seus trabalhos, a maioria absoluta, facilmente alcançada pelo candidato Getúlio Vargas.

E desde então, com o Código Eleitoral de 1932 (v. CÓDIGO ELEITORAL DE 1932), as eleições para o Legislativo se fizeram sob o regime proporcional.

A possibilidade das eleições em turnos, para os cargos de presidente e vice voltaram com as eleições indiretas da Quinta República e com as diretas da atual República, regida pela Constituição de 5 de outubro de 1988.

U

ULYSSES GUIMARÃES

ULYSSES GUIMARÃES nasceu em Itirapina, São Paulo, em 6 de outubro de 1916 e faleceu em um acidente aéreo no litoral do largo de Angra dos Reis, no Rio, em 12 de outubro de 1992.

Exerceu a vice presidência da União Nacional dos Estudantes e bacharelou-se em Ciências Jurídicas e Sociais pela Faculdade de Direito da USP. Foi professor da Faculdade de Direito da Mackenzie e lecionou, também, Direito Municipal na Faculdade de Direito de Itu e Direito Constitucional na Faculdade de Direito de Bauru.

Eleito deputado estadual à Constituinte de São Paulo, em 1947, com 5.114 votos, foi, de seu partido, o PSD, o 18° colocado.

Depois, elegeu-se deputado federal por 11 mandatos, de 1951 a 1995. Em 1958, candidato por coligação que reunia o PSD, PSP e PST, foi o segundo mais votado do Estado, com 72.286, sendo ultrapassado, somente, por Emilio Carlos, com 93.654 votos. Contra a Lei Falcão, que somente permitia, na campanha pela TV, a imagem e o nome dos candidatos, protestou, no interior de Minas: "Vocês vão ver um desfile de fotografias com números, como se os candidatos fossem criminosos…"

Foi ministro da Indústria e Comércio no Gabinete Tancredo Neves, em 1961-1962.

Integrou, desde 1963, o Movimento Democrático Brasileiro (MDB), do qual seria vice e, depois, presidente.

Em 1973 lançou o que denominou sua anticandidatura à Presidência da República, em combate ao regime militar, tendo como vice Barbosa Lima Sobrinho (v. LIMA SOBRINHO, BARBOSA). E dizia: "Não é o candidato (à Presidência da República) que vai percorrer o país. É o anticandidato, para denunciar a antieleição, imposta pela anticonstituição que homisia o AI-5."

Com o fim do bipartidarismo, em 1979, o MDB converteu-se no Partido do Movimento Democrático Brasileiro (PMDB), do qual seria presidente nacional. Com outros, como Tancredo Neves, Quércia, Franco Montoro, liderou a campanha pela redemocratização com as eleições diretas (v. DIRETAS JÁ).

Mas candidato à Presidência, em 1989 – agora verdadeiramente candidato –, recebeu, somente, 4,43% dos votos. No primeiro turno, foi o último dos paulistas que se apresentaram na eleição que resultou na vitória de Fernando Collor (v. quadro na p. 366).

UNDERDOG EFFECT

É COMO se designa, nos EUA, a tendência do eleitor em retirar sua intenção de voto do candidato que as pesquisas indicam como perdedor (v. BANDWAGON EFFECT).

	Votos	%
Fernando Collor	20.611.030	28,51
Luiz Inácio (Lula) da Silva	11.622.321	16,08
Leonel Brizola	11.167.665	15,45
Mário Covas	7.790.381	10,78
Paulo Maluf	5.986.585	8,28
Afif Domingues	3.272.520	4,53
Ulysses Guimarães	3.204.996	4,43

URNA ELETRÔNICA

Nosso PRIMEIRO Código Eleitoral (v. CÓDIGO ELEITORAL DE 1932) falava em máquinas de votar (v. MÁQUINAS DE VOTAR). Mas um dos autores do projeto disse que cogitar-se da possibilidade de seu uso era "apenas como homenagem ao progresso da mecânica".

Mas tudo se deveu, decerto, à experiência norte-americana: nos EUA uma máquina destinada a simplificar o processo eleitoral fora inventada, em 1869, por Thomas Edison e, no fim do século XIX, começavam a ser utilizadas as chamadas "máquinas de alavanca". Nestas, diante de várias opções do voto, o eleitor apertava um botão e, para confirmar sua decisão, puxava uma alavanca, que registrava seu voto num contador no fundo da máquina.

Mas somente em 1978, o Tribunal Regional Eleitoral de Minas Gerais apresentava ao Tribunal Superior Eleitoral um protótipo para mecanização do processo de votação. É o que conta Paulo César Bhering Camarão em seu livro *O voto informatizado: Legitimidade democrática* (São Paulo: Empresa das Artes, 1997).

Depois, ainda por iniciativa dos Tribunais Regionais, foram trazidas propostas de automação dos processos eleitorais. E em 1983, o TRE do Rio Grande do Sul criou um projeto piloto para informatização do cadastro dos eleitores do estado e, dois anos depois, o Tribunal Superior projetou o recadastramento geral do eleitorado, para 1986, com a criação de um número único nacional e a substituição dos títulos de eleitor.

Somente em 1982, uma lei viria permitir que os Tribunais Regionais Eleitorais, uma vez autorizados pelo Tribunal Superior Eleitoral, utilizassem o "processamento eletrônico de dados nos serviços eleitorais".

E pouco a pouco as urnas eletrônicas substituíram o processo tradicional, de apuração voto a voto, pelas Juntas Eleitorais, em lenta e enervante contagem, sujeita a mil percalços com impugnações que retardavam o resultado dos pleitos.

Esse progresso foi relatado em gráfico – página a seguir – trazido por Paulo César Bhering Camarão em seu livro.

VOTO ELETRÔNICO E SUA IMPRESSÃO – Em 1996, quando o voto informatizado alcançou 33 milhões de eleitores, foram utilizadas 70 mil urnas eletrônicas com impressão do voto. Era uma forma, segundo Paulo César Camarão que,

1983	* Experiência piloto de automação do cadastro no Rio Grande de Sul
1986	Eleição Estadual * Recadastramento eleitoral * Cadastros estaduais Processo terceirizado * Consolidação nacional
1988	Eleição Municipal * Desenvolvimento do primeiro sistema de cadastro (Distrito Federal) pela Justiça Eleitoral
1989	Eleição Presidencial * Totalização dos resultados das eleições por meios informatizados nos estados do Acre, Alagoas, Mato Grosso, Paraíba, Piauí e Rondônia
1990	Eleição Estadual * Totalização da apuração das eleições, incluindo também o estado de Sergipe
1991	Instalação do polo de informática no Tribunal Regional Eleitoral de Minas Gerais
1992	Eleição Municipal * Totalização da apuração das eleições em aproximadamente 1.800 municípios
1993	Plebiscito Nacional da Forma de Governo * Totalização da apuração do plebiscito em todos os municípios brasileiros
1994	Eleição Geral * Sistema da Justiça Eleitoral em plataforma aberta * Totalização completamente informatizada * Adoção de duas cédulas (majoritária e proporcional)
1996	Eleição Municipal * Transferência do cadastro de eleitores para os Tribunais Regionais Eleitorais * Início da informatização do voto (33 milhões de eleitores)
1998	Eleição Geral * Alteração no processo de identificação de eleitores (recadastramento geral) * Crescimento da abrangência da informação do voto (75 milhões de eleitores)
2000	Eleição Municipal * Crescimento da abrangência da informatização do voto (totalidade dos eleitores)

por mais de dez anos, exerceu a função de Secretário de Informática do Tribunal Superior Eleitoral, de mostrar que o sistema era "seguro e confiável". Mas, segundo ele, em entrevista a *Brasília em Dia*, edição de 15 de dezembro de 2010, a impressão do voto "foi um desastre". É que, "na época, a impressão do voto era com fita entintada e isso possibilitava que a impressora, que é o único elemento eletromecânico de toda a urna eletrônica, desse uma série de defeitos. Ela engasgava ou então, devido à alta umidade relativa em alguns estados, ficavam alteradas as condições físicas do papel de impressão". Na eleição municipal de 2002, um grupo de parlamentares insistiu na impressão do voto e o ministro Nelson Jobim, então presidente do TSE, esclareceu que "a impressão do voto não trazia qualquer benefício: não aumentava em absoluto a segurança do processo eleitoral brasileiro, já tão seguro até então e, ao contrário, tornava-o mais vulnerável a defeitos, fraudes e, até mesmo, sujeito a maiores dúvidas e reclamações de partidos e candidatos". Mas determinou Jobim que cerca de 20 mil urnas, das 350 mil utilizadas, realizassem a impressão do voto. Nos pleitos de 2004, 2006, 2008 e 2010 não houve a impressão do voto.

Mas a Lei n.° 12.034 determinou, nas eleições gerais de 2004, a impressão do voto e, também, a conferência manual de pelo menos 2% de urnas com voto impresso, em todas as zonas eleitorais do país. Segundo Camarão, "se considerarmos o município de São Paulo, onde temos cerca de 23 mil seções eleitorais, teríamos de conferir, no mínimo, 460 seções eleitorais, ou seja, contar todos esses votos. O voto será um pedaço de papel único, com cinco impressões pequenas, considerando as opções de escolha para deputado federal, deputado estadual, governador, senador e presidente da República. Além disso, a lei determina que, no mínimo, três urnas sejam conferidas por município. Considerando-se que, no país, temos cerca de 1.500 municípios com menos de 3 mil eleitores, o que significa cerca de 15 seções eleitorais, teríamos de conferir três urnas em cada um desses municípios, o que significa conferir 20% de suas urnas. Tudo isso pode acarretar mais demora na totalização dos resultados, frustrando a expectativa de um resultado cada vez mais rápido, como vem ocorrendo em cada eleição".

A CRÍTICA ACERBA – Mas há críticos severos da urna eletrônica. Esses apontam que representantes técnicos de partidos e da Ordem dos Advogados, que compareceram ao TSE, desde 2000, para examinar o software ali empregado, declaram que não há condição de fazer, dele, "uma avaliação minimamente confiável"; e que relatórios das Universidades Federais de Minas Gerais e de Santa Catarina e da COPPE/Universidade Federal do Rio de Janeiro, de 2002, apresentam também sérias ressalvas ao sistema.

E há quem invoque uma decisão do Tribunal Constitucional Federal alemão, que julgou as eleições realizadas, no país, em 2005. Para aquela Corte, um evento público como uma eleição implica que qualquer cidadão possa dispor de meios para averiguar a contagem de votos, bem como a regularidade do decorrer do pleito, sem possuir, para isso, conhecimentos especiais. No processo eleitoral tradicional, isso não seria um problema. Uma vez que o voto tenha sido colocado na urna, qualquer pessoa pode acompanhar de perto a contagem. Manipulações, nesses casos, são difíceis, uma vez que podem a qualquer momento ser descobertas. Mas isso não ocorre no caso das urnas eletrônicas, em que o eleitor simplesmente aperta um botão e o computador, horas mais tarde, mostra um resultado. O cidadão comum, nesse caso, não tem meios para apurar possíveis erros de programação ou manipulações propositais.

Mas, em face dessa decisão, os defensores da urna eletrônica afirmam que o Tribunal alemão não chegou a anular os resultados do pleito já que não encontraram indícios que levassem a crer que tenha havido qualquer mau funcionamento do sistema. E recordam as palavras do ministro Carlos Veloso no prefácio do livro de Paulo Cesar Bhering Camarão: "Uma eleitora analfabeta se acercou de mim para dizer-me que, pela primeira vez, tinha votado. Mas a senhora nunca votou? Sim, já havia votado, respondeu-me ela. Mas somente hoje tive certeza de que votei, porque, digitando o número de meu candidato, vi na tela o seu retrato. Então, apertando a tecla 'confirma', tive a certeza de que votei. Por isso, votei pela primeira vez na vida."

URUGUAI

PELO MENOS em duas ocasiões, o processo eleitoral uruguaio influenciou o sistema brasileiro. A primeira, quando da elaboração de nosso Código Eleitoral, em 1932, por comissão – a chamada 19ª Subcomissão Legislativa, criada pelo Decreto n.º 19.459, de 6 de dezembro daquele ano – designada pelo então chefe do Governo Provisório, Getúlio Vargas (v. CÓDIGO ELEITORAL DE 1932).

Em Nota Inicial à 1ª edição de livro que trazia o inteiro teor daquele diploma legal, um dos membros do grupo, Rocha Cabral, lembrava que, em livro anterior (Cabral, João C. da Rocha. *Sistemas eleitorais, do ponto de vista da representação das minorias*. Rio de Janeiro: Francisco Alves, 1929) já apresentara, "como um dos padrões de perfeita organização eleitoral, talvez insuperável no que diz respeito ao alistamento e identificação dos cidadãos com direito de voto, o do Uruguai". E informava que, "recentemente, dois dos membros da mesma Subcomissão apreciaram *de visu* a perfeição técnica daquele aparelho, por ocasião de visita adrede feita a Montevidéu".

Mas, a seguir, Cabral repelia a crítica de que, aí, o texto do novo Código não seria "mais que uma cópia malfeita da lei uruguaia". E argumentava: "Sem falar naquela circunstância de um dos autores do anteprojeto precedentemente ter pregado com ardor a conveniência de imitarmos o bom exemplo dos vizinhos platinos, precisamente na organização de um Registro Cívico e Arquivo Eleitoral, como ali se encontram, melhores do que em parte alguma de que tenhamos notícia, parece estranho e malévolo que se esqueçam na comparação os articulados semelhantes também encontrados na lei argentina do Registro Eleitoral e em tantas outras deste e do velho continente." (Cabral, João G. da Rocha. *Código Eleitoral da República dos Estados Unidos do Brasil*. Rio de Janeiro: Freitas Bastos, 3ª ed., 1934, p. 36)

Mais uma vez se viu a influência do Uruguai quando da inclusão, no quadro eleitoral brasileiro, da sublegenda (v. SUBLEGENDA). O art. 2º, da lei uruguaia n.º 9.831, de 23 de maio de 1939 – a Lei de Lemas –, tinha admitido a possibilidade de que cada facção (sublema) de um partido (Lema) apresentasse seu candidato à Presidência da República e às mais altas funções eletivas e que se atribuísse ao candidato mais forte o total obtido pelo conjunto de facções de cada partido.

A sublegenda foi, inicialmente, proposta no Brasil pelo então deputado

Raul Pilla, quando das discussões do novo Código Eleitoral, de 1950, como uma garantia à representação das minorias, no seio dos partidos. O mecanismo somente foi introduzido na legislação eleitoral em 1965, quando os líderes militares das revolução do ano anterior o desejaram como um modo de manter a unidade dos partidos nacionais, reduzidos pelo bipartidismo oficial que viria substituir as 13 legendas até então existentes.

V

VELASCO, DOMINGOS

Nasceu em Vila Boa de Goiás, em outubro de 1899. Segundo-tenente do Exército, formado pela Escola Militar do Realengo, exerceu, depois, atividades na imprensa. Integrou o movimento tenentista, para a derrubada da Primeira República, participando do levantes de 1922 e de 1924.

Com a Revolução de 1930, exerceu, em seu Estado, o cargo de secretário de Segurança e Assistência Pública. Em 1931, bacharelou-se em Direito em Niterói. Ingressou, em 1932, no Clube 3 de Outubro (v. Clube 3 de Outubro) e, na Revolução Constitucionalista de São Paulo, foi o comandante geral das forças goianas, contra os revoltosos. Elegeu-se, por Goiás, para a Constituinte, em 1933, tendo, ali, destacada atuação, lutando por teses em favor de uma maior centralização política e de uma clara intervenção do governo federal no funcionamento do sistema econômico do país. Reeleito em 1934, Velasco foi preso em 1936, na repressão que se seguiu ao levante comunista, de novembro do ano anterior. Julgado, foi posto em liberdade em maio de 1937.

Embora, antes, no país, já se houvesse escrito sobre princípios e regras do direito relativo às eleições, foi de Velasco a primeira obra a trazer o título de Direito Eleitoral. (Velasco, Domingos. *Direito Eleitoral*. Rio de Janeiro: Guanabara, 1935) Seu esforço, embora não tão abrangente, com o subtítulo de Sistema Eleitoral, Nulidades, Crítica, visou mais o exame da reforma, procedida em 1935, no Código Eleitoral (v. Lei n.º 48, de 4 de maio de 1935).

Condenou ele a extensão, pela Constituição de julho de 1934, do direito de voto aos sargentos, ao fazer "exceção à regra, universalmente admitida, de excluir os praças de preto das linhas partidárias" e criando, assim, "um problema sério para o Brasil". (Velasco, Domingos, ob. cit., p. 17-18)

Opôs-se à expressão voto igual, de que a Constituição se valera, no art. 23, que dispunha sobre a eleição para a Câmara dos Deputados. Pois se adotara, em verdade, "a pluralidade do sufrágio, porque, além do voto que tem o cidadão na escolha do representante do povo, ela concede ao eleitor que pertencer a uma associação profissional, mais outro na eleição do representante daquela profissão". Conferiu, assim "dois votos aos sindicalizados".

Louvou, em parte, a providência da reforma de 1935 em não admitir o cômputo dos votos avulsos na determinação da ordem de votação do primeiro turno, pondo fim à "fraude legal" que se denominava de "esguicho" (v. Esguicho). Mas acreditava que a melhor solução seria de proibir somente que se somassem os votos avulsos recebidos nas eleições suplementares, para não impedir que certos candidatos – "cuja projeção política no meio em que vivem, vai além das fronteiras partidárias" – recebessem votos de eleitores estranhos a seu partido. (Velasco, Domingos, ob. cit., p. 43-44)

Finalmente, se estendeu ele sobre a falta de proporcionalidade do sistema adotado pelo Código de 1932, lembrando a célebre representação de João Mangabeira (v. MANGABEIRA, JOÃO), ao Tribunal Superior de Justiça Eleitoral, em que postulava a distribuição dos lugares em segundo turno não pela fórmula majoritária mas proporcionalmente ao número de votos obtidos pelos partidos, grupos ou candidatos avulsos. (Velasco, Domingos, ob. cit., p. 47 e sgs.)

VERIFICAÇÃO E RECONHECIMENTO DOS PODERES

SEGUNDO NOTA ao Regimento Interno do Senado, do Brasil, editado em 1903, a verificação envolvia "o exame da eleição, no fundo e na forma, para saber se é verdadeira e regular", o reconhecimento, "a afirmação da regularidade da eleição e consequente legitimidade dos poderes dela resultante".

Sempre se julgou necessário, como lembrava Eugène Pierre, "uma autoridade investida do direito de dizer se a consciência dos eleitores e as prescrições da lei foram completamente respeitadas". (Pierre, Eugène. *Traité de Droit Politique Électoral ou Parlementaire*. Paris: Librairies-Imprimeries Réunis, 1893, p. 353) Uma autoridade acima dos *bureaux* encarregados de contar os votos, e das comissões a que se dê a tarefa de somá-los.

Em 1789, ao se reunirem os Estados Gerais, na França, esse direito estava repartido entre a Assembleia e o rei. Segundo o Regulamento de 13 de junho daquele ano, "Sua Majestade declara válidos todos os poderes verificados ou a verificar em cada Câmara, sobre os quais não se levantou nem se levantarão contestações; ordena Sua Majestade que disso será dada comunicação respectiva entre as Ordens. Quanto aos poderes que poderão ser contestados em cada Ordem, e sobre os quais as partes interessadas recorram, será estatuído, pela presente sessão dos Estados Gerais somente, do modo como será aqui ordenado. As deliberações a tomar pelas três Ordens reunidas, sobre os poderes contestados, e sobre as quais as partes interessadas recorram aos Estados Gerais, serão decididas à pluralidade dos sufrágios; mas, se os dois terços dos votos em uma das três Ordens reclamarem contra as deliberações da Assembleia, a matéria será relatada ao rei para ser definitivamente decidida por Sua Majestade".

Tinha, assim, o Governo, o direito de decidir em última instância sobre as reclamações eleitorais. A Assembleia do Terceiro Estado, porém, se recusou a se submeter e adotou soberanamente o exame dos poderes contestados. E, em 19 de junho de 1789, decidiu que os poderes sobre os quais havia dificuldade, seriam submetidos ao exame de um "comitê de verificação e contencioso". As resoluções do comitê eram relatadas à Assembleia, que se pronunciava a respeito, sem recursos contra suas decisões.

O método recebeu, afinal, consagração na Constituição de 14 de setembro de 1791. Os decretos do corpo legislativo, relativos à validade das eleições, não estariam sujeitos à sanção real.

Dizia a Constituição: "As assembleias eleitorais têm o direito de verificar a qualidade e os poderes daqueles que se apresentarão, e suas decisões serão executadas provisoriamente, salvo o julgamento do corpo legislativo, quando da verificação dos poderes dos deputados. Em nenhum caso e sob nenhum pretexto, o rei nem qualquer dos agentes nomeados por ele poderá tomar conhecimento das questões relativas à regularidade das convocações, a duração das Assembleias, a forma das eleições, nem aos direitos políticos dos cidadãos, sem prejuízo das funções dos comissários do rei nos casos determinados pela lei, ou as questões relativas aos direitos políticos dos cidadãos levadas aos tribunais."

A verificação e o reconhecimento dos poderes entregues às Assembleias foi o modelo seguido por todos os países. Pouco a pouco, no entanto, concedeu-se participação, no processo, à justiça (v. Justiça Eleitoral).

Não foi sem protestos do Poder Judiciário, no entanto, que se iniciou essa colaboração. Assim, na Inglaterra, por exemplo, se alegou que a confiança do público na imparcialidade da Justiça seria "prontamente destruída se, na hora mesmo em que se venha encerrar, em meio a emoções ainda vibrantes, a luta eleitoral, o juiz deva se fazer ouvir sobre o teatro do recente combate, quando as paixões dos homens são ainda despertas". E do projeto que dava aos juízes a atribuição de dirimir os conflitos eleitorais se disse que, "além do seu caráter inconstitucional", era calculado "para degradar o caráter da magistratura". (In: Weil, M. *Du jugement des élections contestées*. Paris: Marton, 1888, p. 52)

Atualmente, três são, no mundo, os modos de verificar e reconhecer os poderes dos representantes, entregando-se a deliberação, a respeito, 1) aos próprios corpos legislativos; 2) à Justiça, especializada ou não; 3) à um organismo misto, reunindo membros da magistratura e representantes dos corpos legislativos.

No Brasil – A Constituição de 1824 determinou, em seu art. 21, que a verificação dos poderes dos membros das câmaras se executaria "na forma de seus regimentos". Mas o primeiro ato da Assembleia Constituinte, em 17 de abril de 1823, foi o de constituir duas comissões, "huma de cinco membros para verificar a legalidade dos diplomas dos srs. deputados que não saíssem eleitos para esta mesma Comissão, e outra de três membros para verificar igualmente a legalidade dos diplomas dos cinco que formassem a primeira Comissão". (*Diário da Assembleia Geral Constituinte e Legislativa do Império do Brasil*. Brasília: Senado Federal, 1973, p. 1)

A primeira comissão se pronunciou sobre os poderes de 47 dos Constituintes, somente encontrando problemas com respeito às representações das Províncias de Paraíba do Norte, Santa Catarina e Mato Grosso. A segunda achou os diplomas dos deputados que compunham a outra comissão "em tudo conformes" ao Decreto de 3 de junho de 1822 e respectivas instruções.

A verificação e o reconhecimento dos poderes foram sempre entregues, no Império e na Primeira República, aos próprios corpos legislativos, o que resultou em grave deformação da vontade expressa nas urnas.

Em muitas ocasiões, foram levantadas suspeitas quanto à correção do julgamento pelas comissões, e muito se deplorou os critérios políticos empregados. Lembrando, por exemplo, os trabalhos de verificação com respeito às eleições de 1840, afirmava Antônio Carlos (v. Silva, Antônio Carlos Ribeiro de Andrada e): "lançando os olhos sobre as eleições do Ceará, pareceu-me que tal voto popular não existia, tudo quanto havia não era opinião do povo, era, pelo contrário, uma opinião fictícia, forjada pelo embuste, e que a cada passo se descobria nela o dedo flexível da fraude, ou o punho cerrado da violência". (Sessão de 21 de janeiro de 1845. In: *Anais do Senado do Império do Brasil*. Brasília: Senado, 1978)

A situação se agravou na Primeira República, com a "Política dos Estados", promovida por Campos Sales. presidente do quadriênio 1898-1902, Sales explicou que sua ideia se originara da "questão da verificação de poderes na sessão legislativa de 1900".

Segundo ele, os dois grupos na Câmara – Republicanos e Concentrados – se preparam para o pleito "com ânimo deliberado de empregar, cada um, todos os meios para o triunfo de seus candidatos", com instruções, aos que concorressem nos estados, para que se fizessem diplomar a todo transe; nessa generalidade, compreendendo-se "as duplicatas e as fraudes". (Sales, M.F. de Campos. *Da propaganda à Presidência*. São Paulo: A Editora, 1908, p. 225 e sgs.)

Daí que Campos Sales patrocinasse a reforma do regimento da Câmara, sugerida por seu líder, Augusto Montenegro (v. GUILHOTINA MONTENEGRO) pela qual a presidência da Câmara, no início de seus trabalhos, caberia não ao mais velho dos presentes, como anteriormente, mas ao "presidente ou qualquer dos vice-presidentes que serviram na última sessão legislativa". A esse presidente – muito previsivelmente, agora, um dos integrantes da facção situacionista – caberia a nomeação da comissão encarregada de organizar a lista dos diplomados presumivelmente legítimos.

Outra alteração do regimento, também proposta por Montenegro, determinava que se deveria entender "por diploma legítimo o documento que tiver sido expedido pela maioria da junta apuradora."

Com o aperfeiçoamento pela "Política dos Estados", o mecanismo viciado da verificação dos poderes levou à oficialização do que todo um passado de fraudes impusera, a um simulacro da representação.

O reconhecimento, diria Assis Brasil, "substituiu-se à eleição. E que reconhecimentos! As crônicas autênticas da época, as próprias atas dos corpos legislativos exibem casos de se fazer um representante da nação por simples emenda, mandando trocar um nome por outro. E não simplesmente isso, mas um nome que aparecia virtualmente sem votos por outro que os ostentava nos papéis eleitorais. A única atenuante era – não se tratar verdadeiramente de averiguar quem era mais votado, porque ninguém o era: as eleições figuravam na consciência pública como simples fantasmagoria". (Brasil, J.F. de Assis. "Democracia representativa – do voto e do modo de votar", nota à 4ª edição. In: *Ideias políticas de Assis Brasil*, Brasília/Rio de Janeiro: Senado Federal/Fundação Casa de Rui Barbosa, v. III, 1990, p. 140)

O mesmo Assis Brasil chegou a elaborar, com relação a todo esse quadro desanimador de fraude na Primeira República, no Manifesto dos Libertadores Rio-Grandenses, datado de Montevidéu, em 21 de abril de 1925, o seguinte sorites, "análogo ao que, com igual propriedade, em relação ao despotismo monárquico", emitira, no Império, o senador Nabuco de Araújo: "Ninguém tem certeza de ser alistado eleitor; ninguém tem certeza de votar, se porventura for alistado; ninguém tem certeza de que lhe contem o voto, se porventura votou; ninguém tem certeza de que esse voto, mesmo depois de contado, seja respeitado na apuração da apuração, no chamado terceiro escrutínio (v. TERCEIRO ESCRUTÍNIO), que é arbitrária e descaradamente exercido pelo déspota substantivo, ou pelos déspotas adjetivos, conforme o caso for da representação nacional ou das locais." (Brasil, J.F. de Assis, ob. cit., v. III, p. 277)

VETO LEGISLATIVO

TAMBÉM CHAMADO de Veto Popular Legislativo, foi adotado, desde 1831, no Grande Conselho de Saint-Gall, na Suíça, e explicitado pelo art. 2º de sua Constituição: "O povo exerce ele mesmo o Poder Legislativo e toda lei é submetida a sua sanção. Esta sanção consiste em que, depois que uma lei é editada, o povo pode, em virtude de seu poder soberano, não a reconhecer e impedir sua execução."

Segundo Maurice Batelli, o veto de Saint-Gall, facultativo, se aproxima do referendo (v. REFERENDO) moderno. Mas, no veto, a decisão do povo anula um ato jurídico perfeito, enquanto que, no referendo, o povo colabora na formação mesma do ato.

Para que, em Saint-Gall, uma lei fosse submetida ao corpo eleitoral, seria necessário que se reunissem as Assembleias dos Comuns, por solicitação de um certo número de cidadãos. E para que o texto fosse rejeitado, deveria se pronunciar, contra ela, a maioria dos eleitores. (Batelli, Maurice. *Les institutions de démocratie direct*. Paris: Lib. du Recueil Sirey, 1932, p. 5 e 19)

VIANNA, FRANCISCO JOSÉ OLIVEIRA

NASCEU EM 1881, no Rio de Janeiro e faleceu, também ali, em 1951. Tido como nosso "primeiro sociólogo sistemático", foi autor de obras fundamentais ao estudo da realidade brasileira como *Populações meridionais do Brasil* (1920), *Pequenos estudos de Psicologia Social* (1921), *Evolução do povo brasileiro* (1923), *O ocaso do Império* (1925), *Problemas de política objetiva* (1930) e *Instituições políticas brasileiras* (1949).

Festejado, em vida, com o assédio da imprensa para tê-lo nas colunas, com o entusiasmo de seus alunos na Faculdade de Direito de Niterói, com sua eleição para a Academia Brasileira de Letras, com sua convocação, pelos tenentes revolucionários de 1930, para que lhes preparasse um programa de ação e orientasse, no novo Ministério do Trabalho, a reforma social que pretendiam implantar, sofreu, depois da morte, duras restrições; afirmou-se, então, que a análise, apresentada em sua obra, era "falsa nos seus métodos e nas suas conclusões" e que era "a mais tranquila, a mais irrefreável, a mais descomedida apologética de uma classe, a cuja validade e a cujos interesses, no fim das contas, aquelas páginas vinham trazer uma contribuição que lhes parecia tão mais importante quanto a julgavam científica". (Sodré, Nelson Werneck. *A ideologia do colonialismo*. Rio de Janeiro: Civilização Brasileira, 2ª ed., 1965, p. 170).

Em verdade, excessivas são, em seus livros, as referências encomiásticas a uma "aristocracia rural", que se vai encontrar em Piratininga, como em um "recanto da corte europeia"; a um "escol considerável de fidalgos de sangue", a nos colonizar; a "uma única classe verdadeiramente superior do país", formada pela alta nobreza fazendeira; às "falhas morais do baixo povo dos campos"; a uma "ralé absorvente", uma "massa de mestiços ociosos e inúteis"; e tantas as alusões a "mulatos superiores, arianos pelo caráter e pela inteligência ou pelo menos suscetíveis de arianização, capazes de colaborar com os brancos na organização e civilização do país".

Analistas dos mais isentos, no entanto – como, por exemplo Maria Regina Soares de Lima e Eli Diniz Cerqueira, autores de uma das compreensivas análises da obra de Oliveira Vianna – vão mostrar que a utilização, por ele, da variável biológica, especificamente o fator étnico, enquanto categoria explicativa, embora traço marcante em alguns de seus livros, vai-se tornando progressivamente residual em sua interpretação da realidade brasileira. (Lima, Maria Regina Soares de & Cerqueira, Eli Diniz. O modelo político de Oliveira Vianna, *Revista Brasileira de Estudos Políticos*, n.º 30, p. 88, jan. 1971)

Entendia Oliveira Vianna que "na Europa ou na América, todo o problema da democracia concentra-se principalmente na organização do sistema eleitoral e na verdade do voto. E é natural que assim seja: há, ali, uma opinião popular poderosa, militante, organizada, segura de sua força e dos seus direitos.

O problema político por excelência é, por isso mesmo – e não poderia deixar de ser –, o problema dos modos da manifestação desta opinião popular, assim consciente e organizada. No Brasil, o problema fundamental da organização democrática não pode ser este, não pode ser o mesmo da América e da Europa. O nosso problema político fundamental não é o problema do voto – e, sim, o problema da organização das fontes de opinião. Temos que suprir, pela ação consciente do indivíduo e do Estado, e até onde for possível, aquilo que a nossa formação histórica ainda não nos pôde dar: estrutura, organização, consciência coletiva. O problema da organização do voto só seria o problema capital da nossa democracia se aqui, à maneira da Europa ou da América, a opinião já estivesse organizada". (Vianna, Oliveira. *O idealismo da Constituição*. São Paulo: Cia. Editora Nacional, 1939, p. XIV/XV)

Vianna se estendeu, depois, sobre os fatores econômicos de absenteísmo eleitoral (In: *Pequenos estudos de Psicologia Social*. Rio de Janeiro: Cia. Editora Nacional, 3ª ed., 1942, p. 94 e sgs.).

Essa "indiferença tamanha, essa tamanha irreatividade de nossa sensibilidade cívica", se devia, para nossos legisladores e publicistas, à fraude.

Para Vianna, a fraude seria "apenas um epifenômeno", as causas reais, íntimas, fundamentais, sendo outras, muito diversas. É que nossa educação política se havia feito, "quase toda, sob um regime de formação extranacional do poder público".

Somente depois de 1822 é que começamos "a partilhar, de modo direto e efetivo, do alta administração nacional". E comparando os dois regimes – a Colônia e a Independência – poder-se-ia indicar "apenas cem anos de vida autônoma contra três séculos de pupilagem colonial".

E este fato, para Oliveira Vianna, por si só, "bastaria para explicar racionalmente a indiferença, o desinteresse, o alheamento geral do nosso povo à formação e à organização de seus poderes públicos".

Voltando, ainda, ao estudo da organização da democracia e ao problema do sufrágio, dizia ele que tínhamos utilizado, "com excessiva prodigalidade, o sufrágio universal". O nosso povo-massa não comportaria, ainda, "uma generalização assim tão ampla e inconsiderada desta técnica da democracia que é o sufrágio universal"; seria "exigir muito de um povo destituído de educação democrática". Daí que propusesse ele, em razão da pluralidade da estrutura cultural de nosso povo, da diversidade de sua estrutura ecológica, "uma pluralidade de sistemas eleitorais, ou, mais exatamente, uma pluralidade de eleitorados".

O eleitorado que designa deputados federais e senadores não deveria ter a mesma dimensão que o que elege deputados estaduais, ou o que elege vereadores. Os corpos eleitorais que elegem os elementos executivos da segunda camada da estrutura governamental do país (governos dos estados) deveriam ter composição diferente do que elege o chefe do Governo Nacional. (Vianna, Oliveira. *Instituições políticas brasileiras*. São Paulo: Record, 3ª ed., v. II, p. 153 e sgs.)

Em texto recolhido em livro póstumo, Oliveira Vianna registrou sua contribuição ao anteprojeto da Constituição Federal de 1934. Para ele, em matéria de representação política das classes, dever-se-ia "começar pelo princípio, isto é, estabelecendo a representação das classes nos municípios e, depois, nos estados. Só depois de termos conseguido a organização da representação profissional nos Conselhos Municipais e nas Assembleias Estaduais, é que podemos pensar em realizá-lo na Assembleia Nacional". (Vianna, Oliveira. *Ensaios inéditos*. Campinas, SP: Ed. da Unicamp, 1991, p. 208)

Quanto à fixação do número de deputados por Estado, a sugestão de Vianna foi a de que se estabelecesse a proporção de um representante por 30 mil eleitores e que, "em hipótese alguma, a representação de um Estado pudesse exceder a 25 deputados".

Esse limite máximo "teria a vantagem de, à medida que a população dos estados menos favorecidos fosse crescendo, ir-se corrigindo o predomínio dos grandes estados e estabelecendo entre estes e os menores uma justa equiparação de forças". (Vianna, Oliveira, ob. cit., p. 217)

Opondo-se à possibilidade de reeleição dos deputados, Vianna propôs, finalmente, a escolha indireta do presidente, por um eleitorado especial.

Em texto anterior, sugerira ele a um grupo de revolucionários de 1930, a eleição do chefe do Executivo por corpo de eleitores "formado do presidente da República e seus ministros de Estado, membros da Câmara Federal, do Conselho Nacional, do Supremo Federal e dos Tribunais regionais, dos Tribunais de Contas federais e estaduais, dos presidentes dos estados e seus secretários de estado e dos membros das Assembleias estaduais". Segundo ele, "essa pequena minoria eleitoral, pela posição e cargos que ocupa, parece-me representar, na verdade, mais do que as maiorias inconscientes do interior e das cidades, a vontade e o julgamento da nação". (Vianna, Oliveira, ob. cit., p. 218)

VOTANTE

Denominação dada ao eleitor de primeiro grau, no Império, até 1881. Segundo a Constituição monárquica de 25 de março de 1824, as eleições eram indiretas, "elegendo a massa dos cidadãos ativos em Assembleias Paroquiais os eleitores de Província, e este os representantes da nação, e Província". (art. 90)

A expressão votante, para caracterizar o que compunha essa "massa dos cidadãos ativos", viria, somente, com o Decreto n.º 157, de 4 de maio de 1842.

Mas já nas discussões do Parlamento e nos relatos da imprensa se utilizavam, largamente, as denominações de votante, no primeiro grau, e de eleitor, ou eleitor de paróquia, para o segundo.

Não poderiam ter voto nas Assembleias Paroquiais – e, assim, não poderiam ser votantes: I. os menores de 25 anos, entre os quais não se compreendiam os casados, os oficiais militares que fossem maiores de 21 anos, os bacharéis formados e os clérigos de ordens sacras; II. Os filhos de famílias que estivessem na companhia de seus pais, salvo se servissem ofícios públicos; III. Os criados de servir, em cuja classe não entravam os guarda-livros e primeiros caixeiros de casas de comércio, os criados da Casa Imperial, que não fossem de galão branco, e os administradores das fazendas rurais e fábricas; IV. Os religiosos, e quaisquer, que vivessem em comunidade claustral; V. Finalmente, os que não tivessem, de renda líquida anual, cem mil-réis por bens de raiz, indústria, comércio, ou empregos.

Esse último item foi modificado por Decreto de n.º 484, de 25 de novembro de 1846 que, atendendo às modificações por que passara a moeda, estabeleceu a renda mínima de 200 mil-réis a ser exigida dos votantes, o que foi confirmado, em 1881, pela Lei Saraiva (v. LEI SARAIVA).

VOTO A DESCOBERTO

OU PÚBLICO, emitido de tal forma que se torna conhecida de todos a manifestação da vontade do eleitor.

Recusado, hoje, unanimemente, em virtude das pressões a que entrega o cidadão, pressões econômicas e, sobretudo, da força enorme dos governos. Mas defendido, no passado, por autores de renome.

Assim, Montesquieu, que entendia que a publicidade do voto permitiria que os eleitores fossem guiados pela opinião dos notáveis e exigiria, daqueles, mais coragem cívica. "Está fora de dúvida que, quando o povo vota, seus votos devem ser públicos e isso deve ser considerado como uma lei fundamental da democracia. É preciso que a plebe seja esclarecida pelos principais e contida pela seriedade de certos personagens." (Montesquieu. *O espírito das leis*. Brasília: Unb, 1982, p. 50)

E Robespierre, que chegou a afirmar: "A publicidade é a salvaguarda do povo." (In: Duverger, Maurice. *Manuel de Droit Constitutionnel et de Science Politique*. Paris: Puf, 1948, p. 83)

Para Stuart Mill, o eleitor teria "a obrigação moral absoluta de levar em consideração não o seu interesse pessoal, mas, sim, o interesse público, e de votar de acordo com o seu julgamento mais esclarecido, exatamente como seria obrigado a fazê-lo se fosse o único a votar e se a eleição dependesse exclusivamente dele. Admitindo isto, é uma consequência *prima-facie* o fato de que o dever de votar, como todos os outros deveres públicos, deve ser cumprido perante os olhos do público e exposto a sua crítica." (Mill, John Stuart. *Considerações sobre o governo representativo*. Brasília: Unb, 1981, p. 108-109)

NO BRASIL – A lei federal n.º 35, de 26 de janeiro de 1892, estabelecera o voto secreto no Brasil. Outra lei federal, de n.º 1.269, de 15 de novembro de 1904 – a chamada Lei Rosa e Silva (v. LEI ROSA E SILVA) –, mantendo o voto secreto, permitira, no entanto, ao eleitor, votar a descoberto.

Mas, no Rio Grande do Sul, uma lei elaborada por Júlio de Castilhos, (v. CASTILHOS, JÚLIO DE) de n.º 18, de 12 de janeiro de 1897, suprimira o voto secreto. Na Exposição de Motivos com que submetera o projeto à apreciação pública, pregara Castilhos a necessidade de cada um assumir a responsabilidade das próprias ações, quer o representante da autoridade, quer o cidadão. E afirmara: "Seria mesmo visivelmente iníquo exigir, do Governo, a inteira publicidade de seus atos, permitindo aos particulares (no exercício de uma função pública), eximirem-se dela, quando aquele arrisca ficar sujeito a severas penas, e este incorre somente na pública censura. O voto a descoberto é o único remédio legislativo capaz de reabilitar o processo eleitoral, dignificando-o, fazendo-o compreender ao cidadão a responsabilidade que assume ao intervir na composição do poder público e no estabelecimento das leis. O segredo em tais casos presta-se a menos decentes maquinações e desagrada sobremodo o eleitor."

Segundo o art. 61 da lei n.º 18, o eleitor, chamado para votar, deveria exibir seu título e entregar sua lista "em dois exemplares, iguais, aberta, escrita ou impressa em qualquer papel, mas assinada por ele próprio". Verificada a identidade das listas, o presidente e um dos mesários imediatamente rubricariam uma, que seria entregue ao eleitor, "fazendo logo depois ler em voz alta e apurar os votos consignados na outra".

Aos castilhistas não valeram, então, os argumentos de que, ao tornar público seu voto, o eleitor se expunha à pressão ou a intimidação do poder público. A isso se respondeu, como o deputado James Darcy, ao falar em nome da bancada rio-grandense na Câmara Federal, em 1903, que seria um injúria aos funcionários públicos, atribuir-se-lhes esse pavor em relação aos governos. E, quanto ao empregado, o temor do voto a descoberto, frente aos patrões, era efêmero pois que, como garantia o deputado Anísio de Abreu, a solidariedade operária resistiria ao capital. (In: Osório, Joaquim Luiz. *Constituição Política do Rio Grande do Sul: comentário*. Brasília: Unb, 1981, p. 170-171)

Mas o voto a descoberto serviria, em verdade, ao aperfeiçoamento, no Rio Grande do Sul, do simulacro de representação que envolveria toda a nossa Primeira República.

VOTO ALTERNATIVO

Modalidade de escrutínio majoritário em que o eleitor, optando por um candidato, indica, ao mesmo tempo, outros para o caso em que seu preferido não atinja a maioria absoluta de votos (v. Maioria. Maioria Absoluta).

Se nenhum dos postulantes obtém aquela maioria, elimina-se o candidato menos votado, em primeiro lugar, e se apuram os votos alternativos nas cédulas a ele destinadas.

O voto alternativo se assemelha, assim, ao voto único transferível (v. Voto Único Transferível), mas este integra o sistema proporcional.

Alguns autores creem que o voto alternativo combina "em um só turno os efeitos dos dois turnos" (Cotteret, Jean–Marie & Émeri, Claude. *Les systemes électoraux*. Paris: Puf, 3ª ed., 1978, p. 50) e o chamam, também, de voto preferencial. Mas essa denominação é mais adequada ao sistema que prevê, no voto de lista, uma predileção, manifestada pelo eleitor, por um ou mais nomes (v. Voto Preferencial). Como esclarece Cadart, "o fim desse método é o de não fazer eleger senão os candidatos que hajam obtido a maioria absoluta e que, por conseguinte, representam mais da metade dos eleitores de sua circunscrição. O processo responde ao mesmo cuidado que o escrutínio uninominal em dois turnos. Esse sistema foi empregado no Canadá e na Austrália. É sedutor à primeira vista mas seus resultados são piores que os do escrutínio nominal em um turno. Em primeiro lugar, o partido mais fraco é o senhor da eleição. Se, por exemplo, os resultados da primeira preferência são:

Partido A	17.000
Partido B	16.000
Partido C	8.000

as segundas preferências do Partido C decidirão o pleito. A minoria faz a lei da eleição. O vencedor é prisioneiro da maioria – disse um estadista francês. Dois partidos, coniventes, podem arrasar completamente um outro partido. O segundo inconveniente resulta do primeiro. Os outros partidos procurarão lisonjear o menor partido para obter que as segundas preferências de seus eleitores lhes sejam dadas. O comércio eleitoral, os apelos à corrupção que advirão daí serão análogas àquelas produzidas pelo escrutínio uninominal em dois turnos. O segundo turno subsiste; só o primeiro turno é suprimido. Esse sistema não é, aliás, senão uma outra forma de escrutínio majoritário. Ele não permite a representação das minorias, somente possível pela representação proporcional". (Cadart, Jacques. *Régime électoral et régime parlementaire en Grande-Bretagne*. Paris: Armand Colin, 1948, p. 188-189)

VOTO AUSTRALIANO

VOTO COM utilização de cabine, para maior privacidade do eleitor. Foi, pela primeira vez, utilizado na Austrália, em 1857.

VOTO CANTADO

NA VERDADE, o voto em voz alta, quando da utilização de urnas eletrônicas como instrumento auxiliar à apuração da eleição com urnas tradicionais.

A resolução n.º 20.292, de 17 de junho de 1998, do Tribunal Superior Eleitoral, dispôs, em seu art. 1º: "A critério dos Tribunais Regionais Eleitorais, a apuração e totalização dos votos das seções eleitorais nas quais o processo de votação for por cédulas poderão ser processadas com a utilização das Urnas Eletrônicas."

O voto cantado foi, pela primeira vez estudado pela Justiça Eleitoral de Santa Catarina. O então presidente do Tribunal Regional designou, em março de 1998, um grupo de trabalho para examinar a eficácia, a segurança e transparência no processo de apuração eletrônica dos votos tradicionais. Entendeu o grupo que o método ensejaria "substancial simplificação das atividades dos escrutinadores, que se liberam do manuseio de máquinas de calcular arcaicas, da tarefa de separação dos votos em 'montinhos', para posterior contabilização, no manuseio de cada cédula pelo menos cinco vezes, para a contagem de cinco eleições (presidente, senador, governador, deputado federal e deputado estadual), enfim, de todo o processo manual e metódico da contagem tradicional de votos". (Portelinha, Henrique Martins. *Apuração eleitoral pelo sistema de voto cantado*. In: *Resenha Eleitoral*, TRE/Santa Catarina. Florianópolis: v. 5, n.º 2, jul./dez., 1998, p. 39)

Mas, na verdade, o voto em voz alta era indicado desde o nosso primeiro Código Eleitoral, de 1932 (v. CÓDIGO ELEITORAL DE 1932), que, em seu art. 91, prescrevia: "O presidente examinará os registros dos votos encerrados nas máquinas ou, se não tiverem sido usadas, lerá ou fará ler por outro membro do Tribunal, em voz alta, as cédulas extraídas, uma a uma, das urnas." O Código Eleitoral de 1950 (v. Código Eleitoral de 1950) trouxe quase idêntica a redação: "Art. 103, § 1º: as cédulas, à medida que forem retiradas da sobrecarta, serão apuradas, uma a uma, e serão lidas em voz alta, por um dos membros da Junta, os nomes votados." E a mesma determinação é reiterada no art. 174 do Código de 1965 (v. Código Eleitoral de 1965).

Somente agora, no entanto, com a utilização da informática em ajuda à apuração e totalização dos votos colhidos no processo tradicional, é que se fala de um voto cantado.

VOTO CENSITÁRIO
(v. Censo)

VOTO COLORIDO

O que utiliza cédulas de cores diferentes para cada candidato ou partido. No Brasil, foi instituído pela lei n.º 4.109, de 27 de julho de 1962, mas não aplicado.

A lei resultou de projeto do deputado Fernando Ferrari, de demorada tramitação; por cinco anos foi discutido no Congresso. Segundo o art. 5º, alínea b, da lei, para a escolha de deputados federais, deputados estaduais e vereadores, a cédula oficial (v. Cédula Oficial) seria encimada pela sigla de cada partido ou coligação, e impressa sobre fundo, ou dentro de moldura "de cor diferente para cada um deles". E nos termos de seu art. 6º, a Justiça Eleitoral estabeleceria "um elenco de cores, dentre as quais cada partido, na ordem de prioridade segundo a data do respectivo registro, escolherá a de sua preferência". Atribuída uma cor a cada partido, seria ela "mantida nas eleições subsequentes".

A disposição da lei n.º 4.109 acabou revogada, 26 dias depois, pela lei n.º 4.115, de 22 de agosto de 1962.

VOTO CORRENTE

Como é denominada, no Brasil, a fraude pela primeira vez utilizada na Austrália, em fins do século passado (v. Trapaça Tasmaniana)

Assim a explicou, em julgamento no Tribunal Superior Eleitoral, o ministro Sepúlveda Pertence: "O que se apurou nessa urna foi a ocorrência por foto corrente, envolvendo e 62 cédulas. Sabem os emitentes ministros em que consiste esse mecanismo de fraude. Um primeiro eleitor, participante do conluio, recebendo a cédula oficial autenticada, não a utiliza, introduzindo na urna um simulacro de cédula ou uma cédula oficial não autenticada. Com isso, entrega ao eleitor seguinte ou ao organizador do golpe a cédula autenticada, possibilitando, assim, que o cabo eleitoral, o comitê, o candidato, ou seja lá quem for, já entregue ao eleitor seguinte a cédula previamente assinada. Esse segundo eleitor, de sua vez, depositará na urna a cédula que recebeu preenchida, ao organizador da corrente. E, assim, sucessivamente. Daí a verificação, pela Junta, de 62 células sufragando o nome de um mesmo candidato a vereador, com grafia idêntica, e de uma cédula não autenticada."

Decidindo o caso, pelo Acórdão n.º 13.108, determinou o Tribunal: Se, na apuração de determinada urna, foi possível identificar as cédulas preenchidas segundo o mecanismo fraudulento denominado *voto corrente*, não é de se anular a seção mas, apenas, os votos viciados: *utile per inutile mon vitiatur*.

VOTO CUMULATIVO

QUANDO o eleitor, em uma escolha plurinominal, pode dispor de todos ou de parte de seus votos para escolha de um só candidato. Exemplo: em um determinado distrito, 3 mil eleitores tem três representantes a eleger; cada um pode, votar em três nomes ou mais de um ou todos os seus votos a um só candidato. O objetivo, aí, é de possibilitar a representação da minoria.

Alguns autores incluem o voto cumulativo entre os sistemas empíricos ou arbitrários para a representação das minorias, aqueles que visam dar uma certa acolhida às correntes menores de opinião mas que não visa lhes dar "uma justa e exata representação". (Christophle. *De la représentation proportionnelle*. Paris: 1887, cit. por Bonnefoy, Gaston. *La représentation proportionnele*. Paris: Marchal & Billard, 1902, p. 62)

Para que se tenha o voto cumulativo, faz-se necessário: a) um sistema eleitoral que tenha por base o escrutínio de lista; b) que cada eleitor disponha de um certo número de votos, igual para todos, o que o diferencia do voto plural (v. VOTO PLURAL); c) que o eleitor possa utilizar seus votos de duas maneiras: I. atribuindo-os a tantos candidatos quanto possa indicar; II. ou acumulando todos os votos ou parte deles sobre um ou vários nomes. (Bonnefoy, Gaston, ob. cit., p. 63)

Em parecer a projeto de reforma eleitoral apresentado, em 1873, pelo deputado João Alfredo Corrêa de Oliveira, a comissão especial da Câmara, no Brasil, dizia do voto cumulativo que, embora classificado entre os processos empíricos, não deixaria de produzir "um resultado quase proporcional". Mas que o processo era "mais um artifício do que um sistema". Lembrava que Disraeli "muito bem o denominou de combinação fantástica".

E ressaltava, nele, a variação do voto, "aqui múltiplo, ali repartido; o direito não tem a mesma regular manifestação; o representante de uma opinião não sabe qual é a sua força, se ela exprime uma simples multiplicação de quantidade inferior ou um número real de cidadãos votantes". (In: Pinto, Antônio Pereira (org.). *Reforma eleitoral*. Brasília: Unb, 1983, p. 354)

Os críticos do voto cumulativo sempre ressaltaram que seu perigo era o de pulverização dos votos da maioria e o de que uma disciplina superior das correntes minoritárias levassem à superação da maioria. Perigo tanto mais provável – advertia Saripolos – quanto as circunscrições eleitorais fossem mais extensas e o número de deputados a eleger mais considerável. Será, então, mais difícil para cada partido calcular, aproximadamente, suas forças na circunscrição; a disciplina eleitoral será mais difícil de obter; uma pulverização dos votos da maioria se torna mais provável; a maioria se arrisca, então, a acumular seus votos ou a dispersá-los em excesso. (Saripolos, Nicolas. *La démocratie et l'élection proportionnelle*. Paris: Arthur Rousseau, 1899, p. 262)

Villey dá um exemplo de como uma minoria bem disciplinada poderia, aí, conseguir a maioria da representação: se há 5 mil votantes para a escolha de cinco deputados, e dois partidos, um com 2 mil eleitores e outro com 3 mil, esses 3 mil eleitores da maioria disporão de 15 mil votos e os 2 mil, da minoria, de 10 mil; se a maioria dividir seus votos entre cinco candidatos, não poderá dar a cada um deles senão 3 mil votos; enquanto a minoria, se for bem disciplinada, poderá, concentrando seus votos sobre três candidatos, dar, a cada um, 3.333 e obter três cadeiras sobre cinco. O voto cumulativo, conclui Villey, "é um remédio empírico, que pode se tornar uma caixa de surpresas". (Villey, Edmond. *Législation électorale comparée des principaux pays d'Europe*. Paris: Larose/Pedone, 1900, p. 133)

E a história das eleições inglesas prova que uma maioria não tão organizada pode sofrer revés para a minoria: em 1870, realizou-se, em Birgingham, pleito para a escolha de 15 membros da School Board por meio do voto cumulativo.

O partido liberal, que contava com a maioria dos eleitores da cidade, pois do total de 27 mil contava com 14 mil simpatizantes, acreditou poder eleger os 15 membros da corporação e, em consequência, decidiu indicar uma lista de 15 candidatos.

O partido liberal baseava seus cálculos no fato de que os 13 mil eleitores restantes da circunscrição se encontravam divididos em pequenas minorias.

Mas uma fração muito reduzida de seus aderentes, desatendendo as ordens do Comitê diretor, votou por candidatos diferentes dos que haviam sido indicados e isso foi suficiente para que o partido liberal elegesse somente seis candidatos, resultando que a minoria obtivesse nove vagas. (In: Aréchaga, Justino Jimenez. *La libertad política*. Montevideo: Libreria Nacional, 1884, p. 160-161)

Daí que se dissesse que o voto cumulativo não seria um meio equitativo de se assegurar, às minorias, uma parte proporcional de representação.

Ele seria "um instrumento de confusão, de surpresas e arbitrariedade, com a possibilidade, para a minoria, de usurpar o lugar da maioria". (Aubry-Vitet. *Le suffrage universel dans l'avenir*, Revue des Deux Mondes, maio, 1870)

M.E. Naville sugeriu um sistema de voto cumulativo aperfeiçoado: "Quando se junta ao voto cumulativo a transferência legal dos sufrágios, a liberdade individual dos eleitores e a proporcionalidade da eleição se reuniriam e eu penso que o voto cumulativo assim modificado se tornaria o melhor dos procedimentos para as eleições políticas." Com a fórmula de Naville, o eleitor acumularia ou não os seus votos, a seu critério, mas o candidato que obtivesse um grande número de votos poderia transferir uma parte em proveito de outros candidatos de seu partido. Da mesma forma, os votos abaixo do quociente poderiam ser transferidos a outros, segundo uma lista elaborada pelo próprio candidato. (Naville, V.E. *Le progrés de la reforme électorale em 1873*. Genebra: 1874, cit. por Saripolos, Nicolas, ob. cit., p. 265)

Mas tal expediente, concedendo a certos deputados o poder de criar outros, seria, para um crítico, "contrário à liberdade dos eleitores, tanto quanto à independência desses deputados-clientes". (Saripolos, Nicolas, ob. cit., p. 266)

O voto cumulativo foi adotado, pela primeira vez, no Cabo da Boa Esperança, em 1853, para a eleição da Câmara Alta e para os poucos deputados que a capital elegia à outra Câmara; na Inglaterra e na Escócia, para os conselhos de escola; nas eleições legislativas do Estado de Illinois, EUA, desde 1870 e para eleições administrativas ou burocráticas em outros Estados americanos; no Chile, em 1884, para eleições legislativas.

Segundo alguns analistas, o modelo se aproxima da proporcionalidade da representação em casos de bipartidismo. Mas, quando existem diversas minorias, tem todos os defeitos do voto limitado (v. VOTO LIMITADO).

NO BRASIL – O voto cumulativo foi introduzido no Brasil pela lei n.º 1.269, de 15 de novembro de 1904, a chamada Lei Rosa e Silva (v. LEI ROSA E SILVA). Tendo estabelecido os distritos de cinco deputados ("Quando o número de deputados não for perfeitamente divisível por cinco, para a formação dos distritos, juntar-se-á a fração, quando de um, ao distrito da capital do Estado, e sendo de dois, ao primeiro e ao segundo distritos, cada um dos quais elegerá seis deputados" – segundo o § 2º de seu art. 58), dispôs: "Cada eleitor votará em três nomes nos Estados cuja representação constar apenas de quatro deputados; em quatro nomes nos distritos de cinco; em cinco nomes nos de seis; e em seis nos distritos de sete deputados". (art. 58, § 3º).

E, no art. 59, estabelecia a possibilidade da acumulação: "Na eleição geral da Câmara, ou quando o número de vagas a preencher no distrito for de cinco ou mais deputados, o eleitor poderá acumular todos os seus votos ou parte deles em um só candidato, escrevendo o nome do mesmo candidato tantas vezes quantos forem os votos que lhe quiser dar."

O mecanismo, cuja validade foi reiterada pelo art. 6º da lei n.º 3.208, de 27 de dezembro de 1916, vigorou até as eleições de 1930.

Atualmente, a expressão voto cumulativo é incorretamente aplicada pela Lei Orgânica dos Partidos (lei n.º 5.682, de 21 de julho de 1971) com referência aos voto plural (v. VOTO PLURAL) dado pelo mesmo convencional credenciado por mais de um título. Segundo o art. 31, Parágrafo Único daquela lei, "é proibido o voto por procuração e permitido o voto cumulativo".

A duplicidade ou mesmo a triplicidade de funções permite esse voto.

Como esclarece Pinto Ferreira, nas convenções municipais para escolha dos representantes a cargos eletivos, por exemplo, "I – o vereador que seja membro do diretório municipal, votará duas vezes: como vereador e como membro do diretório municipal; II – O deputado estadual que seja membro do diretório municipal votará duas vezes: como deputado estadual e como membro do diretório municipal; III – o delegado à convenção regional que seja também deputado e membro do diretório municipal, votará três vezes. E assim por diante". (Ferreira, Luís Pinto. *Manual prático de Direito Eleitoral*. São Paulo: Saraiva, 1973, p. 72)

VOTO DA MULHER

A MAIOR parte dos autores entende como sufrágio restrito (v. SUFRÁGIO RESTRITO) o que nega o direito ao voto, em razão de raça, de renda, de capacitação intelectual ou de sexo.

A exclusão feminina da cena eleitoral foi generalizada em todos os países, até o presente século. As condições sociais e econômicas, no passado, limitavam a mulher ao recôndito dos lares, sujeitavam-na, sempre, inicialmente, enquanto menor, ao pai, depois, casada, ao marido e, com o desaparecimento deste, ao filho mais velho. Sem a possibilidade de uma economia própria, negava-se-lhe a possibilidade de conhecimento das realidades fora de seu lar. Daí que, o mais comum, era a negação do sufrágio "*propter ignorantiam suam rerum…*". Depois, o próprio ambiente agressivo em que decorriam os pleitos, recomendava o afastamento de seres tão frágeis.

O sufrágio feminino, diria um deputado brasileiro, no debate da Constituinte de 1890, representaria "um verdadeiro rebaixamento do alto nível de delicadeza moral em que devem sempre pairar aquelas que têm a sublime missão de formar o caráter dos cidadãos pela educação dos filhos e o aperfeiçoamento moral dos maridos". (Deputado José Bevilacqua, Anais, v. II, p. 316. In: Roure, Agenor de. *A Constituinte republicana*. Brasília: Senado Federal, 1979, p. 284)

Em reformas constitucionais de 1898 e 1907, a Noruega concedeu o voto às mulheres, inicialmente censitário (v. VOTO CENSITÁRIO) e, a partir de 1913, sem a exigência de pagamento de um imposto.

A Grã-Bretanha, em 1913, começou a discutir a concessão do voto feminino, mas o projeto, a respeito, foi rejeitado, na Câmara dos Comuns, por 47 votos. Houve grande mobilização (v. SUFRAGISTAS) e a violência ali empregada retirou-lhes grande parte do apoio popular. A Primeira Guerra Mundial viria, segundo os analistas, ajudar o movimento: é que, com a convocação dos homens ao conflito, as mulheres souberam substituí-los no mercado de trabalho. Em 1919, a Câmara dos Comuns aprovou o voto da mulher, inicialmente nas eleições de municipais.

Mas a primeira grande defesa do sufrágio feminino fora trazida, no século anterior, por Stuart Mill. Argumentando em favor do sufrágio universal, ele disse, quanto à diferença dos sexos, que considerava o problema "tão inteiramente irrelevante, em termos de direitos políticos, quanto a diferença de altura ou de cor do cabelo". E continuou: "Todos os seres humanos têm o mesmo interesse em ter um bom governo; o bem-estar de todos é igualmente afetado por ele, e todos têm direito a uma voz para garantir sua porção de benefícios. Se existir tal diferença, as mulheres necessitam dele mais que os homens, uma vez que, sendo fisicamente mais frágeis, dependem mais das leis e da sociedade para sua proteção." E escrevendo em 1861, já que seu país era governado por uma mulher, concluiu: "A imagem da irracionalidade e da injustiça social mal disfarçada se completa." (Mill, Stuart. *Considerações sobre o Governo Representativo*. Brasília: Ed. UnB, 1981, p.77)

NO BRASIL – A Constituição monárquica, de 1824, não trazia proibição expressa ao voto feminino. Limitava-se a conceder o sufrágio, inicialmente, no primeiro grau, com as restrições de renda, à "massa dos cidadãos ativos, em Assembleias Paroquiais" (art. 90) e, em segundo grau, a todos os que podiam votar naquelas Assembleias (art. 94). Mas não se deveria concluir, daí, fosse possível, por lei ordinária, a concessão do sufrágio às mulheres.

Quando, em 1827, se discutiu, no Senado, um projeto de lei sobre as escolas de primeiras letras, o marquês de Caravelas chegara a sugerir emenda segundo a qual as mestras deveriam ensinar às meninas somente as quatro operações e não "as noções de geometria prática". Propunha a redução do estudo das meninas a ler, escrever e contar, condenando a "frívola mania" das mulheres de se aplicarem a temas para os quais parecia que a natureza não as formara, em um desvio, assim, dos verdadeiros fins para que foram criadas, e da economia de suas casas. (Sessão do Senado, de 29.8.1827. In: Porto, Walter Costa. *O voto no Brasil – Da Colônia à Quinta República*. Brasília: Senado Federal, 1989)

Na Constituinte de 1890, a discussão sobre o voto feminino foi intensa. O anteprojeto de Constituição, mandado elaborar pelo Governo Provisório, não concedia o sufrágio à mulher mas, na chamada Comissão dos 21, no Congresso, três deputados propuseram que ele fosse concedido "às mulheres diplomadas com títulos científicos e de professora, desde que não estivessem sob o poder marital nem paterno, bem como às que estivessem na posse de seus bens". (*Anais*, v. I, p. 125. In: Roure, Agenor de, ob. cit., p. 277)

A emenda não foi aceita, bem como outras, que possibilitavam o sufrágio "às cidadãs, solteiras ou viúvas, diplomadas em direito, medicina ou farmácia" e às que dirigissem "estabelecimentos docentes, industriais ou comerciais". (*Anais*, v. II, p. 221. In: Roure, Agenor, ob. cit., p. 272)

Adversários do voto feminino declaram que, com ele, se teria decretada "a dissolução da família brasileira" (Moniz Freire. *Anais*, v. II, p. 233. In: Roure, Agenor de, ob. cit., p. 233); que a mulher não possuía capacidade, pois não tinha, "no Estado, o mesmo valor que o homem". E se indagava: "A mulher pode prestar o serviço militar, pode ser soldado ou marinheiro?" (Lacerda Coutinho. *Anais*, v. II, p. 285. In: Roure, Agenor de, ob. cit., p. 283) A proposta do voto feminino era "anárquica, desastrada, fatal". (Lauro Sodré. *Anais*, v. II, p. 246. In: Roure, Agenor de, ob. cit., p. 280)

O texto final da Constituição de 1891 considerou eleitores "os cidadãos maiores de 21 anos", que se alistassem na forma da lei. João Barbalho julgou que o fato de não ter sido aprovada qualquer das emendas dando direito de voto às mulheres importava na exclusão destas, em definitivo, do eleitorado. (Barbalho, João. *Constituição Federal Brasileira*. Rio de Janeiro: 1902, p. 291)

A Agenor de Roure, no entanto, pareceu que os constituintes quiseram deixar a solução final à lei ordinária, já que, se não foi dado, desde logo, o direito de voto à mulher, não se declarou que ela não poderia se alistar, nem a incluíram entre os inelegíveis. (Roure, Agenor de, ob. cit., p. 288)

O Senado acolheu este último entendimento ao aprovar, em 1921, em primeira discussão, um projeto apresentado pelo senador Justo Chermont dispondo sobre a capacidade eleitoral da mulher, maior de 21 anos, admitindo, assim, que uma lei ordinária poderia consagrar o direito político da mulher. O projeto Chermont, no entanto, não logrou ser convertido em lei, como não chegara a ser discutido como projeto, apresentado em 1917, por Maurício de Lacerda, no mesmo sentido. Mas, no plano estadual, o Rio Grande do Norte iria se antecipar à União, notabilizando-se com o pioneirismo na concessão, por lei, do direito de voto à mulher.

Tudo se deveu ao esforço de Juvenal Lamartine que, candidato ao governo do Estado, incluiu, em sua plataforma, de 9 de abril de 1927, o desejo de contar com o concurso da mulher, "não só na escolha daqueles que vêm representar o povo", como também, "entre os que elaboram e votam a lei que tiver de aplicar". (Rodrigues, João Batista Cascudo. *A mulher brasileira, direitos políticos e civis*. Fortaleza: Imprensa Universitária, 1962, p. 47)

E ao se elaborar, naquele ano, a lei eleitoral do Estado, em função da revisão constitucional que se procedera em 1926, Juvenal Lamartine solicitou ao então governador, José Augusto Bezerra, a inclusão de emenda que, afinal, constou das Disposições Transitórias do texto: "Art. 17. No Rio Grande do Norte, poderão votar e ser votados, sem distinção de sexos, todos os cidadãos que reunirem as condições exigidas por esta lei."

A primeira eleitora brasileira a alistar-se, com base nessa disposição legal foi a professora da Escola Normal de Mossoró, Celina Guimarães Viana. O juiz interino da Comarca, à vista de seus documentos, logo determinou sua inclusão na lista geral de eleitores, para gáudio do *Jornal do Município* que, em manchete de 4 de dezembro de 1927, proclamava: "Mossoró sempre à vanguarda dos grandes e nobres cometimentos."

Outros casos mereceram exame mais demorado, com sentenças mais fundamentadas da Justiça do Rio Grande do Norte, para incluir mulheres no alistamento eleitoral do Estado.

Um pequeno opúsculo, *Os direitos políticos da mulher* (Natal, Imprensa Oficial, 1928), reúne três desses processos, que permitiram o voto a professoras, a primeira, de matemática, na Escola Normal de Natal, a segunda, auxiliar de puericultura, na Escola Doméstica daquela capital e a terceira, particular, do município de Acary.

Entenderam os juízes que, em hermenêutica, não caberia atribuir ao legislador antinomias na lei; e que nenhuma incongruência seria maior que negar às mulheres o direito de voto, de sua natureza política, enquanto, por outro lado, se lhes concedida outros direitos, também políticos, de maior relevância, seja como o acesso a funções públicas. E, à alegação de que no vocábulo cidadãos "não se poderia conter a expressão verbal as mulheres", reagia o Juiz M. Xavier Montenegro: aceitar uma tal argumentação importaria em chegar à absurda conclusão de que, não sendo as mulheres cidadãos, restariam estrangeiras, isto é, deixariam de ser nacionais. Entretanto, os estrangeiros, no Brasil, uma vez naturalizados, gozavam do direito de voto: "Seria assim – concluía ele – o caso de naturalizar a mulher brasileira, a fim de que pudesse ela vir a gozar de direitos conferidos a estrangeiros naturalizados." (*Os direitos políticos da mulher*, ob. cit., p. 12)

Vinte eleitoras se inscreveram no Rio Grande do Norte, até 1928, e 15 delas votaram na eleição de 15 de abril de 1928, em que José Augusto Bezerra foi indicado senador, na vaga aberta com a renúncia de Juvenal Lamartine, eleito governador daquele Estado.

Mas a Comissão de Poderes do Senado descontou, "por inapuráveis", esses votos. Em longo parecer, de n.º 8 A/1928, lembrava-se, inicialmente, a decisão da Casa ao manifestar-se claramente pela constitucionalidade do projeto, apresentado em 1921, pelo senador Justo Chermont, estendendo às mulheres maiores de 21 anos as disposições das leis eleitorais vigentes. Mas, se muitos sustentavam que a Constituição não vedara à mulher o exercício dos direitos políticos, a Lei maior "também não lh'os outorgou". Não poderia ser suficiente aquela falta de proibição. Existiria, para a Comissão, uma longa tradição dos nossos costumes, uma "venerável tradição doutrinária a considerar".

Depois de rebater argumentos como os esgrimidos pela Justiça do Rio Grande do Norte, sobre os direitos políticos dos naturalizados, concluía o parecer por exigir uma lei que definisse os aspectos complexos da matéria, interpretando o texto constitucional. Isso era necessário "para interromper, desse modo e decisivamente, uma tradição mansa e pacífica". (Parecer n.8/1928. In: *Diário do Congresso Nacional*, de 27.5.1928, p. 313-314)

Uma informação de Branca Moreira Alves (*Ideologia e feminismo*. Petrópolis, RJ: Vozes, 1980, p. 94-95) é a de que, muito antes, no ano de 1906, na Comarca de Minas Novas, Minas Gerais, três mulheres, Alzira Vieira Ferreira Netto, mais tarde formada em Medicina, Cândida Maria dos Santos, professora em escola pública, e Clotildes Francisca de Oliveira, haviam, já, se alistado como eleitoras e votado.

A tradição "mansa e pacífica", no Brasil, de negativa do voto à mulher, somente seria quebrada com o Código Eleitoral de 1932 (v. CÓDIGO ELEITORAL DE 1932).

Seu anteprojeto, elaborado por subcomissão designada pelo Governo Provisório, dispunha que seriam admitidas a inscrever-se como eleitoras a "mulher solteira *sui juris*, que tenha economia própria e viva de seu trabalho honesto ou do que lhe rendam bens, empregos ou qualquer outra fonte de renda lícita; a "viúva em iguais condições" e a mulher casada "que exerça efetivamente o comércio ou indústria por conta própria ou como chefe, gerente, empregada ou simples operária de estabelecimento comercial ou industrial e bem assim que exerça efetivamente qualquer lícita profissão, com escritório, consultório ou estabelecimento próprio ou em que tenha funções devidamente autorizada pelo marido, na forma da lei civil".

O anteprojeto considerava, ainda, alistáveis, "a mulher separada por desquite amigável ou judicial, enquanto durar a separação"; "aquela que, em consequência da declaração judicial da ausência do marido, estiver à testa dos bens do casal, ou na direção da família"; e, finalmente, "aquele que foi deixada pelo marido durante mais de dois anos, embora este esteja em lugar sabido". Essa redação não foi do agrado de um dos integrantes da Subcomissão responsável pelo anteprojeto, Assis Brasil (v. BRASIL, J.F. DE ASSIS).

É curioso ver como Assis Brasil – a quem o quadro eleitoral brasileiro deve, decerto, a maior contribuição – modificou sem pensamento a respeito do voto feminino. Como ele recorda na 4ª edição de seu *Democracia representativa – Do voto e do modo de votar*, "na Constituinte de 1890-91, votei contra o exercício do sufrágio político pela mulher".

No Brasil, argumentava ele, então, "onde a mulher ainda não tem competência para imiscuir-se em eleições, o sufrágio deve ser realmente universal, mas só para os homens".

Mas, depois, julgou ele que tivesse chegado a oportunidade "para a admissão da outra metade da nação ao exercício do voto". E quando da elaboração do projeto do Código Eleitoral de 1932, discordou da redação proposta por João Cabral (v. CABRAL, JOÃO C. DA ROCHA).

Ele preferia que se reconhecesse na mulher as mesmas possibilidades de exercício do sufrágio atribuídas ao homem. Bastaria, segundo ele, escrever no sítio oportuno a advertência que tornasse claro tratar-se de ambos os sexos na expressão "cidadãos brasileiros".

A redação final do Código, trazida pelo Decreto n.º 21.076, de 24 de fevereiro de 1932, considerou eleitor "o cidadão maior de 21 anos, sem distinção de sexo".

A Constituição promulgada em 16 de julho de 1934 veio dispor que eleitores seriam "os brasileiros de um ou de outro sexo, maiores de 18 anos", que se alistassem na forma da lei (art. 108).

Mas determinava em seu art. 109: "O alistamento e o voto são obrigatórios para os homens, e para as mulheres, quando estas exerçam função pública remunerada, sob as sanções e salvas as exceções que a lei determinar."

A Constituição de 10 de novembro de 1937 repetiria, em seu art. 117, a disposição do art. 108 da Carta anterior; e omitiria qualquer referência quanto à obrigatoriedade do alistamento ou do voto.

A matéria viria, no entanto, a ser disciplinada pelo Decreto-Lei n. 7.586, de 28 de maio de 1945, quando Getúlio Vargas entendia, no fim de seu período ditatorial, que haviam sido criadas, já, as condições necessárias para que entrassem em funcionamento o sistema de órgãos representativos que previra na Carta outorgada em 1937. O art. 4º do novo diploma legal dizia, então, serem obrigatórios o alistamento e o voto para "os brasileiros de ambos os sexos", salvo, entre outras exceções, as mulheres que não exercessem profissão lucrativa. A Constituição de 1946, finalmente, nem se preocupou em especificar os "brasileiros de um e outro sexo".

Tão claro estava, agora, que não se poderia afastar o sufrágio feminino, que afirmou, simplesmente: "Art. 131. São eleitores os brasileiros maiores de 18 anos que se alistarem na forma da lei". Mas, logo depois, determinava: "Art. 133. O alistamento e o voto são obrigatórios para os brasileiros de ambos os sexos, salvo as exceções previstas em lei."

Tendo as mulheres obtido, em 1932, o direito de votar e de serem votadas – o *jus suffraggii* e o *jus honorum*, como distinguiam os romanos – é curioso ver que o sistema proporcional, que exatamente cuida em que o Parlamento seja um "espelho" da sociedade, não as atendeu no sentido de dotar o Congresso de uma significativa bancada feminina.

Nas eleições para a Constituinte de 1933, elegeu-se, entre "os deputados do povo", apenas uma mulher, Carlota Pereira de Queiroz, por São Paulo. Outra candidata, Berta Lutz, alcançaria a primeira suplência, pelo Distrito Federal.

Entre as "deputadas das profissões", foi escolhida mais uma mulher, Almerinda Gama, representante classista do Sindicato dos Datilógrafos e Taquígrafos e da Federação do Trabalho do Distrito Federal.

Os quadros das páginas seguintes mostram a eleição de mulheres para a Câmara dos Deputados, a partir de 1950.

VOTO DE LIDERANÇA

EM UMA votação no Parlamento, a manifestação do líder, em nome dos que integram seu partido. Segundo levantamento procedido por Sepúlveda Pertence, a fórmula "é virtualmente desconhecida nas normas e práticas do direito parlamentar comparado". Somente encontrou ele tal mecanismo no Parlamento luxemburguês. Não obstante, comenta: "É inegável que o voto de liderança é um instrumento de excepcional eficácia para vencer o problema do absenteísmo nas sessões plenárias do Legislativo." Mas, a repulsa ao expediente "constitui um indício eloquente da sua incompatibilidade com os princípios cardeais, que ferem o instituto do mandato legislativo". (Pertence, Sepúlveda. "Voto de liderança – Inconstitucionalidade". In: *Revista de Direito Público*, n.º 92, out./dez., 1889, ano 22, p. 116 e sgs.)

Esse entendimento foi recusado por Alcino Pinto Falcão, para quem, o voto de liderança, "aparentado" ao voto por procuração (v. VOTO POR PROCURAÇÃO), "não é tão absurdo quanto se alega ser, pois quando não existe em texto regimental

Mulheres Eleitas para a Câmara dos Deputados

Legislatura		Estado	Total de Deputados	Porcentagem de Mulheres
1950-1954	Ivete Vargas	SP	326	0,3
1954-1958	Nita Costa	BA	326	0,6
	Ivete Vargas	SP		
1958-1962	Ivete Vargas	SP	326	0,3
1962-1966	Ivete Vargas	SP	404	0,2
1966-1970	Ivete Vargas	SP	404	1,4
	Necy Novaes	BA		
	Júlia Steinbruch	RJ		
	Maria L.M. Araújo	AC		
	Ligia Doutel	SC		
	Nysia Carone	MG		
1970-1975	Necy Novaes	BA	293	0,3
1975-1979	Ligia L. Bastos	RJ	364	0,2
1979-1983	Cristina Tavares	PE	420	0,4
	June Marise	MG		
1983-1987			479	1,6
	Cristina Tavares	PE		
	Irma Passoni	SP		
	Beth Mendes	SP		
	Ivete Vargas	SP		
	Junia Marise	MG		
	Lúcia Viveiros	PA		
	Rita Furtado	RO		
	Myrthes Vevilacqua	ES		
1987-1991				
	Abigail Feitosa	BA	487	5,1
	Anna Maria Rattes	RJ		
	Benedita da Silva	RJ		
	Bete Mendes	AM		
	Beth Azize	SP		

Legislatura		Estado	Total de Deputados	Porcentagem de mulheres
1987-1991				
	Dirce Tutu Quadros	SP		
	Eunice Michiles	AM		
	Irma Passoni	SP		
	Lucia Braga	BA		
	Lucia Vania A. Costa	GO		
	Marcia Cibilis Viana	RJ		
	Marcia Kubitschek	DF		
	Maria de L. Abadia	DF		
	Maria L.M. Araújo	AC		
	Marluce Pinto	RR		
	Myriam Portella	PI		
	Moema São Thiago	CE		
	Raquel Capibaribe	AP		
	Raquel Cândido	RO		
	Rita Camata	ES		
	Rita Furtado	ES		
	Rose de Freitas	ES		
	Sadie Hauache	AM		
	Sandra Cavalcanti	RJ		
	Wilma Maia	RN		
1991-1995			503	5,7
	Adelaide Neri	AC		
	Angela Amin	SC		
	Benedita da Silva	RJ		
	Beth Azize	AM		
	Célia Mendes	AC		
	Cidinha Campos	RJ		
	Etevalda Grassi Menezes	ES		
	Eurides Brito	DF		
	Fátima Pelaes	AP		
	Irma Passoni	SP		

Legislatura		Estado	Total de Deputados	Porcentagem de Mulheres
1991-1995				
	Jandira Feghali	RJ		
	Lucia Braga	PB		
	Maria Luiza Fontenele	CE		
	Lucia Vania A. Costa	GO		
	Luci Choinacki	SC		
	Maria Laura	DF		
	Maria Valadão	GO		
	Marcia Cibilis Viana	RJ		
	Marilu Guimarães	MS		
	Raquel Cândido	RO		
	Regina Gordilho	RJ		
	Roseana Sarney	MA		
	Rita Camata	ES		
	Rose de Freitas	ES		
	Sandra Cavalcanti	RJ		
	Sandra Starling	MG		
	Socorro Gomes	PA		
	Teresa Jucá	RR		
	Vanda Reis	RJ		
	Zilá Bezerra	AC		
1995-1999			513	7,0
	Alcione Athaide	RJ		
	Alzira Ewerton	AM		
	Ana Júlia	PA		
	Ceci Cunha	AL		
	Cidinha Campos	RJ		
	Dalila Figueiredo	SP		
	Dolores Nunes	TO		
	Elcione Barbalho	PA		
	Esther Grossi	RS		
	Etevalda Grassi	ES		

Legislatura	Estado	Total de Deputados	Porcentagem de Mulheres
1995-1999			
Fátima Pelaes	AP		
Jandira Feghali	RJ		
Joana D'Arc	MG		
Laura Carneiro	RJ		
Lídia Quinan	GO		
Márcia Cibilis	RJ		
Márcia Marinho	MA		
Maria Conc. Tavares	RJ		
Maria Elvira	MG		
Maria Laura	DF		
Maria Valadão	GO		
Marilu Guimarães	MS		
Marinha Raupp	RO		
Marisa Serrano	MS		
Marta Suplicy	SP		
Nair Xavier	GO		
Raquel Capiberibe	AP		
Regina Lino	AC		
Rita Camata	ES		
Sandra Starling	MG		
Simara Ellery	BA		
Socorro Gomes	PA		
Telma de Souza	SP		
Teté Bezerra	MT		
Vanessa Felipe	RJ		
Yeda Crusius	RS		
Zila Bezerra	AC		
Zulaiê Cobra	SP		
1999-2003		513	5,45
Almerinda de Carvalho	RJ		
Ana Catarina	RN		

Legislatura		Estado	Total de Deputados	Porcentagem de Mulheres
1999-2003				
	Angela Guadagnin	SP		
	Ceci Cunha	AL		
	Celcita Pinheiro	MT		
	Elcione Barbalho	PA		
	Fátima Pelaes	AP		
	Iara Bernardi	SP		
	Jandira Feghali	RJ		
	Laura Carneiro	RJ		
	Lídia Quinan	GO		
	Luci Choinask	SC		
	Lúcia Vânia	GO		
	Luiza Erundina	SP		
	Maria Abadia	DF		
	Maria do Carmo Lara	MG		
	Maria Elvira	MG		
	Maria Lúcia	MG		
	Marinha Raupp	RO		
	Marisa Serrano	MS		
	Miriam Reid	RJ		
	Nair Xavier Lobo	GO		
	Nice Lobão	MA		
	Rita Camata	ES		
	Telma de Souza	SP		
	Tetê Bezerra	MT		
	Vanessa Grazziotin	AM		
	Yeda Crusius	RS		
	Zila Bezerra	AC		
2003-2007			513	8,38
	Alice Portugal	BA		
	Almerinda de Carvalho	RJ		
	Angela Guadarini	SP		

Legislatura		Estado	Total de deputados	Porcentagem de mulheres
2003-2007				
	Ann Pontes	PA		
	Cacilda Pinheiro	MT		
	Clair de Flora Martins	PR		
	Denise Frossard	RJ		
	Edna Macedo	SP		
	Elaine Costa	RJ		
	Fatima Bezerra	RN		
	Francisca Trindade	PI		
	Iara Bernardi	SP		
	Iriny Lopes	ES		
	Jandira Feghali	RJ		
	Janete Capibaribe	AP		
	Kátia Abreu	RS		
	Laura Carneiro	RJ		
	Luci Choinacki	SC		
	Lucia Braga	PB		
	Luciana Genro	RS		
	Luiza Erundina	SP		
	Maria José Maninha	DF		
	Maria do Carmo Lara	MG		
	Maria do Rosário	RS		
	Maria Helena Rodrigues	RR		
	Maria Lucia dos Santos	RJ		
	Marinha Raupp	RO		
	Neyde Aparecida	GO		
	Nice Lobão	MA		
	Perpétua Almeida	AC		
	Raquel Teixeira	GO		
	Rose de Freitas	ES		
	Sandra Rosado	RN		
	Suely Campos	RR		

Legislatura		Estado	Total de Deputados	Porcentagem de Mulheres
2003-2007				
	Telma de Souza	SP		
	Terezinha Fernandes	MA		
	Thelma de Oliveira	MT		
	Vanessa Grazziotin	AM		
	Yeda Crusius	RS		
	Zelinda Novaes	BA		
	Zulaiê Cobra	SP		
2007-2011			513	8,8
	Alice Portugal	BA		
	Aline Corrêa	SP		
	Ana Arraes	PE		
	Andreia Zito	RJ		
	Angela Amin	SC		
	Angela Portela	RR		
	Bel Mesquita	PA		
	Cida Diogo	RJ		
	Dona Iris	GO		
	Elcione Barbalho	PA		
	Fátima Bezerra	RN		
	Fátima Pelaes	AP		
	Gorete Pereira	CE		
	Iriny Lopes	ES		
	Janete Capibaribe	AP		
	Janete Pietá	SP		
	Jô Moraes	MG		
	Jusmari Oliveira	BA		
	Lídice da Mata	BA		
	Lucenira Pimentel	AP		
	Luciana Genro	RS		
	Luiza Erundina	SP		
	Manuela Pinto	RS		

Legislatura		Estado	Total de Deputados	Porcentagem de Mulheres
2007-2011				
	Maria do C. Lara	MG		
	Maria do Rosário	RS		
	Maria Helena	RR		
	Maria Lucia Cardoso	MG		
	Marina Magessi	RJ		
	Marinha Raupp	RO		
	Nice Lobão	MA		
	Perpétua Almeida	AC		
	Profª Dalva	AP		
	Raquel Teixeira	GO		
	Rebeca Garcia	AM		
	Rita Camata	ES		
	Rose de Freitas	ES		
	Sandra Rosado	RN		
	Solange Almeida	RJ		
	Solange Amaral	RJ		
	Suely	RJ		
	Suely Vidigal	ES		
	Thelma de Oliveira	MT		
	Tonha Magalhães	BA		
	Vanessa Grazziotin	AM		
2011-2015			513	8,8
	Alice Portugal	BA		
	Aline Corrêa	SP		
	Ana Arraes	PE		
	Andreia Zito	RJ		
	Antônia Lúcia	AC		
	Benedita da Silva	RJ		
	Bruna Furlan	SP		
	Célia Rocha	AL		
	Cida Borghetti	PR		

Legislatura		Estado	Total de Deputados	Porcentagem de Mulheres
2011-2015				
	Dalva Figueiredo	AP		
	Dorinha Rezende	TO		
	Elcione Barbalho	PA		
	Erika Kokai	DF		
	Fátima Bezerra	RN		
	Fátima Pelaes	AP		
	Flávia Morais	GO		
	Gorete Pereira	CE		
	Iracema Portella	PI		
	Iriny Lopes	ES		
	Iris de Araújo	GO		
	Jandira Feghali	RJ		
	Janete Pietá	SP		
	Jô Moraes	MG		
	Keiko Ota	SP		
	Lauriete de Almeida	ES		
	Liliam Sá	RJ		
	Luciana Santos	PE		
	Luiza Erundina	SP		
	Manuela D'Ávila	RS		
	Mara Gabrilli	SP		
	Marcivania Flexa	AP		
	Maria do Rosário	RS		
	Marinha Raupp	RO		
	Nice Lobão	MA		
	Nilda Gondim	PB		
	Perpétua Almeida	AC		
	Rebecca Garcia	AM		
	Rosane Ferreira	PR		
	Rose de Freitas	ES		
	Rosinha da Adefal	AL		
	Sandra Rosado	RN		
	Sueli Vidigal	ES		
	Teresa Surita	RR		

(...) por outros meios se alcança o mesmo resultado". E lembra ele a figura "dos diligentes e poderosos *Whips*" (v. WHIPS) na prática parlamentar inglesa; ali, a recusa de votar com o líder pode custar a reeleição do representante. Para Falcão, "a existência de certo grau de sujeição partidária não tem nada de entulho autoritário". (Falcão, Alcino Pinto. *Voto de liderança como "sub genus" do voto por procuração*. In: *Revista de Direito Constitucional e Ciência Política*, p. 236 e sgs.)

NO BRASIL – O art. 176 do Regimento Interno da Câmara dos Deputados, modificado em outubro de 1972, passou a ter a seguinte redação: "Pelo processo simbólico, o presidente, ao anunciar a votação de qualquer matéria, convidará os deputados a favor a permanecerem sentados e proclamará o resultado manifesto dos votos. A manifestação dos líderes representará o voto de seus liderados, permitida a declaração de voto."

Em 1985, um deputado requereu mandado de segurança contra o presidente da Câmara, para que se lhe assegurasse o direito de voto, sempre que presente às sessões da Casa. Nas informações, alegou o presidente que o artigo se originara de reforma integral do regimento, de 1972 e que não poderia "deixar de aplicar a lei interna da Casa, até sua alteração ou revogação".

Então procurador geral eleitoral, o atual Ministro do Supremo Tribunal Federal, Sepúlveda Pertence entendeu pela inconstitucionalidade da parte final do art. 176 do regimento. O voto de liderança, segundo ele, importava "na criação, por força de norma regimental, de uma representação sem mandato: o líder representa todos os deputados do seu partido, independentemente da vontade deles, desnecessária para constituir o mandato e – o que é mais assustador – impotente para destituí-lo, no caso concreto, do poder de voto plural". Ora, "os deputados recebem da própria Constituição, como conteúdo do mandato em que são investidos, mais que o direito, a competência para, como órgão parcial da função legislativa, votar projetos de lei e outras proposições submetidas à aprovação da Câmara. Bastaria, por isso, a inexistência de norma permissiva, na própria Constituição, para que não pudessem, os deputados, mediante norma regimental, delegar coletivamente o exercício do voto aos líderes das respectivas bancadas partidárias". Mas, "além de não ser permitida – o que seria bastante para fazê-la proibida –, essa transferência regimental do direito de voto pessoal de cada deputado ao respectivo líder" seria incompatível com a norma expressa no art. 31 da Carta vigente, a dispor que "as deliberações de cada Câmara serão tomadas por maioria de votos, presente a maioria de seus membros". (Pertence, Sepúlveda, ob. cit., p. 120)

O Supremo Tribunal Federal não se manifestou sobre o mérito do mandado de segurança pois o impetrante, concorrendo à reeleição, não teve renovado seu mandato. (MS n.º 20.499-1-DF. In: *Diário de Justiça*, de 6.11.1987, p. 24440)

No atual Regimento Interno da Câmara de Deputados, o novo texto do art. 185, não repete a redação final do art. 176 ("A manifestação dos líderes representará o voto de seus liderados, permitida a declaração de voto"). E o art. 180, § 7º, é taxativo: "O voto do deputado, mesmo que contrarie o da respectiva representação ou sua liderança, será acolhido para todos os efeitos."

Mas, na prática, permanece o voto simbólico, que, para o deputado Eraldo

Tinoco "parece ter o dom de ampliar a produtividade do trabalho legislativo, mas que se constitui em flagrante engodo, pois não garante a participação de todos os parlamentares – ou, pelo menos, da maioria – e acaba por fazer ressurgir o voto de liderança". Para ele, "a permanência do voto simbólico criou um novo ambiente de artificialismo nas votações, pois acordos entre os líderes impedem que se peça a verificação de presença e, assim, muitas matérias são aprovadas pela minoria, eventualmente presente". (In: *Correio Braziliense*, ed. de 8.3.1991, p. 7)

Para afastar a irregularidade, o deputado Tinoco apresentou, em outubro de 1980, um projeto de resolução para reforma do regimento interno, extinguindo o processo de votação simbólica e revogando, também, o pedido de verificação de votação pois que, "extinga a votação simbólica, tal verificação perde a sua razão de ser".

No regimento, atual, do Senado, consolidado pelo Ato da Mesa de n.º 1/1991, mantém-se o voto de liderança: "Art. 293, II – O voto dos líderes representará o de seus liderados presentes, permitida a declaração de voto, em documento escrito a ser encaminhado à mesa para publicação." Mas, se for requerida verificação de votação, será ela repetida pelo processo nominal. Este requerimento de verificação de votação, no entanto, somente será admitido se apoiado por três senadores. (art. 293, III e IV).

VOTO DE MINERVA

Voto de desempate, concedido ao presidente de uma Assembleia ou de um grupo. Na maior parte dos regimentos, somente se apela ao pronunciamento do presidente em caso de irresolução, pela igualdade das forças em disputa.

Na Roma Imperial, esse voto, denominado, então, *Calculus Minervae*, foi inicialmente concedido a Augusto no caso de uma condenação, quando apenas houvesse um voto a mais da maioria dos julgadores. Desse modo, Augusto poderia decidir pela absolvição. (Mommsen, Theodoro. *Compendio del Derecho Publico Romano*. Madri, 1893, cit. por Silveira, V. Cesar de. *Dicionário de Direito Romano*. São Paulo: José Buschatsky, 1957, p. 11-12)

Mas autores como Zumpt entendem que tinha o imperador Augusto, pelo *Calculus Minervae*, o direito de opor seu voto a toda condenação, qualquer que fosse o total de votos apurados contra o condenado. Era, como algumas legislações ainda acolhem, o direito de graça. (Silveira, V. Cesar, ob. cit., p. 112)

VOTO DE PALHA

Straw vote, como se denomina, na língua inglesa, o voto fictício, numa antecipação simulada de uma eleição. Segundo Jean-Louis Boursin, o primeiro voto de palha se deu, em 1824, numa pequena cidade de Delaware, nos EUA, promovido por um jornal, *The Harrisburg Pennsylvanian*. Colheu-se, então, a intenção de voto de parte da população local, antes da eleição presidencial, obtendo-se uma vitória do candidato Andrew Jackson.

A prática foi mantida por longo tempo na imprensa americana mas, no início, apresentada como uma simples narração de um acontecimento. Surgiu, entretanto, "a tentação da pítia", com a utilização do mecanismo para predição dos resultados da eleição. Daí que, conclua Boursin, o voto de palha do *The*

Harrisburg Pennsylvanian foi "o primeiro ancestral de nossas modernas sondagens" (v. SONDAGENS) (Boursin, Jean-Louis. *Les dés et les urnes*. Paris: Éditions du Seuil, 1990, p. 227)

VOTO DE PRERROGATIVA

VOTO DE precedência, concedido, na antiga Roma, a uma das centúrias de primeira classe, denominada, então, de *centuria praerogativa*. Como informa Ross-Taylor, antes da reforma do século III, as centúrias de cavaleiros – que, nessa época, se compunham, em sua maioria de senadores ou filhos de senadores – votavam em primeiro lugar; e sendo *praerogativa* tinham uma grande influência no resultado da eleição. Depois da reforma, quando se escolheu uma centúria da primeira classe como *praerogativa*, as centúrias de cavalheiros votavam após a primeira classe.

Como mostra da influência desse voto de precedência, em 54, época de grande corrução eleitoral, dois candidatos ao consulado anunciaram que estavam dispostos a pagar dez milhões de sestércios para assegurar o voto de prerrogativa. (Ross-Taylor, Lily. *La politique et les partis à Rome au temps de César*. Paris: François Maspero, 1977, p. 124-125)

VOTO DE REDUÇÃO
(V. VOTO NEGATIVO)

VOTO DISTRITAL

A UTILIZAÇÃO do sistema majoritário (v. SISTEMA MAJORITÁRIO) nas eleições para a Câmara dos deputados, com a divisão do território em circunscrições menores, é chamada, no Brasil, de Voto Distrital.

No Império, com o Decreto n.º 842, de 6 de setembro de 1853, se determinou que as Províncias seriam divididas "em tantos distritos quanto forem os seus deputados na Assembleia Geral". Mas na crônica política e no debate parlamentar, somente se falou em Lei dos Círculos (v. LEI DOS CÍRCULOS).

O país conheceu, então de 1855 a 1860, distritos de um só deputado; de 1860 a 1875, distritos de três e de 1881 a 1889, de novos distritos de um só nome. Com a República, e com a lei n.º 35, de 26 de janeiro de 1904, voltaram os distritos de um só deputado. E, com a Lei Rosa e Silva (v. LEI ROSA E SILVA), de 1904, os distritos foram de cinco nomes, até a Revolução de 1930 e o primeiro Código Eleitoral, de 1932 (v. CÓDIGO ELEITORAL DE 1932), que trouxe o regime proporcional para a eleição da Câmara.

Muitos projetos foram apresentados ao Congresso visando a introdução, no país, do sistema majoritário-distrital para as eleições para o Legislativo. Entre eles, os de autoria do senador Milton Campos e dos deputados Oscar Corrêa e Franco Montoro.

O texto de Oscar Corrêa propunha, além de candidatos indicados nos distritos, "representantes gerais", eleitos por votação em todo o território do Estado. Os resultados obtidos nos distritos seriam somados para determinação dos quocientes eleitoral e partidário. Definidos os lugares que coubessem a cada partido, o respectivo preenchimento obedeceria à ordem decrescente de votação nominal de seus candidatos, havendo uma lista para os candidatos votados nos distritos e outra para os gerais. Na apuração final, a classificação dos candidatos, nas respectivas legendas, far-se-ia de acordo com a média percentual obtida pelo candidato no respectivo distrito eleitoral e, na distribuição proporcional, no caso em que um candidato tivesse sido registrado por mais de um distrito, para efeito de sua classificação na legenda do partido. Computar-se-ia, apenas, a maior média percentual conseguida nos diferentes distritos em que tivesse sido registrado.

O projeto Montoro dava, também, dois votos ao eleitor, um a candidato registrado no distrito, outro a uma lista elaborada pelos partidos, dado à legenda, na ordem aprovada em comissão da agremiação. Era o que mais se aproximava do sistema introduzido na República Federal Alemã desde maio de 1956 (v. ALEMANHA).

O próprio Executivo, em proposta que enviou ao Congresso em 1982, sugeriu uma modificação ao art. 39 da Constituição segundo a qual os deputados passariam a ser eleitos "pelo sistema distrital misto, majoritário e proporcional". A ideia foi sepultada por nova alteração constitucional em 1985.

VOTO DO ANALFABETO

PARA MUITOS, o sufrágio universal – o que pretende estender o direito de voto ao maior número e que não admite restrições, que julga intoleráveis, como as que se referem à renda, ao sexo, à religião – bem pode acolher a recusa do voto ao analfabeto. Retira-se, aí, o direito à deliberação sobre as questões públicas aos que, como se julga, não tenham o discernimento suficiente, a capacitação necessária à identificação do bem comum.

Para outros, no entanto, a vedação do voto ao analfabeto classificaria o sistema eleitoral como de sufrágio restrito. O analfabeto não está tão alheado da vida social, vive os fatos econômicos, pode bem medir o quanto as decisões da comunidade afetam sua existência. Depois, não se tratando de uma democracia direta, mas de governo indireto, cabe-lhe apenas indicar aqueles que, em seu nome, farão as opções entre as políticas alternativas.

De qualquer modo, essa não é uma questão que afete as sociedades mais avançadas, onde o analfabetismo se reduz ao nível dos fenômenos patológicos. E mesmo no chamado terceiro mundo, a sofisticação dos meios de comunicação permite, hoje, também ao analfabeto, uma massa de informações que antes não se poderia suspeitar pudesse, um dia, lhe ser oferecida.

NO BRASIL – Na Colônia, nas únicas eleições que se realizavam, para a escolha de vereadores e outros oficiais das Câmaras, não se negava o voto aos analfabetos. Dispunham, expressamente, as Ordenações Filipinas que, não sabendo os eleitores escrever, "ser-lhes-á dado um homem bom, que com eles escreva com juramento, que não descubra o segredo da eleição". (Liv. 1, t. 45)

No Império, até 1881, foi quase sempre permitido o voto aos analfabetos, por vezes expressamente, por vezes de modo indireto, quando se possibilitava não fossem assinadas as cédulas, ou o fossem por outrem, a rogo dos votantes.

Somente uma vez, naquele período, se opôs um entrave a esse sufrágio: quando o art. 73 da lei n.º 387, de 1846, exigiu, na cédula, a assinatura do eleitor (de 2º grau) e, no art. 126, § 3º, estabeleceu multa aos que não assinassem as atas da eleição secundária.

Em uma discussão, na Câmara, em 1880, essas disposições foram lembradas mas se disse que a falta de cumprimento das exigências não implicava na nulidade da eleição; sujeitava, apenas, o eleitor à multa: "Mas, devendo ser a multa imposta pelas Câmaras Municipais aos eleitores que, por omissão ou transgressão da lei, não assinaram os seus nomes nessa ata, segue-se que não deverão ser multados os eleitores que fisicamente estiverem na impossibilidade de cumpri-la, como os paralíticos, os que tiverem as mãos cortadas ou os que não souberem escrever, porque, nesses casos, não se podem considerar omissos, nem transgressores da lei." (Discurso do deputado Corrêa Rabelo. In: Rodrigues, José Honório. *Conciliação e reforma no Brasil*. Rio de Janeiro: Nova Fronteira, 1982, p. 154)

Com a chamada Lei Saraiva (v. LEI SARAIVA), a lei n.º 3.029, de 9 de janeiro de 1881, se proibiu o voto aos analfabetos, mas só para o futuro. No primeiro alistamento, qualquer cidadão poderia ser inscrito, se o requeresse por escrito, "com assinatura sua ou de especial procurador, provando seu direito com os documentos exigidos nesta lei" (art. 6º, § 4º).

Os títulos seriam entregues aos próprios eleitores, que os assinariam à margem, perante o juiz e, em livro especial, passariam recibo, com sua assinatura. Mas seria admitido "a assinar pelo eleitor que não souber ler ou não puder escrever, outro por ele indicado".

No entanto, nas revisões do alistamento geral, que se haveriam de produzir no primeiro dia útil do mês de setembro de 1882 e, "de então em diante, todos os anos em igual dia", somente seriam incluídos os cidadãos que o requeressem, provando ter as qualidades do eleitor, de conformidade com a lei, e soubessem "ler e escrever" (art. 8º, II). A partir dali, valeria o "censo literário" (v. CENSO LITERÁRIO) que, sob o patrocínio de Rui Barbosa (v. BARBOSA, RUI), se incluiu na Lei Saraiva.

A proibição do voto ao analfabeto, no Brasil, vigoraria até recentemente, com a promulgação da Emenda n.º 25, de 15 de maio de 1985.

Hoje, nos termos do art. 14 da Constituição promulgada em 5 de outubro de 1988, o alistamento eleitoral e o voto são facultativos para os analfabetos. Mas os analfabetos são inelegíveis.

VOTO EM BRANCO

O VOTO que não é dado a qualquer candidato entre os que concorrem a uma eleição; que não expressa qualquer preferência. Compõe, com o voto nulo (v. VOTO NULO), o conjunto dos votos estéreis (v. VOTO ESTÉRIL) mas, segundo alguns analistas, corresponde a um eleitor que não questiona o sistema – e, mesmo, o estima – ainda que não se encontre bastante identificado com qualquer das candidaturas que competem. (Bobillo, Francisco J. *El voto esteril en las elecciones generales españolas*. Rev. de Estudios Políticos. Madri: out/dez, 1988, p. 75)

O voto em branco, para esses autores, viria de uma decisão meditada, de um eleitor que concede tanta importância a sua escolha que não aceita que seu voto possa ser dado em favor de alguém que não compartilhe um ideário comum.

Corresponderia, assim, mais a uma decisão que a uma indecisão. E pode provir, ainda, da retirada da confiança de alguns eleitores com respeito a um partido em que haja votado em eleição anterior; castigo menor que o apoio a outra candidatura, esse ânimo punitivo expressaria desilusão ou certa amargura. (Bobillo, Francisco J., ob. cit., p. 75-76)

NO BRASIL – Desde a introdução do sistema proporcional no Brasil, com o Código Eleitoral de 1932 (v. CÓDIGO ELEITORAL DE 1932), entendeu-se que deveriam ser contados os votos em branco para definição do quociente eleitoral.

Naquele Código, aprovado pelo Decreto n.º 21.076, de 24 de fevereiro de 1932, dizia-se, no art. 58, n.º 6: "Determina-se o quociente eleitoral dividindo-se o número de eleitores que compareceram à eleição pelo número de lugares a preencher no círculo eleitoral, desprezada a fração."

Como comentou Gomes de Castro, "vê-se que ali não se falava em votos válidos, mas de eleitores que compareceram à eleição. O Tribunal Superior, em acódão do qual foi relator o sr. ministro Eduardo Espínola, interpretou que os votos nulos não se poderiam considerar como de eleitores que compareceram à eleição, porque votos nulos não existem, é como se nunca tivessem sido dados. Ora, os votos em branco não são nulos, e os eleitores que assim votaram não podem deixar de ser considerados como tendo comparecido à eleição". (Castro, Augusto O. Gomes de. *A lei eleitoral comentada*. Rio de Janeiro: B. de Souza, 1945, p. 48).

A lei n.º 48, de 4 de maio de 1935, que trouxe modificações ao Código Eleitoral de l932, expressamente considerou como válidos, para determinação do quociente eleitoral na eleição para deputados à Câmara Federal, os votos em branco.

Esse entendimento foi reafirmado pelo Decreto-Lei n.º 7.586, de 28 de maio de 1945, que veio regular o alistamento e as eleições de 2 de dezembro daquele ano (art. 45, Parágrafo Único), e, também, pelos Códigos Eleitorais de 1950 (art. 56) e de 1965 (art. 106, Parágrafo Único).

Para a eleição, sob o sistema majoritário, de presidente da República, determinou, no entanto, a atual Constituição, aprovada em 5 de outubro de 1988, que não sejam computados os votos em branco para a verificação da maioria absoluta. A disposição se estendeu à eleição de governadores (art. 28) e aos prefeitos de municípios com mais de 200 mil eleitores (art. 29, II).

Para alguns analistas, deixou se ser compatível o Parágrafo Único do art. 106 do Código Eleitoral "com o sistema constitucional em vigor, em que, diferentemente dos sistemas constitucionais anteriores, se definiu o que se deve entender por voto válido".

Assim, para o ministro Leitão de Abreu, pelo texto constitucional em vigor, "os votos válidos são os expurgados dos em branco e dos nulos. Equiparar, ainda que para determinado efeito, os votos válidos aos votos em branco, é contravir, sem remédio, ao sistema adotado, a propósito, pelo ordenamento constitucional em vigor". (Abreu, João Leitão. Parecer anexado à ADIN 381, PST, no Supremo Tribunal Federal)

Mas, para Tito Costa, o Direito brasileiro sempre tratou distintamente as eleições proporcionais e as majoritárias, quer no texto das leis, quer na doutrina, quer na jurisprudência. Segundo ele, o preceito contido no §2º do art. 77 da Constituição vigente é uma regra disciplinadora de eleição majoritária, ao passo que os deputados se elegem pelo sistema proporcional, como diz outro artigo da nova Carta.

Este último entendimento vinha sendo o do Tribunal Superior Eleitoral, em inúmeras decisões.

O debate foi encerrado com a determinação da nova lei n.º 9.504, de 30 de setembro de 1997 – de que "nas eleições proporcionais, contam-se como válidos apenas os votos dados a candidatos regularmente inscritos e às legendas partidárias".

VOTO ENCADEADO

Fraude inventada, ao que parece, em fins do século passado, na Tasmânia, Austrália (v. Trapaça Tasmaniana e Voto Corrente).

Inicia-se pela subtração, no instante da votação, de uma cédula oficial e sua troca por uma cédula falsa, que é depositada na urna. Com a cédula verdadeira, fora da seção eleitoral, um indivíduo assinala seu candidato e a entrega a um eleitor, pedindo-lhe que, depois de votar, traga-lhe a cédula oficial que receber, em branco. O processo se repete, condicionando o voto de inúmeros eleitores.

No interior do Nordeste brasileiro, esse voto encadeado é chamado de "voto formiguinha."

Para evitar esse mecanismo, que se denominou de *endless chain fraud*, passou-se, na Inglaterra, a numerar as cédulas e a se anotar, na mesa eleitoral, seu número junto à lista de votantes. Em princípio – como esclarece Mackenzie – se quebra o segredo do sufrágio; mas praticamente não sucede assim, já que a relação segue à parte das urnas ao final da votação e, junto às cédulas, envelopadas, a um funcionário da Justiça, sendo destruídas ao fim de um ano, sem que possam ser consultadas durante certo tempo, salvo por ordem do Tribunal Supremo, em uma investigação judicial. (Mackenzie, W.J.M. *Free elections*. Londres: George Allen & Unwin, p. 136)

VOTO ESTÉRIL

Segundo a doutrina espanhola, aquele "que não pode produzir frutos"; aquele que, qualquer que seja o resultado dos comícios, "carece, de antemão, de influência na questão que se deseja diluciar mediante uma convocatória eleitoral". (Bobillo, Francisco J. *El voto esteril en las elecciones generales españolas*. Rev. de Estudios Políticos, 62, out./dez., 1988, p. 69).

Em um escrutínio, pode-se distinguir entre votos emitidos e votos dados a candidaturas. A diferença entre essas cifras, diz Bobillo, é precisamente a quantidade que constitui o conjunto de votos infecundos ou estéreis. Esses votos estéreis compreendem, então, os votos nulos (v. Voto Nulo) e os em branco (v. Votos em Branco).

VOTO FAMILIAR

Modalidade de voto plural (v. Voto Plural) em que se privilegia um eleitor por sua condição de chefe de família. Pode ser integral, quando se atribui ao chefe de família tantos votos, além do seu, quantos menores vivam em seu lar; ou mitigado, quando lhe é atribuído somente um voto a mais, geralmente a partir de um certo número de filhos.

Duverger encontra justificativa para o privilégio: "Um celibatário e um pai de família não desempenham o mesmo papel na nação e não têm as mesmas responsabilidades; é justo que este disponha de um poder superior ao daquele na escolha dos governantes. O procedimento, justo por si mesmo, tem, aliás, a vantagem de ser a garantia de uma política familiar eficaz; na democracia, a família não será verdadeiramente protegida e favorecida senão na medida em que ela disponha de um poder eleitoral." (Duverger, Maurice. *Manuel de Droit Constitutionnel et de Science Politique*. Paris: Puf, 1948, p. 70-71)

A questão se pôs, na França, em razão dos baixos índices de natalidade e da fraca proporção de famílias numerosas. Como indicava Laferrière, em 1919, em

11 milhões de eleitores, havia 7 milhões de celibatários e de pais com menos de três filhos.

Em 1920, Roulleaux-Dugade apresentou à Câmara um projeto de lei com o seguinte teor: "São eleitores todos os franceses, sem distinção de sexo ou de idade, salvo o caso de incapacidade legal. O pai de família exercerá o direito de sufrágio por ele mesmo e por seus filhos menores dos dois sexos. Cada cidadão recebe um título eleitoral com a indicação nominal das pessoas que ele deve representar no escrutínio. O eleitor depositará na urna tantas cédulas separadas que seu título dá de votos a exprimir." (Laferrière, Julien. *Manuel de Droit Constitutionnel*. Paris: Éditions Domat, 1947, p. 522)

Mas os críticos do voto familiar argumentavam que ele vinha desnaturar a ideia do sufrágio: "O voto é uma expressão de uma opinião. Não se pode admitir que um pai atribua a seus filhos opiniões e ideias que não são senão as suas próprias, e que poderão ser inversas àquelas que a criança exprimiria, se votasse." (Harraca. *Le suffrage du chef de famille normal, 1930*. In: Laferriere, Julien, ob. cit., p. 522)

VOTO GRADUAL OU POR PONTOS

Sistema no qual cada eleitor pode votar por tantos nomes quantos os representantes a eleger; mas o voto terá maior ou menor valor, conforme a colocação dos nomes nas respectivas cédulas.

Segundo alguns analistas, chegou-se a esse resultado pela combinação dos processos de voto cumulativo (v. Voto Cumulativo) e de voto limitado (v. Voto Limitado) e, pelo reforço artificial da maioria e pelo enfraquecimento da minoria, alcançou-se um terceiro, "que não teria os inconvenientes próprios a cada um deles, mas participaria de suas vantagens recíprocas". (Bonnefoy, Gaston. *La représentation proportionnelle*. Paris: Marchal & Billard, 1902, p. 94)

Como esclarece M. Besson, dois são os procedimentos para o voto gradual. "Ou bem dar ao primeiro candidato inscrito um voto inteiro, ao segundo um meio voto, ao terceiro um terço de voto, e assim por diante. Ou, para evitar o emprego de frações, dar ao primeiro candidato inscrito, um número de votos igual àquele dos representantes a eleger, este número diminuindo de uma unidade por cada candidato, até o último, que recebe um voto somente." (In: Lestrade, Combes de. *Droit Politique contemporain*. Paris: Guillaumin et Cie., 1900, p. 597)

Para ilustrar o método, Bonnefoy cita o exemplo dado por M. Hack com três partidos em competição e três representantes a eleger:

Partido A
Votos Totais

1º Candidato 1.500 x 1 1.500
2º Candidato 1.500 x 1/2 750
3º Candidato 1.500 x 1/3 500

Partido B

1º Candidato 900 x 1 900
2º Candidato 900 x 1/2 450
3º Candidato 900 x 1/3 300

Partido C

1º Candidato 600 x 1 600
2º Candidato 600 x 1/2 300
3º Candidato 600 x 1/3 200

São eleitos, então, dois candidatos do Partido A (com 1.500 e 750 votos) e um do Partido B (com 900 votos). Se os votos fossem contados com o mesmo valor, o Partido A, que alcançou a maioria, conseguiria todas as cadeiras.

O voto gradual foi proposto, na França, por Borda (v. BORDA), M.M. Furet e J.V. Briant. Gigon, na França e Burnitz e Varrentrapp, na Alemanha, que também o propuseram, chamaram-no de sistema dos coeficientes de preferência. E como eles próprios indicaram, sua aplicação somente poderia produzir uma representação estritamente proporcional, atendida a condição de que todos os membros de um mesmo grupo eleitoral votassem por uma única lista de candidatos, colocados na mesma ordem de preferência. Como explicava Aréchaga, "a mais insignificante alteração que se fizesse por uma parte dos eleitores na lista de candidatos, o mero fato de modificá-la na ordem de preferência estabelecida na lista primitiva, ocasionaria uma perda considerável de sufrágios; e, desta maneira, o partido que assim houvesse votado, ou se veria completamente privado de toda representação, ou somente conseguiria a eleição de um número de deputados muito menor do que legitimamente lhe coubesse. A mais severa militarização dos partidos é, pois, condição indispensável ao funcionamento regular desse sistema". (Aréchaga, Justino Jimenez. *La libertad política*. Montevideo: Libreria Nacional, 1884, p. 203-204)

Bresson também trouxe uma crítica ao método. O voto gradual se encontraria diante de um dilema: "Ou os partidos são perfeitamente disciplinados, os eleitores obedecem pontualmente e inscrevem nos seus boletins os nomes dos candidatos na mesma ordem. A representação é, então, proporcional. Mas a exatidão da repartição não é livre, não é o corpo eleitoral que representa o corpo eleito, é o grupo buliçoso e pouco digno dos comitês eleitorais. Ou bem a *panachage* (v. PANACHAGE) é admitida. O eleitor preenche seu boletim à vontade, inscreve os candidatos de sua escolha, segundo uma ordem de preferência adotada por ele; em uma palavra, a eleição é sincera, mas o resultado é duvidoso, inexato, não proporcional o mais das vezes." (In: Lestrade, ob. cit., p. 597)

VOTO INCOMPLETO
V. VOTO LIMITADO

VOTO INFORMATIZADO

MAIS DE 50 anos depois de ter, em nosso primeiro Código Eleitoral, aludido a máquinas de votar (v. MÁQUINAS DE VOTAR), o Brasil utiliza o mais avançado sistema, em todo o mundo, para aferir a vontade popular.

Em livro de 1997, Paulo Cesar Camarão, um dos responsáveis pela informatização da Justiça Eleitoral, assim retratou a evolução do processo:

1983 – Experiência piloto de automação no cadastro no Rio Grande do Sul

1986 – Eleição Estadual

* Recadastramento Eleitoral
* Cadastros Estaduais (Processo terceirizado)
* Consolidação Nacional

1988 – Eleição Municipal

* Totalização dos resultados da eleições por meios informatizados nos estados do Acre, Alagoas, Mato Grosso, Paraíba, Piauí e Rondônia.

1990 – Eleição estadual

* Totalização da apuração das eleições, incluindo, também, o estado de Sergipe.

1991 – Instalação do polo de informática no Tribunal Regional Eleitoral de Minas

1992 – Eleição Municipal

*Totalização da apuração das eleições em aproximadamente 1.800 municípios.

1993 – Plebiscito Nacional da Forma de Governo

* Totalização da apuração do plebiscito em todos os municípios brasileiros.

1994 – Eleição Geral

* Sistema de Justiça Eleitoral em plataforma aberta
* Totalização completamente informatizada
* Adoção de duas cédulas (Majoritária e Proporcional)

1996 – Eleição Municipal

* Transferência do cadastro dos eleitores para Tribunais Regionais Eleitorais
* Início da informatização do voto (33 milhões de eleitores)

1998 – Eleição Geral

* Alteração do processo de identificação de eleitores (recadastramento geral)
* Crescimento da abrangência da informatização do voto (75 milhões de eleitores)

2000 – Eleição Municipal

* Crescimento da abrangência da informatização do voto (75 milhões de eleitores)

(Quadro sintético extraído de: Camarão, Paulo César Bhering. *O voto informatizado: Legitimidade democrática*. São Paulo: Empresa das Artes, 1997, p. 44)

Nas eleições de 1998, a informatização do voto em urnas eletrônicas alcançou, já, 57,60% do eleitorado do país, distribuídos em 537 municípios. Em cinco unidades da Federação – Rio de Janeiro, Alagoas, Distrito Federal, Amapá e Roraima – o sufrágio se exercitou, integralmente, em meio magnético.

Ao assumir, pela segunda vez, a presidência do Tribunal Superior Eleitoral, em 2 de março de 1999, o ministro Néri da Silveira, principal incentivador da implantação do processamento eletrônico de dados no alistamento dos eleitores, saudou o voto, em urnas eletrônicas, como "a mais recente e promissora realidade na obtenção da verdade eleitoral, pela garantia que confere a todos os cidadãos de ser o sufrágio respeitado, assim como a consciência de cada um quer expressá-lo, a par da segurança da votação e da automática apuração do resultado da urna, sem dúvidas nem reclamações".

VOTO LIMITADO

QUANDO o eleitor, em uma escolha plurinominal, não tem o direito de votar na totalidade das cadeiras a preencher: por exemplo, em um distrito de três nomes, ele tem o direito a votar em apenas dois candidatos.

Alguns autores incluem o voto limitado, como o voto cumulativo (v. VOTO

Cumulativo), entre os sistemas empíricos ou arbitrários de representação das minorias, aqueles que procuram dar certa acolhida às correntes menores de opinião mas não a lhes dar "uma justa e exata representação". (Christophle. *La représentation proportionnelle*. Paris: 1887, p. 58, cit. por Bonnefoy, Gaston. *La représentation proportionnelle*. Paris: Marchal & Billard, 1902, p. 62)

E indicam como suas principais características, a de exigir, necessariamente: a) um escrutínio de lista; b) circunscrições onde se tenha que designar ao menos três representantes, já que, se se apontam dois somente, não haveria como atribuir uma cadeira à maioria e outra à minoria; c) que cada eleitor não possa votar senão por um número de candidatos inferior àqueles de representantes a eleger na circunscrição. (Bonnefoy, Gaston, ob. cit., p. 78)

O sistema foi adotado na formação das Juntas das Assembleias primárias no projeto de constituição apresentado à Convenção francesa, em 15 de fevereiro de 1793.

Sugerido por Mackworth Praed, na Grã-Bretanha, nos debates que levaram à reforma de 1832, foi adotado ali em 1867, em 13 circunscrições, até 1885.

Foi aplicado em Nova York e em outros estados norte-americanos para a eleição de juízes; na Espanha, em 1876, para eleições municipais, em 1878, para eleições legislativas e, também, em 1907, dispondo-se, então: "Nos distritos em que se deva eleger um deputado ou consejal, cada eleitor não poderá dar validamente seu voto mais que a uma pessoa; quando se eleja mais de um, até quatro, terá direito a votar um a menos do número dos que hajam de se eleger; a dois menos, caso se elegerem mais de quatro, a três menos, caso se elegerem mais de oito, e a quatro menos, caso se elegerem mais de dez."

Foi utilizado, ainda, na Itália, em 1882, até 1891, e em Portugal, em 1884, até 1896.

A maior objeção que levanta é quanto a sua arbitrariedade, pois não confere à minoria uma participação proporcional a sua importância; e provoca resultados aleatórios pois uma maioria disciplinada pode muito bem arrebanhar todas as vagas (v. Rodízio).

Como se indicava, já, em 1888: a maioria poderia, "pela adequada preparação de seus boletins de voto, obter mais que sua representação normal; sabendo exatamente em certo caso a força de seus adversários, ela preparará, de antemão, listas compostas de tal maneira que a parte assegurada à minoria, pela lei, desapareça em parte ou mesmo totalmente".

E dava-se o seguinte exemplo: "Sejam 60 eleitores, divididos em dois grupos de 40 e de 20. A maioria deposita 15 listas com os nomes de A, B, C, D, E, F, G e H; 15 listas com os nomes A, B, C, D, I, J, K, e L; e dez listas com os nomes de E, F, G, H, I, J e L. A minoria, por seu lado, dá seus 20 votos a V, X, Y e Z. Resultado: A, B, C e D obtém 30 sufrágios; E, F, G, H, I, J, K e L, alcançam 25. Os 12 candidatos da maioria são eleitos. Não votando senão em oito nomes sobre 12, ela obterá a totalidade da representação, pois que seus candidatos menos favorecidos obtiveram 25 votos contra 20 concedidos aos da minoria." (In: *La représentation proportionnelle – Études de législation et de statistique compares*. Paris: F. Pichon, 1888, p. 40)

Exemplo desse procedimento se viu na Inglaterra, logo após a edição da lei de 1867: nas eleições que se verificaram em Birmingham e em Glasgow, a maioria elegeu todos os candidatos que correspondiam àquelas duas circunscrições, privando, em consequência, a minoria de qualquer representação. (In: Aréchaga, Justino Jimenez. *La libertad política*. Montevideo: Libreria Nacional, 1884, p. 147)

Lembrando as propostas de Lord John Russel, para o voto limitado, e de James Gerth Marshall, para o voto cumulativo, John Stuart Mill afirmou que "esses planos, embora infinitamente melhores do que nada, não passam de paliativos e alcançam o objetivo de maneira muito imperfeita, de vez que as minorias locais inferiores a um terço, e todas as minorias, por numerosas que sejam, formadas de diversos eleitorados, permanecem sem representação". (Mill, J. Stuart. *Considerações sobre o governo representativo*. Brasília: Unb, 1981, p. 75)

NO BRASIL – O voto limitado no Brasil foi, pela primeira vez, sugerido por José de Alencar (v. ALENCAR, JOSÉ DE), em artigo publicado no *Jornal do Commercio*, em 1859. E foi introduzido, em nosso sistema eleitoral, pelo Decreto n.º 2.675, de 20 de outubro de 1975, denominado de a "Lei do Terço" (v. LEI DO TERÇO).

Revogada, em 1881, pela lei n.º 3.029, de 9 de janeiro de 1881 (v. LEI SARAIVA), que trouxe a eleição direta e a volta dos distritos uninominais, retornaria com o Decreto n.º 3.340, de 14 de outubro de 1887, que veio regular a escolha dos membros das Assembleias Legislativas provinciais e dos vereadores às Câmaras Municipais.

Com a República, voltou a ser limitado o voto para eleição dos deputados, pela lei n.º 35, de 26 de janeiro de 1892. Retornaram os distritos de três deputados; os Estados que dessem cinco deputados, ou menos, constituiriam um só distrito; quando o número de deputados não fosse perfeitamente divisível por três – o que sucedia em grande número de casos – juntar-se-ia, para a formação dos distritos, a fração ao distrito da capital. Cada eleitor votaria em dois terços do número de deputados do distrito; nos de quatro ou cinco nomes, votaria em três nomes.

Com a lei n.º 1.269, de 15 de novembro de 1904 (v. LEI ROSA E SILVA), os distritos passaram a ser de cinco nomes. Cada eleitor votaria em três, nos estados cuja representação constasse apenas de quatro membros; em quatro nomes, nos distritos de cinco; em cinco, nos de seis e em seis, nos distritos de sete deputados.

O voto limitado, ou incompleto, no Brasil, se extinguiu com a nova regulação trazida após a Revolução de 1930 e com a introdução da representação proporcional.

NA INGLATERRA – O voto limitado foi sugerido, no Parlamento inglês, por Lord Grey, em 1836, por Lord Russel, em 1854, e foi introduzido, afinal, em razão de emenda de Lord Cairns a projeto do Gabinete, em 1867. Antes daquele ano, havia nove Colégios Eleitorais que designavam três representantes (*three cornered constituencies*) no Parlamento; e um, a cidade de Londres, que elegia quatro. O ato de 1867 criou quatro novos Colégios: Liverpool, Manchester, Birmingham e Leeds e dividiu um, já existente, o de South Lancashire, em dois Colégios, que passaram a designar, cada, dois representantes. Na Escócia, Glasgow designava, também, três representantes. Nos Colégios de três representantes, o eleitor passava a votar, somente, em dois candidatos e, em Londres, em três.

Como alegava Cairns, os Colégios plurinominais já existentes, juntamente com aqueles que o ato criaria, contavam com 2,3 milhões de pessoas. Supondo que a minoria fosse de um terço em cada um deles, 700 ou 800 mil indivíduos eram, então, privados de representação no regime atual. É incontestável – continuava ele – que, em nossas grandes cidades, se encontrava na minoria a maior soma de propriedade e de inteligência. E, no entanto, essa minoria não tinha influência sobre o governo do país.

Contrário à emenda, o conde de Malmesbury declarou que o Governo não poderia aceitá-la pois que era uma novidade em contradição com o caráter do povo inglês "que gostava de colocar as questões em preto e branco e tinha o hábito de obedecer às maiorias".

Mas, na Câmara de Lordes, a proposição foi adotada por 142 votos contra 51. E a cláusula especial sobre a cidade de Londres, aprovada por unanimidade.

Na Câmara dos Comuns, foi também aprovada a emenda, se bem que opositores, como M. Bright, trouxessem à tribuna o apelo de Manchester, para a qual a presença de um membro suplementar parecia não ter por objetivo senão o de neutralizar um dos representantes que a cidade já possuía.

A cláusula excepcional de 1867 foi, depois, condenada pelo movimento de opinião que tendia a uniformizar, em toda a extensão do país, as condições da luta eleitoral. E, em 2 de março de 1885, foi aprovado o sistema de circunscrições uninominais. (*La représentation proportionnelle*, ob. cit., p. 151)

VOTO MÚLTIPLO

AQUELE QUE concede um só voto ao eleitor na circunscrição mas lhe possibilita o direito de votar, também, em outras circunscrições, se preenche as condições para isso estabelecidas. O sistema eleitoral inglês era fundado no sistema de "franquias eleitorais", que permitiam o voto múltiplo.

O modelo, complexo, permitia franquias gerais e franquias especiais nos condados e nos burgos. Foi simplificado pela reforma eleitoral de 1918 que reduziu a três as franquias: a) a ocupação, por mais de seis meses, como proprietário ou locatário de uma casa ou alojamento diverso; b) a ocupação, por mais de seis meses, de um local comercial de um valor de 10 libras; c) a posse de um grau universitário, para as eleições universitárias, certas universidades formando Colégios Eleitorais especiais.

Um cidadão inglês poderia, então, ser eleitor em várias circunscrições, ajudado pelo fato de que as eleições gerais para a Câmara dos Comuns somente passaram a se realizar, no mesmo dia, em todo o país, após a reforma de 1918.

VOTO NEGATIVO

PROPOSTO PELA lei de 25 fructidor, ano III (11 de setembro de 1795), na França, como "voto de redução". No segundo turno para designação dos representantes à Convenção, o eleitor contava com dois votos, em duas cédulas distintas: numa, ele indicava nomes a eleger; noutra, ele votava contra candidatos adversários.

Era assim redigido o texto: "Se um número suficiente de candidatos não obteve a maioria absoluta, elabora-se uma lista daqueles que alcançaram a mais forte pluralidade relativa: esta lista tem por limite um número de nomes igual a dez vezes o total de funcionários a eleger no mesmo escrutínio. Procede-se, em seguida, a um segundo escrutínio, no qual não se pode dar os votos senão aos candidatos inscritos na lista acima mencionada. Cada votante deposita, ao mesmo tempo, em duas urnas diferentes, duas cédulas, uma de nomeação, outra de redução; na primeira cédula, ele inscreve tantos funcionários quantos os nomes a eleger; na segunda, os nomes de cidadãos que ele deseje suprimir da lista dos concorrentes. Faz-se, de início, a apuração das cédulas de redução; e os candidatos que forem inscritos nessas cédulas pela maioria absoluta dos votantes não podem ser eleitos, qualquer que seja o número de votos positivos depositados em seu favor na urna de nomeação. Apuram-se, em seguida, as cédulas de nomeação e os eleitos são aqueles que, não estando no caso precedente, consigam a pluralidade relativa dos votos positivos."

A ideia desse voto negativo, comentava Eugene Pierra, era "no mínimo, bizarra". E se compreendia que a lei resultara "de cérebros que haviam gerado a tão complicada Constituição de 5 fructidor". (Pierre, Eugène. *Traité de Droit Politique Électoral et Parlementaire*. Paris: Librairies-Imprimeries Réunies, 1893, p. 209)

VOTO NULO

O QUE forma, com o voto em branco (v. VOTO EM BRANCO), o conjunto de votos infecundos ou estéreis (v. VOTO ESTÉRIL), isto é, os "que não produzem frutos", que não trazem qualquer influência na questão que se deseja resolver através dos pleitos.

Só que, em alguns modelos eleitorais, o excesso de votos nulos pode prejudicar as eleições, convocando-se, então, novo escrutínio. É o caso do Brasil, nos termos do art. 224 do atual Código Eleitoral: "Se a nulidade atingir a mais de metade dos votos do país nas eleições presidenciais, do estado nas eleições federais e estaduais ou do município nas eleições municipais, julgar-se-ão prejudicadas as demais votações e o Tribunal marcará dia para nova eleição dentro de prazo de 20 (vinte) a 40 (quarenta) dias." (lei n.º 4.737, de 15 de julho de 1965)

A doutrina costuma distinguir, dentre os eleitores que votam nulo, aqueles que o fazem deliberadamente e os que o fazem por ignorância ou erro, sem consciência da impropriedade de sua escolha.

No primeiro caso, entre as causas de nulidade do voto – como indica Bobillo –, figuram insultos, obscenidades, propostas escatológicas, coprofilia, nomes de políticos falecidos ou que não participam da eleição, símbolos diversos, obsessões pessoais. "A patologia deste tipo de voto é, portanto, somente interpretável à luz de questões mais diretamente relacionadas com a psicologia ou com a psiquiatria que com a ciência política." (Bobillo, Francisco J. "El Voto esteril en las elecciones generales españolas". In: *Revista de Estudios Políticos*, n. 62, p. 77, out./dez., 1988)

No segundo caso, o erro do eleitor pode provir "da dificuldade de procedimento eleitoral adotado, do grau de clareza da lei e dos regulamentos eleitorais, do grau de instrução e de educação cívica e política do corpo eleitoral, assim como dos critérios, de maior ou menor rigor, seguidos pelas mesas eleitorais ao aplicar as disposições referentes à validez do voto". (Schepis, G. *Analisi estadistica dei resultati*. In: Spreatico, A. & La Palombara, J., cit. por Bobillo, Francisco, J., ob. cit.)

VOTO OBRIGATÓRIO

O QUE faz compulsória a manifestação do eleitor. Algumas legislações determinam uma consequência para os que não votam e que, geralmente, importa em sanção pecuniária. Outras estabelecem a obrigação mas, com normas imperfeitas, não impõem uma sanção ao seu descumprimento.

Há quem indique que, ao lado da compulsão legal, ou formal, haveria, sobretudo em pequenas comunidades, fracamente organizadas, uma pressão informal para o cumprimento do dever eleitoral.

O mais antigo exemplo do voto obrigatório foi, na Grécia antiga, a determinação de Solon que, "com o fito de prevenir os perigos da inação e indiferença, punia os cidadãos que em tempos de agitação se não declarassem abertamente por algum dos partidos". (Lisboa, João Francisco. *Jornal de Timon. Eleições na Antiguidade*. Brasília: Alhambra, s. d., p. 18)

Com a obrigatoriedade, deseja-se evitar o abstencionismo (v. ABSTENÇÃO), tido como prejudicial à comunidade política.

NO BRASIL – Escrevendo em 1922, dizia Tavares de Lyra: "Sobre o voto, temos ensaiado todos os sistemas conhecidos, com exceção, apenas, do voto obrigatório, do voto proporcional e do voto das mulheres." (Lyra, Augusto Tavares de. "Regime eleitoral, 1821-1921". In: *Modelos alternativos de representação política no Brasil*. Brasília: Unb, 1980)

Mas ele se equivocava pois as multas indicadas pela lei n.º 387, de 1846, para os que faltassem às reuniões dos Colégios Eleitorais ou não participassem da escolha de juízes de paz e vereadores indicavam um começo de voto obrigatório no Império.

Em projeto de reforma eleitoral apresentado em 1873, o deputado João Alfredo Corrêa de Oliveira sugeria, entre outros itens, o voto obrigatório.

A comissão especial designada para dar parecer sobre a proposta afirmou não ser aquele "um princípio novo na nossa legislação; já existe quanto à eleição de vereadores e de juízes de paz e à eleição secundária, e é apenas aplicado à eleição primária; já existe quanto ao exercício de cargos em funções políticas, nas Juntas e mesas paroquiais, nos conselhos municipais, nos Colégios Eleitorais, no juizado de paz, nas Câmaras Municipais, no júri, e em outras várias instituições de caráter político ou administrativo. Assim, pois, o projeto apenas supre, quanto à eleição primária, uma lacuna da legislação vigente; destrói simplesmente uma exceção, cuja existência tem autorizado o desuso da regra relativamente à eleição municipal e ao exercício dos referidos cargos e funções políticas". (In: Pinto, Antônio Pereira (org.). *Reforma eleitoral*. Brasília: Unb, 1983, p. 367). O projeto não foi aprovado.

E o Código de 1932 (v. CÓDIGO ELEITORAL DE 1932) é que viria trazer, em definitivo, e de modo amplo, a obrigatoriedade de inscrição do eleitor e do voto.

Comentando o fato, afirmou João Cabral (v. CABRAL, JOÃO G. DA ROCHA) que, "discutida preliminarmente a questão da obrigatoriedade da inscrição e do voto, e bem ponderadas as dificuldades práticas, já experimentadas alhures, particularmente em relação à segunda, resolveu a Subcomissão optar pelos meios indiretos conducentes a tornar efetiva essa obrigatoriedade". (Cabral, João G. da Rocha. *Código eleitoral da República dos Estados Unidos do Brasil*. Rio de Janeiro: Freitas Bastos, 1934, p. 32).

Estabeleceu, então, o projeto em que nenhum cidadão, nas condições de ser inscrito eleitor, poderia ser eleito ou nomeado para exercer qualquer mandato político, ofício, emprego ou cargo público, se não provasse que se achava inscrito.

Quanto ao exercício do voto, só se criariam "na parte do processo eleitoral, vantagens para os que provarem com as anotações nos seus títulos, haverem mais votado nas últimas eleições". (Cabral, João G. da Rocha, ob. cit., p. 33).

O Código atual, instituído pela lei n.º 4.737, de 15 de julho de 1965, dispõe, em seu art. 7º, que "o eleitor que deixar de votar e não se justificar perante o juiz eleitoral até 60 dias após a realização da eleição incorrerá na multa de três a dez por cento sobre o salário mínimo da região".

Essas multas, no entanto, nunca são cobradas pois, após cada pleito apressa-se o Congresso a votar um projeto de lei com o perdão aos faltosos.

VOTO PIVOTAL

EM ESTUDO publicado na revista da Associação Americana de Ciência Política, em 1954, um matemático e um econometrista, L.S. Shapley e Martin Shubik, formularam um método para avaliar a distribuição de poder num sistema de comitês, onde as decisões são alcançadas pelo voto.

Esses grupos, que podem se compor de poucos ou de muitos membros, têm regras definidas quanto ao número de votos que somam uma proporção vitoriosa, a maioria simples ou a maioria qualificada. Cada membro terá, então, uma certa probabilidade de deter o último voto para complementar uma coalizão vitoriosa, e de ocupar, enfim, uma posição pivotal com respeito ao resultado. Acrescentando esse voto à "juntura crucial", um votante pode se constituir naquele que trouxe a mais importante contribuição ao êxito de sua corrente; e, assim, seu voto pode ter tal valor para os outros membros da coalizão que não contar com ele será renunciar às possibilidades de vitória.

A posição pivotal é, portanto, definida por Shapley e Shubik como a ocupada pelo último membro a se juntar a uma proporção mínima de coalizão vitoriosa, essa proporção mínima entendida, por sua vez, como a que cessa de ser vitoriosa se um membro é dela subtraído.

Shapley e Shubik propuseram medir o poder de um votante pela possibilidade de que passa a ser o voto pivotal em uma coalizão vitoriosa. (Shapley, L.S. e Shubik, Martin. *A method of evaluating the distribution of power in a commitee system*. In: *American Political Science Review*, 48 (1954) 787-792)

O reparo que Roberto Dahl faz a tal perspectiva é a de que ela se limita a situações vinculadas ao ato de votar, eliminando muitos outros elementos da vida política, as várias formas de persuasão, induzimento, coerção, por exemplo. (Dahl, Robert. *Poder, documentação e atualidade política*. Unb, n.º 11, jul/1980, p. 31)

VOTO PLURAL, OU SUPLEMENTAR

O QUE concede, ao eleitor, maior ou menor número de votos, segundo sua maior ou menor capacidade civil, a posse de um patrimônio, ou o pagamento de certo nível de impostos.

Foi defendido por grandes nomes no passado, como Stuart Mill (v. MILL, STUART) que, em um estudo sobre a reforma do Parlamento, indagou se o voto do eleitor deveria ter o mesmo valor. E respondeu que não. Para ele, qualquer homem teria um voto para designar seu representante; mas certos homens teriam mais e muitos votos, na razão de sua presumida inteligência.

Em outro livro, ele defendeu que "as profissões liberais, quando realmente e não apenas nominalmente praticadas, implicam, certamente, um grau ainda maior de instrução; sempre que um exame satisfatório, ou quaisquer condições sérias de educação, fossem exigidas para entrar em uma carreira, a pluralidade de votos poderia ser concedida, no ato, a todos que a abraçassem. A mesma regra poderia ser aplicada aos formandos nas universidades; e até mesmo a todos os que conseguissem provar ter cursado de maneira satisfatória as escolas que ensinam os ramos mais altos da ciência, desde que se assegure que o aprendizado é real e não apenas mero pretexto". (Mill, John Stuart. *Considerações sobre o governo representativo*. Brasília: Unb, 1981, p. 94)

Discorrendo sobre o voto plural, em 1873, uma comissão especial foi designada pela Câmara de Deputados, no Brasil, para apreciar um projeto de reforma eleitoral, apresentado por João Alfredo Corrêa de Oliveira, escrevia: "O eleitor disporia de maior ou menor número de votos, segundo a maior ou menor capacidade civil. O ignorante, ou analfabeto, daria um só voto; daí para cima, a lei atribuiria ao cidadão dois, três, ou mais votos, segundo o grau de sua capacidade, cujas condições seriam previamente reguladas, tendo-se em vista a cultura intelectual ou a riqueza. É evidente que nessa mesma desigualdade política, baseada sobre a desigualdade civil, assentaria a verdadeira igualdade social." (Pinto, Antônio Pereira. *Reforma eleitoral*. Brasília: Unb, 1983, p. 355)

O sistema foi aplicado, a partir de 1893, na Bélgica. Concediam-se, ali, votos suplementares além do voto normal, pelos seguintes fundamentos: a) voto suplementar outorgado ao pai de família, maior de 35 anos; b) voto suplementar ao proprietário de imóveis de um valor superior a 2 mil francos ou de uma renda superior a 100 francos anuais; c) voto suplementar ao incluído na classe anterior, sempre que reúna certa instrução ou o desempenho de cargos públicos. Atribuía-se, assim, maior valor à opinião eleitoral de indivíduos que teriam algum interesse superior além de salvaguardar a vida do Estado e em suas relações com os particulares.

A França conheceu, também, o que denominou voto duplo: por lei de 29 de junho de 1820, concedeu-se um segundo voto a eleitores que pagassem mais tributos.

No Brasil, nunca vigorou o voto plural.

Mas houve quem julgasse ter ele motivado nossas primeiras normas eleitorais. No parecer de comissão especial da Câmara de Deputados, citado acima, se dizia: "A esse processo, filia-se a eleição regulada, segundo o espírito das leis do Decálogo. Só o pai de família poderia exercer o direito de eleger e ser eleito. Dir-se-ia ser esse o pensamento do legislador, nas nossas primeiras leis eleitorais, quando mandava arrolar por fogos (v. Fogos) os cidadãos votantes." (In: Pinto, Antônio Pereira, ob. cit., p. 355)

VOTO PLURAL DOS REPRESENTANTES

Sistema sugerido por G. Cassel, em 1898, e que visava assegurar a igualdade eleitoral de todos os votantes do país, sem abolir as circunscrições de então. Cassel entendia que a representação não era de grupos e de corporações e, sim, dos eleitores iguais. A igualdade exigiria que um voto em uma circunscrição tivesse o mesmo valor de qualquer outro em qualquer circunscrição.

Propôs Cassel, então, o sistema de quociente com transferência legal dos votos obtidos por candidatos que não atingissem esse quociente, combinado com o voto cumulativo (v. VOTO CUMULATIVO) que permitiria aos pequenos partidos a eleição de representantes. O quociente, igual para todo o país, mas variável, seria fixado antecipadamente. Todo aquele que, em uma circunscrição eleitoral, tivesse obtido esse quociente seria eleito. Aqueles que obtivessem muitas vezes o quociente participariam do Parlamento "com esse número de votos". Assim, cada partido seria "representado com uma proporção matemática ao número de seus votos". (In: Saripolos, Nicolas. *La démocratie et l'élection proportionnelle*. Paris: Arthur Rousseau, 1899, p. 146 e sgs.)

O maior perigo desse voto plural de deputados, comentaria Saripolos, é que a representação seria, no fundo, proporcional e igual, mas ela se arriscaria muito de tomar as aparências de um voto por ordens e não por cabeças. (Saripolos, Nicolas, ob. cit., p. 150)

VOTO POR CORRESPONDÊNCIA

O PROBLEMA dos eleitores ausentes, que não podem se apresentar nos locais de votação, é resolvido, por alguns sistemas eleitorais, de dois modos: o voto por correspondência e o voto por procuração (v. VOTO POR PROCURAÇÃO). No primeiro, o eleitor envia seu voto pelo correio; no segundo, age através de um mandatário.

NA FRANÇA – O art. L 79, do Código Eleitoral francês, prevê que o voto por correspondência "é excepcional e não pode ser utilizado senão em benefício de cidadãos retidos longe de sua comuna de inscrição por obrigações legais ou profissionais devidamente controladas ou de impedimentos irrecusáveis".

O art. L 8P alinha, entre os beneficiários, os militares, funcionários e agentes de serviços públicos que se encontram no território metropolitano mas que as necessidades de trabalho mantém afastados da comuna onde devem normalmente votar.

E, também, os particulares que possam alegar imperiosas razões profissionais, entre esses os marinheiros, artesãos ou assalariados, e o pessoal navegante da aeronáutica civil.

O art. L 81-2º acrescenta uma lista mais longa de cidadãos que podem votar por correspondência, "sob a justificação de sua impossibilidade de estar presente em sua comuna de inscrição no dia do escrutínio", entre esses jornalistas, viajantes, representantes e agentes comerciais, empregados em trabalhos agrícolas, industriais e comerciais sazonais.

Finalmente, o art. L 80-5º cita os enfermos e deficientes físicos, doentes que se encontrem em estabelecimentos de assistência e aqueles que, embora presentes em suas comunas de inscrição, se vejam na impossibilidade de se deslocar para o exercício do voto.

O pedido do voto por correspondência deve ser dirigido, previamente, ao Maire, com as indicações e justificações necessárias. Se for aceito, receberá o eleitor envelope destinado a receber sua cédula. Para cada *bureau* de votação e para cada turno de escrutínio, fará o Maire a relação dos votos por correspondência admitidos.

VOTO POR LEGENDA

VOTO DADO somente ao partido, sem indicação de candidato. A possibilidade do voto por legenda, no Brasil, surgiu a partir de 1930, quando da introdução do modelo proporcional e da aceitação de candidaturas por partidos ou grupos em "legenda registrada".

Pelo Código Eleitoral de 1932 (v. CÓDIGO ELEITORAL DE 1932), seriam contados para o segundo turno "os sufrágios contendo apenas a legenda registrada".

Com a lei n.º 48, de 4 de maio de 1935, que alterou aquele Código (v. CÓDIGO ELEITORAL DE 1932. MODIFICAÇÕES AO... LEI N.º 48, DE 4 DE MAIO DE 1935), passou a votação a ser feita "em uma cédula só, contendo apenas um nome, ou legenda e qualquer dos nomes da lista registrada sob a mesma" (art. 89).

O Decreto-Lei n.º 7.586, de 28 de maio de 1945, como toda a legislação posterior, manteve a permissão de que o eleitor depositasse, na urna, uma "cédula contendo apenas a legenda partidária, quando o voto seria apurado para o partido" (art. 44).

No sistema brasileiro, com a escolha uninominal pelo eleitor, a partir de uma lista apresentada por cada partido, o voto por legenda traduz a aceitação, pelo votante, da ordenação dos candidatos elaborada pelos outros eleitores.

VOTO POR PROCURAÇÃO

SURGIU, assim como o voto por correspondência (v. VOTO POR CORRESPONDÊNCIA), para resolver o problema dos eleitores ausentes. Permite ao eleitor exercer o sufrágio por meio de um mandatário.

NA FRANÇA – O art. L 71 do Código Eleitoral francês assim dispõe: "Os eleitores pertencentes a uma das categorias abaixo e que obrigações legalmente constatadas mantêm afastados da comuna em cujas listas de eleitores estão inscritos podem, a seu pedido, e a título excepcional, exercer seu direito de voto por procuração nas condições fixadas pela presente seção."

E o Código alinha, a seguir, os possíveis beneficiários do voto por procuração, entre esses os marinheiros do comércio ("inscritos marítimos, agentes de serviço geral e pescadores"), marinheiros de Estado, embarcados, militares e funcionários estacionados ou em função fora do território metropolitano, e outros.

A preocupação quanto à possibilidade de fraudes levou a que se proibisse, a um mandatário, dispor de mais de duas procurações. E, ainda, a que fossem fixadas condições rigorosas para a outorga do mandato.

NO BRASIL – Um Decreto de 26 de março de 1824, ao dispor sobre o modo de proceder à nomeação de eleitores paroquiais, determinou, em seu capítulo II, 8º que "nenhum cidadão, que tem direito de votar nessas eleições, poderá isentar-se de apresentar a lista de sua nomeação. Tendo legítimo impedimento, comparecerá por seu procurador, enviando sua lista assinada, e reconhecida por tabelião nas cidades ou vilas, e no termo por pessoa conhecida e de confiança".

O voto por procuração foi vedado, no país, pelo art. 25 do Decreto 157, de 4 de maio de 1843: "Não é permitido ao eleitor o mandar por outrem a sua cédula, mas a deve pessoalmente apresentar."

Nesse ponto, comentará Francisco Belisário, "as instruções de 4 de maio foram aplaudidas, pondo termo ao escândalo dos votos por procuração, de que se abusava de modo indecoroso". (Souza, Francisco Belisário Soares de. *Sistema eleitoral*. Brasília: Senado Federal, 1979, p. 59)

A vedação foi reiterada pela lei n.º 387, de 19 de agosto de 1846 que, ao tratar, no capítulo II, do recebimento das cédulas dos votantes, determinou, em seu art. 50: "Não se receberão votos de quem não estejam incluídos na qualificação, nem dos votantes que não comparecerem pessoalmente."

VOTO POR PROCURAÇÃO, POR REPRESENTANTES

O voto, nas deliberações parlamentares, de um representante, por outro. Na França, foi admitido até a Quinta República.

Falou-se, a respeito, de uma "tradição parlamentar". Assim, Vedel: "A tradição parlamentar francesa, à qual a Quarta República ficou fiel, admite, porém, que, no escrutínio público ordinário, os ausentes possam votar. Com efeito, nesse modo de votação os escrutinadores recolhem os sufrágios dos membros da Assembleia fazendo circular as urnas. Cada parlamentar guarda consigo cédulas em seu nome, brancas para o sim e azuis para o não. Remetendo sua cédula a um escrutinador qualquer, de sua escolha ou designado por seu grupo, pode ele participar da votação, mesmo estando ausente, por intermédio daquele." (Vedel, George. *Droit Constitutionnel*. Paris: 1949, p. 411, cit. por Falcão, Alcino Pinto. "Voto de liderança como *sub genus* do voto por procuração". In: *Revista de Direito Constitucional e Ciência Política*, p. 250)

A Constituição francesa da Quinta República expressamente proibiu o voto por procuração.

Mas uma ordenação de novembro de 1958 veio permitir, em certos casos, a delegação do direito de voto.

VOTO PREFERENCIAL

O QUE possibilita, ao eleitor, indicar, na lista apresentada pelos partidos, o nome ou nomes que, segundo ele, merecem prevalecer sobre os outros candidatos.

O mecanismo teria como fim reduzir a força das cúpulas dos partidos que impõem a relação de nomes na representação proporcional: com ele, permitir-se-ia a escolha, pelo eleitor, de certos candidatos da lista.

Alguns autores entendem como preferencial o voto em que o eleitor traz modificações à ordem da lista apresentada, isto é, votando em todos os nomes mas com alteração em sua disposição. Assim, o sistema de lista aberta, ou não bloqueada (v. LISTA ABERTA) se constituiriam em voto preferencial.

Outros autores veem o voto preferencial somente quando um ou mais nomes são destacados da lista.

Na Bélgica, como indica Jean-Louis Boursin, o eleitor pode votar na lista, tal como ela é apresentada pelo partido, ou votar no nome que ele prefira nessa lista. "Nos dois casos, seu voto é contado para a lista mas sua preferência é tomada de maneira engenhosa." (Boursin, Jean-Louis. *Les dés e les urnes*. Paris: Seuil, 1990, p. 215-216)

As leis francesas de 1946 e 1951 – lembra Mackenzie – introduziram o voto preferencial, "mas, na prática, o invalidaram ao estabelecer que somente se teria em conta se houvesse modificação da metade das papeletas favoráveis a uma lista". (Mackenzie, W. J.M. *Free Election*. Londres: George Allen & Unwin, p. 81)

Tem-se indicado que, no sistema de voto preferencial, ocorrem, em certo sentido, duas votações distintas na mesma cédula: uma, para distribuição das cadeiras entre os partidos; outra, para determinar que candidatos, do partido vitorioso, hão de ocupar os lugares que correspondem à agremiação. (Mackenzie, W.J.M., ob. cit., p. 81)

No Brasil – Pode-se afirmar que o sistema adotado em nosso país – de voto uninominal a partir das listas apresentadas pelos partidos – é o de voto preferencial levado ao extremo, quando o eleitor é compelido a manifestar sua preferência por apenas um nome da lista.

Esse é o entendimento de Jean-Louis Boursin que, ao analisar o voto na Finlândia, uninominal a partir de uma lista, como no Brasil, diz que vigora, naquele país, o mesmo sistema preferencial. E repete ele o entendimento de Mackenzie: ali, "cada voto tem, então, uma dupla função; dá um voto à lista para a divisão proporcional, e um voto ao candidato para sua classificação na lista. Este sistema limita enormemente o poder do partido de conceder a seus dirigentes lugares seguros, pois que nenhuma vantagem é dada ao que está na cabeça da lista; contudo, a vontade do eleitor pode ser destorcida pois aquele que vota por um candidato muito mal colocado vê seu voto automaticamente transferido a outro candidato do mesmo partido". (Boursin, Jean-Louis, ob. cit., p. 216)

É verdade que, no Brasil, resta, ao eleitor, ainda, uma opção de votar por todos os nomes da lista, quando se limite ele a indicar a agremiação pela qual se incline. É o voto por legenda (v. Voto por Legenda). Nesse caso, ele estará apoiando a lista, na ordem que, afinal, resultará depois das opções manifestadas por todos os outros eleitores.

VOTO PÚBLICO
(V. Voto a Descoberto)

VOTO SECRETO

Aquele que assegura, por sistemas apropriados, o sigilo quanto ao seu conteúdo. Segundo o art. 21 da Declaração Universal dos Direitos do Homem, proclamada pelas Nações Unidas em 1948, a vontade do povo deverá se expressar "mediante eleições autênticas que haverão de celebrar-se periodicamente, por sufrágio universal e igual e por voto secreto ou outro procedimento equivalente que garanta a liberdade do voto".

Entende-se, assim, que a finalidade do sigilo é precaver o eleitor contra as pressões que afetem a liberdade de sua escolha.

No Brasil – Já na designação dos deputados às Cortes Portuguesas, em 1821, na primeira eleição geral realizada entre nós, algumas das escolhas se fizeram secretamente. Para a designação dos compromissários, na primeira etapa do processo, o votante escrevia os nomes à vista dos componentes da mesa (art. 51 das instruções que acompanhavam o Decreto de 7 de março de 1821).

Mas, na fase seguinte, na escolha do eleitor ou eleitores de Comarca, o escrutínio era secreto (art. 73).

Nas eleições para a Assembleia Constituinte, em 1822, a designação dos eleitores era feita a partir de listas assinadas pelos votantes (Cap. II, art. 5º, da Decisão n.º 57, de 19 de junho de 1822), mas a escolha, por eles, dos deputados, far-se-ia por escrutínio secreto (Cap. V, 3).

Por listas assinadas era também procedida a escolha dos eleitores paroquiais na eleição dos deputados e senadores. E também por escrutínio secreto seria a designação final, pelos eleitores (Cap. IV, 7º, do Decreto de 26 de março de 1824).

A assinatura do eleitor nas cédulas voltou a ser exigida pela lei n.º 387, de

19 de agosto de 1846. O Decreto n.º 3.029, de 9 de janeiro de 1881, a chamada Lei Saraiva (v. LEI SARAIVA), trazia maior proteção ao sigilo do voto, que seria "escrito em papel branco ou anilado, não devendo ser transparente, nem ter marca, sinal ou numeração". A cédula seria "fechada por todos os lados, tendo rótulo conforme a eleição a que se proceder" (art. 15, § 19).

Com a República, dispôs-se, pelas leis federais nos 35, de 26 de janeiro de 1892, e 1.269, de 15 de novembro de 1904, a chamada Lei Rosa e Silva (v. LEI ROSA E SILVA), que o escrutínio seria secreto, mas este último diploma legal permitiu, no entanto, ao eleitor, votar a descoberto (art. 57). Muitos deploraram essa possibilidade. Moniz Freire, deputado pelo Espírito Santo à Constituinte de 1890, depois governador, por duas vezes de seu estado, e senador, a partir de 1904, apresentou um projeto alterado da Lei Rosa e Silva, procurando estabelecer "o voto absolutamente secreto". Todas as leis decretadas até então – argumentava ele – "tem consignado o princípio do voto secreto, mas não é menos certo que nenhuma delas procurar tornar efetivo esse segredo". (Freire, Moniz. *O voto secreto*. Rio de Janeiro: Gráfica Laemmert, 1961, p. 15)

E insistia: "Com as chapas de feitios singulares, distribuídas à boca da urna, como se diz na gíria corrente, mal termina a chamada, cada partido sabe com quantos votos conta, e quais os eleitores que o acompanharam. O segredo desse ato é, pois, uma burla; mais do que isso, uma ridícula hipocrisia." (Freire, Moniz, ob. cit., p. 40). Seu projeto não foi acolhido.

Somente com o Código Eleitoral de 1932 (v. CÓDIGO ELEITORAL DE 1932) se trouxe efetiva ênfase ao voto secreto.

Um dos responsáveis pelo projeto do Código, João Cabral (v. CABRAL, JOÃO G. DA ROCHA) escreveu: "Todo sistema eleitoral moderno, mantendo o sufrágio universal como o elemento essencialmente político, procura cercá-lo de garantias, que evitem sua deturpação eextravasamento desordenado, o que se consegue, por um lado, pela combinação dessas três molas reais – o voto absolutamente secreto, a distribuição dos lugares em proporção da votação (...) e a mais perfeita garantia dos direitos eleitorais." (Cabral, João G. da Rocha. *Código Eleitoral da República dos Estados Unidos do Brasil*. Rio de Janeiro: Freitas Bastos, 1934, p. 20).

O Código Eleitoral de 1950 (v. CÓDIGO ELEITORAL DE 1950) procurou proteger o sigilo do voto com a) o uso de sobrecartas oficiais uniformes, opacas e rubricadas pelo presidente da mesa receptora, à medida em que fossem entregues aos eleitores; b) o isolamento do eleitor em cabine indevassável para o só efeito de introduzir a cédula de sua escolha na sobrecarta e, em seguida, fechá-la; c) a verificação da autenticidade da sobrecarta à vista da rubrica; d) o emprego de urna que assegure a inviolabilidade do sufrágio e seja suficientemente ampla para que não se acumulem as sobrecartas na ordem em que forem introduzidas (art. 54).

Mas essas providências – comentaria Edgard Costa – "se mostravam deficientes com o uso da cédula individual de votação. O voto, notadamente nas cidades do interior, era controlado pelos cabos eleitorais, através dos chamados viveiros ou currais" (v. CURRAL).

Para ele, o primeiro grande passo para a restituição e segurança do sigilo do voto viria com a cédula única (v. CÉDULA ÚNICA), mandada adotar pela lei n.º 2.582, de 1955, para as eleições presidenciais.

A cédula foi estendida a todas as eleições, com o caráter de oficial, isto é, com sua confecção e distribuição entregues à Justiça Eleitoral. (Costa, Edgard. *A legislação eleitoral brasileira*. Rio de Janeiro: Deptº de Imprensa Nacional, 1964, p. 324)

VOTO SUSSURRADO

Ou, como denominam os franceses, *chuchoté*. Dá-se quando o titular do direito de sufrágio, o mais das vezes por ignorância, se encontra impossibilitado de manifestar sua opção política. Um funcionário, então, recolhe seu voto e o operacionaliza.

Como explica Mackenzie, "o comissário do distrito toma assento em uma mesa à parte, e os eleitores se aproximam dele, um por um, dizendo-lhe ao ouvido seu voto, que, em seguida, é anotado (sem especificar nomes) em uma folha fora das vistas do público". Há sempre "um homem branco, paternal, justo, na opinião do poder, que se situa fora e acima do sistema e guarda zelosamente os segredos porque, em realidade, não os entende bem". (Mackenzie, W.J.M. *Free Elections*. Londres: George Allen & Unwin, 1958, p. 135)

Embora utilizado em modelos politicamente menos desenvolvidos, pode-se encontrar um mecanismo assemelhado na história de países como a França. Assim, por exemplo, na disposição do art. 1º do Decreto de 3 de fevereiro de 1790: "Nas Assembleias da comunidade e nas Assembleias primárias, os três mais antigos dentre os que saibam escrever poderão, entre eles somente, preencher, no primeiro escrutínio, em presença uns dos outros, a cédula de todo cidadão ativo que não a possa preencher; e quando tiverem sido designados os escrutinadores, estes, após terem prestado o juramento de bem desempenhar suas funções, e de guardar segredo, poderão preencher, nos escrutínios posteriores, as cédulas daqueles que não saibam escrever." O art. 36, de um Decreto de 1852, viria apenar com uma prisão de um a cinco anos, e com uma multa de 500 a 5 mil francos, todo aquele que, encarregado por um eleitor de preencher sua cédula, inscrevesse, no boletim, nome diverso daquele que lhe houvesse sido ditado.

No Brasil – No Império, se permitiu que o analfabeto votasse, com o auxílio de outra pessoa. Assim, por exemplo, a Decisão n.º 57, de 19 de junho de 1822, determinava, em seu Capítulo II, 5, que as listas seriam "assinadas pelos votantes, reconhecida a identidade pelo pároco. Os que não souberem escrever, chegar-se-ão à mesa e, para evitar fraude, dirão ao secretário os nomes daqueles em quem votam; este formará a lista competente, que depois de lida será assinada pelo votante com uma cruz, declarando o secretário ser aquele o sinal de que usa tal indivíduo".

VOTO ÚNICO INTRANSFERÍVEL

Sistema de representação das minorias, dos chamados "empíricos", segundo o qual um eleitor, em circunscrições que têm a eleger diversos representantes, não designa senão um nome e seu voto não pode beneficiar outro candidato. Os que obtêm o maior número de votos são os eleitos.

É denominado sistema "empírico" ou "arbitrário" pois que seu fim é dar uma certa representação à minoria, mas não lhe conceder "uma justa e exata representação".

Bonnefoy, contudo, descrê dessa possibilidade: "Não se pode desconhecer que, por esse sistema, as minorias não podem ser representadas". (Bonnefoy, Gaston. *La répresentation proportionnelle*. Paris: Marchal & Billard, 1902, p. 98)

O modelo foi proposto na Grécia, em 1891, mas não aprovado.

VOTO ÚNICO TRANSFERÍVEL

AO CONTRÁRIO dos chamados sistemas empíricos para a representação das minorias, o voto único transferível é considerado, por muitos autores, como um dos sistemas racionais para a representação proporcional de todas as correntes de opinião.

Outro sistema, também considerado racional, seria o escrutínio de lista com repartição proporcional, ou sistema de concorrência de listas (v. REPRESENTAÇÃO PROPORCIONAL).

O voto único transferível é aquele em que, ao eleitor, em um distrito plurinominal, é dado somente um voto, mas ele pode, na cédula, indicar outros nomes para os quais se transferirá o seu voto, nos casos em que seu candidato preferencial haja sobrepujado o quociente eleitoral (v. QUOCIENTE) ou não o tenha alcançado.

Três foram os modelos propostos como voto único transferível.

Inicialmente, Andrae, ministro das Finanças da Dinamarca, o introduziu, ali, em 1855 (v. ANDRAE, CARL).

Depois, o inglês Thomas Hare o sugeriu, em fascículo de 1857 e em livro de 1859, denominando-o Procedimento do Boletim Uninominal com Substitutos ou Com Transferência de Sufrágio à Escolha dos Eleitores (v. HARE, THOMAS) .

Finalmente, Lubbock o propôs, no Parlamento britânico, em 1884 (v. LUBBOCK).

Segundo Mackenzie, a tendência teórica e, portanto, uma das finalidades do voto único transferível, seria debilitar a influência dos partidos sobre o mecanismo eleitoral. E, isso, por duas razões: porque facilita, até certo ponto, a formação e o desenvolvimento dos partidos pequenos e porque permite, ao eleitor, optar entre candidatos que seu partido apresente. Desse modo, o sistema tende a romper o bipartidismo e a enfraquecer a disciplina dos partidos no seio da Assembleia e em todo o país. (Mackenzie, W.J.M. *Free Elections*. Londres: George Allen & Unwin, p. 72)

O voto único transferível é assim explicado por Jacques Cadart:

a) O ESCRUTÍNIO – 1º O país é dividido em circunscrições, elegendo, cada uma, diversos candidatos e ao menos três, como em todo sistema de R.P.; 2º Cada eleitor não tem senão um voto, que ele só pode dar a um candidato, donde a denominação de único; 3º Esse voto único é transferível a um outro candidato se aquele no qual o eleitor votou a) tem mais votos do que lhe seja necessário para ser eleito ou, então, b) não tem votos bastantes para se eleger. O eleitor vota, então, no candidato que ele prefere a todos os outros, mas ele indica, igualmente, os candidatos que são suas segunda, terceira, quarta preferências etc., e a um dos quais seu voto único pode ser eventualmente transferido; 4º Não há senão um boletim de voto em cada circunscrição para todos os candidatos. Esse boletim é impresso pelo Governo. Os candidatos são, aí, inscritos pela ordem alfabética. O boletim é elaborado como nos descreve quadro da página ao lado.

b) A APURAÇÃO – Suponhamos que a circunscrição tenha, a eleger, cinco representantes, que os candidatos

Instruções aos Eleitores

Você tem um voto e deve votar colocando:
a) o número 1 ao lado do nome do candidato que mais v. deseja ver eleito;
b) o número 2 ao lado do nome do candidato de sua segunda escolha;
c) o número 3 ao lado do nome do candidato de sua terceira escolha;
d) o número 4 ao lado do nome do candidato de sua quarta escolha.

É preferível continuar a numerar os candidatos na ordem de suas preferência até que v. seja indiferente à sorte dos candidatos que não tenha marcado. O boletim será nulo se o número 1 for colocado ao lado de mais de um nome. Não marque os candidatos com uma cruz (X)

BOLETIM DE VOTO

INDIQUE A ORDEM DE SUAS PREFERÊNCIAS NAS CASAS ABAIXO	NOME DOS CANDIDATOS
2	C.R. Attlee
1	Sir William Beveridge
3	E. Bevin
4	W. Churchill
5	R.K. Kaw
7	H. MacMillan
9	Sir Archibald Sinclair
8	Miss Wilkinson
6	J. Wilmot

inscritos no boletim de voto acima se tenham apresentado e que hajam 115 votantes. A apuração se fará da maneira seguinte (os números mencionados são inteiramente arbitrários e não tem qualquer significação política). Para simplificar, supôs-se que os eleitores votaram por partidos mais que por candidatos, como o mostram as transferências supostas, mas, em verdade, os eleitores são livres para votar sem levar isso em conta, segundo a personalidade dos candidatos.

Veja o quadro dos resultados mostrando que nenhum voto se perdeu, na página a seguir.

Primeira Contagem – Todas as primeiras preferências são contadas e colocadas na coluna de primeira contagem (esta coluna dá a repartição política dos eleitores da circunscrição)

Estabelecimento do mínimo de votos necessários a um candidato para ser eleito – Em uma circunscrição que elege um só deputado, um candidato está seguro de ser eleito se ele alcança mais

Número de sufrágios expressos 115
Número de cadeiras 5

Mínimo de votos necessários para que um candidato seja eleito 115/6 + 1 = 20

Nome do Candidato	Primeira contagem	Segunda contagem		Terceira contagem		Quarta contagem		Quinta contagem		Candidatos eleitos com sua ordem de prioridade
	Votos obtidos por cada partido	Transferência do excesso de Attlee	Resultado	Transferência dos votos de Beveridge	Resultado	Transferência dos votos de Law	Resultado	Transferência dos votos de McMillan	Resultado	
Attlee	30	-10	20		20		20		20	Attlee (1)
Beveridge	9		9		9		9	-9	-	
Bevin	12	+7	19	+1	20		20		20	Bevin (2)
Churchill	14		14	+2	16	+4	20		20	Churchill (3)
Law	6		6		6	-6	-		-	
MacMillan	4		4	-4	-		-		-	
Sinclair	12	+1	13		13	+1	14	+7	21	Sinclair (4)
M. Wilkinson	16	+2	18		18		18	+1	19	
Wilmot	12		12		12	+1	13		13	
Votos não transferíveis				+1	1		1	+1	2	
Totais	115	-	115	-	115	-	115		115	

da metade dos votos, isto é, 50 + 1 sobre 100. Em uma circunscrição de dois lugares, o mínimo é de 1/3 + 1, isto é, 34 sobre 100. Em uma circunscrição de três cadeiras, o mínimo é 1/4 + 1, isto é, 26 sobre 100 etc. No exemplo acima, há cinco cadeiras e 115 votantes na circunscrição. O mínimo é de 1/6 + 1, isto é, 19 + 1: 20 votos. Um candidato que obtém 20 votos sobre 115 está seguro da eleição: cinco candidatos somente podem obter esse número. Mr. Attlee obteve 30 votos: ele é declarado eleito.

SEGUNDA CONTAGEM – Transferência do excesso de Mr. Attlee: Mr. Attlee teve dez votos a mais. As segundas preferências de seus 30 boletins são contadas. Seus dez votos excedentes são repartidos entre os outros candidatos na proporção das segundas preferências de seus 30 votos. Bevin teve 21 das segundas preferências de Mr. Attlee. Sinclair teve três e Miss Wilkinson seis. Dez votos, somente, devem ser transferidos, quer dizer 1/3. Assim, Bevin receberá sete, Sinclair um, Wilkinson dois, que são reunidos na coluna de segunda contagem às primeiras preferências dos candidatos não eleitos. Feita essa operação, nenhum novo candidato obteve os 20 votos necessários para ser eleito.

TERCEIRA CONTAGEM – Transferência dos votos de MacMillan – Eleição de Bevin – O candidato que obteve o menor número de votos, MacMillan, é declarado derrotado. Seus quatro votos são examinados e transferidas às segundas preferências aí indicadas (se algumas foram dadas a Attlee, as terceiras preferências serão utilizadas) dois votos vão a Churchill, um a Bevin que, declarado eleito, tendo 20 votos e um voto não é transferido, o boletim não trazendo segunda preferência (coluna de terceira contagem).

O erro de não marcar suas preferências – Um eleitor, acreditando favorecer MacMillan, não indicou suas segundas, terceiras etc., preferências. Seu boletim não é transferível. Seu voto é perdido porque o eleitor não tem senão um voto (e não cinco, como no voto cumulativo)

QUARTA CONTAGEM – Se M. Bevin tivesse obtido, após essa transferência, mais de 20 votos, seu acréscimo seria transferido como é descrito na segunda contagem. Como não obteve, Law, que é agora o candidato que tem o menor número de votos, é eliminado e seus sufrágios transferidos como descrito na terceira contagem. Churchill obtém quatro votos, Sinclair um e Wilmot um. Churchill tendo 20 votos, é declarado eleito.

QUINTA CONTAGEM – Beveridge é, agora, o candidato que tem menos votos: ele é eliminado. Seus votos são transferidos: sete vão para Sinclair, um a Miss Wilkinson, um boletim não é transferido. Sinclair tem 21 votos: ele é declarado eleito. Resta uma cadeira a preencher: Miss Wilkinson tem 19 votos e Wilmot 13. O voto a mais, de Sinclair, não pode fazer triunfar Wilmot: Miss Wilkinson é declarada eleita.

RESULTADOS – Cada partido obtém uma representação proporcional à sua força real e os eleitores elegeram os candidatos que preferem.

O sistema, conclui Cadart, é "muito sedutor". Se a apuração é um pouco complicada (mas, diz ele, muito menos que a apuração da representação proporcional de listas com *panachage* e voto preferencial), o voto do eleitor é simples. Há um perigo, segundo ele: o de que muitos eleitores não se deem ao

	Força dos partidos expressas pelas primeiras preferências	Cadeiras obtidas
Trabalhistas	70	3
Conservadores	24	1
Liberais	21	

1. Candidatos do Partido Trabalhista: Attlee, Bevin, Miss Wilkinson, Wilmot.
2. Candidatos conservadores: Churchill, Law, MacMillan.
3. Candidatos liberais: Beveridge, Sinclair.

trabalho de indicar um grande número de preferências, seus votos poderão ser perdidos para os candidatos de suas primeiras preferências e para as outras. Mas esse é um riso que, na prática, não se deve temer.

Uma crítica ao procedimento é a de que a procura, pelos candidatos, das segundas e seguintes preferências, pode determinar um certo comércio eleitoral. Mas, segundo Cadart, o grande número de candidatos e as combinações possíveis por parte dos eleitores, prevenirá esse perigo. E o melhor argumento em favor do método é o do resultado prático obtido pelos países que o aplicam: a Tasmânia e a Irlanda. (Cadart, Jacques. *Régime électoral et régime parlementaire en Grande-Bretagne*. Paris: Armand Colin, 1948, p. 199 e sgs)

VOTO UNINOMINAL

EM QUE o eleitor vota por um candidato, isoladamente, e não por uma lista.

W

WEIMAR, REPÚBLICA DE

COM A capitulação da Alemanha imperial, na Segunda Guerra Mundial, instala-se a chamada República de Weimar. Convocadas as eleições, 30 milhões de eleitores, dos 37 milhões recenseados, designaram, em 19 de janeiro de 1919, Assembleia Constituinte que se reuniria em Weimar, pequena cidade da Turíngia, com apenas 6 mil habitantes.

Entre os eleitos, 37 mulheres, sendo a Alemanha o primeiro país europeu a incluir representantes femininos no Parlamento. A nova Constituição, a partir de um projeto elaborado por Hugo Preuss, da Universidade de Berlim, foi aprovada em 31 de julho de 1919 e promulgada em 11 de agosto daquele ano.

Com base no art. 22 da Constituição, uma lei de 27 de abril de 1920 definiu o quadro eleitoral. Baixava a idade, para o voto, de 25 para 20 anos e criava 35 circunscrições eleitorais no país. A Assembleia Nacional era eleita pelos sistema de Hondt ou do divisor comum, no qual as cadeiras eram repartidas pelo quociente e, depois, à mais forte média.

O número de deputados, ao invés se ser fixado de antemão, segundo o número da população ou de seus eleitores, dependia no número de votantes; cada lista de candidatos obteria tantas cadeiras, em cada circunscrição, quantas vezes obtivesse um número de votos fixada pela lei em 60 mil, toda a fração restante de 30 mil votos dando, também, direito a uma cadeira.

Os votos não utilizados sobre as listas das circunscrições seriam levados a uma lista de segundo grau, ou lista do Reich, para uma nova repartição de tal modo que cada partido obtivesse um número de cadeiras exatamente proporcional ao número de votos obtidos em todo o território. Para evitar que um grande número de deputados se elegesse pela lista do Reich criaram-se uniões de circunscrições, em número de 15, nas quais os partidos não podiam apresentar listas mas tinham a faculdade de declarar, de antemão, que se vinculavam, total ou parcialmente, nas listas de circunscrição; e, nesse caso, os votos obtidos em cada circunscrição e não utilizados, seriam totalizados no quadro da união de circunscrições. As cadeiras seriam, então, atribuídas às listas de circunscrições que obtivessem maior número de votos. Somente depois dessa segunda repartição é que os restos seriam transferidos às listas do Reich.

A crítica sempre dirigida aos constituintes de Weimar foi a de que se preocuparam eles mais com a justiça em matéria eleitoral que com a eficácia do governo, que confundiram democracia e regime representativo puro e que deram condições ao progresso do comunismo e do nacional-socialismo.

Como explicava Augusto Soulier: "Com o sistema da R.P. automática, nenhum voto é perdido. O eleitor é dispensado de se preocupar com a utilidade prática de seu sufrágio pois que, em uma circunscrição que conta a maior parte das vezes com cerca de 1 milhão de inscritos, é difícil uma tendência política, mesmo nova, não obter os 30 mil votos que assegurarão ao menos uma cadeira; ele sabe assim que seu voto será utilizado no quadro da união de circunscrições e eventualmente levado a uma lista nacional. Cioso de exprimir sua opinião, ele não tem o sentimento de que vota para constituir uma maioria e um governo. Uma tal mentalidade, tão diferente daquela de um eleitor britânico, tem uma grave consequência: o eleitor não adquire o senso das responsabilidades concretas." Isso era mais perigoso porquanto o povo alemão, "saído da dominação imperial, não tinha adquirido esse destacamento e este senso do relativo sem o qual o sistema parlamentar não pode funcionar." (Soulier, Auguste. "Le mode de scrutin sous la République de Weimar". In: Duverger, Maurice. *L'influence des systemes électoraux sur la vie politique*. Paris: Armand Colin, 1950, p. 89)

WHIPS

ENCARREGADOS, PELOS partidos políticos ingleses, de indicar, a seus representantes no Parlamento, como se orientarem na votação. Com o significado de "chicote", a denominação proveio de Burke que, em discurso de 1879, apontou o rigor com que eram reunidos os membros na Câmara dos Comuns: "Eles agem como o *wipper-in*" (criado encarregado de juntar os cães na caça à raposa). (Mac Donagh, p. 126. t. II, "The pageant of Parliament". In: Cadart, Jacques. *Régime électoral et régime parlementaire en Grande-Bretagne*. Paris: Armand Colin, 1948, p. 104)

Segundo Mac Donagh, tal controle é dirigido "por um conjunto de opiniões sérias e refletidas, por convicções assentadas e grandes princípios".

Mas muitos autores anotam o fato de que os membros do Parlamento inglês parecem desolados quando lhes é dada inteira liberdade de voto, quando os whips não lhes determinam a conduta.

WALTER COSTA PORTO, ex-ministro do Tribunal Superior Eleitoral, foi professor de Direito Constitucional e de Direito Eleitoral da Universidade de Brasília e integrou o Conselho Federal de Educação.

Autor, entre outros livros, de: *O voto no Brasil* (1ª edição em 1989, a 2ª em 2002), em que abordou os variados processos utilizados ao longo de nossa trajetória política, examinando desde as eleições para os Conselhos ou Câmaras do período colonial até os últimos pleitos de nossa Quinta República; *Legislação eleitoral no Brasil – do século XVI a nossos dias*, editado em 1996, onde, em colaboração com o ministro Nelson Jobim, reuniu nossos textos normativos sobre nossos pleitos e sistemas de votos; e *A mentirosa urna*, editado em 2004, onde estudou as deformações que enodoaram as eleições no Brasil, por meio do exercício tão constante e desabusado da fraude nas mesas eleitorais, na elaboração das atas, na "compressão oficial" tantas vezes denunciada.

O autor conclui, agora, mais um livro: *Eleições presidenciais no Brasil (1891-1930)*, em que analisa os pleitos de nossa Primeira República.

Este livro foi impresso no Rio Grande do Sul, em outubro de 2012, pela
EDELBRA Gráfica e Editora para a Lexikon Editora.
A fonte usada no miolo é a LeMonde Livre, em corpo 10/12.
O papel do miolo é offset 63g/m^2 e o da capa é cartão 250g/m^2.